UTB 2191

Eine Arbeitsgemeinschaft der Verlage

Böhlau Verlag · Köln · Weimar · Wien
Verlag Barbara Budrich · Opladen · Farmington Hills
facultas.wuv · Wien
Wilhelm Fink · München
A. Francke Verlag · Tübingen und Basel
Haupt Verlag · Bern · Stuttgart · Wien
Julius Klinkhardt Verlagsbuchhandlung · Bad Heilbrunn
Lucius & Lucius Verlagsgesellschaft · Stuttgart
Mohr Siebeck · Tübingen
Orell Füssli Verlag · Zürich
Ernst Reinhardt Verlag · München · Basel
Ferdinand Schöningh · Paderborn · München · Wien · Zürich
Eugen Ulmer Verlag · Stuttgart
UVK Verlagsgesellschaft · Konstanz
Vandenhoeck & Ruprecht · Göttingen
vdf Hochschulverlag AG an der ETH Zürich

Allgemeine Wirtschaftspolitik

3., überarbeitete und erweiterte Auflage

von

Juergen B. Donges

und

Andreas Freytag

mit 46 Abbildungen und 2 Tabellen

Lucius & Lucius · Stuttgart

Anschrift der Autoren:
Prof. Dr. Juergen B. Donges
Institut für Wirtschaftspolitik
an der Universität zu Köln
Pohligstr. 1
50969 Köln

Prof. Dr. Andreas Freytag
Lehrstuhl für Wirtschaftspolitik
Friedrich-Schiller Universität Jena
Carl-Zeiss-Str. 3
07743 Jena

Bibliografische Information der Deutschen Nationalbibliothek

Die Deutsche Nationalbibliothek verzeichnet diese Publikation in der Deutschen Nationalbibliografie; detaillierte bibliografische Daten sind im Internet über http://dnb.d-nb.de abrufbar.

ISBN 978-3-8282-0467-8 (Lucius & Lucius)

Gerokstr. 51, D-70184 Stuttgart
www.luciusverlag.com

Druck und Einband: F. Pustet, Regensburg
Printed in Germany

UTB-Bestellnummer: 978-3-8252-2191-1

Vorwort zur 3. Auflage

Die gegenwärtige Weltfinanz- und -wirtschaftskrise zeigt, dass Fragen der Wirtschaftspolitik eine wesentliche Rolle spielen. Wirtschaftswissenschaftlicher Rat ist gesucht und wird zugleich als nicht lebensnah kritisiert und abgelehnt. Gleichzeitig zeigt sich in der Wissenschaft ein Hang zur immer engeren Spezialisierung einerseits und zu einer mathematischen Formalisierung, die schon an Mechanisierung grenzt, andererseits. Dies ist deshalb besonders verwunderlich, weil man die Wirtschaftswissenschaften als eine Erfahrungswissenschaft betrachten muss. Das bedeutet, dass die menschlichen Beziehungen auch bei ökonomisch relevanten Aktionen in den Blick zu nehmen sind, wie es in vielen Bereichen unserer Volkswirtschaftslehre heute geschieht (Spieltheorie, Behavioral Finance u.a.m.). Angesichts der Komplexität der sozialen Beziehungen ist es nicht ausreichend, Schlussfolgerungen für die Wirtschaftspolitik als Nebenprodukt eleganter Analysen zu erstellen. Es bedarf eines eigenen Analyserahmens, der allerdings nicht ohne gute Theorie und schon gar nicht ohne empirische Überprüfung solcher Theorien (wie wüsste man sonst, ob diese gut sind!) auskommen kann. Dabei ist das Denken in gesamtwirtschaftlichen Zusammenhängen unabdingbar, damit erkennbar wird, ob die wirtschaftspolitischen Strategien und Einzelmaßnahmen zieladäquat und untereinander konsistent sind.

In den ersten beiden Auflagen dieses Buches haben wir uns immer bemüht, bei der Darstellung der unterschiedlichen Konzepte der Wirtschaftspolitik die theoretisch wie empirisch in der einschlägigen Literatur ausgewiesenen Erkenntnisse zu nutzen und in einen institutionellen und gesellschaftlichen Kontext zu stellen. Auch in der vorliegenden dritten Auflage haben wir dies getan. Daraus ergeben sich einige Neuerungen. Mit Blick auf die Theorie ist zum einen die Darstellung der Konzepte zur Erwartungsbildung wesentlich ausgeweitet worden. Was die gesellschaftliche Dimension angeht, so ist die Glücksforschung als ein Weg zur Analyse der Wohlfahrt eingeführt worden, und es wurde ein eigenes Kapitel zur Wirtschaftspolitik in der Globalisierung hinzugefügt, um dieser wichtigen Restriktion nationaler Wirtschaftspolitik den angemessenen Rahmen zu geben.

Neu ist auch, dass wir die modularisierten Studiengänge (Bachelor und Master) in der deutschen Universitätslandschaft berücksichtigen. Die „Allgemeine Wirtschaftspolitik" ist zunächst ein Lehrbuch für alle an der Wirtschaftspolitik Interessierten, d.h. es ist sowohl als eine Einführung für Studierende im Bachelor-

Programm für Wirtschaftswissenschaftler als auch als ein weiterführendes Buch im Masterstudiengang verfasst. An einigen Stellen ist es aber unabdingbar, etwas detaillierter zu argumentieren, als dies für ein Bachelor-Programm nötig ist. Diese Stellen sind gekennzeichnet (Zusatzlektüre Master__↓; ↑__Ende Zusatzlektüre); das Weiterlesen ist dennoch gestattet und erwünscht.

Wir haben bei der Formulierung der Neuauflage wiederum sehr hilfreiche Unterstützung von vielen Seiten erhalten. Bianka Dettmer, Christoph Vietze, Sebastian Voll und Leo Wangler vom Lehrstuhl für Wirtschaftspolitik an der Friedrich-Schiller-Universität haben mit scharfsinnigen Diskussionsbeiträgen und ausgereiften Textentwürfen erheblich zum Fortschritt beigetragen. Unterstützt wurden sie mit Literaturrecherchen, der Aktualisierung der Register, Abbildungen und Tabellen sowie Formatierungsarbeiten durch die studentischen Mitarbeiter dort. Nicht unerwähnt bleiben darf der Beitrag der Studierenden in Jena und Köln, die uns mit kritischen Anmerkungen in den Lehrveranstaltungen auf Schwächen und Inkonsistenzen der vorherigen Auflage hingewiesen, aber auch zu neuen Fragen angeregt haben. Allen – den namentlich Genannten und den Ungenannten – gebührt für ihr großes Engagement unser besonderer Dank.

Köln/Jena, im April 2009

Juergen B. Donges

Andreas Freytag

Vorwort zur 1. Auflage

Dieses Lehrbuch wendet sich an die Studierenden der Volks- und Betriebswirtschaftslehre in den mittleren Semestern (Hauptstudium), bevor sie sich auf bestimmte Sachgebiete spezialisieren, sowie an Studierende anderer Fachrichtungen mit Volkswirtschaftslehre als Nebenfach. Darüber hinaus soll das Buch all jenen, die sich für wirtschaftspolitische Fragestellungen interessieren oder an deren Lösungen mitwirken, eine Grundlage für die eigene Urteilsbildung geben.

Im Zeitalter der Globalisierung der Märkte und der fortschreitenden Internet-Ökonomie ist in der Öffentlichkeit viel von der schwindenden Rolle, ja gar der Ohnmacht der nationalen Wirtschaftspolitik bei der Verwirklichung selbstgesteckter Ziele die Rede. Wäre das so, bräuchte man ein Lehrbuch über Wirtschaftspolitik nicht zu schreiben, und es könnte dieses Fach aus dem Lehrstoff der Wirtschaftswissenschaften gestrichen werden. Aber es ist nicht so, im Gegenteil. Unter den herrschenden Bedingungen ist es wichtiger denn je, dass nationale Wirtschaftspolitik ihre Aufgaben effizient erledigt. Fehlerhafte Wirtschaftspolitik kann man sich noch weniger leisten als ehedem, denn das Land würde von den international mobilen Produktionsfaktoren, wie produktives Sachkapital und kreatives Humankapital, sehr schnell durch Abwanderung bestraft. Darunter leiden dann besonders die immobilen Faktoren, also das Gros der im Inland lebenden Menschen. Der Versuch, sich mittels Abschottung den Fliehkräften der Globalisierung zu entziehen, ginge ins Leere. Die Wirtschaftspolitik muss sich vielmehr den neuen Herausforderungen stellen, die Verantwortlichen müssen begreifen und akzeptieren, dass globalisierter Wettbewerb mit dem Rückenwind der neuen Informations- und Kommunikationstechnologien jetzt und künftig auch Wettbewerb der Staaten um die beste Wirtschaftspolitik heißt. Der Politik wird in einem strengen Sinne Effizienzorientierung abverlangt. Dies zu leisten ist nicht zuletzt deshalb so kompliziert, weil in einer pluralistischen, demokratisch verfassten Gesellschaft sehr viele partikulare Interessengruppen sich artikulieren und auf wirtschaftspolitische Entscheidungen Einfluss nehmen wollen und weil die wirtschaftspolitischen Entscheidungsträger selber nicht immer oder nicht immer nur das Allgemeinwohl im Blick haben, sondern auch eigene Interessen verfolgen, die mit dem Gemeinwohl kollidieren können.

Ein Lehrbuch zur Allgemeinen Wirtschaftspolitik ist nicht theorielos. Zum Verständnis wirtschaftspolitischer Themen sind fundierte Kenntnisse sowohl der

Mikroökonomik als auch der Makroökonomik unerlässlich. Es werden somit auf dieser Basis an vielen Stellen theoretische Zusammenhänge diskutiert. Vieles davon mag – hoffentlich – dem Leser aus dem Grundstudium her bekannt sein. Aber nicht jeder ist sich darüber im Klaren, wie wichtig theoretische Modelle für die wirtschaftspolitische Analyse sind. Es ist unser Bemühen, diese Zusammenhänge so einfach wie möglich darzustellen. Ganz ohne eine angemessene formale Darstellung wird es nicht immer gehen können, der gedanklichen Präzision wegen. Wir haben allerdings versucht, den formalen Aufwand so gering wie möglich zu halten. Wer gerne mehr wissen möchte, wird auch hier mit Hinweisen auf vertiefende Literatur versorgt. Angesichts der heutigen Belastung eines Studierenden bei der Bewältigung des prüfungsrelevanten Stoffes haben wir die Anzahl der Literaturhinweise begrenzt.

Inhaltlich ist der Umfang des Buches so gehalten, dass der Stoff in einem Semester durchgearbeitet werden kann. Er basiert auf einer vierstündigen Vorlesung samt Übung, die wir regelmäßig an der Universität zu Köln halten. Bislang kursierten hierzu Skripte, die im Auftrag der sog. Mitschriften AG der Studentenschaft der Wirtschafts- und Sozialwissenschaftlichen Fakultät von Teilnehmern an der Vorlesung verfasst und gegen ein kleines Entgelt an die Studierenden vertrieben werden, sowie Abhandlungen, die in Repetitorkursen (sic!) eingesetzt werden. Jetzt bekommen diese Produkte Konkurrenz. Die bohrenden Fragen der Studierenden, die in den Lehrveranstaltungen gestellt wurden, haben uns zu wertvollen Ideen verholfen, die wir natürlich in unserem Buch bei der Aufbereitung des Stoffes verwertet haben.

Das Lehrbuch ist in sechs Kapitel unterteilt. *Kapitel I* befasst sich mit den Zielen und Methoden der Wirtschaftspolitik. Ein größerer Abschnitt ist den Akteuren der Wirtschaftspolitik gewidmet, wobei es uns ganz wesentlich auf das Verständnis für das Assignment-Problem ankommt. Auf die Unterscheidung zwischen normativer und positiver Analyse, die für die Theorie der Wirtschaftspolitik elementar ist, wird ebenso hingewiesen wie auf wesentliche Prinzipien der Wirtschaftspolitik in einer demokratisch verfassten Gesellschaft.

In *Kapitel II* werden die allokationstheoretischen Grundlagen für die Wirtschaftspolitik gelegt. Nach einer kurzen Analyse verschiedener Ansätze zur Wohlfahrtsmessung in einer Volkswirtschaft werden Bewertungskriterien für wirtschaftspolitische Situationen und deren Schwächen vorgestellt. Anschließend werden in einer normativen Betrachtung die Bedingungen für ein (statisches) allokatives Optimum, die sog. Marginalbedingungen diskutiert. Es wird gezeigt, dass unter bestimmten Annahmen diese Bedingungen über den Marktmechanismus erfüllt werden. Die statische Effizienzanalyse wird um dynamische Aspekte ergänzt.

In *Kapitel III* wird eine positive Analyse der Verletzung der Marginalbedingungen bzw. der Bedingungen der dynamischen Effizienz vorgenommen. Marktversagen bedeutet, dass die Effizienzbedingungen ohne eine staatliche Regulierung nicht erfüllt werden können. Wir diskutieren insbesondere die Wirkungen technologischer Externalitäten, asymmetrischer Information und des sog. natürlichen Monopols.

Wurde in diesen Kapiteln unterstellt, dass das oberste Ziel der Wirtschaftspolitik die Maximierung des gesellschaftlichen Wohlstandes ist, so wird in *Kapitel IV* davon abgerückt. Politische Entscheidungsträger sind keineswegs bloße Anwälte des Gemeinwohls, sondern haben eigene Ziele. Daraus resultieren unweigerlich Grenzen für ökonomisch rationale Entscheidungen. Zu der ökonomischen tritt die politische Rationalität. Neben dem Kalkül der Politiker und der Bürokratie werden in diesem Kapitel auch die Gründe für die unterschiedliche Organisierbarkeit der Interessen diskutiert. Überlegungen zur politischen Ökonomik der Reform schließen das Kapitel ab.

Die Erkenntnis, dass wirtschaftspolitische Entscheidungsträger aus rationalem Kalkül vom obersten Ziel der Wirtschaftspolitik, nämlich Steigerung der gesellschaftlichen Wohlfahrt, abweichen, führt zu konzeptionellen Überlegungen in der Wirtschaftspolitik. In *Kapitel V* werden grundsätzliche wirtschaftspolitische Konzeptionen mit unterschiedlich bindendem Charakter für die Entscheidungsträger vorgestellt. Drei Begriffspaare werden diskutiert: Ordnungspolitik vs. Prozesspolitik, Angebotspolitik vs. Nachfragepolitik, Regelbindung vs. Diskretionarität. Die Überlegungen aus Kapitel IV legen eine strenge Regelbindung bzw. das Primat der Ordnungspolitik und einen Fokus auf die Angebotspolitik nahe. Überlegungen zur Wirtschaftspolitik im Zeichen der Globalisierung unterstreichen dies.

Im abschließenden *Kapitel VI* werden aus aktuellem Anlass die Auswirkungen der europäischen Integration auf die nationale Wirtschaftspolitik diskutiert. Nach einigen grundsätzlichen Erwägungen sowie einem Blick auf die politischen Entscheidungsträger in der Europäischen Union werden die neuen institutionellen Rahmenbedingungen vorgestellt. Im letzten Abschnitt werden im Lichte der bisherigen normativen und positiven Analyse einige Gedanken zum Ordnungsrahmen europäischer Wirtschaftspolitik formuliert.

Ein Lehrbuch wie das vorliegende ist selbstverständlich das Ergebnis der Arbeit und Mühen vieler. Daraus ist eine große Dankesschuld erwachsen. Wir können sie hier nicht im Einzelnen abtragen, möchten aber doch jenen Mitarbeitern und Kollegen ausdrücklich Dank sagen, die uns besonders stark unterstützt haben. Zu den ersten Entwürfen des Manuskripts haben Angela Schürfeld und Martin Theuringer sehr wichtige Beiträge geleistet, sodann waren es Mark Oelmann, Peter

Tillmann und Pia Weiß; ihre schriftlichen Aufzeichnungen über einzelne Themen sowie ihr kritisches Mitdenken und die vielen aus gemeinsamen Diskussionen hervorgegangenen Anregungen haben sich bei der endgültigen inhaltlichen Gestaltung des Lehrbuches als außerordentlich fruchtbar erwiesen. Bernd Hansjürgens (Leipzig) hat es freundlicherweise übernommen, als ausgewiesener Kenner der Materie die Passagen zum Umweltproblem intensiv durchzulesen und Verbesserungsvorschläge zu machen. Unsere studentischen Hilfskräfte haben uns auf vielfältige Weise unterstützt, namentlich Michael Münch bei der Gestaltung der Abbildungen und Tabellen. Im Sekretariat haben Mascha Rohner und Christel Schäfer mit ihren sorgfältigen Schreibarbeiten gezeigt, dass auch im Zeitalter des PC eine effiziente Arbeitsteilung möglich ist und daher Sinn macht. Bei den redaktionellen Schlussarbeiten haben uns Gabriele Bartel, Birgit Lohenstein und Pia Weiß die Hauptlast abgenommen. Ihnen allen nochmals unser besonderer Dank.

Dem Buch sind in einem nicht unerheblichen Maße die Erfahrungen zugute gekommen, die einer der Verfasser in mehrjährigen wissenschaftlichen Beratungstätigkeiten gesammelt hat, vor allem in der Deregulierungskommission (1989-91) und im Sachverständigenrat zur Begutachtung der gesamtwirtschaftlichen Entwicklung (seit 1992). Bei der dort üblichen Arbeitsweise im Team sind unschätzbare theoretisch und empirisch geleitete Erkenntnisgewinne angefallen, die in diesem Lehrbuch zum Nutzen des Lesers verarbeitet wurden. Auch hier ist vielen Kollegen und wissenschaftlichen Mitarbeitern zu danken.

Köln, im Mai 2001

Juergen B. Donges

Andreas Freytag

Inhaltsverzeichnis

Verzeichnis der Abbildungen

Verzeichnis der Tabellen

Verzeichnis der Abkürzungen

ÄV	Äquivalente Variation
ARGE	Arbeitsgemeinschaft deutscher wirtschaftswissenschaftlicher Forschungsinstitute e.V.
BDA	Bundesvereinigung der Deutschen Arbeitgeberverbände , Berlin
BDI	Bundesverband der Deutschen Industrie, Berlin
BNetzA	Bundesnetzagentur
CDM	Clean Development Mechansim
CO_2	Kohlendioxid
DBB	Deutscher Beamtenbund, Berlin
DBV	Deutscher Bauernverband, Bonn
DGB	Deutscher Gewerkschaftsbund, Düsseldorf
DIHK	Deutscher Industrie- und Handelskammertag, Berlin
DIW	Deutsches Institut für Wirtschaftsforschung, Berlin
DK	Durchschnittskosten
DM	Deutsche Mark (auch: D-Mark)
EEG	Erneuerbare Energien-Gesetz
EG	Europäische Gemeinschaft
EGK	Externe Grenzkosten
ESVG	Europäisches System Volkswirtschaftlicher Gesamtrechnungen
ESZB	Europäisches System der Zentralbanken
ETH	Eidgenössische Technische Hochschule Zürich
EU	Europäische Union
EVS	Einkommens- und Verbrauchsstichprobe des Statistischen Bundesamts
EWS	Europäisches Währungssystem
EWU	Europäische Währungsunion
EZB	Europäische Zentralbank, Frankfurt (Main)
F&E	Forschung und Entwicklung
G-7	Group of Seven (Gruppe der sieben wichtigsten Industrieländer der Welt: Deutschland, Frankreich, Großbritannien,Italien, Japan, Kanada, USA)
G-8	Group of Eight (Gruppe der acht wichtigsten Industrieländer der Welt: G-7 und Russland, seit 1999)
GATT	General Agreement on Tariffs and Trade (Allgemeines Zoll- und Handelsabkommen), Genf
GD	Gemeinschaftsdiagnose
GG	Grundgesetz
GK	Grenzkosten

GN	Grenznutzen
GP	Grenzproduktivität
GPA	Grenzproduktivität der Arbeit
GPK	Grenzproduktivität des Kapitals
GRGS	Grenzrate der Gütersubstitution
GRIS	Grenzrate der intertemporalen Substitution
GRT	Grenzrate der Transformation
GRTS	Grenzrate der technischen Substitution
GWB	Gesetz gegen Wettbewerbsbeschränkungen
HDE	Hauptverband des Deutschen Einzelhandels, Berlin
HOAI	Honorarordnung für Architekten und Ingenieure
HVPI	Harmonisierter Verbraucherpreisindex
HWWA	Hamburgisches-Welt-Wirtschafts-Archiv – HWWA Institut für Wirtschaftsforschung, Hamburg
Ifo	Ifo-Institut für Wirtschaftsforschung, München
IfW	Institut für Weltwirtschaft, Kiel
IHS	Institut für Höhere Studien, Wien
ILO	International Labour Organization (Internationale Arbeitsorganisation), Genf
IMK	Institut für Makroökonomie und Konjunkturforschung in der Hans-Böckler-Stiftung, Düsseldorf
IPCC	Intergovernmental Panel on Climate Change
IWF	Internationaler Währungsfonds (International Monetary Fund IMF), Washington DC
IWH	Institut für Wirtschaftsforschung Halle (Saale)
JG	Jahresgutachten des Sachverständigenrats zur Begutachtung der gesamtwirtschaftlichen Entwicklung
JI	Joint Implementation
JWB	Jahreswirtschaftsbericht der Bundesregierung
KV	Kompensatorische Variation
MZB	Marginale Zahlungsbereitschaft
NGO	Non-Governmental Organization (Nicht-Regierungsorganisation)
NZB	Nationale Zentralbanken
O-5	Other Five (Gruppe von fünf großen Schwellenländern: Brasilien, China, Indien, Mexiko, Südafrka)
OECD	Organisation for Economic Co-operation and Development (Organisation für wirtschaftliche Zusammenarbeit und Entwicklung), Paris
OPEC	Organization of the Petroleum Exporting Countries (Organisation erdölexportierender Länder), Wien
PGK	Private Grenzkosten
PGN	Privater Grenznutzen
RegTP	Regulierungsbehörde für Telekommunikation und Post, Bonn
RWI	Rheinisch-Westfälisches Institut für Wirtschaftsforschung, Essen
SGK	Soziale Grenzkosten

SGN	Sozialer Grenznutzen
SOEP	Sozio-oekonomisches Panel des DIW
SoFFin	Sonderfonds Finanzmarktstabilisierung in Deutschland
SWF	Soziale Wohlfahrtsfunktion
UMTS	Universal Mobile Telecommunications System
WIFO	Österreischiches Institut für Wirtschaftsforschung, Wien
WKM	Wechselkursmechanismus des EWS
WTO	World Trade Organization (Welthandelsorganisation), Genf
ZDH	Zentralverband des Deutschen Handwerks, Berlin
ZVS	Zentralstelle für die Vergabe von Studienplätzen, Dortmund

Kapitel I.

Ziele und Methoden der Wirtschaftspolitik

1. Gegenstand der Wirtschaftspolitik

Vor einer ausführlichen Analyse der Wirtschaftspolitik gilt es, diese in den Kontext der allgemeinen Politik einzuordnen. Die Wirtschaftspolitik ist ein Teilgebiet der allgemeinen Politik, welches sich auf das ökonomische Geschehen – im nationalen sowie im internationalen Rahmen – bezieht. Entsprechend sind Politik und Wirtschaft eng miteinander verzahnt. Dabei gilt folgender Zusammenhang: Während es einerseits eine Tendenz zur Ökonomisierung der Politik gibt, indem die Wirtschaftspolitik eine Führungsrolle bei im Grunde politischen Entscheidungen übernimmt, besteht andererseits in der Wirtschaft die Bereitschaft, häufig auch die Notwendigkeit, Rücksicht auf die Politik zu nehmen. Für beide Wirkungsrichtungen lassen sich zahlreiche Beispiele finden.

- Man denke an die Gründung der Montanunion (1951) und der Europäischen Wirtschaftsgemeinschaft (1957) mit jeweils sechs Staaten (Belgien, Deutschland, Frankreich, Italien, Luxemburg und die Niederlande), sowie die späteren Erweiterungen auf heute 27 Mitgliedstaaten der Europäischen Union (1973: Vereinigtes Königreich, Irland, Dänemark; 1981: Griechenland; 1986: Portugal, Spanien; 1995: Finnland, Österreich, Schweden; 2004: Estland, Lettland, Litauen, Polen, Slowakische Republik, Tschechische Republik, Slowenien, Ungarn, Malta, Zypern/griechischer Südteil; 2007: Bulgarien, Rumänien). Ein Meilenstein der europäischen Integration ist auch die Bildung der Europäischen Währungsunion (1. Januar 1999) mit zunächst elf Mitgliedsländern (alle damaligen EU-Staaten außer Dänemark, Griechenland, Schweden und Vereinigtes Königreich) und derzeit 16 Mitgliedstaaten (zum 1. Januar 2001 wurde Griechenland aufgenommen, zum 1. Januar 2007 Slowenien, zum 1. Januar 2008 Malta und Zypern) und zum 1. Januar 2009 die Slowakei; die erstmalige Euro-Bargeldeinführung fand am 1. Januar 2002 unter den damaligen Mitgliedsländern statt. Als nächstes Projekt steht mittelfristig die Erweiterung der EU mit einem großen euroasiatischen Land, der Türkei, auf der Agenda (die Beitrittsverhandlungen wurden im Oktober 2005 aufgenommen, für eine eventuelle Aufnahme dieses Landes in die EU wird das Jahr 2014 anvisiert). Dies waren sämtliche Entscheidungen der allgemeinen Politik mit außerökonomischen Zielen, in erster Linie die Befriedung Europas und das Streben nach einer umfassenden politischen Union. Gleichzeitig hat diese schrittweise Integration Europas eine sehr große wirtschaftspolitische Bedeutung. Erwähnt seien vor allem die Vollendung des europäischen Binnenmarkts nach dem grundlegenden Ordnungsprinzip des freien Wettbewerbs mit dem Ziel eines unbehinderten innergemeinschaftlichen Verkehrs von Waren und Dienstleistungen sowie von Personen und Kapital, außerdem die Vergemeinschaftung einzelner Politikbereiche (Außenhandelspolitik, Agrarpolitik, Geldpolitik), sowie faktische Einschränkungen der Souveränität bei den im Prinzip nationalen Wirtschaftspolitiken (namentlich der Finanzpolitik und der Lohnpolitik).

- Die deutsche Vereinigung (3. Oktober 1990) als allgemeine politische Entscheidung von übergeordneter Bedeutung war nicht losgelöst von ökonomischen Triebkräften in der damaligen DDR, insbesondere dem Drängen der DDR-Bürger, nach Westen überzusiedeln. Das Schlagwort „Kommt die Mark nicht zu uns, gehen wir zu ihr" dürfte einen erheblichen Einfluss auf die Entscheidung zur deutsch-deutschen Währungsunion zum 1. Juli 1990, nur sieben Monate nach dem Fall der Mauer, und die dann recht schnell folgende politische Vereinigung gehabt haben. Zunächst hatten die Politiker mehrjährige Übergangsfristen ins Auge gefasst. Die Währungsumstellung für die Mark der DDR (mit einem Kurs von 1:1 für Löhne und Gehälter) hingegen war eine rein politische Entscheidung, ohne Rücksicht auf ökonomische Zusammenhänge, nach denen der Umtauschkurs ein anderer hätte sein müssen (die Deutsche Bundesbank hatte 2 Mark der DDR zu einer D-Mark vorgeschlagen, der Schwarzmarktkurs lag bei 5:1).

- Wirtschaftssanktionen gegenüber einzelnen Staaten sind ein Mittel der Außenpolitik und können ein militärisches Vorgehen ersetzen. Obwohl sie nicht unter Berücksichtigung wirtschaftspolitischer Überlegungen angewendet werden, haben sie ökonomische Auswirkungen, da sie analytisch wie Mittel der Außenhandelspolitik zu sehen sind. Zum Beispiel kann es in dem Land, das die Sanktionen verhängt, zu Exporteinbrüchen kommen, die wiederum negative Beschäftigungseffekte nach sich ziehen können. Die daraus resultierende Verschlechterung der gesamtwirtschaftlichen Lage hat dann ihre Ursache in der außenpolitischen Entscheidung.

- Konsensgespräche zwischen Regierung, Gewerkschaften und Wirtschaftsverbänden, wie sie in Deutschland schon eine gewisse Tradition haben („Konzertierte Aktion" 1967-77, „Bündnis für Arbeit" 1995-98, „Bündnis für Arbeit,

Ausbildung und Wettbewerbsfähigkeit" 1998-2001), verfolgen in erster Linie eine wirtschaftspolitische Zielrichtung, beispielsweise die Sicherung der Geldwertstabilität, wenn überzogene Verteilungskämpfe inflatorische Prozesse auslösen, oder die Schaffung von neuen Arbeitsplätzen, wenn in der Volkswirtschaft eine hohe Dauerarbeitslosigkeit herrscht oder die Bereitstellung zusätzlicher Ausbildungsstellen, wenn sich ein Facharbeitermangel abzeichnet. Allerdings ist vorstellbar, dass solche institutionalisierten Gesprächsrunden auch zu einer Änderung der gesellschaftlichen Atmosphäre beitragen können und damit auf die allgemeine Politik einwirken. Wenn derartige Konsensgespräche aus Sicht der Wirtschaftspolitik erfolgreich verlaufen, sind sie möglicherweise auch auf anderen Gebieten der Politik, in denen Ziele und die Wege dorthin strittig sind und die Handlungsfähigkeit der Regierung eingeschränkt ist (Innenpolitik, Außenpolitik), eine vielversprechende Option, um eventuelle Entscheidungsblockaden abzubauen und bei der Lösung großer Aufgaben voranzukommen. Wenn die Konsensgespräche hingegen übertriebene Erwartungen wecken, die später enttäuscht werden müssen, wird sich die Politik als Ganzes schwer tun, mit ihren Plänen in der Öffentlichkeit als glaubwürdig zu gelten. Dabei sollte man allerdings stets im Blick behalten, dass korporatistische Politikansätze in der Demokratie und der Marktwirtschaft, bei denen prinzipiell die Wettbewerbsregeln gelten, einen Fremdkörper darstellen. Zusätzlich muss man die Gefahr sehen, dass solche Ansätze die Verantwortlichkeiten der Politikträger verwischen.

Die Verflechtung von allgemeiner Politik und Wirtschaftspolitik zeigt sich auch auf nachgelagerten politischen Ebenen oder bei Unternehmen:

- Auf kommunaler Ebene werden z.B. Entscheidungen über den Öffentlichen Personennahverkehr unter dem Aspekt des Umweltschutzes oder des Stadtbildes getroffen; z.B. wird viel Grün und möglichst wenig betonierte Parkfläche angestrebt. Daraus ergibt sich eine politisch gewollte Bevorzugung des Öffentlichen Personennahverkehrs gegenüber dem Straßenverkehr, mittels subventionierter Tarife. Dadurch wird Einfluss auf ökonomische Entscheidungen der Bürger (Autokauf) und die Finanzlage der Kommunen genommen, ohne dass diese Entscheidungen im Mittelpunkt der Überlegungen stehen.

- Unternehmen, allemal große Unternehmen, die im Blickfeld der Öffentlichkeit stehen, pflegen betriebswirtschaftliche Entscheidungen auch unter politischen Gesichtspunkten abzuwägen. So könnten sie betriebliche Sozialpolitik betreiben oder Wahlkampfhilfe leisten (z.B. in der Form von Preissenkungen oder Mehreinstellung von Auszubildenden vor einer Bundestagswahl). Auch betrieblicher Umweltschutz kann durch die Verflechtung von Wirtschaftspolitik und allgemeiner Politik beeinflusst werden.

Diese Beispiele zeigen, wie stark allgemeine Politik und Wirtschaftspolitik miteinander verzahnt sind. Dabei stehen die Ziele beider Politiken in Beziehung zueinander. A priori ist jedoch nicht klar, ob die Ziele der allgemeinen Politik und die der Wirtschaftspolitik miteinander im Einklang stehen oder sich widersprechen; mit anderen Worten: ob eine Zielkomplementarität oder ein Zielkonflikt vorliegt.

2. Ziele der Wirtschaftspolitik und Zielbeziehungen

Auch die Wirtschaftspolitik für sich genommen ist nicht zwangsläufig aus einem Guss. Sie orientiert sich stets an einem Zielbündel. Das grundsätzliche Problem ist, dass unabhängig davon, für wie wertvoll die einzelnen Ziele gehalten werden, es zu Zielkonflikten kommen kann und tatsächlich immer wieder kommt. Dadurch entstehen der Volkswirtschaft Kosten, die sich auf verschiedene Weise manifestieren, z.B. in Form von erhöhter Inflation, hartnäckiger Arbeitslosigkeit und anhaltender Wachstumsschwäche.

Als **oberstes wirtschaftspolitisches Ziel** wird generell das Ziel der Wohlstandssteigerung – gemessen an der Entwicklung des Pro-Kopf-Einkommens – gewählt. Eine solche Festlegung impliziert keine Bewertung verschiedener Ziele in einer Hierarchie. Vielmehr hat jeder Bürger eine eigene Zielhierarchie. Diese Zielhierarchien können sehr unterschiedlich sein; ein Vergleich ist jedoch nicht möglich, da hierfür ein objektiver Maßstab fehlt. Aus Sicht der Wirtschaftspolitik rechtfertigt sich die Festlegung auf das Ziel der Wohlstandssteigerung wie folgt: Grundsätzlich ist Wirtschaften kein Selbstzweck. Aber es gibt Knappheiten, die man überwinden will, um bestimmte individuelle und gesellschaftliche Ziele zu erreichen. Insofern legitimiert sich das Ziel der Wohlstandssteigerung aus – mindestens – fünf anderen Zielsetzungen. Allerdings kann die Wirtschaftspolitik, wie sich noch zeigen wird, auf den wirtschaftlichen Wohlstand wesentlich besser und direkter einwirken als auf jedes andere Ziel. Im Einzelnen sind die folgenden Ziele von Interesse und indirekt von der Wirtschaftspolitik zu beeinflussen:

1. Das Ziel der Wohlstandssteigerung impliziert, dass der Einzelne seine **materielle Freiheit** erhöht. Die materielle Freiheit ist von der formalen Freiheit zu unterscheiden: Während es bei der formalen Freiheit um Gleichheit der einzelnen Bürger vor dem Gesetz, als Schutz vor staatlicher Willkür, geht, heißt materielle Freiheit, im Rahmen der formalen Freiheit und unter Beachtung der Gesetze und der „guten Sitten" (Treu und Glauben) die von den Bürgern selbst gesteckten Ziele verwirklichen zu können. Dies entspricht der Hand-

lungsfreiheit im Sinne individueller Verfügungsmöglichkeiten nach Artikel 2 Abs. 1 Grundgesetz. Nur bei materieller Freiheit bestehen für den Einzelnen Handlungsalternativen: Wer in einem armen Land lebt, ist trotz aller formalen Freiheiten, die er haben mag, im ökonomischen Sinn unfrei; wer arbeitslos wird und von Sozialtransfers abhängt, weil er zuvor kein Vermögen bilden konnte oder wollte, und auch im familiären Umfeld keine Unterstützung findet, der ist ebenfalls materiell relativ unfrei. Daher erhöht eine Wirtschaftspolitik, die wirtschaftliche Dynamik und einen hohen Beschäftigungsstand ermöglicht, die materielle Freiheit des Einzelnen. So konkurrieren z.B. bei Vollbeschäftigung die Arbeitgeber um die Gunst der Arbeitnehmer; diese können den individuell interessantesten Arbeitsplatz wählen. Vermag die Wirtschaftspolitik jedoch eine hohe Arbeitslosigkeit nicht zu verhindern, verschlechtern sich die individuellen Wahlmöglichkeiten und die materielle Freiheit nimmt gleichsam ab.

2. Wohlstandssteigerung beschert sowohl dem Einzelnen als auch der Gesellschaft insgesamt ein Mehr an **Sicherheit** gegenüber unterschiedlichen Lebenssituationen und in Bezug auf die Versorgung im Alter. Gemeint ist sowohl die Absicherung von unvorhersehbaren Einkommensrisiken in Verbindung mit Krankheit, Pflegebedürftigkeit, Unfällen, vorzeitiger Erwerbsunfähigkeit und Arbeitslosigkeit als auch die Verwirklichung eines angemessenen Lebensstandards nach dem Ausscheiden aus dem Erwerbsleben. Die zentralen Ordnungsprinzipien des Sozialstaates – das Solidarprinzip (kollektive Versorgung) sowie das Subsidiaritätsprinzip (Eigenverantwortung und Selbstvorsorge) – können bei steigendem Wohlstand in eine Balance gebracht werden, so dass ein System der sozialen Sicherung, das sich nach dem Umlageverfahren finanziert, auf Dauer funktionstüchtig bleibt. Dies gilt selbst dann, wenn sich, wie zu Beginn des 21. Jahrhunderts, das wirtschaftliche Umfeld für das Umlageverfahren verschlechtert, was sich in einer geringen Wachstumsdynamik, hoher Dauerarbeitslosigkeit, zunehmender Lebenserwartung bei gleichzeitigem Schrumpfen der Bevölkerung sowie Veränderungen im Erwerbsverhalten ausdrückt.

3. Mit zunehmendem Wohlstand erhöht sich auch der **soziale Status** des Einzelnen. Soziologisch gesehen wird der soziale Status durch vier Faktoren definiert: (1) Einkommen bzw. Vermögen, (2) Ausbildung, (3) Sozialprestige der beruflichen Betätigung und (4) Autorität und Kompetenz. Das Streben nach sozialem Status ist gesamtwirtschaftlich betrachtet eine wichtige Triebkraft dafür, dass Menschen arbeiten wollen und wirtschaftliche Risiken eingehen. In der Geschichte kann man diese Motivation häufig verstärkt bei Zuwanderern erkennen – in diesem Fall auch zum Zwecke der besseren Integration in der

Gesellschaft des Einwanderungslandes. Das Statusstreben des Einzelnen ist wohl eher relativ als absolut determiniert. Neuere Forschungen auf dem Gebiet der Glücksökonomie weisen darauf hin, dass der Einzelne mit seiner Einkommenssteigerung nur dann wirklich zufrieden und entsprechend motiviert ist, wenn die Einkommen der anderen sich nicht noch mehr erhöhen; geschieht letzteres, bleibt er unzufrieden („Easterlin-Paradoxon").

4. Das Ziel der Wohlstandssteigerung dient dem Bemühen, mehr **soziale Gerechtigkeit** in der Gesellschaft zu erreichen.[1] Umverteilungsziele bezogen auf die personelle Einkommensverteilung werden aus der Erkenntnis heraus begründet, dass in einer freien, arbeitsteiligen Wettbewerbswirtschaft der Markt die Einkommen unter den Individuen nicht nach den Bedürfnissen verteilt, sondern nach der Leistung, die der Einzelne im Produktionsprozess erbringt, und dem Wert, den die Nachfrager ihm beimessen. Die gesellschaftlichen Vorstellungen von Gerechtigkeit können davon abweichen. In Deutschland wurde aus diesem Grund die Wirtschaftsordnung in Form einer Sozialen Marktwirtschaft gewählt. Wichtige Ansatzpunkte für mehr Verteilungsgerechtigkeit bietet die gesetzliche Sozialversicherung, insbesondere der Familienlastenausgleich innerhalb der Gesetzlichen Krankenversicherung. Darüber hinaus gibt es direkte Transfers (z.B. Arbeitslosengeld II, Grundsicherung im Alter und bei Erwerbsminderung, Wohngeld, Kindergeld, Bafög für Schüler und Studenten), kostenlose Studienplätze im Rahmen des Bildungswesens, Leistungen zur Vermögensbildung in Arbeitnehmerhand oder die Subventionierung des Wohnungsangebots innerhalb des Sozialen Wohnungsbaus in Verbindung mit einer Mietenregulierung für einkommensschwache Haushalte. In Deutschland beläuft sich das Sozialbudget – es enthält alle staatlichen Sozialleistungen plus die sozialen Leistungen der Arbeitgeber an ihre jeweiligen Beschäftigten wie die Entgeltfortzahlung im Krankheitsfall und die Betriebliche Altersversorgung – auf 700 Milliarden Euro (2005). Dies entspricht einem knappen Drittel des nominalen Bruttoinlandsprodukts (im Jahre 1960 betrug dieser Anteil in der alten Bundesrepublik gut ein Fünftel). Eine derartige Umverteilung muss finanziert werden: durch Steuern, besonders die progressive Einkommensteuer, und durch Abgaben, namentlich die Beiträge von Arbeitnehmern und Arbeitgebern zu den einzelnen Zweigen der gesetzlichen Sozial-

1 Zu den Wechselwirkungen zwischen Wirtschaftspolitik und Sozialpolitik, mit Bezug auf die Verhältnisse in Deutschland, vgl. Eekhoff (2002). Der Sachverständigenrat zur Begutachtung der gesamtwirtschaftlichen Entwicklung greift dieses Thema, unter dem Rubrum „Personelle Einkommensverteilung", immer wieder in seinen Jahresgutachten auf, zuletzt in Sachverständigenrat (2007b, Ziffern 714ff.).

versicherung. Dabei sind Steuern das Mittel, mit dem der Staat für Zwecke der Umverteilung Ansprüche der Privaten an das gesamtwirtschaftliche Produktionspotential zurückdrängt und seine eigenen Ansprüche – durch die gesellschaftlichen Präferenzen gedeckt – durchsetzt. Es ist stets darauf zu achten, dass die Steuer- und Abgabenlast die Anreize für individuelle Leistung und private Investitionen möglichst wenig beeinträchtigt. Bei zu hohen Steuern und Abgaben, namentlich in Bezug auf die effektiven Grenzbelastungen, besteht die Gefahr, dass die Antriebskräfte der Wirtschaft erlahmen. Dies wäre dem Ziel der sozialen Gerechtigkeit abträglich, denn das zu Verteilende muss ja erst entstehen. Diese Balance ist bei steigenden Einkommen leichter zu verwirklichen als bei stagnierenden oder gar fallenden Einkommen. Die gleichen Überlegungen gelten, wenn es um Gerechtigkeit innerhalb der Europäischen Union (z.B. Strukturfonds) oder in der Weltwirtschaft (z.B. Entwicklungshilfe) geht. Was dies auch immer an öffentlichen Ausgaben verursachen mag, zu finanzieren sind sie letztendlich vom Steuerzahler. Gerade an der Frage der Verteilungsgerechtigkeit zeigt sich deutlich, dass wir es in der Ökonomie mit Knappheiten zu tun haben, die Wirtschaftspolitik also einer (intertemporalen) Budgetrestriktion unterliegt und deshalb Prioritäten setzen muss. Die Naivität und Bedenkenlosigkeit, mit der viele Bürger von den Politikern die Ausweitung sozialer Leistungen im nationalen oder internationalen Rahmen fordern, und die Bereitschaft vieler Politiker, solchem Drängen nachzugeben, ohne sich Rechenschaft darüber abzulegen, welche anderen öffentlichen oder privaten Leistungen dafür wegfallen sollen, ist Ausdruck der ökonomischen Irrationalität kollektiver Entscheidungen. Wenn die Einkommen nicht angemessen steigen und die Haushaltskassen leer sind, wird das Dilemma offenkundig: Dann müssen die politischen Entscheidungsträger bestimmte Ausgaben kürzen. Nicht zuletzt die Auswahl der Ausgabenkürzungen entscheidet darüber, ob die Ziele des Wirtschaftens in Zukunft besser erreicht werden können oder nicht.

5. Schließlich ist die Steigerung des Pro-Kopf-Einkommens ein Mittel, um den **Umweltschutz** und damit auch die Qualität bzw. „Nachhaltigkeit" des wirtschaftlichen Wachstums zu erhöhen. Der Umweltschutz verursacht Kosten, weil er Arbeit und Kapital in ökologisch relevanten Verwendungen bindet, damit Altschäden an Boden und Gewässern beseitigt, Schadstoffemissionen reduziert, umweltschonende Verfahren entwickelt und angewendet sowie wirksame Vorsorgemaßnahmen gegenüber neuen Schädigungen getroffen werden. Der Gegenposten entspricht den Kostenentlastungen, die aus der Vermeidung zukünftiger Umweltschäden entstehen. Aber auch nach dieser Gegenrechnung bleibt für den Zugewinn an Umweltqualität eine Zusatzbelas-

tung, die den Menschen einen Verzicht auf Realeinkommen abverlangt. Ein Beispiel ist die Verteuerung der Energienutzung durch eine Ökosteuer, die im Inland erhoben wird. Wehren sich die Bürger z.B. durch zusätzliche Lohnsteigerungen, die den ökosteuerbedingten Preisanstieg kompensieren sollen, so tragen sie bei gleichbleibender Produktivität die Zusatzbelastung in Form von Arbeitslosigkeit. Da Kapital international mobil ist, jedenfalls mobiler als Arbeit, kann es sich der Steuerlast entziehen, jedenfalls solange es keine internationale Koordinierung der Umweltpolitik gibt. Deshalb bleibt der größte Teil der Traglast beim Produktionsfaktor Arbeit, denn nicht die Umwelt zahlt die Ökosteuern, sondern die Menschen, die die Umwelt beanspruchen. In einer wachsenden Wirtschaft fällt diese Traglast weniger ins Gewicht. Das Gleiche gilt im Falle einer von außen auferlegten Verteuerung umweltintensiver Güter, z.B. bei einer Erhöhung der Rohölpreise durch die im OPEC-Kartell organisierten Erdölproduzenten. Dem daraus resultierenden negativen Terms-of-Trade-Effekt entsprechen Realeinkommenseinbußen bei der inländischen Bevölkerung, die nicht ungeschehen gemacht werden können, aber weniger fühlbar sind, wenn insgesamt die Einkommensentwicklung günstig verläuft.

Das Ziel der Wohlstandssteigerung als das oberste Ziel der Wirtschaftspolitik ist sehr unscharf und muss zunächst mit Leben gefüllt werden.[2] In der praktischen Wirtschaftspolitik haben wir es stets mit mehreren Zielen zu tun, die zugleich angestrebt werden. Es gibt also ein **Zielbündel**, was die sehr interessante und wirtschaftspolitisch relevante Frage aufwirft, wie sich die Einzelziele eines solchen wirtschaftspolitischen Zielbündels zueinander verhalten. In der Literatur werden verschiedene Formen der Zielbeziehungen unterschieden, die Streit (2005, S. 278ff.) wie folgt auf den Punkt gebracht hat (Abbildung I.1):

Identitätsbeziehung: Gleiche Sachverhalte werden mit unterschiedlichen Terminologien belegt, die dann in der wirtschaftspolitischen Debatte je nach Adressat parallel genutzt werden können, um so z.B. ein und denselben Standpunkt taktisch differenziert zu vermitteln. Ökonomisch stellt eine Identitätsbeziehung eine Tautologie dar. Ein anschauliches Beispiel findet sich in der Geldpolitik: Das Ziel der Geldwertstabilität ist das gleiche wie Vermeidung von Inflation oder Deflation. Während der erste Begriff rein technisch und für den Bürger meist assoziationsfrei

---

2 An dieser Stelle sei darauf hingewiesen, dass die Problematik der Definition, Messung und Verwirklichung von Wohlfahrt hier bewusst noch offen gelassen wird. Wohlfahrtsfunktionen, die die Bedingungen des Wohlfahrtsoptimums (Marginalbedingungen, Totalbedingungen) berücksichtigen, Probleme des Bestmöglichen („second-best“, Kompensationskriterien) und die Implikationen von Konstellationen, in denen der Markt versagt, werden später ausführlich behandelt (Kapitel II und III).

Abbildung I.1: Arten der Zielbeziehungen in der Wirtschaftspolitik

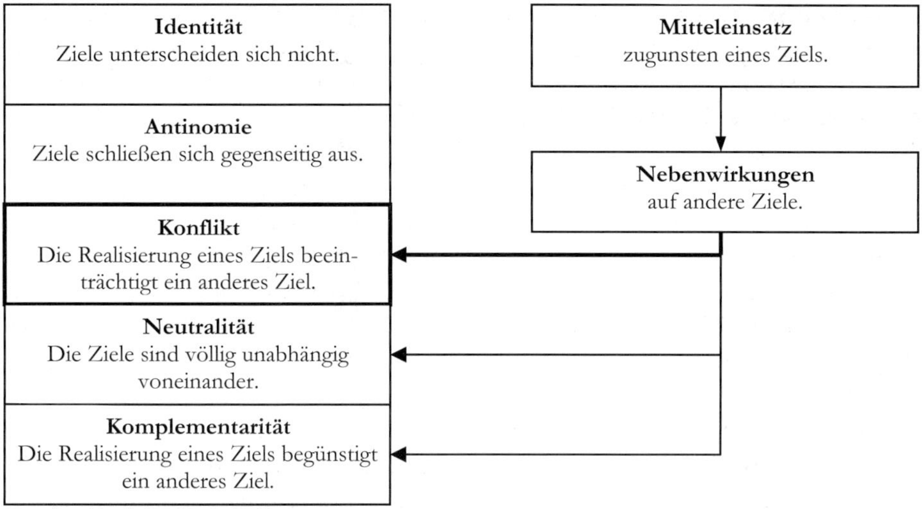

Quelle: Streit (2005, S. 279).

ist, haben die Menschen bei den beiden anderen Begriffen Assoziationen, die in der Regel negativ sind (in Deutschland beispielsweise denken viele an die Hyperinflation von 1922/23, die Große Depression 1929-33 und die zurückgestaute Inflation nach dem Ende des Zweiten Weltkriegs bis zur radikalen Währungsreform im Juni 1948). Während der Begriff der Geldwertstabilität unter Wirtschaftswissenschaftlern gängig ist, fühlt sich der Einzelne bei letzterer Formulierung direkter angesprochen und kann die Ziele der Geldpolitik vielleicht eher nachvollziehen, wenn von Inflations- oder Deflationsbekämpfung die Rede ist. Für jedermann verständlich ist es, gleich Preisniveaustabilität zu sagen.

Antinomische Beziehung: Hier herrscht eine Unvereinbarkeit von Zielen, d.h. das eine Ziel ist die totale Negation des anderen. Eine Antinomie liegt z.B. vor, wenn die Regierung die Vermeidung von außenwirtschaftlichen Abhängigkeiten durch Autarkie anstrebt und zugleich das Ziel verfolgt, Vorteile aus der internationalen Arbeitsteilung zu ziehen. Nur eines der Ziele kann durchgesetzt werden, während auf das andere verzichtet werden muss. Folglich dürften diese Ziele nicht nebeneinander in einem wirtschaftpolitischen Programm erscheinen.

Konfligierende Beziehung (Zielkonkurrenz): Mit Zielkonflikten muss sich die praktische Wirtschaftspolitik täglich herumschlagen. Die Wissenschaft kann erklären, ob überhaupt und gegebenenfalls unter welchen Bedingungen sich solche Zielkonflikte mildern oder gar beheben lassen. In der praktischen Wirtschaftspolitik ergibt sich die Notwendigkeit, von vornherein Prioritäten zu setzen. Zudecken lassen sich Zielkonflikte allenfalls zeitweilig, dann allerdings mit der Gefahr, dass es früher oder später zu gesamtwirtschaftlichen Fehlentwicklungen kommt, die dann zu beheben hohe Kosten verursacht. Immer wiederkehrende Beispiele für Zielkonflikte betreffen die Beziehung zwischen dem Ziel der Geldwertstabilität und dem Ziel eines hohen Beschäftigungsstandes (Phillips-Kurven-Problematik) und, in einem System flexibler Wechselkurse, das Verhältnis zwischen dem Ziel eines stabilen Binnenwertes der Währung (Preisniveau) und dem Ziel eines stabilen Außenwertes derselben (Wechselkurs). Zielkonflikte können auch eine zeitliche Dimension haben: Wirtschaftspolitische Maßnahmen können kurzfristig ihren Zweck erfüllen (z.B. durch Subventionen Arbeitsplätze sichern), langfristig aber gesamtwirtschaftlich kontraproduktiv sein (z.B. durch Strukturkonservierung das Wachstum verlangsamen und die Beschäftigungschancen verschlechtern). Diesem zeitlichen Zielkonflikt sind die von Eigeninteressen geleiteten Politiker in einer Demokratie immer wieder ausgesetzt. Da sie ihre Wiederwahl anstreben, sind wirtschaftspolitische Entscheidungen mit kurzem Zeithorizont aus ihrer Sicht rational. Es liegt dann Staatsversagen vor (Kapitel IV).

Neutrale Beziehung (Zielindifferenz): Manche Ziele sind, abgesehen von etwaigen kleineren Nebenwirkungen, unabhängig voneinander und werfen wirtschaftspolitisch keine besonderen Probleme auf. So kann beispielsweise das Ziel der angemessenen Versorgung mit Infrastruktur unabhängig vom Ziel der Außenhandelsliberalisierung verwirklicht werden; der Erfolg oder Misserfolg bei der Verwirklichung eines der beiden Ziele hat keinen Einfluss auf die Erreichung des anderen.

Komplementäre Beziehung (Zielharmonie): Die Verwirklichung des einen Ziels bringt die Wirtschaftspolitik gleichzeitig einem oder mehreren anderen Zielen näher. Als Beispiel hierfür kann das Verhältnis zwischen dem Beschäftigungsziel und dem Wachstumsziel dienen. Der Abbau von Arbeitslosigkeit geht normalerweise mit einem Anstieg des Produktionsvolumens und des Realeinkommens pro Kopf der Bevölkerung einher. Es findet simultan eine Annäherung an beide Ziele statt.

Wie schnell einsichtig wird, ist der **für die Wirtschaftspolitik zentrale Fall derjenige der Zielkonkurrenz**. Eine Identitätsbeziehung ist eher ein semantisches denn ein tatsächliches Problem. Antinomie zwischen zwei Zielen ist sehr schnell zu identifizieren und mit entsprechenden Maßnahmen zu beheben. Neutralität und Zielharmonie stellen ebenfalls keine Herausforderungen für die Wirtschaftspolitik dar. Überdies sind diese vier Zielbeziehungen nicht häufig in der Wirtschaftspolitik anzutreffen.

Abbildung I.2: Das magische Viereck

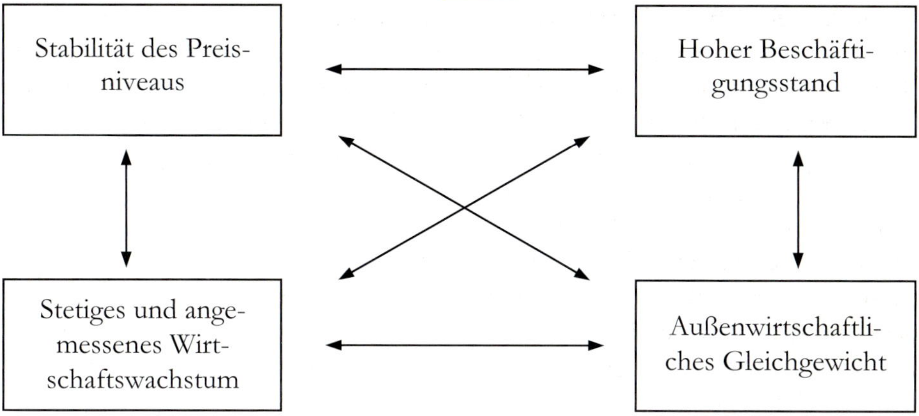

Die großen makroökonomischen Ziele

Zielkonflikte treten hingegen sehr häufig auf. Das kommt bereits im wirtschaftspolitischen Zielkatalog der Bundesrepublik Deutschland, dem sog. **magischen Viereck**, zum Ausdruck.[3] Dabei sollen gleichzeitig, im Rahmen der marktwirtschaftlichen Ordnung, die folgenden vier Ziele erreicht werden:

- Stabilität des Preisniveaus,
- hoher Beschäftigungsstand,
- stetiges und angemessenes Wirtschaftswachstum sowie
- außenwirtschaftliches Gleichgewicht.

Die Bezeichnung „magisches Viereck" ist dem Umstand geschuldet, dass diese Ziele sich zum einen gegenseitig bedingen, zum anderen indes miteinander konfligieren (Abbildung I.2).

Die Wahl dieser Ziele lässt sich wie folgt begründen:

- Bei **Stabilität des Preisniveaus** (des Geldwertes also) kann der Mechanismus der relativen Preise die Lenkungsfunktion zur optimalen Allokation der Ressourcen am besten erfüllen (Abschnitt II.4). Unverzerrte Preisrelationen geben

3 Die beiden einschlägigen Gesetze sind das „Gesetz über die Bildung eines Sachverständigenrates zur Begutachtung der gesamtwirtschaftlichen Entwicklung" vom 14. August 1963 (novelliert am 8. November 1966), und das „Gesetz zur Förderung der Stabilität und des Wachstums der Wirtschaft" vom 8. Juni 1967.

klare Signale über vorhandene oder sich anbahnende Angebotsengpässe und Überkapazitäten in einer Branche sowie über Veränderungen der Nachfragepräferenzen und unterstützen damit den wachstumsnotwendigen Strukturwandel in der Volkswirtschaft. Zudem stiftet Geldwertstabilität in der Gesellschaft Zukunftsvertrauen in die wirtschaftliche und soziale Entwicklung des Landes. Damit nimmt das Ziel der Preisniveaustabilität einen sehr hohen Rang unter den allgemeinen, von der Wirtschaftspolitik gestaltbaren Rahmenbedingungen (Angebotsbedingungen, Abschnitt V.3) für die wirtschaftliche Aktivität ein. Durch seine Verwirklichung wird eines der konstitutiven Prinzipien der marktwirtschaftlichen Ordnung (Abschnitt 5 in diesem Kapitel) erfüllt.

- Ein **hoher Beschäftigungsstand** bedeutet, dass alle, die Arbeit suchen, bei den herrschenden Löhnen und Arbeitszeiten eine Arbeitsstelle, mehr noch, eine Tätigkeit, die zu ihren Neigungen und Begabungen am besten passt, finden („materielle Freiheit"); entsprechend hoch sind, ceteris paribus, die Erwerbsquote und der Auslastungsgrad des gesamtwirtschaftlichen Produktionspotentials.

- Das **wirtschaftliche Wachstum** soll den Wohlstand der Menschen mehren. Der Zusatz **„angemessen"** verlangt, dass das gesamtwirtschaftliche Produktionspotential selbsttragend und nachhaltig (umweltgerecht) mit einer Rate steigt, bei der die in der Gesellschaft konkurrierenden Ansprüche an das gesamtwirtschaftliche Produktionsergebnis möglichst friktionsfrei miteinander in Einklang gebracht werden können und die zusätzlichen Kosten von Gemeinschaftsaufgaben im Inland (z.B. Sozialleistungen) und im Ausland (z.B. Entwicklungshilfe) leichter zu tragen sind. Der Begriff **„stetig"** steht für das Ziel geringer Konjunkturschwankungen. Dies verringert die Investitionsrisiken bei den Unternehmen, die Beschäftigungsrisiken für die Arbeitnehmer und die Risiken für den Staatshaushalt einschließlich der gesetzlichen Sozialversicherungen.

- Mit dem **außenwirtschaftlichen Gleichgewicht** ist die Basis dafür zu legen, dass die Volkswirtschaft bei konstantem Wechselkurs und freiem internationalen Handel und Kapitalverkehr eine effiziente Spezialisierung in der Produktion und im Export findet und auf den internationalen Kapitalmärkten das gebotene Vertrauen genießt, um ausländische Direktinvestitionen zu attrahieren. Allokationstheoretisch ist damit die vierte Marginalbedingung (Unterabschnitt II.4.C) angesprochen.

Um in der Wirtschaftspolitik eine Orientierung zu haben, liegt es nahe, diese **Ziele** zu **quantifizieren**. Eindeutige, wissenschaftlich begründete Ableitungen sind nicht möglich. Deshalb erfüllt der Versuch, die Ziele zu quantifizieren, seinen Zweck nur, wenn strenge Maßstäbe zugrunde liegen; einen Zielwert großzügig zu definieren, nur damit er leichter erreicht werden kann, ist nicht hilfreich.

Für das **Ziel der Geldwertstabilität** wird man eine sehr niedrige Inflationsrate angeben und Deflation, bei der das allgemeine Preisniveau fortwährend und stark sinkt, ausschließen. Denn bei einer Deflation ist die Geldpolitik machtlos: Sobald die Notenbank die Leitzinsen auf Null gesenkt hat, gerät der Staat in die Versuchung, durch eine expansive Fiskalpolitik die Wirtschaft aus der Liquiditätsfalle herausführen zu wollen, wodurch er aber die öffentliche Verschuldung übermäßig nach oben treiben würde, ohne substantiell positive realwirtschaftliche Effekte zu erzeugen. Die Deutsche Bundesbank hat in der Ära der D-Mark (bis 1998) das Stabilitätsziel bei einem Anstieg des Preisindex für die Lebenshaltung aller privaten Haushalte von bis zu 2 vH im Jahr als erreicht betrachtet. Die Europäische Zentralbank, die nunmehr die Stabilitätsveranwortung inne hat (wenn auch nicht mehr direkt für Deutschland, sondern für den gesamten Euro-Raum), verfährt ähnlich: Nach einem Beschluss des EZB-Rates vom 8. Mai 2003 ist „eine Preissteigerungsrate unter, aber von *nahe* 2% beizubehalten“.[4] Diese gesetzte Ziel-Rate bezieht sich auf die mittlere Frist; kurzfristig kann es durchaus zu einer Beschleunigung des Preisniveauanstiegs darüber hinaus kommen. Typische Ursachen dafür sind güterspezifische Angebotsschocks (z.B. ein abrupter Preissprung bei Erdöl und anderen industriellen Rohstoffen oder eine witterungsbedingte Verteuerung frischer Nahrungsmittel), steuerpolitische Maßnahmen (z.B. eine Erhöhung der Mehrwertsteuer, der Grundsteuer oder der Tabaksteuer) sowie die Anhebung staatlich administrierter Verbraucherpreise (z.B. Verkehrstarife, Gebühren der Müllabfuhr, Rundfunk- und Fernsehgebühren). Eine Ursache neuer Art für einmalige Teuerungsimpulse ist im Zusammenhang mit der Einführung des Euro-Bargelds am 1. Januar 2002 und den vor allem im Einzelhandel und im Gaststättengewerbe betriebenen „großzügigen“ Aufrundungen bei der Preisumstellung zum Thema geworden („Euro=Teuro-Effekt“). Nach Verarbeitung solcher Preisänderungen sollte die Entwicklung des allgemeinen Preisniveaus jedoch zu dem festgelegten Stabilitätspfad zurückfinden. Die Voraussetzung dafür ist freilich, dass sich die außergewöhnlichen Preisänderungen nicht über sog. Zweitrundeneffekte verfestigen, z.B. indem in Tariflohnverhandlungen ein entsprechend überhöhter Inflationsausgleich gefordert und durchgesetzt wird.

---

4 In dem Beschluss des EZB-Rates vom 13. Oktober 1998 hatte es noch geheißen: „Preisstabilität wird definiert als Anstieg des Harmonisierten Verbraucherpreisindex (HVPI) für das Euro-Währungsgebiet von unter 2% gegenüber dem Vorjahr“. Zu den Gründen für die neue Definition vgl. Europäische Zentralbank (2003b).

Es gilt zu beachten, dass ein allgemeiner Preisniveauanstieg um nur 2 vH natürlich nicht absoluter Geldwertstabilität entspricht. Dass die Notenbank das Stabilitätsziel nicht mit der Konstanz des Preisniveaus gleichsetzt, sondern es relativiert, hat mit statistischen Unschärfen und mit Rigiditäten einzelner Preise zu tun; Preisanpassungen verursachen bei den Unternehmen Kosten (Preisschilder müssen geändert, Kataloge neu gedruckt werden), und es ist daher ökonomisch rational, diese nur von Zeit zu Zeit vorzunehmen. Besonderheiten dieser Art könnte die Zentralbank, wenn überhaupt, nur neutralisieren, wenn sie unabhängig von der allgemeinen Konjunkturlage eine extrem restriktive Geldpolitik betreiben würde; dies würde aber, ceteris paribus, zu einer Dämpfung der gesamtwirtschaftlichen Nachfrage und einem Rückgang in Produktion und Beschäftigung führen. Diese realwirtschaftlichen Folgen dürften im Ganzen stärker zu Buche schlagen als der milde Geldwertverlust, der sich aus der in Kauf genommenen Teuerungsrate ergibt.

Unabdingbare Grundlage für die Bestimmung der Geldwertstabilität ist in jedem Fall, dass die amtliche Statistik einen repräsentativen Preisindex für die Lebenshaltung erhebt, das Wägungsschema regelmäßig (etwa alle fünf Jahre) anpasst und damit die im Zeitverlauf üblicherweise auftretenden Substitutionseffekte (zwischen Produkten mit unterschiedlichen Preisen und Qualitätsmerkmalen) sowie etwaige Veränderungen der Nachfragepräferenzen bestmöglich erfasst.[5]

Für das **Ziel eines hohen Beschäftigungsstands** wird man eine sehr niedrige Arbeitslosenquote beziffern und sich eine hohe Dynamik bei der Schaffung neuer Arbeitsplätze wünschen. Das muss nicht auf Vollbeschäftigung hinauslaufen. Eine absolute Markträumung auf Dauer ist unwahrscheinlich, weil es Lohnstarrheiten gibt (z.B. während der Laufzeit von Tarifverträgen), die Suche des Arbeitnehmers

5 Für die Berechnung von Preisindizes ist die Berücksichtigung von Qualitätsänderungen bei den beobachteten Gütern von zentraler Bedeutung. Ein besonderes Problem bildet die richtige Preiserfassung für technische Güter, die einem raschen Wandel unterliegen. Wenn zum Beispiel die direkt beobachtbaren Preise eines Produktes etwa konstant bleiben, die Qualität dieses Gutes aber ansteigt (Beispiele: Computer, Mobiltelefone, Software und andere Güter in Verbindung mit den neuen Informations- und Kommunikationstechnologien), so handelt es sich aus ökonomischer Sicht um einen Preisrückgang. Die amtliche Statistik, die diesen Effekt nicht erfasst, überzeichnet die tatsächliche Inflation, wie erstmals 1996 für die Vereinigten Staaten festgestellt wurde (um etwa einen Prozentpunkt jährlich). Ein Ausweg aus dieser auch für die Notenbank kniffligen Konstellation wird in der sog. hedonischen Preismessung gesehen (griech. „hedone“: die Lust oder der Nutzen des Verbrauchers). Bei diesem Ansatz wird ein Produkt in qualitätsrelevante Eigenschaften zerlegt, deren Wirkungen auf den Preis regressionsanalytisch quantifiziert werden. Nur der reine Preiseffekt geht dann in den Preisindex ein (vgl. den Boskin-Report nach Boskin u.a. 1996). Methodisch ist das hedonische Verfahren ein Fortschritt, aber es ist noch umstritten, wie weit man damit gehen sollte, auf welche Güter man sich gegebenenfalls beschränken könnte, welche Qualitätsänderungen wirklich einen Nutzenzuwachs ausmachen, ob auch Qualitätsverschlechterungen (z.B. gesundheitliche Risiken von etwas Neuem) zu berücksichtigen wären und wie die internationale Vergleichbarkeit von Inflationsraten sichergestellt werden würde.

nach einem Arbeitsplatz und die Entscheidung des Arbeitgebers über die Einstellung von Bewerbern Zeit braucht (Sucharbeitslosigkeit), eine wirksame Arbeitsvermittlung durch Probleme der asymmetrischen Information (Abschnitt III.3) zwischen Arbeitsämtern und Arbeitsuchenden erschwert sein kann, die Beschäftigung aus klimatischen Gründen in bestimmten Branchen unstetig ist (saisonale Arbeitslosigkeit z.B. in der Landwirtschaft und im Baugewerbe) und weil Arbeitsnachfrage und Arbeitsangebot räumlich und qualifikationsbedingt inkongruent sein können (Mismatch-Arbeitslosigkeit). In der Fachliteratur wird in diesem Zusammenhang auf das Phänomen der „natürlichen Arbeitslosigkeit" hingewiesen, auf das erstmals Milton Friedman (1968) aufmerksam gemacht hat. Gemeint ist damit, dass unter den skizzierten Umständen von einem Arbeitsmarktgleichgewicht gesprochen werden kann, obwohl faktisch in einem gewissen Umfang Unterbeschäftigung vorliegt.

Als zielkonform kann eine Arbeitslosenquote (bezogen auf die zivilen Erwerbspersonen) von wenigen Prozentpunkten gelten. Dabei wird angenommen, dass die amtlich (in Deutschland von der Bundesagentur für Arbeit) registrierte Arbeitslosigkeit die tatsächliche ist; es besteht also keine „verdeckte" Arbeitslosigkeit, bei der Arbeitslose aus der amtlichen Statistik herausfallen, weil sie in Programme der aktiven Arbeitsmarktpolitik überführt werden (z.B. Arbeitsbeschaffungsmaßnahmen, Umschulungs- und Fortbildungsmaßnahmen, Sprachlehrgänge, Frühverrentungsmaßnahmen). Ökonomisch gesehen sind die registrierte und die verdeckte Arbeitslosigkeit unterschiedliche Seiten der gleichen Medaille und müssen daher bei der Operationalisierung des beschäftigungspolitischen Ziels gemeinsam im Blickfeld stehen. Mehr noch: Auch die „Stille Reserve" des Arbeitsmarkts gehört unbedingt in diese Zielbetrachtung. Hier geht es um diejenigen Personen, die früher schon einmal beschäftigt waren, dann arbeitslos wurden und sich nach Ablauf der Arbeitslosenunterstützung aus dem Arbeitsmarkt zurückziehen, weil sie keine unmittelbaren Beschäftigungsmöglichkeiten für sich sehen (z.B. in Zeiten schlechter Konjunktur). Potentiell stehen diese Personen dem Arbeitsmarkt zur Verfügung, was aber erst bei einer günstigen wirtschaftlichen Entwicklung sichtbar wird. Sobald die Nachfrage nach Arbeitskräften steigt, nimmt das Arbeitsangebot aus der stillen Reserve heraus zu und konkurriert mit den registriert und verdeckt Arbeitslosen sowie den Berufsanfängern um die zusätzlichen Arbeitsplätze.[6]

---

6 Bei der amtlichen Erfassung der Arbeitslosigkeit werden zwei Konzepte verwendet: Das eine Konzept, dasjenige, das die größte mediale Wirkung hat, stellt auf die registrierte Arbeitslosigkeit ab. Danach gelten Personen als arbeitslos, die eine Beschäftigung mit weniger als 15 Wochenstunden haben, wenn sie eine Wochenarbeitszeit von mindesten 15 Stunden suchen und sich deshalb bei der Bundesagentur für Arbeit als arbeitsuchend gemeldet haben und für eine Ar-

Nicht ganz einfach ist die Quantifizierung des **Wachstumsziels**, besonders in Bezug darauf, wann das Wachstum angemessen ist. In der Marktwirtschaft ist die Entwicklung der gesamtwirtschaftlichen Produktion das Ergebnis der Präferenzen und Anstrengungen der Menschen. Neben der Bereitschaft, zu arbeiten und Geld zu verdienen, sind Wünsche nach mehr oder weniger Freizeit im Spiel; neben dem Streben nach Neuerungen bei Waren und Dienstleistungen gibt es die Sorge um die langfristige Sicherung der natürlichen Grundlagen des Lebens und des Wirtschaftens. Es kann in einer Marktwirtschaft mithin kein von oben angeordnetes Wachstumsziel geben (wie es in den Mehrjahresplänen von Zentralverwaltungswirtschaften geschieht). Die in die öffentliche Diskussion eingebrachten quantitativen Zuwachsraten des Produktionspotentials oder des Bruttoinlandsprodukts[7] haben in erster Linie die Funktion, die entsprechenden Rahmenbedingungen für die wirtschaftliche Betätigung zu schaffen. Diese Rahmenbedingungen muss die Wirtschaftspolitik unter dem Gesichtspunkt der „Nachhaltigkeit des Wachstums" gestalten, indem sie die Anreize bei Produzenten und Verbrauchern für den schonenden Umgang mit der Umwelt richtig setzt (Unterabschnitt III.2.D).[8]

Ähnliches gilt für die Quantifizierung des **Ziels des außenwirtschaftlichen Gleichgewichts**. Es existieren Erfahrungswerte, wie hoch die Salden von Leis-

---

beitsvermittlung zur Verfügung stehen. Das zweite Konzept stellt auf die Erwerbslosigkeit ab. Darunter werden Personen ab einem Alter von 15 Jahren erfasst, die zum Zeitpunkt der Erhebung noch nicht einmal eine Stunde in der Woche abhängig beschäftigt oder selbständig tätig sind, aktiv eine Beschäftigung suchen und diese innerhalb von zwei Wochen aufnehmen könnten. Dieses Konzept entspricht der Definition der Internationalen Arbeitsorganisation (ILO) und eignet sich gut für internationale Vergleiche der Arbeitslosigkeit, sofern andere Länder dieses Verfahren anwenden. Innerhalb der EU wird dieses Konzept angewandt. Das Konzept der registrierten Arbeitslosigkeit bildet das Ausmaß, in dem der Produktionsfaktor Arbeit unterausgelastet ist und dadurch ein Teil des gesamtwirtschaftliches Potentials brachliegt, besser ab und gibt der Wirtschaftspolitik eine zweckmäßigere Orientierung. Im Zeitverlauf entwickeln sich registrierte Arbeitslosigkeit und Erwerbslosigkeit ziemlich parallel, wobei die Anzahl der registrierten Arbeitslosen deutlich über derjenigen der Erwerbslosen liegt.

7 In der langfristigen Sicht liegen beide Raten natürlich eng beieinander. Kurzfristig divergieren sie konjunkturbedingt, was sich in Schwankungen des Auslastungsgrads des Produktionspotentials niederschlägt. Man spricht dann von einer „Produktionslücke". Für die zu lösenden methodischen Fragen vgl. Deutsche Bundesbank (2003).

8 Das Kriterium der Nachhaltigkeit kann in dem traditionellen System der Volkswirtschaftlichen Gesamtrechnungen, aus dem die gesamtwirtschaftlichen Wachstumsraten hergeleitet werden, nicht adäquat berücksichtigt werden. Forscher und Statistiker arbeiten zwar an der Entwicklung sog. Umweltökonomischer Gesamtrechnungen, aber das Umweltproblem erweist sich als zu komplex, um ein „Ökosozialprodukt", in dem die Kosten der Umweltnutzung voll eingerechnet sind, zu quantifizieren. Vorerst wird man sich mit einem System von Umweltindikatoren begnügen müssen (z.B. Schadstoffemissionen, Energieintensitäten der Produktion und des Verbrauchs sowie Investitionen zur Abfallbeseitigung, Gewässerschutz, Lärmbekämpfung und Luftreinhaltung). Anhand solcher Indikatoren lässt sich eine Erfolgskontrolle umweltpolitischer Maßnahmen hinsichtlich der normativ gesetzten Ziele durchführen.

Tabelle I.1: Wirtschaftspolitische Eckdaten für Deutschland
(1950-90: früheres Bundesgebiet)

	1950-60	1960-70	1970-80	1980-90	1991-2000	2000-2007
Verbraucherpreise[1]	1,9	2,5	5,1	2,6	2,3	1,6
Arbeitslosenquote[2]	5,7	0,8	2,5	6,7	9,8	11,5
Produktionspotential[1]	8,0	4,5	2,8	2,3	2,0	1,3
Leistungsbilanz/BIP[2]	+2,2	+0,9	+0,6	+2,5	-0,4	+2,3

[1] Jahresdurchschnittliche Veränderungsrate in vH;
[2] Periodendurchschnitt in vH.

Quellen: Statistisches Bundesamt, Statistisches Jahrbuch für die Bundesrepublik Deutschland, laufender Jahrgang; Deutsche Bundesbank, Monatsberichte, laufender Jahrgang; Sachverständigenrat (1998-2007b).

tungsbilanz und Kapitalbilanz in Industrieländern üblicherweise sind. Diese Höhe lässt sich auch normativ begründen: Angesichts hoher relativer Kapitalknappheit in den Entwicklungsländern spricht viel dafür, dass die kapitalreichen Industrieländer der Welt eigene Ersparnisse zur Verfügung stellen; somit fließen Investitionen sozusagen in Regionen mit einer vergleichsweise höheren Grenzleistungsfähigkeit des Kapitals. Außerdem leisten die Industrieländer öffentliche Entwicklungshilfe, wenngleich die meisten von ihnen (Deutschland eingeschlossen) deutlich weniger tun als die Regierungen vor den Vereinten Nationen seit 1970 wiederholt versprochen haben („mindestens 0,7 vH in Relation zum Bruttosozialprodukt"). Um den Nettokapitalexport zu finanzieren, muss rein zahlungsbilanzstatistisch die Leistungsbilanz der Industrieländer einen Überschuss verzeichnen. Allgemein geht man von Werten in einer Größenordnung von 1-1,5 vH des Bruttoinlandsprodukts aus. Aber wiederum gilt, dass die Wirtschaftspolitik allein die Rahmenbedingungen für den internationalen Kapitalverkehr und den Außenhandel setzt, während es letztlich die Individuen im Inland und im Ausland mit ihren einzelwirtschaftlichen Plänen sind, die die Salden „verursachen".

Da die vier großen makroökonomischen Ziele gleichzeitig erreicht werden sollen, sind sie grundsätzlich gleichrangig. Dabei wird in der praktischen Wirtschaftspolitik jenen Zielen die größte Aufmerksamkeit geschenkt, die in der jeweiligen gesamtwirtschaftlichen Situation und in der absehbaren Entwicklung am wenigsten verwirklicht bzw. am stärksten verfehlt sind.

Zielerfüllung und Zielverfehlung

Die Erfahrung in Deutschland lehrt, dass diese Ziele und die Wirklichkeit häufig auseinander klaffen (Tabelle I.1). Am besten ist das Land noch mit dem Ziel der Geldwertstabilität gefahren. Dennoch hat die D-Mark in den nahezu 50 Jahren ihrer Existenz einen beträchtlichen Wertschwund erlitten: Im Zeitraum 1950-98 lag die jahresdurchschnittliche Preissteigerungsrate bei 3 vH; rein rechnerisch hat sich damit die Kaufkraft der D-Mark um drei Viertel verringert, d.h. eine D-Mark des Jahres 1950 war im Jahre 1998 noch 24 Pfennig wert. Für diesen Geldwertschwund waren verschiedene Faktoren in Verbindung mit Zweitrundeneffekten verantwortlich, darunter binnenwirtschaftliche (z.B. Nachfrageboom, steigende Lohnstückkosten, Erhöhung von staatlich administrierten Preisen) und außenwirtschaftliche (z.B. Inflationsimport bei festen Wechselkursen, abwertungsbedingte Verteuerung von Importgütern bei flexiblen Wechselkursen, Ölpreisexplosionen). Nach dem Übergang zur Euro-Währung hat sich der schleichende Geldwertschwund mit einer jahresdurchschnittlichen Rate von 1,7 vH im Zeitraum 1999-2007 – etwas langsamer als im Durchschnitt des Euro-Raums – fortgesetzt. In dem Geldsystem eines Papierstandards sind inflatorische Prozesse schon deshalb wahrscheinlich, weil es, anders etwa als beim einstigen Goldstandard, keinen Automatismus gibt, der die umlaufende Geldmenge knapp hält. Dank der im Grunde stabilitätsorientierten Geldpolitik der Deutschen Bundesbank war die Inflationsrate hierzulande niedriger als in vielen anderen Ländern. Das hat die D-Mark, an ihrem Außenwert gemessen, zu einer Hartwährung, der wichtigsten Währung in Europa und der zweitwichtigsten in der Welt nach dem US-Dollar, gemacht. An den Devisenmärkten ist die D-Mark tendenziell aufgewertet worden: Ende 1998, vor dem Übergang zur Europäischen Währungsunion mit dem Euro als gemeinsame Währung, belief sich der Kurs der D-Mark zum US-Dollar (D-Mark/US-Dollar) auf 1,66:1; gestartet war die D-Mark bei der Währungsreform von 1948 mit einem vorläufigen Dollarkurs von 3,33:1, einem danach überhöhten Kurs, der deshalb im September 1948 korrigiert und auf 4,20:1 festgesetzt wurde (und bis zum März 1961 auf diesem Niveau blieb).

Am hartnäckigsten ist die Zielverfehlung beim **Beschäftigungsstand**. Aus der Vollbeschäftigungsökonomie von einst (im früheren Bundesgebiet) – bis in das Jahr 1972 bedurfte es eines kräftigen Gastarbeiterzustromes, um die Arbeitsnachfrage zu befriedigen – ist eine Unterbeschäftigungsökonomie geworden. Von Konjunkturzyklus zu Konjunkturzyklus ist die Sockelarbeitslosigkeit gestiegen. Ein Jahr vor der deutschen Vereinigung waren im früheren Bundesgebiet 2,2 Millionen Menschen als arbeitslos registriert (8,4 vH der abhängigen Erwerbspersonen). Nach der Vereinigung hat sich die negative Entwicklung am Arbeitsmarkt fortgesetzt, nunmehr verschärft durch die grundlegenden strukturellen Anpassungserfordernisse in den neuen Bundesländern. Im Jahre 2005, dem Jahr mit der schlechtesten Bilanz, waren in Westdeutschland durchschnittlich 3,2 Millionen Personen als arbeitslos registriert, in Ostdeutschland 1,6 Millionen, was je nach Gebietsstand Arbeitslosenquoten von 9,9 bzw. 18,7 vH entsprach; die sich daraus ergebende gesamtdeutsche Arbeitslosenquote betrug 11,7 vH. Das Ausmaß der verdeckten Arbeitslosigkeit belief sich auf insgesamt 1,3 Millionen Menschen. Die Gründe hierfür sind vielfältig: Zentral ist jedoch die Verteuerung des Produktionsfaktors Arbeit durch wiederholt überzogene Tariflohnsteigerungen und den Anstieg der gesetzlichen Lohnnebenkosten (besonders der Beiträge zur Sozialversicherung), durch eine unzureichende Lohndifferenzierung in qualifikatorischer und regionaler Hinsicht und durch übermäßige Regulierungen des Arbeitsmarktes, die zudem die notwendigen Anpassungen an den strukturellen Wandel in der Volkswirtschaft erschweren. Nach Berechnungen des Sachverständigenrates (2005, Ziffern 212ff.; 2007, Ziffern 476ff.) ist der überwiegende Teil der Arbeitslosigkeit struktureller Natur. Eine beschäftigungsorientierte Lohnpolitik und Flexibilität auf dem Arbeitsmarkt sind notwendige Bedingungen, um das Ziel eines hohen Beschäftigungsstandes zu erreichen. Hinzukommen muss eine ausreichende Wachstumsdynamik, aus der heraus sich eine steigende Arbeitsnachfrage speisen kann. In den letzten Jahren sind solche Bedingungen teilweise geschaffen worden, und die Arbeitslosigkeit ist deutlich zurückgegangen, bei gleichzeitiger Zunahme von neuen Arbeitsplätzen.

Beim **Wachstumsziel** ist man in den letzten Jahren bescheidener geworden. Im Trend sind die Wachstumsraten des Produktionspotentials – sowie die Zuwachsraten des realen Bruttoinlandsprodukts – gesunken. Das gesamtwirtschaftliche Produktionspotential in Deutschland wächst derzeit um 1 ½ vH jährlich und damit deutlich langsamer als im Euro-Währungsraum als Ganzem (2 ½ vH). Bestimmt wird der Wachstumsspielraum einer Volkswirtschaft durch die Investitionen und deren Produktivität (marginaler Kapitalkoeffizient), durch das Arbeitsvolumen (Erwerbstätigkeit, Arbeitszeit, Arbeitsproduktivität) und durch das Maß der Inanspruchnahme natürlicher Energiequellen (Nachhaltigkeit). Konflikte mit den anderen großen Zielen sind hier weniger wahrscheinlich, aber in der öffentlichen wirtschaftspolitischen Diskussion werden immer wieder Thesen vorgetragen, dass übermäßige Anstrengungen beim Preisniveauziel Wachstumseinbußen hervorrufen („Stabilisierungsrezession") oder dass das durch technischen Fortschritt getriebene Wachstum Arbeitsplatzverluste verursacht („jobless growth").

Seit dem Ende der 1990er Jahre gibt es das Paradigma der Neuen Ökonomie. Diese etabliert eine auf digitalen Netzen basierende Querschnittstechnologie, die es den Marktteilnehmern erlaubt, ohne zeitliche und räumliche Restriktionen und zu extrem niedrigen Kosten vielfältige gewerbliche Transaktionen abzuwickeln. Dabei beschränkt sich dies nicht allein auf den Informations- und Kommunikationssektor. Auch in der traditionellen Industrie und in den klassischen Dienstleistungsbereichen werden sich die Produktionsweisen und Arbeitsformen fundamental verändern. Möglicherweise führt das informationsbasierte und informationsgetriebene Wirtschaften zu einem neuen langgezogenen Wachstumszyklus vom Kondratieff-Typ (40 Jahre), es wäre der sechste seit der Industriellen Revolution Ende des 18. Jahrhunderts. In den Vereinigten Staaten hat sich im Zeitraum 1996-2000 angedeutet, was die Neue Ökonomie verheißt: einen höheren Wachstumspfad und einen geringeren Inflationsdruck (als sonst), das Ganze bei (nahezu) Vollbeschäftigung (Jorgenson 2001; Council of Economic Advisers 2001). Was allerdings die Neue Ökonomik nicht verheißt, ist ein von Unwägbarkeiten und Risiken befreites Wirtschaften. Weder werden der Volkswirtschaft künftig konjunkturelle Schwankungen und das Auf und Ab der Wechselkurse und Realzinsen erspart bleiben, noch darf man sich der Illusion hingeben, an der Börse könnten die Aktienkurse nur steigen und nicht auch kräftig sinken. Gerade bei neuen wirtschaftlichen Aktivitäten gibt es auch Flops und es braucht seine Zeit, bis der Markt die Spreu von dem Weizen trennt. Genau dies ist in den Jahren 2001 und 2002 geschehen, begleitet von einem tiefen Fall der Aktienkurse und spektakulären Unternehmenskonkursen. Viele Analysten haben daraus – etwas voreilig – den Schluss gezogen, „die New Economy sei tot" und die Vorstellung eines dauerhaft höheren Wachstumspfads „reines Wunschdenken". Tatsächlich sind aber die technologisch-strukturellen Grundlagen für erweiterte Wachstumsspielräume intakt geblieben, wie Forschungsarbeiten zeigen (Baily 2002; McGuckin und van Ark 2003). Spätere Generationen werden nur die Erfolgsgeschichten lesen, so wie wir das heute auch tun hinsichtlich neuer wirtschaftlicher und technischer Entwicklungen, die irgendwann einmal in der Vergangenheit stattgefunden und sich erfolgreich Bahn gebrochen haben. Die Chancen, die die Neue Ökonomie eröffnet, fallen nicht vom Himmel, sondern müssen von den Unternehmern und Arbeitnehmern erarbeitet werden: durch Investitionen, Innovationen und Qualifizierung. Aber nicht nur von ihnen. Auch die für die Wirtschaftspolitik Verantwortlichen stehen vor der Herausforderung, die nötigen Rahmenbedingungen konsequent herzustellen (so bereits Sachverständigenrat 2000, Ziffern 207ff. und 328ff.).

Das Ziel des **außenwirtschaftlichen Gleichgewichts** ist ebenfalls nicht leicht zu verwirklichen. So waren in Deutschland die Leistungsbilanzüberschüsse in den 1980er Jahren sehr hoch, zeitweilig bis zu über 4 vH des Bruttoinlandsprodukts. In jüngster Zeit ist dies wiederum der Fall. Hinter hohen Leistungsbilanzüberschüssen kann sich ein Zuwenig an inländischer Sachkapitalbildung verbergen, was sich in der Zahlungsbilanz in Nettokapitalexporten niederschlägt. Die inländischen Wirtschaftssubjekte legen gleichsam einen Teil ihrer Ersparnisse im Ausland an, statt sie zur Finanzierung inländischer Investitionen zur Verfügung zu stellen; die ausländischen Wirtschaftssubjekte werden durch den entsprechenden Kapitalzufluss in die Lage versetzt, mehr Güter zu importieren, darunter auch Güter aus dem Kapital exportierenden Land. Insoweit wären hohe Leistungsbilanzüberschüsse Ausdruck einer Wachstumsschwäche im Inland und stellen für die Wirtschaftspolitik die Herausforderung dar, die allgemeinen Rahmenbedingungen für unternehmerische Investitionen zu verbessern. Politiker, die nur auf die Leistungsbilanz blicken und bei einem großen Aktivsaldo „Deutschland als Exportweltmeister" preisen, werden dieser Herausforderung nicht gerecht und tragen damit Verantwortung für Zielverfehlungen beim Wirtschaftswachstum und der Beschäftigungsentwicklung.[9]

Wenn umgekehrt Leistungsbilanzdefizite auftreten, und dies nicht vorübergehend, sondern auf Dauer, so bedeutet das nicht zwingend, dass die Menschen in dieser Volkswirtschaft zu viel konsumieren und ihren hohen Konsumbedarf über den Import von Waren und Dienstleistungen befriedigen, gleichsam „über ihre Verhältnissen leben". In diesem Fall wäre das außenwirtschaftliche Ungleichgewicht allerdings bedenklich. Es kann jedoch auch sein, dass der Passivsaldo der Leistungsbilanz einen investiven Absorptionsbedarf in der Volkswirtschaft widerspiegelt. Die Leistungsbilanzdefizite in Deutschland seit 1991, d.h. nach der deutschen Vereinigung, sind zum Teil so zu erklären. Den Gegenposten bilden Nettokapitalimporte, besonders im Zusammenhang mit der Finanzierung des Transformationsprozesses in den neuen Bundesländern. Wenn solche Nettokapitalimporte stattfinden, ohne dass die inländischen Zinsen im Vergleich zum Ausland steigen, ist das außenwirtschaftliche Ungleichgewicht unbedenklich. Wiederum ist freilich die Wirtschaftspolitik gefordert. Sie muss dafür sorgen, dass das Vertrauen der Kapitalmärkte in das Wachstumspotential der inländischen Volkswirtschaft bestehen bleibt. Fehler in der Wirtschaftspolitik, die dieses Vertrauen erschüttern, haben zur Folge, dass die erforderlichen Kapitalimporte nur mit einer Risikoprämie, d.h. zu steigenden Zinsen, zu haben sind.

Diese Überlegungen gelten mutatis mutandis für den Euro-Währungsraum, dem Deutschland angehört. Das Ziel des außenwirtschaftlichen Gleichgewichts verliert aus der Sicht eines Mitgliedslandes an Bedeutung, so wie zuvor entsprechend innerhalb des D-Mark-Währungsgebiets für die einzelnen Bundesländer, deren

---

9 Eine theoretische Herleitung dieses Arguments findet sich bei Dluhosch, Freytag und Krüger (1996, Kapitel 2). Auf den Umstand, dass bei freiem Welthandel und freiem internationalen Kapitalverkehr, die Güterströme den Kapitalströmen folgen, hat bereits ein großer österreichischer Nationalökonom, Böhm-Bawerk (1914), hingewiesen. In der öffentlichen Debatte wird dieser Zusammenhang aber nicht ausreichend berücksichtigt.

„Zahlungsbilanzen" in der Wirtschaftspolitik keine Rolle spielen.[10] Außenwirtschaftliche Ungleichgewichte werden gleichsam zu regionalen Ungleichgewichten. Diese zeigen sich darin, dass das Wachstumstempo und der Beschäftigungsstand zwischen den Teilregionen (den Mitgliedsländern) des Euro-Raums unterschiedlich sind und Transferzahlungen von den dynamischen Volkswirtschaften an die weniger dynamischen fließen.

Das Tinbergen-Prinzip

Bei Konkurrenzbeziehungen zwischen den wirtschaftspolitischen Zielen, aber auch bei Komplementarität, ist stets darauf zu achten, dass das Ziel-Mittel-System sachgerecht ist. Dies hat einige grundsätzliche Implikationen: Für jedes unabhängige Ziel muss zumindest ein Mittel verfügbar sein, das für kein anderes Ziel benötigt wird. Diese Regel wird als **Tinbergen-Prinzip** bezeichnet (Tinbergen 1952). Oft entstehen erst durch die Verletzung dieses Prinzips Zielkonflikte. So bringt die Festlegung auf einen festen Wechselkurs die Geldpolitik gegebenenfalls in die unangenehme Lage, entscheiden zu müssen, ob sie diesen Wechselkurs verteidigt und dann u.U. eine reale Aufwertung der Währung als Folge einer höheren Inflationsrate im Inland als im Ausland in Kauf nimmt. Durch diese reale Aufwertung würde sich die Wirtschaftspolitik vom Beschäftigungsziel und vom Wachstumsziel entfernen. Verteidigte sie den Wechselkurs jedoch nicht, sondern stattdessen den Binnenwert der Währung, käme es zu einer realen Abwertung der Währung als Folge des Stabilitätsvorsprungs gegenüber dem Ausland. In diesem Fall würde sich die Politik vom Ziel des außenwirtschaftlichen Gleichgewichts entfernen, bis es dann doch über den internationalen Preiszusammenhang im Inland zu einer Anpassungsinflation käme.

Für ein und dasselbe Ziel lassen sich durchaus zwei oder mehrere Mittel einsetzen. Das kann zweckmäßig sein, wenn sonst ein Mittel zu stark dosiert werden müsste, unerwünschte Nebenwirkungen hätte oder politische Widerstände auslösen würde. Denkbar ist vor allem eine Kombination von Geldpolitik und Finanzpolitik. Wenn mehrere oder alle vier genannten Ziele gleichzeitig erreicht werden sollen, müssen auch die entsprechenden Mittel aufeinander abgestimmt und gleichzeitig ergriffen werden. In der Praxis der Wirtschaftspolitik erweist sich dies als schwierig. Die

---

10 In der amtlichen Außenhandelsstatistik wird der Güteraustausch zwischen Deutschland und anderen Ländern des gemeinsamen Währungsraums als Exporte und Importe erfasst. Rund 40 vH des deutschen Außenhandels finden innerhalb der Europäischen Währungsunion statt und weisen einen positiven Saldo auf. Ökonomisch betrachtet handelt es sich insoweit nicht um „Exporte" und „Importe". Die hohen Leistunsbilanzüberschüsse Deutschlands müssen daher relativiert werden. Das Gleiche gilt für die hohen Leistungsbilanzdefizite, die andere Mitgliedsländer aufweisen und zu einem guten Teil innerhalb des Euro-Währungsraums generiert werden.

Neigung ist groß, die wirtschaftspolitischen Aufgaben nacheinander statt nebeneinander zu sehen, die Maßnahmen jeweils für sich (ceteris paribus) zu betrachten statt in ihrer Interdependenz (mutatis mutandis) und Maßnahmebündel, die als Ganzes zur Bewältigung der anstehenden Aufgaben präsentiert werden, aufzuschnüren und nur das zu entnehmen, was populär erscheint.

3. Akteure der Wirtschaftspolitik und Aufgabenzuordnung

A. Träger der Wirtschaftspolitik

Inwieweit die wirtschaftspolitischen Ziele realisiert und Zielkonflikte entschärft werden können, hängt aufs Engste damit zusammen, wie die Akteure der Wirtschaftspolitik ihre Aufgaben wahrnehmen. Um dies genauer zu untersuchen, werden zunächst die Akteure – oder Träger – der Wirtschaftspolitik am Beispiel der deutschen Wirtschaftspolitik kurz vorgestellt.[11] Zu unterscheiden sind generell politische und private Institutionen (Abbildung I.3). Während früher ausschließlich nationale politische Institutionen wirtschaftspolitisch tätig wurden, sind heute nationale, supranationale und internationale Institutionen Träger der Wirtschaftspolitik. Die nationalen Institutionen, insbesondere die Zentralbank, aber auch andere Behörden, haben Kompetenzen an die Europäische Union als supranationale Organisation abgetreten (Kapitel VI). Daneben existieren supranationale Institutionen wie die Gruppe der wichtigsten Industrieländer (G8) oder der Internationale Währungsfonds (IWF) und die Weltbank, die indirekt auf die inländische Wirtschaftspolitik Einfluss nehmen können. Die Welthandelsorganisation (WTO) gibt Regeln für die Außenhandelspolitik vor, die im europäischen Fall nicht mehr in der Zuständigkeit nationaler Behörden liegt.

Wichtige private Träger der Wirtschaftspolitik sind Gewerkschaften und Wirtschaftsverbände im Inland. Diese versuchen über Lobbying-Aktivitäten, wirtschaftspolitische Entscheidungen zu erwirken, die ihren partikularen Interessen entsprechen (Kapitel IV). Daneben existiert eine sehr große Anzahl sog. Nichtregierungsorganisationen (NGOs), die sich für unterschiedlichste Ziele, z.B. Umweltziele, Entwicklungsziele usw. engagieren oder die Öffentlichkeit gegen bestimmte wirtschaftliche Entwicklungen, z.B. die Globalisierung der Märkte, mobilisieren. Die privaten Institutionen sind ebenfalls nicht mehr ausschließlich auf der nationalen Ebene aktiv, sondern haben sich europaweit oder sogar global organi-

---

[11] Ihre jeweiligen Tätigkeiten werden im Verlauf des Buches im Detail diskutiert.

Abbildung I.3: Träger der Wirtschaftspolitik

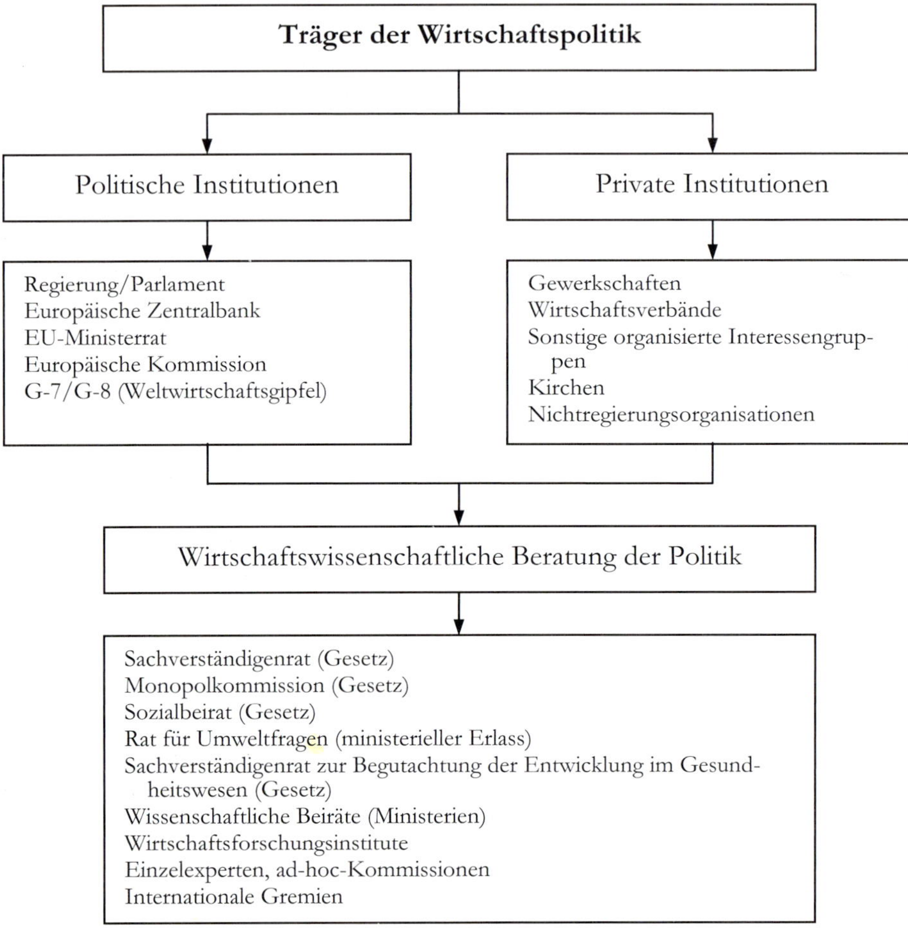

siert (z.B. Club of Rome, Greenpeace, Oxfam, Attac).

Die staatlichen und privaten Akteure fragen jeweils ökonomische Beratung nach (Abbildung I.3). Diese ist auf unterschiedlichen politischen Ebenen angesiedelt. So gibt es Gremien, für die der Gesetzgeber ein Mandat formuliert hat, z.B. der Sachverständigenrat zur Begutachtung der gesamtwirtschaftlichen Entwicklung und die Monopolkommission. Andere Beratungsgremien sind durch ministeriellen Erlass begründet worden, z.B. der Rat von Sachverständigen für Umweltfragen, oder wurden von einzelnen Bundesministerien in der Form Wissenschaftlicher Beiräte eingerichtet oder sind unmittelbar einer Behörde zugeordnet (z.B. das Institut für Arbeitsmarkt- und Berufsforschung der Bundesanstalt für Arbeit).

Daneben existieren mehrere große Wirtschaftsforschungsinstitute, die gemeinsam mit einer Reihe von kleineren, spezialisierten Instituten in der Arbeitsgemeinschaft deutscher wirtschaftswissenschaftlicher Forschungsinstitute e.V. (ARGE) zusammengeschlossen sind, und durch theoretisch-empirische Analysen zu aktuellen Fragen der Wirtschaftspolitik die Regierung mit ökonomischem Rat versorgen, und zwar direkt (Gutachten) und indirekt (öffentliche und veröffentlichte Meinung).[12] Zum Beratungsnetzwerk zählen auch einzelne Ökonomen, die auf bestimmten Gebieten der Wirtschaftswissenschaften als besonders sachkundig ausgewiesen sind, sowie ad hoc eingesetzte unabhängige Expertenkommissionen (von der Kohl-Regierung z.B. 1985 eine Regierungskommission Fernmeldewesen zwecks einer wettbewerbsbasierten Neuordnung der Telekommunikation und 1988 eine Deregulierungskommission zwecks Abbau marktwidriger Regulierungen; von der Schröder-Regierung z.B. 1998 eine Kommission zur Reform der Unternehmensbesteuerung zwecks Stärkung des Investitionsstandorts Deutschland und 2002 eine Kommission für die Nachhaltigkeit in der Finanzierung der Sozialen Sicherungssysteme (Rürup-Kommission) zwecks Eröffnung von Spielräumen für eine beschäftigungswirksame Senkung der gesetzlichen Lohnnebenkosten). Auf die Rolle der wirtschaftswissenschaftlichen Beratung der Politik kommen wir in diesem Kapitel im Abschnitt C zurück.

B. Ökonomische Heilslehren versus Assignment

Damit die Träger der Wirtschaftspolitik die möglichen Zielkonflikte erkennen und tatsächlich lösen können, müssen sie erstens eine klare Vorstellung von ihren

12 Bei den großen ARGE-Instituten handelt es sich u.a. um: DIW Deutsches Institut für Wirtschaftsforschung (Berlin), ehemaliges HWWA Institut für Wirtschaftsforschung (Hamburg), Ifo Institut für Wirtschaftsforschung (München), IfW Institut für Weltwirtschaft (Kiel), IWH Institut für Wirtschaftsforschung Halle/Saale und RWI Rheinisch-Westfälisches Institut für Wirtschaftsforschung (Essen). Seit 1950 haben diese Institute (das HWWA bis 2006, das IWH seit 1993) zusammen jeweils im April und im Oktober „Die Lage der Weltwirtschaft und der deutschen Wirtschaft" beurteilt. (sog. Gemeinschaftsdiagnose, Tabelle I.2). Im Jahre 2007 hat das Bundeswirtschaftsministerium das Verfahren grundlegend umgestellt: Nunmehr wird der Beratungsauftrag alle drei Jahre europaweit ausgeschrieben. Bewerben können sich auch Forschungsinstitute, die in der Vergangenheit nicht an der Gemeinschaftsdiagnose beteiligt waren, selbst wenn sie nicht Mitglied der ARGE sind und möglicherweise im deutschsprachigen Ausland (Österreich, Schweiz) ihren Sitz haben. Die interessierten Institute können sich allein bewerben oder in Kooperationsgemeinschaften mit anderen. Die jeweils beauftragten Institute erstellen dann wiederum gemeinsam die Gemeinschaftsdiagnose (ggf. mit Minderheitsvoten). An der neuen bis zum Frühjahr 2010 laufenden Diagnoserunde sind mit Ausnahme des DIW alle zuletzt involvierten großen ARGE-Institute beteiligt, außerdem – im Rahmen von Konsortien – das IMK Institut für Makroökonomie und Konjunkturforschung in der Hans-Böckler-Stiftung (Düsseldorf), sowie das Wifo Österreichische Institut für Wirtschaftsforschung und das IHS Institut für Höhere Studien (beide Wien) und die KOF Konjunkturforschungsstelle der ETH Zürich.

Aufgaben und zweitens genau abgegrenzte Kompetenzen dazu haben. Dies ist in der Wirtschaftspolitik, vor allem aber in der öffentlichen Diskussion, nicht immer der Fall. Zielkonflikten versucht man dadurch auszuweichen, dass von Seiten einiger Interessierter (z.B. Politiker, Journalisten, führende Repräsentanten von Wirtschaftsverbänden und Gewerkschaften, Vertreter der Kirchen, sonstige öffentlichkeitsrelevante Persönlichkeiten) etwas empfohlen wird, was ökonomischen Zusammenhängen, Erfahrungen oder schlicht dem gesunden Menschenverstand zuwiderläuft. Besonders in Bezug auf das Ziel eines hohen Beschäftigungsstandes sind **ökonomische Heilslehren** verbreitet. Einige Beispiele:

- „Der Protektionismus dient der Sicherung von Arbeitsplätzen." Es wird nicht erkannt, dass der Schutz einer Industrie zu Lasten anderer Sektoren geht (so schon Haberler 1933, S. 190ff.) Die Kerzenmacherfabel von Frédéric Bastiat aus dem 19. Jahrhundert macht den Denkfehler anschaulich: Es geht darum, den Staat zu veranlassen, zum Schutz der inländischen Kerzenmacher und deren Beschäftigten die „ausländische" Konkurrenz mit billigen Lichtquellen (Sonnenlicht) zurückzudrängen; etwa durch ein Gesetz, das vorschreibt, Fenster und andere Öffnungen, durch die Tageslicht in Gebäude gelangt, zuzumauern, weil dies Nachfrage nach künstlichem Licht, also Kerzen, schaffe, und somit Produktion und Arbeitsplätze sichere. Eine geniale Idee, scheint doch das in der Ökonomie allgegenwärtige Knappheitsproblem überwunden und ein gesamtwirtschaftlicher Nutzen erreichbar, ohne dass Kosten entstehen (die Sonne scheint mit gleicher Intensität weiter). Und doch ist es ein Trugbild. Denn es verdeckt den simplen Tatbestand, dass für eine bisher frei verfügbare, kostenlose Ressource, nämlich das Tageslicht, nunmehr Produktionsfaktoren eingesetzt werden müssen, um künstliche Beleuchtungsquellen herzustellen. Die Produzenten von Kerzen und deren Beschäftigte werden einen Einkommenszuwachs verzeichnen, für die Gesellschaft als Ganzes hingegen sinkt der Wohlstand, weil die Kerzenproduktion nicht die gesamtwirtschaftlich produktivste Aktivität darstellt (wäre es anders, bedürfte es ja nicht des staatlichen Schutzes). Die meisten Protektionsargumente sind von dieser Art: Die Begründung ist die Sicherung bestehender Arbeitsplätze in bestimmten Unternehmen oder Branchen, die in wirtschaftlichen Schwierigkeiten stecken. Keine Rede ist jedoch davon, wer dafür bezahlt: erstens die Konsumenten in Form höherer Preise (dies ist besonders nachteilig für einkommensschwache Haushalte), zweitens die Gesamtheit der Erwerbstätigen wegen der Verlangsamung des wachstumsnotwendigen Strukturwandels und damit der Beeinträchtigung ihrer Erwerbschancen (Beschränkung von Alternativen im Sinne der materiellen Freiheit) und drittens das Ausland wegen verringerter Exportmöglichkeiten und der dadurch schrumpfenden Importkapazität, wiederum mit negativer Rückwirkung auf die heimische Produktion und Beschäftigung im Protektionsland.

- „Mit hohen staatlichen Ausgaben oder gar mit Schulden lässt sich ein hoher Beschäftigungsgrad erreichen". Der Staat soll dazu bewogen werden, selbst Nachfrage zu entfalten und dementsprechend Aufträge an die Wirtschaft zu erteilen, auf dass die Investitionstätigkeit und die Produktion der Unternehmen umfangreicher und somit mehr Arbeitsplätze vorhanden seien (als sonst). Ginge es darum, die Volkswirtschaft aus einer keynesianischen Situation der Nachfrageschwäche herauszuführen, wäre eine expansive Fiskalpolitik, die über kreditfinanzierte Ausgabenprogramme positive Nachfrageimpulse in den Wirtschaftsprozess hineingibt, im Prinzip nicht verkehrt (Kapitel V). Aber problematisch wird das Argument, wenn verstärkte öffentliche Ausgaben per se als wohltuend angesehen werden. Denn allzu leicht geraten die Haushaltsdefizite außer Kontrolle, mit der Folge, dass der Staat früher oder später genötigt ist, Ausgaben fühlbar zu kürzen und /oder Steuern fühlbar zu erhöhen. Das antizipieren die Wirtschaftssubjekte und reagieren mit Zurückhaltung beim privaten Konsum und den Investitionen. Beschäftigungspolitisch ist dann wenig erreicht worden.

- „Lohnsteigerungen zur Erhöhung von Massenkaufkraft schaffen Beschäftigung". Hier wird unterstellt, es herrsche Arbeitslosigkeit, weil es den Arbeitnehmern an Geld fehle und darunter zwangsläufig die Ausgabenneigung leide. Darüber hinaus wird angenommen, dieser Geldmangel könnte durch die Arbeitgeber behoben werden; tatsächlich vermag dies jedoch nur die Zentralbank zu tun. Die sog. Kaufkrafttheorie des Lohnes ist die vulgärste Form, in der dieses Argument vertreten wird. Wäre dieser Zusammenhang so einfach, müsste man sich wundern, wieso sich die Arbeitgeber in Tariflohnverhandlungen nicht großzügig zeigen; sie könnten sich doch den Absatz ihrer eigenen Produkte sichern! Das Argument ist falsch, weil es nur auf den Einkommenseffekt von Lohnsteigerungen fokussiert und den entscheidenden Punkt ausblendet, dass die Unternehmen die gezahlten Löhne am Markt erwirtschaften müssen. Lohnsteigerungen haben neben dem Einkommenseffekt einen Kosteneffekt. Sind die Löhne im Vergleich zum Wertgrenzprodukt der Beschäftigten, d.h. die Arbeitskosten, zu hoch, so haben die Unternehmen unter Wettbewerbsbedingungen drei Optionen: den Betrieb zu schließen, überteuerte Arbeitskräfte durch preiswerte Maschinen zu ersetzen (Arbeitsplätze wegrationalisieren) oder die Produktion in kostengünstigere Standorte im Ausland zu verlagern. In jedem dieser Fälle zahlen die Arbeitnehmer die Zeche. Dies um so mehr, als der Kosteneffekt sofort wirkt, der Einkommenseffekt hingegen erst mit Verzögerung. Außerdem ist er in seinem Ausmaß unbestimmt, denn Teile des erhöhten Einkommens gehen in die Importnachfrage, darunter Auslandstourismus, und in die Ersparnis.

- „Ein Mindestlohn ist unverzichtbar, denn man muss von seiner Hände Arbeit leben können". Der Mindestlohn ist nach Auffassung seiner Befürworter vom Staat landesweit oder für einzelne Branchen, gegebenenfalls nach Regionen differenziert, festzulegen. Dies kann entweder direkt durch ein Gesetz oder eine Verordnung geschehen. Oder der Mindestlohn wird indirekt eingeführt, indem der Bundesarbeitsminister einen Tarifvertrag mit Mindestlohnabmachung für allgemeinverbindlich erklärt, d.h. auf Antrag der Tarifvertragsparteien die Vereinbarung auch für nicht tarifgebundene Arbeitgeber bindend macht. Die Befürworter des obligatorischen Mindestlohnes behaupten, dass auf diese Weise Arbeitskräfte ohne oder mit nur geringer Qualifikation, insbesonders Jugendliche, davor geschützt werden, trotz Arbeit in die Armut abzugleiten (der ehemalige Bundesarbeitsminister und SPD-Vorsitzende, Franz Müntefering, hat hierfür den Begriff des „Prekariats" geprägt). Als Berufe, die einen Mindestlohn benötigen, gelten z.B. Briefträger, Gebäudereiniger, Dachdecker, Kassiererinnen, Friseure, Zeitungsausträger, Krankenpfleger sowie Hilfsarbeiter im Baugewerbe und in der Garten-, Landschafts- und Forstpflege. Ein Mindestlohn liegt definitionsgemäß über dem Gleichgewichtslohn, und er wird höher sein als das Wertgrenzprodukt der betroffenen Arbeitskräfte (sonst bräuchte man ihn nicht). Nur in dem eher unrealistischen Fall, dass ein einzelner Arbeitgeber eine Monopsonmacht auf dem relevanten, sagen wir: einem lokalen Arbeitsmarkt hat, ist es denkbar, dass Arbeitskräfte zu einem Lohn beschäftigt werden, der unterhalb ihres Wertgrenzprodukts liegt. Im Allgemeinen jedoch besteht Wettbewerb unter den Arbeitgebern, und dieser Wettbewerb sorgt dafür, dass die Arbeitskräfte produktivitätskonform entlohnt werden (müssen). Bei einem überhöhten Mindestlohn indes übersteigt das Arbeitsangebot (der Arbeitskräfte) die Arbeitsnachfrage (der Arbeitgeber). In einer freien Gesellschaft kann kein Arbeitgeber gezwungen werden, zu dem vom Staat dekretierten Mindestlohn, der über dem Wertgrenzprodukt liegt, Arbeit nachzufragen. Die Wahrscheinlichkeit ist groß, dass es zu einer Substitution von Arbeitsplätzen für einfache Tätigkeiten durch Kapital (Maschinen) oder durch qualifiziertere Arbeit kommt. Sollten wider Erwarten die Arbeitgeber gering qualifizierte Personen zum Mindestlohn beschäftigen und versuchen, die erhöhten Arbeitskosten über den Produktpreis auf die Verbraucher zu überwälzen, wird die Güternachfrage zurückgehen (gemäß Preisnachfrageelastizität). Nach vollzogenen Anpassungen wird es viele Mindestlohnverlierer, namentlich unter den Geringqualifizierten und Berufseinsteigern, geben. Wir werden dann feststellen müssen, dass in den unteren Qualifikationsbereichen die Arbeitskräfte schlechtere Beschäftigungschancen haben und von mehr Armut bedroht sind als in einer Situation ohne bindenden Mindestlohn. Die mit dem Mindestlohn verbundene Verheißung entpuppt sich in der Wirklichkeit als eine verhängnisvolle Falle für einkommensschwache Arbeitnehmer. Der Denkfehler beruht darauf, dass Mindest*löhne* mit der Sicherung eines Mindes*einkommens* verwechselt werden. Letzteres muss und kann durch sozialpolitische Maßnahmen geleistet werden (in Deutschland: durch das Arbeitslosengeld II)[13].

- „Mehr Beschäftigung entsteht durch eine gerechtere Verteilung von Arbeit". Wer so argumentiert, geht davon aus, dass in einer Volkswirtschaft das Arbeitsvolumen eine vorgegebene, feste Größe ist, und hält es für ein Gebot sozialer Gerechtigkeit, dass bei anhaltender Unterbeschäftigung die vorhandene Arbeit umverteilt wird. Als geeignete Ansatzpunkte gelten die kollektive Arbeitszeitverkürzung, die Ausweitung der Teilzeitarbeit (in Deutschland haben seit 2001 die interessierten Arbeitnehmer einen Rechtsanspruch darauf), die Begrenzung von Überstunden sowie staatlich subventionierte Frühverrentungsmodelle nach der Devise „Alte raus, Junge rein". Hier ist viel Dreisatzrechnen im Spiel oder Bewunderung für den Baron von Münchhausen, der sich am eigenen Schopf aus dem Sumpf zieht. Der Denkfehler bei der für notwendig gehaltenen Rationierung des Arbeitsangebots liegt darin, nicht zu erkennen, dass in einer offenen Volkswirtschaft, in der die Menschen nach höherem Lebensstandard streben, Arbeit niemals knapp ist. Knapp ist nur diejenige Arbeit, die wegen zu hoher Löhne oder übermäßiger Regulierungen am Arbeitsmarkt zu teuer ist und für die es daher keine Nachfrage gibt. Im Übrigen sind die Rationierungsmodelle in der Regel nicht kostenneutral; besonders bei der allgemeinen Arbeitszeitverkürzung wurde zumindest teilweise ein Lohnausgleich vereinbart. Dass Arbeit oft auch gar nicht sinnvoll teilbar ist, macht den Denkfehler perfekt.

- „Es ist besser Arbeit zu finanzieren als Arbeitslosigkeit". Damit werden vor allem Arbeitsbeschaffungsmaßnahmen unter Einsatz öffentlicher Mittel begründet. Es klingt gut, dass der Staat einen „zweiten Arbeitsmarkt" schaffen soll, um damit Arbeitsuchende, die auf dem regulären Arbeitsmarkt keinen Job finden, anderweitig zu beschäftigen. Und doch ist das Argument irrefüh-

---

13 Zur Sicherung von Mindesteinkommen, die gesellschaftlich unumstritten ist, liegen zahlreiche Vorschläge vor, die sämtlich auf der Idee der negativen Einkommensteuer beruhen. Der Sachverständigenrat (2006, Ziffer 520ff.) hat ein eigenes Modell dazu vorgestellt sowie andere Modelle, wie das solidarische Bürgergeld, kritisch beleuchtet (Sachverständigenrat 2007, Ziffer 324ff.).

rend. Denn für die Tätigkeiten im Rahmen von Arbeitsbeschaffungsmaßnahmen wird faktisch mehr bezahlt, als sie am Markt wert sind: Zum Lohn an die dort Beschäftigten kommt der Subventionsbetrag, für den die Beitragszahler der Arbeitslosenversicherung und die Steuerzahler geradestehen müssen. Außerdem kann es zu einem typischen „crowding out" führen, wenn die subventioniert Beschäftigten Beschäftigte vom regulären Arbeitsmarkt verdrängen, so dass insgesamt die Arbeitslosigkeit (registrierte und verdeckte zusammengenommen) nicht sinkt.

- „Umweltschutz schafft Arbeitsplätze." Die Einführung einer Ökosteuer wird, so die Botschaft, dazu führen, dass neue, umweltfreundliche Technologien entwickelt werden und darauf gründende Produktinnovationen zustande kommen, die unter anderem auch die Exportmöglichkeiten vergrößern. Die Ökosteuer erscheint wie ein Segen: sie führt zu einer besseren Umwelt und zugleich zu mehr Beschäftigung („doppelte Dividende"). Wer wird das nicht gutheißen! Aber in Wirklichkeit kann sich diese schöne Botschaft als eine Schimäre entpuppen, dann nämlich, wenn nicht gleichzeitig andere Steuern und Abgaben gesenkt werden, wenn die Substitutionselastizität zwischen Umweltressourcen (Energie) und dem Produktionsfaktor Arbeit klein ist, wenn andere Länder bei der Ökosteuer nicht mitziehen und dadurch einen Wettbewerbsvorsprung auf den Gütermärkten (beim Export und gegenüber Importen) und auf den Faktormärkten (bei der Anziehung des international mobilen Kapitals) haben und wenn die inländischen Arbeitskräfte nicht ihre Lohnansprüche nach Maßgabe des durch die umweltpolitische Maßnahme verminderten Produktivitäts- und Wachstumspfads senken. Die positiven Beschäftigungswirkungen eines verbesserten Umweltschutzes sind derzeit noch unbestimmt. Auch in der Umweltpolitik spielt sich im Hintergrund ein Tauschvorgang ab: eine bessere Umweltqualität im Verzicht auf etwas, was sonst möglich wäre, z.B. ein höheres Einkommen.

Diese Liste ließe sich beliebig verlängern. Allen Heilslehren ist gemeinsam, dass sie so plausibel, ja geradezu banal sind. Niemand muss sich in seinen Ansprüchen an das gesamtwirtschaftliche Produktionspotential zurücknehmen, und allen geht es besser („free lunch"). Das Prinzip der Knappheit ist außer Kraft gesetzt. Somit sind drei fundamentale Schwächen dieser Lehren zu erkennen: Erstens werden Opportunitätskosten ignoriert, zweitens wird die außenwirtschaftliche Dimension nicht beachtet und drittens herrscht Kurzfristdenken statt Langfristdenken.

Darüber hinaus wird nicht ersichtlich, welcher der Entscheidungsträger der Wirtschaftspolitik in deren einzelnen Teilgebieten in der Führungsrolle ist. Die hier diskutierten Heilslehren zielen sämtlich auf die Erhöhung der Beschäftigung ab.

Als Akteure der Beschäftigungspolitik werden dabei die für den Außenhandel Zuständigen, der Staat als Nachfrager, der Staat als Regulierer, die für den Umweltschutz Zuständigen und die Tarifparteien genannt. Es ist leicht vorstellbar, dass – über die ökonomische Unsinnigkeit der Thesen hinaus – derartig überlappende Zuständigkeiten zu konterkarierenden Maßnahmen führen können.

Um dies zu vermeiden, muss sichergestellt sein, dass es für jeden Teilbereich der Wirtschaftspolitik eine federführende Institution gibt. Damit ist das sog. **Assignment-Problem** beschrieben. Es geht darum, eine klare Arbeitsteilung zwischen den Akteuren herzustellen und somit die Voraussetzungen für das konfliktfreie Zusammenwirken der Entscheidungsträger zu schaffen. Demnach wird jedem Ziel genau ein Mittel zugeordnet, um Zielkonflikte und Redundanzen zu vermeiden.[14] Außerdem ist für jedes wirtschaftspolitische Ziel genau ein Träger zuständig.

In der Abbildung I.4 wird das neoklassische Assignment zugrunde gelegt, das sich in der Wirtschaftswissenschaft gegenüber dem keynesianischen Assignment durchgesetzt hat. Die wichtigsten Zuordnungen zwischen Trägern der Wirtschaftspolitik und den gesamtwirtschaftlichen Zielen sind demnach die folgenden: Die Zentralbank ist für die Stabilität des Preisniveaus hauptverantwortlich; seit dem 1. Januar 1999 ist diese Verantwortlichkeit in Deutschland auf das Europäische System der Zentralbanken (Eurosystem), dem neben der Europäischen Zentralbank (EZB) die Notenbanken der Mitgliedsländer der Europäischen Währungsunion (EWU) angehören, übergegangen. Der Präsident der Deutschen Bundesbank hat eine Stimme im nunmehr obersten Beschlussorgan für die gemeinsame Geldpolitik, dem EZB-Rat. Für den Beschäftigungsstand sind – bei Tarifautonomie – in erster Linie die Tarifvertragsparteien in der Pflicht. Der Staat, d.h. die Regierung und das Parlament, jeweils auf Bundesebene und auf Länderebene, sind zuständig für die Rahmenbedingungen zur Erreichung eines angemessenen und stetigen Wirtschaftswachstums, wobei die Finanzpolitik eine Schlüsselrolle spielt.

Dabei soll jede dieser Institutionen die Aufgabe übernehmen, die sie jeweils mit ihren Mitteln am besten tatsächlich umsetzen und verantworten kann. Keine von ihnen soll damit rechnen können, dass Fehler in ihrem Verantwortungsbereich durch Maßnahmen in den anderen Bereichen ausgeglichen werden; z.B. überzogene Lohnsteigerungen oder übermäßige Staatsschulden durch eine laxe Geldpolitik. Es geht nicht um Schuldzuweisungen, aber es soll, auch in der Öffentlichkeit, klar sein, wer im Falle einer gesamtwirtschaftlichen Störung, d.h. einer Zielverfehlung,

---

14 Tinbergen (1952) selbst sah die Wirtschaftspolitik idealtypisch als ein Gleichungssystem, das weder über- noch unterdeterminiert sein dürfte. Dass dies nicht so einfach ist, steht wohl heute außer Frage.

Abbildung I.4: Zuordnung von Politikbereichen für gesamtwirtschaftliche Ziele (Assignment)

Ziel	**Hauptverantwortung**	**Mitverantwortung**
Geldwert-stabilität	Geldpolitik (Zentralbank)	Staat: Indirekte Steuern Administrative Preisanhebungen Tarifvertragsparteien: Tariflohnsteigerungen (Lohnstückkosten)
Beschäfti-gungsgrad	Lohnpolitik (Tarifvertragsparteien) bei Tarifautonomie	Notenbank: Inflation (Reallohn) Staat: Beiträge zur Sozialversicherung und sonstige gesetzliche Lohnnebenkosten (Produzenten-lohn) Institutionelle Regelungen am Arbeitsmarkt Steuern auf Investitionen in Sach- und Humanka-pital
Wirt-schaftswach stum	Finanzpolitik (Staat) Allgemeine Rahmenbedin-gungen bezüglich Steuern und Abgaben, Kreditfinan-zierung und Staatsausgaben-quote	Notenbank: Geldmengenentwicklung/Zinsen Inflation Tarifvertragsparteien: Lohnstückkosten Regulierungen

in der Pflicht ist, sein Verhalten zu korrigieren und für Fehlentwicklungen Remedur zu schaffen hat. Eine direkte Sanktion bei Fehlverhalten gibt es in der Regel nicht, aber öffentlicher Druck kann helfen, die einzelnen Politikbereiche zielgerecht zu gestalten und widerspruchsfrei aufeinander abzustimmen.

Disziplinierend wirken gleichsam die von Hirschman (1970) für die offene, demokratische Gesellschaft formulierten Protestoptionen „exit and voice" (Abwanderung und Widerspruch): Die Wirtschaftssubjekte machen von ihren Wanderungsmöglichkeiten (Exit-Option) Gebrauch, wenn sie z.B. die Steuer- und Abgabenlast für zu hoch halten (sie gehen in die Schattenwirtschaft oder ins Ausland[15]) oder

15 Nach neueren Schätzungen belief sich im Jahre 2008 der Anteil der Schattenwirtschaft am Bruttoinlandsprodukt auf etwa 14 vH (IAW 2008); im selben Jahr wanderten 165.000 Deutsche ins Ausland ab, 111.000 kehrten zurück. Es ist davon auszugehen, dass es sich überwiegend um gut qualifizierte Menschen handelt. (Statistisches Bundesamt Deutschland (2008)).

wenn sie die Tariflohnpolitik als unangemessen betrachten (sie treten aus dem Arbeitgeberverband oder der Gewerkschaft aus). Alternativ oder ergänzend erheben die Wirtschaftssubjekte bei wirtschaftspolitischen Fehlentwicklungen Widerspruch (Voice-Option), indem sie bei Wahlen durch ihre Stimmabgabe den jeweils Verantwortlichen das Vertrauen entziehen.

Die Lösung des Assignment-Problems ist nur eine notwendige Bedingung für den nächsten Schritt im wirtschaftspolitischen Entscheidungsprozess – dem Instrumenteneinsatz. Für die Rationalität der Wirtschaftspolitik sind weiterhin verschiedene Bedingungen zu erfüllen: Gebraucht wird eine klare und in sich konsistente **Konzeption**, z.B. eine angebotsorientierte oder eine nachfrageorientierte Wirtschaftspolitik (Kapitel V). Dabei muss der jeweilige Entscheidungsträger die Wirkungsweisen der angewandten Instrumente kennen, vor allem in Bezug auf die Ziele, aber auch auf mögliche Nebenwirkungen. Die Beachtung von Wirkungsverzögerungen ist ebenfalls wichtig, um die richtige Dosierung der Instrumente vornehmen zu können. Außerdem müssen mögliche Ausweichreaktionen der Wirtschaftssubjekte mitbedacht werden. Tiefergehende Überlegungen hierzu werden vor allem im Kapitel V erläutert. Für die Wahl der richtigen Instrumente kann es durchaus hilfreich sein, Rat bei Dritten, z.B. bei Wirtschaftswissenschaftlern, zu suchen.

C. Wirtschaftswissenschaftliche Beratung der Politik

Wirtschaftspolitische Maßnahmen betreffen jeden (private Haushalte, Unternehmen, Arbeitnehmer, Rentner, Studierende usw.). Deshalb werden die jeweils Betroffenen versuchen, Einfluss zu nehmen, um bestimmte Vorteile zu erreichen und Besitzstände zu verteidigen. Dies ist völlig legitim in einer pluralistischen Gesellschaft. Die Kehrseite dieses Prozesses besteht darin, dass die Wirtschaftspolitik stets Gefahr läuft oder der Versuchung ausgesetzt ist, in den Sog von Gruppeninteressen zu geraten und dabei das Gesamtinteresse (Gemeinwohl) aus den Augen zu verlieren. Beispiele dafür sind die Vergabe von gruppenspezifischen Subventionen, Regulierungen, Sozialtransfers, Importprotektion usw. Damit die Wirtschaftspolitik dieser Gefahr weniger stark ausgesetzt ist und in der Lage ist, sich und anderen über die Konsequenzen ihres Handelns Rechenschaft abzulegen, und damit sie für die Wirtschaft berechenbar und verlässlich ist, braucht sie die wissenschaftliche Beratung. Aus dieser Perspektive kommen der Beratung zwei Funktionen zu: Sie gibt der Regierung erstens Argumente, sich über Gruppeninteressen oder kurzfristig attraktive, langfristig aber schädliche Versuchungen hinwegzusetzen. Unabhängige wissenschaftliche Politikberatung kann damit, wenn sie gewichtig ist, eine Sündenbockfunktion für die Regierung übernehmen. Außerdem dreht sich die Beweislast um; nicht mehr die Öffentlichkeit muss beweisen, dass eine Regulierung für einen bestimmten Sektor schädlich ist, sondern dieser Sektor steht unter Druck, die (weitere) Notwendigkeit der Regulierung zu belegen. Zweitens erleichtert wissenschaftliche Beratung die Urteilsbildung in der Öffentlichkeit, die damit wiederum eine „Kontrolle" über die Qualität der Wirtschaftspolitik ausüben kann.

Im Wesentlichen gibt es Leitvorstellungen für die Politikberatung in zwei Richtungen: Erstens müssen durch theoretisch fundierte und empirisch untermauerte Analysen die Auswirkungen bestimmter wirtschaftspolitischer Maßnahmen offengelegt werden. Dabei sollten kurzfristige wie auch langfristige Wirkungen untersucht werden, und es sollte ein internationaler Bezug hergestellt werden. Zweitens muss die Wirtschaftspolitik daraufhin überprüft werden, ob sie in sich schlüssig, zielgerecht und mit ordnungspolitischen Normen konsistent ist oder ob sie gesamtwirtschaftlichen Fehlentwicklungen Vorschub leistet. Solche Fehlentwicklungen wären aufzuzeigen.

Dabei sind **hohe Anforderungen an die Beratungstätigkeit** zu stellen, damit wissenschaftliche Beratung glaubwürdig ist und ihre Aussagen in Politik und Wissenschaft respektiert werden:[16]

Zum einen sind die Unabhängigkeit vom politischen Prozess und damit die Distanz zu den Entscheidungsträgern in der Wirtschaftspolitik sehr wichtig.

- Praktisch bedeutet dies, dass Gefälligkeitsgutachten unterbleiben, dass keine Rücksicht auf Wahltermine oder spezifische Interessen genommen wird, dass die Berater ein hohes Maß an Robustheit gegenüber Vereinnahmungsversuchen oder ehrabschneiderischer Kritik seitens der Politik aufbringen und dass die Gutachten veröffentlicht werden, idealerweise in wissenschaftlichen Zeitschriften oder Monographien. Gerade Letzteres bietet eine interne Kontrolle der Ergebnisse durch die Wissenschaft, denn nur wenn ein solches Gutachten wissenschaftlichen Standards genügt, wird es zur Publikation angenommen.
- Was die politische Unabhängigkeit anbelangt, so ist sie am besten gesetzlich geregelt (wie beim Sachverständigenrat zur Begutachtung der gesamtwirtschaftlichen Entwicklung). Dann ist auch den politisch Verantwortlichen der

16 Im Übrigen gelten die Ausführungen zur politischen Ökonomik der Wirtschaftspolitik (Kapitel IV) sicherlich auch für manche Politikberater (Kirchgässner 1999). Dixit (1996, S. 152ff.) weist darauf hin, dass Politikberater sowohl rein positive Analysen alternativer Politikszenarien unternehmen als auch explizit normativ Stellung nehmen (vgl. auch Abschnitt I.4).

Weg versperrt, wissenschaftliche Beratungsgremien einfach aufzulösen oder personell neu zu besetzen, um sich diese „gefügig" zu machen.

Zum zweiten – und eng mit dem ersten Punkt verwandt – muss eine hohe Qualität der Beratungsarbeit gewährleistet sein.

- Die Arbeit muss theoriegeleitet sein, konzeptionell Kontinuität aufweisen und – wie es wissenschaftlichem Denken entspricht – offen sein für neue Einsichten. Idealerweise kann man sich die ökonomische Beratung als letzte Stufe eines dreistufigen Produktionsprozesses, bestehend aus theoretischen Überlegungen, empirischer Überprüfung und Beratungstätigkeit, vorstellen (Freytag 1998). In dieser Vorstellung hat der Berater sich immer auf dem theoretisch neusten Stand zu halten und neueste empirische Erkenntnisse zu berücksichtigen. Kontroverse wissenschaftliche Positionen innerhalb eines Beratungsgremiums sollen nicht übertüncht werden, sondern durch abweichende Voten zum Ausdruck kommen; solche Voten sind allerdings für die Wirtschaftspolitik nur hilfreich, wenn sie nicht aus Prinzip, weil sich nämlich der betreffende Ratgebende einer bestimmten Interessengruppe verpflichtet fühlt, abgegeben werden.
- Darüber hinaus sollten Schnellschüsse und Sensationshascherei aus dem Tagesgeschehen heraus unterbleiben.
- Zurückhaltung bei „Mode"-Themen, Demut und Bescheidenheit bei Problemlagen, für die es keine klaren und eindeutigen Antworten gibt, sind weitere Gebote an den Politikberater.
- Die Abgabe direkter Empfehlungen, ist zu unterlassen. Stattdessen sollten unterschiedliche Politikoptionen in ihren möglichen Wirkungen verglichen werden.
- Eine wichtige Voraussetzung für hohe Qualität ist, dass in die Beratungsgremien wissenschaftlich ausgewiesene Fachleute berufen werden, sind diese doch in der Regel um die Aufrechterhaltung ihres Renommees bemüht.

Drittens gibt es in der wirtschaftswissenschaftlichen Politikberatung eine Gratwanderung zwischen der in der Wissenschaft üblichen Darstellung – formalisierte Methoden und die eigene Fachsprache – und der Notwendigkeit, sich so auszudrücken, dass man auch außerhalb der eigenen Wissenschaft verstanden wird. Dies ist von zentraler Bedeutung, damit die den wirtschaftspolitisch Verantwortlichen vorgestellten Diagnosen und Optionen einen breiten Widerhall finden. Auch dies verlangt Beratern Einiges ab, sie müssen mitunter über ihren eigenen Schatten springen, um komplexe Zusammenhänge, soweit vertretbar, zu vereinfachen.

Viertens ist die Frage zu klären, ob die ökonomische Politikberatung auf die unmittelbare politische Durchsetzbarkeit von wirtschaftspolitischen Optionen Rücksicht nehmen sollte. Darüber gibt es auch unter Wissenschaftlern eine grundsätzliche Diskussion (Dixit 1996, S. 149ff.), denn die explizite Berücksichtigung politischer Durchsetzbarkeit erhöht die kurzfristigen Möglichkeiten von Ratschlägen, während solche Ratschläge, die sich nicht danach richten, wenn überhaupt nur langfristig umgesetzt werden können. Während einige die politische Durchsetzbarkeit für beachtenswert für die Beratenden halten (z.B. Franz 2000),[17] wird hier eine andere Auffassung vertreten. Die Antwort auf die Frage ergibt sich im Grunde aus der Warnung vor der expliziten Politikempfehlung. Politikberatung sollte grundsätzlich darauf verzichten, die politische Durchsetzbarkeit der Optionen in das Kalkül einzubeziehen, um vermeintlich unrealistische Optionen dann nicht weiter zu verfolgen. Dafür sprechen zwei Gründe: Erstens ist es nicht die Aufgabe von Wissenschaftlern, politische Entscheidungen der Gesellschaft vorwegzunehmen. Dafür sind gewählte Volksvertreter zuständig. Insofern läge eine Verletzung des Assignment vor.[18] Zweitens kann man heute nicht wissen, ob eine wirtschaftspolitische Option, die heute keine politische Mehrheit findet, nicht morgen doch durchsetzbar sein wird. Schließt ein Berater dies dennoch aus, maßt er sich Wissen darüber an (v. Hayek 1990). Schon Keynes hat in der Schlusspassage seiner „General Theory“ (1936, S. 383f.) die These vertreten, dass Ideen von Ökonomen Ideologien von Politikern überleben werden. Mit anderen Worten: Theoretisch fundierte, empirisch abgesicherte und von Kenntnis der institutionellen Umstände durchdrungene ökonomische Beratung hat gute Chancen, im Zeitablauf politisch verwertbar zu werden.

Modelle der Politikberatung

Es gibt unterschiedliche Modelle der Politikberatung. Hier wird zunächst zwischen Politikberatung und Politikerberatung unterschieden, bevor dann kurz einige Charakteristika der praktischen Organisation der wissenschaftlichen Politikberatung durch Ökonomen aufgezeigt werden.

---

17 Pies (2000, S. 301ff.) fordert die Beachtung des Status quo als Alternative. Sein Argument lautet, dass der Berater sich nicht auf die Suche nach erstbesten Lösungen für ökonomische Probleme machen, sondern dabei helfen sollte, den – Pies zufolge nur scheinbaren – Interessenkonflikt, der die Probleme erst verursacht hat, aufzulösen. Unter dieser Maxime kann eine allokationstheoretische Analyse nur bedingt erfolgreich sein.

18 Berg, Cassel und Hartwig (2003, S. 270) sprechen von der Trennungslinie zwischen wissenschaftlicher Erkenntnis und politischer Entscheidung.

- Politikberatung richtet sich eher an eine breite Öffentlichkeit; auch dann, wenn sie durch die Regierung oder ein Ministerium in Auftrag gegeben und finanziert wird. Sie fließt in Publikationen – sowohl in Fachzeitschriften als auch in Tageszeitungen oder Wochenzeitschriften – ein. Damit ist sie kontrollierbar.
- Politikerberatung hingegen wendet sich direkt an bestimmte Politiker. Sie ist nicht durch die Öffentlichkeit und die Fachkollegen der Berater kontrollierbar, und sie erfüllt nicht die Bedingung der Unabhängigkeit der Berater.

Die Politikberatung ist zumindest nach den oben aufgestellten Grundsätzen die überlegene Form. In Deutschland ist die praktische Politikberatung auf verschiedene Weise organisiert:

- Zunächst ist die Auftragsforschung zu nennen, die zumeist mit der Erstellung eines Forschungsgutachtens durch die Wirtschaftsforschungsinstitute umgesetzt wird. Der Beratungsgegenstand wird direkt vom Kanzleramt, einem Ministerium, einer sonstigen Behörde (übrigens auch einer internationalen wie EU-Kommission, OECD, Weltbank oder IWF) oder privaten Auftraggebern (Verbänden, Gewerkschaften, Unternehmen) definiert. Hier muss der Berater aufpassen, dass er nicht vom Auftraggeber „vereinnahmt" wird.
- Die Wissenschaftlichen Beiräte bei den Bundesministerien (insbesondere Bundeswirtschaftsministerium und Bundesministerium der Finanzen) äußern sich gutachterlich zu Einzelfragen der Wirtschaftspolitik. Im Gegensatz zur Auftragsforschung wählen sie in der Regel die Themen selbst – häufig aus aktuellem Anlass – und sorgen durch die Veröffentlichung ihrer Gutachten und die Präsentation der wichtigsten Ergebnisse auf Pressekonferenzen für Medienresonanz.
- Die speziellen Expertenkommissionen arbeiten auf der Grundlage eines von der Regierung oder dem Gesetzgeber inhaltlich strukturierten Mandats und verrichten ihre Aufgabe innerhalb eines begrenzten Zeitraums. Konkrete Empfehlungen sind geradezu erwünscht. Im Prinzip gibt es keine „Denkverbote"; dennoch werden von den politischen Auftraggebern in der Praxis häufig „realistische" Vorschläge zu den anstehenden Aufgaben erwartet. Mitunter wird versucht, dies über die personelle Besetzung der jeweiligen Kommission zu erreichen (Wirtschaftswissenschaftler unterschiedlicher Denkrichtungen gepaart mit Vertretern der Wirtschaft, der Gewerkschaften und der politischen Parteien mit widerstreitenden Interessen und Überzeugungen).
- Außerdem finden Anhörungen durch Ausschüsse des Deutschen Bundestages oder der Landtage statt, zu denen einzelne Experten eingeladen werden. In der Regel werden vorab schriftliche Stellungnahmen zu Einzelfragen erbeten.

- Daneben ist die institutionalisierte Beratung zu nennen. Die prominentesten Beispiele sind der Sachverständigenrat zur Begutachtung der gesamtwirtschaftlichen Entwicklung seit 1964, die Monopolkommission seit 1976 und der Rat von Sachverständigen für Umweltfragen seit 1971. Diese legen der Öffentlichkeit in regelmäßigen Abständen Gutachten vor, in denen die dem Mandat entsprechenden Themen analysiert und häufig zusätzlich ausgewählte Spezialthemen bearbeitet werden; Sondergutachten werden entweder auf Wunsch der Bundesregierung erstattet, wenn ein konkreter Beratungsbedarf vorliegt, oder aber die Beratungsgremien werden aus eigenem Entschluss tätig, weil sich nach ihrer Auffassung Fehlentwicklungen abzeichnen und der Politik Wege aufgezeigt werden sollen, diese zu beheben. Die Bundesregierung nimmt zu den Gutachten offiziell Stellung, z.B. zu den Jahresgutachten des Sachverständigenrates im Rahmen ihres Jahreswirtschaftsberichts.
- Schließlich sei auf die sog. Denkfabriken (Think Tanks) verwiesen, die sich auf bestimmte Themen spezialisieren und diese in einer für die Öffentlichkeit nachvollziehbar aufbereiteten Weise publizieren. Dabei ist es durchaus gewollt, dass ein Paradigma (z.B. eine Konzentration auf Angebots- oder Nachfragepolitik, siehe Kapitel V, oder eine Befürwortung des Freihandels) sichtbar wird. Diese Denkfabriken finanzieren sich frei und beschäftigen oftmals nur einen kleinen professionellen Stab. Zur Unterstützung werden regelmäßig externe Wissenschaftler herangezogen, wodurch eine hohe Qualität der Arbeiten der Think Tanks signalisiert werden soll. In Deutschland ist diese Form der Beratung weniger verbreitet als in angelsächsischen Ländern und auf europäischer Ebene.

Die Wirkungen der Politikberatung sind umstritten (vgl. Donges 2002 sowie Jens und Romahn 2005 mit zahlreichen Einzelbeiträgen). Im Tagesgeschäft ist die Wirkung eher gering; größer sind die Chancen, wenn es um konzeptionelle Weichenstellungen geht. Aber auch hier gibt es zahlreiche Beispiele nicht nur für Erfolge, sondern auch für Fehlschläge. Zu den **Erfolgen** der jüngeren Vergangenheit zählen die Einführung flexibler Wechselkurse nach Aufgabe des Systems von Bretton-Woods, die Beachtung der Geldmengenregel in der Geldpolitik, die verbreitete Hinwendung zu einer angebotsorientierten Wirtschaftspolitik zu Beginn der 1980er Jahre, die zunehmende Produktivitätsorientierung der Lohnpolitik, der Stabilitäts- und Wachstumspakt in der EWU, die fortschreitende Liberalisierung des Außenhandels und des internationalen Kapitalverkehrs, die Deregulierung auf Gütermärkten und die weltweit stattfindende Privatisierung öffentlicher Unternehmen – und zwar solcher öffentlicher Unternehmen, die keine öffentlichen Güter herstellen (Kapitel IV). Daneben gibt es jedoch auch zahlreiche **Fehlschläge** der Politikberatung. So haben die wiederholten Vorschläge, die Arbeitsmarktordnung zu flexibilisieren, Subventionen abzubauen und keine neuen zu gewähren, die Gemeinsame Agrarpolitik der EU marktkonform zu reformieren, die sozialen Leistungen auf ein tragfähiges Maß zu beschränken oder das Bildungswesen zu modernisieren, in der Politik lange Zeit wenig oder kein Gehör gefunden; die Folge waren anhaltende gesamtwirtschaftliche Fehlentwicklungen zu Lasten von Wachstum und Beschäftigung.

Es wäre unangemessen, in den Erfolgen das Ergebnis guter Beratungstätigkeit und in den Fehlschlägen mangelnde Bereitschaft oder Fähigkeit der Politik zu Reformen zu sehen. Vielfach gelingt es der Politikberatung nicht, die oben genannten Anforderungen im Hinblick auf die angemessene Ausdrucksweise oder bezüglich der Zurückhaltung zu expliziten Empfehlungen zu erfüllen.[19] Allerdings gibt es für die Aufnahmefähigkeit der Politik von wissenschaftlichem Rat auch **systemimmanente Grenzen**: Zum Beispiel führt der Mangel an volkswirtschaftlichen Fachkenntnissen bei den Empfängern dazu, dass Ratschläge als „reine Lehre" aus dem Elfenbeinturm abqualifiziert werden. Außerdem kann etwas vorliegen, was Psychologen als kognitive Dissonanz beschreiben; danach neigt der Mensch, und damit auch der Politiker, dazu, sein Handeln mit dem konsistent zu halten, was er selbst für richtig hält (v. Weizsäcker 1998). Auf die Politik angewendet, lässt sich etwa folgendes Muster erkennen: Politiker sind an raschen Erfolgen interessiert, nicht aber unbedingt an einer Strategie, die zwar auf Dauer gesehen die gesamtwirtschaftlich angemessene wäre, zunächst aber Wirkungen zeigt, die unpopulär sind. Deshalb werden nur Maßnahmen ergriffen, die sich auf die Wirtschaft kurzfristig positiv niederschlagen und dem Politiker die Möglichkeit geben, sich damit zu profilieren. Wenn sich später herausstellt, dass diese Maßnahmen kontraproduktiv sind, wird der Grund dafür in zu diesem späteren Zeitpunkt ausgemachten externen Faktoren gesucht (z.B. Abschwächung der Weltkonjunktur, geopolitische Krisen, Ölpreisanstieg). Und wieder wird kurzfristiger Aktionismus entfaltet. Ein weiterer Grund für fehlgeschlagene Politikberatung ist darin zu sehen, dass der wirtschaftspolitische Entscheidungsprozess sehr kompliziert ist. Er findet unter Beteiligung mehrerer Ministerien statt, wobei bereits innerhalb der Ministerien lange Verwaltungswege vom Referenten bis zum Staatssekretär bestehen. Im Falle einer Mehrparteienregierung muss zusätzlich ein Koalitionsausschuss hinzugezogen werden. All dies führt bei kontrovers diskutierten Themen häufig zu einem

[19] Wenig hilfreich ist auch eine Arroganz des Fachmannes, der den Aussagen von Nicht-Ökonomen herablassend begegnet. Wer aber die zahlreichen von Nicht-Ökonomen verfassten Bücher gegen die Globalisierung der Märkte gelesen hat, hat eine Vorstellung von der Schwierigkeit, sachlich zu reagieren.

Kompromiss auf dem kleinsten gemeinsamen Nenner, bei dem wissenschaftliche Erkenntnisse hintangestellt werden.

Das Fazit dieses Abschnitts fällt dementsprechend unscharf aus: Ökonomen dürfen sich zwar keine allzu großen Illusionen über die Einwirkungsmöglichkeiten in der Wirtschaftspolitik machen. Aber zu resignieren brauchen sie auch nicht: Die indirekten Wirkungen sind beachtlich. Man muss bedenken, dass die öffentliche Diskussion, zumal die internationale, und nicht zuletzt auch der Systemwettbewerb gute wirtschaftspolitische Ratschläge immer wieder an den Tag fördern. Die wissenschaftlichen Berater müssen freilich einen langen Atem haben und immer wieder nachstoßen. Auf jeden Fall müssen die konzeptionellen Arbeiten geleistet sein, wenn aus Sicht der Politik die Zeit für eine bestimmte Maßnahme reif ist. Das war z.B. der Fall beim Zusammenbruch des Bretton-Woods-Systems fester Wechselkurse Anfang der 1970er Jahre; so hatte der Sachverständigenrat bereits einige Jahre zuvor in seinem ersten Jahresgutachten die Bedeutung flexibler Wechselkurse für eine wirksame Politik der Preisniveaustabilität ausführlich dargelegt (Sachverständigenrat 1964, Ziffern 236ff. und Anhang IV). Keine wirksame Vorarbeit hatte die wissenschaftliche Politikberatung hingegen geleistet, als Ende 1989 in Deutschland die Mauer fiel und der Weg zur deutsch-deutschen Vereinigung beschritten wurde; entsprechend schwer tat sich die Politik, für diesen historisch beispiellosen Vorgang, namentlich die Transformation einer Planwirtschaft (der damaligen DDR) in eine marktwirtschaftliche Ordnung (die der alten Bundesrepublik Deutschland), eine kohärente Strategie zu entwerfen und in die Tat umzusetzen.

4. Normative versus positive Analysen

A. Die Bedeutung von Werturteilen

Nachdem im vorherigen Abschnitt die Rolle des wissenschaftlichen Beraters in der Wirtschaftspolitik diskutiert wurde, macht es Sinn, die Analysemethoden des Wissenschaftlers, ob in beratender Funktion tätig oder nicht, sowie die Bedeutung von Werturteilen in der Ökonomik zu diskutieren. Die Frage nach der **Werturteilsfreiheit von Wissenschaft** ist ein altes Streitthema (Berg, Cassel und Hartwig 2003, S. 271f. und die dort angegebene Literatur). Dabei haben sich zwei Grundpositionen herausgebildet, die ein sehr unterschiedliches wissenschaftliches Selbstverständnis deutlich machen: Auf der einen Seite steht die Position des kritischen Rationalismus, die von Max Weber, Karl Popper u.a. formuliert worden ist und die inhaltliche Werturteile streng ablehnt. Auf der anderen Seite steht die dialektische Position nach Jürgen Habermas, Theodor Adorno u.a., die sowohl die Möglichkeit, Werturteile und kognitive, d.h. nach Erkenntnis strebende Aussagen zu trennen, verneint als auch ein Ziel der Wissenschaft darin sieht, die Welt zugunsten der von den Wissenschaftlern für richtig gehaltenen Position zu ändern. Die meisten Ökonomen vertreten eine Position, die der erstgenannten sehr nahe steht. Danach ist es legitim, Werturteile zu äußern, sofern sie als solche kenntlich gemacht werden (Giersch 1961, S. 46ff.).

Die Beachtung von Werturteilen ist für die Ökonomik im Ganzen wichtig, besitzt aber in der Wirtschaftspolitik eine besondere Relevanz wegen des möglichen oder tatsächlichen Einflusses von

- Vorurteilen und unreflektierten Meinungen (z.B. „Einwanderer belasten die Volkswirtschaft", „Arbeitslose sind Faulenzer", „Banken sind Halsabschneider");
- Ideologien als Ausdruck politischer Zielsetzungen (diese gründen auf weltanschaulichen oder interessenbedingten Wunschvorstellungen, ohne Scheu vor inneren Widersprüchen oder vor Abweichungen von der gesellschaftlichen und ökonomischen Wirklichkeit);
- Theoriefeindlichkeit bei – akademisch nicht geschulten – Politikern und Praktikern in der Wirtschaft, bei den Gewerkschaften sowie in den Medien und den Kirchen (an die Stelle wirtschaftswissenschaftlicher Erkenntnis treten spezielle Erfahrungen, die dann unzulässigerweise generalisiert werden).

Die Idealvorstellung in der Theorie der Wirtschaftspolitik ist, dass der Ökonom erklärt, was ist, dass er vorhersagt, was sein wird, und dass er für jede Situation verschiedene politische Optionen mit ihren ökonomischen Wirkungen benennen kann. Ein Wissenschaftler äußert sich aber nicht dazu, was getan werden muss. Dies zu entscheiden, ist – wie erwähnt – die Aufgabe der gewählten Politiker. Der Wissenschaftler betreibt somit **positive Ökonomik**. Die Schwierigkeit aber liegt darin begründet,

- dass die Ökonomik keine exakte Wissenschaft, sondern eine Erfahrungswissenschaft ist und schon deshalb Interpretationsspielräume bei der Diagnose der wirtschaftlichen Prozesse und bei der Therapie für die Verwirklichung von wirtschaftspolitischen Zielen oder für die Korrektur von Fehlentwicklungen bestehen;
- dass es unterschiedliche methodologische Richtungen der Ökonomik gibt, die jeweils einen unterschiedlichen Zugang zu ökonomischen Problemen wählen und dementsprechend zu abweichenden Ergebnissen hinsichtlich der Problemlösungen führen. Allein in der Makroökonomik kann man eine Reihe von unterschiedlichen Ansätzen – mit zum Teil sehr unterschiedlichen Ergebnissen – benennen: Klassik, Neoklassik, Keynesianismus, Neue Klassische Mak-

roökonomik nach Lucas mit rationalen Erwartungen, Neue Keynesianische Makroökonomik à la Malinvaud mit der expliziten Modellierung von temporären Ungleichgewichten bei Mengenrationierungen auf der Nachfrageseite oder der Angebotsseite, Post-Keynesianismus (Felderer und Homburg 2003).

Dennoch wird die Theorie der Wirtschaftspolitik nicht ohne Werturteile auskommen. Der Ökonom befasst sich auch mit dem, was sein soll, d.h. er betreibt auch **normative Ökonomik**. Der Grund dafür liegt darin, dass man ohne einen Referenzmaßstab nicht auskommt, wenn man wirtschaftspolitische Probleme analysiert. Ohne einen solchen Maßstab ist die Güte unterschiedlicher wirtschaftspolitischer Optionen nicht erkennbar. Im Kapitel II wird mit der Ableitung von Marginalbedingungen und Totalbedingungen der gängige allokationstheoretische Maßstab vorgestellt, gewürdigt und um dynamische Elemente ergänzt. Dabei ist es unabdingbar, stringente Anforderungen an normative Analysen zu stellen:

- Es ist im Rahmen konsistenter Zielsysteme zu argumentieren.
- Es ist die Analyse auf in sich schlüssige, zielkonforme Instrumente zu fokussieren.
- Es sind gründliche und umfassende Diagnosen auszuarbeiten. Dabei sind selektive Darstellungen möglichst zu vermeiden, und wenn das aus Gründen der Raum- und Zeitersparnis nicht möglich ist, muss die Selektivität kenntlich gemacht werden.
- Die Bedingungen, unter denen zukunftsorientierte Aussagen zur Wirtschaftspolitik gemacht werden (Prognosen), sind zu spezifizieren. Der Wissenschaftler muss sich dabei immer der Ungewissheit der Zukunft bewusst sein.
- Vermutungen (Vor-Urteile) und persönliche Einschätzungen (Werturteile) sind als solche zu kennzeichnen.

B. Auf der Suche nach Gesetzmäßigkeiten

Im wirtschaftlichen Geschehen gibt es so etwas wie Gesetzmäßigkeiten. Diese können natürlich nicht so stringent sein wie mathematisch-naturwissenschaftliche Zusammenhänge. Denn Wirtschaften hat immer mit menschlichen Entscheidungen und Erwartungen sowie mit exogenen Schocks, sowohl ökonomischen (z.B. technische Durchbrüche, Rohölpreisexplosionen, Finanzkrisen) als auch nichtökonomischen (wie Missernten, Naturkatastrophen, BSE-Krise) zu tun. Aber neuere Entwicklungen in der experimentellen Wirtschaftsforschung helfen bei der Antwort auf die Frage, ob man mit einer Erklärung richtig liegt, weiter. Vereinzelt kann die Wirtschaftspolitik, dank der empirischen Forschung, auf gewisse statistische Regelmäßigkeiten zurückgreifen. Diese beschreiben Zusammenhänge zwischen Angebot oder Nachfrage und Preisen, Preisrelationen oder Einkommen. Beispiele:

- Das „Engelsche Gesetz“: Bei steigenden Einkommen der privaten Haushalte steigen die Nahrungsmittelausgaben unterproportional; die Einkommenselastizität der Nachfrage ist kleiner als eins. Damit sieht sich die Landwirtschaft einem negativen Terms-of-Trade-Effekt gegenüber, in dessen Folge dieser Sektor schrumpft, wenigstens solange die dort Erwerbstätigen im Zeitablauf – im Verhältnis zu anderen Sektoren – gleichbleibende oder steigende Einkommen erzielen wollen.
- Die „Drei-Sektoren-Hypothese“ zum gesamtwirtschaftlichen Strukturwandel: Im wirtschaftlichen Wachstum schrumpft zunächst für die Landwirtschaft der relative Anteil am Bruttoinlandsprodukt, ab einem bestimmten Pro-Kopf-Einkommen auch der der Industrie zugunsten der Dienstleistungen. Man erkennt einen engen Zusammenhang mit dem „Engelschen Gesetz“.
- Die „Quantitätstheorie des Geldes“: Sie basiert auf der „Quantitätsgleichung“ ($M \cdot v = Y \cdot P$). Diese stellt eine immer erfüllte Identität dar: Die Summe aller Zahlungen, das Produkt aus Geldmenge M und Umlaufgeschwindigkeit v, muss stets der Summe des mit Preisen bewerteten Transaktionsvolumens $Y \cdot P$ entsprechen. Bei konstanter Umlaufgeschwindigkeit des Geldes und steigendem Transaktionsvolumen Y kann die geldpolitisch steuerbare Geldmenge so gesetzt werden, dass das wirtschaftliche Wachstum inflationsfrei stattfindet, d.h. P konstant ist.
- Das „Brechtsche Gesetz“ in der Finanzpolitik: Danach steigen in einer Gebietskörperschaft mit zunehmender Bevölkerungsdichte die Ausgaben je Einwohner bei der Bereitstellung von Infrastruktur (Straßen, Schulen, Krankenhäuser, Abwasserentsorgung) sowie von „höherwertigen“ Freizeiteinrichtungen (Theater, Opernhäuser, Museen, Mehrzweckhallen, Schwimmbäder) überproportional an. Die Skalenerträge sind abnehmend. Dieses „Gesetz“ spielt im Länderfinanzausgleich eine große Rolle, indem es die Begründung einer besonderen Einwohnergewichtung für Stadtstaaten und große Gemeinden liefert.

Solche statistischen Regelmäßigkeiten sind nicht endgültig. Sie gelten nur so lange, bis sie widerlegt worden sind (**Popper-Kriterium**). Diese zunächst tautologisch klingende Aussage ist für die Wirtschaftswissenschaft generell bedeutsam, für die Wirtschaftspolitik aber besonders wichtig. Denn derartigen Gesetzmäßigkeiten liegen Verhaltensweisen der Menschen zugrunde, die sich von Land zu Land unterscheiden und im Laufe der Zeit verändern. Deshalb können empirisch gehaltvolle Aussagen nur eine „raum-zeit-bedingte" Gültigkeit (Giersch 1961, S. 29) beanspruchen. Dies hat zur Folge, dass die Aussagen zu konkreten Fragen der Wirtschaftspolitik, auch und gerade zu statistischen Regelmäßigkeiten, immer wieder überprüft werden müssen. Dies geschieht zweckmäßigerweise unter Zuhilfenahme der jeweils modernsten ökonometrischen Methoden, so dass methodisch bedingte Ungenauigkeiten im Zeitablauf an Bedeutung verlieren. Wenn nötig, müssen die Aussagen über statistische Regelmäßigkeiten modifiziert werden. Ein aktuelles Beispiel betrifft die Stabilität der Euro-Geldnachfrage, die sich nicht so einfach aus den aggregierten Geldnachfragen der elf Gründungsmitglieder der Europäischen Währungsunion (EWU) ablesen ließ. Denn möglicherweise hat das neue Geld zu einer veränderten Geldnachfrage geführt, wofür z.B. von Land zu Land unterschiedliche Zahlungsgewohnheiten oder eine im Durchschnitt geänderte Inflationserwartung beigetragen haben könnten.

Zusatzlektüre Master ↓

C. Erwartungsbildung

Damit ist ein besonderes Problem angesprochen, nämlich die Art der Erwartungsbildung bei den Wirtschaftssubjekten. Es wird zwischen **rationalen, begrenzt rationalen, adaptiven und statischen Erwartungen** unterschieden. Im Folgenden werden die in den makroökonomischen theoretischen Modellen berücksichtigten Erwartungsbildungskonzepte vorgestellt und anschließend hinsichtlich ihres Einflusses und ihrer Aussagekraft für die Wirtschaftspolitik diskutiert.[20]

Statische und adaptive Erwartungen

In Modellen, die eine adaptive Erwartungsbildung berücksichtigen, werden Wirtschaftssubjekte betrachtet, die ihre Erwartungen in der aktuellen Periode in Abhängigkeit von den Erwartungsfehlern in der vergangenen Periode revidieren. Die Erwartung bezüglich eines zukünftigen Wertes entspricht dabei einem gewichteten Durchschnitt aus der Prognose der letzten Periode und dem tatsächlichen Wert in der aktuellen Periode. Die Individuen nehmen an, dass sich die in der Vergangenheit beobachteten Veränderungen in die Zukunft fortschreiben lassen. Dabei lernen sie nur mechanistisch, d.h. nur aus historischen Erfahrungen oder aus Irrtümern, niemals aber aus theoretischer Einsicht. Somit bedeutet eine plötzliche

[20] Vgl. hierzu insbesondere Miller (2003) und Evans und Honkapohja, (2001)

Veränderung oder ein Wendepunkt im Entwicklungsverlauf einer (ökonomischen) Variablen, dass diese nur mit Zeitverzögerungen von mehreren Perioden erfasst werden können, wodurch es zu einer systematischen Diskrepanz zwischen den tatsächlichen Zuständen der Volkswirtschaft und den Erwartungen der Menschen kommt. Für den Extremfall von statischen Erwartungen wird sogar angenommen, die Zukunft werde so wie die Gegenwart; und es erfolgt keine Berücksichtigung des Erwartungsfehlers und einhergehend keine Anpassung der Erwartungen.

Rationale Erwartungen

Bereits die makroökonomischen Modelle der neoklassischen Theorie beruhen auf der Hypothese rationaler Erwartungen der Wirtschaftssubjekte. In neueren Modellen wird dabei ein repräsentatives Wirtschaftssubjekt betrachtet, welches auf Basis einer unter Nebenbedingungen betrachteten Nutzen- oder Gewinnmaximierung eine optimale zukunftsorientierte Entscheidung trifft. Im Rahmen einer rationalen Erwartungsbildung werden alle zukunftsrelevanten Informationen einschließlich der theoretischen Modellaussagen über die Auswirkungen zentraler Politikmaßnahmen auf der Grundlage struktureller Lernprozesse verarbeitet (Muth 1961, Sheffrin 1983) und in die Entscheidung einfließen. Im Gegensatz zur adaptiven oder statischen Erwartungsbildung lassen sich Wirtschaftssubjekte mit einer rationalen Erwartungsbildung nicht systematisch täuschen. Sie verhalten sich vorausschauend und bilden ihre Erwartungen basieren auf der Annahme, dass ihnen die ökonomische Struktur der Volkswirtschaft vollständig bekannt ist. Aufgrund ihrer Sicherheit in der Einschätzung und Bewertung zukünftiger Realisationen auf Basis der ihnen zur Verfügung stehenden Informationen besteht kein Anreiz, die Erwartungsbildung zu verändern oder anzupassen. Die Implikation, die sich aus einer rationalen Erwartungsbildung und einer damit verbundenen nicht-systematischen Täuschung ergibt, basiert auf einem umfangreichen objektiven Beurteilungsvermögen der Wirtschaftssubjekte. Es wird vorausgesetzt, dass den Wirtschaftssubjekten erstens sämtliche zur Wahl stehenden Handlungsalternativen bekannt sind. Zweitens haben sie die Fähigkeit, die Konsequenzen, die sich aus den einzelnen Alternativen ergeben, mit Sicherheit zu bewerten. Die sichere und objektive Bewertung von Handlungsalternativen kann auf Aktivitäten zur Informationsgewinnung und -nutzung nach dem ökonomischen Prinzip zurückgeführt werden.[21] Die Existenz von Informationsanstrengungen setzt lernbereite und anpassungsfähige Marktteilnehmer voraus, die ihre zukünftigen Entscheidungen aufgrund von Lernprozessen

21 Das bedeutet, dass zusätzliche Informationen aufgrund von Transaktionskosten nur so lange in die Erwartungsbildung einfließen, wie die Grenzkosten der Informationssuche kleiner sind als die Grenzerträge der Informationsnutzung.

aus der Vergangenheit beurteilen. Wie die Lernprozesse im Einzelnen ablaufen und Erwartungen explizit gebildet werden, bleibt im Rahmen der Hypothese rationaler Erwartungen unbeantwortet, sie postuliert lediglich das Verhalten der Wirtschaftssubjekte.

Begrenzte Rationalität

Basierend auf der Kritik an dem ‚homo oeconomicus' werden in neueren ökonomischen Modellen Wirtschaftssubjekte betrachtet, die aufgrund von Unsicherheit über zukünftige Entwicklungen begrenzt rational handeln. Im Gegensatz zur Hypothese rationaler Erwartungen ist unter der Annahme begrenzter Rationalität den Wirtschaftssubjekten die ökonomische Struktur, in der sie handeln, nicht vollständig bekannt. Es ist offensichtlich, dass in einer Modellvolkswirtschaft die betrachteten Wirtschaftssubjekte mit einer rationalen Erwartungsbildung bereits Kenntnisse über die zukünftige Entwicklung haben, die von den untersuchenden Wissenschaftlern zunächst berechnet werden wollen. Daher ist die zugrunde liegende Idee von begrenzter Rationalität, "that economist and the agents they are modelling should be placed on an equal footing" (Sargent 1993, S. 21). Es werden in den Modellen Wirtschaftssubjekte konstruiert, die sich auf Basis von Veränderungen an zukünftige Bedingungen adaptieren. Unter begrenzter Rationalität sind ihnen zwar die volkswirtschaftlichen Zusammenhänge, allerdings nicht die zu schätzenden Parameterwerte bekannt. Sie handeln daher vielmehr wie die Statistiker und Ökonometriker in der realen Volkswirtschaft. Die Erwartungsbildung der Marktteilnehmer wird daher explizit durch Lernalgorithmen abgebildet, wodurch sie in die Lage versetzt werden, die ökonomische Struktur erst über die Zeit zu erlernen. Lernalgorithmen können in zwei Kategorien unterschieden werden. Im Folgenden sollen zum einen die stochastischen Lernalgorithmen und zum anderen die evolutionären Algorithmen ("artificial intelligence") kurz charakteristisch dargestellt werden.

Stochastische Lernalgorithmen

Stellvertretend für stochastische Lernalgorithmen, die sich auf ökonometrische Verfahren stützen, wird an dieser Stelle ein adaptives Lernen betrachtet. Wirtschaftssubjekte passen ihre Erwartungen bezüglich zukünftiger exogener Variablen in jeder Periode auf Basis neuer beobachteter Informationen an. Im Gegensatz zur Theorie der adaptiven Erwartungsbildung, die eher zu ergründen versucht, wie sich Erwartungen verändern, bilden neuere Theorien den Prozess der Erwartungsbildung explizit ab. Es fließt Unsicherheit über zukünftige Entwicklungen in die Erwartungsbildung der Wirtschaftssubjekte ein, womit sich in der Auswertung der zukünftigen Handlungen diese Erwartungsbildung von der Hypothese der rationalen Erwartungen unterscheidet.[22] Wird Unsicherheit in der Erwartungsbildung der Regierung betrachtet, so ist sie nicht in der Lage, die Erwartungen der Wirtschaftssubjekte richtig einzuschätzen und ihre auf die Erwartung der Wirtschaftssubjekte beruhende Entscheidungsfunktion unterliegt einer Fehlspezifikation. Diese Fehlspezifikation der Entscheidungsfunktion hindert die Regierung daran, die optimale Politik aus dem Gleichgewicht der rationalen Erwartungen zu erlernen.[23]

Sind hingegen Wirtschaftssubjekte unsicher über das zukünftige Entscheidungsverhalten der Regierung, wird die Fehlspezifikation in ihrer Erwartungsbildung darauf zurückgeführt, dass sie zwar die Entscheidungsfunktion der Regierung kennen, ihnen aber nicht bewusst ist, dass die Regierung auf die Erwartungen der Wirtschaftssubjekte reagiert. Aufgrund der Fehlspezifikation der jeweiligen Erwartungsbildung operieren sowohl die Regierung als auch die Wirtschaftssubjekte in einem begrenzt rationalen Umfeld, die entstehende Interaktion zwischen Regierung und Marktteilnehmer wird dadurch abgebildet, dass sie eine rekursive Aktualisierung ihrer Erwartung auf Basis ihrer Lernalgorithmen durchführen.

Die Modellierung der Erwartungsbildung basiert generell auf der Idee, dass die Wirtschaftssubjekte kein Vertrauen in die zukünftigen Entscheidungen der Regierung haben, sondern sich an die Entscheidungen in der Vergangenheit „gewöhnen“. Der Lernalgorithmus der Marktteilnehmer beschränkt sich auf die Verarbeitung der in der Vergangenheit aufgetretenen Ereignisse, wobei kürzliche Ereignisse ein höheres Gewicht erhalten und Prognosefehler über die Zeit abgebaut werden. Insgesamt stellt dieses Konzept der Erwartungsbildung im Gegensatz zur Hypothese der rationalen Erwartungen geringere Anforderungen an die kognitive Kapazitäten und den Aufwand der Wirtschaftssubjekte bei der Informationssuche und -nutzung.

Da allerdings davon ausgegangen werden kann, dass alle Wirtschaftssubjekte den gleichen Lernalgorithmus verwenden und in ihrer Erwartungsbildung zu identischen Ergebnissen kommen, kann an dieser Stelle die Homogenität von Wirtschaftssubjekten unterstellt werden. Dass Wirtschaftssubjekte heterogen in ihrer Erwartungsbildung sind, haben verschiedene Studien zur Auswertung von Surveydaten bereits belegt. Diesbezüglich bleibt die Frage nach der von Wirtschaftssub-

---

22 Im Fall der rationalen Erwartungen wird davon ausgegangen, dass Wirtschaftssubjekte, die unter Unsicherheit agieren, das Eintreten zukünftiger Zustände mit Wahrscheinlichkeiten bewerten und demzufolge in der Lage sind, zu jedem Zeitpunkt erfolgreich eine Wahrscheinlichkeitsverteilung zu schätzen.

23 Vgl. hierzu Cho und Kasa (2008), Ellison, Graham und Vilmunen (2006) und Kasa (2004) für eine Betrachtung der Erwartungsbildung im Zusammenhang mit Finanz- und Währungskrisen.

jekten unterschiedlichen Verarbeitung und Gewichtung von Informationen unbeantwortet.[24]

Evolutionäre Lernalgorithmen

Die evolutionären Lernalgorithmen stellen auf eine Adaption der Wirtschaftssubjekte an zukünftige Bedingungen ab und gehen auf das Evolutionskonzept aus der Biologie zurück.[25] Durch Aneignung von Wissen, das die Wirtschaftssubjekte für ihre zukünftige Erwartungsbildung verwenden, verbessern sie im Zeitablauf ihre Prognose zukünftiger Entwicklungen makroökonomischer Faktoren. Im Gegensatz zur Anwendung von homogenen adaptiven Lernalgorithmen, werden an dieser Stelle Wirtschaftssubjekte als heterogen betrachtet, da es nahe liegend ist, dass sie unterschiedliche Erwartungen bezüglich der zukünftigen Entwicklung haben.[26] Heterogene Erwartungen haben einen Einfluss auf die endogen determinierten (ökonomischen) Variablen des makroökonomischen Systems.

Der Adaptionsprozess der Wirtschaftssubjekte basiert dabei auf der Auswahl einer Entscheidungsregel aus einem Set an bestehenden Strategien, die sich in der Vergangenheit bewährt haben und aus einem Set neuer Strategien, die aufgrund der Experimentierfreudigkeit generiert werden. Die Selektion einer Entscheidungsregel erfolgt auf Basis einer Fitnessfunktion, wobei anhand eines rationalen Auswahlkriteriums diejenige Strategie ausgewählt wird, die in der letzten Periode den höchsten Erfolg erlangte. Die Güte einer Strategie wird durch den Fitnesswert determiniert. Die Fitnesswerte stellen hypothetische Auszahlungen dar, die die jeweiligen Strategien bei gegebenem Zustand der Volkswirtschaft erreicht hätten, wären sie in der letzen Periode zum Einsatz gekommen. Wirtschaftssubjekte vergleichen ihre Strategie mit der Strategie anderer und entscheiden abhängig vom Erfolg, welche Strategie sie in der nächsten Periode anwenden. Dabei imitieren sie Strategien der Wirtschaftssubjekte, die einen überdurchschnittlichen Erfolg erzielt haben.

↑ **Ende Zusatzlektüre**

---

24 Im Rahmen des Konzeptes der rationalen Erwartungsbildung sollten die Betrachtung eines repräsentativen Agenten, der stellvertretend für alle Wirtschaftssubjekte agiert, und die implizierte homogene Erwartungsbildung hinterfragt werden. Im Fall heterogener rationaler Wirtschaftssubjekte wird eine Aggregation auf Basis der restriktiven Annahme durchgeführt, dass jedem Wirtschaftssubjekt die Erwartungen der anderen Wirtschaftssubjekte bekannt sind.

25 Bereits Charles Darwin hat herausgestellt, dass die evolutionäre Entwicklung aller Organismen und ihre Aufspaltung in verschiedene Arten eine Folge der Anpassung an den Lebensraum durch Variation und natürliche Selektion ist.

26 Vgl. Arifovic (2000) für eine Darstellung evolutionärer Lernalgorithmen im Rahmen allgemeiner makroökonomischer Modelle und Arifovic und Masson (2004) für eine Darstellung der Lernalgorithmen im Zusammenhang von Finanz- und Währungskrisen.

Implikationen für die Wirtschaftspolitik

Für die Wirtschaftspolitik haben die Erwartungsbildungshypothesen folgende Bedeutung: Bei Vorliegen adaptiver Erwartungen in der Bevölkerung hat die Regierung mehr Möglichkeiten zu diskretionärer Wirtschaftspolitik mit kurzfristig positiven, langfristig jedoch unsicheren oder gar schädlichen Wirkungen als bei rationalen Erwartungen. Im Fall adaptiver Erwartungen, sind die Wirtschaftssubjekte ökonomisch „ungebildet" und können getäuscht werden. So könnte z.B. eine Beschäftigungspolitik gemäß dem Phillips-Kurven-Theorem betrieben werden, indem mit expansiver Geldpolitik die Güternachfrage unter Inkaufnahme von Preisniveausteigerungen stimuliert wird. Zu mehr Beschäftigung kommt es, weil die Menschen die Senkung des Reallohnes durch Inflation nicht erkennen, und somit ihre Geldillusion ausgebeutet werden kann. Im zweiten Fall dagegen, bei rationalen Erwartungen, sind die Wirtschaftssubjekte ökonomisch „gebildet" und lassen sich nicht täuschen. Damit laufen geldpolitische Maßnahmen zur Beeinflussung der Konjunktur einschließlich Beschäftigung ins Leere: Bei einer übermäßig expansiven Geldpolitik werden die Inflationswirkungen antizipiert, was zu höheren Forderungen bei den Nominallöhnen und den Nominalzinsen führt. Dadurch wird die beabsichtigte Konjunkturstimulierung konterkariert; der Beschäftigungsstand bleibt unverändert oder sinkt.

Bei rationalen Erwartungen ist die wirtschaftspolitische Diagnose auf der Grundlage makroökonometrischer Modelle[27] problematisch. Dies ist Gegenstand der sog. Lucas-Kritik (Belke und Vollmer 1995). Die zugrundeliegende These lautet folgendermaßen: „Da die Struktur eines ökonometrischen Modells optimale Entscheidungsregeln der Wirtschaftssubjekte umfasst und da optimale Entscheidungsregeln sich systematisch mit den für die Wirtschaftspolitik relevanten Zeitreihendaten ändern, wird jede Änderung der Wirtschaftspolitik die Struktur des ökonometrischen Modells ändern" (Lucas 1976, eigene Übersetzung). Derartige, als Strukturbrüche bezeichnete Änderungen untergraben auch die erwähnten statistischen Regelmäßigkeiten. In ähnlicher Form hat dies Charles Goodhart auf die Geldpolitik bezogen beschrieben. Sein Gesetz (Goodhart's Law) lautet in Kürze: „Eine beobachtete statistische Regelmäßigkeit wird tendenziell instabil, sobald die Wirtschaftspolitik sich danach richtet und über die Einflussgrößen einzuwirken versucht" (Goodhart 1981, eigene Übersetzung).

Im Gegensatz zu den anfänglichen makroökonomischen Erklärungsansätzen, die von rationalen Erwartungen ausgehen und den Erwartungsbildungsprozess nicht

27 Darunter werden ökonometrische Schätzmodelle zur empirischen Überprüfung theoretischer Aussagen verstanden, die auf Modellen der makroökonomischen Theorie basieren.

näher spezifizieren, wird in der aktuellen Forschung eine begrenzt rationale Erwartungsbildung in makroökonomische Modelle implementiert. Dabei finden mikroökonomisch fundierte Ansätze zur Erwartungsbildung Verwendung und führen zu einer umfassenderen Betrachtung makroökonomischer Modelle. Die differenzierten Erwartungsbildungsmechanismen weisen jedoch auf die Komplexität der Erfassung und Abbildung von Erwartungen hin. [28]

D. Empirische Wirtschaftsforschung

Ein weiteres Problem der Theorie der Wirtschaftspolitik liegt darin, dass sich die für Individuen theoretisch schlüssigen und empirisch beobachtbaren Zusammenhänge (Mikroebene) nicht ohne weiteres auf die Wirtschaftspolitik (Makroebene) übertragen lassen. Die Gefahr besteht in einem „Trugschluss der Übertragung" („fallacy of composition") (Samuelson und Nordhaus 2001, S. 8f.). Im Bereich der Spieltheorie sind die Ökonomen geneigt, diesem Irrtum zu unterliegen, wenn sie Wirtschaftspolitik als ein Spiel zwischen einer Regierung und der Öffentlichkeit modellieren. Sie betrachten ein Spiel, das auf der Mikroebene zwischen zwei formal gleichwertigen und mit ähnlichen Fähigkeiten zur Strategiefindung ausgestatteten Individuen stattfindet, die auf die Aktionen des jeweils anderen reagieren können. In der Wirtschaftspolitik kann hingegen nur die Regierung eine klare Strategie entwickeln, die Öffentlichkeit aber nicht. Sie kann nicht als Ganzes auf regierungsamtliches Handeln reagieren. Damit ist der Anwendung der Spieltheorie in der Wirtschaftspolitik keineswegs eine Absage erteilt; man muss jedoch die Grenzen erkennen.

Konkrete wirtschaftspolitische Fragen müssen letztlich mit Fakten beantwortet werden, es gilt der Satz: „no argument without a number". Die ökonomische Theorie gibt dabei Auskunft darüber, worauf es ankommt. Allerdings stellt sie dabei – aufgrund der unterschiedlichen Konjunkturtheorien, Arbeitsmarkttheorien, Inflationstheorien, Wachstumstheorien, Außenhandelstheorien, Wechselkurstheo-

[28] In der zukünftigen Forschung werden daher experimentelle Untersuchungsmethoden eine wesentliche Rolle spielen, da aufgrund von Heterogenität der Wirtschaftssubjekte eine bisher unterstellte rationale und homogene Erwartungsbildung nicht vorausgesetzt werden kann. Um volkswirtschaftliche Zusammenhänge realitätsnah darstellen zu können, nimmt die Komplexität von makroökonomischen Modellen in der volkswirtschaftlichen Forschung zu. Da diese nicht mehr analytisch gelöst werden können, sollten Optimierungsverfahren entwickelt werden, die auf Basis von Simulationen durchführbar sind, um experimentelle Forschungsergebnisse auswerten zu können.

rien usw. – verschiedene Antworten zur Verfügung. Zur Überprüfung dieser unterschiedlichen Theorien muss die ökonomische Theorie im Bereich der wirtschaftspolitischen Analyse „instrumentalisiert" werden, und zwar in Form von Hypothesen, die mit den Fakten konfrontiert werden können. Zu unterscheiden ist hier zwischen Hypothesen, die prinzipiell unwiderlegbar sind, und Hypothesen, die falsifizierbar sind (Popper-Kriterium). Hypothesen, die grundsätzlich nicht widerlegbar sind – man denke an sog. Bauernregeln – sind für die Wirtschaftspolitik unbrauchbar. Sind Hypothesen hingegen falsifizierbar, so dass die a priori vermuteten Zusammenhänge nach und nach verworfen werden können, kann man umso sicherer sein, ein wirtschaftspolitisches Problem wirklich zu erklären. Dies ist wiederum die unabdingbare Voraussetzung dafür, dass man es lösen kann. Damit kommt der **empirischen Wirtschaftsforschung** aus Sicht der Wirtschaftspolitik eine große Bedeutung zu. Dies ist auch in der Wissenschaft so gesehen worden: Die ökonometrischen Methoden sind in den letzten zwei Jahrzehnten sehr stark verbessert worden, die Datenbanken samt Computerprogrammen ebenfalls. Für den empirischen Wirtschaftsforscher ist es allerdings unumgänglich, diese Methoden und Datenauswertungen mit der Theorie zu verbinden. Denn die ökonomische Theorie zwingt zum logischen Denken und ist eine Art Wegweiser durch die Fülle der statistischen Informationen. Wird eine empirische Überprüfung theoretisch schlecht vorbereitet, nützt sie der praktischen Wirtschaftspolitik nichts; im Gegenteil, sie richtet unter Umständen nur Verwirrung an. Das Gleiche gilt, wenn die in einer bestimmten Untersuchung erzielten empirischen Ergebnisse nicht von Dritten nachgeprüft werden können, weil die Autoren ihre Daten und Verwendungsmethoden unter Verweis auf Quellenschutz geheim halten. Die wirtschaftspolitisch Verantwortlichen laufen dann Gefahr, empirische Forschungsergebnisse als wissenschaftlich fundiert anzusehen, ohne erkennen zu können, dass diese Ergebnisse womöglich einseitig sind, weil sie von Partikularinteressen (Unterabschnitt IV.3.A) gesteuert wurden, ganz nach dem Slogan „Wer bezahlt, der bestellt". Alternative Erklärungen zu konkreten wirtschaftspolitischen Fragen bleiben dann im Unklaren. Mit seriöser empirischer Wirtschaftsforschung wäre das überhaupt nicht vereinbar. Für die Qualität der empirischen Wirtschaftsforschung und deren Eignung für die Wirtschaftspolitik ist unabdingbar, dass jeweils alle genutzten Daten und Computerprogramme offen gelegt werden und auf diese Weise die vorgelegten Untersuchungen durch andere Forscher, die Experten in den Regierungsressorts eingeschlossen, reproduzierbar sind.

Allzu viel Optimismus ist bei der Nutzung von Fakten allerdings nicht angebracht. Trotz des Einsatzes modernster Technologien sind die verfügbaren Daten über das Wirtschaftsleben keineswegs vollständig oder genau.[29] Ein sehr einprägsames Beispiel hierfür sind die aggregierten Daten über die Zahlungsbilanz aller Länder der Erde. Die „Weltzahlungsbilanz" kann in allen Teilbilanzen nur ausgeglichen sein; die Summe aller Kapitalexporte muss anderswo importiert werden; sämtliche Exporte müssen mit sämtlichen Importen übereinstimmen. Dies ist eine saldenmechanische Identität ohne theoretischen Gehalt. Tatsächlich allerdings ist die „Welthandelsbilanz" mitnichten ausgeglichen: Die Welt als Ganzes weist aufgrund von statistischen Fehlern regelmäßig ein kollektives Defizit in der Handelsbilanz von mehreren hundert Milliarden US-Dollar aus. Nun wird eine solche Information keinen Wirtschaftspolitiker veranlassen, protektionistische Forderungen (z.B. gegen den Planeten Mars) zu erheben. Die Möglichkeit wirtschaftspolitischer Fehlentscheidungen aufgrund ungenauer und irreführender Daten ist aber nicht von der Hand zu weisen. Dies gilt umso mehr, als die Daten regelmäßig angepasst, d.h. geändert werden. Sollte z.B. die Inflationsrate eines Landes einige Jahre lang systematisch unterschätzt werden, kann die Geldmengenexpansion über Jahre zu hoch ausfallen. Inflationspotential für die Zukunft wird geschaffen. Eine abrupte Anpassung der Geldpolitik an die korrigierten Daten kann dann eine Rezession zur Folge haben.

Zwar ist Wirtschaftspolitik, die im Hinblick auf bestimmte Ziele betrieben wird, ohne Kenntnis über empirische Zusammenhänge nicht denkbar. Es muss jedoch den Verantwortlichen klar sein, dass die verfügbaren Daten und empirischen Methoden nicht perfekt sind. Aus wirtschaftspolitischer Perspektive kann an dieser Stelle bereits ein kleines Zwischenfazit gezogen werden: Da es keine endgültigen Wahrheiten gibt, tut die Wirtschaftspolitik gut daran, sich nicht zu viel zuzutrauen oder sich gar Wissen anzumaßen (v. Hayek 1975), das sie faktisch nicht haben kann. Praktisch bedeutet dies, dass die Wirtschaftspolitik komparative Vorteile in der Setzung von Regeln gegenüber direkten Eingriffen in das Wirtschaftsgeschehen zu haben scheint. Im weiteren Verlauf des Buches wird dies noch deutlicher gezeigt.

E. Prognosen, Projektionen und Szenarien

In der Wirtschaftspolitik stellt sich regelmäßig die Frage nach der künftigen wirtschaftlichen Entwicklung. Es soll ein etwaiger Handlungsbedarf rechtzeitig erkannt

---

29 Natürlich gibt es Unterschiede: So ist davon auszugehen, dass die Daten in den OECD-Ländern eine höhere Genauigkeit aufweisen als in vielen Entwicklungsländern. Die amtliche Statistik in Deutschland hat ein qualitativ sehr hohes Niveau.

werden. Zwar ist die Zukunft indeterminiert. Aber ungefähre Vorstellungen kann man sich durchaus machen. Methodisch lassen sich hierfür drei Ansätze verwenden:

- Prognoseverfahren, mit denen die künftige Entwicklung unter den gegebenen wirtschaftspolitischen und wirtschaftsrechtlichen Bedingungen beschrieben werden;
- Zielprojektionen, bei denen dargestellt wird, welche Entwicklung man für wünschenswert hält und mit welchen Maßnahmen dies erreicht werden soll;
- Zukunftsszenarien, in denen alternative Entwicklungspfade bei unterschiedlich gesetzten Parameterkonstellationen aufgezeigt werden.

Die wichtigsten Merkmale dieser Ansätze und die Möglichkeiten und Grenzen bei deren Anwendung wollen wir im Folgenden kurz betrachten.

Prognosen

Das Prognostizieren ist für die Wirtschaftspolitik sehr wichtig, denn es zwingt zu vorausschauendem Denken, vor allem zu Langfristdenken, ohne das eine rationale Wirtschaftspolitik gar nicht möglich ist. Man muss die wirtschaftspolitischen Aufgaben rechtzeitig erkennen, um Fehlentwicklungen – z.B. eine Konjunkturabschwächung oder eine Inflationsbeschleunigung – frühzeitig, unter Beachtung der typischen Wirkungsverzögerungen der eingesetzten Instrumente, zu bekämpfen.

Beim Prognostizieren ist man auf einem schwierigen Terrain. Es gibt ein zentrales Informationsproblem: Zum Zeitpunkt, in dem die Prognose erstellt wird, sind nicht alle, vielleicht noch nicht einmal die meisten, relevanten Ereignisse bekannt, die im Laufe des Prognosezeitraums ökonomische Wirkungen auslösen können und die die Wirtschaftspolitik zu sachgerechtem Handeln veranlassen müssten. Ein deutliches Beispiel liefern die Entwicklungen an den Finanzmärkten, die mitunter sehr volatil verlaufen, wenn nicht sogar von Spekulationsblasen getrieben werden und anschließend in eine Abwärtsspirale münden, in deren Sog auch die reale Wirtschaft nach unten gezogen wird. Außerdem ist die künftige wirtschaftliche Entwicklung Gegenstand des Gestaltungswillens der Menschen, und sie wird von freien Entschlüssen politischer Instanzen und wirtschaftlicher Gruppen im In- und Ausland mitbestimmt. Was da im Einzelnen geschehen wird, weiß niemand im Voraus. Im Übrigen kommt auch bei Prognosen die erwähnte Lucas-Kritik ins Spiel. Letztlich müssen selbst formal noch so ausgeklügelte Prognosetechniken gegenüber der Offenheit der Zukunft hintanstehen (Elliot, und Timmermann 2008).

Diese Ungewissheit führt dazu, dass Prognosen zweckmäßigerweise **bedingte Prognosen** sind. Es handelt sich um Wahrscheinlichkeitsaussagen unter der Annahme bestimmter Rahmenbedingungen. Die Eintrittswahrscheinlichkeit einer Prognose braucht dabei nicht hoch zu sein. Um als Orientierungslinie für eine rationale Wirtschaftspolitik zu dienen, reicht es, dass sie höher ist als diejenige von alternativen Voraussagen. Der Prognostiker weiß natürlich, dass es auch anders kommen kann. Er versucht nur, die Ungewissheit, unter der rationale wirtschaftspolitische Entscheidungen gefällt werden müssen, möglichst einzugrenzen. Dazu bedient er sich aller verfügbaren Techniken, z.B. Frühindikatoren, Befragungen und ökonometrischer Modelle. Dass die Prognosewerte mit einer quantitativen Präzision (bis hin zu Kommastellen) dargelegt werden, darf man nicht überbewerten. Eine Prognose-Genauigkeit gibt es nicht. Was so präzise aussieht, ist ein rein rechnerisches Ergebnis und bringt zum Ausdruck, dass zwischen den einzelnen Rechenschritten und der Prognose einzelner Variablen Konsistenz besteht.

In der Praxis arbeitet man vor allem mit der **Status-quo-Prognose**. Man nimmt die zum Prognosezeitraum bekannten wirtschaftspolitischen Maßnahmen – auch die fest für die Zukunft angekündigten – als Datum und leitet daraus Aussagen über die künftige wirtschaftliche Entwicklung ab. Solche Daten sind z.B. Haushaltsplanentwürfe der Gebietskörperschaften, feststehende Veränderungen im Steuer- und Sozialrecht, zinspolitische Maßnahmen und abgeschlossene Lohntarifverträge. Voraussetzung für die Einbeziehung dieser wirtschaftspolitischen Maßnahmen ist natürlich, dass der wirtschaftspolitische Status quo erkennbar ist. Dies ist jedoch nicht der Fall, wenn der Kurs der Wirtschaftspolitik unklar ist, beispielsweise weil auf offizielle Ankündigungen recht schnell ein Widerruf folgt. Kommt es zu wiederholten Richtungsänderungen, ist dies ein Signal für Interessengruppen, Nachbesserungen von wirtschaftspolitischen Maßnahmen zu ihren Gunsten zu verlangen. Liegen überhaupt keine Informationen über wirtschaftspolitische Maßnahmen vor, muss man mit Annahmen oder sog. Setzungen arbeiten. Darunter fallen z.B. der künftige Wechselkurs oder der künftige Kapitalmarktzins. Für die Wirtschaftspolitik bedeutet dies, dass sie sich auf der Grundlage einer Prognose nicht definitiv auf einen bestimmten wirtschaftspolitischen Kurs festlegen kann; sie muss reagieren, wenn die Prognose im Lichte neuer Informationen revidiert wird, was sehr häufig geschieht. Unter Umständen muss der wirtschaftspolitische Kurs dann geändert werden. Dies gilt insbesondere bei stärkeren Veränderungen der Rahmenbedingungen für die Wirtschaftspolitik, z.B. einem Rohstoffpreisschock oder einer plötzlich ausbrechenden internationalen Finanzkrise.

Bei Prognosen muss man stets bedenken, dass die vorausgesagten Entwicklungen von der Prognose selbst beeinflusst werden können. Es geht um die sog. **Rückkoppelungseffekte**. Die wirtschaftspolitischen Entscheidungsträger, deren Verhalten in der Status-quo-Prognose ja mit prognostiziert wird, könnten versuchen, die Prognoseergebnisse in ihren Planungen vorwegzunehmen, was der Prognostiker aber nicht erfährt. Dann können sich im Nachhinein Prognosen selbst bestätigen oder widerlegen. Dies lässt sich wirtschaftspolitisch in einer Weise nutzen, die bedenklich wäre: für Zweckprognosen nämlich, z.B. vor Wahlterminen.

Angesichts der Ungewissheit über die Zukunft ist es „normal", dass **Prognosefehler** auftreten. Mitunter liegt der Prognostiker nur durch Zufall richtig oder deshalb, weil sich Fehler gegenseitig neutralisieren. Dies kann z.B. leicht bei der Prognose der Verwendungsaggregate des Bruttoinlandsprodukts geschehen. Besonders unangenehm für die Wirtschaftspolitik ist es, wenn man bei der Prognose von konjunkturellen Wendepunkten daneben liegt. Leider geschieht dies oft, und zwar zumeist aus folgenden, kaum zu vermeidenden Gründen:

- Die Statistiken hinken hinter der realen wirtschaftlichen Entwicklung her. Insoweit müssen zum Zeitpunkt der Prognose auch wirtschaftliche Vorgänge prognostiziert werden, die schon längst stattfinden, nur eben statistisch noch nicht erfasst sind und damit für den Außenstehenden noch im Dunkeln liegen.

- Unternehmensbefragungen über die Zukunftserwartungen, wie sie z.B. in Deutschland das Ifo-Institut für Wirtschaftsforschung und der Deutsche Industrie- und Handelskammertag durchführen, liefern nur qualitative Antworten („besser", „schlechter", „gleichbleibend"); darüber hinaus sind diese Antworten nicht unabhängig von der allgemeinen, auch politisch gefärbten Stimmung im Land, die von der tatsächlichen Lage erheblich nach oben oder unten abweichen kann.

- Gelegentlich wird ein konjunkturelles Umschwenken von Politikern, Analysten oder den Medien herbeigeredet. Dies kann schwerlich in eine wirtschaftspolitische Prognose mit einbezogen werden.

- Auch können unvorhersehbare exogene Schocks auftreten, die Prognosen über die Fortsetzung eines Konjunkturaufschwungs jäh ungültig machen. Man denke an negative Schocks größeren Ausmaßes wie drastische Kursrückgänge an den Aktienbörsen, plötzlich ausbrechende Turbulenzen im Finanz- und Bankensystem, kräftige Rohölpreissteigerungen, abrupte Wechselkursänderungen oder verheerende Terroranschläge wie die des 11. September 2001 gegen das World Trade Center und das US-Verteidigungsministerium. Bei positiven Schocks ist es umgekehrt, dann verläuft die Entwicklung der gesamtwirtschaftlichen Produktion weit günstiger als vorausgesagt, wie beim Wiedervereinigungsboom 1990-91 oder bei dem in Verbindung mit der Neuen Ökonomie angetriebenen Produktivitätsfortschritt in den Vereinigten Staaten 1996-2000.

- Besonders schwierig ist die Vorab-Einschätzung von Wendepunkten im Konjunkturzyklus, weil die Faktoren, die eine Expansionsphase beenden („oberer Wendepunkt" vielfältig sind und von Zyklus zu Zyklus variieren können, so dass auf historisches Erfahrungswissen kein Verlass ist, und weil das Gleiche hinsichtlich des Endes einer Kontraktionsphase („unterer Wendepunkt") gilt. Außerdem muss in einer offenen Volkswirtschaft stets die Möglichkeit einer konjunkturellen Übertragung vom Ausland in das Inland und umgekehrt beachtet werden (internationaler Konjunkturzusammenhang). Die konjunkturelle Entwicklung zwischen dem Ausland (differenziert nach Regionen) und dem Inland kann synchron oder gegenläufig verlaufen, und die konjunkturellen Wirkungen entfalten sich über verschiedene Kanäle (Außenhandel mit Waren und Dienstleistungen, ausländische Direktinvestitionen und Unternehmensverbünde, internationale Finanzströme, Stimmungen an den Börsen). Mit Hilfe von ökonometrischen Simulationen wird versucht, die Auswirkungen konjunktureller Übertragungen zu erfassen; aber es gibt keine einheitlichen Simulationsmodelle, so dass auch die Ergebnisse unterschiedlich sind.
- Von Zeit zu Zeit werden Revisionen der amtlichen Statistik, insbesondere der Volkswirtschaftlichen Gesamtrechnungen, vorgenommen. Dies ist unumgänglich, wenn die bisher vorliegenden Informationen dank genauerer Daten präzisiert werden können; und es ist notwendig, wenn die Erhebungsmethoden verändert werden (z.B. eine neue statistische Abgrenzung bei einzelnen Teilaggregaten des Bruttoinlandsprodukts, die Umstellung auf ein neues Basisjahr bei Preisindices und Deflatoren, eine veränderte Erfassung der Arbeitslosigkeit). Die Revision kann aber dazu führen, dass die zum Prognosezeitraum verfügbaren und benutzten Daten signifikant „fehlerhaft" waren (was der Prognostiker natürlich nicht wissen konnte) und die alte Prognose im Nachhinein deutlich nach oben oder unten korrigiert werden muss.

Bei der Vermeidung von Prognosefehlern helfen die zahlreichen Konjunkturtheorien nicht weiter, weil sie stets nur einzelne Aspekte fokussieren und auf unterschiedlichen Modellstrukturen basieren (vgl. Maußner 1994). In der Praxis versucht man es mit der Erstellung eines „Frühindikatoren"-Systems, das einschlägige, üblicherweise vorauseilende Informationen verarbeitet und zusammenfasst. Darunter fallen z.B. Auftragseingänge, Baugenehmigungen, die Umlaufrendite langfristiger Anleihen, die Aktienindizes, das Geldmengenwachstum, offene Stellen am Arbeitsmarkt. Anschließend kontrolliert man regelmäßig, ob die nachhinkenden Informationen über z.B. Produktion, Beschäftigung und Inflationsrate diese Signale bestätigen oder widerlegen. In Zeiten besonders hoher Unsicherheit und daher außergewöhnlich großen Prognoserisiken (z.B. wegen erheblicher Instabilitäten in der geopolitischen Lage) ist es ratsam, die Basisprognose durch alternative Szenarien zu ergänzen; diese hätten zwar eine niedrigere Eintrittswahrscheinlichkeit, aber die Wirtschaftspolitik mag gleichwohl darauf vorbereitet sein wollen. Dies hat allerdings einen Preis: die Kommunikation mit der Öffentlichkeit wird schwieriger die Verunsicherung der Marktteilnehmer wird nicht geringer.

Kritik an Fehlprognosen, die unter dem Schutz neuen Wissens nachträglich geübt wird, ist beliebt und wird von interessierter Seite mitunter genutzt, um die wissenschaftliche Dignität der Institutionen, die die Prognosearbeit leisten, ins Zwielicht zu ziehen. Als die großen Wirtschaftsforschungsinstitute in ihrer Gemeinschaftsdiagnose vom Herbst 2006 die Prognose für den Anstieg des realen Bruttoinlandsprodukts kräftig gegenüber der im Frühjahr abgebenen Prognose anhoben, meinte die Bundeskanzlerin Angela Merkel, dass „ein bisschen Vorsicht den Wirtschaftsforschungsinstituten vielleicht ganz gut tun“ würde (Handelsblatt, 19.10.06). Allerdings ist solche Kritik nicht sachgerecht, wie schon der Umstand erhellt, dass auch internationale Institutionen wie der IWF, die OECD und die Europäische Kommission die Dynamik des Aufschwungs in Deutschland unterschätzt hatten und im Laufe des Jahres 2006 ihre Konjunkturprognosen nach oben revidieren mussten (ohne sich den Tadel der Bundeskanzlerin zuzuziehen). Die Kritik von Politikern an Fehlprognosen scheint oft Ausdruck von Ignoranz oder von dem – eigentlich unsinnigen – Wunsch nach sicheren Prognosen zu sein. In diesem Zusammenhang muss man beachten, dass es keine frei wählbaren Handlungsmöglichkeiten gäbe, könnte man die Zukunft exakt voraussagen. Man muss daher mit der Bedingtheit der Prognosen leben; sie sind als Handlungsgrundlage allemal besser als Prophetien.

Kritik an Prognosen, somit natürlich auch an Fehlprognosen, ist dann gerechtfertigt, wenn ihre Verfasser bestimmte Informationen, die vorliegen, nicht berücksichtigen und insoweit systematisch mit verzerrten Zeitreihen arbeiten, und/oder wenn sie es an der gebotenen Zurückhaltung beim Rückgriff auf Werturteile fehlen lassen. Denn dann würde die Prognose nicht auf objektiv nachprüfbaren wirtschaftspolitischen Maßnahmen bzw. „Setzungen“ basieren, sondern auf dem, was der Prognostiker persönlich für wünschenswert hält – auch im Lichte des von ihm vertretenen wissenschaftlichen Paradigmas. Wer z.B. keynesianisch denkt und auf geld- und finanzpolitische Expansionsmaßnahmen setzt, könnte versucht sein, die künftige Wachstumsrate „zu niedrig“ einzuschätzen; wer neoklassisch argumentiert und eine konsequente Stabilitätspolitik befürwortet, könnte dazu neigen, die künftige Inflationsrate „zu hoch“ vorherzusagen.

Tabelle I.2: Voraussagen und Ergebnisse für das reale Bruttoinlandsprodukt

Institution	1995	1996	1997	1998	1999	2000	2001	2002	2003	2004	2005	2006	2007
Prognosen													
Sachverständigenrat (JG)	3,2	2,1	2,4	2,9	1,9	2,7	2,8	0,7	1,0	1,5	1,4	1,0	1,8
Wirtschafts-forschungsinstitute (GD, Oktober)	2,5	2,4	2,5	2,8	2,3	2,7	2,7	1,3	1,4	1,7	1,5	1,2	1,4
Projektionen													
Bundesregierung (JWB)	3,0	1,5	2,5	2,5/3	2,0	2,5	2,75	0,75	1,0	1,5/2	1,5/2	1,4	2,0
Ist-Werte													
Statistisches Bundesamt	1,9	1,0	1,8	2,0	2,0	3,2	1,2	0,0	-0,2	1,1	0,8	3,0	2,5

[1] in vH für Deutschland.

Quelle: Eigene Zusammenstellung aus den Jahresgutachten, Gemeinschaftsdiagnosen und Jahreswirtschaftsberichten. Ist-Werte: Statistisches Jahrbuch für die Bundesrepublik Deutschland, laufender Jahrgang.

In der Tabelle I.2 werden für die Entwicklung der gesamtwirtschaftlichen Produktion die Prognosen des Sachverständigenrates im Jahresgutachten (JG) und der an der Gemeinschaftsdiagnose (GD) beteiligten sechs großen Wirtschaftsforschungsinstitute sowie die Zielprojektion der Bundesregierung, wie sie in ihrem Jahreswirtschaftsbericht (JWB) formuliert wird, mit der Realität verglichen. Dabei zeigt sich bei großzügiger Auslegung, dass die Richtung der Prognosen im Groben stimmt; aber in einzelnen Jahren ist es zu beachtlichen Fehlprognosen gekommen, so im Jahre 2006 (viel zu pessimistisch) und in den Jahren 1995 und 2001 (viel zu optimistisch). Die angegebenen Ist-Werte sind die jeweils vom Statistischen Bundesamt aktualisierten. Das verzerrt etwas den Vergleich mit den Prognosewerten, weil die Daten der Volkswirtschaftlichen Gesamtrechnungen, die der Prognose zugrunde gelegt wurden, später häufig von der amtlichen Statistik nach oben oder unten korrigiert werden.

Projektionen

Von den Prognosen zu unterscheiden sind die **Zielprojektionen**, in die Werturteile einfließen, die allerdings auch kenntlich gemacht werden sollten. Hierbei geht es um normative Aussagen darüber, wie die wirtschaftliche Lage oder Entwicklung sein sollte und sein könnte.

Quantitative Zielprojektion werden von Regierungen – in Deutschland vom Bundeswirtschaftsministerium[30] – sowie von internationalen Organisationen – so von der Europäischen Kommission, der OECD, dem Internationalen Währungsfonds und der Weltbank – formuliert. Sie sind mittel- und langfristiger Natur und beziehen sich in der Regel auf das Bruttoinlandsprodukt, den Beschäftigungsgrad und die Inflationsrate (die drei großen wirtschaftspolitischen Ziele) sowie auf die Produktionsstruktur und die Beschäftigungsstruktur und deren Wandlungen. Zu den projizierten Sachverhalten gehören meist auch der Energieverbrauch, der Bedarf an Wohnungen und die Verkehrsinfrastruktur sowie die Studentenzahlen und der Bedarf an Hochschulen. Die im Maastricht-Vertrag formulierten Konvergenzkriterien für die Beitrittsfähigkeit der einzelnen EU-Mitgliedstaaten in die Europäische Währungsunion (Abschnitt VI.3) und das im europäischen Stabilitäts- und Wachstumspakt formulierte Defizitkriterium für eine auf Dauer tragbare Finanzlage der öffentlichen Hand (Unterabschnitt V.3.D) können ebenfalls als Zielprojektionen interpretiert werden. Ausdruck rationaler Wirtschaftspolitik sind nur Zielprojektionen, die „realistisch" sind, was Ehrgeiz der Wirtschaftspolitik nicht ausschließt, wohl aber Übertreibungen.

Zielprojektionen, sofern realistisch formuliert, sind eine wichtige Grundlage für wirtschaftspolitische Entscheidungen, die weit in die Zukunft reichen. Sie fördern das Langfristdenken und bewahren vor einer zu optimistischen oder zu pessimisti-

---

[30] Unter der ersten rot-grünen Bundesregierung ging ab 1999 die Zuständigkeit für die Zielprojektionen auf das Bundesfinanzministerium über, nachdem durch einen Organisationserlass des Bundeskanzlers (vom 27.10.1998) die wirtschaftspolitische Grundsatzabteilung dorthin verlagert worden war. Streng genommen handelte es sich hierbei um eine Verletzung des Assignments, da der Grundsatzabteilung des Bundeswirtschaftsministeriums seit Ludwig Erhards Zeiten die Aufgabe oblag, das Handeln der Bundsregierung auf ordnungspolitische Konsistenz (Kapitel V) zu überprüfen. Es stellte sich die Frage, inwieweit diese Funktion unter der Verantwortung der Finanzpolitik noch gewährleistet werden konnte, da nicht auszuschließen war, dass bei haushaltspolitischen Zwängen punktuell situationsbezogene Einzelmaßnahmen ergriffen würden, die nicht aufeinander abgestimmt sind und bei denen die Erzielung bestimmter Primäreffekte im Vordergrund stehen und Langfristwirkungen unberücksichtigt bleiben würden. Nach ihrer Wiederwahl im September 2002 hat die Bundesregierung jene Reorganisation rückgängig gemacht und die Grundsatzabteilung wieder in das (umbenannte) Bundesministerium für Wirtschaft und Arbeit integriert. Nach der Bildung der Großen Koalition im November 2005 behielt das (erneut umbenannte) Bundesministerium für Wirtschaft und Technologie die besagte ordnungspolitische Zuständigkeit.

schen Einschätzung der aktuellen Entwicklung. Mit (kollektiver) Planwirtschaft oder Kommandowirtschaft alten sowjetischen Typs hat das nichts gemein. Denn in westlichen Industriegesellschaften kann man davon ausgehen, dass sich die Regierung zur Verwirklichung ihrer Zielprojektion prinzipiell marktkonformer Mittel bedient und auf die Wirtschaftssubjekte keinen Zwang zu bestimmten Verhaltensweisen ausübt.

Eine besondere Art von Zielprojektionen sind die sog. **Strukturprojektionen**. Es geht um die Frage

- nach dem Strukturwandel in der Wirtschaft in der mittelfristigen Zukunft;
- nach den Determinanten dieses Strukturwandels (Nachfrage, Außenwirtschaft, technischer Fortschritt, Bevölkerungsentwicklung);
- nach den Möglichkeiten der Wirtschaftspolitik, den Strukturwandel zu steuern, um Friktionen zu vermeiden und zugleich Anpassungslasten zu minimieren.

Mitunter wird die Meinung – und Hoffnung – geäußert, Strukturprojektionen seien ein Ersatz für fehlende Terminmärkte. Sie lieferten die Zukunftsinformationen, um vorausschauende Anpassungen zu fördern. Dies ist eher zweifelhaft: In einer Welt unvollkommenen Wissens kann man nicht im Vorhinein die optimale Produktionsstruktur eines Landes in der mittelfristigen Zukunft definieren; es läge ein Fall der „Anmaßung von Wissen“ (v. Hayek 1975) vor. In diesem Zusammenhang besteht ein großes Problem darin, dass der Staat, wenn er eigenständig Strukturprojektionen erstellt, in der Mithaftung ist, falls Private dementsprechend ihre Investitionen planen und durchführen und dabei nicht die erwarteten Erfolge erzielen. Die von Politikern immer wieder gutgeheißende strategische Industriepolitik mit dem Ziel, Spitzentechnologien und unternehmerische Leuchttürme hervorzubringen (“Champions-Building“), endet meist in dieser Falle.

Unbedenklich sind dagegen Arbeiten von unabhängigen Institutionen, die in Verbindung mit empirischen Analysen unverbindlich über wahrscheinliche Muster des Strukturwandels informieren, zumal im Wettbewerb miteinander. So hat es in Deutschland zwischen den Jahren 1978 und 2000 die Strukturberichterstattung der großen Wirtschaftsforschungsinstitute gegeben, bei der die Determinanten und Auswirkungen des strukturellen Wandels gründlich untersucht und daraufhin die Aufgaben der Wirtschaftspolitik analysiert wurden. Die Regierung kann den dabei implizit abfallenden Strukturprojektionen beitreten oder sich davon distanzieren. Jedenfalls entsteht für sie keine Verantwortlichkeit gegenüber privaten Investoren. Aus der empirischen Strukturforschung lassen sich allerdings nur Investitionswarnungen ableiten. Dies geschieht z.B. durch Hinweise auf Industrialisierungsanstrengungen in Entwicklungsländern, die zu Veränderungen der komparativen

Vorteile nach dem Heckscher-Ohlin-Samuelson-Modell (Markusen et al. 1995, S. 98-126) führen können. Positive Investitionshinweise sind in Industrieländern, die an der Spitze der weltwirtschaftlichen Entwicklung stehen, nicht möglich (Giersch 1977, S. 154f.). Denn das Neue kennt man nicht, und was man nicht kennt, lässt sich nicht in die Zukunft projizieren. So konnte beispielsweise noch vor wenigen Jahren niemand die Bedeutung der Internet-Ökonomie zu Beginn des 21. Jahrhunderts angemessen thematisieren.

Szenarien

Neben Prognosen und Projektionen, die den wirtschaftspolitischen Entscheidungsträgern eine kurz- bis mittelfristige Orientierung geben sollen, werden gelegentlich Untersuchungen mit dem Ziel, langfristige Entwicklungen absehen zu können, durchgeführt. Im Gegensatz zu Prognosen und Projektionen dienen derartige Untersuchungen allerdings nicht der Vorhersage und der Ableitung von Zielvorstellungen, sondern der Zweck ist, sich ein Bild davon zu machen, wie die Zukunft aussehen könnte. Derartige Untersuchungen können unter der Überschrift „Beschreibung künftiger Szenarien durch (computergestützte) Hochrechnungen und Simulationsmodelle“, kurz: **“scenario-building“**, subsumiert werden. Bei der Anfertigung von Szenarien geht es nicht um Eintrittswahrscheinlichkeiten; ihre theoretische Plausibilität steht nicht immer im Vordergrund. Es können somit auch solche Szenarien entstehen, die man im Zeitpunkt ihrer Modellierung für völlig unrealistisch halten mag. Dies ist keineswegs als ein Manko anzusehen, sondern ist gewollt. Immerhin muss die Wirtschaftspolitik oft mit unvorhergesehenen Entwicklungen rechnen und dann rasch reagieren können.[31]

Eine **mögliche Vorgehensweise** bei der Beschreibung von Szenarien ist die folgende: Nach der Festlegung der Fragestellung werden Schlüsselfaktoren für deren Beantwortung identifiziert. Ideal für eine graphische Darstellung von Szenarien in einem Koordinatenkreuz ist es, zwei Faktoren zu identifizieren, die sich dann in jeweils entgegengesetzte Richtungen entwickeln können. Diese Schlüsselfaktoren werden von Trends verschiedener Variablen gesteuert, die in einem theo-

31 Ein anschauliches Beispiel ist die deutsche Wiedervereinigung im Jahre 1990. Dieser Fall wurde offenbar von der Politik im Allgemeinen und der Wirtschaftspolitik im Speziellen als so unrealistisch eingestuft (trotz zahlreicher anders lautender amtlicher Aussagen in den Dekaden zuvor), dass eine angemessene Reaktion auf diese wirtschaftspolitische Herausforderung sehr schwer fiel. Auch die Wirtschaftswissenschaft hatte keine Entwürfe für den Übergang von der sozialistischen Planwirtschaft zu einer marktwirtschaftlichen Ordnung parat; und dies trotz zahlreicher Studien zum Systemvergleich. Hierin wurzeln die vielen Fehleinschätzungen zum Transformationsprozess in Ostdeutschland, der sich als viel schwieriger und zeitaufwendiger erweisen sollte, als damals von den meisten Politikern und Ökonomen erwartet wurde.

retischen Zusammenhang mit den Faktoren stehen. Bei der Analyse von Trends ist Vorsicht geboten, denn Trends sind nicht einfach „pfadabhängig“, sondern werden sehr stark von der Entwicklung der relativen Preise geprägt. Lineare Fortschreibungen des Trends ohne Berücksichtigung von Strukturwandel (Verhaltensänderungen bei den Nachfragern, technischer Fortschritt, Substitutionsprozesse) haben keine Aussagekraft – wohl aber einen dramatischen Einfluss auf die wirtschaftspolitischen Schlussfolgerungen. Ein markantes Beispiel dafür (nicht jedoch für konsistentes Scenario-Building) bietet der erste Bericht des Club of Rome im Jahre 1972 zu den Grenzen des Wachstums (Meadows et al. 1972), der von vielen Nichtfachleuten ernst genommen wurde, obwohl die Aussagen tautologisch sind.[32] Es ist aber nicht zu übersehen, dass derartige Fehler nicht die Regel sind.[33] Nachdem die Trends diskutiert worden sind, werden die (qualitativen, nicht quantitativen) Ergebnisse zu vier Szenarien verdichtet, die in den vier Quadranten des Koordinatenkreuzes festgehalten werden: Für beide Schlüsselfaktoren werden je zwei positive und zwei negative Entwicklungen dargestellt. Die vier Szenarien werden anschließend auf ihre wirtschaftspolitischen Schlussfolgerungen hin untersucht, und es werden Strategien diskutiert, mit denen man im Falle ihres Eintritts reagieren könnte. Dabei sind durchaus mehrere Durchgänge und ständige Anpassungen an neue Entwicklungen denkbar.

Ein kleines (nicht vollständiges) Beispiel möge die Vorgehensweise verdeutlichen: Als Fragestellung möge die Entwicklung der wirtschaftlichen Situation Deutschlands bis 2035 gegeben sein, Schlüsselfaktoren sind die Reformfähigkeit Deutschlands vor dem Hintergrund des massiven demographischen Wandels und den Veränderungen der weltwirtschaftlichen Rahmenbedingungen. Relevante Variablen für die Reformfähigkeit Deutschlands sind z.B. die zukünftige Steuerpolitik, die

---

32 Die Autoren untersuchen und extrapolieren fünf Trends, nämlich diejenigen der Bevölkerungsentwicklung, der Nahrungsmittelproduktion pro Kopf, der Industrieproduktion pro Kopf, des Rohstoffverbrauchs sowie der Umweltbeanspruchung. Dabei gehen sie nicht auf Strukturwandel ein, weil keine Preise in die Trends eingebaut waren. Außerdem werden für die Bevölkerung, den Rohstoffverbrauch und die Umweltbeanspruchung exponentielle Trends modelliert. Die Schlussfolgerungen der Autoren waren entsprechend ungeschützt; sie rieten dazu, von Wirtschaftswachstum in der Zukunft abzusehen, weil es sonst unweigerlich zu einem weltwirtschaftlichen Kollaps (2050, spätestens 2100, je nach Modellannahmen) kommen würde.

33 Ein Beispiel für ein gelungenes Scenario-Building stellt die Studie des Central Planning Bureau (1992) dar. Die Autoren bearbeiten die Frage nach möglichen Entwicklungspfaden der Weltwirtschaft vom Jahr 1990 bis zum Jahr 2015, indem sie zunächst die weltwirtschaftliche Entwicklung aus unterschiedlicher theoretischer Perspektive analysieren und anschließend die Regionen der Welt vergleichen, bevor sie dann die Trends der wichtigsten Determinanten der weltwirtschaftlichen Entwicklung diskutieren. In vier Szenarien werden diese Trends verdichtet und die Ergebnisse kritisch diskutiert. Im Gegensatz zur Meadows-Studie wird für die Weltwirtschaft kein Untergangsszenario beschrieben, wohl aber werden Wachstumsprozesse aufgezeigt, die mit umfassendem Strukturwandel einhergehen.

Abbildung I.5: Szenarienbildung – ein Beispiel

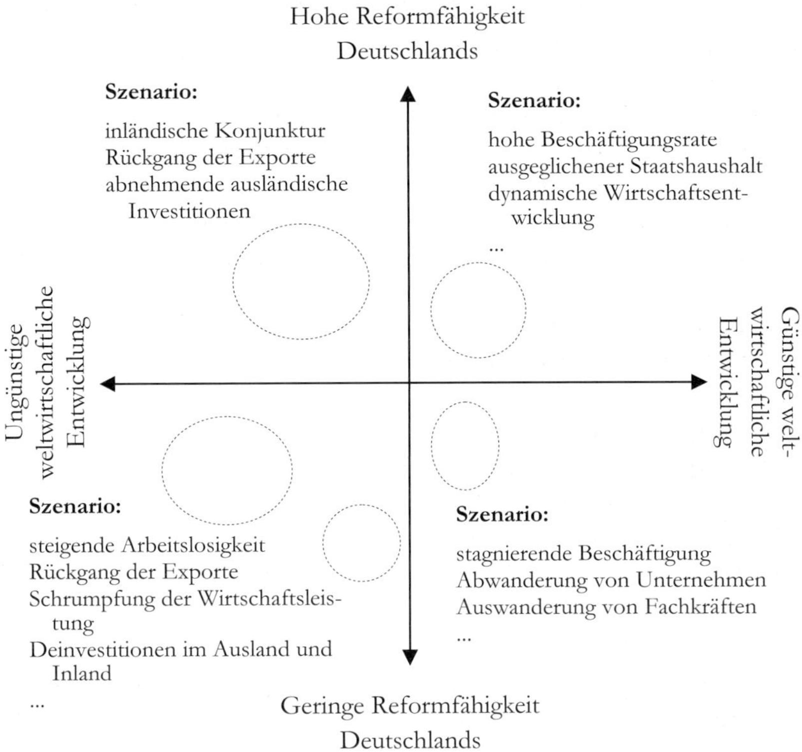

zukünftige Ausgestaltung der Systeme der sozialen Sicherung, die zukünftigen Regelwerke (Regulierungen) an Güter- und Faktormärkten sowie die zukünftige Bildungspolitik hinsichtlich Schulen und Hochschulen. Für die weltwirtschaftliche Entwicklung mögen z.B. die europäische Integration, die Einbindung der Entwicklungsländer in den Welthandel, die Gefahr von Währungskrisen, die Anzahl und Art bewaffneter Konflikte, der weltweite Klimawandel sowie die wirtschaftliche Entwicklung in den Vereinigten Staaten, Japan, Indien und China ausschlaggebend sein. Die Verdichtung könnte z.B. dazu führen, dass man eine dynamische weltwirtschaftliche Entwicklung von einer Globalisierungskrise sowie hohe Reformfähigkeit von unüberwindlichem Besitzstandsdenken abgrenzt und auf diese Weise je einen Quadranten mit durchgängig positiver bzw. durchgängig negativer Entwicklung und zwei Quadranten mit gemischten Entwicklungspfaden besetzt (Abbildung I.5).

Man darf sich natürlich nicht zuviel von der Ableitung derartiger Szenarien versprechen. Innerhalb eines Quadranten lassen sich zwar viele Unterscheidungen treffen; dennoch ist nicht damit zu rechnen, dass ein Szenario genau so eintritt wie zuvor ermittelt. Deshalb kann man dieses Instrument hinsichtlich der unmittelbaren wirtschaftspolitischen Bedeutung nicht mit Prognosen oder Projektion vergleichen. Die Analyse der Szenarien stellt für die Wirtschaftspolitik aber ein nützliches Gedankenexperiment dar, mit dessen Hilfe die möglichen Reaktionen auf unvorhergesehene Ereignisse im Vorhinein durchgespielt werden können. Im Falle der deutschen Wiedervereinigung hätte eine vorherige langfristige Analyse auf Basis verschiedener Szenarien dazu beitragen können, einige der wirtschaftspolitischen Fehlentwicklungen zu vermeiden oder wenigstens abzumildern.

F. Die Wirtschaftspolitik als Kunstlehre

Man kann unterschiedliche Funktionen positiver und normativer Ökonomik identifizieren. Während mittels der positiven Ökonomik das „Sein" erklärt wird – Giersch (1961, S. 27f.) spricht von einer nachträglichen Vorhersage –, dient die normative Ökonomik der Formulierung des „Seinsollens", d.h. eines möglichst hohen materiellen Wohlstands zur Erhöhung der materiellen Freiheit. Es kann als gesichert gelten, dass zwischen dem „Seinsollen" und dem „Sein" eine Diskrepanz besteht; wobei Ersteres dem Letzteren überlegen ist. Gäbe es diese Diskrepanz nicht, wäre die Wirtschaftspolitik überflüssig: Sie dient also der Überwindung des „Seins" und der Verwirklichung des „Seinsollens". Sie nimmt dabei die Probleme der positiven und der normativen Ökonomik als Daten hin.

Die Lehre von der Wirtschaftspolitik ist insofern eine Kunstlehre (Giersch 1961, S. 27). Sie lässt sich generell auf zwei Ebenen betreiben: auf der Regelebene und auf der Prozessebene. Auf der Regelebene werden in Form von Ordnungspolitik (Kapitel V) die Rahmenbedingungen für die wirtschaftlichen Aktivitäten der Menschen gesetzt. Allerdings ist es sehr schwierig, die als optimal angesehenen Rahmenbedingungen (das „Seinsollen") in der Realität zu schaffen.[34] So ist beispielsweise in einer Demokratie für die Schaffung von Rahmenbedingungen in der Regel eine parlamentarische Mehrheit notwendig. Im Grunde geht es bei der Kunstlehre für diese Form staatlicher Aktivität auch darum, Bedingungen für die

[34] Nach Ansicht von Voigt (1996, S. 158ff.) besteht für die Kunstlehre auf der Regelebene nach wie vor ein Defizit, das weder durch die Ordnungsökonomik nach Eucken (1952) noch durch neuere Ansätze, z.B. die konstitutionelle Ökonomik, beseitigt wird. Die ökonomische Theorie der Reform stellt einen Ansatz dar (Abschnitt IV.5).

Abbildung I.6: Wirtschaftspolitik als Kunstlehre zur Approximation des „Seins" an das „Seinsollen"

	Normative Analyse („Seinsollen")	Positive Analyse („Sein")	Kunstlehre (Wirtschaftspolitik)
Regelebene	Ordnungsökonomik (Abschnitt I.5)	Internationale Ordnung (Kapitel VI und VII) Staatsversagen? (Kapitel IV)	Ordnungspolitik (Kapitel V) Angebotspolitik (Kapitel V) Ökonomik der Reform (Abschnitt IV.5)
Prozessebene	Allokationstheorie (Kapitel II)	Marktversagen? (Kapitel III)	Prozesspolitik (Kapitel V) Nachfragepolitik (Kapitel V)

Quelle: Eigene Darstellung nach Voigt (1996, S. 159).

Durchsetzbarkeit von wirtschaftspolitischen Reformen zu identifizieren. In Abschnitt IV.5 wird dieses Thema genauer analysiert.

Auf der Prozessebene geht es darum, die Ergebnisse, die der wirtschaftliche Prozess hervorbringen soll („Seinsollen"), mit der Realität („Sein") zu vergleichen. Als Norm werden im Allgemeinen die Marginalbedingungen der Allokationstheorie herangezogen (Kapitel II). Abweichungen von dieser Norm rufen staatliche Maßnahmen hervor – allerdings nicht auf der Regelebene. Vielmehr wird die Rolle des Staates weniger als Regelsetzer, sondern vielmehr als Mitspieler analysiert. Der Staat greift vor allem in die Preise ein, z.B. durch die Gewährung von Subventionen oder die Festlegung von Höchstmieten. Er kann aber auch als Marktteilnehmer tätig sein, wenn er beispielsweise Investitionsprogramme auflegt oder öffentliche Infrastruktur bereitstellt, die von privaten Unternehmen produziert wird. Dies ist die Prozesspolitik. Die Kunstlehre für diese Form staatlichen Handelns ist bereits sehr weit entwickelt, nämlich als eine Art Interventionslehre, mittels derer die richtige Form der Intervention bei Markversagen oder bei konjunkturellen Krisen gewählt wird. Grundsätzlich kann man davon ausgehen, dass die Kenntnisse hierüber in der Theorie sehr hoch sind, genau wie allerdings auch die Schwierigkeiten bei der praktischen Umsetzung (Kapitel V).

Diese zunächst kompliziert erscheinenden Zusammenhänge lassen sich in einer Abbildung verdeutlichen, mit der zugleich der weitere Gang dieses Buches plausibel wird. Die Abbildung I.6 liest sich folgendermaßen: Die normative Analyse wird auf der Regelebene durch die Ordnungsökonomik vorgenommen, auf der Prozessebene durch die Allokationstheorie. Während die Allokationstheorie Abweichungen der Realität gegenüber der Norm aufdeckt, wird auf der Regelebene die Frage nach dem Staatsversagen gestellt, d.h. es wird eine positive Analyse staatlichen Handelns durchgeführt. Die Grundfrage lautet: Wieso ist die Wirtschaftspolitik nicht in der Lage, einen Ordnungsrahmen zu schaffen, der auf der Prozessebene zur Einhaltung der Norm, d.h. konkret zur Erfüllung der Marginalbedingungen führt? Auf der Prozessebene wird Marktversagen analysiert, d.h. es werden Gründe im Prozess (nicht im Ordnungsrahmen) gesucht, die die Erfüllung der Marginalbedingungen nicht erlauben. Insofern ist Marktversagen durchaus als ein technisches Phänomen zu betrachten. Es sei jetzt schon darauf hingewiesen, dass die Grenzen zwischen Marktversagen und Staatsversagen fließend sind, auch in Abhängigkeit der gewählten Analysemethode.[35] Die Kunstlehre wird dann benötigt, um Staatsversagen bzw. Marktversagen anhand der entsprechenden Politik zu heilen.

5. Konstitutive und regulierende Prinzipien der marktwirtschaftlichen Ordnung

In diesem Abschnitt werden einige normative Überlegungen zu Form und Ausgestaltung einer marktwirtschaftlichen Ordnung angestellt; es geht mithin um das „Seinsollen" auf der Regelebene. Die Frage nach der Rationalität des wirtschaftspolitischen Handelns steht auch im Zusammenhang mit der Art und Weise, wie das Koordinationsproblem einzelwirtschaftlicher Aktivitäten und Pläne gelöst wird. Letztlich ist die Allokationsfrage angesprochen, die zur Sicherung des Wohlstandsmaximums so beantwortet werden muss, dass sie mit den im nächsten Kapitel zu besprechenden Marginalbedingungen übereinstimmt. Die beiden Extremformen von Koordination sind

- Koordination durch staatliche Anweisung (reine Planwirtschaft);
- Koordination durch freiwillige Vereinbarungen über den Markt (reine Marktwirtschaft).

Dazwischen liegen andere Ordnungstypen, die realitätsnäher sind, z.B. die zentralgelenkte Wirtschaft im „real existierenden Sozialismus" der einstigen DDR auf der einen – der Planwirtschaft zugeneigten – Seite sowie die soziale Marktwirtschaft in der Bundesrepublik Deutschland und anderen EU-Staaten, die eher als Wettbe-

35 Beispiel: Das Umweltproblem wird mit Hilfe der Neoklassik regelmäßig als Marktversagen analysiert, während es in der neuen Institutionenökonomik eher als Staatsversagen eingestuft wird.

Abbildung I.7: Prinzipien der marktwirtschaftlichen Ordnung
(in Anlehnung an Eucken)

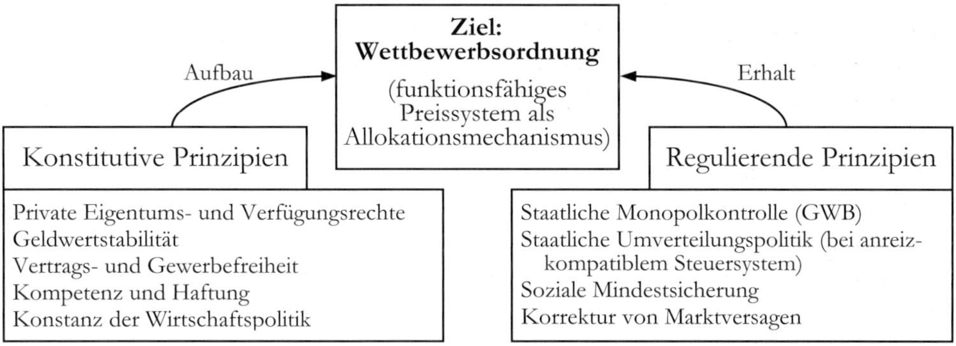

werbswirtschaft organisiert sind, auf der anderen Seite. In diesem Lehrbuch wird als Ordnungsrahmen für die Wirtschaftspolitik die **marktwirtschaftliche Ordnung** zugrunde gelegt. Hinter der Fokussierung auf eine marktwirtschaftliche Ordnung steht in der Tat ein Werturteil, jenes nämlich, dass die individuelle Freiheit, etwas zu tun oder zu unterlassen, einen hohen Wert an sich darstellt. Damit diese Freiheit ermöglicht wird, bedarf es einiger Prinzipien. Nach Eucken (1952) unterscheidet man konstitutive und regulierende Prinzipien (Abbildung I.7).

Konstitutive Prinzipien betreffen jedermann und sind für Aufbau und Bestand eines rechtsstaatlichen Gemeinwesens mit garantierten wirtschaftlichen Freiheiten unabdingbar. Sie stellen sicher, dass der Mechanismus der relativen Preise seine Lenkungsfunktion wahrnimmt und damit die wettbewerbliche Ordnung etabliert wird.

Regulierende Prinzipien umreißen die Aufgaben, die die Wirtschaftspolitik im Rahmen dieser Wettbewerbsordnung wahrzunehmen hat, gleichzeitig auch um diese Ordnung zu sichern. Insofern beschränken diese Prinzipien die individuelle Freiheit an manchen Stellen, damit sie an anderen umso sicherer verankert wird.

Die Prinzipien sind auf Dauer angelegt und haben zwei grundlegende Implikationen:

- Sie schaffen Anreize für das Verhalten der Wirtschaftssubjekte, setzen ihnen zugleich aber auch Grenzen.
- Sie stecken den Rahmen für die wirtschaftspolitischen Entscheidungsträger ab. Das heißt, dass die Wirtschaftspolitik die Grenzen staatlicher Tätigkeit beachten muss und insbesondere den Regelmechanismus des Marktes nicht durch unbedachte Interventionen stören darf.

Freie Preisbildung ist als Allokationsmechanismus unabdingbar. Bei der Herleitung der Marginalbedingungen im nächsten Kapitel (Abschnitt II.4) werden wir sehen, wie durch die freie Preisbildung Allokationseffizienz erreicht wird. Indem sich auf möglichst vielen Märkten die Preise nach Angebot und Nachfrage bestimmen, können sich alle Wirtschaftssubjekte ein Bild über die aktuellen Marktverhältnisse (Käufermarkt, Verkäufermarkt) und die sich abzeichnenden Strukturwandlungen machen; die Produzenten erfahren, wo Entwicklungschancen winken, wo Überkapazitäten drohen, und können die adäquaten Anpassungen vornehmen (z.B. zusätzliche Investitionen, Stillegung von Sachkapazitäten, Kostensenkungen, Umstellung der Produktion); die Produktionsfaktoren werden in die gesamtwirtschaftlich produktivsten Verwendungen gelenkt; die Nachfrager disponieren gemäß ihren wahren Präferenzen, die in ihrer Zahlungsbereitschaft zum Ausdruck kommen. Bei staatlich fixierten Preisen kommt es in aller Regel zu Allokationsverzerrungen und damit zu Wohlfahrtsverlusten. Denn diese Preise sind keine markträumenden Preise. Entweder liegen sie über dem Gleichgewichtsniveau mit der Folge, dass von dem betreffenden Gut zuviel produziert wird, also ein Angebotsüberschuss entsteht (z.B. lange Zeit in der europäischen Landwirtschaft aufgrund der garantierten Mindestpreise). Oder die staatlich fixierten Preise liegen unter dem Gleichgewichtsniveau, so dass zuviel nachgefragt wird, d.h. ein Nachfrageüberhang entsteht (z.B. bei Studienplätzen, wenn keine angemessenen Studiengebühren verlangt werden).

A. Konstitutive Prinzipien als Gerüst

Betrachten wir zunächst die konstitutiven Prinzipien. Eucken (1952, S. 254-291) stellte sieben konstitutive Prinzipien auf, die unverändert aktuell sind. Hier werden unter Berücksichtigung der Erfahrungen dieser Zeit fünf Prinzipien erläutert.

1. Die **privaten Eigentums- und Verfügungsrechte** sind das A und O einer funktionstüchtigen marktwirtschaftlichen Ordnung. In dieser Ordnung wird auf Eigennutz im wohlverstandenen Sinne gesetzt. Bereits vor über 200 Jahren schrieb Adam Smith: „Nicht vom Wohlwollen des Metzgers, Bauers und Bäckers erwarten wir das, was wir zum Essen brauchen, sondern davon, daß sie ihre eigenen Interessen wahrnehmen. Wir wenden uns nicht an ihre Menschen, sondern an ihre Eigenliebe, und wir erwähnen nicht die eigenen Bedürfnisse, sondern sprechen von ihrem Vorteil.“ (Smith 2003, S. 17). Damit die Wirtschaftssubjekte eigennützig handeln, brauchen sie Eigentums- und

Verfügungsrechte[36]. Diese im Englischen "property rights" genannten Rechte müssen eindeutig, dauerhaft und verlässlich zugeordnet sein. „Eindeutigkeit" ist notwendig, damit die Wirtschaftssubjekte mit der Knappheit der Güter, dem zentralen ökonomischen Problem also, in geeigneter Weise umgehen; „Dauerhaftigkeit" ist erforderlich, um auch über die Zeit hinweg, gleichsam intertemporal, den effizienten Einsatz der Produktionsfaktoren und die effiziente Nutzung der Güter zu erreichen; „Verlässlichkeit" ist geboten, damit wirtschaftliche Aktivitäten, für die langfristige Entscheidungen getroffen werden müssen, nicht unter zusätzliche Zukunftsrisiken geraten, mit der Folge, dass solche Aktivitäten eingeschränkt werden oder ganz unterbleiben und damit das Wirtschaftswachstum und die Beschäftigung niedriger sind, als sie es sein könnten.

2. Die **Geldwertstabilität** stellt eine weitere zentrale Voraussetzung für eine funktionierende Marktwirtschaft dar. Eucken sah darin sogar die Begründung für ein Primat der Währungspolitik. Auf die Bedeutung für Effizienz und Wachstum wurde bereits im Zusammenhang mit der Zieldiskussion hingewiesen (Abschnitt 2). Wohlgemerkt geht es hier um das allgemeine Preisniveau, nicht um die einzelnen Preise. Außerdem gilt natürlich, dass stabiles (gutes) Geld am besten die elementaren Geldfunktionen erfüllt, d.h. als allgemeines Zahlungsmittel, Wertaufbewahrungsmittel und Rechnungseinheit im Wirtschaftsverkehr von den Wirtschaftssubjekten benutzt wird. Bei inflationsträchtigem (schlechtem) Geld weichen die Wirtschaftssubjekte in eine Parallelwährung aus, was in der Literatur als „Dollarisierung" bezeichnet wird. Um diesem konstitutiven Prinzip Rechnung zu tragen, muss Geld knapp gehalten werden. Insbesondere darf es keine Monetisierung von Haushaltsdefiziten durch die Notenpresse sowie keine monetäre Alimentierung überzogener Lohnerhöhungen durch zusätzliche Geldvermehrung geben.

---

[36] Die Notwendigkeit von definierten Eigentumsrechten lässt sich auch aus dem moralischen Grundsatz „Du sollst nicht stehlen" herleiten. Die privaten Eigentums- und Verfügungsrechte sind selbst dann unabdingbar, wenn die strenge Eigenutzorienierung des „homo oeconomicus" relativiert und bei den Wirtschaftssubjekten eine von der ökonomischen Rationalität unter Umständen abweichende eingeschränkte Rationalität unterstellt wird, wie das in der modernen Mikroökonomik unter Einbindung der ökonomischen Verhaltenstheorie, der Wirtschaftspsychologie und der Neuroökonomik inszwischen geschieht. Die Wirtschaftssubjekte mögen sich in ökonomischen Entscheidungssituationen nicht nur eigennützig verhalten und ihre eigene Rationalität haben, bei der gesellschaftspolitisch so sensible Aspekte wie Fairness, Solidarität, Vertrauen und Altruismus zum Tragen kommen (in Anhängigkeit der jeweils herrschenden institutionellen Rahmenbedingungen und Marktstrukturen). Aber wenn sie keine Eigentumsrechte haben, können sie schwerlich das soziale Verhalten zeigen, das die neue mikroökonomische Forschung modelliert. Vgl hierzu Bolton und Ockenfels (2000).

3. Konstitutiv ist auch die **Gewerbe- und Vertragsfreiheit**. Diese schließt den freien Marktzugang – auch aus dem Ausland – sowie den freien Marktaustritt ein. Nur dann gibt es den **Wettbewerb** mit seinen wohltuenden Funktionen: Kostenkontrollfunktion, Stabilisierungsfunktion, Förderung des Strukturwandels, spontane Kontrolle privater wirtschaftlicher Macht. Ein besonderes Problem liegt im Falle von **Marktversagen** vor, weil dann die Freiheit wirtschaftlicher Betätigung nicht zu effizienten Ergebnissen führt (Kapitel III). In solchen Situationen besteht Bedarf an **speziellen Regulierungen**. Die Wirtschaftspolitik steht dabei vor der schwierigen Aufgabe, in jedem Einzelfall zu klären, ob tatsächlich ein Marktversagen vorliegt oder ein solches lediglich vorgeschoben wird, z.B. von partikularen Interessengruppen, die auf an sich funktionstüchtigen Märkten nur den Wettbewerbsdruck verringern oder beseitigen wollen.

4. **Kompetenz und Haftung**: Dieses Prinzip besagt zum einen, dass derjenige, der etwas tut, darauf rechnen darf, dass der Erfolg (Gewinn) ihm selbst zufällt. Die Erhebung von Steuern ist damit vereinbar, vorausgesetzt natürlich, der Fiskus agiert nicht konfiskatorisch. Zum anderen muss jeder einen Misserfolg (Verlust) selbst tragen, zumindest in zumutbaren Grenzen. Auf diesem Grundsatz beruht der Motor für wirtschaftliches Wachstum. Wie bei der Zieldiskussion im vorausgegangenen Abschnitt 2 erwähnt, kennt die marktwirtschaftliche Ordnung kein isoliertes Wachstumsziel; sie ist vielmehr darauf angelegt, dass möglichst viele Individuen viel Spielraum haben, selbständig zu entscheiden, was sie tun wollen und mit welcher Intensität, Kreativität und Wagnisbereitschaft. Das Kompetenzprinzip entspricht dem Ziel der Gewinnmaximierung und ist insofern die direkte Antriebskraft für wirtschaftliche Handlungen. Das Haftungsprinzip soll dafür sorgen, dass die Unternehmen – und soweit betroffen auch die Arbeitnehmer – auf Veränderungen der Preisrelationen durch Anpassung reagieren und auf diese Weise die Anforderungen des Strukturwandels meistern. Tun sie es nämlich nicht, erleiden sie Verluste und müssen schlimmstenfalls aus dem Markt ausscheiden. Außerdem müssen geplante Investitionen sorgfältig auf ihre Rentabilitätsaussichten hin geprüft werden: Dadurch werden Fehlinvestitionen und die damit verbundene Kapitalverschwendung vermieden. Gesellschaftspolitisch betrachtet zielt das Prinzip von Kompetenz und Haftung auf Verantwortungsethik und steht im Gegensatz zu der weit verbreiteten Gesinnungsethik, bei der gute Absichten und Motive mehr zählen als konkrete Resultate individueller Aktionen.

5. Schließlich bedarf es einer **Konstanz der Wirtschaftspolitik**. Einzelwirtschaftliche Risiken, die aus unvorhersehbaren wirtschaftspolitischen Handlungen resultieren, sollen möglichst vermieden werden. Der Staat hat die Infor-

mationen über sein künftiges Handeln und sollte diese allen zugänglich machen. Dabei muss die Wirtschaftspolitik umfassend und langfristig angelegt sein. „Umfassend" heißt, dass die einzelnen Politikbereiche widerspruchsfrei aufeinander abgestimmt sind (Assignment); „Langfristorientierung" heißt, dass bei gegenwärtigen Maßnahmen stets deren Vereinbarkeit mit Erfordernissen der Zukunft mitbedacht wird. Es sollen also nicht allein die Primäreffekte von Maßnahmen in den Vordergrund gestellt, sondern auch die Folgewirkungen in den Blick genommen werden. Die Wirtschaftssubjekte sollen dadurch in die Lage versetzt werden, stabile Erwartungen über eine verlässliche Wirtschaftspolitik für die Zukunft zu bilden. Dieses Prinzip in der Realität umzusetzen, scheint sehr schwierig zu sein, insbesondere in demokratisch verfassten Gesellschaften mit regelmäßigen Wahlterminen (Kapitel IV).

B. Regulierende Prinzipien als Ergänzung

Die Notwendigkeit, regulierend in das Marktgeschehen einzugreifen, ist auch bei der Befolgung dieser konstitutiven Prinzipien einer marktwirtschaftlichen Ordnung nicht von der Hand zu weisen. Derartige Eingriffe sollten allerdings nicht wahllos und willkürlich vorgenommen werden; es sollten die sog. **regulierenden Prinzipien** beachtet werden. Diese sind nach Eucken (1952, S. 291-304) die Existenz einer Monopolkontrolle, einer Einkommenspolitik inklusive Mindestlöhnen und – weniger bedeutsam im Kontext dieses Buches – die Verpflichtung zur Wirtschaftsrechnung.

1. **Staatliche Monopolkontrolle:** Unternehmen mögen den Wettbewerb nicht (immer). Es gibt latent stets eine Neigung zur Bildung von Kartellen und zu Fusionen, um so Marktmacht erlangen zu können. Zum Ende der 1990er Jahre begann eine Welle von Fusionen zwischen großen Unternehmen unterschiedlicher nationaler Herkunft, sog. Megafusionen. Deshalb bedarf es der Monopolkontrolle einschließlich der Fusionskontrolle. Ideal im Sinne des Assignments ist es, wenn institutionelle Trennung und Unabhängigkeit der Monopolkontrolle von politischen Einflüssen gewährleistet ist. In der Praxis gibt es in der Regel aber politische Einflussnahme. In der Bundesrepublik Deutschland kann der Bundeswirtschaftsminister eine Fusion, die von der deutschen Monopolkontrolle, dem Bundeskartellamt, nicht genehmigt wurde, nachträglich zulassen. Dies nennt man den „Ministervorbehalt".

   Eine besondere Bedeutung hat die Monopolkontrolle im Zusammenhang mit der Deregulierung von Märkten, die zuvor als sog. wettbewerbliche Ausnahmebereiche monopolistisch oder oligopolistisch organisiert waren. Besonders augenfällige Beispiele sind die Telekommunikation und die Stromwirtschaft.

Das Problem ist, dass die einstigen Monopolunternehmen eine so starke Marktposition haben, dass eine Deregulierung nicht von selbst zu einem funktionstüchtigen Wettbewerb führt. „Sunk costs" und andere Marktzutrittsschranken (Kapitel III) wirken wie eine natürliche Marktzutrittsbarriere für neue Anbieter. Hier muss der Staat im Vorhinein (ex-ante) regulieren, und zwar notfalls asymmetrisch zu Lasten des etablierten Unternehmens, damit neue Anbieter ihre Chancen nutzen können. In Deutschland ist aus solchen Gründen im Jahre 1996 mit der Regulierungsbehörde für Post und Telekommunikation (RegTP) eine spezielle Regulierungsinstanz gegründet worden, die für die Regulierung der Preise, für den Zugang zu der Teilnehmeranschlussleitung der Deutschen Telekom AG im Ortsnetz, für die Zusammenschaltung von Mobilfunknetz und dem Festnetz (Interconnection) und deren Entgelte, für das Inkasso u.dgl.m. zuständig ist – alles mit dem Zweck, einen funktionsfähigen Wettbewerb herbeizuführen. Danach sind weitere Netzindustrien (Energie, Eisenbahn) unter Regulierungsaufsicht (jetzt der umbenannten Bundesnetzagentur) gestellt worden.

2. **Staatliche Umverteilungspolitik**: Der Wettbewerb bringt nicht immer Ergebnisse hervor, die eine demokratisch verfasste Gesellschaft ohne weiteres zu akzeptieren bereit ist. Es gibt Menschen, die – aus welchen Gründen auch immer – nicht in der Lage sind, für sich selbst zu sorgen. Viel kann für diese Menschen durch Angehörige und Freunde getan werden, aber nicht alles und nicht in jedem Fall. Dann beauftragt die Gesellschaft den Staat, diesen Menschen mittels Sozialpolitik zu helfen. Dabei geht es darum, das Solidarprinzip (kollektive Vorsorge) und das Subsidiaritätsprinzip (individuelle Eigenvorsorge) so aufeinander abzustimmen, dass der Sozialstaat ökonomisch möglichst effizient (kostengünstig) funktioniert, zugleich aber auch effektiv, d.h. die solidarisch finanzierte Hilfe soll die wirklich Bedürftigen erreichen. Für die Sozialpolitik geht es mithin darum, immer die Anreizwirkungen mitzubedenken. Nichts wäre gesamtwirtschaftlich gewonnen, wenn Umverteilungmaßnahmen so großzügig gestaltet werden, dass die Bereitschaft des Einzelnen zum Arbeiten und zur beruflichen Qualifizierung abnehmen und die individuelle Sparneigung sinkt.

   Deshalb ist die Ausgestaltung der Sozialpolitik eine heftig umstrittene, sensible und sehr komplizierte Aufgabe. In Deutschland wird bereits seit langem darum gestritten, wobei die Rationalität der Argumente oftmals zu wünschen übrig lässt. Vielfach haben die vorgebrachten Argumente die Form von Vorurteilen gegenüber den Empfängern von Sozialleistungen oder gegenüber denen, die mehr Effizienz und Effektivität der Sozialpolitik einfordern. Fest steht, dass die Sozialpolitik ordnungskonform zu sein hat. Einen Beitrag zur Steigerung der Rationalität der Sozialpolitik haben vor einigen Jahren Homann und Pies (1996) mit ihrem Vorschlag gemacht, Sozialpolitik als einen gesellschaftlichen Versicherungsvertrag zu begreifen. Damit stehen weniger die Nettobeiträge, die jeder Bürger im Laufe eines Lebens in die Sozialversicherungssysteme einzahlt, im Mittelpunkt der Überlegungen als vielmehr der Aspekt der Risikovorsorge. Eine solche Sicht auf die staatliche Umverteilungspolitik kann helfen, die Argumentationsblockaden aufzulösen.

Die Wirtschaftsordnung eines Landes besteht aus verschiedenen Elementen. Die wichtigsten dieser Ordnungselemente oder Teilordnungen sind die Geldordnung, die Arbeitsmarktordnung, die Wettbewerbsordnung, die Außenwirtschaftsordnung sowie die Sozialordnung. In jeder dieser Teilordnungen müssen die genannten Prinzipien beachtet werden. Es versteht sich im Grunde von selbst und ergibt sich aus dem bisher in diesem Kapitel Gesagten, dass die einzelnen Elemente der Wirtschaftsordnung aufeinander abgestimmt sein müssen.

Wirtschaftspolitik unter Beachtung ordnungspolitischer Grundsätze wird heutzutage vielfach mit dem Etikett **Neoliberalismus** versehen, und zwar in abwertendem Sinne mit der Suggestion, dass dies in frühkapitalistische Laissez-faire-Zustände führe, der Staat in die Rolle eines Nachtwächters degradiert würde und große soziale Schieflagen zur Folge habe. Unter dem Eindruck der weltweiten Finanzmarktkrise 2007/08 ist diesem Etikett ein weiteres zugefügt worden, das des **Marktfundamentalismus**, der Tür und Tor für unverantwortliche Handlungen von Unternehensmanagern öffnen würde, die zwecks Erzielung hoher Einkommen hoch riskante Geschäfte, die sie nicht beherrschen, betreiben und, wenn sie damit ihr Unternehmen in eine gefährliche Schieflage manövrieren, vom Staat (Steuerzahler) erwarten, dass dieser ihnen aus der Problemlage heraushelfe. Als Schimpfwort verwendet erscheint der Begriff des Neoliberalismus vor allem führenden Vertretern linksorientierter politischer Parteien und der Gewerkschaften zupass, um sich wirtschaftspolitisch als Anwälte der Arbeitnehmer und sozial Schwachen zu profilieren und Erkenntnisse der empirischen Wirtschaftsforschung verschweigen zu können. Der ehemalige SPD-Vorsitzende und langjährige Ministerpräsident von Rheinland-Pfalz, Kurt Beck, definiert den Neoliberalismus als eine „Ideologie ohne Erdung" (Frankfurter Allgemeine Zeitung, 11. Juli 2007). Das ist eine krasse Fehldeutung, hinter der sich ideologische Verbohrtheit, oder bewusste Irreführung der Öffentlichkeit verbirgt. Historisch betrachtet, war der Neoliberalismus die Ende der 1930er Jahre von namhaften Gelehrten (Alexander Rüstow, Wilhelm Röpke, Friedrich von Hayek, Walter Eucken u.a.) konzipierte ordnungspolitische Antwort auf den nationalsozialistischen Faschismus in Deutschland und andere linke und rechte Diktaturen der damaligen Zeit. Das Konzept (die deutsche Ausprägung ist der Ordoliberalismus der „Freiburger

Schule“) zeichnet sich, wie gesehen, gerade dadurch aus, dass die Ordnungsfunktion des Staates hervorgehoben wird, um die wirtschaftliche Handlungsfreiheit des Einzelnen zu sichern (und die der anderen zu schützen), gleiche Chancen für alle zu eröffnen (ohne der Utopie einer Ergebnisgleichheit nachzujagen), einen funktionstüchtigen Wettbewerb zu gewährleisten (bei angemessener Regulierung von Marktversagen, vgl. Kapitel III), und die Verteilungswirkungen von Marktprozessen sozial abzufedern (mit so viel Eigenvorsorge wie möglich und so viel solidarisch-kollektiver Unterstützung wie nötig). Dies ist auch die Grundlage der Sozialen Marktwirtschaft, zu der sich die (meisten) Kritiker des Neoliberalismus durchaus bekennen. Was der Neoliberalismus in Frage stellt, ist die traditionelle Denkweise, der Staat könne nach Belieben, und ohne volkswirtschaftlichen Schaden anzurichten, in den Marktmechanismus eingreifen, und was er einfordert ist, für Konsistenz in der Wirtschaftspolitik zu sorgen.[37] Mit Marktfundamentalismus hat dies überhaupt nichts zu tun. In den folgenden Kapiteln wird unter verschiedenen Gesichtspunkten die Bedeutung dieser Kriterien deutlich werden.

Übungsaufgaben

1. Worin liegt die wirtschaftspolitische Bedeutung einer klaren Zuordnung von Zielen und Mitteln (Assignment)?
2. Erläutern Sie vergleichend die Merkmale von Prognosen und Projektionen, deren theoretische Grundlagen sowie die Grenzen der Aussagefähigkeit. Was ist dabei nach dem Hayekschen Postulat der „Anmaßung von Wissen“ zu beachten?
3. Nehmen Sie Stellung zu folgender Aussage: „Lieber fünf Prozent Inflation als fünf Prozent Arbeitslosigkeit“ (Früherer Bundeswirtschaftsminister und Bundesfinanzminister und späterer Bundeskanzler Helmut Schmidt, 1972).
4. Angenommen, eine Volkswirtschaft verzeichnet über einen längeren Zeitraum einen hohen Leistungsbilanzüberschuss in Relation zum Bruttoinlandsprodukt. Unter welchen Bedingungen ist dies Ausdruck von Wachstumsdynamik, unter welchen nicht? Wenden Sie Ihre Überlegungen auf eine Volkswirtschaft mit einem anhaltend hohen Leistungsbilanzdefizit an.

---

[37] Für eine anregende Analyse der Konzeption des Neoliberalismus vor dem Hintergrund der aktuellen Debatten in Deutschland, vgl. Willgerodt (2006) und die dort angegebene Literatur.

5. Inwieweit hat die Wirtschaftspolitik, insbesondere die Ordnungspolitik, die Eigenschaften eines öffentlichen Gutes?
6. Beschreiben Sie am Beispiel der tatsächlich betriebenen Wirtschaftspolitik Verstöße gegen ordnungspolitische Grundregeln.
7. Die Wirtschaftsordnung in Deutschland wird als „Soziale Marktwirtschaft“ definiert. Wovon hängt die Funktionstüchtigkeit ab? Inwieweit können Effizienz und Verteilungsgerechtigkeit in Einklang gebracht werden?
8. Um eine funktionierende Wirtschaftsordnung zu etablieren, müssen gewisse „konstituierende“ und „regulierende“ Prinzipien rechtlich und institutionell verankert werden. Nennen Sie diese Prinzipien.
9. Unter welchen Bedingungen sind erfolgreiche wirtschaftspolitische Reformen am ehesten zu erwarten?

Allgemeine Literaturhinweise

Hier geben wir Quellen an, die grundlegend für das gesamte Lehrbuch sind und generell für die Studierenden bei der Suche nach Antworten auf Fragen aus der allgemeinen Wirtschaftspolitik hilfreich sein können. Weiterführende Literatur zu den Ausführungen in diesem und den folgenden Kapiteln findet der Leser an den jeweils geeigneten Stellen.

Monographien

Blankart, Charles Beat (2007), *Öffentliche Finanzen in der Demokratie: Eine Einführung in die Finanzwissenschaft*, 7. Aufl., München: Vahlen.

Drazen, Allan (2000), *Political Economy in Macroeconomics*, Princeton, NJ: Princeton University Press.

Eekhoff, Johann (2002), *Beschäftigung und Soziale Sicherung*, 3. Aufl., Tübingen: Mohr Siebeck.

Felderer, Bernhard und Stefan Homburg (2003), *Makroökonomik und neue Makroökonomik*, 8. Aufl., Berlin: Springer.

Fritsch, Michael, Thomas Wein und Hans-Jürgen Ewers (2007), *Marktversagen und Wirtschaftspolitik – Mikroökonomische Grundlagen staatlichen Handelns*, 7. Aufl., München: Vahlen.

Grüner, Hans Peter (2006), *Wirtschaftspolitik – Allokationstheoretische Grundlagen und polit-ökonomische Analyse*, 2. Aufl., Berlin u.a.: Springer.

Klump, Rainer (2006), *„Wirtschaftspolitik – Instrumente, Ziele und Institutionen“*, München u.a.: Pearsson.

Luckenbach, Helga (2000), *Theoretische Grundlagen der Wirtschaftspolitik*, 2. Aufl., München: Vahlen.

Varian, Hal R. (2006), *Intermediate Microeconomics: A Modern Approach,* 7. Aufl., New York, NY u.a.: Norton, (deutsche Übersetzung: *Grundzüge der Mikroökonomik*, 7. Aufl., München u.a.: Oldenbourg, 2007).

Welfens, Paul J.J. (2005), *Grundlagen der Wirtschaftspolitik. Institutionen - Makroökonomik – Politikkonzepte*, 2. Aufl., Berlin u.a.: Springer.

Wellisch, Dietmar (2000), *Finanzwissenschaft I – Rechtfertigung der Staatstätigkeit*, München: Vahlen.

Materialien zur aktuellen wirtschaftspolitischen Diskussion

Bundesregierung: Jahreswirtschaftsbericht (Februar), Berlin, http://www.bmwi.de.

Deutsche Bundesbank: Monatsbericht, Frankfurt (Main), http://www.bundesbank.de.

European Commission: European Economy, Brüssel (6 Nummern pro Jahr), http://europa.eu.int.

IMF: World Economic Outlook, Washington,D.C. (Mai, Oktober), http://www.imf.org.

Monopolkommission: Hauptgutachten, Baden-Baden (zweijährig, seit 1976), sowie Sondergutachten, http://www.monopolkommission.de.

OECD: Economic Outlook, Paris (Juni, Dezember), http://www.oecd.org.

Sachverständigenrat zur Begutachtung der gesamtwirtschaftlichen Entwicklung: Jahresgutachten, Stuttgart (oder als Bundestagsdrucksache: Berlin), seit 1964, einschl. Sondergutachten, http://www.sachverstaendigenrat.org.

Wirtschaftsforschungsinstitute (DIW, Ifo, IfW, IWH, RWI): Gemeinschaftsdiagnose [zur Konjunkturlage] (Frühjahr, Herbst); Strukturberichte (Kernberichte und Schwerpunktstudien, in mehrjährigen Abständen), http://www.diw-berlin.de; http://www.ifo.de; http://www.uni-kiel.de/IfW/; http://www.iwh.uni-halle.de; http://www.rwi-essen.de.

Wissenschaftliche Beiräte beim Bundesministerium für Wirtschaft und Arbeit und beim Bundesministerium der Finanzen: Gutachten (laufend), http://www.bmwi.de bzw. http://www.bundesfinanzministerium.de.

Kapitel II.

Wirtschaftspolitische Bewertungskriterien als normative Grundlage

1. Zentrale Merkmale des allokationstheoretischen Ansatzes

Im Folgenden geht es um die Entwicklung eines **theoretischen Rasters,** mit dessen Hilfe ökonomische Situationen und wirtschaftspolitische Maßnahmen bewertet werden können. Das **zentrale Analyseinstrument** ist die **Allokationstheorie**, auch Wohlfahrtstheorie genannt. Der darin enthaltene Begriff der wirtschaftlichen Wohlfahrt ist direkt aus dem Englischen („welfare“) übersetzt und darf in diesem Zusammenhang nicht im allgemein üblichen Sprachgebrauch für beispielsweise Wohlfahrtsverbände oder Wohlfahrtsstaat verwendet werden. Sohmen (1992, S. 1) hat deshalb den Begriff Wohlfahrtsökonomik durch den Begriff Allokationstheorie ersetzt, ein Vorgehen, dem hier weitgehend gefolgt wird. In der Allokationstheorie geht es darum, die in einer Volkswirtschaft (und weltwirtschaftlich) verfügbaren Produktionsfaktoren in den jeweils produktivsten Verwendungen einzusetzen; die Produktionsfaktoren stehen nicht in beliebiger Menge zur Verfügung, sondern sind, gemessen an den Bedürfnissen der privaten Haushalte und Unternehmen sowie des Staates, knapp. Die Allokationstheorie formuliert die Bedingungen für einen gesamtwirtschaftlich optimalen – effizienten – Faktoreinsatz in der Produktion im Einklang mit den Konsumentenpräferenzen.

Bevor wir uns den Allokationskriterien im Einzelnen zuwenden, soll auf drei zentrale Merkmale dieses Ansatzes eingegangen werden, um dessen Möglichkeiten und Grenzen für die Wirtschaftspolitik deutlich zu machen:[38]

- die Annahmen über das Verhalten der Individuen,
- die Werturteilsgebundenheit der Analyse,

---

[38] Diese Ausführungen sind nur als Wiederholung gedacht. Für eine detaillierte Ableitung vgl. Varian (2006, Kapitel 3) sowie Herberg (1994, S. 69-83).

- die Fokussierung auf das Prinzip der ökonomischen Knappheit unter Vernachlässigung von Verteilungsfragen.

A. Restriktive Verhaltensannahmen

Zunächst müssen Annahmen darüber getroffen werden, wie sich Individuen verhalten, wenn der Staat wirtschaftspolitische Maßnahmen ergreift (z.B. Steuern erhöht oder Subventionen gewährt). Diese Annahmen sind sehr strikt und wirken etwas künstlich, doch sie sind didaktisch sehr hilfreich.

- **Individuelle Rationalität:** Jedes Individuum besitze eine konsistente Präferenzordnung, die durch eine Schar von Indifferenzkurven abgebildet werden kann. Eine Präferenzordnung ist gekennzeichnet durch vier formale Axiome und zwei inhaltliche Axiome: **Vollständigkeit**, **Transitivität**, **Reflexivität** und **Stetigkeit** einerseits sowie **strenge Konvexität** und **Nichtsättigung** andererseits. Wir beginnen mit den formalen Axiomen:

  Erstes Axiom: Bei **Vollständigkeit** gilt, dass bei einem Vergleich von zwei Alternativen (z.B. die Güterbündel X_1 und X_2)[39] zweifelsfrei angegeben werden kann, ob die eine Alternative besser, schlechter oder gleich gut ist: $X_1 \prec X_2$ oder $X_1 \succ X_2$ oder $X_1 \sim X_2$.[40]

  Zweites Axiom: Bei **Transitivität** gilt: Wenn eine Alternative X_1 für besser bewertet wird als eine Alternative X_2 und X_2 wiederum X_3 vorgezogen wird, dann muss X_1 auch besser als X_3 bewertet werden. Technisch heißt dies: Wenn $X_1 \succ X_2$ und $X_2 \succ X_3$, dann muss $X_1 \succ X_3$ gelten. Dies ist die innere Logik, die von der Präferenzordnung gefordert wird.

  Drittes Axiom: Bei **Reflexivität** gilt, dass es mindestens ein Güterbündel gibt, das das Individuum als genauso gut bewertet wie Güterbündel X_1, nämlich Güterbündel X_1 selbst: $X_1 \sim X_1$. Die inhaltliche Aussage dieses Axioms ist trivial.

  Viertes Axiom: Bei **Stetigkeit** gilt, dass sich Bewertungen über Güterbündel nicht sprunghaft ändern, sondern dass es zu jedem Güterbündel ein weiteres

---

39 Unter einem Güterbündel X^i wird in diesem Zusammenhang eine beliebig teilbare, vom Individuum i eindeutig mit Nutzen belegbare Teilmenge des in der Volkswirtschaft verfügbaren Güterbündels X verstanden.

40 Zieht das betrachtete Individuum das Güterbündel X_1 dem Güterbündel X_2 vor, so sei dies durch die Notation $X_1 \succ X_2$ bezeichnet. Die Tilde ($\sim$) kennzeichnet Indifferenz zwischen zwei Güterbündeln.

gibt, das sehr ähnlich bewertet wird. Vor allem für die Differenzierbarkeit der Nutzenfunktion ist Stetigkeit der Präferenzordnung von Bedeutung.

Anschließend werden die beiden inhaltlichen Axiome vorgestellt:

Fünftes Axiom: **Strenge Konvexität** bedeutet, dass das Individuum eine Linearkombination aus zwei Güterbündeln X_1 und X_2, denen gegenüber es indifferent ist, höher bewertet als jedes dieser Güterbündel für sich. Birnen und Äpfel zusammengenommen ist besser, als nur Birnen oder nur Äpfel zu haben ("love of variety"). Die Indifferenzkurve ist zum Ursprung hin gewölbt (konvex).

Sechstes Axiom: **Nichtsättigung** bedeutet, dass das Individuum eine größere Menge eines Gutes bzw. Güterbündels einer kleineren Menge immer vorzieht, unabhängig davon, wie viel es bereits davon konsumiert hat.

Für die weitere Analyse erweist es sich als hilfreich, die Präferenzen des Individuums in Form einer Nutzenfunktion U darzustellen, wobei $U(X_1) > U(X_2)$ dann und nur dann gilt, wenn $X_1 \succ X_2$.

Aus den bisherigen Ausführungen ergibt sich notwendigerweise eine Nutzenfunktion mit den folgenden Eigenschaften:

$$\frac{\partial U}{\partial x_i} > 0, \quad \frac{\partial^2 U}{\partial x_i^{\,2}} < 0, \tag{II.1}$$

wobei $x_i \in X = \{x_1, \ldots, x_m\}$ die Menge des i-ten Gutes im Güterbündel X ist. Der Grenznutzen des Konsums eines Gutes x_i ist demnach positiv, aber abnehmend. Dies führt zu konvexen Indifferenzkurven zwischen zwei Gütern bzw. Güterbündeln. Je mehr das Individuum bereits von x_1 konsumiert hat, desto weniger Einheiten von x_2 ist es also bereit, für eine zusätzliche Einheit von x_1 abzugeben. Anders ausgedrückt: Für gleichbleibende Einbußen von x_2 muss es mit steigenden Mengen von x_1 entschädigt werden. Diese Zusammenhänge sind aus der mikroökonomischen Theorie bekannt.

- Der Nutzen der Individuen ist **nur ordinal, nicht kardinal messbar**. Ordinale Nutzenmessung bedeutet, dass bei einem Vergleich zweier Alternativen nur angegeben werden kann, ob der Nutzen aus einer Alternative höher, niedriger oder genauso hoch ist wie derjenige aus einer anderen Alternative, nicht aber, um wie viel der Nutzen höher oder niedriger ist. Die Abstände zwischen Indifferenzkurven spielen daher keine Rolle. Ein kardinaler Nutzenvergleich wäre dann möglich, wenn ein Individuum eindeutig angeben könnte, um welchen Betrag der Nutzen aus der einen Alternative größer oder kleiner ist als der Nutzen aus einer anderen Alternative. Bislang sind sämtliche Versuche von Ökonomen, die kardinale Nutzenmessung zu ermöglichen, fehlgeschlagen.

- Es liegen **keine Nutzeninterdependenzen** vor: Die Nutzeneinschätzungen der Individuen sind unabhängig voneinander. Neid oder demonstrativer Konsum werden ebenso ausgeschlossen wie Altruismus dergestalt, dass Mehrkonsum eines Individuums ein anderes Individuum besser stellt. Der individuelle Nutzen des Individuums i, U^i, ist ausschließlich von den selbst nachgefragten Gütern abhängig: $U^i = U^i(X^i)$ mit X^i als dem von i nachgefragten Güterbündel. Die Individuen werden als rationale Personen angesehen, die sich über die Tauschbeziehungen hinaus nicht als Mitglied einer Gruppe begreifen.

B. Werturteilsgebundenheit: schwache Werturteile

Normativen Aussagen liegen immer Werturteile zugrunde, die explizit genannt werden müssen (Abschnitt I.4). Um das bereits angesprochene Werturteilsproblem in Grenzen zu halten, werden relativ **schwache Werturteile zugrunde gelegt**. „Schwach" bedeutet, dass die Werturteile unverfänglich sind und von dem **Großteil der Bevölkerung** geteilt werden können. Dann sind die Schlussfolgerungen, die aus der wirtschaftspolitischen Analyse gezogen werden, weitgehend **unabhängig von der ideologischen Position des Betrachters**.

Wir unterscheiden dabei zwischen dem individualistischen Werturteil und dem paretianischen Werturteil. Zunächst zum **individualistischen Werturteil**, das sich analytisch wiederum dreiteilen lässt, und zwar nach dem methodologischen Individualismus, der Konsumentensouveränität und dem Paternalismusverbot:

- **Methodologischer Individualismus:** Die Existenz einer gesellschaftlichen oder sozialen Wohlfahrt *an sich* wird abgelehnt. Die Gesellschaft ist keine handelnde Person. Dies ist methodisch sehr wichtig und keineswegs jedem klar, der sich in der Öffentlichkeit zur Wirtschaftspolitik äußert. Ein Beispiel dient zur Klärung: Wenn vom Außenhandel Deutschlands mit den Vereinigten Staaten die Rede ist, kann nur der Außenhandel deutscher mit US-amerikanischen Individuen (Unternehmen) gemeint sein. Denn der Handel wird dezentral organisiert und abgewickelt. Nur in der Zahlungsbilanzstatistik taucht er als Aggregat auf. Wenn wir später also von sozialer Wohlfahrt sprechen, meinen wir immer die aggregierte Wohlfahrt der Individuen, die in dieser Gesellschaft leben.[41] Damit steht das Gerüst für die **normative Analyse**: Die Wohlfahrt der Gesellschaftsmitglieder ist der strategische Ansatzpunkt unserer Analyse.

- So etwas wie ein **gesellschaftlicher Wille** kommt in diesem Konzept nicht vor, weil es einen solchen nach dieser Auslegung des Werturteils **nicht geben kann**. Die soziale Wohlfahrtsfunktion muss folgerichtig individualistisch konzipiert sein. Nur dann kann sie für alle Mitglieder der Gesellschaft akzeptabel sein.

- **Konsumentensouveränität:** Unter Konsumentensouveränität wird allgemein verstanden, dass die Konsumenten unter den angebotenen Gütern frei wählen können und auf diese Weise dazu beitragen, dass die Produktionsstruktur den Präferenzen der Nachfrager entspricht. Nur wenn die Menschen ihren Konsum frei wählen können, kommt es zu einer präferenzgerechten Produktionsstruktur. Zu berücksichtigen ist, dass nicht sämtliche Präferenzen zum Zuge kommen werden; vielmehr werden die Präferenzen mit Hilfe der relativen (und absoluten) Preise selektiert. Zur Realisierung der Konsumentensouveränität bedarf es der **Faktoranbietersouveränität:** Die Anbieter der Produktionsfaktoren dürfen selbst entscheiden, ob und welche Menge an Faktorleistungen sie bereit sind, zu dem gegebenen Faktorpreis anzubieten. Dabei gilt selbstverständlich das Verbot der Sklavenarbeit und der Kinderarbeit. Streng genommen impliziert dieses Prinzip auch die freie Entscheidung über die Dauer der Arbeitszeit (sowie deren Lage, besonders bei Teilzeitarbeit) und der Ladenöffnungszeiten sowie die freie Wahl des Berufes und des Arbeitsplatzes. Nur dann können die Faktoranbieter angemessen auf die Nachfrage der Konsumenten reagieren.

- **Paternalismusverbot:** Präferenzen sind grundsätzlich gegeben und stehen nicht zur Disposition. Niemand redet den Individuen hinein, schon gar nicht der Staat. Ob Eingriffe überhaupt in extremen Fällen erlaubt sind oder nicht, ist umstritten. Dies ist Gegenstand der Debatte um die Meritorisierung, d.h. der staatlichen Eingriffe mit dem Ziel, bestimmtes Verhalten zu verhindern, z.B. den Drogenkonsum, und anderes zu erzwingen, z.B. den Schulbesuch oder die Versicherung gegen Wechselfälle des Lebens (Krankheit, Arbeitslosigkeit) und die Vorsorge für einen angemessenen Lebensstandard im Alter

41 Der Mechanismus der Aggregation, z.B. durch Addition oder Multiplikation, ist dadurch noch nicht bestimmt (vgl. Kapitel II.2.A zur Wohlfahrtsfunktion).

(Rente). Der Staat traut den Bürgern in derartigen Fällen nicht zu, für sich selbst die besten Alternativen zu wählen.

Der zweite Typ von Werturteil ist das sog. **paretianische Werturteil**. Die soziale Wohlfahrt ist danach positiv abhängig vom Nutzen jedes einzelnen Individuums; der individuelle Nutzen U^i hängt wiederum annahmegemäß positiv von der Menge des Konsums des in der Volkswirtschaft verfügbaren Güterbündels X ab. Die soziale Wohlfahrt steigt, wenn die Wohlfahrt eines einzelnen Individuums steigt, selbst wenn diejenige aller anderen konstant bleibt.

Analytisch steht hinter diesem paretianischen Werturteil das **Pareto-Kriterium**. Dies Kriterium ist benannt nach dem Nationalökonom Vilfredo Pareto (1848-1923), der als Vertreter der Lausanner Schule maßgeblich an der Fortentwicklung der Grenznutzenlehre mitgewirkt hat. Einschlägig ist hier sein Werk Manuel d'Économie Politique (1909). Nach dem Pareto-Kriterium ist eine Faktorallokation dann als **(pareto-)optimal** anzusehen, wenn sich durch eine Umlenkung von Produktionsfaktoren niemand besser stellen kann, ohne dass jemand anderes dadurch schlechter gestellt wird (Unterabschnitt 3.A). Anderenfalls wären noch Effizienzspielräume auszunutzen. Damit wird automatisch jede Ausgangsverteilung anerkannt, wie an einem extremen Beispiel verdeutlicht werden kann: Man stelle sich einmal vor, es gebe ein Konsumgut in der Volkswirtschaft. Sämtliche Individuen bis auf eines (Individuum j) besitzen im Ausgangszustand nichts, das besagte Individuum j besitzt alle Einheiten des Konsumgutes. Die gesellschaftliche Wohlfahrt steigt nach diesem Ansatz auch dann, wenn durch eine Reallokation der Produktionsfaktoren mehr produziert werden kann und wenn Individuum j diese Mehrproduktion vollständig zugeteilt bekommt.[42] Die neue Situation ist im Vergleich zur alten **pareto-superior**, denn auf diese Weise wird (mindestens) ein Individuum besser gestellt, ohne dass dadurch ein anderes schlechter gestellt würde. Nicht wohlfahrtssteigernd in diesem Sinne wäre es hingegen, wenn Individuum j zu Gunsten aller anderen etwas abgeben müsste. Dann wäre sein Nutzen geringer als zuvor, und die soziale Wohlfahrt sänke trotz Besserstellung aller anderen Individuen. Gegenüber der Ausgangssituation ist diese Situation **pareto-inferior**.

Diese beispielhafte Verteilung und auch die Bewertung ihrer Veränderung entspricht sicherlich nicht den allgemein üblichen Gerechtigkeitsvorstellungen. Jede Aussage über Gerechtigkeit im hier geschilderten Sinne ist ein **starkes Werturteil**,

42 Über den Allokationsmechanismus kann an dieser Stelle noch nichts gesagt werden. Deshalb bleiben wir hier so allgemein. Die Einzelheiten folgen später in diesem Kapitel.

das keineswegs von jedem geteilt werden kann oder muss. Dennoch ist das hier beschriebene Pareto-Kriterium theoretisch und vor allem für die Beurteilung einer wirtschaftspolitischen Maßnahme gut brauchbar. Es macht nämlich deutlich, wie schwer wirtschaftspolitische Maßnahmen, die den individuellen Nutzen einzelner Bürger einschränken, politisch durchzusetzen sind, sei es, weil das Pareto-Kriterium außerhalb der Fachwelt nicht bekannt ist, oder sei es, weil sich die Bürger an dem Pareto-Kriterium orientieren und jede Maßnahme ablehnen, die diesem entgegen steht.

C. Knappheitsbezogenheit: Nur Teilantworten auf die Grundfragen

Das Allokationsproblem lösen heißt, mit den Knappheiten in der realen Welt effizient umgehen. Nach Streit (2005, S. 5f.) gibt es sechs Dimensionen der ökonomischen Knappheit:

- **Sachlich:** Die knappen Produktionsmittel müssen so eingesetzt werden, dass zum einen möglichst viel produziert werden kann, zum anderen sich eine Produktionsstruktur ergibt, die sich mit den Bedürfnissen der Menschen deckt. Produktions- und Nachfragestruktur müssen indes in einer offenen Volkswirtschaft nicht zusammenfallen, weil Abweichungen durch Außenhandel (Exporte und/oder Importe) ausgeglichen werden können. In einer offenen Volkswirtschaft werden die inländische Produktionsstruktur und die Konsumstruktur vermutlich dauerhaft voneinander abweichen.

- **Organisatorisch:** Diese Dimension bezieht sich auf die Frage, wie die Arbeitsteilung organisiert werden soll. Darunter fällt z.B. die Frage, ob die Koordination der Produktionsaktivitäten über den Markt oder etwa innerhalb eines Unternehmens vorgenommen werden soll. Diese Frage wird anhand eines Vergleichs der entstehenden Kosten beantwortet.

- **Technisch:** Dabei geht es nicht nur um die Frage, mit welcher Technik am besten produziert wird, sondern auch darum, welche Techniken entwickelt werden sollten und welche Art von technischem Fortschritt wünschenswert ist. Nicht alles, was technisch möglich ist, muss auch wirtschaftlich sinnvoll sein. (Eine ganz andere Frage, die nicht Gegenstand der Allokationstheorie ist, lautet: Soll für alles, was wirtschaftlich sinnvoll ist, die entsprechende Technik entwickelt werden?)

- **Räumlich:** Die Raumüberwindung verursacht Kosten (Informations- und Kommunikationskosten, Transportkosten) und damit den Einsatz von Produktionsmitteln. Gefragt ist nach der optimalen Verteilung der Produktionsfaktoren auf die verschiedenen nationalen und internationalen Standorte.

- **Zeitlich:** Wirtschaftliches Wachstum erfordert Investitionen und damit den Verzicht auf Gegenwartskonsum, um die für die Finanzierung der Investitionen notwendige Ersparnisbildung zu ermöglichen. Zu klären ist mithin, in welchem Maße Kapital akkumuliert werden soll, um Investitionen vornehmen zu können.
- **Persönlich:** Die Verteilung des knappen Produktionsergebnisses muss so auf die Individuen vorgenommen werden, dass jeder entsprechend seiner Präferenzen das bekommt, was er auch gerne erhalten möchte. Zudem sollte die Verteilung möglichst gerecht sein. Die Verteilungsgerechtigkeit zu beurteilen, ist mit dem hier vorgestellten Instrumentarium allerdings nicht möglich, denn dies bedarf eines starken Werturteils.

Deshalb steht im Mittelpunkt der Analyse die optimale Produktions- und Nachfragestruktur. Die Beantwortung der Verteilungsfrage, d.h. der Frage danach, wer welchen Teil der Produktion erhält, ist in der Tat unbefriedigend.

Die Überwindung der Knappheit wird analytisch in drei Schritte unterteilt:

- **Identifikation des Wohlfahrtsoptimums:** Dieses wird im Rahmen dieses Buches als das Pareto-Optimum definiert (Abschnitt 3.A). Es findet allerdings keine vollständige Ordnung aller sozialen Zustände statt, denn dies würde den Wirtschaftspolitiker überfordern. Immerhin aber kann man mit Hilfe des Pareto-Kriteriums und der darauf aufbauenden Allokationskriterien ineffiziente Zustände von effizienten Zuständen unterscheiden.
- **Bedingungen für ein Wohlfahrtsoptimum:** Das zweite Lösungselement besteht in der Beschreibung der Bedingungen, die vorliegen müssen, damit ein Wohlfahrtsoptimum gegeben ist. Auch hier gibt es zwei Varianten: Der Schwerpunkt der Analyse wird auf den Bedingungen erster Ordnung, den Marginalbedingungen, liegen. Anhand der Marginalbedingungen lässt sich zeigen, ob ein Zustand ökonomisch optimal ist oder nicht. Deutlich wird, dass diese Bedingungen alleine nicht ausreichen. Daher sind sie um die Totalbedingungen, d.h. die Bedingungen für ein totales Optimum, zu ergänzen. Allerdings können wir diese Bedingungen nicht so benennen, wie dies bei den Marginalbedingungen möglich ist (Abschnitt 4).
- **Beziehung zwischen Marktallokation und dem Wohlfahrtsoptimum:** Wir werden drittens sehen, dass es eine enge Beziehung zwischen dem Wohlfahrtsoptimum und dem Ergebnis gibt, das sich auf Wettbewerbsmärkten einstellt (ebenfalls Abschnitt 4). Diese Beziehung wird durch die **zwei Hauptsätze der Wohlfahrtstheorie** ausgedrückt (Richter 1963, S. 137ff.):

- Erster Hauptsatz: „Jedes Marktgleichgewicht ist pareto-effizient." Jedes Ergebnis, das auf einem funktionierenden Markt zustande kommt, impliziert eine optimale Allokation. Man braucht also kein kompliziertes Verfahren zur Ermittlung des Wohlfahrtsoptimums, sondern es reicht, einen funktionstüchtigen Markt herzustellen.
- Zweiter Hauptsatz: „Jede pareto-effiziente Allokation kann als Marktgleichgewicht realisiert werden." Dies bedeutet, dass allokative und distributive Überlegungen getrennt angestellt werden müssen, denn nicht jedes Marktgleichgewicht ist automatisch mit den Gerechtigkeitsvorstellungen der Gesellschaft vereinbar.

Diese Sätze scheinen zunächst sehr einfach, aber dahinter stehen bedeutsame Aussagen, vor allem für die Wirtschaftspolitik. Denn es zeigt sich, dass staatliche Eingriffe in die freie Preisbildung aus sozialpolitischen Erwägungen heraus zu pareto-inferioren Ergebnissen führen können und den Spielraum für sozialpolitische Ziele (wie für andere Ziele auch) verringern. Für die Wirtschaftspolitik kann dies im Grundsatz nur heißen, dass zunächst ein allokatives Optimum angestrebt werden sollte und daran anschließend verteilungspolitische Ziele mit anderen Mechanismen (z.B. Steuern und Transfers) anvisiert werden.

2. Zur Messung der Wohlfahrt in einer Volkswirtschaft

A. Theoretische Ansätze zur Ermittlung einer sozialen Wohlfahrtsfunktion

Bereits in Kapitel I dieses Buches wurde als oberstes Ziel der Wirtschaftspolitik das Ziel der Wohlstandssteigerung formuliert. Dabei blieb jedoch die Tatsache nicht unerwähnt, dass die Verfolgung dieses Ziels möglicherweise in Konflikt mit anderen gesellschaftlichen Werten steht, so etwa dem Umweltschutz oder der Gerechtigkeit bei der Einkommens- und Vermögensverteilung. Die Wirtschaftspolitik sieht sich daher einem Zielbündel gegenüber. Die gesellschaftliche Wohlfahrt ist vor diesem Hintergrund zu verstehen als die zu einer Größe zusammengefassten unterschiedlichen Erreichungsgrade der Ziele der Wirtschaftspolitik.

Im Kontext der Allokationstheorie wird die gesellschaftliche Wohlfahrt traditionell in Form einer **sozialen Wohlfahrtsfunktion (SWF)** dargestellt:

$$W = W(z_1, z_2, \dots, z_m), \quad \text{(II.2)}$$

wobei W das Niveau der sozialen Wohlfahrt und die z_i die einzelnen Einflussgrößen darstellen.[43] Ziel der Wirtschaftspolitik ist es nunmehr, den Wert dieser Funktion zu maximieren.

Die Herausforderung besteht offensichtlich darin, eine Funktion $W(\cdot)$ und die sie bestimmenden Variablen z zu identifizieren, die geeignet sind, die gesellschaftlichen Werte angemessen widerzuspiegeln. Es gibt theoretisch zwei Formen, die gesellschaftliche Wohlfahrtsfunktion zu konzipieren:

- Auf **kollektivistische Weise**: Die gesellschaftliche Wohlfahrt wird – letztlich ohne Rücksicht auf individuelle Präferenzen – von einer zentralen Entscheidungsinstanz definiert. Diese entscheidet über die Determinanten des gesellschaftlichen Wohlstandes z_i und die Form der Funktion $W(\cdot)$ (Sen 1970, S. 1f.).
- Auf **individualistische Weise**: Die gesellschaftliche Wohlfahrt W ist eine Funktion der individuellen Nutzen (U^i) der Wirtschaftssubjekte ($i = 1, \ldots, n$). Es gilt also $W = W(U^1, U^2, \ldots, U^n)$[44] (Bergson 1938, Samuelson 1947).

Dem individualistischen Werturteil (Unterabschnitt 1.B) folgend, bedient sich die weitere Analyse des **Bergson-Samuelson-Ansatzes** zur Bestimmung der sozialen Wohlfahrtsfunktion. Das paretianische Werturteil impliziert dabei, dass $\partial W / \partial U^i > 0$ für alle $i = 1, \ldots, n$ gilt. Bei steigendem Nutzen eines Individuums muss demnach die soziale Wohlfahrt ebenfalls ansteigen, sofern das Nutzenniveau keines anderen Wirtschaftssubjektes in der Gesellschaft sinkt.

Das Ziel des Bergson-Samuelson-Ansatzes ist es, aus den individuellen Nutzenfunktionen eine Präferenzstruktur zu entwickeln, die mit Hilfe von gesellschaftlichen Indifferenzkurven dargestellt werden kann. Entlang einer solchen Indifferenzkurve gilt

$$dW = \frac{\partial W}{\partial U^1} dU^1 + \frac{\partial W}{\partial U^2} dU^2 + \ldots + \frac{\partial W}{\partial U^n} dU^n = 0\,, \qquad \text{(II.3)}$$

d.h. das Wohlfahrtsniveau ändert sich nicht. Hieraus und aus dem Pareto-Kriterium ($\partial W / \partial U^i > 0$) folgt dann unmittelbar, dass auf der Indifferenzkurve die folgende Ungleichung erfüllt ist:

---

43 Vgl. zu sozialen Wohlfahrtsfunktionen auch Luckenbach (2000, S. 67-72), Mueller (2003, S. 563ff.) sowie Sohmen (1992, Kapitel 10).

44 Freilich ist durch diese Festlegung noch keineswegs die Form der Funktion $W(\cdot)$ bestimmt. Mögliche Formen sozialer Wohlfahrtsfunktionen werden in Abschnitt II.4.H vorgestellt.

$$\frac{dU^i}{dU^j} = -\frac{\partial W / \partial U^j}{\partial W / \partial U^i} < 0\,, \tag{II.4}$$

wobei gemäß der ceteris-paribus-Annahme $dU^k = 0$ für $k \notin \{i, j\}$ gesetzt wurde. Eine dem paretianischen Werturteil genügende soziale Indifferenzkurve weist also eine negative Steigung im Nutzenraum auf.

Der Wirtschaftspolitiker, dem man diese Wohlfahrtsfunktion an die Hand gibt, weiß immer noch nicht, was er tun soll. Damit die soziale Wohlfahrtsfunktion als politische Entscheidungshilfe geeignet ist, bedarf es einer konkreten Spezifikation ihrer funktionalen Form. Eine Entscheidung über diese funktionale Form bedarf jedoch weiterer Werturteile: Welche Gewichtung, welches Aggregationsverfahren sollen angewandt werden, um die individuellen Nutzenniveaus miteinander zu verknüpfen?

In einer demokratisch organisierten Gesellschaft erscheint es nicht angemessen, davon auszugehen, dass über die Form der sozialen Wohlfahrtsfunktion ein eindeutiges Urteil gefällt werden kann. Vielmehr wird jedes Individuum seine eigenen Vorstellungen von der Gestalt der sozialen Wohlfahrtsfunktion haben. Jedes Individuum i kann daher eine „subjektive" Funktion

$$W^i = W^i(U^1, U^2, \ldots, U^n) \tag{II.5}$$

aufstellen, die seinen individuellen Vorstellungen entspricht. Zur Bestimmung einer allgemeinen sozialen Wohlfahrtsfunktion sind nach Arrow (1963) diese subjektiven Wohlfahrtsfunktionen durch ein geeignetes Entscheidungsverfahren zu aggregieren.[45] Gesucht ist also ein Verfahren zur Bestimmung – auf der Grundlage schwacher Werturteile – der Funktion

$$W = W(W^1, W^2, \ldots, W^n)\,, \tag{II.6}$$

die die subjektiven sozialen Wohlfahrtsfunktionen (die ihrerseits von den individuellen Nutzenniveaus aller Gesellschaftsmitglieder abhängen) zu einer allgemeinen sozialen Wohlfahrtsfunktion verbinden. Dabei sind an das Entscheidungsverfahren bestimmte Bedingungen geknüpft, die **fünf Arrow-Axiome**, die alle gleichzeitig erfüllt sein müssen:

45 In der Terminologie von Arrow (1963, S. 22ff.) handelt es sich bei einer sozialen Wohlfahrtsfunktion bereits um das Entscheidungsverfahren zur Festlegung einer Wohlfahrtsfunktion im Bergson-Samuelsonschen Sinne. Wir behalten, um unnötige Verwirrungen zu vermeiden, die bisherige Terminologie bei.

- **Erstes Axiom**: Es muss ein „**unbeschränkter Definitionsbereich**" in dem Sinne bestehen, dass alle möglichen individuellen Präferenzen W^i, unabhängig von ihrer Art, so in der gesellschaftlichen Wohlfahrtsfunktion W erfasst werden, dass sich eine logisch konsistente (d.h. den Bedingungen der Transitivität und Vollständigkeit genügende), eindeutige Rangordnung aller Optionen, die der Gesellschaft offen stehen, ergibt. Anders gewendet: Die Präferenzen der Individuen sind gegeben und so zu akzeptieren. Diese Argumentation fußt auf dem im vorangegangenen Abschnitt 1.B besprochenen methodologischen Individualismus.
- **Zweites Axiom**: Die individuellen und gesellschaftlichen Bewertungen der verschiedenen Wohlfahrtszustände müssen positiv korreliert sein. Die soziale Wohlfahrtsfunktion folgt somit der **Pareto-Regel**: Wenn die Wohlfahrt eines Wirtschaftssubjekts ceteris paribus steigt und die aller anderen zumindest konstant bleibt, muss die soziale Ordnung dies hervorbringen und eine Steigerung der kollektiven Wohlfahrt anzeigen.
- **Drittes Axiom**: Die gesellschaftliche Rangordnung von zwei Wohlfahrtszuständen muss unverändert bleiben, solange sich die individuelle Rangordnung dieser beiden Alternativen in den individuellen Wohlfahrtsfunktionen nicht ändert. Änderungen von Rangordnungen zwischen anderen Alternativen sind dabei irrelevant. Dies wird als „Unabhängigkeit von irrelevanten Alternativen" bezeichnet. Sohmen (1992, S. 347f.) nennt dies **paarweise Rangordnungsregel**.
- **Viertes Axiom**: Die gesellschaftliche Wohlfahrtsfunktion darf nicht oktroyiert, d.h. nicht völlig unabhängig von den Präferenzen der Gesellschaftsmitglieder sein. Man spricht auch vom **Prinzip der Bürgersouveränität**.
- **Fünftes Axiom**: Die soziale Wohlfahrtsfunktion darf nicht zwingend der Rangordnung der Optionen entsprechen, die ein Einzelner (Diktator) der Gesellschaft auferlegt. Sohmen nennt dies die **Demokratie-Regel**.

Es gibt kein Entscheidungs-, Aggregations- oder Wahlverfahren, das alle diese Axiome gleichzeitig erfüllt, sofern, wie Mueller (2003, S. 582ff.) zeigt, die individuellen Nutzenfunktionen keine interpersonellen Nutzenvergleiche zulassen, d.h. nicht kardinal, sondern ordinal definiert sind. Arrow hat dies nach einer strengen Beweisführung mit dem von ihm so bezeichneten **Unmöglichkeitstheorem** auf den Punkt gebracht.[46] Die Bestimmung einer sozialen Wohlfahrtsfunktion wäre

46 Für einen Beweis vgl. Lenk und Teichmann 1999, oder Mueller 2003, S. 582ff..

infolgedessen nur unter Zugrundelegung eines starken Werturteils möglich. Das möchte man in einer freien Gesellschaftsordnung natürlich vermeiden.

Im Falle der Mehrheitswahl besteht das wesentliche Problem in der Existenz von zyklischen Mehrheiten, die dazu führen, dass die sich ergebende soziale Präferenzordnung regelmäßig nicht die Bedingung der Transitivität erfüllt.[47] Dadurch wird insbesondere die Lösung von Verteilungsfragen beeinträchtigt. Durch die Beschränkung der zulässigen Präferenzordnungen auf sog. eingipflige Präferenzen könnte man das Problem zyklischer Mehrheiten lösen. Eine derartige Beschränkung würde den Arrowschen Forderungen nach einem unbeschränkten Definitionsbereich jedoch widersprechen.

B. Empirische Ansätze der Wohlfahrtsmessung

Wenn es schon theoretisch schwierig ist, die soziale Wohlfahrt zu bestimmen, stellt sich die Frage, ob empirische Messungen weiterhelfen können. Gesucht wird ein Indikator, mit dem die Wohlfahrt der Gesellschaft einigermaßen zuverlässig abgebildet werden kann.

Ein solcher Indikator wird als Orientierungsgröße für die Wirtschaftspolitik gebraucht, da mit dessen Hilfe wirtschaftspolitische Maßnahmen bewertet bzw. beurteilt oder internationale Wohlfahrtsvergleiche durchgeführt werden können (von der Lippe 1996). Man unterscheidet zwei Arten von Indikatoren (Abbildung II.1):

- monetäre Indikatoren und
- soziale Indikatoren.

---

47 Ein anschauliches Anwendungsbeispiel ist die Entscheidung über die Hauptstadtfrage zwischen Bonn und Berlin im Jahre 1991 (Leininger 1993). Dort werden zahlreiche Abstimmungsverfahren näher erläutert, die zu unterschiedlichen Ergebnissen (mal zugunsten Bonns, mal zugunsten Berlins) geführt hätten. Jedoch erfüllt keines der betrachteten Abstimmungsverfahren alle von Arrow formulierten Axiome, so dass keines der Verfahren als das „Richtige" bezeichnet werden könnte. Vielmehr ist durch geeignete Wahl des Abstimmungsverfahrens jedes Ergebnis erzielbar.

Abbildung II.1: Empirische Ansätze zur Wohlfahrtsmessung

Monetäre Wohlfahrtsmaße	**Soziale Indikatoren**
Pro-Kopf-Einkommen Bruttoinlandsprodukt Volkseinkommen Korrekturansätze Alternativvorschläge (Nordhaus und Tobin, 1972) Ergänzungsvorschläge (Folgekostenrechnung)	Standard of Living Index (UNRISED, 1966) Lebensstandardindex (Hauser und Lörcher, 1973) Index of Sustainable Economic Welfare (Cobb, 1991) Lebensqualitäts-Atlas (Korczak, 1995) Glücksforschung (Frey und Stutzer, 2002a und 2002b)

Quelle: Eigene Darstellung nach von der Lippe (1996).

Zu den **monetären Indikatoren**: Die am häufigsten verwendete Größe ist das **Pro-Kopf-Einkommen**, definiert als ein Einkommensbegriff aus den Volkswirtschaftlichen Gesamtrechnungen bezogen auf die Wohnbevölkerung.

Allerdings gibt es in den Volkswirtschaftlichen Gesamtrechnungen viele Einkommensbegriffe. Welcher kommt in Frage? Zunächst ist das **Bruttoinlandsprodukt (BIP)** relevant, das den Wert aller Produkte und Dienstleistungen nach Abzug aller Vorleistungen, die in einer Volkswirtschaft in einem bestimmten Zeitraum produziert bzw. erbracht werden, misst. Es kann entweder über die **Verwendungsseite** ($Y = C + I^{\text{Brutto}} + G + X - M$) oder über die **Entstehungsseite** (Löhne, Gehälter, Unternehmensgewinne, Mieten, Pachten etc., also über die Bruttowertschöpfung aller Wirtschaftsbereiche) berechnet werden. Damit Entstehungsseite und Verwendungsseite sich entsprechen, zieht man bei ersterer die Gütersubventionen ab und addiert die Gütersteuern hinzu (Abbildung II.2).

Zieht man den Saldo der Erwerbs- und Vermögenseinkommen mit dem Ausland hinzu, erhält man das **Bruttonationaleinkommen** (bis 1999: Bruttosozialprodukt, BSP, zu Marktpreisen[48]). Während das Bruttoinlandsprodukt Auskunft über den Wert der im Inland – von inländischen und ausländischen Wirtschaftseinheiten –

48 Im Zusammenhang mit Bildung der Europäischen Währungsunion sind die Volkswirtschaftlichen Gesamtrechnungen der EU-Mitgliedstaaten auf eine neue, vereinheitlichte Methodik umgestellt worden, das Europäische System Volkswirtschaftlicher Gesamtrechnungen (ESVG 95). Die Einzelheiten hat das Statistische Bundesamt ausführlich in Wirtschaft und Statistik (April 1999, S. 257ff.; Juni 1999, S. 449ff.) dargelegt. In Deutschland wurde die Umstellung Ende April 1999 vollzogen.

Abbildung II.2: Volkswirtschaftliche Einkommensbegriffe

Bruttowertschöpfung aller Wirtschaftsbereiche
+ Gütersteuern – Subventionen
$= C + I^{\text{Brutto}} + G + X - M$
= **Bruttoinlandsprodukt** *(Inlandskonzept)*
+ Saldo der Erwerbs- und Vermögenseinkommen mit dem Ausland
= **Bruttonationaleinkommen** *(Inländerkonzept)*
– Abschreibungen
= **Nettonationaleinkommen**
– Produktions- und Importabgaben
+ Subventionen
= **Volkseinkommen**

Quelle: Europäisches System Volkswirtschaftlicher Gesamtrechnungen.

produzierten Güter und Dienstleistungen gibt, weist das Bruttonationaleinkommen die von „Inländern", d.h. allen inländischen Wirtschaftseinheiten, produzierten Güter und Dienstleistungen aus. Man unterscheidet dementsprechend zwischen **Inlands-** bzw. **Inländerkonzept**.

Das Bruttonationaleinkommen enthält noch die **Ersatzinvestitionen**. Mit Blick auf die künftige Güterversorgung will man aber nur den Zuwachs zum vorhandenen Kapitalbestand einrechnen. Daher muss man die **Abschreibungen** abziehen, so dass man das **Nettonationaleinkommen** (bis 1999: Nettosozialprodukt, NSP, zu Marktpreisen) erhält. Subtrahiert man die Produktions- und Importabgaben an den Staat (Gütersteuern und sonstige Abgaben wie Grundsteuern und Umweltschutzabgaben) und addiert die vom Staat gewährten Subventionen hinzu, so ergibt sich das **Volkseinkommen** (vormals auch: Nettosozialprodukt zu Faktorkosten), das im Allgemeinen als der – mit Blick auf die Wohlfahrt – geeignetste Einkommensbegriff angesehen wird.

Üblich war es, das Volkseinkommen bezogen auf die Bevölkerung als Pro-Kopf-Einkommen zu verwenden und als Wohlfahrtsindikator zu interpretieren. Zugrunde liegt eine individualistische Weltsicht, nach der die Wohlfahrt – hier: das Einkommen – des Einzelnen von Bedeutung ist. Überdies sollte das *reale* Pro-Kopf-Einkommen herangezogen werden, da nominale Einkommenssteigerungen, die nur die Preissteigerungen der Vergangenheit widerspiegeln, kein Zeichen einer sich mehrenden Wohlfahrt sind. Inflation ist nicht wohlfahrtssteigernd.

Die Entwicklung des Pro-Kopf-Einkommens in Deutschland im Zeitraum zwischen 1950 und 2008 zeigt die folgende Abbildung. Das Pro-Kopf-Einkommen hat sich in diesem Zeitraum nominal verzwanzigfacht und real verfünffacht. Hat sich dadurch unsere Wohlfahrt ebenfalls verfünffacht? Es gibt drei gewichtige Argumente, die gegen das Pro-Kopf-Einkommen als sinnvollen Wohlfahrtsindikator sprechen:

Abbildung II.3: Entwicklung des Pro-Kopf-Einkommens in der Bundesrepublik Deutschland
(1950-90: altes Bundesgebiet)

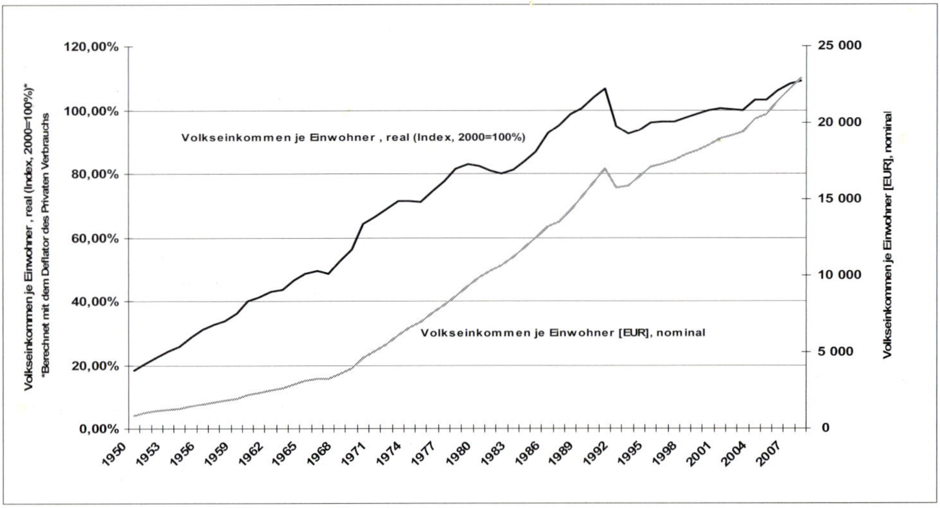

Quelle: Eigene Berechnungen nach Statistisches Bundesamt, Statistisches Jahrbuch für die Bundesrepublik Deutschland, laufender Jahrgang.

- **Eindimensionalität:** Erfasst werden nur Güter, die durch Geld bewertet werden können und nach Maßgabe der amtlichen Statistik erfasst werden. Vieles andere bleibt unberücksichtigt, obwohl es ökonomisch auch einen Wert darstellt. Darunter fällt unentgeltliche Hausarbeit und Schwarzarbeit, deren Bedeutung in der Bundesrepublik in den letzten 20 Jahren außerordentlich gestiegen ist (Schneider und Enste 2000). Außerdem vernachlässigt dieser Index Verteilungsfragen oder institutionelle Regelungen, wie z.B. das Ladenschlussgesetz, die die Entscheidungsfreiheit des Einzelnen einschränken und daher die Wohlfahrt mindern. Auch wird die Kaufkraft des Einkommens nicht berücksichtigt.

- **Faktoranbietersouveränität**: Nicht jeder kann als Faktoranbieter das tun, was er für geeignet – und damit für sich als wohlfahrtssteigernd – ansieht. So reduziert unfreiwillige Arbeitslosigkeit das Nettonationaleinkommen und damit die durchschnittliche Wohlfahrt. Hingegen reduziert eine höhere Präferenz für Freizeit (oder freiwillige Arbeitslosigkeit) ebenfalls das Nettonationaleinkommen, kann aber trotzdem höhere Wohlfahrt mit sich bringen.
- **Externe Effekte:** Wirtschaftliche Aktivitäten können beispielsweise die Umwelt belasten (Unterabschnitt III.2.D). Die anschließenden Ausgaben für die Beseitigung von Umweltschäden mindern das Nettonationaleinkommen. Aber selbst wenn die Umweltschäden in die Berechnung des heutigen Nettonationaleinkommens nicht einfließen – und möglicherweise erst zukünftigen Generationen angelastet oder nie beseitigt werden –, vermindert sich die Wohlfahrt dadurch, dass die Artenvielfalt zurückgeht oder dass sich die Gewässer- oder Luftqualität verschlechtert. Dies wird vom monetären Einkommensindikator nicht erfasst.

Diese Probleme haben zu Versuchen geführt, alternative monetäre Wohlfahrtskonzepte zu entwickeln. Darunter fallen die sog. **Korrekturansätze**, die man in zwei Gruppen einteilen kann:

- Eine Gruppe beinhaltet die **Alternativvorschläge**, deren Ziel es ist, das (einst als solches ermittelte) Nettosozialprodukt durch einen anderen Wohlfahrtsindikator zu ersetzen. Der berühmteste Vorschlag stammt von Nordhaus und Tobin (1972), die den **„Measure of Economic Welfare“** entwickelten, auch bekannt unter der Bezeichnung **„Net Economic Welfare“**. Danach werden dem Bruttoinlandsprodukt die in den privaten Haushalten und in der Schattenwirtschaft erbrachten Leistungen hinzugerechnet, allerdings nur eigentlich legale Tätigkeiten, die zur Umgehung von Steuern und Abgaben im Schatten durchgeführt werden. Illegale Tätigkeiten wie Drogenkonsum werden nicht berücksichtigt. Außerdem werden die Kosten für Umweltschäden sowie Agglomerationskosten abgezogen (Samuelson und Nordhaus 2001, S. 117ff.). Private Werbungskosten müssten ebenfalls zum Abzug kommen, da sie mindernd auf die individuelle Wohlfahrt einwirken. Obwohl das Konzept auf den ersten Blick sehr einleuchtet, ist diese Art der Wohlfahrtsberechnung ebenfalls nicht ohne Tücken. So ist die **Werturteilsproblematik** nicht vernachlässigbar. Einige Beispiele verdeutlichen dies: Ist Hausarbeit wohlfahrtssteigernd oder im Sinne von privaten Werbungskosten eher wohlfahrtsmindernd? Leiden die Menschen unter der Verstädterung oder haben sie einen Nutzen daraus, z.B. in Form eines höheren Kulturangebots? Sind Ausgaben für öffentliche Sicherheit beklagenswerte Notwendigkeiten oder ein Aktivposten im Sinne von

Infrastruktur, die unser subjektives Sicherheitsgefühl erhöhen? Zusätzlich entsteht die **Bewertungsproblematik**: Wie hoch ist der Nutzen aus Freizeit, wie hoch ist der Schaden aus steigender Umweltbelastung usw.? Man kann vieles eben nicht empirisch erfassen.

- Die zweite Gruppe enthält die **Ergänzungsvorschläge** bzw. **gesellschaftlichen Folgekostenrechnungen**. Hier geht es vor allem darum, die Kosten bestimmter gesellschaftlicher Veränderungen zu erfassen, die nicht in die Volkswirtschaftlichen Gesamtrechnungen eingehen. Praktisch ist dieses Vorgehen sehr schwierig. Man verzichtet darauf, das Bruttoinlandsprodukt durch einen alternativen Wohlfahrtsindikator zu ersetzen. Statt dessen wird versucht, bestimmte wohlfahrtsmindernde Externalitäten zu quantifizieren, zumeist mit dem Ziel, die Menschen darauf hinzuweisen, dass sie einer Illusion unterliegen, wenn sie glauben, dass das wirtschaftliche Wachstum in den letzten Jahrzehnten zu einer entsprechenden Verbesserung der sozialen Wohlfahrt geführt habe. Folgekostenrechnungen werden für verschiedene Formen externer Effekte durchgeführt, so beispielsweise als

    - Folgekosten der Luftverschmutzung,
    - Folgekosten im Verkehrsbereich,
    - Folgekosten im Energieverbrauch.

  Das Hauptproblem dieser Art der Berechnung besteht darin, dass das **Denken in Opportunitätskosten** vernachlässigt wird. So werden in der öffentlichen Diskussion gelegentlich die Kosten des Kfz-Verkehrs auf 60-100 Mrd. Euro veranschlagt. Suggeriert wird mit solchen Zahlen, dass dieser Betrag zur freien Disposition stehen könnte. Anders formuliert: Wenn man auf das Autofahren verzichten würde, dann könnten diese 100 Mrd. Euro anderen, sinnvolleren Verwendungszwecken zugeführt werden. Vernachlässigt wird, dass der Verzicht auf das Autofahren zu erheblichen Wohlfahrtseinbußen in Form mangelnder Mobilität führen würde. Solange diese Opportunitätskosten nicht berücksichtigt werden, ist der Betrag von 100 Mrd. Euro nicht aussagekräftig.

Zu den sozialen Indikatoren: Mit diesem zweiten großen Ansatz zur Messung der gesellschaftlichen Wohlfahrt sollen Bewertungsprobleme, die mit eindimensionalen Wohlfahrtsmaßen verbunden sind, vermieden werden. Anstatt verschiedene Wohlfahrtsdimensionen einheitlich zu bewerten, wird bewusst auf ein Nebeneinander verschiedener Indikatoren abgestellt, die in unterschiedlichen Maßeinheiten gemessen werden. Für jeden Aspekt werden Skalen definiert und Punkte vergeben. Anschließend werden diese Punkte zu einem Index aufaddiert. Der Indexwert kann z.B. zu internationalen Vergleichen des Lebensstandards herangezogen

Abbildung II.4: Die Messung des Lebensstandards
(Einzelindikatoren des Lebensqualitäts-Atlas)

Bereich	**Einzelindikatoren (gleichgewichtet)**	
Umwelt	8	Siedlungs- und Verkehrsfläche; Waldfläche; Wasserfläche; SO_2-Immisionen; NO_2-Immissionen; Ozon; Staub; Trinkwasserbelastung.
Wohlstand	3	Lohn- und Gehaltssumme; Arbeitslosigkeit; Baulandpreise.
Kultur	5	Erholungsfläche; Kinos; Theater; Bibliotheken; Museen.
Sicherheit	5	Verkehrsunfälle; Verkehrstote; Straftaten gegen das Leben; Straftaten gegen die sexuelle Selbstbestimmung; Rohheitsdelikte.
Versorgung	6	Arztdichte; Krankenhäuser; Kindergartenplätze; Altenheimplätze; Beratungsstellen für Ehe, Familie, Soziales; Schuldnerberatungsstellen.
Gesundheit	7	Sterblichkeitsrate; Todesfälle durch bösartige Neubildungen (m/w); Kreislauferkrankungen (m/w); Atemwegserkrankung (m/w).
Summe	34	

Quelle: Eigene Darstellung nach Korczak (1995, S.172ff.).

werden. Ein Beispiel für einen Index ist der **Lebensqualitäts-Atlas** von Korczak (1995), dessen Elemente in der Abbildung II.4 zusammengefasst sind. Insgesamt 34 Einzelindikatoren fließen gleichgewichtet in den Index der Lebensqualität ein.

Jedoch auch dieser Ansatz ist nicht ohne Probleme:

- **Werturteilsprobleme**: Die Auswahl der Indikatoren dürfte stark durch den Zeitgeist geprägt sein, so dass eine intertemporale Vergleichbarkeit nur schwer möglich ist. Außerdem ist die Bewertung der Indikatoren nicht werturteilsfrei möglich. Dies hängt damit zusammen, dass die Ursache-Wirkungs-Beziehungen zwischen einzelnen Indikatoren und der Lebensqualität nicht eindeutig sind. So mindern im Index von Korczak hohe Baulandpreise die Wohlfahrt; sie sind dort mithin eine Ursache für geringe Lebensqualität. Als Ökonom würde man aber vermuten, dass dort, wo Bauen relativ teuer ist, viele Leute bauen wollen, und die hohen Preise eher als ein Indikator für eine hohe Lebensqualität anzusehen sind. Hiernach wäre die hohe Lebensqualität die Ursache der hohen Baulandpreise.

- Die **Operationalisierung** der Indikatoren ist zumeist nicht befriedigend möglich. Das gilt insbesondere bei den Indikatoren für Umwelt und Versorgung.
- **Aggregationsproblem**: Die verschiedenen Indikatoren haben unterschiedliche Dimensionen. Daher ist es streng genommen nicht zulässig, sie zu aggregieren. Ergebnisse können nicht zufriedenstellend interpretiert werden. Allerdings ist dies ein Problem, das bei jeder Art von Indexbildung auftritt.

Einen neuen Ansatz zur empirischen Messung des Lebensstandards liefert die sog. „Glücksforschung“. Ursprünglich handelt es sich um – vor allem von Philosophen und Psychologen geprägte – Versuche, aus persönlichen Glückserlebnissen und deren Begleitumständen allgemeine Regeln abzuleiten, nach denen Menschen glücklich werden können. Unter dem Titel “Happiness Research“ haben in jüngster Zeit auch Ökonomen, vor allem Richard A. Easterlin und Bruno S. Frey, die Fragestellung übernommen (vgl. dazu Easterlin 1974 sowie Frey und Stutzer 2002a), weil dies die Möglichkeit bieten kann, interpersonelle Vergleiche anzustellen.

Wie wir gesehen haben, wird auch in der ökonomischen Theorie seit jeher von „Nutzenmaximierung“ und nicht von „Einkommensmaximierung“ gesprochen. Wichtig ist natürlich die Frage, wie Glück oder Glücklichsein zu messen und interpersonell zu vergleichen ist. Außer Umfragen mit allen ihren Problemen (Tagesform, strategisches Antworten, graduelle Abstufung der Antworten) sind keine praktikablen Methoden ersichtlich, die in großem Maßstab angewendet werden könnten und dabei sinnvolle und weltweit vergleichbare Ergebnisse liefern würden.

Schon allein die Fragestellung stellt eine Provokation für die traditionelle Neoklassik dar, da diese von der Annahme ausgeht, dass die Menschen genau das tun, was das Beste für sie ist. Dies impliziert natürlich, dass nach Abschluss einer wirtschaftlicher Transaktionen, d.h. bei Gültigkeit der Marginalbedingungen (siehe Abschnitt 4 in diesem Kapitel), alle Menschen glücklich sind. Dass dieser Ansatz zu kurz greift, machen Frey und Stutzer (2002b) in einer weiteren Untersuchung mit einer Reihe von Beispielen deutlich. Zentral ist vor allem die Erkenntnis, dass Geld und materieller Wohlstand die Menschen nicht dauerhaft glücklicher macht als Gesundheit, Freundschaften, Familie und andere soziale Beziehungen. In der Literatur spricht man vom „Easterlin-Paradoxon“. Insbesondere hängt die Zufriedenheit eines Menschen kaum von seinem absoluten Einkommen ab als vielmehr von seinem relativen Status. Befragungen zeigen, dass zwar in den westlichen Ländern in den letzen 50 Jahren ein beispielloses Wirtschaftswachstum stattgefunden hat, aber über diese Zeit keine Zunahme der Lebenszufriedenheit zu verzeichnen war. Obwohl sich seit den 1950er Jahren das reale Pro-Kopf-Einkommen in den USA verdreifacht hat, lag der Anteil der Menschen, die sich als sehr glücklich bezeichneten, immer bei etwa 30 Prozent (Layard 2005, S. 43).

Dies legt zunächst einige – für die traditionelle Ökonomie – widersprüchliche Schlüsse nahe: So wäre eine starke staatliche Umverteilung der Einkommen mittels progressiver Steuern wohlfahrtssteigernd, da eine egalitäre Einkommensverteilung das Glücksempfinden der Bevölkerung erhöht. Zudem hielten hohe Steuern die Menschen von weiterer Arbeit zugunsten von Freizeit ab, was in manchen Fällen die "Work-Life-Balance" verbessern und damit das persönliche Glück erhöhen könnte (Bergheim 2006, S. 9). Andererseits zeigen Frey und Stutzer (2002b, S. 419), dass Arbeitslosigkeit – über den pekuniären Einkommensverlust hinaus – das Wohlergehen massiv negativ beeinflussen würde.

Insgesamt scheint die Glücksforschung ein interessantes theoretisches Konzept darzustellen, das auch in empirischen Untersuchungen zu spezifischen Fragestellungen ökonomischen Verhaltens seine Relevanz besitzt. Zur Messung der Gesamtwohlfahrt einer Volkswirtschaft ist der Grad an Glück indes sicher nicht geeignet. Auch gilt, dass die Wirtschaftspolitik nun nicht dazu genutzt werden kann, das kollektive Glück zu erhöhen. Im Gegenteil, die Konzentration auf kollektives Glück läuft dem methodologischen Individualismus zuwider und könnte leicht von totalitären Kräften zweckentfremdet werden. Die Schwierigkeiten, die man bei der Suche nach einer kollektiven Wohlfahrtsfunktion hat (siehe Abschnitt 4.H in diesem Kapitel) werden nicht gelöst.

Das ernüchternde Fazit aus der Diskussion der empirischen Ansätze lautet daher: Es ist auch empirisch nicht möglich, die Wohlfahrt eines Landes objektiv zu messen. Das Bruttoinlandsprodukt scheint noch der geeignetste Indikator zu sein, weil hier wenigstens die Konstruktion und die Mängel bekannt sind.

C. Zwischenfazit

Fasst man das bisher Gesagte zur Messung der gesellschaftlichen Wohlfahrt zusammen, so bleibt aus wirtschaftspolitischer Perspektive wenig Konkretes. Sowohl die empirische Messung als auch die theoretische Ableitung der gesellschaftlichen Wohlfahrt ist nahezu unmöglich. Eine objektiv richtige Form der sozialen Wohlfahrtsfunktion kann nicht eindeutig bestimmt werden. Vielmehr sind unterschiedliche funktionale Zusammenhänge denkbar, um das individuelle Nutzenniveau der Wirtschaftssubjekte zu einer gesamtgesellschaftlichen Wohlfahrt zu aggregieren. Wie sich zeigt, ist es bei Zugrundelegung ordinaler Wohlfahrts- bzw. Nutzenfunktionen auch nicht möglich, ein Abstimmungsverfahren festzulegen, das geeignet wäre, den gesellschaftlichen Willen hinsichtlich der Verknüpfung individueller Nutzenniveaus zur gesamtgesellschaftlichen sozialen Wohlfahrt eindeutig zu ermitteln.

Das Konzept der sozialen Wohlfahrtsfunktion – in welcher Form auch immer – ist daher keine sinnvolle Grundlage, um gesellschaftlich wünschenswerte Zustände objektiv zu definieren. Gleiches gilt für die empirische Ermittlung sozialer Wohlfahrt, die regelmäßig an Unzulänglichkeiten der Messmethoden oder Werturteilen scheitert.

Es stellt sich daher die Frage nach einer zweckmäßigen Alternative. Gesucht sind im Folgenden Bewertungskriterien, die auf interpersonelle Nutzenvergleiche verzichten und die eine Ordnung sozialer Zustände unter der Nebenbedingung größtmöglicher gesellschaftlicher Akzeptanz ermöglichen. Solche Bewertungskriterien sind die Allokationskriterien.

3. Allokationskriterien

Die Wirtschaftspolitik steht ständig vor Entscheidungen, die für einige Wirtschaftssubjekte zu Wohlfahrtsverbesserungen und für andere zu Wohlfahrtsverschlechterungen führen. Da eine Regierung es vermeiden sollte, willkürliche Entscheidungen zu fällen, ist es notwendig, Bewertungskriterien zu erarbeiten, mit deren Hilfe solche Entscheidungen konsistent und widerspruchsfrei gefällt werden können. In diesem Abschnitt werden Kriterien dargestellt, die eine ordinale Reihung der Zustände ermöglichen, zugleich aber auf interpersonelle Nutzenvergleiche und auf zusätzliche Werturteile verzichten. Analytisch ist Folgendes zu beachten:

- Unterschieden wird zwischen traditionellen und neueren Allokationskriterien.
- Traditionelle Allokationskriterien sind das bereits mehrfach erwähnte Pareto-Kriterium und die Kompensationskriterien.
- Unter neueren Allokationskriterien werden zum einen die Quasi-Pareto-Optimalität und zum anderen die These der Generalkompensation verstanden.

A. Traditionelle Allokationskriterien

Nach dem **Pareto-Kriterium** erhöht sich die soziale Wohlfahrt dann, wenn nach einer wirtschaftspolitischen Maßnahme, z.B. der Gewährung einer Subvention oder der Einführung einer Steuer, der Nutzen mindestens eines Individuums

Abbildung II.5: Das Pareto-Kriterium

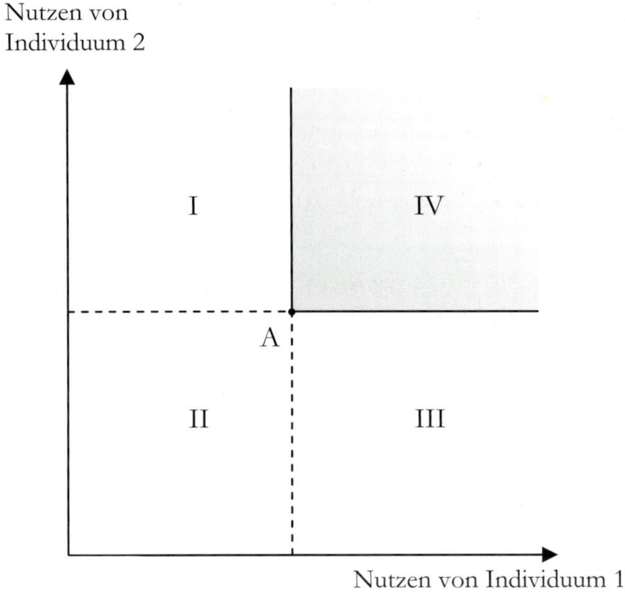

zunimmt, ohne dass sich der Nutzen eines anderen Individuums verringert. Es reicht dabei nicht aus, individuelle Gewinne und Verluste zu verrechnen und bei einem positiven Saldo auf eine Verbesserung der sozialen Wohlfahrt zu schließen. Vielmehr ist explizit gefordert, dass kein Individuum durch irgendeine wirtschaftspolitische Maßnahme schlechter gestellt wird. Als **pareto-optimal** wird eine Situation bezeichnet, in der niemand besser gestellt werden kann, ohne dass ein anderer sich schlechter stellt.

Die graphische Darstellung des Pareto-Kriteriums in Abbildung II.5 zeigt, dass ausgehend vom Punkt A nur im Quadranten IV einschließlich der Begrenzungslinien, der sog. **Pareto-Region**, das Pareto-Kriterium greift. In Quadrant II sind beide Individuen schlechter gestellt, in Quadrant I verliert das Individuum I, und in Quadrant III sinkt der Nutzen des Individuums II. Das Problem in der Realität ist, dass es kaum wirtschaftspolitische Maßnahmen gibt, die nicht jemanden schlechter stellen, d.h. die nicht in den Quadranten I und III angesiedelt sind. So müssen etwa Subventionen, die der Staat einer Gruppe von Individuen gewährt, finanziert werden – in der Regel durch Steuern, die von anderen gesellschaftlichen Gruppen zu tragen sind; das wird in der wirtschaftspolitischen Debatte meist verdrängt. Aber auch der Abbau einer bisher gewährten Subvention betrifft die

Empfänger negativ – selbst wenn nach allgemeiner Auffassung der Abbau gerechtfertigt ist.

Eine Maßnahme, die in Quadrant IV führt, kann relativ leicht begründet und dann auch politisch umgesetzt werden, da sie generell zustimmungsfähig ist. Ist dies nicht der Fall[49] und gibt es Gewinner und Verlierer der wirtschaftspolitischen Maßnahme, so kann diese nach dem Pareto-Kriterium nicht beurteilt werden.

Deshalb braucht man in der Wirtschaftspolitik zusätzliche Maßstäbe. Diese werden als **Kompensationskriterien** bezeichnet. Das mit ihrer Hilfe verfolgte Ziel besteht in der Vergrößerung des Anwendungsbereiches des Pareto-Kriteriums bei gegenläufigen Nutzenänderungen. Denn wirtschaftspolitische Maßnahmen beeinflussen die soziale Wohlfahrt und die Einkommensverteilung in einer Weise, dass das Bruttoinlandsprodukt zwar steigt, die Einkommensverteilung sich aber verändert, d.h. es gibt Gewinner und Verlierer. Das hat zwei Implikationen:

- Das Pareto-Kriterium wird verletzt.
- Die Benachteiligten organisieren den Widerstand und erschweren oder verhindern die Durchsetzung der Maßnahme.

Der Grundgedanke der Kompensation besteht darin, die Wohlfahrtsgewinne der Gewinner mit den Wohlfahrtsverlusten der Verlierer gegeneinander aufzurechnen. Ein positiver sozialer Wohlfahrtseffekt tritt demnach dann ein, wenn die Gewinner einer wirtschaftspolitischen Maßnahme die Verlierer kompensieren können und ihnen danach noch ein Nettovorteil verbleibt. Die Kompensation kann tatsächlich vorgenommen werden oder hypothetisch sein. Entsprechend unterscheidet man traditionell zwischen zwei Varianten:

- **Tatsächliche Kompensation** – auch **Paretianische Kompensation** (Verteilungsregime);
- **Hypothetische Kompensation** – auch **Kaldor-Hicks-Kriterium** (Effizienzregime, ergänzt um das Scitovsky-Kriterium und das Little-Kriterium).

Wie sind diese Kompensationsregeln zu beurteilen? Betrachten wir zunächst die **tatsächliche Kompensation**. Für eine positive **Beurteilung der Paretianischen Kompensation** spricht ihre **Konsensfähigkeit**. Der ursprüngliche paretianische Gedanke bleibt erhalten. Niemand wird schlechter gestellt, aber einige besser. Daher findet die Maßnahme einstimmige Zustimmung. Die politische Durchsetz-

---

49 Eine wirtschaftspolitische Maßnahme, die eine Bewegung in den II. Quadranten bewirkt, wird hier ausgeschlossen.

barkeit bestimmter Maßnahmen wird erhöht. Es gibt zahlreiche denkbare Beispiele für die paretianische Kompensation. Besonders deutlich wird dieser Gedanke im Außenhandel: Nach einer Marktöffnung kann man beobachten, dass im internationalen Wettbewerb Unternehmen und ganze Branchen vom Strukturwandel bedroht werden. Der Regimewechsel stellt diese Unternehmen schlechter. Statt wiederum Importzölle zum Schutz bedrängter Sektoren zu erheben, könnte man den Markt offen halten und Anpassungssubventionen einschließlich höherer Arbeitslosenhilfe für die vom Importdruck verdrängten Arbeitnehmer zahlen. Dadurch wird es allen besser gehen als mit der protektionistischen Alternative.

Allerdings gibt es auch Gegenargumente. So entstehen erhebliche Redistributionskosten durch eine tatsächliche Kompensation. Diese bestehen zum einen in administrativen Kosten, nämlich Ressourcen, die von der umverteilenden Bürokratie für Informationseinholung, Koordination und Überwachung aufgewendet werden müssen (Transaktionskosten), sowie darin, dass diese Bürokratie nicht unbedingt effizient arbeitet (Kapitel IV). Zum anderen gibt es negative Anreizwirkungen, die von der Wohlfahrtstheorie üblicherweise ausgeblendet werden. Es wird nämlich angenommen, dass die Umverteilung durch Pauschaltransfers bewerkstelligt wird, die keine Allokationsverzerrungen bei den Individuen hervorrufen. In der Realität sind solche Pauschaltransfers aus unterschiedlichen Gründen nicht möglich. Daher entstehen typischerweise negative Anreizeffekte: So haben die Verlierer weniger Anreize, sich anzustrengen und Selbstverantwortung zu übernehmen. Für die Gewinner bestehen weniger Anreize, innovativ tätig zu werden, weil nicht die gesamten Vorteile aus den eigenen Anstrengungen abgeschöpft werden können. Zum Dritten ist eine gesellschaftliche Erstarrung nicht auszuschließen, weil die Aussicht auf Veränderungen langwierige Verhandlungen über die Höhe möglicher Kompensationen und den Empfängerkreis auslösen wird; denn jeder wird versuchen, so viel wie möglich für sich zu erreichen.

Als Fazit aus diesen Überlegungen bleibt festzuhalten, dass es einen Konsens darüber gibt, die Kompensation nicht in jedem Einzelfall stattfinden zu lassen. Dies schließt nicht aus, dass in bestimmten Fällen auf Kompensation zurückgegriffen wird, um z.B. die politische Durchsetzbarkeit bestimmter Maßnahmen zu erhöhen. Allerdings gibt es dann ein Gerechtigkeitsproblem, weil entschieden werden muss, warum in diesem speziellen Einzelfall Kompensation gewährt wird. Hierzu ist wiederum ein Werturteil notwendig.

Wie könnte man das Paretianische Kompensationskriterium „retten“? Häufig wird gegen Kompensation vorgebracht, dass interpersonelle Nutzenvergleiche erforderlich seien und daher ein kardinales Nutzenkonzept unterstellt würde (**Luckenbach-Kritik**). Eine Möglichkeit wäre, die Individuen zu befragen, wie hoch die

Entschädigung sein müsste, damit ihr Nutzenniveau konstant bliebe. Doch in diesem Fall stellt sich das Problem, dass Anreize für die Verlierer und Gewinner bestehen, ihre Präferenzen zu verschleiern. Dieses Problem tritt vor allem bei öffentlichen Gütern (Unterabschnitt III.2.B) auf. Deshalb muss man prüfen, ob eine gesamtwirtschaftliche Nettoveränderung bewertet werden kann, ohne interpersonelle Nutzenvergleiche anstellen zu müssen. Zwei Wege sind denkbar:

- Erster Weg: Man geht vom Optimalzustand aus. Pareto-Optimalität wird als ein Zustand definiert, in dem der soziale Überschuss maximal und durch die später zu behandelnden Marginalbedingungen zu charakterisieren ist. Solange man sich noch nicht in einem pareto-optimalen Zustand befindet (die Marginalbedingungen also verletzt sind), ist es immer möglich, durch Reallokationen einen sozialen Nettoüberschuss zu erzielen, so dass Kompensation prinzipiell möglich wäre. Mit anderen Worten: Jede wirtschaftspolitische Maßnahme wird als pareto-verbessernd interpretiert.

- Zweiter Weg: Es existieren Maße, um den Schaden bzw. den Nutzen, der durch eine Änderung der ökonomischen Situation entsteht, numerisch abzuschätzen. Beispiele hierfür sind die **kompensatorische und die äquivalente Einkommensvariation** (Abbildung II.6). Dazu wird beispielhaft angenommen, der Staat erhöhe eine Steuer auf Gut x_1. Hierdurch dreht sich die Budgetgerade des Wirtschaftssubjektes von AB auf $A'B$; für die gleiche Menge x_2 können nun weniger Einheiten des Gutes x_1 erworben werden. Das maximale Nutzenniveau des Individuums sinkt durch die Erhöhung der Steuer von U_0 auf U_1.

Abbildung II.6: Kompensatorische und äquivalente Einkommensvariation

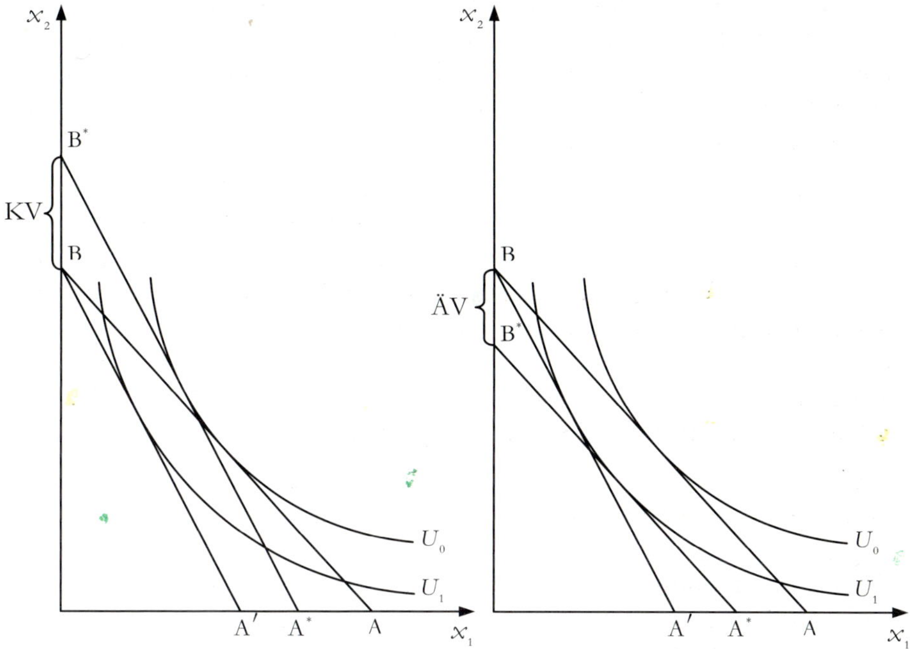

Kompensatorische Variation

Wie viel Geld muss man dem Konsumenten zahlen, um ihn für die Preisänderung zu entschädigen?

→ Willingness to Accept (WTA)

Äquivalente Variation

Wie viel Geld wäre der Konsument bereit zu zahlen, um die Preisänderung zu vermeiden?

→ Willingness to Pay (WTP)

Bei der kompensatorischen Variation wird danach gefragt, wie viel Geld man dem Konsumenten geben muss bzw. wie viel er fordern würde, um für die Steuer entschädigt zu sein (**„Willingness to Accept“**). Er fordert mindestens den Betrag KV ein, da er hierdurch wieder auf sein ursprüngliches Nutzenniveau gehoben würde, seine Budgetgerade also bei Gültigkeit des neuen Preisverhältnisses, d.h. bei gleichbleibender Steigung, von $A'B$ auf $A^* B^*$ verschoben würde, bis sie die alte Nutzenfunktion tangiert. In Form der kompensatorischen Variation kann somit der geldwerte Vorteil bzw. Nachteil, der aus einem bestimmten Projekt entsteht, abgeschätzt werden, sofern die Präferenzen der Individuen bekannt sind. Im Falle der äquivalenten Variation wird danach gefragt, wie viel Geld der Konsument bereit wäre zu bezahlen, um die Steuer zu vermeiden (**„Willingness to Pay“**). Er würde höchstens den Betrag

ÄV zahlen, da er durch den Entzug dieser Summe gerade auf das Nutzenniveau U_1 absinkt, also das Niveau, das er bei Umsetzung der steuererhöhenden Maßnahme erreichen würde. In der Literatur gelten zwar beide monetären Variationen als gleichermaßen befriedigend. Aber beide Variationsmaße sind aufwendig zu schätzen, und sie weichen zum Teil erheblich voneinander ab. Formal lässt sich zeigen, dass die kompensatorische Variation größer ist als die äquivalente.[50] Das hängt damit zusammen, dass der staatliche Eingriff in den Preismechanismus einen Effizienzverlust verursacht, der größer ist, als der Gewinn aus den Steuereinnahmen.

Nach der tatsächlichen wird nun die **hypothetische Kompensation** einer kritischen Beurteilung unterzogen. Gefordert ist jetzt nur, dass die durch eine wirtschaftspolitische Maßnahme Begünstigten diejenigen, die benachteiligt sind, entschädigen „könnten", und ihnen noch ein Nettovorteil verbliebe. Der Charme des **Kaldor-Hicks-Kriteriums** liegt darin, dass die Verteilungsfrage offen gelassen wird. Anders ausgedrückt: Die Verteilungsfrage wird von der Effizienzfrage getrennt. Die Verteilungswirkungen von wirtschaftspolitischen Maßnahmen sind völlig irrelevant, entscheidend ist allein, dass ein sozialer Überschuss entsteht. Der zentrale Vorteil dieser Sicht besteht in dem, im Vergleich zur Paretianischen Kompensation, erheblich vergrößerten Anwendungsbereich bei zugleich fehlenden Transaktionskosten. Mehr potentiell wohlfahrtssteigernde Projekte können durchgeführt werden, wodurch zu erwarten ist, dass bei strikter Anwendung des Kaldor-Hicks-Kriteriums das Pro-Kopf-Einkommen höher ist als bei strikter Anwendung der Paretianischen Kompensation.

---

50 Die Darstellung bezieht sich auf eine Situation mit einem Individuum und zwei Gütern und erfüllt daher in erster Linie eine didaktische Aufgabe. Aber diese Darstellung ist nicht einfach ein Denkmodell, sondern kann auch praktische Bedeutung für die Wirtschaftspolitik haben. So hatte im Jahre 2001 die Bundesregierung geplant, die im Gesundheitssektor verzeichnete starke Ausgabenexpansion per Gesetz v.a. dadurch abzubremsen, dass der pharmazeutischen Industrie verordnet werden sollte, den Herstellerabgabepreis für sog. Nicht-Festbetragsarzneimittel um 4 vH zu senken und in den Jahren 2002 und 2003 nicht zu erhöhen (Arzneimittelausgaben-Begrenzungsgesetz). Die Arzneimittelhersteller fürchteten um die Finanzierbarkeit ihrer künftigen Forschungstätigkeit und boten an, einen Betrag in Höhe von 205 Mrd. Euro an die gesetzlichen Krankenkassen zu zahlen, wenn die Maßnahme unterbliebe – ein Beispiel für äquivalente Variation, welches im Weiteren auch umgesetzt wurde. Ein anderes Beispiel bietet der Plan des früheren Bundesfinanzministers Hans Eichel, die im Luftlinienverkehr von den Passagieren erworbenen Prämienmeilen der individuellen Einkommensteuerpflicht zu unterwerfen mit dem Hinweis, dass es sich um einen geldwerten Vorteil handele. Die Lufthansa war daraufhin in Sorge, dass ihre Kunden zu anderen europäischen Fluggesellschaften, in deren Heimatländer ein solches Besteuerungsproblem nicht besteht, abwandern. Also war sie bereit, pauschal einen als äquivalent festgelegten Betrag in zweistelliger Millionenhöhe an das Bundesfinanzministerium abzuführen.

Abbildung II.7: Das Scitovsky-Kriterium

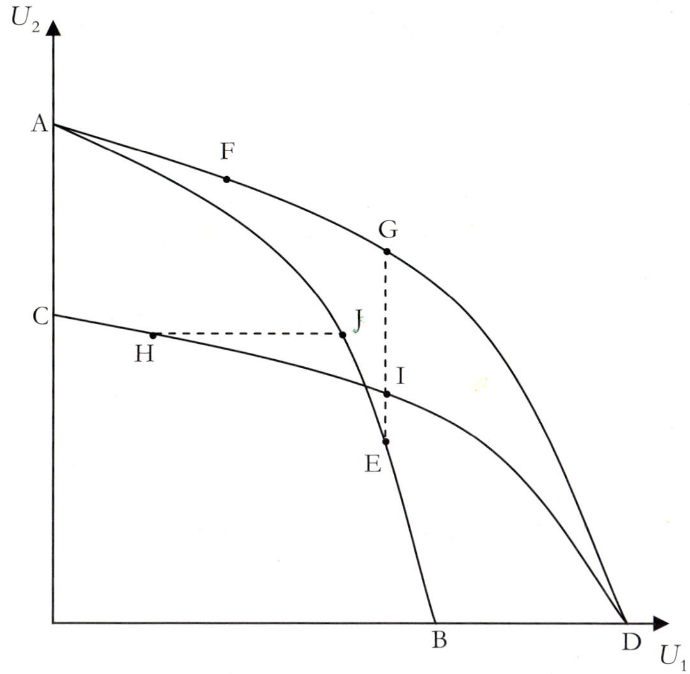

Aber auch bei der hypothetischen Kompensation gibt es Probleme. Im Gegensatz zur Paretianischen Kompensation fehlt hier regelmäßig die Konsistenz: Das Kaldor-Hicks-Kriterium liefert nur dann konsistente Bewertungen, wenn die Nutzenmöglichkeitskurven, d.h. Kurven möglichen Nutzens für zwei Individuen[51], (Abbildung II.7) sich nicht schneiden.

In der Ausgangssituation beschreibe die Nutzenmöglichkeitskurve AB die möglichen Nutzenverteilungen in der betrachteten Volkswirtschaft. Die tatsächliche Verteilung sei durch Punkt E gegeben. Durch eine wirtschaftspolitische Maßnahme sei die Nutzenmöglichkeitskurve AD erreichbar, es stelle sich die Verteilung F ein. In diesem Fall ist der sog. **Scitovsky-Doppeltest** erfüllt: Der Übergang von E nach F ist wohlfahrtserhöhend, weil Individuum 1 kompensiert werden kann, z.B. durch die Bewegung nach G. Umgekehrt wäre der Übergang von F nach E wohlfahrtsmindernd, weil Individuum 2 nicht für den damit verbundenen Nutzenver-

51 Es wird in den theoretischen Arbeiten immer mit zwei Individuen argumentiert, da eine graphische Darstellung anders nicht möglich ist.

lust kompensiert werden könnte. Eine Maßnahme wirkt dann wohlfahrtssteigernd, wenn die Nutzenmöglichkeitskurve der neuen Situation überall rechts von derjenigen der Ausgangssituation liegt.

Es ist jedoch nicht die Regel, dass sich Nutzenmöglichkeitskurven nicht schneiden. So könnte beispielsweise durch eine wirtschaftspolitische Maßnahme die Nutzenmöglichkeitskurve CD erreichbar werden. Vor allem bei stark unterschiedlichen Präferenzen liefert das Kaldor-Hicks-Kriterium keine eindeutige Lösung, der Scitovsky-Test ist damit nicht erfüllt: Denn sowohl der Übergang von E nach H als auch derjenige von H nach E erfüllen das Kaldor-Hicks-Kriterium. Im Übergang von Punkt E zu Punkt H ist Individuum 1 der potentielle Verlierer. Es ist aber Entschädigung möglich, indem Punkt I realisiert wird, der auf der neuen Nutzenmöglichkeitskurve liegt. Im Übergang von Punkt H nach Punkt E ist Individuum 2 der Verlierer. Hier ist ebenfalls eine Entschädigung möglich, indem die Allokation im Punkt J realisiert wird. Es fehlt jedoch an Konsistenz: Beide wirtschaftspolitischen Maßnahmen lassen sich durch die Anwendung des Kaldor-Hicks-Kriteriums begründen.

Ein zweiter Kritikpunkt besteht in der Vernachlässigung der Verteilungsproblematik. Das Kaldor-Hicks-Kriterium liefert keinen Maßstab für die Beurteilung der Vor- und Nachteile von Veränderungen in der Verteilungsstruktur. Sohmen (1992, S. 309) weist darauf hin, dass sich hinter dem Kaldor-Hicks-Kriterium das Werturteil verbirgt, dass nur die Gesamtmengen der produzierten Güter, nicht jedoch ihre Verteilung auf die Individuen für das erreichte Wohlfahrtsniveau relevant seien. Das **Little-Kriterium** fordert daher, dass das Kaldor-Hicks-Kriterium um eine Verteilungs- bzw. Gerechtigkeitsnorm erweitert wird. Beispielsweise könnten die Benachteiligten nicht nur einen Ausgleich erhalten, sondern würden auch anteilig an der Erhöhung des Bruttoinlandsprodukts beteiligt.

Dennoch spricht einiges für die Anwendung des Kaldor-Hicks-Kriteriums. Auf seiner Grundlage können mehr potentiell wohlfahrtssteigernde Projekte durchgeführt werden, so dass sich auf mittlere bis lange Sicht ein größerer Produktivitätsfortschritt ergibt als im Falle tatsächlicher Kompensation. Von diesem Produktivitätszuwachs haben über kurz oder lang alle sozialen Schichten etwas. Es bietet sich daher an, die Anwendung des Kaldor-Hicks-Kriteriums als **Effizienzregime** und die tatsächliche Kompensation als **Verteilungsregime** zu bezeichnen.

B. Exkurs: Konsumentenrente und Produzentenrente

Wirtschaftspolitische Maßnahmen, insbesondere Veränderungen der Steuern, Subventionen und Zölle, haben Wohlfahrtswirkungen, die sich anhand der aus der Mikroökonomik bekannten Konzepte abbilden lassen. Dort werden Veränderungen der Konsumentenrente und der Produzentenrente aufgerechnet. Auf diese Weise lässt sich feststellen, ob nach einer wirtschaftspolitischen Maßnahme netto ein echter Wohlfahrtsgewinn verbleibt oder ob sich ein Wohlfahrtsverlust ergibt. Darüber hinaus erfährt der Staat eine Veränderung der Zahlungsströme, wenn die Steuern, Zölle oder Subventionen verändert werden. Außerdem entsteht eine Veränderung der gesellschaftlichen Wohlfahrt, und zwar in Abhängigkeit der Richtung der Maßnahme, wie am Beispiel der Außenhandelsliberalisierung eines einzelnen Sektors aufgezeigt wird (Abbildung II.8).

In der Ausgangssituation bestehe ein Zoll t auf das Gut x, dessen Weltmarktpreis p_W betrage. Die nachgefragte Menge beläuft sich dann auf x_0, wobei hiervon x_0^h im Inland produziert und der Rest importiert wird. Die Konsumentenrente ist unter diesen Umständen durch das Dreieck IHF gegeben, die Produzenten-

Abbildung II.8: Wohlfahrtseffekte einer Handelsliberalisierung

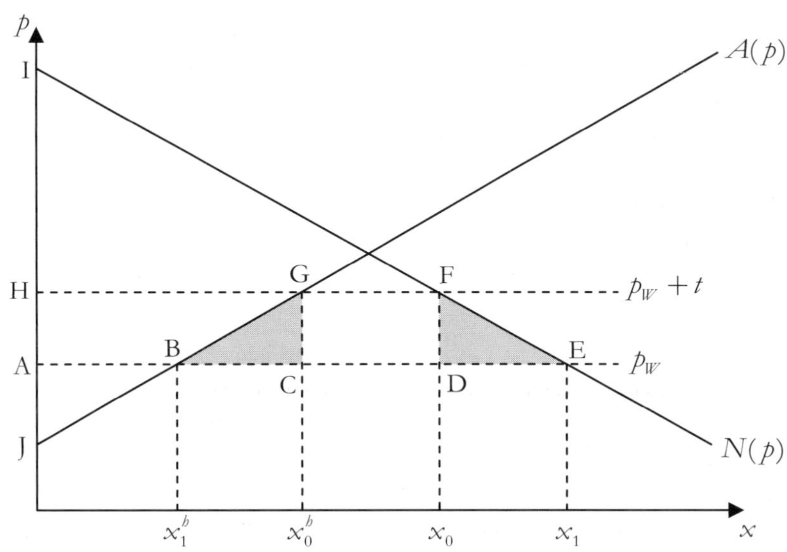

rente entspricht HJG und die staatlichen Zolleinnahmen entsprechen CDFG.

Eine Außenhandelsliberalisierung (Aufhebung des Zolls) führt zu gegenläufigen Nutzenänderungen: Die Konsumenten verzeichnen Rentenzuwächse (HAEF), während den Produzenten Renteneinbußen entstehen (HABG). Die staatlichen

Zolleinnahmen reduzieren sich auf Null. Der Nettoeffekt auf die gesamtwirtschaftliche Wohlfahrt ist positiv. Der sog. „excess burden" oder die Zusatzlast der Protektion wird abgebaut (die Harberger-Dreiecke BCG und DEF in Abbildung II.8).[52] Auf Grundlage des reinen Pareto-Kriteriums kann jedoch keine Bewertung vorgenommen werden, da die Liberalisierungsmaßnahme nicht nur Gewinner und Gleichgestellte mit sich bringt, sondern die Produzenten Renteneinbußen erleiden. Anders jedoch auf Grundlage des Kompensationsgedankens. Gemäß dem Kaldor-Hicks-Kriterium ist eine tatsächliche Kompensation nicht erforderlich. Entscheidend ist daher der Nettowohlfahrtsgewinn der Gesamtgesellschaft.

Auf Grundlage des Kaldor-Hicks-Kriteriums wird der Kompensationsverzicht auch nicht notgedrungen durch ein Mehr an Verteilungsungerechtigkeit erkauft. Dies wird durch den partialanalytischen Charakter des Beispiels der Außenhandelsliberalisierung eines Sektors deutlich. Statt einer Kompensation der Produzenten in diesem Sektor kann durch entsprechende Maßnahmen in anderen Sektoren dort die gesamtwirtschaftliche Wohlfahrt – durch Abbau des „excess burden" – erhöht werden. Somit kann gezeigt werden, dass auch die Verlierer dieser speziellen Liberalisierungsmaßnahme durch zeitgleiche Liberalisierungsmaßnahmen in anderen Sektoren entschädigt werden können. In einem solchen Fall erfahren sie ebenfalls einen Zuwachs an Konsumentenrente durch niedrigere Preise für andere Konsumgüter und Zwischenprodukte. Neben diesen statischen Effekten hat die Liberalisierung auch dynamische Folgewirkungen, wenn überall die Einkommen steigen. Dies kann sich in höheren Faktorentgelten durch die gestiegene Leistungsfähigkeit der Volkswirtschaft, größerem technischem Fortschritt usw. ausdrücken.

Das Konzept der Konsumenten- und Produzentenrente hat allerdings nicht nur Vorteile. Problematisch an seiner schematischen Anwendung ist vor allem:

- dass Nutzenfunktionen keine explizite Berücksichtigung finden und
- dass es nur für ein Gut anwendbar ist, es sich folglich um eine Partialanalyse handelt.

Dennoch kann das Konzept als eine Ergänzung zu anderen Kriterien durchaus dazu beitragen, die Rationalität der Wirtschaftspolitik hoch zu halten bzw. zu

52 Das Problem des „excess burden" als unwiederbringlicher Wohlfahrtsverlust tritt auf, wenn die Wirtschaftssubjekte versuchen, einer wirtschaftspolitischen Maßnahme auf unerwünschte Weise auszuweichen. Das Ausweichen beansprucht Ressourcen, es entstehen Opportunitätskosten. Im vorliegenden Fall eines Importzolls entsteht die wohlfahrtsmindernde Zusatzlast durch Einschränkungen der Importnachfrage oder Ausweitung des Importschmuggels. Für die Wirtschaftspolitik ist das Problem des „excess burden" vor allem in Zusammenhang mit der Erhebung von Steuern augenfällig, wenn dies zu Schwarzarbeit und Steuerhinterziehung führt.

erhöhen. Denn obwohl die Grenzen der Partialanalyse sehr deutlich werden, ist nicht zu übersehen, dass eine Kette derartiger Liberalisierungsmaßnahmen hilft, das Kompensationsproblem zu lösen. In Abschnitt IV.5 werden wir sehen, dass diese Logik bereits einigen Wirtschaftsreformen zum Durchbruch verholfen hat.

C. Erweiterungen: Neuere Allokationskriterien

Das Kaldor-Hicks-Kriterium begründet die Trennung zwischen Effizienz und Verteilungsfragen bei der Bewertung unterschiedlicher gesellschaftlicher Zustände. Die Vernachlässigung der Verteilungsdimension kann dadurch gerechtfertigt werden, dass auf mittlere Sicht in einem Kaldor-Hicks-Regime (Effizienzregime) mehr wohlfahrtssteigernde Projekte durchgeführt werden als in einem Regime der Paretianischen Kompensation (Verteilungsregime). Das daraus resultierende höhere Wirtschaftswachstum kommt langfristig allen zugute.

Dieser Gedanke ist explizit von v. Weizsäcker (1984 und 1998) fortgeführt worden. Er hat das Kriterium der **Quasi-Pareto-Optimalität** mit dem Ziel der Integration der Verteilungs- und Effizienzproblematik eingeführt. Die zentrale These lautet: Ein Effizienzregime führt nicht nur zu einer höheren Wohlfahrt, z.B. in Form eines höheren Pro-Kopf-Einkommens, als ein Verteilungsregime bzw. ein Regime der Einzelfallkompensation, sondern es ist zudem auch verteilungsgerechter. Anders ausgedrückt: Das Effizienzregime ist gegenüber dem Regime der Einzelfallkompensation quasi-pareto-überlegen. Das Kriterium der Quasi-Pareto-Überlegenheit stellt sich in zwei unterschiedlichen Varianten dar, nämlich als

- Kriterium der Quasi-Pareto-Optimalität im engeren Sinne und als
- Kriterium der Quasi-Pareto-Optimalität im weiteren Sinne.

Beim Kriterium der **Quasi-Pareto-Optimalität im engeren Sinne** wird eine einzelne wirtschaftspolitische Maßnahme betrachtet, anhand derer zwei Situationen, vor und nach der Maßnahme, verglichen werden. Zentral in diesem Konzept ist die Entpersönlichung der Bewertungsfrage: Statt Individuen werden nunmehr Einkommens- bzw. Wohlfahrtsklassen (-perzentile) betrachtet. Angenommen wird also, dass jedem Wohlfahrtsniveau eine bestimmte Wohlfahrtsverteilung zugeordnet werden kann. Das Konzept der Quasi-Pareto-Optimalität setzt ebenfalls kardinale Nutzenmessung voraus und steht daher nicht mehr auf dem Boden der ordinalen Nutzentheorie. Das modifizierte (im Sinne von entpersönlichte) Pareto-Kriterium lautet dann:

Abbildung II.9: Kriterium der Quasi-Pareto-Optimalität

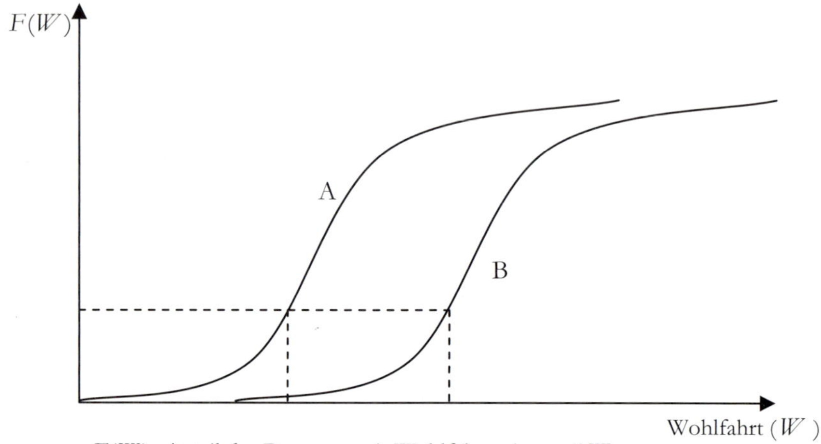

$F(W)$: Anteil der Personen mit Wohlfahrtsniveau $\leq W$.
A, B: Verteilungskurven in den Situationen A und B.

Quelle: v. Weizsäcker (1998, S. 264).

> Stellen sich alle Einkommens- bzw. Wohlfahrtsperzentile in einem Zustand B der Volkswirtschaft besser als in einem Zustand A, dann wird der Zustand B gesellschaftlich vorgezogen.

Es ist somit durchaus möglich, dass einzelne Mitglieder des jeweiligen Wohlfahrtsperzentils sich im Zustand B schlechter stellen als im Zustand A. Wichtig ist hier, dass in Aggregaten argumentiert wird. Praktisch ist diese Einschränkung unverzichtbar, da die Berücksichtigung der individuellen Lage eines jeden Gesellschaftsmitgliedes zur Zementierung des Status quo führt. Mit diesem Kriterium hat die Wirtschaftspolitik eine Methode zur Hand, um konkrete Maßnahmen zeitgleich allokationstheoretisch und verteilungs-politisch zu bewerten.

Das Kriterium der **Quasi-Pareto-Optimalität im weiteren Sinne** verallgemeinert diese Aussage auf Zustände in einem bestimmten Regime:

> Zeigt sich für alle Einkommens- bzw. Wohlfahrtsperzentile in einem Regime B eine bessere Situation als in einem Regime A, dann wird Regime B gesellschaftlich vorgezogen.

Entscheidend sind bei diesem Kriterium nicht mehr die Verteilungswirkungen einzelner Maßnahmen, sondern statt dessen die Summe aller Maßnahmen, die in einem Regime ergriffen werden. Eine einzelne Maßnahme kann dazu führen, dass eine bestimmte Gruppe von Wirtschaftssubjekten (Wohlfahrtsklasse) sich schlechter stellt. Somit ist für die Bewertungsfrage wichtig, ob die Verlierer durch den kumulativen Effekt aller Maßnahmen, die mit einem bestimmten Regime verbunden sind, entschädigt werden. Abbildung II.9 zeigt die Veränderung der Wohlfahrt der den einzelnen Perzentilen zugeordneten Bevölkerungsgruppen beim Übergang von A nach B.

Das Kriterium der Quasi-Pareto-Optimalität im weiteren Sinne enthält somit implizit die ökonomische Begründung für ein **Kriterium der Generalkompensation**. Unter Generalkompensation wird der Ausgleich der negativen Auswirkungen einer Maßnahme für ein gesamtes Perzentil durch eine andere Maßnahme, die dieses Perzentil als Ganzes besser stellt, verstanden. Dies bedeutet, dass eine wirtschaftspolitische Maßnahme auch dann befürwortet werden kann, wenn sich hierdurch einzelne Bevölkerungskreise schlechter stellen, sofern diese durch den kumulativen positiven Wohlfahrtseffekt anderer Projekte, die in diesem Regime durchgeführt werden, faktisch kompensiert werden.[53]

Gibt es eine normative Begründung für eine Generalkompensation? Die Frage lässt sich dadurch beantworten, dass zwei Regime miteinander verglichen werden: ein Regime der Einzelfallkompensation (Verteilungsregime), d.h. eines, in dem die Verlierer permanent entschädigt werden, mit einem Effizienzregime, in dem wirtschaftspolitische Maßnahmen auf der Grundlage von sozialen Nutzen-Kosten-Analysen durchgeführt werden, ohne dass bei jedem Projekt ein bestimmtes Verteilungsziel verwirklicht werden muss. Die These von v. Weizsäcker (1998) lautet dann, dass das Effizienzregime (Kurve B) dem Verteilungsregime (Kurve A, Regime mit Einzelfallkompensation) aufgrund der Existenz einer Generalkompensation quasi-pareto-überlegen ist. Die These von der Überlegenheit der Generalkompensation kann folgendermaßen begründet werden:

- **Differentielle Gesamtwirkung aller Projekte**: In dem Effizienzregime werden mehr effiziente Projekte durchgeführt als in einem Regime der Einzelfallkompensation. Ein einzelnes Individuum bzw. Perzentil mag negativ betroffen sein von einem Projekt, gewinnt aber gleichzeitig von vielen anderen effi-

53 Ähnlich ist das Argument für eine Berücksichtigung von Produzenten- und Konsumentenrente im Falle der Handelspolitik im vorigen Abschnitt gelagert.

zienten Projekten. Die Summe aller effizient durchgeführten Projekte stellt daher voraussichtlich jedes Einkommensperzentil besser.[54]

- **Lebenseinkommensbetrachtung**: Bei der Betrachtung über die gesamte Lebensdauer ist der summierte Effekt jeweils kleiner Vorteile aus effizienten Projekten größer als die negativen Effekte einzelner Projekte.
- **Wohlfahrtskomplementarität**: Da die durchschnittliche Wohlfahrt in dem Effizienzregime größer ist, steigt vermutlich auch die Wohlfahrt jedes einzelnen Perzentils.

D. Kritische Anmerkungen zu den Allokationskriterien: Die konstitutionenökonomische Alternative

Eine zentrale Aussage dieses Abschnitts über Allokationskriterien lautet somit, dass der Verzicht auf Einzelfallkompensation nicht zwangsläufig Verteilungsungerechtigkeit bedeutet. Stattdessen kann eine an der gesamtwirtschaftlichen Effizienz orientierte Wirtschaftspolitik zu mehr Verteilungsgerechtigkeit führen als eine am Status-Quo orientierte Politik. Ohnehin ist die Bedeutung der Allokationskriterien in der Theorie der Wirtschaftspolitik nicht einhellig akzeptiert worden. Gerade in jüngerer Zeit hat es Ansätze gegeben, das wirtschaftspolitisch so bedeutsame Problem der Kompensation von Verlierern wirtschaftspolitischer Maßnahmen neu zu strukturieren und alternative Lösungen vorzuschlagen.

Ein wirtschaftspolitisch interessanter Ansatz basiert auf konstitutionenökonomischen Überlegungen. Die **Konstitutionenökonomik** (constitutional economics), wie sie führend Buchanan (1954) vertritt, hat eine relevante Kritik an der Wohlfahrtsökonomik formuliert: Die Anwendung eines individualistischen Konzepts, namentlich des Nutzenkonzepts, auf eine ganze Volkswirtschaft sei methodisch sehr bedenklich und führe zu verfehlten Ergebnissen und darauf aufbauend verfehlten Politikempfehlungen. Die Volkswirtschaft als Ganzes sei nämlich nicht mit einem Einzelnen vergleichbar. Wird das Pareto-Kriterium zur Beurteilung einer wirtschaftspolitischen Entscheidung herangezogen, verkomme das Individuum zur „Station der Nutzenmessung" (Vanberg 2000, S. 257); sein Wesen als Souverän (Kapitel IV) würde nicht berücksichtigt. Somit kritisiert die Konstitutionenökonomik die Frage nach den Gewinnern und Verlierern von Wirtschaftspolitik auch

54 Die wirtschaftspolitische Tragweite dieser Aussage besteht darin, dass eine Reformpolitik oder eine Angebotspolitik, wenn erforderlich, breit angelegt werden sollte (Unterabschnitte IV.5.B bzw. V.4.B). Denn dann werden die positiven Wohlfahrtswirkungen die Summe der Wirkungen der Einzelmaßnahmen nicht nur ausgleichen, sondern vermutlich überkompensieren.

als eine grundsätzlich falsch gestellte Frage. Sie analysiert die Ökonomik nicht vom Ergebnis her, sondern als einen Prozess, der bestimmten Regeln unterworfen ist.

Wie in der Ordnungsökonomik wird in der Konstitutionenökonomik somit zunächst grundsätzlich zwischen der Regelebene und der Prozessebene (Abschnitt 4) unterschieden. Auf der Regelebene werden die Spielregeln festgelegt, auf der Prozessebene die Spielzüge durchgeführt. Dabei wird angenommen, man könne sich auf der Regelebene einstimmig auf eine Verfassung einigen. Hier liegt dann auch die Schwäche der Konstitutionenökonomik als Grundlage der Wirtschaftspolitik: Es ist unmöglich, für jedes zur Entscheidung anstehende wirtschaftspolitische Problem Einstimmigkeit zu erzielen. Homann (1988) spricht deshalb auch von einem fiktiven Konsens, weil man nicht davon ausgehen kann, dass sich die Gesamtheit der Gesellschaftsmitglieder tatsächlich auf einen Konsens einigen wird. Jeder akzeptiert die Spielregeln, die unter anderem vorsehen, dass unterhalb der Verfassungsebene Gesetze formuliert werden, die diesen (fiktiven) Konsens aller nicht benötigen. Somit können aus konstitutionenökonomischer Perspektive auch Verlierer die (wirtschaftspolitische) Maßnahme akzeptieren, solange die verfassungsmäßigen Spielregeln eingehalten werden.[55] Die wirtschaftspolitischen Maßnahmen stellen somit in diesem Bild die Spielzüge dar. Sofern die Wirtschaftspolitik also verfassungskonform ist, ist eine Kompensation der Verlierer einer Maßnahme durch die Gewinner nicht nötig, da sie auch von den Verlierern nicht eingeklagt werden kann.

Im Ergebnis zeigt sich eine große Nähe zu der These der besprochenen Generalkompensation nach v. Weizsäcker (s.o.). Bei einer hinreichend großen Anzahl von wirtschaftspolitischen Maßnahmen unter der allgemein akzeptierten Verfassung werden sämtliche Mitglieder der Gesellschaft regelmäßig sowohl zu den Gewinnern als auch zu den Verlierer zählen. Dies ist ein Resultat sowohl des konstitutionenökonomischen Ansatzes als auch der These der Generalkompensation. Nur auf den ersten Blick bleibt im Übrigen offen, welche Anreize die Regierung dem konstitutionenökonomischen Ansatz zufolge zu allokativ superiorer Wirtschaftspolitik hat. Sollte eine Regierung bei zu vielen wirtschaftspolitischen Maßnahmen überwiegend Verlierer hinterlassen, muss sie bei der kommenden Wahl mit einer Niederlage rechnen. Der demokratische Prozess sorgt nach dieser Interpretation vermutlich auf Dauer und im Durchschnitt für eine Ausgewogenheit und, zumindest der Richtung nach, für eine allokative Effizienz der Maßnahmen.

---

55 Hier liegt der Vergleich zu einem sportlichen Wettkampf nahe, dessen Regeln eindeutig sind und dessen Ausgang sowohl vom Gewinner als auch vom Verlierer anerkannt wird, wenn regelkonform gespielt wurde.

Die ökonomische Ratio für die Akzeptanz der Spielregeln auf einem hohen Abstraktionsniveau – auf Verfassungsebene – liegt darin, dass im Vorhinein, also bei Festlegung der Regeln, die Gesellschaftsmitglieder weder ihre zukünftigen Interessen noch die zu beschließenden wirtschaftspolitischen Maßnahmen kennen. Nach Brennan und Buchanan (1993, S. 37ff.) liegt ein **Schleier der Unsicherheit** über der Entscheidung über die allgemeinen Regeln. Deshalb halten es die Vertreter dieses Ansatzes für verfehlt, bei wirtschaftspolitischen Maßnahmen überhaupt von Gewinnern und Verlierern zu sprechen. Eine Einzelfallkompensation scheidet – wie auch aus Sicht der traditionellen Kriterien – vollständig aus.

Ein Beispiel für diese konstitutionenökonomische Perspektive auf wirtschaftspolitische Maßnahmen ist die Interpretation der Sozialpolitik als gesellschaftlicher Vertrag (Homann und Pies 1996). Dieser Vertrag funktioniert im Prinzip wie eine Versicherung, die ja generell ebenfalls eine erhebliche Umverteilungskomponente enthält. Diejenigen, die mittels Steuern und Prämien das System finanzieren, wissen, dass sie im Falle der eigenen Bedürftigkeit Leistungen aus dem System erhalten. Außerdem wird mit dem Vertrag der soziale Frieden gesichert, da der Verlust des Markteinkommens nicht zu persönlicher Not der Betroffenen führt. Des Weiteren, und dies ist aus allokativer Perspektive besonders interessant, kann mit einem solchen Vertrag die persönliche Risikobereitschaft aller Gesellschaftsmitglieder erhöht werden. Das Scheitern ökonomischer Aktivitäten führt ebenfalls nicht zu persönlicher existentieller Not. Der Grund für die allgemeine Akzeptanz des Vertrages ist wiederum die Unsicherheit über zukünftige Zustände. Da im Vorhinein niemand weiß, ob er in der Zukunft ein Sozialfall wird, werden alle dem Vertrag zustimmen.

E. Zwischenfazit: Einzelfallkompensation zementiert den Status quo

Die Ausführungen haben deutlich gemacht, wie schwer die Verteilungswirkungen wirtschaftspolitischer Maßnahmen wiegen. Diese Schwierigkeiten tragen somit bereits theoretisch – und noch mehr in der tatsächlichen Wirtschaftspolitik – ganz entscheidend zu dem Problem bei, wirtschaftspolitische Maßnahmen eindeutig beurteilen zu können. Aus allokationstheoretischer Sicht ist dies umso bedenklicher, als derartige Verteilungswirkungen in der Praxis regelmäßig zu einem wirtschaftspolitischen Attentismus führen: Selbst kleine Reformschritte werden unterlassen, weil sie eindeutig zu identifizierende Verlierer hinterlassen könnten. Allerdings kann die durch die paretianische Wohlfahrtsökonomik bedingte Unsicherheit auch zu wirtschaftspolitischer Konstanz im Sinne der konstitutiven Prinzipien Euckens (Abschnitt I.5) führen. Diskretionäre Interventionen sind demnach abzulehnen.

Dies bedeutet allerdings nicht, dass das Kriterium der tatsächlichen Einzelfallkompensation in der wirtschaftspolitischen Anwendung leichter zu handhaben ist. Wenn sämtliche Verlierer einer wirtschaftspolitischen Maßnahme kompensiert werden sollen, so ist wegen der Redistributionskosten nicht damit zu rechnen, dass die Maßnahme tatsächlich ergriffen wird. Das Kaldor-Hicks-Kriterium der hypothetischen Kompensation ist aufgrund der Vernachlässigung der Verteilungsproblematik in einer demokratisch verfassten Gesellschaft politisch noch weniger attraktiv. Ähnlich wie das partialanalytische Konzept der Produzenten- und Konsumentenrente zeigt die These der Generalkompensation einen Ausweg auf. Der Verzicht auf Einzelfallkompensation kann unter Zuhilfenahme des Pareto-Konzeptes in seiner abgeschwächten Form der Quasi-Pareto-Optimalität und im Vertrauen auf die zwischen den Individuen ausgleichende Wirkung von wirtschaftspolitischen Maßnahmen im Zeitablauf begründet werden.

Der Vorteil einer konstitutionenökonomischen Analyse besteht darin, dass man weitgehend auf Werturteile verzichten kann. Selbst das paretianische Werturteil (Unterabschnitt 1.B) ist nicht nötig, weil man davon ausgeht, dass durch den (fiktiven) Konsens auf der Regelebene jede sich anschließend ergebende Verteilung präferenzgerecht ist. Der Nachteil liegt auf der Hand: Jede Verteilung – nicht nur jede Ausgangsverteilung – ist als optimal anzusehen, weil sie als den Präferenzen entsprechend angenommen wird. Damit beraubt sich diese Methodik in dieser einfachen Form jeder Möglichkeit zur Beurteilung einer wirtschaftspolitischen Situation. Um wirtschaftspolitisch relevant zu werden, muss auch die Konstitutionenökonomik Aussagen über das „Seinsollen" treffen (Voigt 1996). Dies kann z.B. geschehen, indem eine Verfassung normativ beurteilt wird. Bislang allerdings hat die Konstitutionenökonomik in dieser Hinsicht keine ernsthafte Alternative zur Allokationstheorie liefern können.

Damit steht fest, dass die Wirtschaftspolitik, die ja Aussagen über die Güte bestimmter ökonomischer Situationen benötigt, eine allokationstheoretische Analyse trotz aller Mängel braucht. Hier gilt im Grunde das zu Werturteilen Gesagte analog: Wer auf die Schwächen des Pareto-Konzeptes und seiner verschiedenen Ausprägungen verweist, darf sich ihrer bedienen, solange es nichts Besseres gibt. Deshalb fahren wir fort, indem wir im folgenden Abschnitt das wohlfahrtsökonomische Optimum herleiten.

4. Das Wohlfahrtsoptimum: Effizienzaspekte

A. Einführung: Die Analyseschritte im Überblick

Entwickelt werden soll ein Referenzmaßstab für die Beurteilung sowohl des allokativen Optimums als auch der Abweichungen von der optimalen Allokation, die nicht durch den Markt behoben werden können, weil ein Marktversagen vorliegt; in diesem Fall sind Regulierungen notwendig, um effiziente Ergebnisse zu erzielen (Kapitel III). Die Frage, die hier beantwortet werden soll, lautet erst einmal: Welche Bedingungen müssen vorliegen, damit ein Wohlfahrtsoptimum im Sinne einer größtmöglichen allokativen Effizienz erreicht wird? Es geht um die Lösung des Allokationsproblems; Verteilungsfragen werden ausgeklammert.

Die Analyse findet auf hohem Abstraktionsniveau statt und wird unter restriktiven Annahmen durchgeführt. Sie wird üblicherweise in drei Schritten vorgenommen: In einem ersten Schritt werden die **Marginalbedingungen** behandelt. Die Marginalbedingungen sind in der Literatur nicht einheitlich definiert, was daran liegt, dass das Maximierungsproblem unterschiedlich gestellt wird. Giersch (1961, S. 109ff.) unterscheidet acht Marginalbedingungen und weist darauf hin, dass die Entwicklung zusätzlicher Marginalbedingungen möglich wäre. Luckenbach (2000, S. 38ff.) thematisiert dagegen sieben Marginalbedingungen. Ausgegangen wird von einem **wohlmeinenden Diktator**, der am Reißbrett sitzt und das Bild einer Volkswirtschaft zeichnet, in der unter Beachtung des Pareto-Kriteriums die Wohlfahrt der Gesellschaft maximiert wird.[56] In einem zweiten Schritt wird die **Realisierung der Marginalbedingungen durch den Marktmechanismus** diskutiert, so dass der wohlmeinende Diktator nicht länger benötigt wird. Wir werden die ersten beiden Schritte zusammenfassen. Anschließend wird von den **Totalbedingungen für ein Allokationsoptimum** (Giersch 1961, S. 122ff.) zu sprechen sein.

Die Darstellung der Marginalbedingungen wird zweckmäßigerweise in fünf Schritte unterteilt:

- Erster Schritt: **Analyse des Tauschoptimums im Tauschmodell (zwei Güter, zwei Individuen)**. Die Allokationsprobleme im Bereich der Produktion werden als gelöst angesehen. Zu verteilen sind hier die beiden Güter X und Y, deren Menge fixiert ist, auf die beiden Individuen. Der Gütervorrat

[56] Die Figur dieses Diktators ist also nicht zu verwechseln mit dem Diktator oder staatlichen Planungsamt, wie es in der Realität vorkommt.

ist konstant. Die Frage ist, wann sich Tausch lohnt und wann alle Tauschmöglichkeiten ausgeschöpft sind. Die erste Marginalbedingung wird hier abgeleitet.

- Zweiter Schritt: **Analyse des Produktionsoptimums im Produktionsmodell**. Das Faktorangebot wird als exogen angenommen. Der Konsumsektor bleibt unberücksichtigt. Hier geht es im Wesentlichen darum, den gegebenen Bestand an Produktionsfaktoren so auf die Herstellung der beiden Güter aufzuteilen, dass möglichst viel von einem Gut – gegeben die Menge des anderen Gutes – erzeugt werden kann. Dieser Schritt dient der Ableitung der zweiten, dritten und vierten Marginalbedingung.
- Dritter Schritt: **Analyse der optimalen Produktionsstruktur**. Hier werden das Produktionsmodell und das Tauschmodell in der fünften Marginalbedingung zusammengeführt. Es würde ja keinen Sinn machen, dass etwas produziert wird, was die Individuen gar nicht nachfragen. Die Bedingung für globale Effizienz wird herausgearbeitet. Auch hier bleibt das Faktorangebot außer Betracht.
- Vierter Schritt: **Analyse des optimalen Faktorangebots** und der **optimalen Abstimmung zwischen Faktorangebot und der güterwirtschaftlichen Nachfrage**. Es geht um die Abwägung zwischen dem negativen Nutzen, den ein Individuum durch das Faktorangebot erhält, und dem positiven Nutzen, den ein Individuum aus dem Konsum der beiden Konsumgüter zieht. Die Intuition, die hinter dieser – der sechsten – Marginalbedingung steht, ist etwas schwieriger zu verstehen, weshalb sie relativ selten in Lehrbüchern diskutiert wird. In einem weiteren Schritt, der hier nicht ausgeführt wird, kann eine **Analyse des Faktor-Produkt-Optimums** vorgenommen werden.
- Fünfter Schritt: **Analyse der intertemporalen Effizienz**. In der siebten Marginalbedingung geht es um die optimale Akkumulationsrate. Es wird danach gefragt, unter welchen Bedingungen das Individuum zwischen Gegenwarts- und Zukunftskonsum indifferent ist und dementsprechend Teile seines Einkommens der Ersparnis zuführt.

Die Ableitung der Marginalbedingungen geschieht, wie bereits erwähnt, unter Marktbedingungen. Der Markt wird nach dem Modell der vollständigen Konkurrenz in einer statischen Analyse für eine geschlossene Volkswirtschaft abgebildet.

Die zugrunde liegenden Prämissen sind aus den Grundlagen der Mikroökonomik bekannt. Im Zusammenhang mit der folgenden Analyse sind folgende Annahmen besonders wichtig: (i) Homogenität der gehandelten Güter, (ii) vollständige Information und Markttransparenz für Anbieter und Nachfrager, (iii) gegebene Faktorausstattung in der Volkswirtschaft, (iv) Substituierbarkeit der Produktionsfaktoren (z.B. Cobb-Douglas-Produktionsfunktion), sowie (v) unbegrenzte Teilbarkeit sämtlicher Produktionsfaktoren und Güter. Die Annahme der vollkommenen Konkurrenz ist als didaktisches Hilfsmittel zu verstehen. Die Relevanz der abzuleitenden Marginalbedingungen geht nicht durch die Tatsache verloren, dass in der Realität vollkommene Konkurrenz selten vorkommt. Soweit überhaupt Preiswettbewerb herrscht, lässt sich zumindest die Annäherung an eine optimale Ressourcenallokation in der Volkswirtschaft erreichen. Mit Hilfe dieser Annahmen ist zudem die Ableitung der zwei Hauptsätze der Wohlfahrtstheorie (Abschnitt 1.C in diesem Kapitel) möglich. Die Analyse ist auf zwei Dimensionen beschränkt, was ihre graphische Darstellung ermöglicht. Die herzuleitenden Bedingungen gelten jedoch auch für eine Situation mit vielen Individuen, Produzenten und Gütern. Insoweit sind sie bei der Gestaltung der Wirtschaftspolitik von Belang.

Darüber hinaus ist zu bedenken, dass es uns hier im Wesentlichen auf die Intuition der Marginalbedingungen ankommt. Dies erfordert zum einen eine ausführliche Darstellung ihres ökonomischen Gehalts und zum anderen ihre formale Herleitung. Beides wird sehr intensiv am Beispiel des Tauschoptimums erarbeitet, so dass die Darstellung für die anderen Schritte relativ knapp ausfallen kann. Anschließend werden die Totalbedingungen für das allokative Optimum diskutiert, denn die Marginalbedingungen zeigen nur lokale Optima an, nicht aber eine Wohlfahrtsgrenze für die gesamte Volkswirtschaft.[57]

Zusatzlektüre Master ________________________________ ↓

B. Das Tauschoptimum

Für die Ermittlung des Tauschoptimums wird zunächst eine Darstellung ohne Marktbeziehungen zwischen den Individuen gewählt. Das Marktgeschehen sowie die absoluten Preise werden anschließend eingeführt. Außerdem werden alle allokativen Probleme auf der Produktionsseite ausgeblendet.[58] Es wird angenommen – im Sinne einer „Robinson Crusoe-Volkswirtschaft" –, dass es zwei Güter und zwei Individuen gibt.

---

57 Es sei an dieser Stelle auf vier vertiefende Lehrbücher hingewiesen, die bei der Durcharbeitung des Stoffes nützliche Hilfe leisten können. Wellisch (2000, S. 12ff.) und Luckenbach (2000, S. 38ff.) zeichnen sich durch eine gelungene formale Herleitung der Marginalbedingungen aus. Zwei ältere, aber nach wie vor sehr eingängige Darstellungen finden sich in Boadway und Wildasin (1984, S. 13ff.) und, wie gesagt, Giersch (1961, S. 106ff.).

58 Es wäre somit auch nicht von Belang, wären dort die Annahmen der vollständigen Konkurrenz verletzt.

i. Für die Güter x und y gilt $X = x^1 + x^2$ und $Y = y^1 + y^2$.

ii. Für die Individuen $j = i = \{1,2\}$ gelten folgende Nutzenfunktionen: $U^1(x^1, y^1)$ bzw. $U^2(x^2, y^2)$ mit positiven und abnehmendem Grenznutzen GN_x bzw. GN_y. Die Indifferenzkurven verlaufen konvex.

iii. Es besteht eine Ausgangsallokation der Güter (x_0^1, y_0^1) bzw. (x_0^2, y_0^2), woraus beide Individuen jeweils einen Nutzen in Höhe von U_0 erzielen. Ausgehend davon können beide Individuen miteinander tauschen.

iv. Beide Individuen $j = i = \{1,2\}$ maximieren ihre Nutzenfunktionen unter Berücksichtigung der Nebenbedingungen:

$$\max_{x^i, y^i} U^i(x^i, y^i) \tag{II.7}$$

$$\text{u. B. d. Nb. } U^i(\cdot) = U_0^j \text{ für } j \neq i,$$
$$X = x^1 + x^2,$$
$$Y = y^1 + y^2.$$

Die hier zu beantwortende Frage lautet: Wann sind alle **freiwilligen Tauschmöglichkeiten** ausgeschöpft? Freiwilliger Tausch ist letztlich immer eine Anwendung des Pareto-Kriteriums. Niemand wird freiwillig in einen Tauschvorgang einwilligen, wenn er sich nicht hierdurch mindestens genauso gut stellt wie in der Anfangssituation. Die Frage nach dem Tauschoptimum kann folglich auch alternativ gestellt werden: **Warum** tauschen Menschen bzw. **wann** lohnt sich Tausch? Grundsätzlich können Tauschgewinne auf zwei Ursachen zurückgeführt werden: auf unterschiedliche Präferenzen der Individuen und/oder auf eine unterschiedliche Anfangsausstattung mit Gütern.

- **Unterschiedliche Präferenzen** (Abbildung II.10a): Es ist denkbar, dass beide Individuen unterschiedliche Präferenzen in Bezug auf die Güter x und y haben. Ohne Einschränkung der Allgemeingültigkeit soll im folgenden Beispiel angenommen werden, dass Individuum 1 eine relativ ausgeprägte Präferenz für Gut x besitzt; „relativ" bedeutet hier im Verhältnis zu Gut y. Umgekehrt ist vorstellbar, dass Individuum 2 eine relativ starke Präferenz für Gut y hat. Wenn beide Individuen in der Ausgangsallokation die gleiche Menge von x und y besitzen, ergeben sich durch Tausch naturgemäß wohlfahrtssteigernde Tauschgewinne.

- **Unterschiedliche Anfangsausstattung** (Abbildung II.10b): Vorstellbar wäre zudem, dass beide Individuen ähnliche oder gleiche Präferenzen für die Güter

Abbildung II.10a: Unterschiedliche Präferenzen als Tauschursache

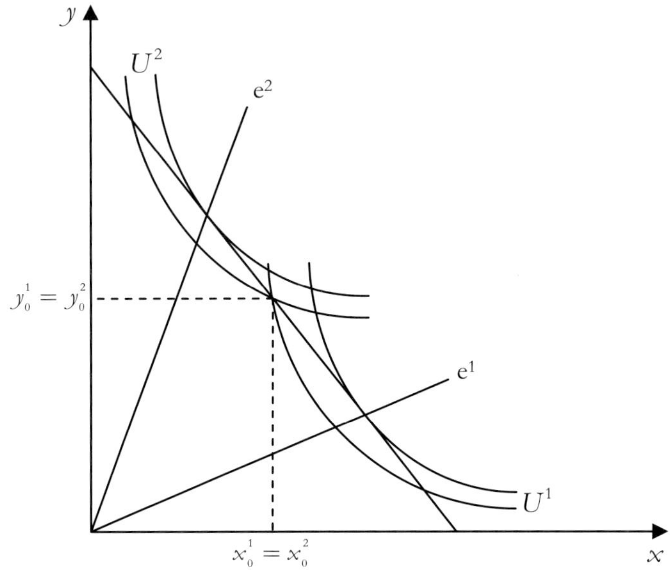

x und y haben, aber vor dem Tauschvorgang unterschiedlich mit diesen Gütern ausgestattet sind. So könnte Individuum 1 relativ viel y und Individuum 2 relativ viel von x besitzen, wie im hier dargestellten Fall. Auch in diesem Fall führt ein Tausch zu wohlfahrtssteigernden Tauschgewinnen.

Im Folgenden werden wir den Fall unterschiedlicher Präferenzen untersuchen; dies ist in der Realität der Normalfall. Ob bei einer bestimmten Ausstattung Tauschgewinne realisiert werden können bzw. ob Tauschmöglichkeiten bestehen, wird in der Mikroökonomie mit Hilfe des Konzepts der **Grenzrate der Gütersubstitution (GRGS)** signalisiert. Die GRGS wird aus der Indifferenzkurve[59] abgeleitet und ist wie folgt definiert:

$$\mathrm{GRGS}^i = -\left.\frac{dy^i}{dx^i}\right|_{U^i=const.} = \frac{\mathrm{GN}_x^i}{\mathrm{GN}_y^i}. \qquad \text{(II.8)}$$

Was ist die ökonomische Interpretation der GRGS? Sie spiegelt die relativen **Knappheitsverhältnisse** im Konsumsektor durch die Steigung der Indifferenzkurve wider. Anders ausgedrückt: Es werden die Opportunitätskosten des Konsums des Gutes x in Einheiten des Gutes y dargestellt.

An einem Beispiel wird dies deutlich. Annahmegemäß nimmt die GRGS des

Abbildung II.10b: Unterschiedliche Anfangsausstattung als Tauschursache

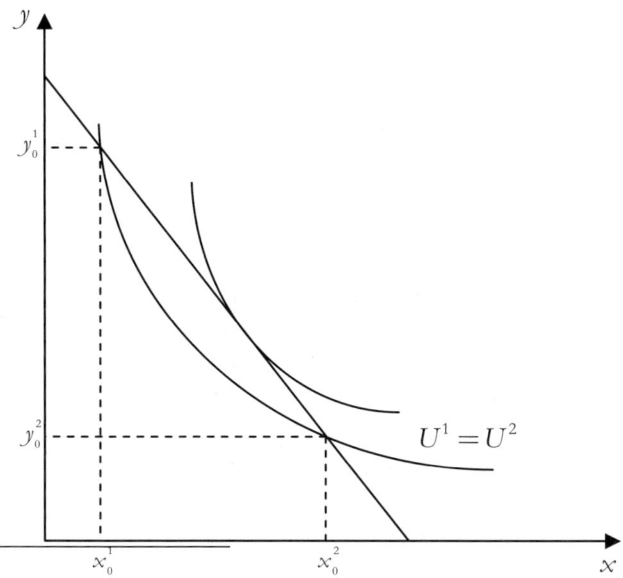

59 Auf der Indifferenzkurve gilt $dU^i = \frac{\partial U^i}{\partial x^i}dx^i + \frac{\partial U^i}{\partial y^i}dy^i = \mathrm{GN}_x^i dx^i + \mathrm{GN}_y^i dy^i = 0$.

Individuums 1 einen hohen Wert an:

$$\mathrm{GRGS}^1 = -\frac{dy^1}{dx^1} = \frac{\mathrm{GN}_x^1}{\mathrm{GN}_y^1} = 3\,. \tag{II.9}$$

Das Gut x wird von Individuum 1 im Verhältnis zum Gut y als relativ knapp empfunden, d. h. der Grenznutzen aus dem Konsum einer zusätzlichen Einheit von x ist relativ groß im Vergleich zu dem Grenznutzen, den der Konsum einer zusätzlichen Einheit von y stiftet. Mit anderen Worten: Das Individuum ist bereit, für eine zusätzliche Einheit von x relativ viel von y abzugeben (drei Einheiten). Noch einmal anders formuliert: Die marginalen Opportunitätskosten des Verzichts auf den Konsum einer Einheit von x betragen drei Einheiten von y.

Im Gegensatz dazu nimmt die GRGS des Individuums 2 einen sehr niedrigen Wert an:

$$\mathrm{GRGS}^2 = -\frac{dy^2}{dx^2} = \frac{\mathrm{GN}_x^2}{\mathrm{GN}_y^2} = \frac{1}{3}\,. \tag{II.10}$$

Das Gut y wird von Individuum 2 als relativ knapp empfunden. Somit besteht eine hohe Bereitschaft, Gut x durch Gut y zu substituieren. Die marginalen Opportunitätskosten des Gutes x für das Individuum sind hier relativ gering: Individuum 2 wäre bereit, im Tausch gegen eine Einheit von y auf drei Einheiten von x zu verzichten.

Unterschiedliche GRGS deuten darauf hin, dass die beiden Individuen Tauschgewinne realisieren können. Im obigen Beispiel würde ein Tausch im Verhältnis von eins zu eins beide besser stellen, denn Individuum 1 gibt eine Einheit vom Gut y weg und erhält eine Einheit von x, wäre aber bereit gewesen, drei Einheiten von y abzugeben, um gegenüber der Ausgangssituation indifferent zu sein. Individuum 1 gewinnt durch den Tausch.

Für Individuum 2 gilt das Gleiche, denn es wäre bereit gewesen, drei Einheiten x für eine Einheit y zu tauschen, aber muss tatsächlich nur eine Einheit x abgeben. Die Situation ist noch nicht optimal, sondern kann weiterhin verbessert werden, und zwar so lange, wie sich die GRGS noch unterscheiden. Durch den Tauschvorgang nähern sich wegen der abnehmenden Grenznutzen die GRGS einander an:

$$\mathrm{GRGS}^1 = \frac{\mathrm{GN}_x^1 \downarrow}{\mathrm{GN}_y^1 \uparrow} \Downarrow \tag{II.11}$$

und

$$GRGS^2 = \frac{GN_x^2 \uparrow}{GN_y^2 \downarrow} \Uparrow . \tag{II.12}$$

Dieser Tauschvorgang kann so lange wiederholt werden, bis die GRGS der beiden

Abbildung II.11: Edgeworth-Box

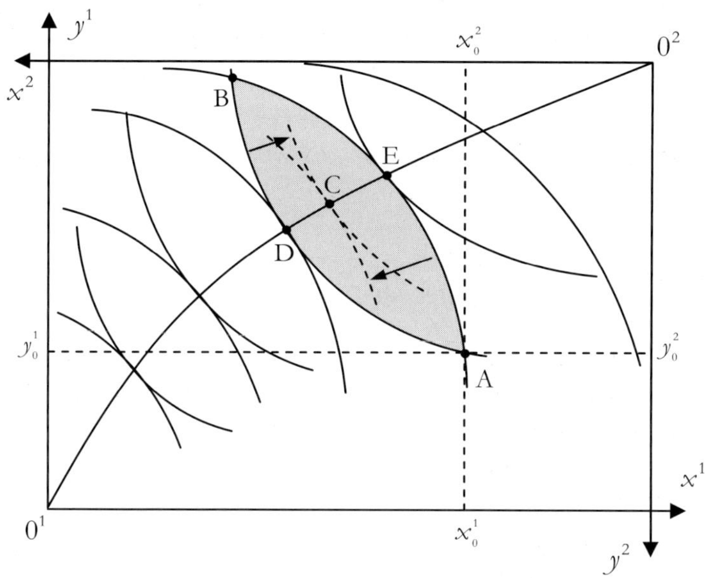

Individuen übereinstimmen. Somit lautet die erste Marginalbedingung wie folgt:

Erste Marginalbedingung: Im Tauschoptimum muss die Grenzrate der Gütersubstitution (GRGS) zwischen zwei beliebigen Gütern für alle Individuen, die diese Güter konsumieren, gleich sein.

Technisch formuliert lautet die erste Marginalbedingung:

$$GRGS^1 = GRGS^2 . \tag{II.13}$$

Diese Marginalbedingung kann man graphisch am einfachsten in der aus den mikroökonomischen Grundlagen bekannte **Edgeworth**-Box darstellen (Abbildung II.11).

In der Ausgangssituation sei die betrachtete Wirtschaft durch die Verteilungssituation im Punkt A gekennzeichnet. Durch Tauschen kann sich jedes der betrachteten Individuen besser stellen, es liegt also keine pareto-optimale Allokation vor. Vielmehr muss sich das Tauschoptimum in der Pareto-Region (zwischen den in A und B sich kreuzenden Indifferenzkurven, der sog. Tauschlinse) befinden. Ein Beispiel für eine pareto-optimale Allokation stellt der Punkt C dar. In diesem Punkt tangieren sich die Indifferenzkurven der Individuen bei somit gleicher Steigung; die GRGS stimmen in diesem Punkt überein. Die Extremlösungen bilden die Randallokationen in den Punkten D und E. In diesem Fall würde der gesamte Tauschvorteil jeweils nur einem der beiden Individuen zugute kommen. Zwischen den Punkten D und E liegt aber ein ganzes Kontinuum von möglichen Pareto-Optima, bei denen die Tauschgewinne aufgeteilt werden. Die Verbindungskurve zwischen D und E, die diese Allokationen kennzeichnet, ist die sog. Kontraktkurve. Auf dieser Kontraktkurve lässt sich allerdings kein genauer geometrischer Ort eines Tauschoptimums vorhersagen. Jedem Tauschoptimum liegt eine andere Güterverteilung zwischen den Individuen zugrunde. Die Kontraktkurve $0^1 0^2$ gibt damit alle Tauschoptima an, die bei gegebener Gesamt-Güterausstattung und unterschiedlichen Ausgangssituationen erreicht werden können. An allen diesen Punkten ist die erste Marginalbedingung erfüllt.

Bislang ist die Wahl des Allokationsmechanismus nicht diskutiert worden. Es war der wohlmeinende Diktator, der die beiden Individuen zusammengeführt hat. Im Folgenden wird der **Preismechanismus des Marktes** als dezentraler Allokationsmechanismus eingeführt, mit dessen Hilfe das Tauschoptimum ebenfalls, und zwar dezentral, erreicht werden kann. Dazu werden einige alternative und zusätzliche Annahmen getroffen:

i. Es besteht ein gegebenes Einkommen E.

ii. Die Güterpreise p_x und p_y sind gegeben. Die Individuen verhalten sich als Preisnehmer bzw. Mengenanpasser.

Jedes Individuum $i=\{1,2\}$ maximiert seinen Nutzen $U^i(x^i, y^i)$ durch Wahl der Mengen x^i und y^i unter der Nebenbedingung $p_x x^i + p_y y^i = E^i$.

Die notwendigen Lösungsbedingungen erhält man mittels des sog. Lagrange-Ansatzes:

$$\Gamma = U^i(x^i, y^i) - \lambda(p_x x^i + p_y y^i - E^i). \tag{II.14}$$

Die Maximierung der Lagrange-Funktion Γ führt auf die Bedingungen erster Ordnung:

$$\mathrm{GN}_x^{i} - \lambda p_x = 0 \text{ und} \tag{II.15}$$

$$\mathrm{GN}_y^{i} - \lambda p_y = 0 . \tag{II.16}$$

Die Gleichungen sind nach λ aufzulösen und anschließend gleichzusetzen, so dass die erste Marginalbedingung um den relativen Preis, d.h. das Preisverhältnis beider Güter, erweitert werden kann. Es ergibt sich:

$$\frac{\mathrm{GN}_x^{i}}{\mathrm{GN}_y^{i}} = \frac{p_x}{p_y} . \tag{II.17}$$

Da die Güterpreise konstant sind und für beide Individuen gelten, gilt schließlich:

$$\mathrm{GRGS}^1 = \frac{\mathrm{GN}_x^1}{\mathrm{GN}_y^1} = \frac{p_x}{p_y} = \frac{\mathrm{GN}_x^2}{\mathrm{GN}_y^2} = \mathrm{GRGS}^2 . \tag{II.18}$$

Damit ist die erste Marginalbedingung auf dem Wettbewerbsmarkt automatisch erfüllt. Die Grenzraten der Gütersubstitution für beide Individuen sind gleich und entsprechen dem Verhältnis der Preise. Das heißt, dass der wohlmeinende Diktator als zentraler Planer nicht selbst das Tauschoptimum herstellen muss. Er muss nur – aber immerhin - dafür sorgen, dass Wettbewerbspreise auf den Gütermärkten herrschen, an die sich die Individuen anpassen.

C. Das Produktionsoptimum

Analog zur Herleitung des Tauschoptimums werden bei der Analyse des Produktionsoptimums Marktbeziehungen zunächst nicht betrachtet. Außerdem werden alle allokativen Probleme auf der Konsumseite ausgeblendet. Es wird angenommen, dass es zwei gegebene Produktionsfaktoren und zwei Sektoren gibt.

i. Für die Produktionsfaktoren A und K gilt $A = a_x + a_y$ und $K = k_x + k_y$.

ii. Für die zwei Sektoren x und y gelten die Produktionsfunktionen $X = F_x(a_x, k_x)$ bzw. $Y = F_y(a_y, k_y)$ mit positiven und abnehmenden Grenzproduktivitäten, d.h. die Transformationskurve verläuft konkav zum Ursprung.

Die Analyse basiert auf drei zentralen Konzepten, dem Konzept der **Grenzproduktivität GP**, dem Konzept der **Grenzrate der technischen Substitution GRTS** und dem Konzept der **Grenzrate der Transformation GRT**.

- Mit dem GP-Konzept wird die **zweite Marginalbedingung** (optimaler Faktoreinsatz) bestimmt. Die Frage lautet: Wie sollen die Produktionsfaktoren auf die Unternehmen *eines Sektors* verteilt werden? Die Grenzproduktivität eines Faktors (Arbeit bzw. Kapital) ist definiert als die Zunahme der Produktion bei einer marginalen Zunahme des Einsatzes dieses Produktionsfaktors ohne gleichzeitige Veränderung des Einsatzes des anderen Faktors. Technisch ist dies die partielle Ableitung der Produktionsfunktion nach eben diesem Faktor.
- Mit dem GRTS-Konzept wird die **dritte Marginalbedingung** (optimale Faktorallokation) bestimmt. Die Grenzrate der technischen Substitution ist das Verhältnis der Grenzproduktivitäten beider Faktoren bei der Produktion eines Gutes. Sie zeigt an, in welchem Verhältnis die beiden Produktionsfaktoren gegeneinander substituiert werden können, ohne dass der Output sich hierdurch ändert.
- Mit dem GRT-Konzept wird die **vierte Marginalbedingung** (optimale Arbeitsteilung) bestimmt. Die Grenzrate der Transformation entspricht dem Verhältnis der Grenzproduktivität eines Produktionsfaktors in beiden Sektoren. Sie gibt Auskunft darüber, wie lange sich die Reallokation des (gegebenen) Produktionsfaktors zwischen den Sektoren lohnt.

Wir gehen in Teilschritten vor:

Erster Teilschritt: Optimaler Faktoreinsatz

Die Optimierungsaufgabe lautet: Maximiere die Produktion von einem Gut bei gegebener Menge des anderen Gutes und unter Berücksichtigung der Nebenbedingung der Vollbeschäftigung bzw. Vollauslastung der Sachkapazitäten. Dieses Optimierungsproblem lässt sich wie folgt darstellen:

$$\max_{a_x, k_x} X = F_x(a_x, k_x), \tag{II.19}$$

$$\text{u. B. d. Nb. } F_y(a_y, k_y) = \overline{Y},$$

$$A = a_x + a_y,$$

$$K = k_x + k_y.$$

Der Analyse liegt das Konzept der Grenzproduktivität zugrunde. Die Grenzproduktivität bezeichnet die Änderung der Ausbringungsmenge eines Unternehmens infolge einer (infinitesimal kleinen) Änderung der Einsatzmenge eines Produktionsfaktors. Hingegen gibt das Grenzprodukt die Änderung der Produktion bei Variation des Faktoreinsatzes um eine Mengeneinheit an. Beide Größen sagen mithin etwas darüber aus, wie ein Produktionsfaktor **innerhalb eines Sektors** auf die Unternehmen verteilt werden sollte.

Am einfachsten lässt sich dieser Zusammenhang an einem Beispiel erläutern. Man stelle sich zwei Unternehmen eines Sektors vor, die das Gut x mit unterschiedlichen Produktionsweisen herstellen. Optimiert werden soll der Einsatz des Produktionsfaktors Arbeit, dessen Grenzproduktivität GPA_x^m in beiden Unternehmen ($m = \{\mathrm{I}, \mathrm{II}\}$) zu Beginn der Betrachtung unterschiedlich hoch ist:

$$\mathrm{GPA}_x^{\mathrm{I}} = 3 \text{ bzw. } \mathrm{GPA}_x^{\mathrm{II}} = 1. \qquad \text{(II.20)}$$

Es ist leicht einzusehen, warum diese Situation nicht optimal ist. Denn wenn eine Einheit Arbeit aus Unternehmen II abgezogen und Unternehmen I zur Verfügung gestellt wird, dann sinkt die Produktion von Unternehmen II um eine Einheit:

$$\Delta x^{\mathrm{II}} = -1. \qquad \text{(II.21)}$$

Die Produktion in Unternehmen I hingegen steigt um 3 Einheiten:

$$\Delta x^{\mathrm{I}} = +3. \qquad \text{(II.22)}$$

Also ergibt sich für die Volkswirtschaft ein Wohlfahrtsgewinn von 2 Einheiten des Gutes x. Mit gegebenem Faktorbestand kann mehr produziert werden.

Durch die Reallokation von Arbeit von Unternehmen II zu Unternehmen I nähern sich die GPA in beiden Unternehmen einander an (Annahme der abnehmenden Grenzproduktivität). Die GPA von Unternehmen I sinkt und die GPA von Unternehmen II steigt. Der Optimalzustand ist erst dann erreicht, wenn beide Grenzproduktivitäten gleich hoch sind, d.h. $\mathrm{GPA}_x^{\mathrm{I}} = \mathrm{GPA}_x^{\mathrm{II}}$. Eine analoge Analyse gilt für den Produktionsfaktor Kapital. Die zweite Marginalbedingung lässt sich daher folgendermaßen formulieren:

Zweite Marginalbedingung: Der Faktoreinsatz in einem Sektor ist dann optimal, wenn die Grenzproduktivität eines Produktionsfaktors für alle Unternehmen übereinstimmt, die diesen Faktor zur Erzeugung des gleichen Gutes verwenden.

Technisch formuliert lautet die zweite Marginalbedingung für den Faktor Arbeit im x-Sektor:

$$\mathrm{GPA}_x^{\mathrm{I}} = \mathrm{GPA}_x^{\mathrm{II}} \tag{II.23}$$

bzw. für den Faktor Kapital:

$$\mathrm{GPK}_x^{\mathrm{I}} = \mathrm{GPK}_x^{\mathrm{II}} . \tag{II.24}$$

Die Realisierung dieser zweiten Marginalbedingung durch den **Marktmechanismus** wird dann möglich, wenn die Unternehmen auf den Güter- und Faktormärkten Mengenanpasser sind, d.h. alle Preise (Löhne, Zinsen, Güterpreise) als gegeben nehmen und sich gewinnmaximierend verhalten. In diesem Fall lautet die Gewinngleichung für ein Unternehmen m im x-Sektor:

$$\begin{aligned} \pi_x^m(a_x^m, k_x^m) &= \overbrace{p_x x^m}^{\text{Erlös}} \overbrace{- w a_x^m - r k_x^m}^{\text{Kosten}} \\ &= p_x F_x^{\ m}(a_x^m, k_x^m) - w a_x^m - r k_x^m , \end{aligned} \tag{II.25}$$

wobei π_x^m der Gewinn, w bzw. r die Faktorpreise, a_x^m bzw. k_x^m die von Unternehmen m eingesetzten Faktormengen sind und $x^m = F_x^{\ m}(a_x^m, k_x^m)$ die Produktion des betrachteten Unternehmens ist.

Die Gewinnmaximierungsbedingungen 1. Ordnung dieses Unternehmens lauten

$$\frac{\partial \pi_x^m}{\partial a_x^m} = p_x \frac{\partial F_x^{\ m}(\cdot)}{\partial a_x^m} - w = 0 \ \text{ bzw. } \ \frac{\partial \pi_x^m}{\partial k_x^m} = p_x \frac{\partial F_x^{\ m}(\cdot)}{\partial k_x^m} - r = 0 . \tag{II.26}$$

Hieraus folgt unmittelbar:

$$p_x \mathrm{GPA}_x^m = w \ \text{ bzw.} \tag{II.27}$$

$$p_x \mathrm{GPK}_x^m = r . \tag{II.28}$$

Mit anderen Worten: Die Produktionsfaktoren werden entsprechend ihrer Wertgrenzproduktivität entlohnt. Dies bedeutet, dass die Unternehmen so lange Arbeit nachfragen, bis der Grenzerlös aus dem Einsatz einer zusätzlichen Menge an Arbeit ($p_x \mathrm{GPA}_x^m$) den damit verbundenen Grenzkosten, d.h. dem Lohn w, entspricht. Dadurch wird die zweite Marginalbedingung realisiert, ohne dass der zentrale Planer selbst den Faktoreinsatz optimieren müsste, weil gemäß Annahme der Faktorpreis für alle Unternehmen gleich ist und weil alle Unternehmen im x-Sektor einen einheitlichen Preis auf dem Absatzmarkt verlangen. Folglich muss im stationären Gleichgewicht die Grenzproduktivität eines Produktionsfaktors für alle Unternehmen, die diesen Produktionsfaktor zur Erzeugung des Gutes nachfragen, gleich sein:

$$\mathrm{GPA}_x^{\mathrm{I}} = \frac{w}{p_x} = \mathrm{GPA}_x^{\mathrm{II}} \text{ bzw.} \tag{II.29}$$

$$\mathrm{GPK}_x^{\mathrm{I}} = \frac{r}{p_x} = \mathrm{GPK}_x^{\mathrm{II}}. \tag{II.30}$$

Dies ist gleichbedeutend mit der zweiten Marginalbedingung. Der Marktmechanismus sorgt also dafür, dass die Produktionsfaktoren dort eingesetzt werden, wo ihre Grenzproduktivität am höchsten ist.

Zweiter Teilschritt: Optimale Faktorallokation

Die Analyse wird nun auf zwei Sektoren ausgeweitet, um die Frage beantworten zu können, wie die optimale Allokation der Produktionsfaktoren zwischen Unternehmen verschiedener Sektoren aussieht. Zugrunde gelegt wird das Konzept der **Grenzrate der technischen Substitution (GRTS)**.[60] Sie ergibt sich aus der Steigung der Isoquante[61] und ist definiert als das Verhältnis der Grenzproduktivitäten beider Faktoren in diesem Sektor:

$$\mathrm{GRTS}_x = -\left.\frac{dk_x}{da_x}\right|_{x=\bar{x}} = \frac{\mathrm{GPA}_x}{\mathrm{GPK}_x}. \tag{II.31}$$

Die Herleitung der optimalen Faktorallokation kann analog zum Konsummodell vorgenommen werden. Dort spiegelt, wie erwähnt, die **GRGS**, d.h. die Steigung der Indifferenzkurve, die Güterknappheitsverhältnisse im Konsumbereich wider. Im Produktionsmodell spiegelt die **GRTS**, d.h. die Steigung der Isoquante, die Faktorknappheitsverhältnisse im Produktionsbereich wider:

- Eine GRTS mit hohem Wert, z.B.

$$-\frac{dk_x}{da_x} = \frac{\mathrm{GPA}_x}{\mathrm{GPK}_x} = 3, \tag{II.32}$$

---

60 Da die Grenzproduktivitäten innerhalb eines Sektors im Optimum (bei Gültigkeit der zweiten Marginalbedingung) ausgeglichen sind, ist auch die GRTS innerhalb eines Sektors gleich. Wir können daher im Folgenden unbeschadet der Tatsache, dass ein einzelner Sektor aus mehreren Unternehmen bestehen mag, von der GRTS des Sektors sprechen.

61 Auf der Isoquante gilt (analog zur Indifferenzkurve) $dx = \frac{\partial F_x(\cdot)}{\partial a_x} da_x + \frac{\partial F_x(\cdot)}{\partial k_x} dk_x = 0.$

im x-Sektor bedeutet, dass der Faktor Arbeit in der Produktion von Gut x im Verhältnis zur Produktion von Gut y und relativ zum Kapitaleinsatz knapp ist. Wird eine zusätzliche Einheit Arbeit hinzugefügt, dann kann eine größere Outputsteigerung erzielt werden als im Falle der Ausweitung des Kapitaleinsatzes um eine zusätzliche Einheit.

- Eine GRTS mit niedrigem Wert, z.B.

$$-\frac{dk_y}{da_y} = \frac{\text{GPA}_y}{\text{GPK}_y} = 1, \qquad \text{(II.33)}$$

im y-Sektor bedeutet, dass Kapital im Verhältnis zu Arbeit im Produktionsprozess (relativ zum x-Sektor) knapp ist. Die Grenzproduktivität des Kapitals ist im Verhältnis zur Arbeit relativ groß. Eine Steigerung des Kapitaleinsatzes erhöht den Output um mehr als eine vergleichbare Steigerung des Arbeitseinsatzes.

Fährt man mit der Analogie zum Konsummodell fort, so gilt: Es können Pareto-Verbesserungen in Form von Tauschgewinnen realisiert werden, solange sich die GRGS von zwei Individuen unterscheiden. Im Produktionsmodell können Pareto-Verbesserungen in Form von Spezialisierungsgewinnen realisiert werden, solange sich die GRTS von zwei Sektoren unterscheidet. Damit gelangt man zur dritten Marginalbedingung:

Dritte Marginalbedingung: Die optimale Faktorallokation ist erreicht, wenn das Verhältnis der Grenzproduktivität zweier beliebiger Produktionsfaktoren (die Grenzrate der technischen Substitution) in allen Sektoren gleich ist.

Technisch formuliert lautet die dritte Marginalbedingung

$$\text{GRTS}_x = \text{GRTS}_y. \qquad \text{(II.34)}$$

In dem obigen Rechenbeispiel lohnt sich gesamtwirtschaftlich eine Reallokation. Tauschen der x-Sektor und der y-Sektor Arbeit und Kapital im Verhältnis 1:1, d.h. gibt der x-Sektor eine Einheit Kapital an den y-Sektor ab und erhält dafür eine Einheit Arbeit, kann er bei einer GRTS von 3 etwas weniger als 3 Einheiten

Abbildung II.12: Faktorallokation in der Edgeworth-Box

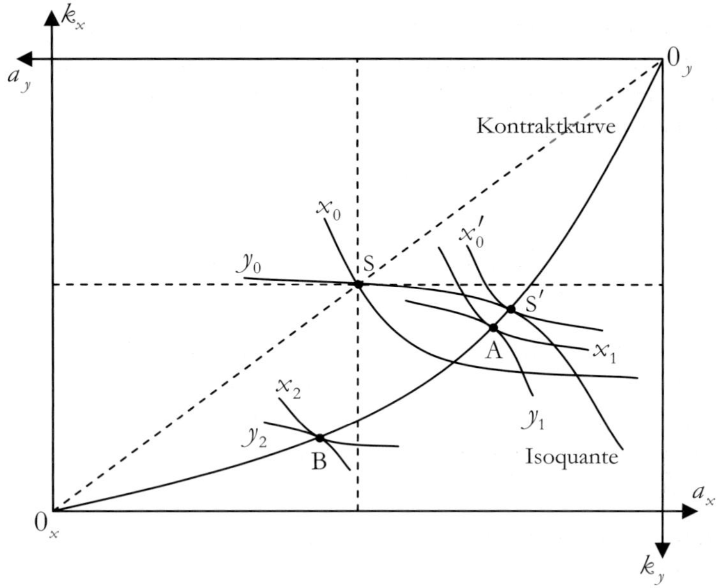

des Gutes x zusätzlich produzieren,[62] während die Produktion im y-Sektor konstant bleibt.

Analog zum Konsummodell kann die optimale Faktorallokation ebenfalls in einer Edgeworth-Box dargestellt werden. Auf der Winkelhalbierenden der Abbildung II.12 schneiden sich die beiden Isoquanten, d.h. die Kurven mit gleichem Produktionsniveau eines Gutes bei unterschiedlichem Faktoreinsatzverhältnis im Punkt S. Es zeigt sich, dass die Gleichverteilung der Faktoren auf beide Güter nicht die optimale Ausbringungsmenge ermöglicht, die analog zu vorherigen Erläuterungen in der Linse beider Isoquanten zu finden ist.

Als Verbindungslinie der optimalen Faktorallokationsmöglichkeiten ergibt sich die Kontraktkurve $0_x 0_y$, die unterhalb der Winkelhalbierenden liegt. Lediglich auf der Kontraktkurve entsprechen sich die GRTS der beiden Sektoren, sind also die Steigungen der Isoquanten gleich. Hierdurch werden implizit die allokationsoptimalen Kombinationen von Ausbringungsmengen in den beiden Sektoren (z.Bsp. (x_0', y_0), (x_1, y_1), (x_2, y_2)) festgelegt.

[62] Es sind deshalb nicht exakt drei Einheiten, weil die Abgabe von einer Einheit Kapital die Produktion um 0,33 Einheiten des Gutes x sinken lässt, während die Zunahme an Arbeit die Produktion um 3 Einheiten steigen lässt.

Die Höhe der Spezialisierungsgewinne, die dadurch erreicht werden können, dass die Produktionsfaktoren nach Maßgabe ihres Preisverhältnisses eingesetzt werden, wird durch den Abstand signalisiert, der zwischen der Kontraktkurve und der Winkelhalbierenden besteht. Je stärker die Kontraktkurve gewölbt ist, desto unsinniger wäre ein gleiches Faktoreinsatzverhältnis.

Worin besteht das eigentliche Kernproblem für den zentralen Planer bei der Realisierung der optimalen Faktorallokation? Anders gefragt: Warum kann man den gegebenen Bestand an A und K nicht gleichmäßig auf die beiden Verwendungszwecke aufteilen? Der Grund liegt in **unterschiedlichen Faktorintensitäten**: Bei einem gegebenen Faktorpreisverhältnis, wie es im Beispiel dargestellt ist, ist die Produktion von Gut y kapitalintensiver als die Produktion von Gut x. Eine Gleichverteilung der Faktoren wäre damit suboptimal, solange die Grenzrate der technischen Substitution in den Sektoren noch unterschiedlich ist.

Unterschiedliche Faktorintensitäten sind ein Zeichen dafür, dass die verschiedenen Produktionsfaktoren unterschiedlich gut für die Produktion einzelner Güter geeignet sind. Dies gilt unbeschadet der Tatsache, dass in substitutionalen Produktionsfunktionen vom Cobb-Douglas-Typ[63], wie sie im Modell der vollständigen Konkurrenz regelmäßig unterstellt werden, mit jeder Faktorkombination jedes Produkt hergestellt werden kann. Ausschlaggebend für die Wahl der Faktorkombination sind die Kosten, d.h. die Faktorpreise.

Man kann auch für die dritte Marginalbedingung eine Realisierungsmöglichkeit im **Marktmodell** ableiten.

Wie oben gezeigt wurde, gilt unter Marktbedingungen wegen des Gewinnmaximierungsverhaltens der Unternehmen im Sektor $l = \{x, y\}$:

$$\mathrm{GPA}_l = \frac{w}{p_l} \text{ bzw.} \tag{II.35}$$

$$\mathrm{GPK}_l = \frac{r}{p_l}. \tag{II.36}$$

Es ergibt sich also eine Grenzrate der technischen Substitution:

$$\mathrm{GRTS}_l = \frac{\mathrm{GPA}_l}{\mathrm{GPK}_l} = \frac{w}{r}. \tag{II.37}$$

63 Siehe zu diesen Produktionsfunktionen z.B. Herberg (1994, S. 160ff.).

Jedes am Markt operierende Unternehmen kombiniert den Faktoreinsatz so, dass das Verhältnis der Grenzproduktivitäten dem gegebenem Faktorpreisverhältnis angepasst wird. Da alle Unternehmen den gleichen Faktorpreisen gegenüberstehen, wird die dritte Marginalbedingung realisiert.

Aus der Gewinnmaximierung folgt außerdem, dass im Optimum die partiellen **Faktorgrenzkosten** gleich sind:

Die partiellen Grenzkosten für den Produktionsfaktor Arbeit sind die zusätzlichen Kosten, die entstehen, wenn die Produktion des Gutes x um eine Einheit erhöht wird, indem vermehrt Arbeit eingesetzt wird:

$$dx = \frac{\partial F_x(\cdot)}{\partial a_x} da_x + \frac{\partial F_x(\cdot)}{\partial k_x} dk_x = 1, \tag{II.38}$$

wobei $dk_x = 0$ gesetzt wird.

Es folgt für die partiellen Faktorgrenzkosten der Arbeit:

$$\text{FGK}_x^A = \frac{w}{\text{GPA}_x}. \tag{II.39}$$

Analog sind die partiellen Grenzkosten für den Produktionsfaktor Kapital definiert. Wird die zusätzliche Einheit von x durch den Produktionsfaktor Kapital produziert, dann betragen die Grenzkosten:

$$\text{FGK}_x^K = \frac{r}{\text{GPK}_x}. \tag{II.40}$$

Im Gewinnmaximum gilt wegen $\frac{\text{GPA}_x}{\text{GPK}_x} = \frac{w}{r}$, dass

$$\frac{w}{\text{GPA}_x} = \frac{r}{\text{GPK}_x}, \tag{II.41}$$

d.h. die Faktorgrenzkosten innerhalb des Sektors sind ausgeglichen. Der Ausgleich der Faktorgrenzkosten bedeutet, dass es unerheblich ist, ob eine zusätzliche Einheit eines Gutes produziert wird, indem Arbeit oder Kapital vermehrt eingesetzt wird. Die Faktorgrenzkosten stimmen daher mit den gesamten Grenzkosten überein:

$$\frac{w}{\text{GPA}_x} = \text{GK}_x = \frac{r}{\text{GPK}_x} \text{ bzw.} \tag{II.42}$$

$$\frac{w}{\text{GPA}_y} = \text{GK}_y = \frac{r}{\text{GPK}_y}. \tag{II.43}$$

Dritter Teilschritt: Optimale Arbeitsteilung

Die nächste Frage lautet, ob es sinnvoll ist, dass sich die Unternehmen, wenn sie verschiedene Güter produzieren, spezialisieren, und wenn ja, wie. Um diese Frage zu beantworten, leiten wir die Transformationskurve (Produktionsmöglichkeitenkurve) her und greifen auf die **Grenzrate der Transformation (GRT)** zurück. Es wird angenommen, dass die Volkswirtschaft aus zwei Unternehmen besteht, die jeweils beide Güter herstellen.[64]

Abbildung II.13: Die Transformationskurve

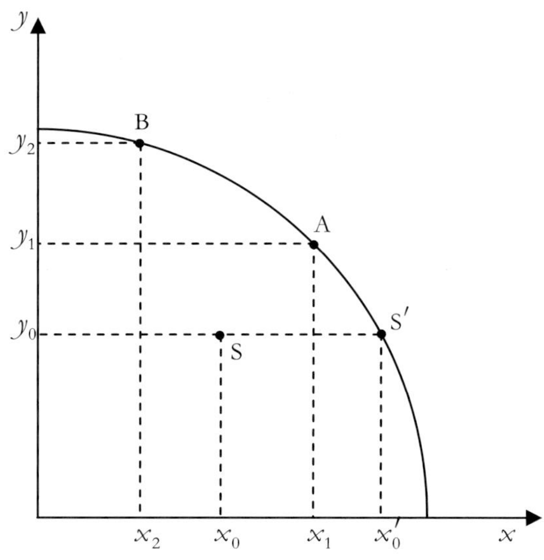

64 Alternativ könnte man anhand des im Folgenden vorgestellten Instrumentariums die internationale Arbeitsteilung betrachten, also davon ausgehen, dass die Weltwirtschaft aus zwei Volkswirtschaften besteht, die jeweils beide Güter produzieren.

Die Transformationskurve gibt an, wie viel das betrachtete Mehrproduktunternehmen maximal von einem Gut produzieren kann, gegeben die Menge des anderen Gutes. Diese Kombinationen optimaler Güterausbringungsmengen ergeben sich unmittelbar aus den in der Edgeworth-Box bestimmten Faktorallokationsoptima, d.h. aus der Kontraktkurve. So findet etwa Punkt A der Abbildung II.12 mit den Ausbringungsmengen (x_1, y_1) seine Entsprechung in Punkt A der Abbildung II.13. Analoges gilt für Punkt B mit (x_2, y_2).

Bei unterschiedlichen Faktorintensitäten – und abnehmenden Skalenerträgen bei mindestens einem Gut – muss die Transformationskurve konkav sein. Dies kann wie folgt interpretiert werden: Je höher die Produktion von Gut x bereits ist, umso mehr muss die Produktion von Gut y eingeschränkt werden, um eine weitere Einheit von Gut x herzustellen. Wichtig in diesem Zusammenhang ist die in der Definition der Transformationskurve enthaltene implizite Annahme, dass für jeden Punkt auf der Transformationskurve die dritte Marginalbedingung erfüllt ist, d.h. die Faktorallokation optimal ist. So befindet sich der aus Abbildung II.12 ebenfalls bereits bekannte, nicht unter Gültigkeit der dritten Marginalbedingung erreichte, Punkt S (x_0, y_0) nicht auf der Transformationskurve in Abb. II.13; eine Pareto-Verbesserung, z.B. auf S′ (x_0', y_0), ist noch möglich.

Während die GRGS die marginalen Opportunitätskosten im Konsumbereich misst, spiegelt die GRT, also die Steigung der Transformationskurve, die **marginalen Opportunitätskosten** im Produktionsbereich wider. Jedes Unternehmen hat eine eigene Transformationskurve (bei gegebenem Faktorbestand in diesem Unternehmen). Unterschiede in den Transformationskurven ergeben sich z.B. daraus, dass die Unternehmen verschiedene Produktionstechnologien anwenden oder eine jeweils andere Verfügbarkeit an Produktionsfaktoren haben. Die Grenzrate der Transformation ist definiert als:

$$\mathrm{GRT} = -\left.\frac{dy}{dx}\right|_{TK} . \qquad \text{(II.44)}$$

Laut dieser Definition misst die GRT die marginalen Opportunitätskosten von Gut x in Einheiten des Gutes y. Wie viel muss vom Gut y weniger produziert werden, um eine zusätzliche Einheit des Gutes x herstellen zu können? Hat die GRT z.B. den Wert 2, dann kann eine zusätzliche Einheit von Gut x nur erzeugt werden, wenn auf die Produktion von zwei Einheiten y verzichtet wird. Umgekehrt erlaubt der Verzicht auf eine Einheit x die Mehrproduktion von zwei Einheiten y.

Interessant ist auch die Beziehung zwischen der GRT und der GRTS. Nehmen wir an, man zieht eine Einheit Arbeit aus der Produktion von Gut y ab und verwendet sie für die Produktion von Gut x: Die Produktion von Gut y sinkt dann um das Grenzprodukt des Faktors Arbeit in der Produktion von y, während die Produktion von Gut x steigt. Für die GRT folgt daher:

$$-\frac{dy}{dx}=\frac{\mathrm{GPA}_y}{\mathrm{GPA}_x}. \tag{II.45}$$

Ein ähnliches Gedankenexperiment kann für den Produktionsfaktor Kapital durchgeführt werden. Das Ergebnis ist:

$$-\frac{dy}{dx}=\frac{\mathrm{GPK}_y}{\mathrm{GPK}_x}. \tag{II.46}$$

Die Grenzrate der Transformation entspricht also dem Verhältnis der Grenzproduktivität eines Produktionsfaktors in seinen beiden alternativen Verwendungen. Außerdem gilt:

$$-\frac{dy}{dx}=\frac{\mathrm{GPA}_y}{\mathrm{GPA}_x}=\frac{\mathrm{GPK}_y}{\mathrm{GPK}_x}. \tag{II.47}$$

Daraus folgt

$$\frac{\mathrm{GPA}_y}{\mathrm{GPK}_y}=\frac{\mathrm{GPA}_x}{\mathrm{GPK}_x}. \tag{II.48}$$

Womit gezeigt ist, dass für Bewegungen entlang der Transformationskurve die dritte Marginalbedingung erfüllt ist.

Mit Hilfe der Grenzrate der Transformation kann nun die **vierte Marginalbedingung** definiert werden als der optimale Spezialisierungsgrad oder die optimale Arbeitsteilung zwischen Unternehmen bzw. Volkswirtschaften. Die Volkswirtschaft besteht annahmegemäß aus zwei Unternehmen, die beide sowohl Gut x als auch Gut y herstellen. Nur wenn die Produktionsfunktion genau identisch ist, ist es effizient, wenn beide Unternehmen gleich viel von Gut x und von Gut y produzieren. Allerdings besitzt Unternehmen I annahmegemäß einen absoluten Vorteil bei der Produktion von Gut x, Unternehmen II hingegen besitzt einen absoluten Vorteil bei der Produktion von Gut y. Beide Unternehmen sehen sich also unterschiedlichen Transformationskurven gegenüber (Abbildung II.14).

Die marginalen Opportunitätskosten der Produktion von Gut x sind bei Unternehmen I niedriger als bei Unternehmen II. Für das Gut y gilt analog das Gegenteil: Die marginalen Opportunitätskosten in der Produktion von Gut y sind

Abbildung II.14: Der optimale Spezialisierungsgrad

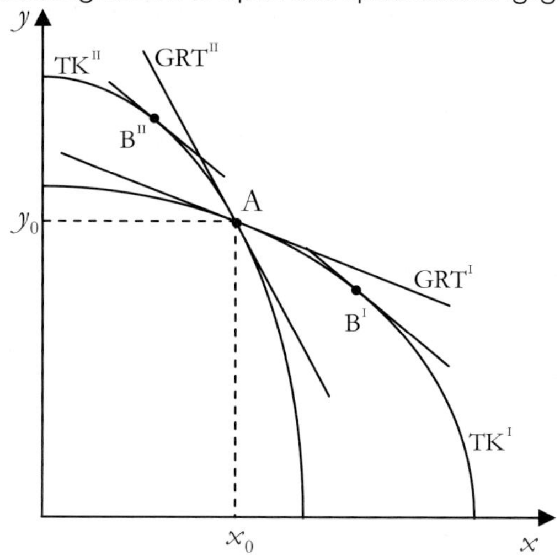

im Unternehmen I größer als im Unternehmen II. Im Ausgangszustand (Punkt A) produzieren beide Unternehmen jeweils die gleichen Mengen x_0 bzw. y_0. Die GRT unterscheiden sich dabei deutlich ($\text{GRT}^{\text{I}} < \text{GRT}^{\text{II}}$). Unternehmen I sollte sich auf die Produktion von Gut x (im Punkt B^{I}) konzentrieren und Unternehmen II auf die Produktion von Gut y (im Punkt B^{II}). Dabei sollte die Spezialisierung jedoch nicht zur ausschließlichen Produktion eines Gutes führen; dies kann in Folge der abnehmenden Grenzerträge der Produktion ebenfalls nicht effizient sein. Vielmehr ist die Arbeitsteilung so zu gestalten, dass sich, wie etwa in Punkt B^{I} und B^{II} die Grenzraten der Transformation in beiden Unternehmen entsprechen. An den Tangentialpunkten verlaufen die Steigerungsgeraden parallel zueeinander. Dies ist die vierte Marginalbedingung:

Vierte Marginalbedingung: Die optimale Arbeitsteilung oder der optimale Spezialisierungsgrad zwischen zwei Mehrproduktunternehmen ist dann erreicht, wenn die Grenzrate der Transformation zwischen beiden Unternehmen übereinstimmt. Diese Bedingung lässt sich entsprechend auf die optimale Arbeitsteilung zwischen Volkswirtschaften (im internationalen Handel) übertragen.

Technisch formuliert lautet die vierte Marginalbedingung:

$$\text{GRT}^{\text{I}} = \text{GRT}^{\text{II}}. \qquad \text{(II.49)}$$

Abbildung II.15: Komparative Kostenvorteile

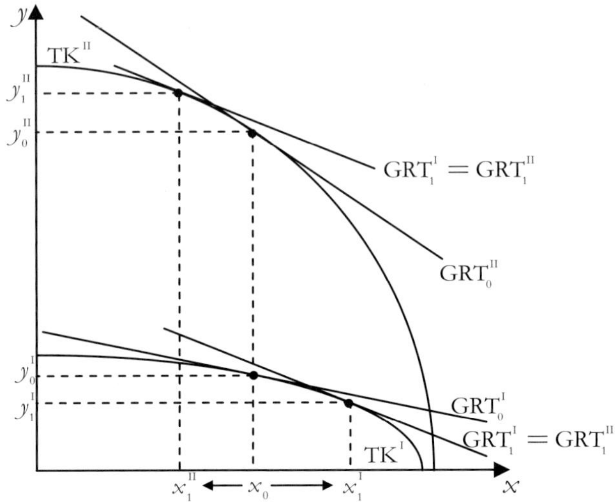

Sie ergibt sich übrigens unmittelbar aus der zweiten Marginalbedingung zum optimalen Faktoreinsatz, z.B. der Arbeit. Denn wenn gilt, dass

$$GPA_y^{I} = GPA_y^{II} \text{ bzw. } GPA_x^{I} = GPA_x^{II}, \tag{II.50}$$

$$\text{dann gilt auch } GRT^{I} = \frac{GPA_y^{I}}{GPA_x^{I}} = \frac{GPA_y^{II}}{GPA_x^{II}} = GRT^{II}. \tag{II.51}$$

Da unter Marktbedingungen, wie gezeigt wurde, die zweite Marginalbedingung erfüllt ist, wird daher bei freiem Wettbewerb auch der optimale Spezialisierungsgrad, d.h. die vierte Marginalbedingung, erreicht.

Wichtig ist für diese Betrachtung die Unterscheidung zwischen **absoluten und komparativen Kostenvorteilen**, die wir hier einführen. Bei der Realisierung des optimalen Spezialisierungsgrads kommt es auf die komparativen Vorteile an. Selbst wenn ein Unternehmen in der Produktion beider Güter einen absoluten Kostenvorteil besitzt, d.h. wenn die Grenzproduktivitäten beider Faktoren bei der Herstellung beider Güter höher sind als beim anderen Unternehmen, lohnt sich die Arbeitsteilung, solange die Produktivitätsunterschiede jeweils differieren. Die Größe, auf die es hier ankommt, ist das Verhältnis der Grenzproduktivitäten der Faktoren bei der Herstellung eines Gutes, also die GRT.

Ein Beispiel möge dies verdeutlichen (Abbildung II.15): Unternehmen II habe einen absoluten Vorteil bei der Herstellung beider Güter. Aber der Produktivitätsunterschied zwischen beiden Unternehmen sei bei der Herstellung des Gutes y sehr viel größer als bei der Herstellung von Gut x. Mit anderen Worten: Unternehmen I hat zwar einen absoluten Kostennachteil, jedoch einen komparativen Vorteil bei der Produktion von Gut x. Umgekehrt hat Unternehmen II einen komparativen Vorteil bei der Produktion von Gut y.

Auch dieser Fall wird durch das Konzept unterschiedlicher GRT erfasst. Produzieren beide Unternehmen in der Ausgangssituation gleich viele Einheiten von Gut x (x_0), so ist die GRT von Unternehmen II, absolut definiert, größer als von Unternehmen I $(\mathrm{GRT}_0^{\mathrm{II}} > \mathrm{GRT}_0^{\mathrm{I}})$. Mit anderen Worten: Die marginalen Opportunitätskosten in der Produktion von Gut x sind in Unternehmen I kleiner als in Unternehmen II. Damit werden Spezialisierungsvorteile realisierbar, wenn Unternehmen I sich auf die Produktion von Gut x und Unternehmen II sich auf die Produktion von Gut y spezialisiert: Unternehmen I sollte seine Produktion im x-Sektor auf x_1^{I} ausdehnen (und daher seine Produktion im y-Sektor auf y_1^{I} reduzieren), während Unternehmen II seine Produktion im x-Sektor auf x_1^{II} zurückschrauben und im y-Sektor auf y_1^{II} ausdehnen sollte. In diesem Fall ist die Gleichheit der Grenzraten der Transformation gegeben; die vierte Marginalbedingung ist erfüllt.

Man beachte, dass durch die Gleichheit der Grenzraten der Transformation noch keine bestimmten Ausbringungsmengen der beiden Güter bestimmt sind, sondern sich eine Vielzahl möglicher (und effizienter) Kombinationen von $X = x^{\mathrm{I}} + x^{\mathrm{II}}$ und $Y = y^{\mathrm{I}} + y^{\mathrm{II}}$ finden lassen. Trägt man diese Gesamtmengen in einem X/Y-Diagramm ab, so erhält man eine gesamtwirtschaftliche Transformationskurve aller effizienten Ausbringungsmengenkombinationen. Wie sich zeigen lässt, entspricht die Steigung dieser gesamtwirtschaftlichen Transformationskurve ebenfalls der (für alle Unternehmen gleichen) Grenzrate der Transformation.

Die Intuition der vierten Marginalbedingung kann von Unternehmen sowohl auf Individuen als auch auf gesamte Volkswirtschaften übertragen werden. Menschen spezialisieren sich gemäß komparativer Kostenvorteile; jeder macht das, was er im Vergleich zu anderen am besten kann (so schon Lösch 1938). Auch die internationale Arbeitsteilung zwischen Ländern basiert auf diesem Prinzip, wobei man im Blick behalten sollte, dass Länder aus vielen Individuen bestehen, die sich spezialisieren und die ihre Arbeitsteilung nicht auf ihr Land beschränken. Unterschiedliche GRT in der jeweiligen Autarkiesituation werden in der Außenhandelsliteratur vor allem auf zwei Ursachen zurückgeführt:

- zum einen auf Produktivitätsunterschiede zwischen In- und Ausland bei identischer Faktorausstattung in den Ländern; dies ist die sog. Ricardo-Hypothese;
- zum anderen auf internationale Unterschiede in den Faktorproportionen, wobei die Produktionsfunktionen für ein Gut in beiden Ländern identisch sind; dies ist die sog. Heckscher-Ohlin-Hypothese.[65]

D. Die optimale Produktionsstruktur

Bislang wurden Tauschvorgänge (erste Marginalbedingung) und der Produktionssektor (zweite bis vierte Marginalbedingung) separat betrachtet. Diese Trennung wird jetzt aufgegeben. Im Folgenden begeben wir uns auf die Suche nach dem gesamtwirtschaftlichen Produktionsoptimum – „**globale Effizienz**" – unter der Annahme eines gegebenen Faktorangebots. Es ist dazu notwendig, dass Tauschoptimum und Produktionsoptimum simultan erfüllt sind, weil es

- nicht optimal sein kann, wenn Individuen Güter tauschen, die ineffizient produziert wurden, und
- nicht wünschenswert sein kann, wenn in der Produktion Spezialisierungsvorteile für Güter ausgeschöpft werden, die von den Konsumenten nicht nachgefragt werden.

Die Annahmen sind die mittlerweile Bekannten. Es gibt

i. zwei Individuen $(1,2)$,
ii. zwei Güter (x, y),
iii. zwei Unternehmen $(\mathrm{I}, \mathrm{II})$ sowie
iv. einen fixen Faktorbestand (A, K).

[65] Vgl. zu den Ursachen für internationale Arbeitsteilung z.B. Rose und Sauernheimer (2006, S. 383-387) und die dort angegebene Literatur.

In den Abbildungen II.16a und II.16b werden ein global ineffizienter Zustand und ein global effizienter Zustand verglichen.

Im ineffizienten Zustand unterscheiden sich die GRGS (Haushaltsseite) und die GRT (Unternehmensseite) $(GRGS<GRT)$, im effizienten Zustand stimmen beide Grenzraten überein. Auch dies macht man sich zweckmäßigerweise an einem Beispiel klar.

Die Wirtschaft produziert in der Ausgangssituation die durch den Produktionspunkt P_0 bezeichneten Mengen. Durch die (gesamtwirtschaftlichen) Produktionsmengen X_0 bzw. Y_0 sind mithin die Seitenlängen der zur Bestimmung des Tauschoptimums gemäß Abschnitt B heranzuziehenden Edgeworth-Box bestimmt. Ein mögliches Tauschoptimum ist hierin etwa die Verteilungssituation C_0, in der die Grenzraten der Gütersubstitution beider Konsumenten übereinstimmen.

Abbildung II.16a: Globale Ineffizienz

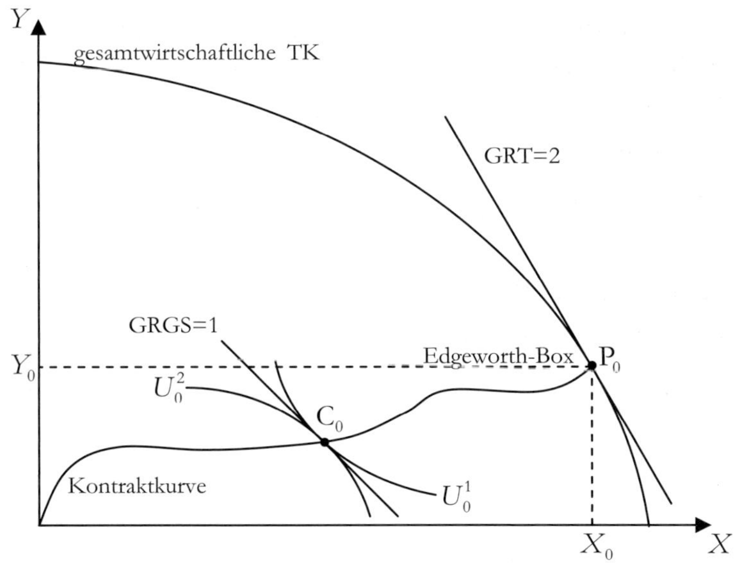

Die Individuen erreichen in dieser Situation die Nutzenniveaus U_0^1 bzw. U_0^2.

Die (gemäß der ersten Marginalbedingung für alle Individuen gleiche) GRGS habe in der Ausgangssituation den Wert

Abbildung II.16b: Globale Effizienz

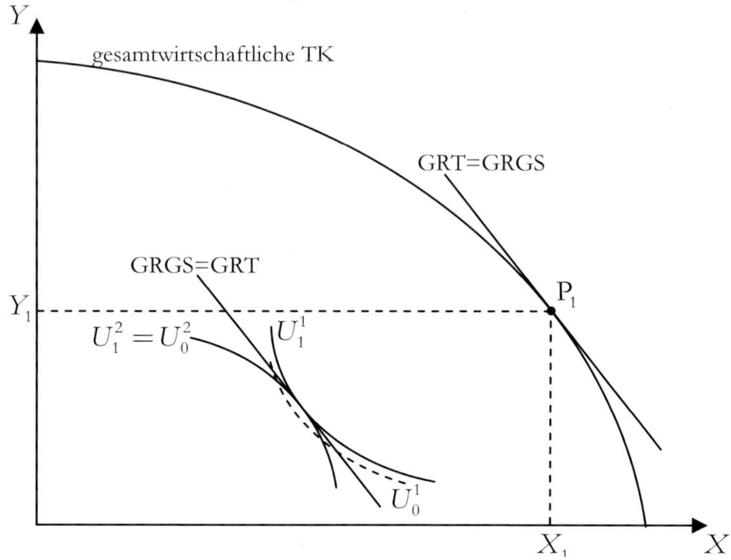

$$-\left.\frac{dy}{dx}\right|_{U=\overline{U}} = 1, \tag{II.52}$$

die (nach der vierten Marginalbedingung für alle Unternehmen gleiche) GRT

$$-\left.\frac{dy}{dx}\right|_{TK} = 2. \tag{II.53}$$

Dies bedeutet, dass die Haushalte nutzenneutral gegenüber dem Tausch sind, eine Einheit von Gut x aufzugeben und hierfür eine Einheit von y zu erhalten. Die Unternehmen hingegen sind bei einer Minderproduktion von einer Einheit x in der Lage, zwei Einheiten y mehr zu produzieren.

Eine solche Situation ist offensichtlich nicht pareto-optimal. Vielmehr ist eine Ausdehnung der Produktion von y zu Lasten von x anzustreben. Dies zieht eine Abnahme der Grenzproduktivität beider Faktoren in der y-Produktion und eine Zunahme in der x-Produktion nach sich; die Grenzrate der Transformation sinkt. Gleichzeitig sinkt infolge des Mehrkonsums von y der Grenznutzen aus y, während der Grenznutzen aus x steigt. Die GRGS steigt, bis GRT und GRGS zum Ausgleich kommen.

Die Wohlfahrtssteigerung der Gesellschaft zeigt sich auch in der Erreichbarkeit eines höheren Nutzenniveaus nach Erfüllung der fünften Marginalbedingung. Hält man das Nutzenniveau von Individuum 2 konstant $(U_1^2 = U_0^2)$, so zeigt sich, dass Individuum 1 ein höheres Nutzenniveau als U_0^1 erreichen kann. Unter Berücksichtigung der Pareto-Annahme steigt also die Wohlfahrt der Gesellschaft im Vergleich zur Ausgangssituation.

Fünfte Marginalbedingung: Die Produktionsstruktur ist dann optimal, wenn die Grenzrate der Gütersubstitution für alle Konsumenten gleich ist und mit der gesamtwirtschaftlichen Grenzrate der Transformation übereinstimmt.

Nun gilt es noch, die Realisierung der fünften Marginalbedingung **durch den Markt**, zunächst bei Autarkie, darzustellen.

Es ist gezeigt worden (vierte Marginalbedingung), dass im Optimum

$$\mathrm{GRT} = \frac{\mathrm{GPA}_y}{\mathrm{GPA}_x} = \frac{\mathrm{GPK}_y}{\mathrm{GPK}_x} \tag{II.54}$$

gilt. Es ist darüber hinaus gezeigt worden (zweite Marginalbedingung), dass die zur Produktion eines Gutes x eingesetzten Faktoren das Grenzprodukt

$$\mathrm{GPA}_x = \frac{w}{p_x} \text{ bzw. } \mathrm{GPK}_x = \frac{r}{p_x} \tag{II.55}$$

erzielen. Analoges gilt für Sektor y. Es ergibt sich also

$$\mathrm{GRT} = \frac{w/p_y}{w/p_x} = \frac{r/p_y}{r/p_x} = \frac{p_x}{p_y}. \tag{II.56}$$

Für die Konsumenten gilt, dass das Verhältnis der Grenznutzen dem Verhältnis der Güterpreise entsprechen muss:

$$\frac{p_x}{p_y} = \frac{\mathrm{GN}_x}{\mathrm{GN}_y} = \mathrm{GRGS}. \tag{II.57}$$

Abbildung II.17: Die offene Volkswirtschaft („kleines Land")

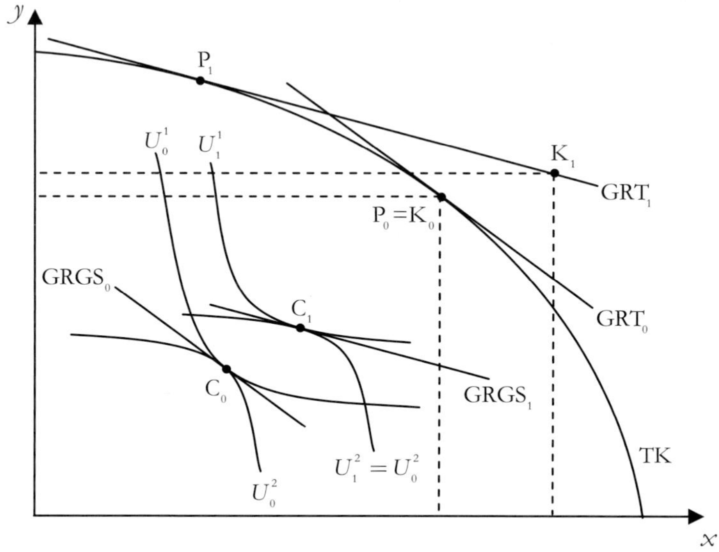

Passen sich Unternehmen und Konsumenten auf dem Gütermarkt an das gleiche Preisverhältnis an, dann wird die Produktionsstruktur im Gleichgewichtszustand optimal im Sinne der fünften Marginalbedingung sein:

$$\mathrm{GRT} = \frac{p_x}{p_y} = \mathrm{GRGS}\,. \tag{II.58}$$

Die Grenzrate der Transformation und die Grenzrate der Gütersubstitution richten sich also nach dem Preisverhältnis der in der Wirtschaft produzierten und konsumierten Güter.

Diese Überlegung gilt analog für eine (kleine) offene Volkswirtschaft. Für diese ist jedoch das Preisverhältnis durch den Weltmarkt bestimmt. Gleichzeitig haben die Wirtschaftssubjekte in der offenen Volkswirtschaft die Möglichkeit, Güter auf dem Weltmarkt gegen andere Güter einzutauschen. Daher besteht die Möglichkeit, dass die Anzahl der konsumierten Güter im Gegensatz zur geschlossenen Volkswirtschaft nicht der Zahl an produzierten Gütern entspricht: Produktionspunkt P_1 und Konsumpunkt K_1 fallen auseinander, während in der geschlossenen Volkswirtschaft der Produktionspunkt P_0 und der Konsumpunkt K_0 übereinstimmen (Abbildung II.17).

Die Produzenten der offenen Volkswirtschaft orientieren sich in ihrem Gewinnmaximierungskalkül an dem durch den Weltmarkt vorgegebenen Güterpreisverhältnis (Annahme des kleinen Landes). Sie wählen also diejenige Gütermengenkombination (denjenigen Punkt auf der Transformationskurve), die in einer Grenzrate der Transformation entsprechend dem Weltmarktpreisverhältnis resultiert (hier: GRT_1). Auch die Konsumenten orientieren sich in ihrem Nachfrageverhalten am Weltmarktpreisverhältnis. Da die inländischen Produzenten jedoch nun nicht mehr den Bedürfnissen der Nachfrager entsprechend Güter herstellen, sondern vielmehr ihrer komparativen Vorteile gemäß sich weitgehend auf die Produktion eines Gutes (hier: y) spezialisieren, können durch Handel (d.h. durch Tausch entlang der Preisgeraden) Wohlfahrtsgewinne realisiert werden. Die Volkswirtschaft tauscht also am Weltmarkt eine relativ geringe Menge y gegen eine große Menge des Gutes x ein, das im Inland nur unter vergleichsweise schlechten Bedingungen hätte hergestellt werden können. Die daraus hervorgehenden Wohlfahrtsgewinne zeigen sich in dem höheren Nutzenniveau $U_1^1 > U_0^1$, das Individuum 1 bei gleichbleibendem Nutzenniveau des Individuums 2, $U_0^2 = U_1^2$, realisieren kann.[66] Gemäß der Pareto-Annahme steigt daher das Wohlfahrtsniveau der Volkswirtschaft.

Passen sich die Unternehmen in allen Ländern bei Abwesenheit von Handelshemmnissen und Transportkosten und bei unverzerrten Wechselkursen an das gleiche Preisverhältnis an, dann muss das Verhältnis der Grenzkosten in jeweils zwei – und damit in allen – Ländern gleich sein. Folglich gleicht sich die GRT zwischen allen Ländern aus. Effizienzgewinne, die durch eine Spezialisierung entsprechend den komparativen Vorteilen entstehen, werden ausgeschöpft. Zudem gilt unter den getroffenen Annahmen, dass auch die GRGS zwischen zwei Ländern gleich sein und der GRT entsprechen muss. Damit gilt im globalen Optimum, dass auch alle freiwilligen Tauschmöglichkeiten ausgeschöpft werden.

E. Das optimale Faktorangebot

Die (unrealistische) Annahme des konstanten und exogenen Angebots an Produktionsfaktoren wird im Folgenden aufgegeben. Jetzt geht es um den Fall, dass das **Faktorangebot endogen** ist. Der Anbieter des Produktionsfaktors Arbeit wägt ab, wie viel von seiner Zeit er für das Arbeiten, wie viel für Freizeit einsetzen will.

66 Für Individuum 2 verschiebt sich wegen der Ausweitung des Güterangebots in der Volkswirtschaft der Bezugspunkt der Indifferenzkurvenschar von K_0 auf K_1. Die neue Indifferenzkurve entspricht daher hinsichtlich des Nutzenniveaus trotz des graphischen Auseinanderfallens der alten Indifferenzkurve.

Der Produktionsfaktor Kapital kann ebenfalls mit unterschiedlicher Intensität eingesetzt werden. Ein Beispiel dafür sind Maschinenlaufzeiten, die von der Nachfrage abhängen können. Hier soll die Marginalbedingung auf das Angebot von Arbeit bezogen werden.

Das Problem, das in der Volkswirtschaft zu lösen ist, betrifft die Entscheidung zwischen Verwendung und Nichtverwendung eines Produktionsfaktors. Bezogen auf den **Produktionsfaktor Arbeit** lautet das Problem konkret: Es muss eine optimale Abstimmung zwischen dem Grenznutzen aus dem Konsum und dem Grenzleid der Arbeit gefunden werden.

Das Nutzenniveau des betrachteten Haushalts ist eine positiv vom Konsum eines Gutes c sowie von Freizeit l abhängige Funktion: $U = U(c,l)$. Normiert man die verfügbare Zeit des Haushalts auf 1, so ist die Arbeitszeit des Haushaltes entsprechend $1-l$. Nach dieser Größe bemisst sich das Arbeitseinkommen $(1-l)\cdot w$, wobei w der Lohn je Arbeitszeiteinheit ist. Der Haushalt verwendet in jeder Periode sein gesamtes Einkommen auf den Konsum des Gutes c. Demnach stellt sich das Nutzenmaximierungsproblem wie folgt dar:

$$\max_{c,l} U(c,l) \text{ u. B. d. Nb. } c = (1 - l)\cdot w. \qquad \text{(II.59)}$$

Der Lagrange-Ansatz führt auf

$$\frac{\partial U}{\partial l} = \frac{\partial U}{\partial c}\cdot w \qquad \text{(II.60)}$$

bzw.

$$\frac{\partial U/\partial l}{\partial U/\partial c} = w\,. \qquad \text{(II.61)}$$

Beachtet man, dass aus der Gewinnmaximierung der Unternehmen weiterhin $w = \text{GPA}$ gilt,[67] so folgt unmittelbar die sechste Marginalbedingung, die wie folgt lautet:

[67] Da in der jetzt betrachteten Volkswirtschaft nur ein Gut gehandelt wird, ist das relative Preisniveau des betrachteten Gutes gleich eins, Wertgrenzprodukt und Grenzprodukt entsprechen sich also in diesem speziellen Fall: $p\text{GPA} = \text{GPA}$.

Sechste Marginalbedingung: Das Faktorangebot ist optimal, wenn die Opportunitätskosten der Nicht-Nutzung des Produktionsfaktors, also die Freizeit, der Grenzproduktivität dieses Faktors entsprechen.

F. Die intertemporale Effizienz (die optimale Akkumulationsrate)

Bisher wurde das Allokationsproblem zu einem *bestimmten* Zeitpunkt betrachtet und gelöst. Die Allokationsaufgabe besteht jetzt darin, die **unterschiedlichen Zeitpräferenzen von Investoren und Konsumenten** zu optimieren.

Wir analysieren diese Fragestellung, indem wir von einem (repräsentativen) Individuum ausgehen, das seinen Nutzen maximiert, der nunmehr nicht nur vom aktuellen, sondern auch vom zukünftigen Konsum abhängig ist. Dabei verfügt es in der ersten Periode über ein bestimmtes Einkommen $I_0 = c_0 + s$, das entweder direkt konsumiert (c_0) oder zu einem gegebenen Zinssatz gespart (s) und in der Folgeperiode konsumiert (c_1) wird.

Man führe sich weiterhin die aus den Volkswirtschaftlichen Gesamtrechnungen bekannte Identität zwischen Ersparnis und Investitionen in der geschlossenen Volkswirtschaft vor Augen. Wie gezeigt wurde (zweite Marginalbedingung), entlohnen die Unternehmen die Produktionsfaktoren gemäß ihrem Wertgrenzprodukt; bei Kapital hatten wir diesen Preis pro Einheit Kapital als $r = \text{GPK}$ notiert.[68] Die verfügbaren Mittel des Haushalts in Periode 2 betragen demnach $I_1 = s \cdot r$.

Das Maximierungsproblem ergibt sich wie folgt:[69]

$$\max_{c_0, c_1} U(c_0, c_1) \text{ u. B. d. Nb. } c_0 = I_0 - s \text{ und } c_1 = s \cdot r . \qquad \text{(II.62)}$$

Als Bedingung erster Ordnung ergibt sich

$$\frac{\partial U / \partial c_0}{\partial U / \partial c_1} = r = \text{GPK} . \qquad \text{(II.63)}$$

Den linken Ausdruck dieser Gleichung wollen wir als Grenzrate der intertemporalen Substitution zwischen Gegenwarts- und Zukunftskonsum (GRIS) bezeichnen.

---

68 r ist nicht zu verwechseln mit einem Zins*satz*. Dieser ergibt sich als $r'' = (s \cdot r - s)/s = r - 1$.

69 Der Preis des Konsumgutes kann wieder auf 1 normiert werden.

Da alle Haushalte bei vollkommenen Märkten die gleiche Verzinsung ihrer Ersparnisse realisieren, gilt:

> **Siebte Marginalbedingung**: Das Verhältnis der Grenznutzen eines Gutes, das zu verschiedenen Zeitpunkten konsumiert wird, ist bei allen Individuen, die dieses Gut nachfragen, gleich. Es entspricht genau der Grenzproduktivität des Kapitals.

↑______________________________ **Ende Zusatzlektüre**

G. Zur wirtschaftspolitischen Bedeutung der Marginalbedingungen

In diesem Abschnitt werden die Marginalbedingungen noch einmal zusammengefasst und auf einen Blick dargestellt. Anschließend werden einige ihrer Eigenschaften kritisch diskutiert und wirtschaftspolitische Schlussfolgerungen gezogen.

1. **Tauschoptimum**: Das Verhältnis der Grenznutzen, d.h. die Grenzrate der Substitution, zwischen zwei beliebigen Gütern ist für alle Wirtschaftssubjekte, die diese Güter konsumieren, gleich. In einer graphischen Darstellung tangieren sich die Indifferenzkurven zweier Wirtschaftssubjekte. Für jeden Konsumenten ist die Grenzrate der Substitution zwischen zwei Gütern gleich dem reziproken Verhältnis der Preise dieser Güter. Durch weitere Tauschakte kann keiner der Marktpartner mehr einen Vorteil erreichen, ohne dass der andere einen Nachteil erleidet.

2. **Optimaler Faktoreinsatz:** Die Grenzproduktivität eines Produktionsfaktors stimmt für alle Produzenten überein, die diesen Faktor bei der Erzeugung des gleichen Gutes einsetzen. Durch Umlenkung des Faktors, z.B. durch Arbeitsplatzwechsel, kann die Produktion nicht weiter gesteigert werden.

3. **Optimale Faktorallokation**: Das Verhältnis der Grenzproduktivitäten, d.h. der Grenzrate der Substitution zwischen zwei beliebigen Produktionsfaktoren bei der Erzeugung eines Gutes, ist für alle Unternehmen gleich, die mit Hilfe dieser Faktoren dieses Gut herstellen. In der graphischen Darstellung tangieren sich die Isoquanten der betrachteten Produktionsfunktionen. Jeder Produzent wird die Faktornachfrage so lange variieren, bis für jeden eingesetzten Produktionsfaktor dessen Wertgrenzprodukt gleich dem Faktorpreis ist. Die gesamtwirtschaftlichen Durchschnittskosten erreichen ein (lokales) Minimum.

4. **Optimale Arbeitsteilung** (Produktionsoptimum): Die Grenzrate der Transformation zwischen zwei beliebigen Gütern ist bei allen Unternehmen gleich, die diese Güter herstellen. In einer graphischen Darstellung sind die Steigungsmaße der Transformationskurven gleich. Dies bedeutet, dass das Verhältnis der sozialen Grenz-(Opportunitäts-)Kosten bei allen Unternehmen gleich ist. Das Grenzkostenverhältnis der beiden Güter ist zudem gleich dem Verhältnis ihrer Preise. Dieser Marginalbedingung entspricht das Theorem der komparativen Kostenvorteile, das von zentraler Bedeutung in der realen Außenhandelstheorie ist und bei der wirtschaftspolitischen Gestaltung der internationalen Handelsbeziehungen die unter Effizienzaspekten gewünschte Orientierung gibt.
5. **Optimale Produktionsstruktur**: Das Verhältnis der sozialen Grenznutzen ist für jedes Güterpaar gleich dem Verhältnis seiner sozialen Grenzkosten. In der graphischen Darstellung besteht ein Tangentialpunkt zwischen der Grenzrate der Substitution und der Grenzrate der Transformation.
6. **Optimales Faktorangebot**: Diese Marginalbedingung ist für den Produktionsfaktor Arbeit von besonderer Bedeutung. Hier spielt das Arbeitsleid, d.h. die entgangene Freizeit, eine maßgebliche Rolle: Bei steigendem Arbeitsangebot steigt das Grenzleid der Arbeit progressiv an; das zusätzliche Einkommen bei Mehrarbeit muss gerade ausreichen, um den Arbeiter für den Nachteil, nämlich den Verlust an Freizeit, zu entschädigen. Das Angebot des Faktors Arbeit ist optimal, wenn die Grenzrate der Substitution von Einkommen in Freizeit gleich dem Lohnsatz ist.
7. **Optimale Akkumulationsrate**: Diese Marginalbedingung bezieht sich auf den Kapitalmarkt, d.h. sie fokussiert die Zeitpräferenzen der Investoren und Konsumenten. In der Regel haben Investoren eine höhere Zeitpräferenz, schätzen also zukünftigen Verbrauch höher, als Konsumenten. Diese Unterschiede werden durch den Zinsmechanismus ausgeglichen. Im Optimum, d.h. im Zustand der intertemporalen Effizienz, ist das Verhältnis der Grenznutzen zweier Güter, die zu unterschiedlichen Zeitpunkten erhältlich sind, bei allen Individuen, die diese Güter konsumieren, gleich.

Die Realisierung der Marginalbedingungen geschieht durch den Marktmechanismus, idealisiert in der Marktform der vollständigen Konkurrenz. Das Wohlfahrtsoptimum kann durch eine Koordinierung der einzelwirtschaftlichen Wirtschaftspläne über Marktprozesse, also dezentral verwirklicht werden. Man braucht nicht den zentralen Planer bzw. den wohlmeinenden Diktator. Aus **allokationstheoretischer Sicht** gibt es **keinen Grund für die Wirtschaftspolitik, in die marktliche Allokation der Ressourcen einzugreifen**, selbst wenn die Annahme der vollkommenen Konkurrenz nicht in reiner Form zutrifft, aber gleichwohl ein funktionstüchtiger Wettbewerb auf den Faktor- und Gütermärkten herrscht. Nur wenn bestimmte Umstände den Wettbewerbsmechanismus in einem ganz spezifischen Sinne stören und allokative Ineffizienzen auslösen, wenn nämlich Marktversagen besteht, müsste die Wirtschaftspolitik eingreifen.[70]

Das Modell des zentralen Planers bzw. des wohlmeinenden Diktators hat allerdings nichts mit einer Zentralverwaltungswirtschaft gemein. Die Allokationsaufgabe stellt sich grundsätzlich, also in jeder Wirtschaftsordnung. Der Vorteil des Marktsystems besteht darin, dass die Individuen ihr dezentral verteiltes Wissen über Präferenzen, Faktorangebote usw. einbringen können. Der Markt sammelt also das Wissen.[71] Bestünde das für die Realisierung des Wohlfahrtsoptimums notwendige Wissen zentral, namentlich das Wissen über die Gleichgewichtspreise auf den Güter- und Faktormärkten, könnte dieses Optimum auch durch staatliche Steuerung erreicht werden. Dies ist Gegenstand der Theorie des sog. **Konkurrenzsozialismus.**[72] Darin dürfte es allerdings auch kein privates Eigentum bzw. keine Verfügungsrechte geben, wie sie von Eucken als konstitutiv für eine demokratisch verfasste Marktwirtschaftsordnung angesehen wurden (Abschnitt I.5). Aber nicht nur deswegen, sondern vor allem wegen des ungelösten Wissensproblems, besteht heutzutage Einmütigkeit darüber, dass das Modell des Konkurrenzsozialismus keine Chance auf eine vernünftige Umsetzbarkeit hat. Tatsächlich sind alle Versuche, das Allokationsproblem planwirtschaftlich in den Griff zu bekommen, kläglich gescheitert, auch in der einstigen DDR. Das Modell des allwissenden zentralen Planers hat mithin nur didaktischen Wert.

H. Die Suche nach dem gesamtwirtschaftlichen Optimum

Die Marginalbedingungen können ein Problem nicht lösen, das durch das Pareto-Kriterium vorgegeben ist: Im Rahmen der Marginalanalyse existiert eine **Vielzahl unterschiedlicher Allokationen, die sämtliche Marginalbedingungen erfüllen.** Es ist aber nicht bekannt, welche Allokation man wählen soll.

Wir betrachten wieder zwei Individuen. Je nach gewählter Produktionsweise (d.h. Einsatz und Allokation der Produktionsfaktoren) sowie den Verteilungsmodalitä-

70 Dass dies nicht so einfach ist, zeigen Überlegungen zur dynamischen Effizienz (Abschnitt II.5). Dort werden zur vollständigen Konkurrenz alternative Wettbewerbsparadigmen diskutiert.

71 Er sammelt es nicht nur, sondern er kann das Wissen auch generieren.

72 Dieses Modell geht auf Lange (1936, 1937) zurück. Es beschreibt eine „sozialistische Marktwirtschaft", in der sich trotz Verstaatlichung aller Produktionsmittel die paretianischen Effizienzkriterien erfüllen lassen. Kritisch hierzu u.a. Giersch (1961, S. 165ff.) und Sohmen (1992, S. 447ff.).

Abbildung II.18: Nutzenmöglichkeitskurve

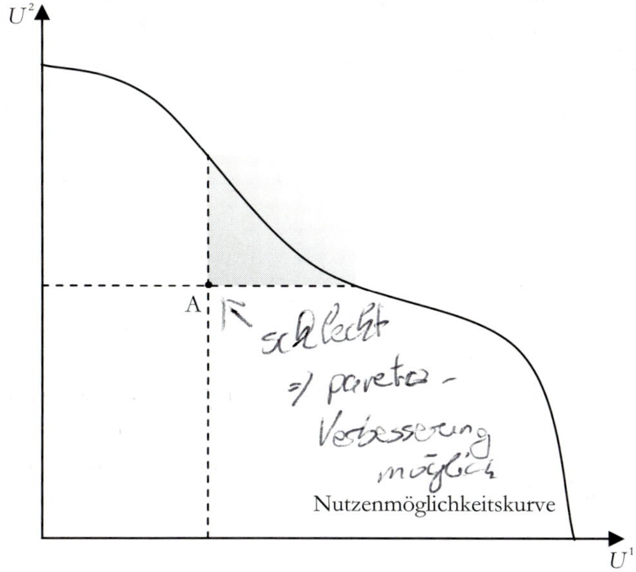

ten in der Volkswirtschaft ergibt sich für beide Individuen je ein eindeutiges Nutzenniveau. Stellt man diese Kombinationen im Nutzenraum, d.h. in einem U^1/U^2-Diagramm, graphisch dar, so erhält man eine Menge von Punkten, die durch eine monoton fallende Kurve, die sog. Nutzenmöglichkeitskurve, begrenzt wird (Abbildung II.18).

Alle Punkte auf dieser Kurve sind pareto-optimale Zustände; eine Umverteilung der Güter und Faktoren kann keine Verbesserung der Situation eines Individuums bewirken, ohne hierdurch das andere Individuum schlechter zu stellen. Alle Marginalbedingungen sind demnach erfüllt. Nur bei Punkten unterhalb der Nutzenmöglichkeitskurve, z.B. bei Punkt A, wäre zumindest eine Marginalbedingung verletzt und demnach eine Pareto-Verbesserung möglich.

Selbst wenn man diese ineffizienten Punkte außer Acht lässt, kann auf der Nutzenmöglichkeitskurve selbst kein Punkt eindeutig als soziales Wohlfahrtsoptimum identifiziert werden. Man bräuchte zur Klärung dieser Frage vielmehr eine soziale Wohlfahrtsfunktion vom Bergson-Samuelson-Typ (Unterabschnitt 2.A).[73]

---

73 Mit Blick auf das Arrowsche Unmöglichkeitstheorem (Unterabschnitt II.2.A)unterstellen wir eine „diktatorisch“ festgelegte soziale Wohlfahrtsfunktion.

Abbildung II.19: Soziales Wohlfahrtsoptimum

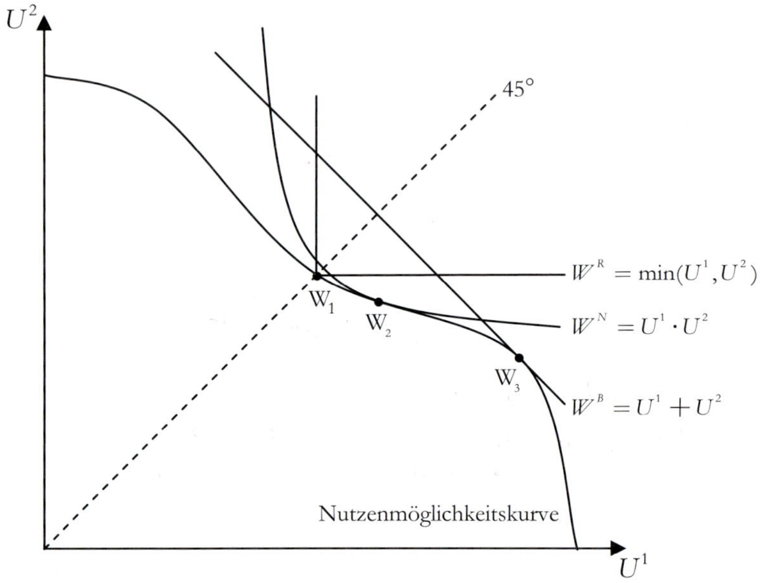

Es sei an dieser Stelle noch einmal ausdrücklich betont, dass mit der Festlegung einer sozialen Wohlfahrtsfunktion methodologisch eine Grenze überschritten wird. Diese Grenze ist gekennzeichnet durch die **Notwendigkeit eines starken Werturteils**, um die Gestalt der sozialen Wohlfahrtsfunktion zu bestimmen. Die bisherige Analyse der Allokationskriterien stützte sich allein auf das Pareto-Kriterium als zugrundeliegendes Werturteil. Dieses kann wohl als vergleichsweise unstrittig gelten. Die Ermittlung der sozialen Wohlfahrtsfunktion hingegen bedarf einer wesentlich weitgehenderen Festlegung.

So überrascht es nicht, dass in der Literatur unterschiedlichste Arten sozialer Wohlfahrtsfunktionen betrachtet werden. Wir fokussieren drei Grundvarianten (vgl. zu den zugehörigen sozialen Indifferenzkurven Abbildung II.19):

- Die **utilitaristische Variante** von Bentham (1789), der „das größte Glück der größten Zahl" anstrebte. Die soziale Wohlfahrtsfunktion hat danach die Form $W^B = U^1 + U^2 + \ldots + U^n$, d.h. möglichst vielen Menschen soll es möglichst gut gehen, jedes Individuum trägt zur Wohlfahrt bei, und jedes tut es in gleicher Weise. Implizit liegt dieser Nutzenfunktion die Annahme gleichen Grenznutzens zugrunde, was nicht unproblematisch ist: $dU^i / dU^j = -1$.
- Die **Bernoulli-Nash-Wohlfahrtsfunktion** (Nash 1950) $W^N = U^1 \cdot U^2 \cdot \ldots \cdot U^n$ ergibt eine konkav zum Ursprung gebogene Indifferenzkurve. Dies

impliziert, dass die gesellschaftliche Wohlfahrt bei sehr geringem Nutzenniveau eines Individuums ebenfalls nur ein sehr geringes Niveau annehmen kann. Die Funktion führt daher im Vergleich zur Wohlfahrtsfunktion utilitaristischer Prägung tendenziell zu einem ausgeglicheneren Nutzenniveau der Individuen im Optimum.

- Die **Rawlssche Variante** (Rawls 1971) bestimmt die gesellschaftliche Wohlfahrt über den Nutzen ihrer ärmsten Mitglieder. Dahinter steht die Vorstellung einer egalitären Gesellschaft. Disparitäten in der personellen Einkommensverteilung dürfen nicht größer sein, als nötig ist, um die wirtschaftliche Lage der Menschen mit den niedrigsten Einkommen verbessern zu können. Man spricht deshalb von einer Maximin-Wohlfahrtsfunktion: $W^R = \min(U^1, U^2)$ [74].

Die Bedingung für ein gesamtwirtschaftliches Optimum ist dann durch die Gleichheit der Grenzrate der sozialen Nutzensubstitution zwischen Individuum 1 und 2 einerseits und der Grenzrate der Nutzentransformation, d.h. der Steigung der Nutzenmöglichkeitskurve, andererseits gegeben.

Man beachte, dass die dargestellten Wohlfahrtsfunktionen die Möglichkeit interpersoneller Nutzenvergleiche und kardinaler Nutzenmessung voraussetzen. Dies macht man sich leicht klar, indem man sich folgendes Verteilungsproblem vergegenwärtigt (Mueller 2003, S. 564ff.):

Wir nehmen an, dass es in der Volkswirtschaft sechs Einheiten eines Gutes gibt, das auf die beiden Individuen alloziiert werden soll. Soll eine Beurteilung der sozialen Wohlfahrt unabhängig von interpersonellen Nutzenvergleichen sein, so setzt dies voraus, dass sich die ordinale Reihenfolge unterschiedlicher Verteilungsmöglichkeiten nicht in Abhängigkeit von der Gestalt der jeweiligen individuellen Nutzenfunktionen ändert.

Man nehme zum Beispiel an, dass folgende Ungleichung gilt:

$$U^1(3) + U^2(3) > U^1(4) + U^2(2). \tag{II.64}$$

Nach der utilitaristischen Wohlfahrtsfunktion ist die Verteilung von 3 Gütereinheiten an Individuum 1 und 3 Einheiten an Individuum 2 bci den gegebenen Präferenzen also der Verteilung 4 zu 2 Einheiten vorzuziehen. Jedoch: Gilt dieses

---

74 Man beachte, dass die Rawls-Wohlfahrtsfunktion streng genommen nicht das Pareto-Kriterium erfüllt. Eine Verbesserung der Situation eines Individuums bringt (sofern es sich nicht um das ärmste Mitglied der Gesellschaft handelt) keine Verbesserung der gesellschaftlichen Wohlfahrt mit sich.

Ergebnis unabhängig von den individuellen Nutzenfunktionen, sofern diese in ordinaler Betrachtung zum gleichen Ergebnis führen, d.h. einer lediglich linearen Transformation unterliegen?

Die Antwort ist nein, denn die Multiplikation der Nutzenfunktion des Individuums 1 mit einer beliebigen Konstante k führt zu

$$k \cdot U^1(3) + U^2(3) > k \cdot U^1(4) + U^2(2). \qquad \text{(II.65)}$$

Erfüllt die soziale Wohlfahrtsfunktion die an sie gestellte Bedingung, lediglich ordinale individuelle Präferenzen zugrunde zu legen, so muss obige Ungleichung ebenso wie die vorhergehende Ungleichung erfüllt sein. Allerdings gilt nach Umformung

$$k \cdot \left(U^1(4) - U^1(3)\right) < U^2(3) - U^2(2). \qquad \text{(II.66)}$$

Wenn k sehr hoch gewählt wird, dann wird der linke Term größer werden als der rechte, vorausgesetzt es gilt, dass das Individuum 1 einen positiven Nutzen aus dem Konsum der vierten Einheit des Gutes hat. Damit ändert sich offensichtlich in Abhängigkeit von der funktionalen Form von U^1 die ordinale Reihung der zwei Verteilungssituationen in der Beurteilung durch eine utilitaristische Wohlfahrtsfunktion. Sie ist damit nicht invariant gegenüber monotonen Transformationen und setzt daher kardinale, interpersonell vergleichbare individuelle Präferenzen voraus. Dieses Ergebnis lässt sich auf andere funktionale Formen sozialer Wohlfahrtsfunktionen übertragen.[75]

Bergson (1938) war sich dieses Problems durchaus bewusst. Daher ist er davon ausgegangen, dass nicht der Nutzen der Individuen, sondern die konsumierten Mengen der Individuen die Argumente der sozialen Wohlfahrtsfunktion sein sollen; denn diese sind kardinal messbar, spiegeln aber nicht notwendigerweise die Präferenzen wider. Ob die soziale Wohlfahrtsfunktion vom Bergson-Samuelson-Typ tatsächlich kardinalen Nutzen voraussetzt, ist eine Zeit lang Gegenstand wissenschaftlicher Kontroverse gewesen. Seit den 1960er-Jahren besteht jedoch weitgehend Einigkeit, dass tatsächlich kardinale Präferenzen Voraussetzung für diesen Typ Wohlfahrtsfunktion sind.

Eine diese Anforderungen erfüllende soziale Wohlfahrtsfunktion wird, abgesehen von den aus dem Arrowschen Unmöglichkeitstheorem folgenden Implikationen

---

75 Anhand ähnlicher Transformationen kann auch die Notwendigkeit kardinaler Nutzenmessung für die Bernoulli-Nash-Funktion gezeigt werden. Vgl. Mueller (2003, S. 564ff.).

hinsichtlich demokratischer Entscheidungsmechanismen zur Wahl einer sozialen Wohlfahrtsfunktion, im Regelfall nicht ermittelbar sein.[76] Notwendig ist daher eine Lösung des Verteilungsproblems über den Marktmechanismus.

In der Marktwirtschaft hängt das Ergebnis vor allem von zwei Faktoren ab:

- von der Eigentümerschaft an Produktionsfaktoren: Markteinkommen kann nur erzielen, wer Eigentum an Produktionsfaktoren besitzt, deren Leistungsabgabe am Markt nachgefragt wird.
- von der Produktivität: Die Höhe der Faktorentlohnung ist an die Produktivität gebunden. Für die Produktivität ist auch die Einsatzmenge des komplementären Produktionsfaktors bzw. die relative Knappheit des Produktionsfaktors maßgeblich. Steht beispielsweise relativ viel Kapital pro Arbeitnehmer zur Verfügung, ist die Grenzproduktivität der Arbeit höher als im Falle geringer Kapitalintensität.

Insgesamt gilt, dass das am Markt erzielte individuelle Einkommen vom eigenen Bemühen abhängt, zugleich aber auch durch die einzelwirtschaftlichen Dispositionen einer Vielzahl anderer Wirtschaftssubjekte mitbestimmt wird. Darüber hinaus – das wird im Verlaufe des Buches noch deutlicher – spielen die von der Wirtschaftspolitik gesetzten Rahmenbedingungen auch für die Verteilung eine zentrale Rolle.

Im Folgenden wird die Entwicklung der **Verteilungssituation** durch die marktlichen Beziehungen in der Bundesrepublik Deutschland beleuchtet. Es ist wichtig festzuhalten, dass hier auf die Einkommen der Bürger *vor* der staatlichen Umverteilungspolitik abgestellt wird. Im Rahmen dieser Analyse sind zwei Dimensionen der Verteilungsfrage zu unterscheiden: zum Einen die Frage nach der funktionellen Einkommensverteilung, zum Anderen die Frage nach der personellen Einkommensverteilung.

- **Funktionelle Einkommensverteilung:** Hier wird die Frage gestellt, wie das Einkommen auf die Eigentümer der Produktionsfaktoren Arbeit und Kapital verteilt wird. Relevante Verteilungsmaße sind
- die **Lohnquote** (Lohneinkommen bezogen auf das Volkseinkommen, bereinigt um die Veränderungen der Erwerbsstruktur) und

---

[76] Bruno S. Frey versucht seit einiger Zeit, kardinale Nutzenmessungen durchzuführen (Frey und Stutzer 2000); siehe auch Abschnitt II.B. in diesem Kapitel.

- die **Arbeitseinkommensquote** (Verhältnis von Lohneinkommen je beschäftigtem Arbeitnehmer zum Volkseinkommen je Erwerbstätigen, unter Berücksichtigung verschiedener Effekte, insbesondere der Veränderungen der Arbeitgeberbeiträge zur Sozialversicherung, der Produktivität, der Terms of Trade und des Deflators der inländischen Verwendung).[77]
- **Personelle Einkommensverteilung**: Die zentrale Frage hier lautet: Wie wird das am Markt erwirtschaftete Einkommen auf die privaten Haushalte verteilt? Diese Frage ist aus wirtschaftspolitischer Sicht die eigentlich relevante, weil die Individuen bzw. die Haushalte häufig aus mehreren Quellen zugleich Einkommen beziehen. So sind viele Arbeitnehmer auch Wertpapierbesitzer oder Hauseigentümer und haben neben dem Lohn Zinseinkünfte bzw. Mieteinnahmen.

Die Entwicklung der personellen Einkommensverteilung wird vom Sachverständigenrat seit dem Jahre 1998 rückwirkend für den Zeitraum ab 1983 untersucht (z.B. Sachverständigenrat 2002, Ziffern 633ff., sowie 2007, Ziffern 714ff.). Die Datenlage ist sehr schwierig. Die benötigten Informationen werden aus repräsentativen Befragungen der privaten Haushalte gewonnen und im Rahmen der Einkommens- und Verbrauchsstichprobe (EVS) des Statistischen Bundesamtes und des Sozio-oekonomischen Panels (SOEP) des Deutschen Instituts für Wirtschaftsforschung aufbereitet.

- Zum einen wird auf Grundlage von unterschiedlichen Disparitätsmaßen untersucht, inwieweit sich im Untersuchungszeitraum die **Ungleichheit der Markteinkommen** verändert hat. Das bekannteste Disparitätsmaß ist der Gini-Koeffizient, der aussagt, inwieweit die tatsächliche Verteilung von der absoluten Gleichverteilung abweicht (Konzept der Lorenzkurve). Außerdem werden, wie bei empirischen Verteilungsanalysen üblich, die Theil-Koeffizienten und die Verhältniswerte aus verschiedenen Quartalsgrenzen berechnet, um ein möglichst vollständiges Bild über die Entwicklung der personellen Einkommensverteilung zeichnen zu können. Im Ergebnis unterscheiden sich die Aussagen nach der EVS und dem SOEP nur geringfügig. Insgesamt hat sich die personelle Einkommensverteilung im Zeitablauf nur wenig gespreizt, wobei gleichzeitig die Markteinkommen im Durchschnitt aller privaten Haushalte gestiegen sind. Die gelegentlich formulierte These, es habe sich in Deutschland ein „Defizit an sozialer Gerechtigkeit“ herausgebildet, wird

[77] Das Berechnungsverfahren wird in den Jahresgutachten des Sachverständigenrats (Anhang, Methodische Erläuterungen) im Einzelnen dargestellt.

durch die tatsächliche Entwicklung der personellen Einkommensverteilung nicht in dieser Strenge bestätigt. Über das Steuersystem und die staatlichen Transferzahlungen werden die Marktergebnisse im Sinne der sozialpolitischen Umverteilungsziele deutlich korrigiert. Die Vermögen sind allerdings ungleicher verteilt.

- Zum anderen hat der Sachverständigenrat die **vertikale Einkommensmobilität** untersucht. Dahinter verbirgt sich die Frage, ob Möglichkeiten für Individuen bzw. Haushalte bestehen, ihre relative Einkommensposition zu verändern. Das Ergebnis ist, dass zahlreiche private Haushalte innerhalb weniger Jahre aus den unteren Einkommensklassen herauskommen und ihre materielle Lage absolut und relativ verbessern können. Die vertikale Einkommensmobilität in Deutschland ist beachtlich. Die marktliche Einkommensverteilung ist also nicht zementiert.

Für die Wirtschaftspolitik bedeuten diese Befunde in erster Linie, dass sie dem Allokationsziel die höchste Aufmerksamkeit schenken sollte, worunter Verteilungsziele aber nicht vernachlässigt werden brauchen. Zu beachten ist allerdings, dass sich der Staat bei Umverteilungsmaßnahmen nicht übernimmt und dadurch Allokationsverzerrungen erzeugt, die Antriebskräfte der Wirtschaft lähmt und damit letztlich das Wachstum beeinträchtigt und Verteilungsspielräume verengt. In einer dynamischen, wachsenden Wirtschaft kann das Verteilungsziel eher erreicht werden als in einer stagnierenden. Wenn überdies die Einkommensverteilung nicht zementiert ist, spricht dies dafür, dass leistungsbereite Individuen durchaus in der Lage sind, ihre Einkommen zu steigern und in der Einkommenshierarchie aufzusteigen.

I. Die Totalbedingungen: Grenzen der Marginalanalyse

Die Marginalbetrachtung beschreibt notwendige Bedingungen für ein Optimum, nicht aber hinreichende. Bei den Marginalbedingungen geht es um kleine Veränderungen beim Tausch, beim Faktoreinsatz, bei der Faktorallokation oder bei der Produktion. Dabei ist unklar, was durch die Marginalbedingungen letztlich beschrieben wird: Handelt es sich um ein globales Optimum oder um ein lokales Optimum? Um diese Unterscheidung treffen zu können, müsste eine Totalbetrachtung durchgeführt werden. Zwei Problembereiche werden in diesem Zusammenhang immer genannt:

- **Nicht-Konvexitäten in der Produktion**: Steigende Skalenerträge in der Produktion eines Gutes, z.B. wegen Unteilbarkeiten, können dazu führen, dass die Transformationskurve abschnittsweise nicht konvex verläuft. Das Problem besteht dann in der möglichen Existenz multipler Gleichgewichte, die mit Hilfe der Marginalbedingungen nicht bewertet werden können. Es ist überdies nicht ausgeschlossen, dass man dann ein Wohlfahrtsniveau realisiert, das niedriger ist als das optimale.

- **Niveauveränderungen**: Positive Angebotsschocks verschieben die Transformationskurve nach außen. Beispiele für nicht-marginale Veränderungen bzw. solche Schocks sind die Einführung neuer Produktionstechnologien oder die Entwicklung neuer Produkte. Im Rahmen der Marginalbetrachtungen wird der Eindruck erweckt, die Wohlfahrt könne nur durch die Reallokation von bereits Vorhandenem geändert werden, nicht jedoch durch Verfahrensinnovationen und Produktinnovationen.

Giersch (1961, S. 122ff.) hat daher vorgeschlagen, die Marginalbedingungen durch **Totalbedingungen** zu ergänzen, um auch solchen Niveauveränderungen Rechnung tragen zu können. Es ist wie bei einer Wanderung im Gebirge: Hat man einen steilen Weg nach oben zurückgelegt, ist man unter Umständen noch nicht am Gipfel angelangt, sondern muss erst noch einige Täler durchlaufen und neue Steigungen bewältigen, bis man am Ziel ist. Giersch zufolge ist ein **totales Optimum** dann erreicht, „...wenn es nicht mehr möglich sein darf, den Wohlstand zu erhöhen, indem ein bisher nicht erzeugtes Gut produziert, ein neuer Betrieb errichtet oder geschlossen, ein neuer Produktionsfaktor verwendet oder ein bisher nur in einigen Betrieben verwendeter Faktor auch in anderen Betrieben eingesetzt wird." (Giersch 1961, S. 122). Man könnte ergänzen: Im totalen Optimum kann auch eine neue Technologie die gesellschaftliche Wohlfahrt nicht erhöhen.

Tatsächlich müssen in der Wirtschaftspolitik häufig **Entscheidungen** getroffen werden, die **struktureller Art** sind. Ein aktuelles Beispiel aus der Energiepolitik mag dies verdeutlichen: Der Bau der durch den Thüringer Wald geplanten Hochspannungsleitung (Kerner 2008) kann nicht kilometerweise entschieden werden. Für alle Teilstücke hätten die Marginalbedingungen erfüllt sein müssen. Dies war offenbar nicht der Fall, wenn man die Widerstände seitens zahlreicher Bürgerinitiativen als Ausdruck der Abweichung von den Marginalbedingungen interpretiert. Daher braucht die Wirtschaftspolitik als Referenzmaßstab auch die Totalbedingungen. Das Problem mit den Totalbedingungen für die Wirtschaftspolitik ist jedoch, dass sie nicht so detailliert und präzise wie die Marginalbedingungen modelliert und beschrieben werden können. Das mindert aber nicht die ökonomische Bedeutung der Totalbedingungen. Der dahinter stehende Grundgedanke, dass nämlich die Marginalbedingungen nur Bedingungen erster Ordnung sind, bleibt richtig. Die formale Eleganz der Marginalbedingungen darf nicht dazu verleiten, ihnen allein praktische Relevanz zuzusprechen.

5. Statische Effizienz und dynamischer Wettbewerb

A. Kritik am Modell der vollständigen Konkurrenz

Neben der konstitutionenökonomischen Kritik an der Allokationstheorie (Unterabschnitt 3.D) gibt es die Kritik, dass das Modell der vollständigen Konkurrenz zur Herleitung der Marginalbedingungen den dynamischen Aspekten des Wirtschaftslebens nicht gerecht werde. Konkret wird bemängelt:

- die fehlende Realitätsnähe der Annahmen sowie
- die statische Natur der Analyse.

Die Kritik am Modell vollständiger Konkurrenz wegen **fehlender Realitätsnähe der Annahmen** ist weit verbreitet. Sie wird auch unter dem Stichwort **Nirwana-Trugschluss** diskutiert. In der Realität treffen die Annahmen generell nicht zu. So ist die Mobilität der Produktionsfaktoren zwischen den Sektoren beschränkt. Wer heute an der Produktion des Gutes x beteiligt ist, wird morgen nicht mit derselben Produktivität das Gut y herstellen können; dies gilt für den Kapitalstock ebenso wie für den Faktor Arbeit. Außerdem ist die Transparenz der Marktteilnehmer eingeschränkt, d.h. Informationskosten existieren. Überdies ist die Welt der vollständigen Konkurrenz institutionenlos. Unter Institutionen sind in diesem Zusammenhang nicht nur die Träger der Wirtschaftspolitik, wie im Abschnitt I.3.A thematisiert, gemeint; sondern es sind darunter vor allem Beziehungen und Regeln zu verstehen, die Transaktionskosten – über die Informationskosten hinaus – verursachen. Es gibt Interessengruppen, und staatliche Stellen haben eigene Interessen, wie wir im Kapitel IV im Einzelnen sehen werden. All dies sorgt dafür, dass die Marginalbedingungen in der Praxis nur selten erfüllt sind. Schließlich ist zu beachten, dass die Güter in der Wirklichkeit nicht unbedingt homogen sind. Vielmehr findet Produktdifferenzierung statt, und zwar auf verschiedenen Teilmärkten in unterschiedlichem Ausmaß. Die Marktstruktur divergiert auf einzelnen Teilmärkten. Mit anderen Worten: Das Modell vollständiger Konkurrenz findet seine Grenzen in der **Komplexität** der tatsächlichen Marktstruktur.

Der zweite Kritikpunkt bezieht sich auf die **statische Natur der Analyse**. Das Modell der vollständigen Konkurrenz bildet lediglich statische Effizienz ab, **dynamische Aspekte werden nicht berücksichtigt**. So sind sämtliche relevanten Größen durch das Modell vorgegeben. Dies muss und kann aber in der Realität nicht sein. Im Wettbewerb stellen sich diese Größen oftmals erst heraus:

- Gegeben sind im statischen Modell die **Produktionstechnik** und das **Gütersortiment**. In der Realität gibt es aber Investitionen und Innovationen, die neue Fertigungsverfahren und neue Produkte hervorbringen.
- Ebenfalls gegeben im statischen Modell sind die **Präferenzen der Wirtschaftssubjekte**. In der Realität verändert sich indes mit steigendem Einkommen die Nachfragestruktur, nicht zuletzt durch Werbung, d.h. durch Informationen, die nicht kostenlos zu haben sind, werden neue Wünsche generiert.
- Die **Faktorausstattung** ist im statischen Modell gegeben und fix. In der Realität wandelt sie sich aber. Gründe dafür sind Veränderungen im Wachstum der Erwerbsbevölkerung, Investitionen in Humankapital und in Sachkapital, der durch den internationalen Güteraustausch bedingte Strukturwandel und dessen Auswirkung auf die Faktorintensitäten in der Produktion oder die Tatsache, dass viele natürliche Ressourcen endlich (erschöpfbar) sind und deshalb neue Faktorkombinationen erforderlich werden.

Dies führt zur grundlegenden Kritik an der Theorie des vollkommenen Marktes: Diese Theorie sei nicht geeignet zur Beurteilung der Funktion des Wettbewerbs, da sie den Endzustand, der durch Wettbewerb erreicht werden soll, als Ausgangspunkt annehme. Darunter fällt z.B. das Wissen um die Kosten der Produktion, auch die der Konkurrenz, und die Präferenzen der Konsumenten. Den Prozess, durch den dieser Zustand herbeigeführt wird, blende die Theorie aus. Somit würden per Annahme jegliche wettbewerbliche Tätigkeiten in einer Volkswirtschaft ausgeschlossen: Werbung und Produktdifferenzierung, d.h. das Ausnutzen persönlicher Präferenzen der Konsumenten, Preisunterbietung, Aufspüren neuer Produktionen und Informationsdiffusion, d.h. Meinungsbildung und Verwertung des Wissens.

Für die Verwendung des Modells der vollständigen Konkurrenz zur Beurteilung einzelner wirtschaftspolitischer Situationen spricht allerdings der Umstand, dass es der Vereinfachung dient, denn es soll und kann tatsächlich Komplexität reduzieren. Deswegen ist nichts gewonnen, wenn das Modell nun vollständig verworfen wird. Im Gegenteil, es erlaubt, Marktprozesse in Reinheit zu analysieren. Die Klarheit der Annahmen und die Einfachheit der Analyse bringen eindeutige Ergebnisse, die unter Verwendung einer komplexeren, realitätsnäheren Betrachtung so nicht zu erzielen sind. Auf dieser Grundlage lässt sich dann durch Einführung wirklichkeitsnäherer Gesichtspunkte wirtschaftspolitisch argumentieren. Im Folgenden werden die strengen Annahmen des Modells der vollständigen Konkurrenz aufgeweicht, und alternative Wettbewerbskonzepte werden vorgestellt.[78]

B. Dynamische Aspekte des Wettbewerbs

In Ergänzung zum statischen Effizienzkriterium als wirtschaftspolitisches Leitbild gibt es das **Kriterium der dynamischen Effizienz**. Es handelt sich dabei im Kern um eine mehrstufige, langfristige, möglicherweise sogar unendliche Betrachtung von Handlungen am Markt. Der Wettbewerb wird vor allem im Zeitverlauf, mehr vom Prozess als vom Ergebnis her – wie in der statischen Allokationstheorie üblich – beurteilt. Insofern finden sich in dieser Weiterentwicklung auch Elemente der konstitutionenökonomischen Alternative (Unterabschnitt 3.D) wieder.

Es ist davon auszugehen, dass das Ergebnis des Wettbewerbsprozesses offen ist. Bekannt ist lediglich, wie der grundsätzliche Rahmen für diese Form des Wirtschaftens aussehen muss, damit überhaupt dynamische Anpassungsprozesse vorgenommen werden und dynamische Effizienz erreicht werden kann. Es ist dabei irrelevant, ob der Wettbewerb vollkommen ist. Wichtig hingegen ist, dass es einen funktionstüchtigen bzw. wirksamen Wettbewerb gibt. In dynamischer Sicht sind die Annahmen des statischen Modells zum Teil sogar unerwünscht, um dynamische Wettbewerbsfunktionen zur sichern:

- (Produzenten-)Renten und Zeit zur Anpassung sind erforderlich, um Pioniergewinne zu sichern, so dass innovativ gehandelt wird. Es findet so eine indirekte Förderung des technischen Fortschritts zur Befriedigung der Konsumentenwünsche statt.
- Sich wandelnde Präferenzen und Ressourcenausstattungen sind erforderlich, um die Anpassungsflexibilität zu fördern. Es werden neue Alternativen aufgespürt, die bis dato noch nicht bekannt waren.

---

78 Das Modell der vollständigen Konkurrenz wird durch die Ausbreitung der neuen Informations- und Kommunikationstechniken (Internet) sehr realitätsnah: Das Internet macht durch die vollkommene Informationsbereitstellung die Güter im Urteil der Konsumenten homogen, beseitigt persönliche und räumliche Präferenzen bei Verkäufern und Käufern von Waren und Dienstleistungen, macht die Transaktionskosten der wirtschaftlichen Aktivität sehr niedrig, erhöht die Markttransparenz enorm und stärkt die Konsumentensouveränität nachhaltig. Durch einen Mausklick entscheiden die Marktteilnehmer auf der Angebots- wie auf der Nachfrageseite rund um die Welt mit hoher Geschwindigkeit. Da es sich bei den neuen digitalen Netzen um eine Querschnittstechnologie handelt, das Internet also auch in den klassischen Wirtschaftsbereichen eingesetzt werden kann – dies geschieht bereits zunehmend –, wird sich vielfach vollständige Konkurrenz einstellen.

Wettbewerb in dieser Sicht ist kein Selbstzweck. Es gibt keine ideale Marktform, die unter allen Umständen anzustreben ist. Ebenso sind Abweichungen von den Marginalbedingungen nicht um ihrer selbst Willen zu korrigieren (Kapitel III). Stattdessen werden die grundsätzlichen Funktionen der Konkurrenz angestrebt. Wir erinnern uns an das oberste wirtschaftspolitische Ziel, nämlich den allgemeinen Wohlstand bzw. die gesellschaftliche Wohlfahrt zu mehren. Deshalb wird funktionsfähiger Wettbewerb als Rahmen für die Tauschhandlung am Markt definiert. Seine unmittelbaren Ziele mit Blick auf die Wohlfahrtssteigerung sind:

- Erstellung und Verteilung des Angebots entsprechend der Präferenzen der Nachfrager,
- Verteilung des Markeinkommens nach der Marktleistung,
- Einsatz der Produktionsfaktoren in ihrer produktivsten Verwendungsmöglichkeit,
- Anpassungsflexibilität bei sich ändernden Rahmenbedingungen,
- Förderung des technischen Fortschritts.

Die Verfolgung und Erlangung dieser Ziele ist durch einen Ordnungsrahmen sicherzustellen, der unter der Annahme eines komplexen dynamischen Umfeldes folgende Elemente erhält:

- exklusive Eigentumsrechte,
- individuelle Entscheidungsfreiheit,
- keine Zwangsgewalt auf Dritte,
- „spontane“ Ordnungen, womit nicht Chaos gemeint ist. Das Internet ist ein Beispiel hierfür.

Es finden sich einige der Euckenschen Prinzipien, sowohl der konstitutiven als auch der regulierenden, in den Elementen der Marktordnungen wieder (Abschnitt I.5). In der Literatur gibt es drei Wettbewerbskonzepte bzw. Interpretationen des Wettbewerbs, die – gemeinsam – dieser Form des funktionsfähigen Wettbewerbs am ehesten entsprechen:

- **Wettbewerb als Entdeckungsverfahren** (v. Hayek 1968): Damit ist eine Funktion des Wettbewerbs zur Entdeckung neuer Produkte, Produktionsverfahren und politischer Lösungen gemeint. Herrscht Wettbewerb, bewirkt das Streben der Individuen nach Einkommensmöglichkeiten derartige Neuerungen, mit deren Hilfe Kosten gesenkt und neue Nachfrage erzeugt werden können. Auch im politischen Leben kann diese Interpretation des Wettbewerbs angewendet werden. Gebietskörperschaften (Länder, Gemeinden) konkurrieren z.B. um mobile Produktionsfaktoren, mit deren Hilfe die immobilen Faktoren, d.h. die Menschen, Einkommen erzielen können. Im Standortwettbewerb werden neue Lösungen gesucht, um Sachkapital und Humankapital langfristig zu binden. Der Wettbewerb ist kein Selbstzweck, er hat eine klare Funktion.

- **Wettbewerb als Prozess schöpferischer Zerstörung** (Schumpeter 1942): Nicht nur Neues wird im Wettbewerb geschaffen, sondern auch Altes preisgegeben. Neue Produkte verdrängen alte, neue Verfahren ersetzen althergebrachte. Die Geschichte bietet zahllose Beispiele für diesen Prozess des Strukturwandels. Schumpeter sah darin die wichtigste Unternehmerfunktion. Der erfolgreiche Innovator bewirkt wiederum zahlreiche Imitationen und Versuche, auch das Neue zu verdrängen. Das Neue ist mithin nur sehr kurz neu – schnell ist es das Alte. Selbst kurzfristig auftretende Monopole sind deshalb keine Gefahr für den Wettbewerb, sie stimulieren ihn eher.

  Die wirtschaftspolitische Relevanz dieser Wettbewerbsfunktion liegt darin begründet, dass im Zeitablauf viele Unternehmen aus den Markt ausscheiden und viele Arbeitsplätze verloren gehen. Dies darf nicht dazu führen, dass die Wirtschaftspolitik diese Unternehmen vor dem Ausscheiden bewahrt und die Arbeitsplätze zu retten sucht; erfahrungsgemäß hat eine protektionistische Politik keine guten Erfolgsaussichten, sie verursacht aber Allokationsverzerrungen zu Lasten der Allgemeinheit. Vielmehr muss die Wirtschaftspolitik erkennen, dass im Verschwinden des Alten die Chance für das Neue mit attraktiven Erwerbsmöglichkeiten für viele liegt. Eine weitere wirtschaftspolitische Versuchung liegt darin, das Neue fördern zu wollen, weil es zukunftsfähige Arbeitsplätze verheißt. Im Zweifel führt das in die Irre. Was „neu" ist, kennt der Staat im Voraus nicht, deshalb kann er auch nicht „gezielt" fördern. Versucht er es dennoch, ist die Gefahr groß, dass er auf das falsche Pferd setzt, was sich natürlich erst später herausstellt. Der Strukturwandel von morgen kann dadurch massiv behindert werden. An die Warnung vor staatlichen Strukturprojektionen (Unterabschnitt I.4.E) sei erinnert.

- **Konzept der bestreitbaren Märkte** (Baumol 1982): Nach diesem Konzept ist die Marktform nicht ausschlaggebend für die Wirksamkeit des Wettbewerbs. Es kommt nicht nur oder allein auf den tatsächlichen Wettbewerb an, um Effizienz zu generieren. Schon der potentielle Wettbewerb kann ausreichend sein. Die Wirtschaftspolitik hat nicht nur für Wettbewerb zu sorgen, sondern auch für die Bestreitbarkeit des Marktes. Selbst ein Monopolist ist demnach keine Gefährdung für den Wettbewerb, wenn es potentielle Konkurrenten gibt, deren Drohung des Markteintritts für den Fall der Monopolpreisbildung

> glaubhaft genug ist und dadurch den Monopolisten zwingt, die Preise – zumindest annähernd – den Grenzkosten anzupassen. Damit der Markt bestreitbar ist, müssen einige Bedingungen erfüllt sein, die sich aus einer statischen, allokationstheoretischen Analyse ergeben. Die wichtigste ist die Abwesenheit natürlicher Marktzutrittsbeschränkungen, zumeist in Form irreversibler Kosten (Abschnitt III.4). Bestehen Marktzutrittsbarrieren, kann der Markt versagen. Dann sind regulierende Eingriffe erforderlich.

Insbesondere bei v. Hayek und Schumpeter wird nicht nur die Dynamik betont, es werden auch Institutionen sowie Transaktionskosten berücksichtigt. Damit zeigt diese Wahrnehmung des Wettbewerbs seine Komplexität wesentlich besser auf als das Modell vollständiger Konkurrenz. Diese drei Elemente zusammen machen darüber hinaus deutlich, dass der Wettbewerb wesentlich robuster ist, als es die Beschränkung auf eine statische Effizienzanalyse im Rahmen des Modells vollständiger Konkurrenz glauben macht. Dies hat erhebliche Konsequenzen für die Wirtschaftspolitik, die sich vielfach auf Marktversagen, definiert als Verletzung der Marginalbedingungen, beruft, wenn sie in die Märkte eingreift. So sind z.B. die Ausnahmebereiche im Gesetz gegen Wettbewerbsbeschränkungen (§§28ff. GWB), etwa im Bereich der Landwirtschaft oder der Kredit- und Versicherungswirtschaft, sämtlich derartig mit Marktversagen begründet. Dies bedeutet, dass möglichst umfassend das Kartellverbot Anwendung finden muss.[79]

C. Konsequenzen für die Wirtschaftspolitik

Fasst man die Ergebnisse dieses Kapitels vor dem Hintergrund des wirtschaftspolitischen Zielkatalogs, vor allem aber des Ziels der gesellschaftlichen Wohlfahrtsmaximierung, zusammen, so zeigt sich insbesondere Folgendes:

---

79 In Deutschland ist im Zuge zahlreicher Novellierungen des Gesetzes gegen Wettbewerbsbeschränkungen (von 1957) das dort verankerte Kartellverbot modifiziert und konkretisiert worden. Es gibt aber immer noch Ausnahmen von diesem Verbot, z.Bsp. für den Mittelstand (§3 GWB) und die Landwirtschaft (§28 GWB). Außerdem ist das GWB auf verschiedene Bereiche nicht anwendbar, z.Bsp. den öffentlich-rechtlichen Rundfunk, die öffentlich-rechtlichen Banken (Landesbanken, Sparkassen, u.a.), die Gesetzlichen Krankenkassen und den Buchhandel (Preisbindung der zweiten Hand). Selbst dort, wo das Kartellverbot gilt und das Bundeskartellamt dieses durchsetzen will, z.Bsp. bei dem Zusammenschluss von marktbeherrschenden Unternehmen, hat der Bundeswirtschaftsminister bei Geltendmachung von Gemeinwohlinteressen und gesamtwirtschaftlichen Vorteilen das Recht, eine Ausnahme zu erteilen („Ministererlaubnis" gemäß §42 GWB). Für viel öffentliches Aufsehen samt juristische Auseinandersetzungen hat im Jahre 2002 die ministerielle Genehmigung des Zusammenschlusses der Energieversorger E.ON/Ruhrgas, die zuvor vom Bundeskartellamt aus wettbewerbspolitischen Gründen untersagt worden war, gesorgt.

- Gesellschaftliche Wohlfahrt ist streng genommen nicht messbar. Es fehlt der geeignete Indikator (Unterabschnitt 2.B).
- Auch eine soziale Wohlfahrtsfunktion kann aus methodischen Gründen nicht gebildet werden (Unterabschnitt 2.A bzw. 4.H).
- Jede wirtschaftspolitische Maßnahme wird vermutlich – zumindest kurzfristig – Gewinner und Verlierer hinterlassen. Diese können nicht individuell kompensiert werden. Einen Ausweg bieten die Generalkompensation oder die konstitutionenökonomische Forderung des Konsensus über die Regeln der Wirtschaftspolitik an. Man kommt auf jeden Fall ohne ein Kriterium zur Erfassung wirtschaftspolitischer Situationen nicht aus (Abschnitt 3).
- Die Erfüllung der Marginalbedingungen garantiert ein sozialökonomisches Optimum. Sie lassen sich im Markt erfüllen, wenn die Annahmen der vollständigen Konkurrenz gelten. Ein allokatives Optimum ist unter vielen Verteilungskonstellationen denkbar. Es ist nicht möglich, unter Zuhilfenahme der Marginalbedingungen Aussagen über eine wünschenswerte Verteilung zu treffen (Abschnitt 4).
- Abweichungen vom allokativen Optimum, das im Marktprozess zustande kommt, werden als Marktversagen bezeichnet. Weicht man allerdings die strengen Annahmen des Modells vollständiger Konkurrenz auf, ist es nicht mehr so einfach, Marktversagen zu identifizieren. Gerade die Verletzung der Annahmen der vollständigen Konkurrenz kann in dynamischer Hinsicht eine permanente Annäherung an einen allokativen Optimalzustand erzeugen (Abschnitt 5).

Die Kritik an der statischen Allokationstheorie und ihre dynamischen Implikationen machen die Wirtschaftspolitik zu einem sehr schwierigen Unterfangen. Denn zum einen sind die Marginalbedingungen in der Realität nie erfüllt. Dies kann allerdings nicht heißen, dass in jedem Fall ein Marktversagen zu konstatieren ist. Auf der anderen Seite darf dieser Befund ebenso wenig zu wirtschaftspolitischem Attentismus verleiten und jede Form des wirtschaftspolitischen Eingriffs verneinen. Vielmehr ist eine sorgfältige Analyse der jeweiligen Situation erforderlich, um die richtigen wirtschaftspolitischen Schlüsse zu ziehen (Koch 2001).

Dies ist jedoch recht kompliziert. Denn es gibt nicht nur das Konzept des **Marktversagens**, sondern auch das Konzept des **Staatsversagens**. Unter Staatsversagen[80] versteht man eine verfehlte und nicht angemessene Regulierung eines Marktversagens. Die Gründe dafür sind vielfältig. Ein bedeutsamer Grund liegt darin, dass statische Effizienz zu leichtfertig zum Beurteilungsmaßstab erhoben wird und dynamische Aspekte vernachlässigt werden. Dies ist keineswegs nur das Problem der wirtschaftspolitischen Entscheidungsträger. Vielfach wird auch in der ökonomischen Fachliteratur die Abweichung von den Marginalbedingungen ohne weitere Prüfung dynamischer Aspekte als eine Rechtfertigung staatlicher Interventionen und Regulierungen anerkannt. Damit hat jede Regierung eine geeignete Rechtfertigung für derartiges Handeln.

Deshalb wird im folgenden Kapitel das Thema Marktversagen nicht nur in Bezug auf die statischen Marginalbedingungen diskutiert, wie es in der Ökonomik üblich ist. Wegen der wirtschaftspolitischen Bedeutung der richtig bemessenen Regulierung werden dynamische Aspekte generell ebenfalls beleuchtet. Es wird sich zeigen, dass zum einen unter statischen und dynamischen Bedingungen auftretendes Marktversagen ein triftiger Grund für staatliche Regulierungen ist und dass zum anderen die Grenzen zwischen Marktversagen und Staatsversagen fließend und schwer auszumachen sind.

Übungsaufgaben

1. Welche Umstände und Gründe führen zu Abweichungen vom Wohlfahrtsoptimum?
2. Ist das Bruttoinlandsprodukt pro Kopf ein vollständiges Wohlfahrtsmaß?
3. Welche Konsequenzen hat die Erhöhung des Monopolgrades in einem Teilbereich der Volkswirtschaft (i) auf die Faktorallokation und (ii) auf die Produktionsstruktur?
4. Vergleichen Sie die gesamtwirtschaftlichen Allokationswirkungen von Importzöllen und Produzentensubventionen für ein kleines Land. Was ändert sich an den Ergebnissen im Falle eines großen Landes?
5. Nach welchen Allokationskriterien kann man die Frage beantworten, ob es zweckmäßig ist, das Projekt einer Magnetschwebebahn (Transrapid, Metrorapid) mit staatlichen Hilfen zu verwirklichen?

80 Der Begriff Staatsversagen enthält genau wie Marktversagen keine moralische Dimension. Es ist also nicht das persönliche Versagen der wirtschaftspolitischen Akteure, das irgendwelche Schuldzuweisungen rechtfertigen könnte, gemeint.

6. Angenommen der Staat gewährt an mittelständische Bauunternehmen (nicht an große) Zinssubventionen für Fremdkapital. Welche Marginalbedingungen könnten dann nicht verwirklicht werden?

7. Nehmen Sie Stellung zu der folgenden Aussage: „Die Protektion einer Branche bedeutet stets auch die Diskriminierung aller anderen Branchen".

8. Was muss die Wirtschaftspolitik tun, damit Konsumentensouveränität immer verwirklicht ist?

9. Um das Einkommen der Landwirte zu erhöhen, werden durch die Gemeinsame Agrarpolitik der Europäischen Union Mindestpreise festgesetzt und Absatzgarantien gewährt. Erläutern Sie die Wirkungen dieser Maßnahmen.

10. Zeigen Sie formal, warum bei vollständiger Konkurrenz die Entlohnung eines Produktionsfaktors dem Wertgrenzprodukt dieses Faktors entspricht, und erläutern Sie kurz den Mechanismus, der zu diesem Ausgleich führt.

11. Der Bergson-Samuelson-Ansatz stellt eine theoretische Möglichkeit zur Aggregation individueller Nutzenfunktionen zu einer sozialen Wohlfahrtsfunktion dar. Erläutern Sie unter Zuhilfenahme von Grafiken mögliche funktionale Formen und deren Implikationen.

12. Erläutern Sie kurz das Kriterium der Generalkompensation.

13. Welche Strukturparameter begünstigen die Bildung und Stabilität von Kartellen? Geben Sie jeweils eine kurze Begründung.

14. Die Regierung plane die Erhebung einer speziellen Verbrauchssteuer auf ein Gut. Zeigen Sie grafisch den Wohlfahrtsverlust dieser Maßnahme anhand der kompensatorischen Variation.

15. Wer trägt die Lohnnebenkosten?

16. Zeigen Sie grafisch die optimale Angebotsmenge eines öffentlichen Gutes in einer Zwei-Güter-Zwei-Individuen-Welt (Anmerkung: beim zweiten Gut handele es sich um ein privates Gut).

17. Wirtschaftspolitische Maßnahmen haben meist Gewinner und Verlierer auf individueller Ebene zur Folge. Erläutern Sie Kriterien zur Beurteilung der Wohlfahrtseffekte solcher Maßnahmen.

18. Gesetzt die Wirtschaftspolitik verfolgt zwei Ziele: eine effiziente Allokation zu gewährleisten und für eine gleichmäßigere Einkommensverteilung zu sorgen. Worum sollte sie sich als erstes kümmern?

Kapitel III.

Marktversagen als Rechtfertigung für staatliche Einflussnahme

1. Überblick: funktionsfähiger Wettbewerb versus „versagende" Märkte

Die bisherigen Überlegungen haben gezeigt, dass offene Märkte in der Regel zu einer höchstmöglichen gesellschaftlichen Wohlfahrt führen. Die Aufgabe der Wirtschaftspolitik besteht darin, für die Funktionstüchtigkeit der Märkte zu sorgen: Sie fügt den Markt bzw. die Märkte[81] in einen Ordnungsrahmen, in dem die Anzahl, die Form und die Struktur der Markttransaktionen optimiert werden. Dabei sind immer eine Reihe von Fragen im Blick zu halten:

- Was sind die übergeordneten Ziele der Wirtschaftspolitik?
- Wer sind die wirtschaftspolitischen Akteure?
- Welche Instrumente stehen ihnen zur Verfügung?
- Wie erfasst man wirtschaftspolitische Maßnahmen theoretisch?
- Wie wird der Markt grundsätzlich durch Wirtschaftspolitik organisiert?[82]

Anhand dieser Fragen wird der erhebliche Ermessensspielraum für wirtschaftspolitische Maßnahmen ersichtlich. Dadurch werden wirtschaftspolitische Bewertungskriterien, wie die Allokationskriterien und die Marginalbedingungen, bei allen Schwächen, die im vorhergehenden Kapitel deutlich wurden, unverzichtbar. Sie bieten eine Hilfestellung zur Bewertung von veränderten Nutzenpositionen, die durch eine wirtschaftspolitische Maßnahme erreicht werden können. Sie bieten

81 Da Märkte für verschiedene Waren und Dienstleistungen immer interdependent sind, werden wir im Folgenden immer von „dem Markt" sprechen.

82 Wir erinnern uns an die Euckenschen Prinzipien, die sowohl konstitutiv, d.h. mit Blick auf die Rahmenbedingungen, als auch regulierend, d.h. mit Blick auf unerwünschte Ergebnisse, vor allem hinsichtlich der Funktionstüchtigkeit der Märkte und der Verteilungsgerechtigkeit, ausgerichtet sind.

darüber hinaus einen Anhaltspunkt dafür, wann der Markt nicht zur gesellschaftlichen Wohlfahrtsmaximierung führt.

Ausgangspunkt der Analyse von **Marktversagen** ist wiederum das Modell der vollständigen Konkurrenz, im Folgenden auch als vollkommener Markt bezeichnet. In der Realität sind die Bedingungen der vollständigen Konkurrenz nicht erfüllt; der Markt ist unvollkommen. Daraus folgt nicht – wie oben dargestellt – die Notwendigkeit eines permanenten staatlichen Eingreifens. In einer dynamischen Perspektive sind derartige Unvollkommenheiten zum Teil sogar allokationstheoretisch vorteilhaft. Vielfach ist die Abweichung von der vollständigen Konkurrenz geradezu ein Beleg für funktionstüchtigen Wettbewerb und einen arbeitenden Markt. Durch Unvollkommenheiten werden Anbieter ermutigt, neue Produkte bzw. neue Produktionsweisen zu schaffen. So entstehen neue Arbeitsplätze, die diejenigen ersetzen, die im Strukturwandel abgebaut werden. Dazu sind die Märkte von der Wirtschaftspolitik bestreitbar zu halten, d.h. grundsätzlich offen für Wettbewerb aus dem Inland und dem Ausland, um so einen Markteintritt wie einen Marktaustritt zu gewährleisten.

Allerdings gibt es Fälle, in denen auch die Offenheit der Märkte die Wettbewerbsfunktionen nicht sichert. In so einem Fall sind weder die statischen Marginalbedingungen erfüllt, noch kommt es zu dynamischem Wettbewerb; die wirtschaftliche Betätigung ist nicht effizient. Der Markt – oder der Wettbewerb – „versagt". Der Begriff des Marktversagens wird dabei oftmals sehr extensiv ausgelegt; nicht selten wird schon das Nichtvorliegen von vollkommener Konkurrenz als Marktversagen definiert. Dies ist nicht korrekt, wie im vorigen Kapitel (insbesondere Abschnitt II.5) gezeigt wurde. Daher liegt Marktversagen nach der Definition der Wirtschaftstheorie erst dann vor, wenn sowohl statische Marginalbedingungen verletzt als auch dynamische Effizienz verfehlt werden. In solchen Fällen, aber eben nur in solchen, versagt der Markt und sind staatliche Eingriffe nötig, um eine effiziente Ressourcenallokation zu erreichen.[83] Aus der empirischen Forschung wissen wir, dass die Fälle von wirklichem Marktversagen nicht so häufig sind, wie in der öffentlichen Debatte angenommen wird.

Vor dem Hintergrund dieser kritischen Betrachtung des Modells vollständiger Konkurrenz soll nun analysiert werden, wann tatsächlich ein Marktversagen vorliegt: Dies ist eine **positive Analyse**. Denn es wird nicht danach gefragt, was sein soll, sondern nach dem, was tatsächlich ist. Zu fragen ist nun:

---

83 Vgl. zum Folgenden auch das Lehrbuch von Fritsch, Wein und Ewers (2007, insbesondere Teil II und III).

- Welche Abweichungen vom Leitbild vollständiger Konkurrenz beeinträchtigen die Funktionstüchtigkeit des Wettbewerbs wirklich?
- Besteht bei jeder Abweichung von diesem Grundmodell ein wirtschaftspolitischer Handlungsbedarf?
- Welche Fehlfunktion ist gravierend genug, um eine wirtschaftspolitische Maßnahme zu rechtfertigen?

Die Problematik des Ermessensspielraums wird noch einmal deutlich. Was ist gravierend? Welcher Referenzrahmen kann herangezogen werden? Im Gesetz gegen Wettbewerbsbeschränkungen beispielsweise gibt es Ausnahmebereiche, die nicht unter das Kartellverbot fallen. Diese Ausnahmebereiche werden ausnahmslos mit Marktversagen begründet. Dabei ist aber fraglich, ob die theoretische Begründung stets greift, d.h. ob Marktversagen tatsächlich vorliegt, oder ob es sich nur um eine Behauptung handelt, um partikulare Interessen an einem beschränkten oder ganz ausgeschlossenen Wettbewerb zu bedienen (Kapitel IV). In diesem Fall läge **Staatsversagen** vor.

Es ist im Zusammenhang mit Marktversagen sehr wichtig, ausschließlich über die Funktionsweise des Marktes nachzudenken. Verteilungspolitische Aspekte sind

Abbildung III.1: Überblick über verschiedene Ursachen für Marktversagen

Art des Marktversagens	**Verletzung der Annahmen des statischen Modells**	**Verletzung der Annahmen der dynamischen Effizienz**
Externe Effekte und öffentliche Güter	• Konsumentensouveränität, freiwillige Tauschbeziehungen • gegebene Ressourcenausstattung	• Vollständige Eigentumsrechte, keine „Zwangsgewalt"
Asymmetrische Information	• Homogenität der Güter • vollständige Markttransparenz	• Informationsdiffusion
Natürliche Monopole und Unteilbarkeiten	• Atomistische Marktstruktur, unbegrenzte Mobilität der Produktionsfaktoren/Güter • unbegrenzte Teilbarkeit der Produktionsfaktoren/Güter	• Bestreitbare Märkte

hingegen außer Acht zu lassen, da ihre Relevanz nicht von der Frage nach dem Marktversagen berührt wird. Nur so werden ursachenadäquate Eingriffe ermöglicht. Zur Identifikation von Marktversagen hat die ökonomische Theorie eindeutige Kriterien erarbeitet. Danach fallen positive und negative externe Effekte bei der Produktion und dem Konsum eines Gutes, das Problem der asymmetrischen Information sowie das natürliche Monopol und Unteilbarkeiten unter Marktversagen (Abbildung III.1).

In den vorliegenden Fällen sind beide Effizienzkriterien verletzt, d.h. sowohl in statischer wie auch in dynamischer Hinsicht. Mithin ergibt sich ein wirtschaftspolitischer Handlungsbedarf, der im Folgenden problematisiert werden soll. Wir beginnen mit der Analyse externer Effekte und öffentlicher Güter.

2. Externe Effekte

A. Grundlagen: Was ist ein externer Effekt?

Auf dem Markt findet ein Tausch von Waren und Dienstleistungen statt, den man auch als einen Tausch von Rechten an diesen Waren und Dienstleistungen, verbunden mit den äquivalenten Nutzen und Kosten, bezeichnen kann. Jedes Individuum muss für ein erworbenes Recht zahlen, so wie es ein Entgelt für die Abgabe eines Rechtes erhält. Wenn die Rechte eindeutig zuweisbar sind, hat die Aktivität eines Individuums keinen Einfluss auf die Kosten oder Nutzen anderer Individuen. Mit anderen Worten: Sämtliche Kosten und Nutzen einer Aktivität fallen beim Verursacher an.

Dies ist jedoch nicht immer gegeben. Es ist durchaus denkbar und in der Realität häufig der Fall, dass die ökonomische Aktivität eines Individuums eine unmittelbare Auswirkung auf die Produktions- oder Konsummöglichkeiten eines anderen Individuums hat. Es besteht dann ein direkter Zusammenhang zwischen den Nutzenfunktionen mehrerer Individuen, der nicht über den Marktmechanismus erfasst und dementsprechend nicht über den Preis kompensiert wird. Der Markt als Allokationsmechanismus wird umgangen. Als Folge weichen nun die **privaten** Kosten bzw. Nutzen, d.h. die den Einzelnen zurechenbaren Nutzen oder Kosten, von den gesamtgesellschaftlichen, d.h. **sozialen**, Kosten bzw. Nutzen, die der Gemeinschaft zukommen bzw. entstehen, ab. Die Differenz ist der externe Effekt.

Diese externen Effekte können beim Konsum oder bei Produktionsaktivitäten entstehen:

- Ein Konsument wird durch die Produktion oder den Konsum eines anderen Akteurs berührt. Seine Nutzenfunktion U^i ändert sich im Vergleich zur Situation ohne externen Effekt:

$$U^1 = U^1(x^1, y^1, \Psi). \tag{III.1}$$

  Die Variable Ψ beschreibt die Aktivitäten Dritter, die den Nutzen des Konsumenten beeinflussen.

- Ein Produzent des Gutes x wird in seinen Produktionsmöglichkeiten durch den Konsum oder die Produktion eines anderen Akteurs beeinflusst. Seine Produktionsfunktion F_x ändert sich im Vergleich zur Lage ohne externen Effekt:

$$X = F_x\left(a_x, k_x, \Psi\right). \tag{III.2}$$

  Die Aktivitäten Dritter werden wiederum durch Ψ beschrieben.

Zwei unterschiedliche Wirkungsrichtungen sind möglich. Zum einen kann es Nutzen ohne Kosten, d.h. Rechte ohne Entgelt, geben. Dann liegt ein **positiver externer Effekt** vor. Ein klassisches Beispiel ist die Tätigkeit des Imkers, dessen Bienen die Obstbäume im benachbarten Garten befruchten, ohne dass der Imker dafür einen Ausgleich erhält. Ein wirtschaftspolitisch relevantes Beispiel ist die Tätigkeit einer Gewerkschaft, die für sämtliche Beschäftigten in einem Sektor Lohnverhandlungen führt und Tarifverträge abschließt, ohne dass diese Mitglieder der Gewerkschaft sind. Die nicht gewerkschaftlich organisierten Beschäftigten kommen in den Genuss der Dienstleistung Lohnverhandlung, ohne dafür ein Entgelt zu entrichten. Hinsichtlich dynamischer Effizienz kann man zudem die Grundlagenforschung nennen, die allen zugute kommt, wenn sie durch einen oder wenige finanziert und durchgeführt wird. Und nicht zuletzt ist von positiven externen Effekten die Rede, wenn bei einem bestimmten Gut niemand von dessen Nutzung ausgeschlossen werden kann, und zugleich der Gebrauch durch den Einen die Nutzung durch alle Anderen, die dieses Gut nachfragen, nicht behindert (öffentliches Gut). Zum anderen kann es den Fall der Kosten ohne Nutzen, bzw. Entgelt ohne Rechte, geben. Dann liegt ein **negativer externer Effekt** vor. Umweltverschmutzung ist das Beispiel schlechthin (Unterabschnitt D).

Diese Effekte werden auch **technologische externe Effekte** genannt. Sie treten durch Aktivitäten Dritter auf, die über den Markt nicht abgerechnet werden. Davon abzugrenzen sind die **pekuniären externen Effekte**, die aus den Tauschbeziehungen am Markt resultieren.[84] So verändern Innovationen Knappheiten und lösen Preissenkungen oder Preissteigerungen aus. Einige Unternehmen werden davon negativ betroffen sein und müssen eventuell aus dem Markt ausscheiden. Pekuniäre Externalitäten sind kein Problem für die Wirtschaftspolitik. Im Gegenteil sind sie aus Effizienzüberlegungen wünschenswert, weil sie den Wettbewerb beleben und dynamische Effizienz ermöglichen. Unternehmer im Sinne Schumpeters verursachen ständig pekuniäre externe Effekte.

Technologische Externalitäten hingegen verzerren durch die Diskrepanz zwischen sozialen und privaten Kosten die Allokation über einen „falschen" Preismechanismus: Denn der Einzelne berücksichtigt nur den privaten Nutzen und die privaten Kosten der Produktion bzw. des Konsums bei seinen Entscheidungen. Die Marginalbedingungen werden in Frage gestellt, da die Beziehungen zwischen individuellen Dispositionen, Preisrelationen und dem gesamtwirtschaftlichen Wohlstandsoptimum nicht mehr bestehen. Wir erinnern uns: Das Produktionsoptimum und das Tauschoptimum bringen den Marktpreis mit den (sozialen) Grenzkosten (SGK) bzw. dem (sozialen) Grenznutzen (SGN) in Einklang. Im Modell vollständiger Konkurrenz gilt hier auf der Produktionsseite die folgende Formel:

$$\mathrm{PGK} = \mathrm{SGK} = p\,. \qquad \text{(III.3)}$$

Die fünfte Marginalbedingung implizierte sogar ein totales Optimum:

$$\mathrm{PGK} = \mathrm{SGK} = p = \mathrm{PGN} = \mathrm{SGN}. \qquad \text{(III.4)}$$

Diese Formel gilt nicht mehr bei technologischen externen Effekten. Im Falle der positiven externen Effekte wird zu wenig produziert, weil die sozialen Grenznutzen über dem Preis und den privaten Grenzkosten liegen. Die Gesellschaft hätte gerne zum herrschenden Preis mehr von dem Gut, als der Produzent herzustellen und zu liefern bereit ist. Bei negativen externen Effekten sinken die privaten Grenzkosten unter die sozialen Grenzkosten. Der Verursacher hat einen Anreiz, die Aktivitäten solange auszuweiten, bis die privaten Grenzkosten dem Preis entsprechen. Die sozialen Grenzkosten liegen darüber, so dass ein gesamtwirtschaftlicher Schaden entsteht. In beiden Fällen führt der Markt zu suboptimalen allokativen Ergebnissen. Der Staat muss regulierend eingreifen.

Eine besondere Form von externen Effekten sind die – positiven – **Netzwerkexternalitäten** von Waren oder Dienstleistungen (Katz und Shapiro 1985; Sailer

84 Auf diese wichtige Unterscheidung bei der Definition der externen Effekte hat erstmals Scitovsky (1954) hingewiesen.

2001 und Monopolkommission 2000a). Für das einzelne Wirtschaftssubjekt hängt der Nutzen eines Netzwerkgutes – z.B. das Telefon oder ein Textverarbeitungsprogramm – davon ab, wie viele andere Wirtschaftssubjekte ebenfalls dieses Gut besitzen. Der externe Effekt entsteht dadurch, dass der zusätzliche Kunde einer Telefongesellschaft oder eines Softwareherstellers den Nutzen aller anderen Kunden erhöht (der Personenkreis, mit dem der Einzelne kommunizieren und Geschäfte tätigen kann, wird größer), hierfür aber nicht kompensiert wird. Dieses Marktversagen hat im Prinzip drei Implikationen:

- Die Netze könnten suboptimal dimensioniert sein, weil potentielle Neukunden wegen der fehlenden Kompensation keinen oder nur einen sehr geringen Anreiz haben, dem Netz beizutreten.
- Ein Markt mag erst gar nicht zustande kommen, wenn nicht eine Mindestanzahl von Nutzern mitmacht; die Kosten für die Errichtung und den Betrieb des Netzes wären unterhalb einer kritischen Masse zu hoch.
- Es ist möglich, dass sich neue Netzwerktechnologien gegenüber etablierten Techniken, die bereits einen breiten Kundenstamm haben, nicht durchsetzen. Wenn der neue technische Standard „eigentlich" der bessere ist, aber wegen der Externalität nicht zum Zuge kommt, verlangsamt sich das Tempo des technischen Fortschritts und insoweit auch das des wirtschaftlichen Wachstums. Man spricht auch von einer Pfadabhängigkeit.

Wie relevant Netzwerkexternalitäten im Sinne eines technologischen externen Effekts in der Realität sind, ist umstritten; es könnte sich auch um pekuniäre externe Effekte handeln (Liebowitz und Margolis 1994). Daher ist auch unklar, ob direkter Regulierungsbedarf zur Kompensation eines externen Effektes besteht oder der Staat wettbewerbspolitisch handeln sollte. Im letzteren Fall müsste ex ante gewährleistet sein, dass das Netz eines etablierten Unternehmens für Dritte geöffnet und offengehalten wird, und es müsste ex post eine wettbewerbsrechtlich strenge Missbrauchsaufsicht stattfinden, die den etablierten Anbieter eines Netzwerkgutes daran hindert, durch das Ausnutzen einer marktbeherrschenden Stellung potentiellen Konkurrenten den Markteintritt faktisch zu verbauen.[85]

---

[85] Die Problematik wird durch das Antitrust-Verfahren gegen Microsoft veranschaulicht. Gegen dieses Unternehmen hatte 1998 u.a. das Bundesjustizministerium der Vereinigten Staaten mit dem Vorwurf geklagt, Microsoft habe mit dem Betriebssystem Windows eine Monopolstellung und benutze diese, um auch den Markt für Internetbrowser zu beherrschen und auf diese Weise Konkurrenten (z.B. Netscape) zu verdrängen. Vgl. Sachverständigenrat (2000, Ziffern 223ff.). Das angerufene Gericht gab den Klägern Recht und verfügte im Juni 2000 die Aufspaltung von Microsoft in zwei Unternehmen. Dieses Urteil wurde jedoch im Juni 2001 von einer Berufungsinstanz aufgehoben. Noch im selben Jahr einigten sich Microsoft und das US-Justizministerium

B. Öffentliche Güter als Extremfall positiver externer Effekte

Im Extremfall können positive externe Effekte dazu führen, dass bestimmte Güter gar nicht mehr angeboten werden. Dies ist dann der Fall, wenn das entsprechende Gut zwei Eigenschaften hat, nämlich fehlende Rivalität im Konsum und Nichtausschließbarkeit Einzelner vom Konsum (Abbildung III.2).

- Normalerweise können Waren und Dienstleistungen nur einmal konsumiert werden. Wenn Individuum 1 ein Gut – z.B. ein dreigängiges Menü – konsumiert, ist dies für jedes andere Individuum unmöglich. Mit anderen Worten, es besteht Rivalität im Konsum. Es gibt jedoch auch Fälle, in denen der Konsum eines Individuums die Möglichkeiten anderer Individuen, dieselbe Ware oder Dienstleistung ebenfalls zu konsumieren, nicht einschränken. Fernsehen ist ein typisches Beispiel, der Leuchtturm ein anderes. In diesem Fall besteht **Nichtrivalität im Konsum**.
- Üblicherweise kommen bei tauschwirtschaftlicher Betätigung jene Nachfrager nicht zum Zuge, deren Zahlungsbereitschaft für den Erwerb eines Produkts geringer ist als die anderer Nachfrager. Der Preis fungiert als Ausschlussmechanismus. Dies ist typisch auf dem Markt für private Güter. Es gibt aber Situationen, in denen niemand vom Konsum ausgeschlossen werden kann, weil es technisch oder rechtlich nicht möglich ist oder extrem aufwendig wäre. Dies gilt z.B. bei Maßnahmen zur Luftreinhaltung oder zur Landesverteidigung. In diesem Fall besteht **Nichtausschließbarkeit im Konsum**.

---

in einem außergerichtlichen Vergleich. Der Vergleich sah Maßnahmen vor, die die Kompatibilität mit Produkten von Drittanbietern erleichtern sollen, wie z.B. die Offenlegung von Schnittstelleninformationen. Hinzu kommt der Verzicht Microsofts auf Exklusivverträge. Beides zielte darauf ab, Microsoft zu erschweren, seine Marktmacht via Netzwerkeffekte oder Vertragsgestaltung in andere Märkte auszudehnen bzw. Konkurrenten zu behindern. Ob die im Vergleich vereinbarten Maßnahmen diesen Zweck in der Praxis tatsächlich erfüllten, bleibt jedoch umstritten. Am 24. März 2004 verhängte die EU-Kommission ein Rekordbußgeld in Höhe von 497 Millionen Euro gegen Microsoft wegen Missbrauch der marktbeherrschenden Stellung. Darüber hinaus wurde das Unternehmen verpflichtet, eine Windows Version ohne den Windows Media Player anzubieten, sowie Informationen über seine Serverbetriebssystem-Protokolle an Dritte weiterzugeben. Letzteres sollte sicherstellen, dass Drittanbieter leichter Microsoft-kompatible Programme entwickeln konnten. Die Firma Microsoft klagte umgehend gegen den Beschluss, unterlag jedoch im September 2007 beim Europäischen Gerichtshof in Luxemburg. Im Februar 2008 verhängte die EU-Kommission ein Zwangsgeld in Höhe von 899 Millionen Euro, da das Unternehmen aus Sicht der Kommission die Auflagen von 2004 nur unzureichend erfüllt habe. Kern des neuen Vorwurfs war, dass Microsoft die Schnittstelleninformationen Dritten nicht „zu einem angemessenen Preis“ (EU Kommission 2008) zur Verfügung gestellt habe (siehe auch Takigawa 2005).

- Nichtrivalität und Nichtausschließbarkeit im Konsum machen Güter zu **öffentlichen Gütern**.[86] In einem weiteren Sinne gilt dies auch für Institutionen, die für eine stetige wirtschaftliche Aktivität unabdingbar sind, wie z.B. die Stabilität des Finanz- und Kreditwesens und die Funktionsfähigkeit von Übertragungsnetzen im Bereich der Energie.

Somit sind **öffentliche Güter eine extreme Erscheinungsform positiver externer Effekte**. Es gibt einen hundertprozentigen externen Effekt. Die Produktion solcher Güter erscheint somit aus gesamtgesellschaftlichen Wohlfahrtsüberlegungen heraus wünschenswert. Problematisch ist allerdings, dass die einzelnen Wirtschaftssubjekte ihre Präferenzen für das öffentliche Gut nicht offenbaren. Sie werden keine freiwillige Zahlungsbereitschaft zeigen, da sie wissen, dass niemand vom Konsum ausgeschlossen werden kann, und daher hoffen, unentgeltlich in den Genuss dieses Gutes zu kommen. Dies hat zur Folge, dass das Gut dann möglicherweise überhaupt nicht bereitgestellt wird. Damit ist das **Trittbrettfahrerproblem** bzw. **Free-Rider-Problem** eingeführt. Dies kann anhand eines einfachen Beispiels veranschaulicht werden:

Problem: wenn keine Zahlungsbereitschaft (allg.)
↳ Unkenntnis über Bedarf (ohne Produktions-impuls)
=> Gut wird nicht Angeboten

[86] Dieser Tatbestand darf nicht, wie es in der wirtschaftspolitischen Diskussion häufig geschieht, verwechselt werden mit öffentlich angebotenen Gütern; der Staat bietet auch private Güter an, z.B. im Öffentlichen Personennahverkehr oder bei Sport- und Freizeiteinrichtungen.

Abbildung III.2: Rein private versus rein öffentliche Güter

Privates Gut	**Öffentliches Gut**
Rivalität im Konsum	
- Konsum ist auf einen bestimmten Konsumenten begrenzt und damit rivalisierend. - Der Nutzen eines Gutes ist internalisiert.	- Konsum ist nicht auf einen bestimmten Konsumenten begrenzt und damit nicht rivalisierend. - Der Nutzen eines Gutes ist externalisiert, er kommt anderen Individuen ebenfalls zugute, ohne dass dadurch der Nutzen eines anderen beeinträchtigt wird.
Ausschließbarkeit	
- Austausch am Markt geschieht durch Übertragung eines Eigentumsrechts. - Preis wirkt als Knappheitssignal. - Konsumenten ohne Zahlungsbereitschaft für ein Gut werden automatisch vom Konsum ausgeschlossen.	- Kein Markt: Übertragung eines Eigentum rechts ohne Entgelt. - Preis kann nicht ermittelt werden. - Konsumenten ohne tatsächlich geleistete Zahlung können nicht vom Konsum ausgeschlossen werden. a) **Ausschluss nicht möglich** Eigentumsrechte können nicht – oder nur mit sehr hohen Kosten – definiert werden. b) **Ausschluss unerwünscht** Wegen Nichtrivalität im Konsum kann die Gesamtwohlfahrt gesteigert werden, denn ein zusätzlicher Nutzer verursacht keine Kosten: $\text{GK} = p = 0$, nachdem das Gut bereitgestellt wurde.

Eine Straßenbeleuchtung soll errichtet werden, die 5000 Euro kostet. Es würden genau 1000 Personen dadurch einen positiven Nutzen erfahren. Theoretisch beträgt die Zahlungsbereitschaft des Einzelnen 10 Euro. Diese Zahlungsbereitschaft könnte man auch als den Grenznutzen bezeichnen, wenn der Nutzen kardinal messbar wäre (Abschnitt II.1). Wenn alle freiwillig zahlen würden, müsste jeder 5 Euro zahlen und hätte dadurch einen Nettogewinn von 5 Euro. Die Präferenzen werden allerdings nicht offenbart, und die Begünstigten werden nicht zahlen. Eine einfache spieltheoretische Analyse zeigt die Logik auf: Zahlt z.B. nur eine Person, aber alle anderen nicht, so wird der gezahlte Betrag zu gering sein, um zur Bereitstellung des öffentlichen Gutes zu führen. Zahlt die einzelne Person nicht, jedoch alle anderen, kann sie – unter der Annahme, dass das Gut dennoch bereitgestellt wird – einen Gewinn von 10 Euro erzielen, während alle anderen jeweils etwas mehr als 5 Euro – nämlich genau 5,005 Euro – zahlen müssten, d.h. nur etwas weniger als 5 Euro Nutzen haben. Für den Einzelnen ist dies die dominante Strategie, denn der Einzelne erreicht unabhängig von der Entscheidung der anderen immer einen höheren Nutzen, wenn er nicht zahlt. Folglich wird jeder

Abbildung III.3: Nettonutzen aus der Bereitstellung eines öffentlichen Gutes

Der Einzelne	Alle anderen	
	Kooperieren (zahlen)	Defektieren (zahlen nicht)
Kooperiert (zahlt)	5/5	–5/0
Defektiert (zahlt nicht)	10/<5	0/0

Einzelne sich entsprechend verhalten und alle werden die Zahlung verweigern, was zum **Nash-Gleichgewicht** führt, in dem jedoch alle schlechter stehen, als wenn sie kooperieren würden. Die Zahlen in Abbildung III.3 beziehen sich auf den individuellen Nettonutzen unter der Annahme, er sei kardinal messbar.

Die dominante Strategie aus der Sicht des Einzelnen und damit für alle ist die Defektion (Nichtzahlen). Denn jeder muss damit rechnen, dass er der einzige Zahlungswillige ist. Er zahlt 5 Euro, ohne dass die Straßenbeleuchtung errichtet wird. Sein Nettonutzen ist dann -5, sofern er die geleistete Zahlung nicht zurück erhält. Wenn alle kooperieren, haben alle den höchsten Nutzen, nämlich 5 Euro, weil die Straßenbeleuchtung gebaut wird. Somit liegt hier ein typisches **Gefangenendilemma** vor. Der Anreiz zum Trittbrettfahren steigt im Übrigen mit der Größe der Gruppe an, weil es sehr schwierig ist, jeden Einzelnen zu kontrollieren.

Also führen individuelle Entscheidungen nicht zu einem gesamtwirtschaftlichen Optimum (Marktversagen). Es besteht hier ein wirtschaftspolitischer Handlungsbedarf. Der Staat sollte das Gut bereitstellen und über Abgaben finanzieren. Dabei bestehen einige Probleme. Insbesondere das Informationsproblem spielt eine Rolle:

- Wie soll die Bereitstellung organisiert werden?
- Welche Menge des öffentlichen Gutes ist bereitzustellen? Mit anderen Worten: Wie hoch sind die Präferenzen der Steuerzahler für dieses Gut bzw. ihr Nutzen daraus?
- Wie können die tatsächlichen Präferenzen der Individuen ermittelt werden?[87]

---

87 Zur Offenlegung der wahren Nachfrage für ein öffentliches Gut findet sich in der Literatur, wenn auch wenig beachtet, der Vorschlag einer Clarke-Groves-Steuer (Clarke 1971; Groves 1973). Diese setzt die Anreize für jeden Einzelnen so, dass die Enthüllung der wahren Präferenzen zur dominanten Strategie wird. Derjenige, der wegen einer untertriebenen Zahlungsbereit-

- Wie kann sichergestellt werden, dass ein privater Produzent das öffentliche Gut zu Grenzkosten an den Staat verkauft?

Insbesondere die Beantwortung der ersten beiden Fragen ist hier von Bedeutung. Für die Art der **Bereitstellung** des (reinen) öffentlichen Gutes gilt Folgendes: Die Bereitstellungskosten können durch dieses Informationsproblem enorm ansteigen. Dies gilt vor allem dann, wenn die optimale Menge des öffentlichen Gutes deutlich unter der bereitgestellten Menge liegt. Um das Informationsproblem möglichst gering zu halten, sollte auf der jeweils niedrigsten, also einer dezentralen Ebene festgelegt werden, wie viel zu welchem Preis produziert wird. Viele öffentliche Güter stiften nur einen räumlich begrenzten Nutzen, was allerdings bedeutet, dass überregional ein Ausschluss wohl möglich ist. Insofern wird hier der Äquivalenzgedanke angewendet.

Die Ermittlung der **optimalen Angebotsmenge** eines öffentlichen Gutes verläuft anders als die für private Güter. Zur Bereitstellung privater Güter wurde in Kapitel II hergeleitet, dass im Optimum die Grenzraten der Gütersubstitution jedes Einzelnen mit der Grenzrate der Transformation übereinstimmen. Dies ändert sich für das Angebot öffentlicher Güter. Zwar bleibt die Bedingung der effizienten Faktorallokation unberührt; die den Konsumenten abverlangten Preise müssen nun aber nicht mehr jeder für sich, sondern in der Summe (grenz-)kostendeckend sein. Entsprechend heißt das, dass nun im Optimum die Summe der Grenzraten der Gütersubstitution mit der Grenzrate der Transformation übereinstimmen muss **(Samuelson-Bedingung)**.

Zusatzlektüre Master ↓

Analog zur Vorgehensweise bei den Marginalbedingungen können wir die Samuelson-Bedingung formal mit dem Lagrange-Ansatz herleiten: [88]

In einer Zwei-Personen-Zwei-Güter-Volkswirtschaft existieren ein privates Gut x und ein reines öffentliches Gut Z. Die beiden Individuen i $(i = \{1,2\})$ maximieren jeweils ihren Nutzen gemäß der Nutzenfunktion $U^i(x^i, Z)$. Alle Kombinationen der Güter x und Z, die bei gegebenen Faktorbeständen und gegebener

schaft anderen schadet, weil daraufhin das öffentliche Gut nicht ausreichend bereitgestellt würde, soll eine Steuer an den Staat zahlen. Die Höhe der Steuer bemisst sich an dem Schaden, den der Einzelne den anderen zufügt. Das soll ihn veranlassen, ehrlich seine Präferenzen zu offenbaren und sich entsprechend an den Kosten der Bereitstellung des öffentlichen Gutes zu beteiligen. Vgl. dazu Varian (2006, S. 797ff.).

88 Vgl. Wellisch (2000, S. 72ff.) sowie Blankart (2008, S. 93ff.).

Technologie effizient produziert werden können, befinden sich auf der Transformationskurve (Produktionsmöglichkeitenkurve)

$$H(X,Z)=0\text{; es gilt GRT}=\frac{\partial H/\partial Z}{\partial H/\partial X}.^{89} \qquad \text{(III.5)}$$

Es ergibt sich folgendes Optimierungsproblem:

$$\begin{aligned} &\max\ U^1=U^1(x^1,Z) \\ &\text{u. B. d. Nb. } U^2=\bar{U}^2, \\ &\qquad H(X,Z)=0, \\ &\qquad x^1+x^2=X, \\ &\qquad Z^1=Z^2=Z. \end{aligned} \qquad \text{(III.6)}$$

Daraus ergibt sich folgende Lagrangefunktion:

$$\Gamma=U^1(x^1,Z)+\lambda_1(\bar{U}^2-U^2)+\lambda_2(H(X,Z))+\lambda_3(X-x^1-x^2) \qquad \text{(III.7)}$$

mit den Bedingungen erster Ordnung[90]

$$\frac{\partial U^1}{\partial x^1}-\lambda_3=0, \qquad \text{(III.8a)}$$

$$-\lambda_1\frac{\partial U^2}{\partial x^2}-\lambda_3=0, \qquad \text{(III.8b)}$$

$$\lambda_2\frac{\partial H}{\partial X}+\lambda_3=0, \qquad \text{(III.8c)}$$

$$\frac{\partial U^1}{\partial Z}-\lambda_1\frac{\partial U^2}{\partial Z}+\lambda_2\frac{\partial H}{\partial Z}=0. \qquad \text{(III.8d)}$$

In einem Zwischenschritt lassen sich nun die Lagrangemultiplikatoren ermitteln:

$$\lambda_1=-\frac{\partial U^1/\partial x^1}{\partial U^2/\partial x^2}; \qquad \text{(III.9a)}$$

---

89 Die Annahmen über den Verlauf der Transformationskurve entsprechen den in Kapitel II getroffenen; dabei nutzen wir hier die implizite Darstellungsweise.

90 Die Ableitungen nach den Lagrangemultiplikatoren führen zu den Nebenbedingungen.

$$\lambda_2 = -\frac{\partial U^1/\partial x^1}{\partial H/\partial X}. \qquad \text{(III.9b)}$$

Setzen wir diese wiederum in die letztgenannte Bedingung erster Ordnung (III.8d) ein, ergibt sich folgende Bedingung für ein Optimum:

$$\frac{\partial H/\partial Z}{\partial H/\partial X} = \frac{\partial U^1/\partial Z}{\partial U^1/\partial x^1} + \frac{\partial U^2/\partial Z}{\partial U^2/\partial x^2}. \qquad \text{(III.10)}$$

Notieren wir diese analog zu Kapitel II, so erhalten wir mit

$$\mathrm{GRT} = \mathrm{GRGS}^1 + \mathrm{GRGS}^2 \qquad \text{(III.11)}$$

die sog. **Samuelson-Bedingung**. Hier stehen jetzt GRT für die Grenzkosten der Produktion des öffentlichen Gutes in Einheiten des privaten Gutes und GRGS für die Zahlungsbereitschaft der jeweiligen Individuen für das öffentliche Gut in Einheiten des privaten Gutes.

↑ ______________________________ **Ende Zusatzlektüre**

Es fällt sehr schwer, in der Realität Anwendungsbeispiele für reine öffentliche Güter zu finden. In der Regel werden die Landesverteidigung und die innere Sicherheit an erster Stelle genannt (so schon Adam Smith 1776). In der Tat ist eine private Bereitstellung und Finanzierung dieser Dienstleistungen schwer vorstellbar.[91] Ein weiterer typischer Lehrbuchfall des öffentlichen Gutes ist der Leuchtturm. Für ihn gelten so offenkundig beide Kriterien eines öffentlichen Gutes, nämlich Nichtrivalität im Konsum und fehlende Ausschließbarkeit, dass seine Eigenschaft als öffentliches Gut selten hinterfragt wird. Coase (1974) zeigt jedoch anhand historischer Daten für Großbritannien, dass Leuchttürme sehr lange privat finanziert worden sind. Die Kosten wurden durch in den Häfen fällige Gebühren für jedes Schiff getragen.[92] Es zeigt sich, dass selbst bei Vorlage der Voraussetzungen für öffentliche Güter eine staatliche Bereitstellung nicht unbedingt erforderlich ist, zumindest aber einer genauen Prüfung bedarf.

---

91 Abgesehen davon mögen auch viele Menschen Unbehagen bei der Vorstellung empfinden, dass private Unternehmen für die innere Sicherheit sorgen. Zahlungskräftige Großkunden könnten schließlich versucht sein, das öffentliche Gut zu privatisieren.

92 Ohne einen gewissen Zwang war die Finanzierung in der Tat nicht möglich.

Abbildung III.4: „Mischgüter"

Konsum	Ausschluss	
	möglich	nicht möglich
rivalisierend	Privates Gut	**Allmendegut**
nicht-rivalisierend	**Klubgut**	Öffentliches Gut

Bislang wurden weitgehend **reine öffentliche Güter** betrachtet, deren Konsum nicht-rivalisierend ist und für die ein Ausschluss unmöglich erscheint. Darunter fallen wie erwähnt Maßnahmen zur Luftreinhaltung, der Bau von Straßenbeleuchtungen sowie die Organisation der Landesverteidigung. Allerdings gibt es auch Güter, die entweder nur Nichtrivalität im Konsum oder nur fehlende Ausschließbarkeit aufweisen (Abbildung III.4). Hier stellt sich die Frage nach dem Charakter solcher Güter.

Wenn der Konsum zwar rivalisierend ist, jedoch keine Möglichkeit des Ausschlusses besteht, spricht man von einem **Allmendegut**. Jeder hat Zugriff auf das Gut, das allerdings knapp ist. Es entsteht dann, wie im Unterabschnitt 2.D dieses Kapitels zu zeigen sein wird, ein Problem negativer Externalitäten. Ist jedoch der Ausschluss möglich, verliert das Gut automatisch die Eigenschaften eines öffentlichen Gutes. Ein aktuelles Beispiel ist die Fernsehübertragung eines Sportereignisses oder Konzerts durch einen privaten Anbieter von Pay-TV oder Pay-per-View-TV. Wer nicht bereit ist, den benötigten Decoder zu kaufen, wird vom Konsum dieser Dienstleistung ausgeschlossen, obwohl Nichtrivalität im Konsum besteht. Dies ist ein Beispiel für ein **Klubgut**.

Somit macht es Sinn, zwischen öffentlichen Gütern und öffentlich bereitgestellten bzw. öffentlich bezuschussten Gütern zu unterscheiden. In der wirtschaftspolitischen Debatte werden viele Güter als öffentliche Güter bezeichnet, die eigentlich private Güter sind, aber öffentlich bereitgestellt werden. Hier liegt zum Teil Staatsversagen vor, zum Teil ist das Motiv der staatlichen Bereitstellung ein anderes. Staatliche Entscheidungsträger sind der Auffassung, das entsprechende Gut werde zu wenig nachgefragt, und beschließen, die Nachfrage künstlich durch ein öffentliches Angebot zum Preis unter den Grenzkosten oder gar von Null[93] zu steigern.

93 Der tatsächliche Preis ist natürlich höher, weil das Gut über Steuern usw. finanziert wird.

Dies sind **meritorische Güter** (Musgrave 1959). Anwendungsbeispiele sind der Impfschutz und die Ausbildung an der Universität.

Beim Impfschutz kann man positive externe Effekte erwarten. Jeder, der sich impfen lässt, verringert die Gefahr für andere Menschen, sich anzustecken. Deshalb spricht viel dafür, dass der Impfschutz flächendeckend vorgenommen wird. Die soziale Nachfrage ist also hoch, es würde die Menge x^g nachgefragt (Abbildung III.5). Allerdings sind für den Einzelnen Kosten mit der Impfung in Form des Entgeltes für den Arzt verbunden. Deshalb wird die private Nachfrage geringer als die soziale ausfallen (x^p). Ein Zuschuss (Subvention s) in Höhe der Differenz der Zahlungsbereitschaft könnte vom Staat an den Konsumenten gezahlt und über Steuern finanziert werden. Dies führt zu einer Verschiebung der Nachfragekurve (PGN zu PGN + s); die Nachfrage nach Impfung steigt auf das gesellschaftlich gewünschte Maß (x^g) an. Das neue Gleichgewicht liegt in Punkt G, der Staat leistet eine Subvention in Höhe der grau hinterlegten Fläche.

Abbildung III.5: Impfung als meritorisches Gut

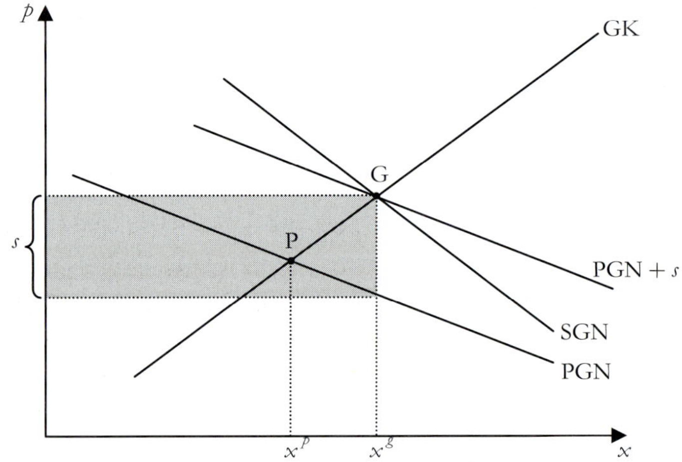

Dies entspricht einer proportionalen **Pigou-Subvention** zur adäquaten Internalisierung des positiven externen Effekts.[94] Dieser Eingriff ist allerdings nicht unproblematisch:

- Die Ausdehnung der Staatstätigkeit könnte wiederum mit negativen Allokationseffekten einhergehen. Marktversagen könnte zu Staatsversagen führen (Abschnitt IV.1).
- Außerdem droht unter dem Vorwand „verzerrter Präferenzen" in anderen Bereichen eine Einschränkung der Konsumentensouveränität. Der Staat könnte z.B. in umgekehrter Weise den Konsum von Zigaretten, Alkohol oder Drogen als **demeritorische Güter**, d.h. als zuviel konsumierte Güter bezeichnen, und diese entsprechend besteuern.
- Im Übrigen kennt der Staat die tatsächliche private Nachfrage nicht. In einer aufgeklärten Gesellschaft kann man eigentlich davon ausgehen, dass die Menschen den Nutzen einer Impfung für die eigene Gesundheit hoch veranschlagen. Wenn der Staat dies jedoch bezweifelt und entsprechende Subventionen gewährt, kann es zu fiskalisch teuren Mitnahmeeffekten kommen.

Vermutlich wäre es aus **Effizienzüberlegungen** vorzuziehen, dass der Staat sich auf die **Bereitstellung rein öffentlicher Güter beschränkt**.

Betrachten wir das zweite Beispiel, die Universitätsausbildung: In Deutschland wird diese Ausbildung nahezu vollständig durch die öffentliche Hand finanziert. Dies gilt selbst dann, wenn – wie unlängst im Jahre 2007 in einigen Bundesländern geschehen – Studiengebühren in Höhe von bis zu 500 Euro pro Studierendem und Semester erhoben werden; dieser Betrag ist nicht kostendeckend. Als Folge nehmen aus Sicht des Einzelnen die Grenzkosten des Studiums, genau wie der Preis, den Wert Null (bzw. den Wert der Studiengebühren) an, wenn man von den Opportunitätskosten des Studiums absieht.[95] Entsprechend wird – gemäß Marginalbedingungen – bis zu dem Punkt nachgefragt, in dem der Grenznutzen diesen Grenzkosten entspricht und ebenfalls den Wert Null (bzw. den Wert der Studiengebühren) annimmt. Die Differenz zwischen den entstehenden Kosten und den vom einzelnen Studierenden wahrgenommenen Kosten wird über Steuern vom Staat finanziert. In einer ökonomischen Analyse ist zunächst zu fragen, inwieweit positive Externalitäten bestehen oder ob es sich gar um ein öffentliches Gut

---

[94] Das Analogon der Pigou-Lösung bei einem negativen externen Effekt ist die Pigou-Steuer (Unterabschnitt III.2.D).

[95] Wenn das Studium erfolgreich abgeschlossen wird, sind die diskontierten Opportunitätskosten vermutlich gering, weil das Lebenseinkommen stark ansteigen kann.

handelt. Positive Externalitäten der Ausbildung gibt es durchaus: Eine höhere durchschnittliche Bildung kann die gesamtwirtschaftliche Dynamik in der Volkswirtschaft dauerhaft erhöhen (Unterabschnitt V.4.D). Den Hauptanteil der zusätzlichen Erträge durch ein Studium kann sich der Studierende allerdings in Form eines im Vergleich zur Berufsausübung ohne Studium höheren Lebenseinkommens privat aneignen. Universitätsdienstleistungen sind somit kein öffentliches Gut, jedenfalls nicht in der Ausbildung, weil sowohl Rivalität im Konsum als auch Ausschließbarkeit möglich sind. Am ehesten kann man Eigenschaften eines öffentlichen Gutes noch in der Grundlagenforschung vermuten.

Somit hat die öffentliche Bereitstellung des privaten Gutes Bildung negative Allokationseffekte, vor allem in dynamischer Hinsicht:

- Private Anbieter von Bildung werden verdrängt, da sie nicht zum Preis von Null anbieten können.
- Die Nachfrage wird künstlich ausgedehnt. Fehlanreize entstehen dergestalt, dass ein Studium nicht zwingend einem rationalen Kalkül folgend aufgenommen wird, insbesondere mit Blick auf die künftigen Berufsmöglichkeiten. Dies gilt besonders für die Wahl des Studienfaches. Hätte jeder die Kosten seines Studiums selbst zu tragen, würde er sorgfältig abwägen zwischen denjenigen Anteilen im Studium die Spaß machen, und dem Teil, der interessante Erwerbschancen verspricht.
- Möglicherweise kommt es sogar zu negativen externen Effekten in Form einer „unangemessenen“ Humankapitalbildung. Auf jeden Fall besteht die Tendenz zu einer Überfüllung der Hochschulen, worunter zahlreiche deutsche Universitäten bereits leiden.
- Dies zieht Bürokratieprobleme nach sich. Die Nachfrager müssen auf das Angebot verteilt werden. Eine Zentralstelle für die Vergabe von Studienplätzen (ZVS) musste eingerichtet werden, die in den überfüllten Studiengängen für die erforderlichen Zulassungsbeschränkungen bei Studienanfängern sorgte. Der Markt als Allokationsmechanismus entfiel, an seine Stelle trat planwirtschaftliches Handeln. Dass in einem solchen System jeder Studierende den Studienplatz seiner Wahl erhält und die Universitäten den Studentenmix ihrer Wahl bekommen, ist unwahrscheinlich.
- Steuerzahler werden stärker belastet, möglicherweise vorwiegend diejenigen, die selber nicht studiert haben und ein – im Durchschnitt – entsprechend geringeres Lebenseinkommen erzielen. Die Frage nach der Verteilungsgerechtigkeit dieses Arrangements liegt nahe.

Derartige Kritik gilt im Grunde immer, wenn der Staat private Güter zu vermeintlich öffentlichen Gütern macht. Deshalb erfordert die Beseitigung des Marktversagens „positiver externer Effekte“ eine sehr genaue Analyse der Situation und wirtschaftspolitisches Fingerspitzengefühl. Im Unterabschnitt V.4.D werden alternative Formen der Bereitstellung von Hochschulausbildung diskutiert.

C. Netzwerkeffekte

Hängt der Nutzen, den ein Konsument aus einem Gut ziehen kann, zu einem wesentlichen Teil von der Anzahl Personen ab, die dieses Gut ebenfall konsumieren, so spricht man von einem **Netzwerkeffekt.** Hierbei müssen direkte und indirekte Netzwerkeffekte unterschieden werden. Erstere entstehen durch die Möglichkeit eines Nutzers, mit anderen Nutzern innerhalb des gleichen Netzwerkes (kostengünstig) kommunizieren oder kooperieren zu können. Dies ist z.Bsp. im Mobilfunk oder bei Softwareanwendungen der Fall. Indirekte Netzwerkeffekte treten auf, wenn der Nutzen aus einem Gut wesentlich von der Anzahl und Qualität dazu angebotener, komplementärer Güter abhängt, wie im Fall von Wiedergabegeräten für Medienformate (VHS, DVD, Blue-Ray) oder Software für Betriebssysteme (PC-Spiele, Büroanwendungen). (Katz und Saphiro 1985). Die Nachfrager ziehen zunächst einen Basisnutzen aus der **technischen Qualität** des Gutes selbst. Dieser ist unabhängig von der Größe des Netzwerkes, wie etwa die Funktion einer Bürosoftware, Texte damit zu schreiben. Der zusätzliche Nutzen aus der **Netzwerkqualität** hängt dagegen wesentlich von der Größe des Netzwerkes ab, hier die Austauschbarkeit der Büro-Dokumente

Die Netzwerkeffekte führen zu **Netzwerkexternalitäten** zwischen den Nachfragern: Potentielle Käufer müssen ihre Wahlentscheidung wesentlich davon abhängig machen, wie viele Nutzer die relevanten Netzwerkprodukte derzeit haben und in Zukunft haben werden. Sie sehen sich demnach dem Problem gegenüber, entweder ein innovatives Produkt mit hoher technischer, aber niedriger Netzwerkqualität zu konsumieren, oder genau umgekehrt. Der Gesamtnutzen aus dem innovativen Produkt ist somit unter Umständen geringer als der aus einem veralteten Konkurrenzprodukt. Dieser sog. Pinguin-Effekt kann dazu führen, dass die Adoption neuer, eigentlich superiorer Technologien langsamer als optimal bzw. überhaupt nicht stattfindet, wenn sich potentielle Käufer für das ältere Produkt mit höherem Gesamtnutzen entscheiden. Es kann dadurch zu einem **Lock-In Effekt** der Konsumenten in der alten Technologie kommen (Katz und Saphiro 1986). Der gegenteilige Fall tritt auf, wenn Nachfrager in ein Netzwerkprodukt investiert haben, die Mehrheit der neuen Konsumenten sich jedoch dem Konkurrenzprodukt zuwendet und das alte Netzwerk dadurch an Größe verliert. Besitzer des Ausgangsproduktes können somit negativ durch die Entscheidung anderer Konsumenten in ihrem Nutzen beeinflusst werden und sind für den Moment in einem schrumpfenden Netzwerk gestrandet (**Stranding-Effekt**).

Jeder Käufer wird sich individuell für diejenige Alternative entscheiden, von der er heute und vor allem in Zukunft die höchste Netzwerkqualität erwartet. Diese subjektive Erwartungsbildung ist für die Angebotsseite von besonderer Bedeutung. Bei vorliegen von Netzwerkeffekten müssen die Anbieter bereits in frühen Marktphasen eine hinreichend große **installierte Basis** aufbauen. Dies signalisiert den Konsumenten eine hohe Netzwerkqualität und ermöglicht es, weitere Kunden zu gewinnen. Die Absatzstrategien werden somit auf eine schnelle Marktdurchdringung ausgerichtet. Im Fall der indirekten Netzwerkgüter kann es auch aus Herstellersicht rational sein, selbst komplementäre Güter anzubieten oder deren Bereitstellung durch andere Unternehmen zu fördern, um sich gegen Konkurrenztechnologien durchzusetzen wie z.B. der aktuelle Wettbewerb zwischen HD-DVD und Blue-Ray Standard gezeigt hat.

Die Abhängigkeit der Kundennutzen von der Netzwerkqualität und den damit verbundenen Expansionsanreizen für Anbieter führt zu starken Monopolisierungstendenzen auf den jeweiligen Märkten. Wie im Unterabschnitt III.4.C erklärt wird, ergibt sich hieraus nur dann ein wettbewerbspolitisches Problem, wenn der relevante Markt durch hohe versunkene Kosten oder andere Markzutrittsbarrieren gekennzeichnet ist. Versunkene Kosten bestehen bei Produkten mit Netzwerkeffekten vor allem in Mitteln zum Reputationsaufbau bzw. Entwicklungskosten für spezifische Hard- und Software. Ihre Bedeutung als Zutrittsbarriere im Fall des hier betrachteten innovativen Marktzutrittes ist jedoch gering. Eine relevante Marktzutrittsbarriere stellen allerdings die auf Nachfrageseite anfallenden **Wechselkosten** dar. Diese bestehen aus Lernkosten, wenn Mitarbeiter z.Bsp. auf neue Software umgeschult werden, und Transaktionskosten, wenn z.Bsp. Anwendungen für das neue Betriebssystem gekauft oder Mediaformate auf das neue Abspielgeräte portiert werden müssen. In Kombination mit dem anfänglichen Nutzenverlust durch die geringere Netzwerkqualität kann dies dazu führen, dass ein aus wohlfahrtsökonomischer Sicht erwünschter Wechsel zu effizienteren Produkten für Nachfrager individuell nicht attraktiv ist. Wechselkosten begünstigen somit den Lock-In Effekt und gestatten einem einmal etablierten Anbieter, Preise über den Grenzkosten durchzusetzen (Klemperer 1987). Ferner ermöglicht dies vertikal integrierten Unternehmen, ihre Marktmacht im Fall indirekter Netzwerkeffekte auch auf die komplementären Produkte auszudehnen. Beispielhaft für diese Strategie sind die Microsoft Betriebssysteme, in die im Zeitablauf bestimmte Anwendungssoftware bereits ab Kauf integriert wurden oder relevante Schnittstellen den potentiellen Konkurrenten nur unvollständig zugänglich gemacht wurden. Inwieweit dies wettbewerbsschädliches Verhalten darstellt, beschäftigt seit langem die Wettbewerbsbehörden und wird auch in Zukunft noch für weitreichende Diskussionen sorgen.

D. Das Umweltproblem als negativer externer Effekt

Während positive externe Effekte dazu führen, dass von der entsprechenden Ware oder Dienstleistung zu wenig angeboten wird, bewirken negative externe Effekte eine übermäßige Aktivität, weil die privaten Grenzkosten unter den sozialen liegen. Einzelwirtschaftlich ist dieses Verhalten rational, gesamtwirtschaftlich jedoch schädlich. Am Beispiel des Umweltschutzes lässt sich die Problematik negativer externer Effekte sehr gut verdeutlichen. Die Belastung der Umwelt im Zuge von Produktion und Konsum wird bei isolierter Sicht vermutlich von der überwiegenden Mehrheit abgelehnt. Dennoch findet sie statt. Eine positive ökonomische Analyse kann erklären, dass einzelwirtschaftliche Rationalität dafür verantwortlich ist, nicht jedoch üble Absicht, fehlendes Gewissen und dergleichen mehr.

Das Allmende-Problem

Analytisch wird das bereits mit dem **Allmende-Problem** deutlich. Es betrifft kollektiv nutzbare, erneuerbare Ressourcen.[96] Ein Allmendegut ist durch rivalisierenden Konsum bei fehlender Ausschließbarkeit von der Nutzung gekennzeichnet (Abbildung III.4). Ein anschauliches Beispiel ist die mittelalterliche englische Viehweide in den Dörfern und Gemeinden, die gemeinschaftlich genutzt werden konnte. Wenn die Weide allen gehört, kommt es zu einer Übernutzung der Weide, die infolgedessen stark beschädigt oder ganz zerstört wird. Ein heutzutage besonders relevantes Beispiel ist die Nutzung der Weltmeere als Fischgrund. Fischer aus der ganzen Welt nutzen sie, ohne eine Verantwortung für die Pflege des Bestandes zu übernehmen. Einzelwirtschaftlich macht dies auch keinen Sinn. Hier besteht die Analogie zum Gefangenendilemma, wie in Unterabschnitt B für die Straßenbeleuchtung beschrieben. Der Einzelne ist quasi in seiner subjektiven Rationalität gefangen. Es kommt aber zu einer Verletzung der Marginalbedingungen, weil die sozialen Grenzkosten der Nutzung der Meere höher als die privaten Grenzkosten sind. Der daraus folgende dynamische Effekt ist eindeutig: Die Fischbestände

---

96 Zur Veranschaulichung vgl. die Darstellungen in Wellisch (2000, S. 151ff.) und Varian (2006, S. 749ff.).

können sich nicht regenerieren (Überfischung) und sind langfristig vom Aussterben bedroht.

Die Implikation dieser beiden Beispiele zu Fehlentwicklungen bei kollektiv nutzbaren Ressourcen wird sich wie ein roter Faden durch die jetzt anzustellenden Überlegungen zum Umweltproblem ziehen. Der Grundsatz, den wir uns jetzt schon merken wollen, lautet: Es muss eine **Internalisierung der negativen externen Effekte** stattfinden. Dafür können grundsätzlich **Preisanreize** gesetzt oder **Nutzungsrechte** für eine angestrebte Menge zugeteilt werden. Bei ersteren wird versucht, den adäquaten Nutzungspreis im Kalkül des Einzelnen zu internalisieren (für eine unbestimmte oder bestimme Menge), im zweiten Fall werden Eigentumsrechte für konkrete Mengen des Umweltgutes definiert, die Preise ergeben sich dann durch den Handel mit diesen Nutzungsrechten auf dem Markt. Diese Ansätze können auch kombiniert werden.

Zunächst muss festgehalten werden, dass die Nutzung der Umwelt aus ökonomischer Sicht nicht zu beanstanden ist, solange die Nutzung den ökonomischen Knappheiten gemäß entgolten wird (was in der Tat sehr schwierig ist). Aus dieser Sicht wird der Umwelt der Status eines Konsumgutes oder eines Produktionsfaktors zugewiesen.[97] Freytag und Vietze (2007) zeigen für den Tourismussektor, dass es hier sinnvoll ist, eine „schöne Natur“ (oder eine reichhaltige Biodiversität) ausdrücklich als Produktionsfaktor des Gutes Tourismus anzuerkennen, da die Nachfrage nach Tourismus in einem Land stark vom Erhaltungsgrad der dortigen Biodiversität getrieben wird. Indem man die Verfügungsrechte an Biodiversität exakt zuteilt, wird sichergestellt, dass diese einen Marktwert bekommt und es sich somit lohnt, Biodiversität zu erhalten. Nur dann sind eine langfristige Nutzung dieses Produktionsfaktors und damit eine nachhaltige Entwicklung des Tourismussektors in einem Land möglich. Wenn es für die Umweltnutzung keine Knappheitspreise gibt, d.h. wenn Umwelt wie ein für jedermann frei verfügbares Gut erscheint, liegen die privaten Kosten unter den sozialen Kosten. Die Folge ist, dass die Umwelt übermäßig beansprucht wird, von den Unternehmen ebenso wie von den Bürgern. Der Energieverbrauch ist zu hoch, der Verkehrslärm zu stark, die Verschmutzung der Gewässer zu groß. Aus ökonomischer Perspektive ist das Umweltproblem ein Allokationsproblem. Die Ursache für den negativen externen Effekt liegt darin, dass die Nutzung der Umwelt als Produktions- oder Konsumgut rivalisierend ist, aber der Ausschluss allein über den Markt nicht bewerkstelligt werden kann. Obwohl die Umwelt ein knappes Gut ist, hat sie keinen Preis und

97 Damit wird aus normativer Perspektive eine Position eingenommen, die weder die Umweltnutzung generell für unerwünscht erklärt noch das Umweltproblem als unbedeutend charakterisiert.

wird daher von jedem einzelnen Wirtschaftssubjekt – irrtümlich – als ein freies Gut betrachtet, das unbegrenzt zur Verfügung steht. Die Produktion bzw. der Konsum einer Ware oder einer Dienstleistung bewirken dann eine Verminderung der Umweltqualität, die sich negativ in der Kostenfunktion anderer Produzenten oder in der Nutzenfunktion anderer Konsumenten niederschlägt.

Es ist naheliegend, hier einen eindeutigen Fall des Marktversagens zu konstatieren. Das Umweltproblem zeigt allerdings auch sehr deutlich die Schwierigkeiten auf, Marktversagen und Staatsversagen voneinander zu unterscheiden. Staatsversagen könnte deshalb vorliegen, weil die Eigentums- und Nutzungsrechte an der knappen Umwelt nicht vollständig zugewiesen worden sind. Die Zuweisung derartiger Rechte ist eine der wirtschaftspolitischen Aufgaben, die im Zusammenhang mit dynamischer Effizienz diskutiert worden sind (Abschnitt II.5). Die Schwierigkeit einer solchen Zuweisung wird am Beispiel der Luftverschmutzung deutlich: Eigentumsrechte für das Gut saubere Luft sind nicht klar zugeordnet, weil dies entweder nicht möglich ist oder mit zu hohen Transaktionskosten einhergehen würde (grundlegend: Coase 1960). Zur Erinnerung: Unter Staatsversagen wird ein nicht problemadäquater Ordnungsrahmen für die Nutzung knapper Güter verstanden, während Marktversagen eine fehlende Funktionsfähigkeit des Marktes beschreibt.

Grundsätzlich muss beim Umweltproblem zwischen Emission, Immission und Diffusion unterschieden werden:

- Die Emission ist der Schadstoffausstoß der Unternehmen und Konsumenten, gemessen an einer Quelle.
- Unter der Immission wird die Belastung der natürlichen Umwelt (Wasser, Luft, Boden) mit Schadstoffen – und damit die Umweltqualität – verstanden.
- Die Diffusion meint die Umwandlung der Emission in Immission.

Die meisten umweltpolitischen Handlungsempfehlungen setzen an den Emissionen an, obwohl die Immission das geeignetere umweltpolitische Ziel wäre, weil von ihr die Nutzeneinbußen für andere Wirtschaftssubjekte ausgehen. Allerdings sind Emissionen erheblich leichter zu messen und zu kontrollieren als Immissionen. Deshalb rücken wir im Folgenden die Emissionen in den Mittelpunkt.

Außerdem soll noch auf die Unterscheidung zwischen nationalen, internationalen und globalen Umweltproblemen aufmerksam gemacht werden. Dies ist insbesondere von Bedeutung für die **wirtschaftspolitischen Optionen** zur Lösung des Umweltproblems. **Nationale** Umweltprobleme bleiben auf die Region beschränkt; ihre Lösung erfordert nationale Umweltpolitik. Ein typisches Beispiel ist die Vergiftung des Bodens. **Internationale** Umweltprobleme, das heißt grenzüberschreitende Umweltverschmutzung wie beispielsweise in Flüssen, hingegen erfordern internationale Abstimmung in der Umweltpolitik bzw. eine gemeinsame internationale Umweltpolitik. Es ist also internationale Politikkoordination gefragt (Abschnitt V.II.5). Beim Extremfall der **globalen** Umweltprobleme sind nicht nur zwei oder wenige Staaten, sondern die gesamte Welt betroffen. Hier ist die Aufgabe der Politikkoordination noch schwieriger als im Fall der grenzüberschreitenden Umweltprobleme. Ein solches Problem ist z.B. die mögliche **Erderwärmung** durch den Ausstoß von Kohlendioxyd (CO_2) und anderen Treibhausgasenn.

Zusatzlektüre Master ↓

Instrumente zur Internalisierung externer Effekte

Es bieten sich mehrere umweltpolitische Optionen zur Internalisierung der negativen Externalitäten an, deren ökologische Treffsicherheit und ökonomische (Kosten-)Effizienz – sowohl aus statischer als auch aus dynamischer Perspektive – sehr unterschiedlich sein können, wie auch die jeweils anfallenden Transaktionskosten (Informationskosten, Kontrollkosten). Nach diesen Kriterien ist die gewählte Internalisierungsstrategie zu bewerten. Dabei spielt neben der ökologischen Wirksamkeit die Effizienz für die hier vorgenommene Beurteilung die zentrale Rolle. In statischer Hinsicht heißt Effizienz: den negativen externen Effekt dort internalisieren, wo dies zu den geringsten Kosten möglich ist; in dynamischer Hinsicht heißt Effizienz: die richtigen Anreize für umweltfreundliche Innovationen setzen.

Grundsätzlich unterscheidet man zwischen ordnungsrechtlichen Ansätzen und marktwirtschaftlichen Steuerungsinstrumenten. In der Praxis steht seit langem das Ordnungsrecht im Vordergrund; heute wird auch zaghaft auf pretiale Lenkung gesetzt. In allen Fällen besteht die wirtschaftspolitische Aufgabe darin, eine **optimale Nutzung der Umwelt** zu ermöglichen. Die Optimierungsaufgabe ist dann gelöst, wenn soziale Grenzkosten und sozialer Grenznutzen der Schadensvermeidung übereinstimmen. Der in der Öffentlichkeit gelegentlich vertretene Standpunkt, das Ziel der Umweltpolitik wäre erst erreicht, wenn die Umwelt gar nicht belastet würde, ist ökonomisch unhaltbar. Nicht jede Inanspruchnahme der Umwelt ist unerwünscht, sondern lediglich die übermäßige. Es käme einer Verschwendung von Ressourcen gleich, wollte man die Umwelt über den optimalen Grad hinaus verbessern; die zusätzlichen Kosten der Beseitigung von Umweltschäden wären dann höher als der daraus resultierende externe Ertrag.

Die nachstehenden **Instrumente der Umweltpolitik** sind Gegenstand wissenschaftlicher und wirtschaftspolitischer Konzeptionen (Feess-Dörr 1998 sowie Fritsch, Wein und Ewers 2007, S. 114ff):

- Ordnungsrecht (Auflagen und Standards),

- Steuern (Pigou-Steuer, Standard-Preis-Ansatz),
- privatwirtschaftliche Verhandlungen (Coase-Theorem) sowie
- Handel mit Nutzungsrechten (Zertifikatelösung).

Auflagen und Standards

Wir beginnen mit den **Auflagen und Standards**. In der Politik sind Auflagen, Verbote und Gebote als Mittel zur Lösung des Umweltproblems weit verbreitet. Dabei wird in der Regel jedem Emittenten von Schadstoffen eine Emissionsgrenze – in Form eines Konzentrationswertes – vorgegeben und/oder die dazu verwendete Technologie vorgeschrieben. In der Regel ist der Emittent gehalten, den aktuellen Stand der Technik zu verwenden. Die Wirkungen sind eindeutig:

- Die ökologische Treffsicherheit lässt sich bei der festgesetzten Emissionsmenge erreichen.
- Die Transaktionskosten schlagen am Anfang – wenn jeweils die Standards definiert und die entsprechenden gesetzlichen Grundlagen geschaffen werden müssen – durchaus zu Buche. Danach sind sie relativ niedrig (Kontrollkosten).
- Zu den statischen Effekten: Die Verletzung der Marginalbedingungen durch den externen Effekt wird nicht beseitigt, weil die Grenzkosten der Vermeidung nur selten mit den Grenzkosten der Schädigung (jeweils aus Sicht des Emittenten) übereinstimmen. Es wäre ein großer Zufall, wenn die unternehmensindividuellen Emissionsgrenzen so gewählt würden, dass die Grenzkosten der Vermeidung für sämtliche Unternehmen übereinstimmen sollten. Ökonomisch würde dies implizieren, dass sämtliche Unternehmen eine identische Produktionsfunktion aufweisen. Darüber hinaus besteht in der statischen Sicht ein Verteilungsproblem: Es muss bei knappen Emissionsrechten geklärt werden, wer welche Menge an Verschmutzung zugestanden bekommt.
- Aus dynamischer Perspektive sind die negativen Wirkungen noch gravierender: Aus dem Verteilungsproblem wird ein Allokationsproblem. Wenn die Summe aller zugelassenen unternehmensindividuellen Emissionen der gesamtwirtschaftlichen Emissionsgrenze bzw. nach Diffusion der Immissionsnorm entspricht, haben neue Unternehmen keine Möglichkeit zu verschmutzen und werden damit faktisch an einem Markteintritt gehindert. Dadurch entsteht ökonomisch eine Behinderung des Strukturwandels; ökologisch werden Einsparungsspielräume nicht genutzt, da die alten Unternehmen keinen Anreiz haben, umweltschonende Technologien einzuführen, während die neuen ihn hätten, aber gar nicht erst zugelassen werden. Nur wenn die Zielvorgaben relativ statt absolut vorgegeben werden, lässt sich die Marktzutrittsbarriere für

neue Unternehmen senken, allerdings steigt dann die Gesamtemissionsmenge. Hinzu kommt, dass das Ordnungsrecht zwar die Einhaltung der vorgegebenen Standards erzwingt, aber eben keinen Anreiz zur Minderung der Umweltbeanspruchung gibt, weil der „Stand der Technik" Grundlage ist. Holger Bonus prägte für diesen Zustand den Begriff des „Schweigekartells der Oberingenieure"[98], neue Technologien werden unterdrückt. Mehr noch: Bei neuen Umweltschutzauflagen gilt das Prinzip der „wirtschaftlichen Vertretbarkeit". Das läuft auf einen Bestandsschutz der alteingesessenen Unternehmen hinaus; der Strukturwandel in Richtung einer umweltschonenden Produktion wird gehemmt. Ein weiterer Effizienznachteil besteht darin, dass zunächst Schadstoffemissionen stattfinden und erst anschließend versucht wird, die Umweltschäden zu beseitigen; das Umwelt-Ordnungsrecht stimuliert gleichsam die Entwicklung von sog. End-of-the-Pipe-Technologien[99], was ökologisch kontraproduktiv wirkt.

Aus diesen Gründen sind die ordnungsrechtlichen Verfahren problematisch. Trotzdem ist das Ordnungsrecht in manchen Fällen zur Gefahrenabwehr unverzichtbar, z.B. bei gefährlichen Stoffen (Dioxin, atomare Brennelemente, Tiermehl). Der richtige Preis wäre dann unendlich hoch, weil die Emission verboten wäre. In allen anderen Fällen gibt es jedoch umweltpolitische Optionen, die den Standards und Auflagen überlegen sind. Diese Optionen machen sich den Preismechanismus in der einen oder anderen Weise zunutze.

Steuern

Das ist zum Beispiel bei der **Pigou-Steuer** der Fall. Es handelt sich hier um ein bereits vor langer Zeit von dem britischen Ökonomen Pigou (1920) entwickeltes Modell mit dem Ziel, das Verhalten des Verursachers eines negativen Effektes so zu lenken, dass nach der Besteuerung die privaten und sozialen Grenzkosten identisch sind. Der Anreizeffekt für den Verursacher besteht darin, durch eine Emissionsreduktion die Steuerlast möglichst gering zu halten. Der Steuereingriff ist also eine Maßnahme zur Internalisierung der externen Kosten beim Verursacher,

---

98 Darüber hinaus ist sogar von kriminellen Praktiken berichtet worden, mit deren Hilfe z.B. die Einführung neuer Filtertechniken für Kraftwerke unterdrückt wurde. Erfinder solcher Techniken sollen von den Betreiberfirmen der Kraftwerke bedroht worden sein.

99 Unter End-of-the-Pipe-Technologien versteht man eine Technologie, die keine Anstrengungen zur Minderung der Belastung beim Entstehen vorsieht, sondern ausschließlich die Emission von Schadstoffen mit Hilfe geeigneter Filter usw. am Ende eines Schornsteins oder einer Abwasserleitung zu verringern versucht.

Abbildung III.6: Die Wirkungsweise der Pigou-Steuer

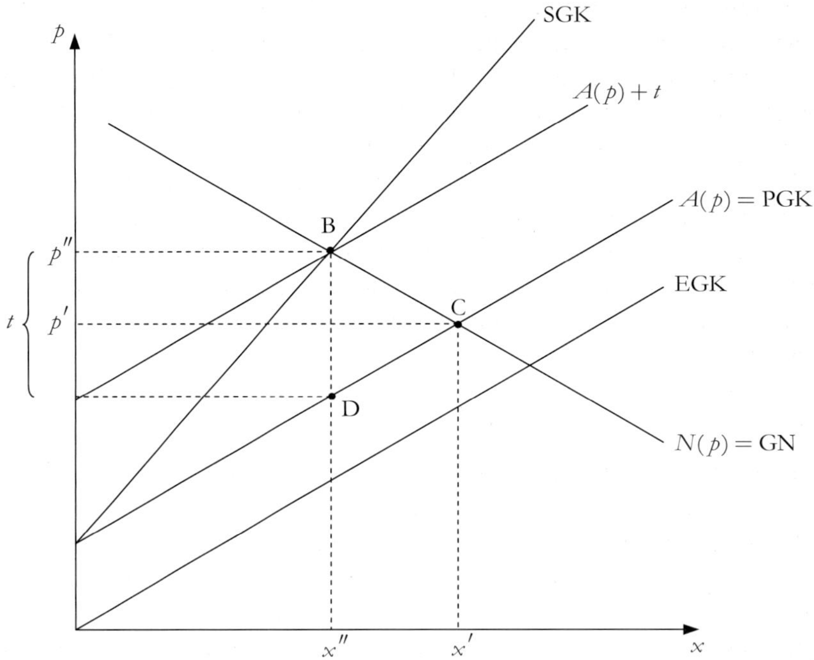

Quelle: Fritsch, Wein und Ewers (2007, S. 123).

dem Emittenten (Verursacherprinzip).[100] Diesen Effekt kann man anhand der Abbildung III.6 veranschaulichen. Es wird deutlich, dass der externe Effekt preislich nicht über den Markt erfasst wird und dadurch Allokationsverzerrungen auslöst. Diese drücken sich dadurch aus, dass:

- der private Preis (p') zu niedrig ist,
- die private Produktion (x') zu hoch ist und
- ein gesamtgesellschaftliches Wohlfahrtsoptimum nicht erreicht wird.

---

100 Verbreitet sind in vielen Ländern verschiedene Varianten von Emissionsabgaben im Bereich der Luftreinhaltungspolitik, Abwasserabgaben im Bereich der Wasserreinhaltungspolitik und Energiesteuern auf den Energieverbrauch.

Abbildung III.6 kann wie folgt interpretiert werden. Wenden wir uns zunächst dem privatwirtschaftlichen Kalkül der Anbieter und Nachfrager ohne Beachtung des externen Effekts zu. Die Angebotskurve $A(p)$ entspricht den privaten Grenzkosten und schneidet die Nachfragekurve $N(p)$, die analog dem Grenznutzen entspricht, im Punkt C. In diesem Punkt entsprechen die privaten Grenzkosten dem privaten Grenznutzen. Allerdings verursacht die Produktion des Gutes soziale Zusatzkosten, ausgedrückt als externe Grenzkosten (EGK). Die Summe dieser externen Grenzkosten und der privaten Grenzkosten ergibt die gesamten sozialen Grenzkosten (SGK). Diese liegen folglich über den privaten Grenzkosten. Bei alleiniger Beachtung der privaten Grenzkosten wird somit zu viel von dem Gut produziert. Der Produktionspunkt, der sich an den sozialen Grenzkosten ausrichtet, liegt in Punkt B (Schnittpunkt von SGK und $N(p)$). Um die Marktteilnehmer zu diesem Gleichgewicht zu bewegen, führt der Staat eine proportionale Steuer t pro Mengeneinheit des produzierten Gutes in Höhe von $\overline{BD}$ ein. Somit steigen die privaten Grenzkosten (Verschiebung auf $A(p)+t$) und es wird die Menge x'' zum Preis p'' nachgefragt.

Die Beurteilung der Pigou-Steuer fällt auf den ersten Blick positiv aus: Die statische Effizienz ist erreicht, da der externe Effekt internalisiert wird. Darüber hinaus ist auch die dynamische Effizienz gewährleistet, da Anreize bestehen, in Vermeidungstechnologien zu investieren, um die Abgabe zu umgehen. Somit kann – im Prinzip – auch die ökologische Treffsicherheit hoch sein. Allerdings bestehen nahezu unüberwindliche **Probleme bei der Umsetzung**, d.h. sehr hohe Transaktionskosten:

- Zunächst ist das Informationsproblem zu nennen. Der Staat müsste genaue Informationen darüber haben, welche **Preiselastizitäten** die jeweiligen Angebots- und Nachfragekurven am Markt für das Gut haben, dessen Produktion die Umweltverschmutzung verursacht, um den externen Effekt tatsächlich durch die Steuer zu internalisieren. Die genaue Höhe der Steuer ist schwer zu ermitteln, da der exakte Verlauf der Kurven unbekannt ist. Diese Information gälte zudem nur für eine bestimmte Angebots-Nachfrage-Konstellation und müsste im Zeitablauf, z.B. bei neuen Emittenten, bei sich verändernder Bemessungsgrundlage der Steuer oder ähnlichem, immer wieder erneuert werden.

- Neben der Information über das Ausmaß des Umweltproblems ist es erforderlich, den negativen externen Effekt zu **erfassen** und zu **bewerten**. Auch die Erfassung und Bewertung der Umweltschäden kann sich über die Zeit ändern.

- Außerdem ist die **Zurechnung** der einzelnen Externalitäten zu den jeweiligen Verursachern sehr schwierig. Es gibt möglicherweise eine hohe Anzahl von

Schädigungsquellen, insbesondere dann, wenn die Umweltschäden beim Konsum eines Gutes oder einer Dienstleistung anfallen. So ist es z.B. unmöglich, die Verschmutzung eines Flusses den individuellen Schädigern exakt zuzurechnen.

- Daraus ergibt sich ein weiteres – für die Praxis sehr schwerwiegendes – Problem: Wie kann die passende **Bezugsgröße** bzw. **Bemessungsgrundlage**, die den Einsatz des knappen Gutes widerspiegelt, ermittelt werden? Zum Beispiel kann der CO_2-Ausstoß von Kraftfahrzeugen und Haushalten nur schwer gemessen und bewertet werden. Deshalb wird vielfach ein damit eng verbundener Input besteuert. Im Falle der deutschen Ökosteuer wird anstelle des CO_2-Ausstoßes der Benzinverbrauch besteuert; somit werden die externen Kosten dieser Schadstoffemission nur mittelbar erfasst und wahrscheinlich nicht vollständig beim Verursacher internalisiert.[101] Die Steuersätze sind relativ willkürlich „gegriffen" (nach politischer Opportunität).

Als Fazit ergibt sich, dass die Pigou-Steuer ihre Schwächen hat. Vor dem Hintergrund des unlösbaren Informationsproblems ist die ökologische Treffsicherheit letztlich doch ungewiss. Bei globalen Umweltgütern, z.B. dem Klimaschutz, bedarf es ohnehin einer internationalen Koordination. Bei einem nationalen Alleingang entstehen kostenbedingte Probleme der Wettbewerbsfähigkeit der Unternehmen, die im internationalen Wettbewerb stehen. Man müsste diese von der Besteuerung ausnehmen, um einen Kapitalabfluss zu vermeiden. Dadurch würde aber der ökologisch erwünschte Lenkungseffekt abnehmen. Die **Traglast** liegt letztendlich bei den privaten Haushalten und Arbeitnehmern: Entweder sie akzeptieren niedrigere Löhne, oder aber sie nehmen höhere Arbeitsplatzrisiken in Kauf.

Als ein Alternativkonzept zur Überwindung der größten Schwäche der Pigou-Steuer – des Informationsproblems – ist der **Standard-Preis-Ansatz** entwickelt worden (Baumol und Oates 1971). Dabei wird folgendermaßen vorgegangen: Es wird kein Optimum am Markt angestrebt, sondern es wird politisch eine quantitative Vorgabe für ein konkretes Internalisierungsziel festgelegt. Die Bemessungsgrundlage ist dabei das physische Ausmaß der Schädigung. Dieser vorgegebene Standard soll durch eine Steuer erreicht werden, die in einem iterativen Verfahren

---

101 Als in Deutschland die Bundesregierung 1998 beschloss, Ökosteuern einzuführen, hat der Sachverständigenrat vorgeschlagen, an der CO_2-Emission als Bemessungsgrundlage anzusetzen oder, zumindest im Falle einer Besteuerung des Energieverbrauchs, den Steuersatz nach der CO_2-Intensität der einbezogenen Energieträger (Benzin, Heizöl, Erdgas, Strom) festzulegen und zu differenzieren. In der Praxis wurde aber nicht so verfahren, so dass die deutsche Ökosteuer dem Anspruch einer ökologisch zweckmäßigen Lenkungssteuer nicht gerecht wird (Sachverständigenrat 1998, Ziffern 495ff.). Vgl. auch Eekhoff (1999).

administrativ festgelegt wird. Pro Schadenseinheit ist eine Abgabe zu entrichten. Die Erwartung ist, dass anschließend diese Vorgabe von allen betroffenen Individuen kostenminimal realisiert wird. Der Verursacher kann nun entscheiden, ob er die Abgabe zahlt oder den Schaden vermeidet. Es ist für ihn sinnvoll, jede Schadenseinheit zu vermeiden, bei der seine Grenzkosten der Schadensvermeidung geringer sind als der Steuersatz.

Der Standard-Preis-Ansatz soll im Folgenden unter Effizienzgesichtspunkten mit einer ordnungsrechtlichen Auflage verglichen werden, die für jede Industrieanlage einheitlich eine Reduzierung des Schadstoffausstoßes um 50 vH vorschreibt.

- Hinsichtlich der statischen Effizienz zeigt sich bei der Auflage, dass die Marginalbedingungen nicht erfüllt sind: Der Schaden muss überall zu gleichen Anteilen reduziert werden, unabhängig von den Kosten, die damit einhergehen und die bei den einzelnen Produzenten unterschiedlich sein können. Es wäre somit (kosten-)günstiger, wenn die Unternehmen mit den geringsten Grenzkosten der Vermeidung die Auflagen erfüllten und die anderen Unternehmen sich in angemessener Höhe an den Kosten beteiligten. Beim Standard-Preis-Ansatz wird eine effiziente Reduktion der Schädigung erreicht, indem das Angebot an Gütern von demjenigen ausgeweitet wird, der den Schaden mit den geringsten Kosten vermeiden kann.
- Was die dynamische Effizienz angeht, so werden die Unterschiede noch gravierender. Bei der Auflage geht man vom Stand der Technik aus, was unter Umständen einem Bestandsschutz gleichkommt und den Strukturwandel behindert. Bei Anwendung des Standard-Preis-Ansatzes dagegen werden Vermeidungstechnologien verbessert, um die Abgabe kostenminimal zu umgehen. Es besteht mithin ein Anreiz für technischen Fortschritt zur Schadensvermeidung.

Während im Übrigen beim Standard-Preis-Ansatz die Transaktionskosten verhältnismäßig niedrig sind (jedenfalls erheblich niedriger als bei der Pigou-Steuer), muss das Urteil hinsichtlich der ökologischen Treffsicherheit zurückhaltend ausfallen. Der „richtige" Steuersatz ist ja erst iterativ zu finden. Das braucht Zeit, und bis zum Ende des Suchprozesses wird der negative externe Effekt nur unzureichend internalisiert. Für die Unternehmen entsteht Unsicherheit darüber, mit welcher Intensität sie Schadstoffemissionen reduzieren sollen.

Coase-Theorem

Die bisher vorgestellten Ansätze zur Lösung des Umweltproblems setzten ausschließlich auf eine Beziehung zwischen staatlichen Stellen und den Individuen. Postuliert war, dass ein Marktversagen vorliegt. In der im Folgenden analysierten

Verhandlungslösung – dem Coase-Theorem – wird dagegen nicht von einem Marktversagen ausgegangen, sondern von einem Staatsversagen in dem Sinne, dass der Staat keine individuellen Eigentumsrechte für die Nutzung von Umweltressourcen definiert hat. Der Mechanismus zur Internalisierung des negativen externen Effekts muss daher mit der Korrektur des Staatsversagens in Gang gesetzt werden. Gebraucht wird ein Ordnungsrahmen, dessen wesentlicher Bestandteil die Zuteilung von Nutzungsrechten in Bezug auf knappe Umweltgüter an die Individuen ist. Den Individuen wird die Möglichkeit gegeben, über diese Rechte privat zu verhandeln. Dahinter steht die Vorstellung, dass Tauschakte, die in der Regel am Markt gewinnbringend sind, auch bei externen Effekten Anwendung finden sollten. Die an der Verhandlung beteiligten Parteien werden – so die Vermutung – zu einer Allokation des knappen Gutes finden, mit der beide ihren Nutzen maximieren können. Der externe Effekt wird idealerweise internalisiert und das optimale Ausmaß der Schädigung erreicht. Dies ist die **Effizienzthese** der Verhandlungslösung.

Die Allokation wird hier dem Markt überlassen, die staatliche Tätigkeit beschränkt sich auf die Definition und Zuteilung der Eigentumsrechte. Coase (1960) wendet sich zudem vom einfachen Verursacherprinzip ab, das nur auf den Schädiger abstellt, indem er **sowohl den Schädiger als auch den Geschädigten als Verursacher einer Externalität**[102] sieht. Dahinter steht die zutreffende Überlegung, dass es eine Konkurrenz um die Nutzung der Umweltressourcen gibt. Ein Beispiel aus dem Verkehrsbereich macht diesen Punkt deutlich: Man denke an einen großen Lastwagen, der seine Fracht nachts durch die Straßen einer Gemeinde führt und dies nicht geräuschlos tun kann. Indem das Fahrzeug die Anwohner in ihrer Nachtruhe stört, verursacht es einen Schaden; so wird dies in der öffentlichen Debatte ja auch immer gesehen. Wenn daraus aber abgeleitet wird, dass die Anwohner einen Anspruch auf Nachtruhe haben, bedeutet die Durchsetzung dieses Nutzungsrechts, dass das Transportunternehmen geschädigt wird (durch die brachliegende Betriebszeit entstehen ihm Kosten, auch wenn er, um nicht stillzustehen, eine andere, längere Fahrtstrecke nimmt). Jetzt sind die Anwohner Verursacher eines Schadens. Diese ökonomische Version des Verursacherprinzips, die umfassender ist als die landläufige (einige sagen: vulgäre) Definition, hat eine sehr wichtige Implikation: Es muss erreicht werden, dass das jeweilige Umweltgut von demjenigen genutzt wird, bei dem es den höchsten volkswirtschaftlichen Nutzen

102 Coase selber spricht eigentlich nicht von „Schädigern“ und „Geschädigten“, weil beide Seiten lediglich Konkurrenten um eine knappe Ressource sind. Er wollte anhand des Problems auch die Rolle von Transaktionskosten aufzeigen. An dieser Stelle sollen die Begriffe zum besseren Verständnis trotzdem verwendet werden.

stiftet, und derjenige auf die Nutzung dieses Gutes verzichtet, der dies unter Inkaufnahme der geringsten Kosten tun kann.

Zurück zum Coase-Theorem: Das explizite Ziel der Verhandlungslösung ist nicht, den Verursacher zu bestrafen, sondern die für alle Parteien den größten Nutzen bringende Lösung über die Verhandlungen zu erreichen. Unabhängig von der Zuweisung der Eigentumsrechte (Verschmutzungsrechte) an die jeweilige Partei wird dieses optimale Ergebnis erreicht.[103] Dies ist die **Invarianzthese** der Verhandlungslösung. Mithin steht der Interessenausgleich zwischen Verursacher und Geschädigtem im Vordergrund dieses Ansatzes, nicht hingegen eine hundertprozentige Vermeidung des Effekts, die ja – wie erwähnt – ohnehin ökonomisch nicht sinnvoll ist. Es sind grundsätzlich zwei Optionen der Verhandlungslösung möglich; die Verschmutzungsrechte können beim Schädiger oder beim Geschädigten liegen.

- Die Verschmutzungsrechte liegen **beim Schädiger**. Der Geschädigte muss eine Kompensationszahlung leisten, damit der technische Verursacher die Emissionen reduziert. Er wird diese Zahlung so lange leisten, wie sein Nutzen aus der Reduktion der Schädigung über den Grenzkosten der Schadensvermeidung durch den Schädiger liegt. Dann sind keine weiteren Verhandlungen mehr vorteilhaft, das optimale Ausmaß der Schädigung ist erreicht. Eine weitere Reduktion würde keinen Sinn machen, da hier wiederum die Grenzkosten der Schadensvermeidung über dem Grenzschaden lägen. Beide Parteien haben einen Vorteil von der Verhandlung im Vergleich zur Ausgangssituation. Für den Verursacher findet sich eine Finanzierung der Schadensreduktion, und der Geschädigte senkt den Schaden aus der Umweltverschmutzung.
- Die Umweltrechte liegen **beim Geschädigten**. Hier muss nun der Schädiger als Verursacher den Betroffenen kompensieren. Genau umgekehrt wird der Geschädigte Kompensationszahlungen annehmen, wenn sie den für ihn entstandenen Schaden ausgleichen. Solange die Grenzkosten der Schadensvermeidung über dem Grenzschaden liegen, lohnt es sich aus Verursachersicht, die Vermeidungskosten zu umgehen und lieber an den Geschädigten zu zahlen. Für beide Parteien ist diese Zahlung vorteilhaft bis zu dem Punkt, in dem

---

103 Den im Umweltschutz engagierten Menschen mag es schwer vermittelbar sein, dass es ein „Recht auf Verschmutzung" geben soll und auf dieser Basis effiziente Lösungen zu erzielen sind. Der Begriff ist unschön, aber die Ratio marktwirtschaftlicher Vorkehrungen (hier: Eigentumsrechte) gilt dennoch. Ökologen schaden ihren eigenen Zielen, wenn sie den Weg der Anreize für die gebotene Rücksicht auf die Umwelt nicht nutzen.

die Grenzkosten der Schadensvermeidung gleich den externen Grenzerträgen der Emissionsreduktion sind.

In beiden Fällen wird somit das optimale Ausmaß der Schädigung erreicht (Effizienz), unabhängig davon, wem die Verfügungsrechte zugeordnet wurden (Invarianz), sofern es keine Transaktionskosten gibt. Allerdings variiert die Verteilung des Wohlfahrtgewinns auf die beteiligten Parteien in Abhängigkeit der Zuteilung. Dies kann für die Wirtschaftspolitik bestimmte Konsequenzen haben. Die Regierung wird möglicherweise aus verteilungspolitischen Überlegungen eine bestimmte Regelung präferieren. Dies könnte in dynamischer Sicht zu unterschiedlichen Allokationseffekten beider Lösungen führen und damit dafür sorgen, dass die Invarianz nicht gilt, da die Gewinnmöglichkeiten den Zugang und Abgang vom Markt beeinflussen.

Eine Bewertung der Verhandlungslösung führt einerseits zu einem positiven Ergebnis: Sowohl die ökologische Treffsicherheit als auch die statische Effizienz sind hoch. Überdies ist die dynamische Effizienz ebenfalls hoch: Wenn eine langfristige Zuteilung der Eigentumsrechte sowie Vertragssicherheit gewährleistet werden, besteht ein hoher Anreiz für die Entdeckung neuer Vermeidungstechnologien. Andererseits hat die Verhandlungslösung einen großen Nachteil: Sie ist unpraktikabel. Denn zumeist sind in der Realität nicht – wie im Coase-Modell analysiert – nur zwei Individuen von derartigen Umweltproblemen betroffen, sondern regelmäßig sehr viele. Folglich sind die Transaktionskosten bei der Zuteilung (Spezifizierung) und Durchsetzung der Eigentumsrechte hoch; sie steigen mit der Anzahl der Betroffenen. Coase bezog sich in seinem Modell auf Nachbarschaftsexternalitäten mit entsprechend wenig Betroffenen. Im Falle von Luft- und Gewässerverschmutzung dagegen können Millionen von Menschen betroffen sein. Eine Verhandlungslösung ist dann unmöglich umzusetzen. Darüber hinaus müssen die Beteiligten die relevanten Kosten und Nutzen abschätzen können. Ihr individuelles Wissen muss sehr hoch sein, was gerade bei langfristig wirkender Umweltverschmutzung sehr unwahrscheinlich ist. Daneben existiert ein weiteres Problem, das eine Verhandlungslösung unmöglich machen könnte. Es könnte eine asymmetrische Verteilung der Verhandlungsmacht bestehen, die in dem Modell nicht berücksichtigt wurde. Ist z.B. der Verursacher ein großes Unternehmen, das mit den Verschmutzungsrechten ausgestattet wird, könnte sich strategisches Verhalten dahingehend lohnen, die Verschmutzung auszudehnen, um auf diese Weise eine höhere Kompensationszahlung zu erhalten. Allgemeiner: Ungleiche Verhandlungsmacht zwischen den betroffenen Parteien kann das Allokationsergebnis verzerren.

Handel mit Nutzungsrechten (Zertifikatelösung)

Zur Ausnutzung der Effizienzvorteile und zur Vermeidung der Probleme der Verhandlungslösung kann von Seiten des Staates ein **Zertifikatehandel** organisiert werden. Streng genommen bildet ein solcher Handel eine Kombination von Standard-Preis-Ansatz und Verhandlungslösung. Der Staat legt fest, wie viele Einheiten bestimmter Schadstoffe emittiert werden dürfen. Die Eigentumsrechte liegen zunächst beim Staat und werden dann von ihm versteigert oder unentgeltlich bis zu einem gewissen Kontingent an Emittenten vergeben. Gegen eine Primärallokation durch Versteigerung könnten ordnungspolitische, verfassungsrechtliche Gründe sprechen; denn dies käme für die etablierten Unternehmen einer Entwertung ihrer Eigentumsrechte gleich, gleichsam einer Art von Enteignung. Aus politökonomischer Sicht (Kapitel IV) spricht einiges für die kostenlose Erstvergabe an die etablierten Unternehmen z.B. auf der Basis des bisherigen Energieverbrauchs. Dies wird als Anwendung der „Großvater-Klausel" bezeichnet. Nach der Vergabe der Zertifikate entsteht ein Handel der Nutzungsrechte, der zur Folge hat, dass das Verschmutzungsrecht dort genutzt wird, wo es am effizientesten ist. Die Rechte werden wiederum so lange verkauft, wie die Vermeidungskosten der Umweltschädigung geringer sind als der Marktpreis des Rechts, es bildet sich wiederum ein Anreiz für Innovationen. Es ergibt sich hier automatisch ein Preis, der die Knappheit widerspiegelt. Der Vorteil gegenüber der Steuerlösung wird sofort ersichtlich, denn im Fall der Steuer ist wegen der Unsicherheiten über die Preiselastizitäten nicht bekannt, ob der festgelegte Satz tatsächlich zur erwünschten Emissionsreduktion führt. Der Zertifikatehandel ist somit statisch und dynamisch effizient und verspricht eine hohe ökologische Treffsicherheit. Die Transaktionskosten sind anfänglich zwar hoch (bis die gesetzlichen Grundlagen geschaffen, die Emissionsrechte zugeteilt und die Börsen aufgebaut sind), sinken aber später deutlich (sobald alles eingerichtet und der Zertifikatehandel in Gang gekommen ist).

Bei der Zertifikatelösung wird der gegebene Standard mit minimalen Kosten realisiert, indem das Umweltgut privatisiert wird. Es bestehen weitere Vorteile der Zertifikate. So kann der Staat als Nachfrager bzw. Anbieter von Zertifikaten aktiv werden, um die Gesamtemissionsmenge weiter zu reduzieren bzw. zu erhöhen, wenn neue naturwissenschaftliche Erkenntnisse dies nahe legen. Auch Umweltschutzgruppen und Nichtregierungsorganisationen können als Nachfrager auftreten und die Zertifikate zum Marktpreis erwerben, um sie dann stillzulegen. Für Zertifikate spricht mithin, dass tatsächlich die Vorteile der Verhandlungslösung vollständig ausgenutzt werden können, ohne dass gleichzeitig die Nachteile zum Tragen kommen. Unabdingbar ist freilich, dass ein funktionstüchtiges System von Kontrollen und Sanktionen eingerichtet wird; denn bei regelwidrigem Verhalten der umweltnutzenden Akteure könnte der Markt schnell zusammenbrechen. Der Zertifikatehandel bildet ein attraktives wirtschaftspolitisches Instrument zur Lösung des Problems der negativen externen Effekte im Umweltbereich.

Die Umsetzung dieses Instruments in der praktischen Umweltpolitik findet zunehmend statt, wenn auch nach wie vor zahlreiche Bedenken geäußert werden. Das prominenteste Beispiel ist der landesweite Handel mit Schwefeldioxyd für Kraftwerke in den Vereinigten Staaten seit 1994 (Hansjürgens 1998). Auch auf dem Klimagipfel in Kyoto (Dezember 1997) ist der weltweite Handel mit Umweltrechten als Prinzip akzeptiert worden (Unterabschnitt VII.5.C). Allerdings ist nach wie vor offen, ob die Länder sich daran halten und tatsächlich ein internationaler Handel mit Emissionsrechten zustande kommt. Auf den Folgekonferenzen in Den Haag/Bonn (2000/2001), Marrakesch (2001) sowie Neu Delhi (2002) ist nur ein bescheidener Fortschritt erzielt worden. Wenigstens in der Europäischen Union haben die Umweltminister im Dezember 2002 beschlossen, zwecks Erreichung der im Kyoto-Protokoll vorgesehenen Emissionsreduktionsziele ein EU-weites Handelssystem für Treibhausgasemissionen einzurichten und im Jahre 2005 mit einer CO_2-Börse zu starten (Unterabschnitt VII.5.C). Einbezogen werden die als besonders klimagas-emittierend eingestuften Branchen (die Energiewirtschaft, die Eisen- und Stahlindustrie, die Mineralölraffinerien, die Zement-, Kalk-, Glas- und Keramikindustrie sowie die Zellstoff- und Papierindustrie). Den betroffenen Produktionsanlagen (in Deutschland rund 5.000, EU-weit rund 12.000) wurden Verschmutzungszertifikate kostenlos zugeteilt, die nunmehr gehandelt werden können: „Überschüssige" Rechte können an Unternehmen verkauft werden, die die festgelegten Verschmutzungsgrenzen noch nicht einhalten können.[104]

↑ **Ende Zusatzlektüre**

---

104 Für weitere Einzelheiten vgl. Richtlinie 2003/87/EG des Europäischen Parlaments und des Rates vom 13. Oktober 2003 (http://europa.eu.int/eur-lex/pri/de/oj/dat/2003/l_275/l_27520031025de00320046.pdf). Vgl. auch Voss (2003).

3. Asymmetrische Informationsverteilung und Wirtschaftspolitik

A. Grundlage: Die Prinzipal-Agent-Theorie

Die Effizienz von Märkten ist eingeschränkt, wenn das Wissen über den Nutzen von Verträgen und dauerhaften Geschäftsbeziehungen ungleich zwischen den Marktteilnehmern verteilt ist und der Aufwand für die Informationsbeschaffung sich für den weniger informierten Vertragspartner nicht lohnt. Dann entstehen bei demjenigen, der den Informationsvorsprung hat, Anreize, den eigenen Vorteil ohne Rücksicht auf die Interessen seiner Partner zu suchen. Dieser individuelle Anreiz ist gesamtwirtschaftlich betrachtet ein Fehlanreiz. Hieraus ergeben sich ökonomisch fundierte Gründe für staatliche Regulierungen, soweit sich der Markt nicht selbst hilft.

In der Prinzipal-Agent-Theorie werden Anreize der Akteure explizit berücksichtigt. Das Prinzipal-Agent-Problem besteht in der Trennung von Eigentum und Kontrolle, die in einer arbeitsteiligen Welt nicht zu vermeiden ist. Der Prinzipal als Auftraggeber ist schlechter informiert als der Agent als Auftragnehmer. In einer komplexen Welt kann der Prinzipal die Handlungen und Restriktionen des Agenten nicht beobachten. Um den Agenten zu kontrollieren, müsste der Prinzipal Ressourcen aufwenden. Der ökonomische Grund für das Bestehen eines Prinzipal-Agent-Problems ist somit, dass Informationen nicht kostenlos sind. Transaktionskosten in Form von Vertretungskosten entstehen. Generell treten Prinzipal-Agent-Probleme sowohl in marktlichen als auch in nicht-marktlichen Beziehungen auf. Bei marktlichen Beziehungen ist die Information zwischen den Marktseiten asymmetrisch verteilt. Mithin ist eine Annahme des Modells vollständiger Konkurrenz verletzt. Als Konsequenz könnte es sogar dazu kommen, dass eine Transaktion nicht zustande kommt, obwohl es ein Angebot dafür gibt und eine Nachfrage danach besteht.

Es gibt eine Vielzahl unterschiedlicher Ausprägungen des Prinzipal-Agent-Problems.[105]

- Grundsätzlich sind vorvertragliche und nachvertragliche Prinzipal-Agent-Probleme zu unterscheiden. Bei **vorvertraglichen Prinzipal-Agent-Problemen** sind dem Prinzipal vor dem Vertragsabschluss die relevanten Eigenschaften des Agenten nicht klar. Das bekannteste Beispiel dafür sind Versi-

105 Eine vertiefende theoretische Darstellung des Prinzipal-Agent-Problems in verschiedenen Ausprägungen findet sich in Erlei, Leschke und Sauerland (2007, Kapitel 2).

cherungsnehmer (Agent), die unter Umständen bestimmte Risiken der Versicherung (Prinzipal) gegenüber verschweigen, um eine günstige Prämie mit der Versicherung auszuhandeln oder einen risikobedingten Aufschlag auf die Prämie zu vermeiden. **Nachvertragliche Prinzipal-Agent-Probleme** treten dadurch auf, dass sich der Agent nach Vertragsabschluss nicht im Interesse des Prinzipals verhält. Um wiederum den Fall einer Versicherung heranzuziehen, zeigt sich ein nachvertragliches Prinzipal-Agent-Problem recht gut am Verhalten eines Versicherten, der es an der gebotenen Sorgfalt, den Versicherungsfall zu vermeiden, mangeln lässt. Die Versicherung kann nicht erkennen, ob der Versicherungsnehmer den Eintritt des Versicherungsfalles hätte vermeiden können oder nicht.

- Weiterhin von Interesse sind Prinzipal-Agent-Probleme in **Teams**. Mitglieder von Teams sind jeweils gegenseitig Prinzipal und Agent. Die Frage ist dann, wer wen und mit welchem Erfolg kontrolliert.
- Zusätzlich sind **Prinzipal-Agent-Probleme** häufig **mehrstufig**. Ein Agent kann gleichzeitig Prinzipal sein, z.B. ist ein Vorstandsvorsitzender einer Publikumsgesellschaft den Aktionären gegenüber Agent, den Abteilungsleitern gegenüber Prinzipal. Diese sind wiederum Prinzipale der nachgelagerten Hierarchieebenen.
- Darüber hinaus gibt es das Problem, dass ein **Agent verschiedene Aufgaben** zu erfüllen hat. Es ist für den Prinzipal dann nicht beobachtbar, ob er seine Zeit angemessen auf die Erledigung der unterschiedlichen Aufgaben alloziiert.
- Schließlich ist das Problem der sog. „**common agency**" relevant. In diesem Fall ist ein Agent für mehrere Prinzipale tätig, entweder vertraglich vereinbart oder nicht. Dann wiederum kann der einzelne Prinzipal nicht erkennen, ob der Agent genug Anstrengungen für seine Sache unternimmt oder nicht. Am Beispiel der Geldpolitik wird dieser Fall später (Unterabschnitt F) veranschaulicht.

Abbildung III.7: Das Prinzipal-Agent-Problem

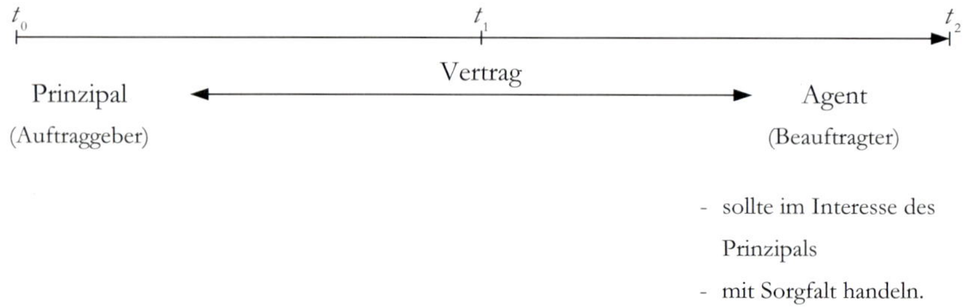

Eine einfache graphische Darstellung des Prinzipal-Agent-Problem bietet die Abbildung III.7. Dabei sind die Zeitpunkte folgendermaßen definiert: Der Zeitpunkt t_0 ist die vorvertragliche Entscheidungssituation des Prinzipals, in t_1 findet der Vertragsabschluss statt und t_2 beschreibt die nachvertragliche Leistungserfüllung durch den Agenten.

In der Realität gibt es zahllose Beispiele für ein Prinzipal-Agent-Problem. Zunächst kann ein Eigentümer als Prinzipal betrachtet werden, der einen Agenten mit der Wahrnehmung der Eigentümerinteressen beauftragt. So beauftragen die Aktionäre einer Publikumsgesellschaft das Management mit der Geschäftsführung, Immobilienbesitzer beauftragen Verwaltungsgesellschaften mit der Vermietung und Werterhaltung der Grundstücke und Gebäude. Das Prinzipal-Agent-Problem entsteht jeweils deshalb, weil der Agent einen Informationsvorsprung besitzt, den er in der Regel auch ausnutzen will und kann. So kann der Aktionär nicht erkennen, ob der Vorstand der Gesellschaft immer im Interesse der Kapitaleigner oder vor allem in seinem eigenen Interesse handelt, für Immobilienbesitzer ist es nicht immer ersichtlich, ob – gemäß einem rationalen Kalkül – alles Erdenkliche für den Werterhalt ihrer Immobilie getan wird.

Neben den Eigentümern gibt es andere Prinzipale. Wer z.B. Geld für einen guten Zweck spendet, beauftragt in der Regel eine gemeinnützige Organisation mit der zweckgemäßen Verwendung dieses Geldes. Für den Spender ist jedoch nicht klar, ob die gemeinnützige Organisation die Mittel tatsächlich in voller Höhe dem Organisationszweck zuführt (Erlei, Leschke und Sauerland 2007, S. 97f.). Zu den Prinzipalen gehören aber auch die Bürger eines Landes, die die Regierung mit der politischen Führung des Landes beauftragen. Analog zum obigen Fall der Beziehung zwischen Eigentümer und Manager bzw. Verwalter kann man ein Prinzipal-Agent-Problem im Verhältnis zwischen Bürgern (Prinzipal) und Regierung bzw. Staat (Agent) modellieren. In diesem Fall bewirken Informationsasymmetrien

Ermessensspielräume z.B. in der Wirtschaftspolitik, die für die Bürger nicht beobachtbar sein können.

B. Adverse Selektion (negative Auslese)

Adverse Selektion, auch negative Auslese genannt, ist ein Problem vorvertraglicher Informationsasymmetrie. Eine Marktseite hat in der Anbahnung von Tauschbeziehungen einen Informationsvorsprung vor einer anderen Marktpartei, der Markt ist also intransparent. In diesem Fall spielen unbeobachtbare Eigenschaften des zu tauschenden Produkts eine wichtige Rolle für die Produktions- oder Konsumentscheidung. Wir erinnern uns: Bei vollständiger Konkurrenz sind alle Marktteilnehmer gleichermaßen vollkommen informiert. Die Entscheidung betrifft nur die Menge bei gegebenem Preis. Dies ist bei Vorliegen von Informationsasymmetrien anders. Der **Informationsnachteil liegt beim Prinzipal**, der sowohl als Nachfrager als auch als Anbieter auf Märkten auftreten kann. Wir unterscheiden im Folgenden drei Typen von Prinzipalen, nämlich erstens den Käufer eines Gutes als Prinzipal, zweitens den Verkäufer eines Gutes oder einer Dienstleistung als Prinzipal und drittens den Nachfrager nach dem Produktionsfaktor Arbeit als Prinzipal:

- Zunächst liege also der Informationsnachteil beim Käufer (Prinzipal) eines Gutes. Der Verkäufer ist somit der Agent. Je nach Art des Gutes unterscheiden sich die Informationskosten in der Höhe: Informationskosten sind nur dann nicht gegeben, wenn die Qualität von Produkten vom Verbraucher leicht überprüfbar ist. Die Preise werden in diesem Fall die entsprechenden Qualitäten widerspiegeln. Sind die Kosten der Informationsbeschaffung hoch, kann der Markt hingegen versagen, oder die durchschnittliche Qualität am Markt sinkt. Sehr hohe Informationskosten liegen vor, wenn die Qualität der Güter erst im Nachhinein festgestellt werden kann. Diese Güter nennt man Vertrauensgüter; Medikamente, Elektro- und Heizungsanlagen in der Wohnung, Kunstgegenstände, Kraftfahrzeuge sind bekannte Beispiele, bei denen auch ein durchschnittlich verständiger Käufer vor dem Kauf der Güter die Qualität nicht selbst ausreichend ermitteln kann, jedenfalls nicht zu vertretbaren Kosten. Ein aus der Literatur bekanntes Beispiel für ein vorvertragliches Prinzipal-Agent-Problem mit dem Informationsnachteil beim Käufer ist der **Markt für Gebrauchtwagen** (Akerlof 1970). Dabei geht es darum, gute Autos von Autos schlechter Qualität (sog. Zitronen[106]) zu unterscheiden. Wir nehmen an,

---

106 Übersetzt aus dem Englischen; "lemon" ist US-Slang und steht für ein qualitativ schlechtes Auto.

der Verkäufer sei in der Lage, die Autos qualitativ richtig einzuschätzen, der Käufer jedoch nicht. Alle Autos sehen äußerlich gleich gut aus. Der Käufer wird deshalb einen Erwartungswert über die Qualität bilden, an dem er sein Kaufangebot ausrichtet. So entspricht bei gleich hoher Wahrscheinlichkeit für sämtliche Qualitäten am Markt der Mittelwert der durchschnittlichen Qualitätserwartung. Ergibt sich der Mittelwert als Marktpreis, werden keine Autos mehr angeboten, die objektiv, d.h. aus Sicht des informierten Verkäufers, einen höheren Wert besitzen. Dies ist ein Signal für die potentiellen Käufer, die daraufhin einen neuen, niedrigeren Erwartungswert bilden. Der mittelwertige Marktpreis sinkt, mit der Konsequenz, dass weitere gute Fahrzeuge vom Markt genommen werden. Setzt sich diese Spirale fort, werden entweder nur noch „Zitronen" angeboten und nachgefragt, über deren Qualität sich dann beide Marktseiten im Klaren sind, oder es findet gar kein Handel statt. Es liegt eine **negative Auslese zugunsten schlechter Qualität** vor; wer einen hochwertigen Gebrauchtwagen kaufen möchte, findet kein entsprechendes Angebot.

- Als Nächstes betrachten wir den Fall, dass der Informationsnachteil beim Verkäufer (Prinzipal) eines Gutes liegt. In der Theorie wird das Problem dieser ungleichen Informationsverteilung oft am Beispiel des **Versicherungsmarktes** dargestellt. Dieser Fall ist in der Praxis sehr relevant. Schon im Volksmund heißt es „Versicherung ist Vertrauenssache". Wenn das Versicherungsunternehmen als Prinzipal über das zu versichernde Schadensrisiko, z.B. eine Krankheit oder einen Fahrraddiebstahl, schlechter informiert ist als der Versicherungsnehmer als Agent, so wird es in seiner Prämienkalkulation die im Schadensfall zu erbringende Leistung zu niedrig ansetzen, entsprechend niedrig ist der Erwartungswert über die Höhe der Schadenssumme insgesamt und die auf dieser Basis errechnete kostendeckende Versicherungsprämie für alle Nachfrager (die schlechten und guten Risiken). Der Versicherer zieht jene Kunden an, die aus ihrer Sicht bei ihm das günstigste Preis-Leistungsverhältnis vorfinden. Das sind, für den Versicherer unbekannterweise, die schlechten Risiken. Diese werden quasi von den guten Risiken subventioniert. Jedoch ist die Versicherungsprämie für gute Risiken zu hoch, und die entsprechenden Nachfrager werden auf eine Versicherung verzichten. Damit steigt der Anteil an schlechten Risiken im Kundenstamm des unzureichend informierten Versicherungsunternehmens. So wird eine Kölner Fahrradversicherung, die ihre Versicherungsprämie an dem durchschnittlichen Risiko des Diebstahls für das gesamte Stadtgebiet ausrichtet, Verluste erwirtschaften, weil nur die Fahrradfahrer, die in Stadtteilen wohnen, in denen das Risiko eines Diebstahls besonders hoch ist, eine solche Versicherung abschließen werden.

Als Alternative könnte die Versicherung die Prämien nach den Prognosen für den schlechtesten Fall erhöhen, nur würden dann möglicherweise weitere gute Risiken austreten, was wiederum zu Preiserhöhungen führt. Da der Versicherer vor Vertragsabschluss nicht erkennen kann, welche Risiken ein bestimmter Nachfrager repräsentiert, und er deshalb keine versicherungsmathematisch differenzierten Tarife kalkulieren und anbieten kann, gerät er an die jeweils schlechtesten Risiken. Es findet eine **adverse Selektion in Richtung eines ungünstigen Preis-Leistungsverhältnisses** aus der Sicht des Versicherungsunternehmens statt. Die schlechten Risiken verdrängen die guten Risiken. Der Markt für „gute Risiken" (gute Qualität) bricht aufgrund der Informationsasymmetrie zusammen.

- Der dritte Fall tritt am **Arbeitsmarkt** auf und betrifft den Informationsvorsprung des Arbeitnehmers (Agent) gegenüber dem Arbeitgeber (Prinzipal) in der vorvertraglichen Phase. Denn die eigene Produktivität ist dem Arbeitnehmer besser bekannt. Der Arbeitgeber dagegen kennt die subjektive Kostenfunktion des einzelnen Anbieters nicht, d.h. er weiß nicht, wie viel Input der Arbeitnehmer für einen festzulegenden Output einsetzen muss. Wie der Käufer auf dem Automarkt kennt der Arbeitgeber lediglich die Wahrscheinlichkeit dafür, dass jeder potentielle Mitarbeiter eine Kostenfunktion eines bestimmten Typs hat. Daraus bildet er wiederum den Erwartungswert. Die differierenden Anstrengungskosten könnten dann dazu führen, dass der Agent mit den subjektiv höheren Anstrengungskosten, d.h. mit geringerem Output bei gleichen Anstrengungen, seine Kosten niedriger ansetzt, um eine Stelle zu bekommen. Im Wissen um diese Probleme bietet der Arbeitgeber einen Durchschnittslohn, für den er nur die relativ unproduktiven Arbeitnehmer einstellen kann. Es findet dann eine **adverse Selektion zugunsten unproduktiver Arbeitnehmer** statt.[107]

C. Moral Hazard (moralisches Risiko)

Ein weiteres Problem asymmetrischer Information sind die Gefahren opportunistischen Verhaltens und der nicht nachweisbaren Vertragsverletzungen durch eine der Marktparteien. Die Fachliteratur spricht von „moral hazard", auf deutsch: moralisches Risiko (oder auch Verhaltensrisiken).

107 Es könnte allerdings auch ein nachvertragliches Prinzipal-Agent-Problem geben, nämlich dann, wenn der Agent mit den niedrigeren subjektiven Kosten höhere Kosten vortäuscht, um einen Bonus zu erreichen.

Ein moralisches Risiko ist die Ausprägung eines nachvertraglichen Informationsproblems. Es wurzelt in der Schwierigkeit des Prinzipals, das Verhalten, d.h. die Handlungen des Agenten nach Vertragsabschluss, zu beobachten oder zu kontrollieren. Der Agent kann sein Verhalten nach Vertragsabschluss so ausrichten, dass dem Prinzipal hohe Kosten entstehen. Der Agent verletzt seine nachvertraglichen Sorgfaltspflichten und es entsteht ein Wohlfahrtsverlust für den Prinzipal. Die ungleiche Informationsverteilung besteht vor allem deshalb, weil eine unbeobachtbare Zufallsvariable das Ergebnis der Leistungserbringung beim Agenten beeinflusst und der Prinzipal somit nicht in der Lage ist, ein gutes oder schlechtes Ergebnis eindeutig dem Agenten zuzuordnen. Dieses Ergebnis lässt sich als eine Funktion $E(\cdot)$ der Leistung e des Agenten und der stochastisch unabhängigen Zufallsvariablen α darstellen:

$$E = E(e, \alpha). \tag{III.12}$$

Es wird deutlich, dass die Wirkung der Handlung nicht ausschließlich durch den Agenten beeinflusst wird, womit die Handlung selbst sich der Kontrolle des Prinzipals entzieht. Dabei sind hohe Kontrollkosten denkbar, die dazu führen können, dass dem Agenten ein recht hoher Handlungsspielraum zugestanden wird. Insgesamt sind beide Variablen (e, α) nicht vom Prinzipal abschätzbar, so dass der Agent seine eigene Leistung entsprechend zurückhalten kann. Dadurch entstehen **Fehlanreize** für eine geringe Leistung des Agenten. Dies wäre eine Verletzung der Sorgfaltspflicht bei der Ausführung des „Auftrags".

- Wenn die Leistung des Prinzipals aus dem Vertrag an das Eintreten eines bestimmten Umstandes gebunden ist, ist Moral Hazard sehr wahrscheinlich, wie sich erneut am **Markt für Schadenversicherungen** (Beispiel Fahrradversicherung) anschaulich zeigen lässt. Für den Versicherungsnehmer besteht ein Trade-off zwischen dem Versicherungsschutz und der Sorgfaltspflicht: Je höher der Versicherungsschutz ausfällt, desto größer ist das moralische Risiko; der Anreiz zur Sorgfalt, z.B. in Form des Kaufs und der Verwendung eines guten Schlosses, sinkt. Durch sorgloses Verhalten kann dann der Schadensfall herbeigeführt werden, und die Versicherung muss das Fahrrad ersetzen. Diese Verletzung der Sorgfaltspflicht kann jedoch von der Versicherung nicht sicher antizipiert werden. Sie kann überdies nicht als vertragswidriges Verhalten geltend gemacht werden, da sie nicht sicher nachweisbar ist. Die Zufallsvariable α sowie die Sorgfalt e können durch den Anbieter der Versicherung nicht kontrolliert bzw. beobachtet werden. Ansonsten bestünde kein Problem: Sorgfältige Versicherungsnehmer würden nur eine geringe Prämie zahlen, sorglose hingegen eine hohe. Hier liegt wiederum eine Informationsasymmetrie zu Lasten des Anbieters der Versicherung vor. Das Moral Hazard hat zur

Folge, dass die Preise für die Leistung ansteigen, da der Anbieter dieses Risiko einkalkulieren muss. Eine dem individuellen moralischen Risiko entsprechende Preisdifferenzierung wird durch die Informationsasymmetrie verhindert. Zusätzlich kann es auch hier zur adversen Selektion kommen: Die Sorgfältigen empfinden die Prämie als zu hoch und treten aus der Versicherung aus. Nur diejenigen, die vertragswidrig ihre Sorgfaltspflichten verletzen, bleiben in der Versicherung, d.h. die schlechten Risiken zu hohen Prämien.

- Eine weitere Ausprägung des Moral Hazard ist die angebotsseitig induzierte Nachfrageausweitung. Dies ist dann möglich, wenn eine dritte Partei als – wissentlicher oder unwissentlicher – Erfüllungsgehilfe hinzugeschaltet wird. Das typische Beispiel ist der **Markt für Gesundheitsleistungen** mit der Besonderheit, die das Verhältnis zwischen Arzt und Patient darstellt. Der Arzt hat in der Regel das überlegenere Diagnose- und Therapiewissen und kann insoweit die Nachfrage nach seinen medizinischen Leistungen beeinflussen. Der Patient zahlt seinen Beitrag an die Gesetzliche Krankenversicherung, die im Versicherungsfall die Leistungen des Arztes zahlt, ohne den Patienten einzuschalten. Der Arzt wird zwar von der Versicherung bezahlt, jedoch nicht ausreichend kontrolliert. Aber auch der Patient hat nur geringe Kontrollmöglichkeiten, da er in medizinischen Fragen meist ein Laie ist und sich nicht genau im Klaren ist, welche Leistungen er in Anspruch nimmt und im Übrigen gar nicht erfährt, was der Arzt gegenüber der Krankenkasse im Einzelnen abrechnet (so ist das jedenfalls bei dem in Deutschland angewandten Sachleistungsprinzip). Beide, die Krankenkasse und der Patient, sind vermutlich nicht in der Lage zu erkennen, welche Behandlung erforderlich oder überflüssig ist. Es besteht also eine doppelte Informationsasymmetrie. Der Arzt hat einen Anreiz, sein Einkommen zu Lasten der Versicherung zu erhöhen, indem er unnötige Leistungen erbringt.

Insgesamt kommt es über die bestehenden Informationsasymmetrien zu weniger Transaktionen am Markt und zu einem ineffizienten Marktgleichgewicht. Dabei zeigt sich, dass Prinzipal-Agent-Probleme nicht eindimensional sind, sondern sich auf verschiedenen Ebenen mit dann wechselnden Rollen zeigen.

Bei der Lösung des Prinzipal-Agent-Problems ist – wie bei der Beseitigung externer Effekte – ein Spannungsfeld zu erkennen. Es gibt private und staatliche Lösungswege. Staatliche Lösungen mögen bisweilen theoretisch mehr Erfolg versprechen, bergen jedoch die Gefahr des Staatsversagens. Zunächst wenden wir uns den privaten bzw. marktlichen Lösungsansätzen zu.

Abbildung III.8: Grenzen des Screening

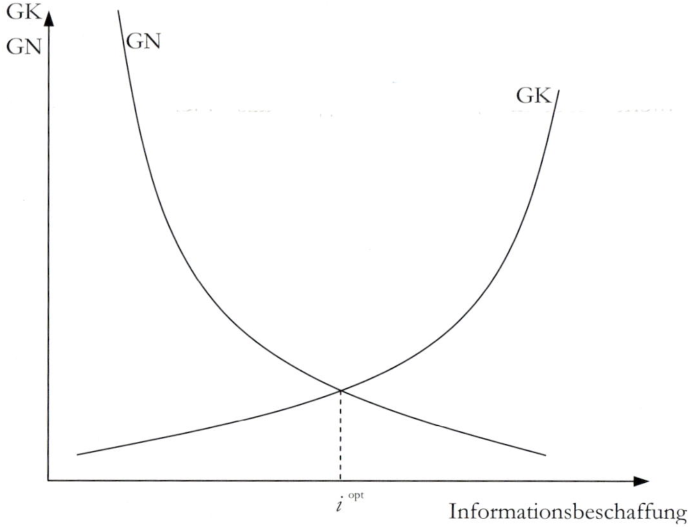

D. Private bzw. marktliche Lösungsansätze

Bei den Lösungsansätzen über den Markt wollen wir danach unterscheiden, ob die Initiative zur Überwindung der Informationsasymmetrien von der schlechter informierten Marktpartei (Prinzipal) oder von der besser informierten Marktpartei (Agent) ausgeht. Im ersten Fall spricht man von "screening", im zweiten von "signaling".

Beginnen wir mit dem **"Screening"**. Es geht darum, dass der Prinzipal als schlechter Informierter versucht, mehr Informationen über den Agenten zu erhalten. Verschiedene Formen sind denkbar:

- Eine ist **Selbstinformation:** Hier versucht der Prinzipal, sich direkt Informationen über den Agenten zu beschaffen. Das kostet allerdings Zeit und Geld. Ein Beispiel hierfür bietet der Arbeitsmarkt. Potentielle Arbeitnehmer werden zu Interviews und in Assessment-Center eingeladen, und es werden Auskünfte von vorherigen Arbeitgebern eingeholt und die Dienstzeugnisse analysiert. Aber auch hier gilt ein rationales Kalkül. Bedingt durch die anfallenden Transaktionskosten wird die Informationsbeschaffung genau so lange ausgedehnt, bis der Grenznutzen, der mit zusätzlicher Information sinkt, den mit steigender Information zunehmenden Grenzkosten entspicht (Abbildung III.8).

- Eine zweite Form des Screening ist die **Informationsbeschaffung über Dritte**, z.B. Sachverständige, Berater oder Rating-Agenturen. Diese begutachten das Verhalten des Agenten fachkundig und beurteilen dessen Qualität. Auch dies ist nicht kostenlos; vielmehr gilt das gleiche Kalkül wie oben (Abbildung III.8). Zudem kann ein neues Prinzipal-Agent-Problem entstehen, da auch für die dritte Instanz Kontrollkosten anfallen können. Außerdem kommt hier möglicherweise kein Markt zustande, weil es positive externe Effekte gibt (z.B. kostenlose Bereitstellung einschlägiger Informationen durch den Staat oder durch Verbraucherzentralen).

Im Gegensatz zum Screening steht das **„Signaling"**. Es handelt sich um einen Mechanismus, bei dem der Agent als besser Informierter versucht, seine Qualität zu demonstrieren, so dass zusätzliche Transaktionen möglich werden. Man spricht auch von Selbstselektion. Der Agent hat ein Interesse am Signaling, weil er hofft, dadurch für sich günstige Vertragskonditionen zu erwirken (z.B. auf dem Arbeitsmarkt einen höheren Lohn). Zentral ist dabei die Glaubwürdigkeit der Informationen, vor allem in dynamischer Hinsicht. Denn wenn die durch den Agenten bereitgestellte Information inkorrekt ist, verliert er seine Glaubwürdigkeit auch in zukünftigen Situationen. Es sind verschiedene Wege denkbar, auf denen der Agent Informationen glaubwürdig machen kann:

- Ein Verfahren ist der **Reputationsaufbau**. Dabei soll dem Prinzipal die Gelegenheit der Extrapolation von Vergangenheitserfahrungen in die Zukunft gegeben werden. Zum Markteintritt des Agenten könnten z.B. niedrige Preise, die der durchschnittlichen Qualität entsprechen, verlangt werden. Später wird der Agent versuchen, die Preise zu erhöhen. Eine solche Preispolitik kann als Investition in Reputationskapital verstanden werden. Sie korreliert positiv mit der Langfristigkeit des Angebots, der Häufigkeit des Kaufs und der Möglichkeit, Qualität relativ schnell zu entdecken. Dies geht allerdings nicht bei Vertrauensgütern.

- Ein zweiter Weg ist die **Risikobeteiligung des Agenten.** Diese kann unterschiedliche Formen annehmen:

  a) Ein **Garantieversprechen** signalisiert das Bemühen des Agenten (in dem Fall als Anbieter) um gute Qualität und entspricht einer Risikoübernahme. Die Probleme bestehen darin, dass keine Erfolgsgarantien bei Dienstleistungen möglich sind und dass es eine Gefahr von Moral Hazard auf der anderen Marktseite gibt; so könnte z.B. ein Autokäufer im Wissen um die Garantie seine Sorgfaltspflicht vernachlässigen.

  b) Für Versicherungsnehmer gibt es die Möglichkeit der **Selbstbeteiligung im Schadensfall**. Damit wird eine Sorgfaltsverpflichtung faktisch zum

Vertragsbestandteil. Auf diese Weise kann die adverse Selektion bekämpft werden. Schlechte Risiken werden die Option „Vollkasko“ wählen, gute Risiken „Teilkasko“. Allerdings ist das Problem damit nicht behoben, denn gute Risiken können nach wie vor keine Vollkasko-Versicherung zu einer ihrem Risiko äquivalenten niedrigeren Prämie erwerben.

c) Im Arbeitsverhältnis, aber auch bei Dienstleistungen, kann man eine **erfolgsabhängige Entlohnung** einführen. Im professionellen Sport ist sie z.B. üblich. Bei einem festen Honorar würde der Prinzipal das Risiko für α (Gleichung III.12) übernehmen. Der Agent hätte dann keinen Anreiz, seine Anstrengung e auszuweiten, und würde schlechte Ergebnisse stets auf die Zufallsvariable beziehen. Bei einem variablen Gehalt mit festem Gewinn für den Prinzipal hingegen übernimmt der Agent das volle Risiko für α. Arrangements zwischen diesen beiden Extrema bringen mithin eine Angleichung der Interessen hervor. Allerdings ist eine erfolgsabhängige Bezahlung nicht für jede Dienstleistung möglich[108] und überdies in Deutschland gesetzlich nicht für jeden Sektor erlaubt.[109]

- Ein dritter Weg des Signaling ist die **Einrichtung privater Zertifikatsysteme**. Hierbei erwirbt der Agent Qualifikationen, die sich als Qualitätssignal durchgesetzt haben. Beispiele sind der TOEFL-Test sowie Hochschuldiplome. Sie müssen nicht staatlich bereitgestellt werden, sondern können auch privat angeboten werden. Oftmals ist noch nicht einmal eine staatliche Anerkennung notwendig. So sind z.B. Absolventen des Postgraduierten-Kurses “Advanced Studies in International Economic Policy Research“ beim Institut für Weltwirtschaft in Kiel gesuchte Mitarbeiter in Forschungsinstituten, öffentlichen Verwaltungen und internationalen Organisationen, obwohl das Programm ohne staatlich anerkannten Abschluss endet.

Wie das Screening ist das Signaling ebenfalls mit hohen Kosten verbunden, die den Bemühungen des Agenten um bessere Information des Prinzipals Grenzen setzen. Abbildung III.8 ist entsprechend zu interpretieren. Darüber hinaus scheitert die

108 Die langfristigen Probleme unangemessen formulierter, weil kurzfristig orientierter Bonuszahlungen hat die Finanzwirtschaft nach Ausbruch der weltweiten Finanzmarktkrise im Sommer 2008 schmerzhaft erfahren müssen. Es hatte in den Jahren zuvor im Interesse der angestellten Händler gelegen, nur auf kurzfristige Kennzahlen zu achten und entsprechende Risiken einzugehen. Dabei wurden die langfristigen Zusammenhänge nicht ausreichend in den Blick genommen.

109 Ein Beispiel ist die Honorarordnung für Architekten und Ingenieure (HOAI), mittels derer die Preise für die Leistungen von selbständigen Architekten und Ingenieuren sehr genau geregelt sind. Eine anreizkompatible Honorarregelung, die z.B. eine Beteiligung des Architekten an Einsparungen der Bausumme für private Bauherren vorsieht, ist weitgehend verboten (Fredebeul-Krein und Schürfeld 1998, S. 49ff.).

Selbstselektion, wenn das gewählte Kriterium keinen Informationsgehalt mehr besitzt. Wenn z.B. sämtliche Absolventen eines Universitätsjahrgangs im Fach Volkswirtschaftslehre die Note „sehr gut" erzielen, kann das Universitätsdiplom dem Personalchef eines Unternehmens oder einer Behörde nicht zur Unterscheidung der einzelnen Bewerber gemäß ihrer Leistungsfähigkeit dienen.

E. Staatliche Lösungsansätze

Es ist mithin nicht immer möglich, die Lösung des Prinzipal-Agent-Problems über den Markt zu erreichen. Damit in den Fällen das Marktversagen nicht weiter bestehen bleibt, sind aus Effizienzgründen staatliche Interventionen geboten. Auch hier arbeiten mögliche Ansätze, wie bei privaten Lösungen, mit den Mechanismen des Screening und Signaling. Theoretisch denkbar, und auch in der wirtschaftspolitischen Realität umgesetzt, sind die folgenden Maßnahmen:

- So soll ein verbessertes Screening über die **Pflicht für die Anbieter, bestimmte Informationen bereitzustellen**, erreicht werden. Dieses Mittel wird z.B. bei Medikamenten (Packungsbeilage), Lebensmitteln (Ingredienzen) oder Finanzmarktprodukten (Prospekt) angewandt.
- Daneben dient die **öffentliche Bereitstellung von Informationen** verbessertem Screening. Dazu zählt die Arbeit der „Stiftung Warentest", die Produkte auf verschiedene Eigenschaften hin testet und die Ergebnisse der Tests publiziert. Jeder Interessierte kann diese Ergebnisse einsehen. Öffentliche Informationsbereitstellung kann allerdings auch zu neuen Bürokratiekosten beitragen. Deshalb sollte sie sich nur auf Vertrauensgüter beziehen.
- Zur Vermeidung von adverser Selektion wird in einigen Bereichen sogar ein **gesetzlicher Zwang zur Versicherung** angewandt. Beispiele dafür sind die gesetzliche Sozialversicherung und die Kfz-Haftpflichtversicherung. Es ist wichtig zu betonen, dass der Zwang zur Versicherung nicht impliziert, dass die Versicherung auch vom Staat bereitgestellt wird. Während in Deutschland die gesetzliche Sozialversicherung je nach Einkommenshöhe der Betroffenen gänzlich oder teilweise staatlich bereitgestellt wird, gibt es in der Kfz-Haftpflichtversicherung einen Wettbewerb der privaten Anbieter. Es ist allerdings zu bedenken, dass auch Sozialversicherungen die Anreize der Versicherten wie oben geschildert negativ beeinflussen können.
- Einem verbesserten Signaling dienen **Garantieverpflichtungen**. Jeder Produzent in Deutschland ist gesetzlich verpflichtet, dem Konsumenten gegenüber eine Gewährleistung von mindestens einem Jahr für sein Produkt abzugeben. Darüber hinausgehende Garantieverpflichtungen sind ökonomisch nur sinn-

voll, sofern sie freiwillig gegeben oder zwischen den Marktparteien ausgehandelt werden.

- Signaling kann auch über **Mindeststandards** betrieben werden. Bekannte Beispiele sind der „Große Befähigungsnachweis“ (Meisterbrief) im Handwerk[110], die Regulierung der sog. Freien Berufe oder die Ausbildungsanforderungen für Ärzte und Arbeitsschutzbestimmungen. Die Wirtschaftspolitik hat allerdings dafür Sorge zu tragen, dass Mindeststandards faktisch nicht als Marktzutrittsbarriere wirken. Dies ist jedoch – zumindest in Deutschland – nicht immer ausreichend gelungen (Deregulierungskommission 1991; Fredebeul-Krein und Schürfeld 1998).
- Schließlich ist das **Haftungsrecht** bzw. die **Produkthaftung** zu nennen. Der Produzent haftet für bestimmte Eigenschaften des Produkts. Dies ist besonders für Produkte, bei denen Mängel mit Gefahren für die Benutzer verbunden sind, z.B. Automobile, von Bedeutung. Die Produkthaftung veranlasst den Hersteller zu hoher Sorgfalt. Sie kann sehr restriktiv ausgelegt sein, wie dies z.B. in den Vereinigten Staaten der Fall ist. Die Folge kann dann sein, dass der Versuch, Marktversagen zu beheben, dieses noch verschärft, weil bestimmte Güter oder Dienstleistungen gar nicht mehr angeboten werden. Eine staatliche Übernahme von Kontrollkosten könnte in diesem Zusammenhang vorteilhaft sein, um die Anzahl der marktlichen Transaktionen zu steigern.

Vor dem Hintergrund des staatlichen Informationsproblems über das richtige, gewünschte Maß an Mindestqualität sind die wirtschaftspolitischen Entscheidungsträger aufgefordert, derartige staatliche Regulierungen sehr vorsichtig zu dosieren. Insbesondere der Aufbau neuer Marktzutrittsbarrieren durch staatliche Interventionen ist allokationstheoretisch negativ zu beurteilen und sollte nach Möglichkeit vermieden werden. Die Wirtschaftspolitik steht deshalb vor der ständigen Aufgabe, die Eingriffe zur Behebung eines Marktversagens, die sie früher vorgenommen hat, daraufhin zu überprüfen, ob sie heute und künftig in dieser Form gebraucht werden oder modifiziert, gemildert oder ganz abgeschafft werden sollen.

---

110 Es geht in Deutschland um das Erfordernis des „Meisterbriefs“, um als Handwerker sowohl die Befugnis zur Lehrlingsausbildung als auch das Recht auf selbständige Gewerbeausübung zu haben: Nach der jüngsten Novellierung der Handwerksordnung (Dezember 2003) gilt dieser Meistervorbehalt für 53 Gewerke (zuvor waren es 94). Gemessen an der Anzahl der Betriebe und Beschäftigten ist das der ganz überwiegende Teil dieses Wirtschaftsbereiches. Eine überzeugende ökonomische Begründung für das staatlich verordnete Junktim zwischen Ausbildungsberechtigung und selbständiger Tätigkeit gibt es jedoch nicht. Das Signaling – insbesondere das Versprechen von guten Handwerksleistungen – käme auch ohne staatlichen Zwang zustande („Gütesiegel“), so wie der praktizierende Arzt freiwillig den Doktortitel erwirbt, obwohl er dazu für die Ausübung seines Berufes vom Gesetz nicht verpflichtet wird.

Zusatzlektüre Master ↓

F. Prinzipal-Agent-Probleme in der Geldpolitik und Lösungsansätze

Die Geldpolitik ist ein wichtiger Teilbereich der Wirtschaftspolitik. Ihr Ziel ist die Wahrung der Preisniveaustabilität, die für die Funktionsfähigkeit der Märkte, besonders die effizienzsteigernde Wirkungsweise des Preismechanismus, eine entscheidende Bedeutung besitzt (Abschnitt I.2). Deshalb ist sie eines der konstitutiven Prinzipien der Wirtschaftspolitik. Gemäß dem Assignment (Unterabschnitt I.3.B) ist die Geldpolitik in fast allen wichtigen Industrieländern an politisch weitgehend unabhängige Zentralbanken übertragen worden.[111] Das gilt auch für die Europäische Zentralbank (mehr dazu in Unterabschnitt VI.2.A).

Eine unabhängige Notenbank ist dem Zugriff der Tages-Politik entzogen. Dies ist deshalb so wichtig, weil Regierungen in bestimmten Situationen durchaus ein Interesse an „etwas" Inflation haben könnten. Besonders attraktiv ist es aus ihrer Sicht, die Beschäftigung mit einer Steigerung der Geldmenge erhöhen zu wollen und die Staatsausgaben mit höherer Geldmenge zu decken bzw. die Schuldenlast real zu senken. Beides ist, wie sich anhand zahlreicher Beispiele empirisch gezeigt hat, in der Realität zum Scheitern verurteilt. Trotzdem sind Regierungen immer dann, wenn das Assignment-Problem nicht gelöst wurde, der Versuchung ausgesetzt, das Stabilitätsziel zu relativieren und andere Ziele (das Beschäftigungsziel, das Wachstumsziel) in den Vordergrund zu stellen und die Notenbank zu drängen, die Geldpolitik entsprechend auszurichten.

In diesem Kontext stellen sich die Prinzipal-Agent-Beziehungen komplexer dar als die bislang besprochenen. Wir haben es – potentiell – mit einem **mehrstufigen Prinzipal-Agent-Problem** in der Geldpolitik zu tun:

- Erste Stufe: Die Bevölkerung (Prinzipal) beauftragt die Regierung (Agent) mit der Geldpolitik und der Sicherung der Preisniveaustabilität (nachvertragliches Prinzipal-Agent-Problem).
- Zweite Stufe: Die Regierung (Prinzipal) wiederum beauftragt die Zentralbank (Agent), eine stabilitätsorientierte Geldpolitik zu betreiben (nachvertragliches und vorvertragliches Prinzipal-Agent-Problem).

---

[111] Zur Unabhängigkeit der Zentralbanken vgl. Bofinger (2001, S. 205ff.) sowie den Übersichtsartikel von Berger, Eijffinger und de Haan (2001).

- Dritte Stufe: Neben der Regierung gibt es weitere Prinzipale, z.B. partikulare Organisationen des Finanzsektors, die von der Zentralbank (Agent) eine auf ihre Präferenzen zugeschnittene Geldpolitik erwarten (Common-Agency-Prinzipal-Agent-Problem).

Wir beginnen mit der **ersten Stufe** des Prinzipal-Agent-Problems. Die Regierung ist in diesem Fall der Agent, der einen Informationsvorsprung, nämlich über die tatsächlich betriebene Geldpolitik, besitzt. Die Bevölkerung ist der Prinzipal, der Kosten aufwenden muss, um Informationen über die aktuelle Geldpolitik zu erhalten. Dies ist deshalb wichtig, damit die Funktion der Preise als Knappheitsindikatoren aufrechterhalten bleibt. Bilden die Menschen fehlerhafte Erwartungen über zukünftige Preise, so treffen sie suboptimale Allokationsentscheidungen. Hier wird das durch das geldpolitische Prinzipal-Agent-Problem entstehende Marktversagen nicht unmittelbar deutlich, mittelbar wird es jedoch sehr wohl ersichtlich. Nehmen wir an, die Regierung versucht, sich den Phillips-Kurven-Zusammenhang[112] zunutze zu machen. Sie versucht also, mittels Inflation den Reallohn zu senken, um dadurch die Arbeitsnachfrage zu erhöhen. Sie hofft dabei auf Geldillusion der Arbeitsanbieter, die diese Senkung der Reallöhne nicht bemerken und deshalb ihr Angebot konstant halten. Durch die Nachfragesteigerung bedingt, steigt somit die gesamtwirtschaftliche Beschäftigung. Gäbe es keine Geldillusion, würde bei sinkenden Reallöhnen normalerweise weniger Arbeit angeboten, so dass per Saldo keine zusätzliche Beschäftigung entstünde. Das Ergebnis bei Geldillusion kann deshalb als nicht präferenzgerecht angesehen werden. Die Arbeitsanbieter bieten zu viel Arbeit an, so dass die sechste Marginalbedingung (Unterabschnitt II.4.E) verletzt wird. Davon abgesehen ist Geldillusion langfristig nicht gegeben, so dass sich das alte Beschäftigungsgleichgewicht schnell wieder einstellen wird.[113] Bei längerer Inflationserfahrung steht überdies zu befürchten, dass die Lohnabschlüsse eine hohe Inflationsrate antizipieren. Wird diese Erwartung nicht erfüllt, sondern bleibt die Inflation darunter, erhöht sich sogar der Reallohn und damit die Arbeitslosigkeit.

Ähnlich verhält es sich, wenn die Regierung versucht, sich mittels Inflation zu entschulden. Dies geschieht zum einen darüber, dass die Regierung Kredite von der Zentralbank erhält und damit entweder das laufende Budget finanziert oder

112 Für eine grundsätzliche Erläuterung des Phillips-Kurven-Zusammenhanges vgl. Felderer und Homburg (2003, S. 242ff.).

113 Dennoch kann die Regierung kurz vor Wahlen einen Vorteil sehen. Steigt nämlich die Beschäftigung kurzfristig an, kann sie dies als Argument im Wahlkampf verwenden (Unterabschnitt IV.2.C). Nach der Wahl wird sich das alte Gleichgewicht auf dem Arbeitsmarkt wieder einstellen, ohne dass dies unmittelbar negative Konsequenzen für die Regierung hätte.

Staatsschuldtitel zum Nominalwert zurückkauft. Zum anderen sinkt der Realwert der Staatsschulden durch Inflation. Damit sinkt auch der Realwert der Anlagen in heimischer Währung. Geht man davon aus, dass die Wirtschaftssubjekte ihre Anlageentscheidung unter der Annahme eines über die Zeit konstanten Realwertes getroffen haben, so ist ihr Portfolio-Mix nach der Abwertung durch Inflation nicht mehr optimal, weil er nicht mehr präferenzgerecht ist. Die dynamische Effizienz wird durch Inflation ohnehin beeinträchtigt, da Märkte ihre Funktion zumindest teilweise verlieren.[114]

In der theoretischen makroökonomischen Literatur wird auch die **zweite Stufe** des Prinzipal-Agent-Problems als sehr bedeutsam angesehen: Die Regierung beauftragt die Zentralbank, eine Geldpolitik zu betreiben, die für ein stabiles Preisniveau sorgt. Daraus ergibt sich vor allem ein nachvertragliches Prinzipal-Agent-Problem zwischen der Regierung als Prinzipal und der Zentralbank, insbesondere dem Direktorium der Zentralbank, als Agenten. Es ist nicht auszuschließen, dass der Notenbankpräsident und die anderen Mitglieder des Direktoriums eigene Zielvorstellungen verfolgen, die von denen der Regierung abweichen, sei es in Bezug auf die Entwicklung des Preisniveaus oder des Wechselkurses, sei es hinsichtlich der allgemeinen Konjunkturlage, sei es bei der Rolle als Kreditgeber in letzter Instanz („lender of last resort") im Falle nationaler oder internationaler Bankenkrisen. Es kann sich aus der Sicht der Regierung z.B. herausstellen, dass die tatsächliche Inflationsrate höher oder niedriger ist, als sie für erstrebenswert hält. Woran das liegt – ob am Handeln der Akteure der Zentralbank nach eigenen Zielfunktionen oder an Wirkungsverzögerungen im Transmissionsmechanismus zinspolitischer Maßnahmen oder an internationalen Koordinationsabsprachen –, weiß die Regierung nicht. Sie kann nicht beobachten, wodurch die tatsächlich realisierte Inflationsrate zustande gekommen ist. Aus Sicht der Regierung überlagert die Zufallsgröße α die beobachtbare Leistung e des Agenten (Gleichung III.12).

Dieses Prinzipal-Agent-Problem ist vor allem dann für die Wirtschaftspolitik relevant, wenn auf der ersten Stufe das Prinzipal-Agent-Problem zwischen Bevölkerung und Regierung nicht besteht. Dann nämlich verhält sich die Regierung annahmegemäß entsprechend den Präferenzen der Bevölkerung für geringe Inflation. In diesem Fall ist der Prinzipal Regierung deckungsgleich mit dem Prinzipal

114 Diese Ausprägung des Marktversagens darf aber keine wirtschaftspolitischen Eingriffe in die Märkte zur Korrektur nach sich ziehen. Vielmehr ist die Ursache, d.h. die gestiegene Inflation, zu bekämpfen. Darauf kommen wir weiter unten zu sprechen.

Bevölkerung.[115] Die Bevölkerung weiß nicht, welche Geldpolitik die Zentralbank in Zukunft betreiben wird. Zwar dürfte sie bei einer aktuell niedrigen Inflationsrate erwarten, dass auch künftig das Preisniveau wenig ansteigen wird (von etwaigen nicht-monetären Inflationsursachen einmal abgesehen); denn das verschafft den Währungshütern Reputationsgewinne. Aber die „wahre" Zielfunktion der Zentralbank, insbesondere das Gewicht, das konjunkturpolitischen Aufgaben beigemessen wird, bleibt der Bevölkerung (zunächst) verborgen. Diese Informationsasymmetrie eröffnet der Zentralbank Spielräume für strategisches Verhalten.

Zeitinkonsistenz

Anhand dieses Prinzipal-Agent-Problems lässt sich ein Zwei-Perioden-Signalisierungsspiel austragen, bei dem es um die zentrale Frage geht, ob die Zentralbank einen Anreiz hat, sich der Öffentlichkeit gegenüber glaubhaft als Garant der Preisniveaustabilität zu empfehlen. Einschlägig für die Analyse dieser Frage ist das **Backus-Driffill-Modell** (1985)[116]. Es besteht unvollständige Information zwischen der Zentralbank und der Bevölkerung, die über die wahren Präferenzen der Zentralbank unsicher ist, d.h. die Gewichte in der im Modell unterstellten Zielfunktion der Zentralbank sind private Information.[117] Die Individuen bilden Wahrscheinlichkeiten, nachdem sie bestimmte Politikmaßnahmen beobachtet haben. In jeder Periode werden diese Wahrscheinlichkeiten aktualisiert, da ständig neue Informationen (Handlungen der Zentralbank) verfügbar sind. Dieses Vorgehen kennt die Zentralbank und es kann von ihr strategisch genutzt werden, indem die Inflationsrate in der ersten Periode als Signal eingesetzt wird („Signalisierungsspiel").

Es wird folgende Beziehung zwischen Output und Inflation angenommen:

$$y_t = \bar{y} + b(\pi_t - \pi_t^e)\,, \qquad \text{(III.13)}$$

wobei y_t den tatsächlichen Output, $\bar{y}$ das Produktionspotential, π_t die tatsächliche Inflationsrate und π_t^e die Inflationserwartungen bezeichnet.

Die Wohlfahrtsfunktion der Gesellschaft sieht wie folgt aus:

---

115 So wird das Prinzipal-Agent-Problem bei Bofinger (2001, S. 168f.) dargestellt.

116 Vgl. auch Romer (2001, S. 484ff.) und Bofinger (2001, S. 192ff.).

117 Wir unterstellen, dass das in Unterabschnitt I.4.B aufgeworfene Problem der "fallacy of composition" hier nicht auftritt.

$$w_t = (y_t - \overline{y}) - \frac{1}{2} a\pi_t^2 = b(\pi_t - \pi_t^e) - \frac{1}{2} a\pi_t^2 . \tag{III.14}$$

Niedrige Inflationserwartungen bedeuten für die Gesellschaft einen vorteilhafteren Output-Inflation-Trade-off. Die Zentralbank kann diese Erwartungen durch strategisches Verhalten beeinflussen.

Es existieren zwei Typen von Zentralbankern:

i. Typ 1, „Taube" genannt, mit der Bereitschaft, Inflation (in Maßen) in Kauf zu nehmen und damit positive realwirtschaftliche Wirkungen zu erzeugen. Dieser Typ tritt mit der Wahrscheinlichkeit p auf. Er teilt die Präferenzen der Gesellschaft; seine Zielfunktion enthält die gesellschaftliche Wohlfahrtsfunktion w_t.

ii. Typ 2, „Falke" genannt, mit einer starken Inflationsaversion und nur an der Erfüllung des Stabilitätsziels interessiert. Er setzt $\pi = 0$ in beiden Perioden, und zwar unabhängig von der Wohlfahrtsfunktion w_t. Dieser Typ tritt mit einer Wahrscheinlichkeit von $1 - p$ auf.

Der interessante Fall ist Typ 1. Welche Inflation wird er wählen? Was kann die Öffentlichkeit lernen, die ja nur π_t beobachtet?

Typ 1 maximiert bei gegebener intertemporaler Präferenzrate β seine Zielfunktion über zwei Perioden:

$$W = w_1 + \beta w_2 . \tag{III.15}$$

Das Maximierungsproblem wird rekursiv gelöst, d.h. wir beginnen in Periode 2. Dann nimmt die Zentralbank die Inflationserwartungen π_2^e als gegeben hin und maximiert die Zielfunktion über π_2. Als Ergebnis wird Typ 1 $\pi_2 = b / a$ setzen.

In Periode 1 ist das Problem komplizierter, da die gegenwärtige Inflation die Erwartungen der Bevölkerung über die zukünftige Inflation bestimmt. Dieser Zusammenhang kann strategisch ausgenutzt werden.

i. Wenn die Zentralbank $\pi_1 \neq 0$ setzt, kann die Öffentlichkeit sicher sein, dass es sich nicht um einen Zentralbanker vom Typ 2 handelt, und erwartet deshalb in der nächsten Periode eine Inflationsrate $\pi_2^e = b / a$. Der Zentralbanker gibt sich somit als „Taube" zu erkennen und kann sich auch in der zweiten Periode nicht mehr verstecken. In diesem Fall spielen beide Typen unterschiedliche Strategien („separating"). Typ 1 maximiert genauso wie in Periode 2 und setzt $\pi_1 = b / a$. In Periode 2 stimmen die erwartete und die tatsächliche Inflation überein. Es gilt daher $y_2 = \overline{y}$.

Die Zielfunktion nimmt folgenden Wert an:

$$W_{\pi>0} = \left[b\left(\frac{b}{a} - \pi_1^e\right) - \frac{1}{2}a\left(\frac{b}{a}\right)^2 \right] - \beta\frac{1}{2}a\left(\frac{b}{a}\right)^2 \qquad \text{(III.16)}$$

$$= \frac{b^2}{a}\frac{1}{2}(1-\beta) - b\pi_1^e.$$

ii. Die andere Möglichkeit des Zentralbankers ist es, $\pi_1 = 0$ zu setzen. Die „Taube" gibt sich also als „Falke" aus. In diesem Fall spielen beide Typen dieselbe Strategie („pooling"). Die Wahrscheinlichkeit, dass ein Typ 1 $\pi_1 = 0$ setzt, also strategisch handelt, ist durch q gegeben. Welche Informationen kann die Öffentlichkeit aus der Beobachtung von $\pi_1 = 0$ gewinnen? Sie weiß, dass es sich entweder um Typ 2 handelt (was mit der Wahrscheinlichkeit $1-p$ der Fall ist), oder dass es sich um Typ 1 handelt, der Null-Inflation wählt (was mit der Wahrscheinlichkeit pq der Fall ist). Durch die Anwendung der Regel von Bayes[118] erhalten wir die bedingte Wahrscheinlichkeit für Typ 1:

$$\text{prob}[\text{Typ } 1 \mid \pi_1 = 0] = \frac{qp}{(1-p)+qp}. \qquad \text{(III.177)}$$

Die Inflationserwartungen sind demnach:

$$\pi_2^e = \text{prob}[\text{Typ } 1 \mid \pi_1 = 0] \cdot \left(\frac{b}{a}\right) + \text{prob}[\text{Typ } 2 \mid \pi_1 = 0] \cdot 0 \qquad \text{(III.18)}$$

$$= \frac{qp}{(1-p)+qp}\left(\frac{b}{a}\right).$$

Das Modell generiert folgende Gleichgewichte:

a) $\beta < \frac{1}{2}$

In diesem Fall gilt $W_{\pi>0} > W_{\pi=0}(q=0) > W_{\pi=0}(q=1)$. Typ 1 wird immer $\pi_1 = b/a$ setzen. Falls der Zentralbanker also ungeduldig ist und die Zukunft gering gewichtet, hat die asymmetrische Informationsverteilung keinen Einfluss

118 Diese Regel aus der Statistik lautet: $\text{prob}[A \mid B] = \frac{\text{prob}[B \mid A] \cdot \text{prob}[A]}{\text{prob}[B]}$.

auf die realisierte Inflation. Das Ergebnis entspricht dem bei vollständiger Information.

b) $\beta > \frac{1}{2}\left(\frac{1}{1-p}\right)$

In diesem Fall gilt $W_{\pi=0}(q=0) > W_{\pi=0}(q=1) > W_{\pi>0}$. Typ 1 wählt immer $\pi_1 = 0$. Der Zentralbanker ist geduldig. Die Kosten sind hoch genug, um Typ 1 davon abzuhalten, eine positive Inflation zu wählen. Es lohnt sich also auch für einen Zentralbanker vom Typ 1, Reputation als Stabilitätswächter aufzubauen.

c) $\frac{1}{2} < \beta < \frac{1}{2}\left(\frac{1}{(1-p)}\right)$

In diesem Fall gilt $W_{\pi=0}(q=0) > W_{\pi>0} > W_{\pi=0}(q=1)$. Typ 1 wird Null-Inflation wählen, wenn die Öffentlichkeit positive Inflation erwartet und umgekehrt. Dies ist dann ein Gleichgewicht, wenn die Wahrscheinlichkeit q genau den Grenzwert annimmt, an dem Typ 1 indifferent ist zwischen $\pi_1 = 0$ und $\pi_1 = b/a$. Dies ist der Fall, wenn

$$q = \frac{1-p}{p}(2\beta - 1)$$

ist. In diesem Fall steigt q in β.

Folgendes Fazit kann aus diesem Modell gezogen werden: Die Zentralbank hat einen Anreiz, die Inflation niedrig zu halten, da niedrige Inflationserwartungen für sie immer besser sind als hohe. Eine Zentralbank, die bei vollständiger Information eine positive Inflation wählen würde, setzt $\pi_1 = 0$ in einem mehrperiodischen Spiel unter unvollständiger Information, um damit Reputation aufzubauen. Der Einfluss von Reputationsüberlegungen auf die Inflation ist umso größer, je mehr Wert die Zentralbank auf die zukünftigen Perioden legt. So weit das Backus-Driffill-Modell.

Außer dem nachvertraglichen Prinzipal-Agent-Problem auf der zweiten Stufe kann es ein vorvertragliches Prinzipal-Agent-Problem geben, nämlich bei der Berufung der Direktoriumsmitglieder der Zentralbank durch die Regierung. Mögliche Kandidaten könnten z.B. versuchen, ihre Fachkompetenz und ihr Bewusstsein für Preisniveaustabilität besonders herauszustellen, obwohl sie in geldpolitischen Fragen so sachkundig gar nicht sind und bei Inflation eher Großmut walten lassen. Anders gewendet: Die subjektiven Kostenfunktionen potentieller Zentralbankpräsidenten und Direktoriumsmitglieder werden der Regierung zu hoch vorgetäuscht, so dass diese einen ungeeigneten Kandidaten auswählt. Es findet adverse Selektion statt.

Besonders wahrscheinlich ist dieses Szenario allerdings nicht. Der Arbeitsmarkt für Direktoriumsmitglieder der Zentralbank ist überaus eng, und geeignete Kandidaten stehen stark im Lichte der Öffentlichkeit. Der Screening-Prozess – z.B. betrieben durch die Volkswirte der Groß- und Investmentbanken – dürfte ohne nennenswerte Transaktionskosten für die Regierung gut funktionieren. Überdies haben die Kandidaten über eine lange Zeit die Möglichkeit des Signaling, insbesondere des Reputationsaufbaus. Gerade in der Geldpolitik zeigt sich deren positive Wirkung. Viele Zentralbankpräsidenten und Mitglieder des Direktoriums in den Industrieländern sind Persönlichkeiten (gewesen), die sich in der Wissenschaft und bei früheren Tätigkeiten in einer Notenbank oder einem Ministerium als Anwalt der Geldwertstabilität ausgewiesen haben. Deshalb ist das Problem vorvertraglicher Prinzipal-Agent-Beziehungen in der Geldpolitik vernachlässigbar.[119]

Das Prinzipal-Agent-Problem in der Geldpolitik ist nicht nur zweistufig, sondern kann auch dreistufig sein. Mit Bezug auf die **dritte Stufe** wird in der jüngeren Literatur das Problem der **"common agency" in der Wirtschaftspolitik** diskutiert (z.B. Dixit 1996, S. 98ff.). Darunter ist zu verstehen, dass nicht nur die Regierung als Prinzipal des Agenten Zentralbank auftritt, sondern auch andere Gruppen, vor allem potentielle zukünftige Arbeitgeber der Mitglieder des Direktoriums, sobald diese aus der Notenbank ausgeschieden sind. Es wird argumentiert, dass die Zentralbanker nach Ablauf ihrer Amtszeit nach einer Tätigkeit im Finanzsektor suchen und deshalb bereits auf Wünsche aus diesem Sektor reagieren, z.B. nach einer weniger strengen Bankenaufsicht oder nach etwas billigeren Krediten. In diesem Fall steht die Regierung erneut vor dem Problem, das Verhalten der Zentralbank nicht beobachten zu können. Natürlich gilt dies ebenfalls für den dritten Prinzipal, im Finanzsektor; auch dieser kann das Verhalten der Zentralbank nicht beobachten.

Allerdings ist zu vermuten, dass die dritte Stufe sowohl theoretisch als auch empirisch relativ unbedeutend ist. Theoretisch spricht dagegen, dass auch Loyalität dem

---

119 Die Regierungen können selbst auch Vorsorge gegen die Gefahr einer negativen Auslese treffen, indem sie im Vorhinein strenge Berufungskriterien aufstellen. So ist bei der Gründung der Europäischen Währungsunion für das Direktorium der Europäischen Zentralbank festgelegt worden, dass der Präsident, der Vizepräsident und die weiteren Mitglieder des Direktoriums von den Regierungs- und Staatschefs der Europäischen Union „aus dem Kreis der in Währungs- oder Bankfragen anerkannten und erfahrenen Persönlichkeiten einvernehmlich ausgewählt und ernannt" werden sollen (Artikel 11.2 der Satzung des Europäischen Systems der Zentralbanken und der Europäischen Zentralbank).

Abbildung III.9: Nachvertragliche Prinzipal-Agent-Probleme in der Geldpolitik

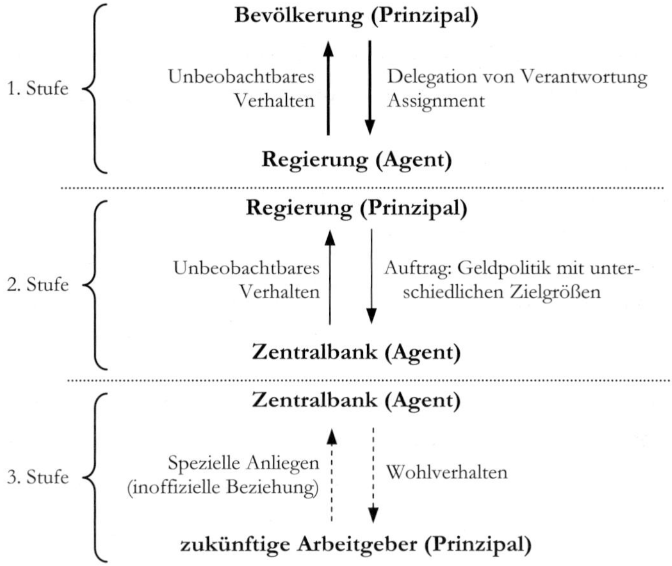

alten Arbeitgeber gegenüber als Signaling für einen potentiellen Arbeitgeber gelten kann. Verhielte sich der Zentralbanker im Sinne des potentiellen zukünftigen Arbeitgebers und somit gegen die Interessen seines jetzigen Arbeitgebers, der Regierung, so würde dies ihm den Ruf eintragen, es künftig, in der neuen beruflichen Tätigkeit, wieder so zu tun. Der Zentralbanker hätte sich damit als potentiell illoyal gezeigt und damit seine künftigen Berufschancen verschlechtert. Es ist daher zu erwarten, dass Mitglieder der Zentralbank, die dort ihre Aufgaben, insbesondere die Wahrung der Geldwertstabilität, besonders gut erfüllt haben, sich eine gute Reputation aufbauen können und dadurch nach Ablauf ihrer Amtszeit besonders attraktive und gut dotierte Stellungen im Finanzsektor bekleiden können. Empirisch ist diese Sicht der Dinge nicht zu widerlegen: Erfolgreiche Zentralbankpräsidenten erhalten, wenn sie es wollen, immer wieder gut dotierte und reputierliche Positionen im Finanzsektor.

Die mehrstufigen Prinzipal-Agent-Beziehungen in der Geldpolitik sind in Abbildung III.9 zusammengefasst. Die Abbildung liest sich wie folgt: Ihrer empirischen Bedeutung nach sind die drei Prinzipal-Agent-Probleme mit einer unterschiedlichen Stärke der Pfeile aufgeführt. Zwischen der Bevölkerung und der Regierung besteht mithin das gravierendste Prinzipal-Agent-Problem. Die Bevölkerung delegiert Verantwortung für die Geldpolitik an die Regierung und kann deren Verhalten nicht vollständig beobachten. Die Regierung wiederum bestimmt einen Agenten, namentlich die Zentralbank, zur Durchführung der Geldpolitik. Auch sie kann das Verhalten des Agenten nicht eindeutig beobachten. Der Agent Zentralbank hat zumindest theoretisch den Anreiz, die Interessen eines weiteren Prinzipals in Person potentieller zukünftiger Arbeitgeber zu berücksichtigen.

Lösungsansätze werden vor allem in Bezug auf **nachvertragliche Prinzipal-Agent-Probleme** diskutiert. Aufgrund der vergleichsweise geringen Bedeutung der vorvertraglichen Prinzipal-Agent-Probleme auf der zweiten Stufe sowie der Common-Agency-Prinzipal-Agent-Probleme auf der dritten Stufe werden diese Fälle nicht aufgegriffen. Wir beginnen mit den Ansätzen für Prinzipal-Agent-Probleme zwischen Regierung als Prinzipal und der Zentralbank als Agent. Darunter fallen Verträge mit den Mitgliedern des Direktoriums der Zentralbank, wenigstens aber mit dem Präsidenten (Walsh 1995). Derartige Verträge haben in der makroökonomischen Literatur in der jüngeren Vergangenheit erhebliche Aufmerksamkeit erfahren. Sie können Gehaltskürzungen oder gar die Entlassung für den Fall vorsehen, dass die jährliche Inflationsrate einen festzulegenden Wert überschreitet.[120] Eine weitere Möglichkeit ist die Festlegung klarer Regeln für die Strategie der Geldpolitik. Damit hat die Zentralbank keinen diskretionären Spielraum, der Wert von α ist Null. Die Details einer Regelbindung sind von der Regierung festzulegen, z.B. in Form eines Zentralbankgesetzes, so dass sie für jeden einzusehen sind. In Kapitel V (Abschnitt V.3) werden wir auf das Konzept der geldpolitischen Regelbindung noch einmal zurückkommen.

Allerdings wird durch derartige Verträge oder Regeln das zentrale Prinzipal-Agent-Problem zwischen der Bevölkerung als Prinzipal und der Regierung als Agent nicht behoben (McCallum 1997). Es muss sogar befürchtet werden, dass Verträge für Zentralbanker vom eigentlichen Problem ablenken. Deshalb ist es wichtig, dass die Regierung sich selber im Sinne des Signaling einer Regelbindung unterwirft. Die Bevölkerung hat dann eine verbesserte Information und die Möglichkeit, das Verhalten der Regierung zu beobachten. Bei Regelbruch würde der Regierung die Rechnung auf dem Wahlzettel präsentiert, bis hin zur Abwahl. Hier sind Analogien zu einer Risikobeteiligung bzw. zur erfolgsabhängigen Entlohnung des Agenten zu erkennen.[121]

---

120 In Neuseeland hat die Regierung im Zuge eines umfassenden wirtschaftspolitischen Reformprogramms Ende der 1980er/Anfang der 1990er Jahre einen solchen Vertrag mit dem Präsidenten der Zentralbank geschlossen (Sachverständigenrat 1996, Ziffer 50).

121 Dass Regelbindung eine wichtige Voraussetzung für Geldwertstabilität sein kann, zeigt sich eindrucksvoll an einer Begebenheit in Deutschland aus dem Jahre 1997: Der damalige Bundesfinanzminister Theo Waigel bedrängte öffentlich die Deutsche Bundesbank, ihre Gold- und Devi-

↑ **Ende Zusatzlektüre**

4. Natürliche Monopole und Unteilbarkeiten

Es gibt Konstellationen, in denen Unternehmen eine Marktmacht haben, die Raum für Machtmissbrauch (überhöhte Absatzpreise, geringe Produktqualität, schlechter Kundenservice) eröffnet, ohne dass auch eine noch so gute wettbewerbssichernde gesetzliche Regelung dies verhindern könnte. Das ist der Fall des natürlichen Monopols. „Natürlich" heißt, dass die Monopolposition nicht aus dem gezielt wettbewerbswidrigen Verhalten eines Produzenten resultiert (dagegen könnte eine Wettbewerbsbehörde vorgehen und es abstellen), sondern in besonderen, vorgegebenen technischen und organisatorischen Eigenschaften der Produktion wurzelt.

Das Marktversagen (hier kann man auch von Wettbewerbsversagen sprechen) beim natürlichen Monopol zeigt sich darin, dass ein einziges Unternehmen die Marktnachfrage nach einem Gut im relevanten Bereich komplett auf sich vereinigen kann, weil es kostengünstiger produziert, als jede größere Anzahl von Anbietern es könnte. Die bei der Produktion entstehenden Durchschnittskosten sinken bei steigender Produktionsmenge kontinuierlich. Dies kann durch Unteilbarkeiten der Produktionsfaktoren und Güter erklärt sein. Würden mehrere Anbieter im Wettbewerb das betreffende Gut anbieten wollen, würden alle außer einem ausscheiden. Denn sobald letzterer eine marginal größere Produktionsmenge als jeder seiner Wettbewerber aufweist, produziert er kostengünstiger, so dass er im Zeitablauf Marktanteile hinzugewinnt, die Durchschnittskosten weiter senkt und schließlich sämtliche Konkurrenten verdrängt.

Das ökonomische Problem des natürlichen Monopols besteht darin, dass ein Angebot nach der Regel „Preis gleich Grenzkosten" $(p = \text{GK})$ zu Verlusten des Monopolisten führt, weil bei sinkenden Durchschnittskosten die Grenzkosten im relevanten Bereich unter diesen liegen. Dies könnte zu der Forderung führen, der Staat möge dem Unternehmen eine Subvention in Höhe der Differenz zwischen

---

senreserven höher zu bewerten und die dadurch entstehenden höheren Gewinne der Bundesbank an den Staatshaushalt zu überweisen mit dem Zweck, das fiskalische Konvergenzkriterium des Maastricht-Vertrags leichter erreichen zu können (Sachverständigenrat 1997, Ziffern 229ff.). Damit löste er einen öffentlichen Sturm der Entrüstung aus. Die Bundesregierung hatte in den Augen der Bevölkerung die Unabhängigkeit der Bundesbank verletzt und ihr zugemutet, im Interesse der Regierung (Abbau des Haushaltsdefizits) notfalls Abstriche beim Stabilitätsziel zu machen. Der Bundesfinanzminister zog im Verlauf dieser Diskussion seinen Vorschlag zurück.

Durchschnittskosten und Grenzkosten gewähren. Ökonomisch ist das nicht unbedenklich, weil Steuerlasten höher sind als sie sonst wären, Allokationsverzerrungen wahrscheinlich sind und das Unternehmen weniger Anreize hat, Ineffizienzen zu beseitigen, Produktivitätsreserven zu mobilisieren, Kosten zu minimieren und Produktinnovationen zu optimieren. Nicht weniger problematisch ist der Fall, dass der Monopolist seine Marktmacht missbraucht, willkürlich hohe Preise setzt, wenig auf Qualität und Kundendienst achtet und mit der erzielten Monopolrente ein „ruhiges Leben" führt, was für die Wachstumsdynamik der Volkswirtschaft schädlich ist und eine Ausbeutung der Konsumenten darstellt. Allokationstheoretisch liegt eine Verletzung der fünften Marginalbedingung vor (Unterabschnitt II.4.D); Wohlfahrtsverluste sind die Folge.

Das natürliche Monopol ist zu unterscheiden von einem Monopol, das durch staatliche Regulierung entsteht, z.B. um so bestimmte sozialpolitische Ziele zu verfolgen. Dann liegt kein Marktversagen, sondern aus allokativer Perspektive Staatsversagen vor. Im Folgenden wird das ökonomische Problem der Unteilbarkeiten kurz dargestellt, die Allokationswirkungen des natürlichen Monopols werden diskutiert und wirtschaftspolitische Schlussfolgerungen gezogen.[122]

A. Unteilbarkeiten

Unteilbarkeiten bedeuten, dass das Angebot am Markt nur in großen Sprüngen variiert werden kann, d.h. das Axiom der Stetigkeit ist verletzt. In der Regel gibt es Unteilbarkeiten aufgrund von technischen Gegebenheiten. Liegen diese vor, werden die Produktionsprozesse aus Kostengründen zentralisiert, und die Marktstruktur wird automatisch durch diese technischen Eigenschaften der Produktion beeinflusst. Letztlich kann die Nachfrage dann kostengünstiger von nur wenigen (Oligopol) oder gar nur einem Anbieter (natürliches Monopol) bedient werden. Generell gilt, dass es nahezu bei jeder wirtschaftlichen Aktivität Unteilbarkeiten gibt, deren Relevanz allerdings teilweise relativ gering ist. Markante Beispiele für Unteilbarkeiten finden sich vor allem im Bereich der leitungsgebundenen Versorgung, also im Elektrizitätswesen, der Telekommunikation oder der Eisenbahn. In diesen Sektoren gibt es Netze (Stromnetz, Telefonortsnetz oder Schienennetz), deren Betrieb erst ab einer bestimmten Mindestgröße lohnend ist.

Die Unteilbarkeiten führen zur sog. **Subadditivität der Kostenfunktion**. Diese liegt vor, wenn die Kosten für jede beliebige Produktionsmenge eines oder mehre-

122 Für eine detaillierte Analyse dieses Problems ist das Lehrbuch von Fritsch, Wein und Ewers (2007, Kapitel 7-9) sehr empfehlenswert. Vgl. auch Wellisch (2000, S. 204ff.).

rer Güter – im relevanten, d.h. auch tatsächlich oder potentiell nachgefragten Bereich – am geringsten sind, sobald diese in einem statt in mehreren Unternehmen produziert wird. Die Gesamtkosten für die Produktion von Teilmengen des Gutes bzw. mehrerer Güter sind höher als für die Produktion aus einer Hand. Damit lassen sich mit Hilfe des Konzeptes der Subadditivität sowohl **Größenvorteile** bei der Produktion eines Unternehmens ("economies of scale") als auch **Verbundvorteile** bei der Produktion mehrerer Güter ("economies of scope") erklären.

Liegen Größenvorteile bei der Produktion eines Gutes vor, lässt sich die Subadditivität der Kostenfunktion $C(\cdot)$ formal folgendermaßen ausdrücken:

$$C(Q) < C(q_1) + C(q_2) + C(q_3) + \ldots + C(q_n), \tag{III.19}$$

mit

$$q_1 + q_2 + q_3 + \ldots + q_n = Q. \tag{III.20}$$

Dabei steht C für die Gesamtkosten der Produktion, Q für die gesamte Produktionsmenge im relevanten Bereich und q_i mit $i = \{1, 2, 3, \ldots, n\}$ für die im einzelnen Unternehmen i gefertigten Gütermengen. Ein ökonomisches Kennzeichen der Subadditivität ist mithin die Existenz sinkender Durchschnittskosten. Die Stückkosten nehmen aufgrund von Größenvorteilen mit Ausweitung der Produktion ab. Man spricht auch von den Vorteilen der Massenproduktion. Eine allgemeine Erklärung für sinkende Durchschnittskosten sind demnach **steigende Skalenerträge**, bei denen eine Erhöhung des Faktoreinsatzes zu einer überproportionalen Erhöhung der Produktion führt. Die Ursachen für steigende Skalenerträge sind vielfältig:

- **Fixkosten-Degression**: Viele Produktionsfaktoren sind nicht beliebig teilbar, so z.B. Gebäude, Fertigungsstraßen, Stabsabteilungen oder Netze. Ihr Einsatz lohnt sich erst, wenn eine bestimmte Mindestmenge des Gutes damit erzeugt werden kann. Hohe Fixkosten werden bei einer Erhöhung der Kapazitätsauslastung auf eine größere Ausbringungsmenge verteilt. Somit sinken die Durchschnittskosten bei steigender Produktion. Dies ist die geläufigste Erklärung für steigende Skalenerträge.

- **Prinzip des kleinsten gemeinsamen Vielfachen**: In Produktionsprozessen mit unterschiedlichen Verarbeitungsstufen kann es zu unterschiedlichen Mindestgrößen der Produktion und somit zu unterschiedlichen Kapazitäten kommen. Dann ist die optimale Mindest-Produktionsmenge des Endprodukts beim kleinsten gemeinsamen Vielfachen der Kapazitäten aller Stufen erreicht. Am Beispiel einer vierstufigen Produktion kann dies erläutert werden: Die Kapazität auf der ersten Stufe betrage 20 Einheiten, auf der zweiten Stufe 15

Einheiten, auf der dritten Stufe 8 Einheiten und auf der vierten Stufe 12 Einheiten. Das kleinste gemeinsame Vielfache, also die optimale Kapazität der Produktion liegt bei 120 Einheiten.

- **Zwei-Drittel-Regel**: Sachinvestitionen zeichnen sich oft dadurch aus, dass der benötigte Materialinput relativ zu steigendem Produktionspotential abnimmt. Vergleicht man beispielsweise die Aufnahmekapazität und Materialkosten eines Wassertanks bzw. Ölfasses mit einer Aufnahmekapazität von 10 000 Litern mit einem doppelt so großen, so zeigt sich, dass der Materialeinsatz des letzteren relativ zum kleineren nur um zwei Drittel zunimmt. Dies ist technisch bedingt.
- **Stochastische Größenersparnisse**: Bei der Produktion kommt es immer wieder zu unvorhersehbaren Ereignissen, z.B. Ausschuss oder Reparaturen für Anlagen. Nach dem Gesetz der großen Zahl lassen sich einzelne Ereignisse leichter kalkulieren, wenn die Produktionsmenge steigt. Außerdem fallen sie dann weniger ins Gewicht als bei kleinen Produktionsmengen.
- **Dynamische Skalenerträge**: Mit steigender Produktionsmenge nimmt das Wissen bzw. Know-how zu und die Fehlerrate ab. Dies gilt natürlich grundsätzlich für jede Art von (wirtschaftlicher) Aktivität, allerdings bei einigen Produkten stärker als bei anderen. Bekannte Beispiele sind die Herstellung von Halbleitern und der Bau von Großraumflugzeugen, bei denen eine Lernrate von 0,2 angenommen wird (Bletschacher und Klodt 1992, S. 69ff).[123] Hier handelt es sich um Größenvorteile in dynamischer Sicht, die im Zeitablauf zu einer Verschiebung der Durchschnittskostenkurve nach unten führen können.

Liegen hingegen Verbundvorteile vor, lautet die subadditive Kostenfunktion anders:

$$C(X+Y) < C(X)+C(Y)\,, \qquad \text{(III.21)}$$

mit X und Y als unterschiedliche Güter. Es ist günstiger, das Güterbündel (X,Y) gemeinsam in einem Unternehmen zu produzieren, als es jeweils getrennt in zwei Unternehmen herzustellen. Es besteht eine Komplementarität in der Produktion dieses Bündels. Die Gründe für diese Form der Subadditivität können folgende sein:

123 Die Lernrate von 0,2 bedeutet, dass bei Verdoppelung der Ausbringungsmenge im Großraumflugzeugbau die Stückkosten um 20 vH sinken.

- **Kuppelproduktion**: Bei der Produktion des Gutes X fällt das Gut Y automatisch mit an. Dies ist in der chemischen Industrie sehr häufig zu beobachten.
- **Gemeinsame Nutzung von Anlagen bzw. Kapazitäten:** Ein Unternehmen kann mögliche Größenvorteile nicht voll ausnutzen, weil die nachgefragte Produktionsmenge genau zwischen zwei Kapazitätsgrößen liegt. Dann macht es Sinn, zusätzlich andere Produkte auf diesen Anlagen herzustellen, solange dieser Zustand besteht.
- **Risikostreuung bei Forschung und Entwicklung:** Investitionen in Forschung und Entwicklung (F&E) sind oftmals besonders riskant und zugleich sehr kostenintensiv. Deshalb macht es Sinn, F&E-Aktivitäten nicht nur für ein neues Produkt, sondern für mehrere zu unternehmen. Auf diese Weise lässt sich das Risiko streuen.
- **Quersubventionierung:** Möglich ist es auch, dass Marktführer – sei es als natürlicher Monopolist, sei es als staatlich geschütztes Unternehmen, sei es im Wettbewerb – zusätzlich in der Produktion anderer Güter aktiv sind. Denn es kann aus strategischen Gründen nötig sein, auch diesen Markt zu bedienen. Um dort gegen vielfältige Konkurrenz Fuß fassen zu können, ist es allerdings nötig, zu Preisen unter den tatsächlichen Kosten zu verkaufen. In dem Fall können die Preise heruntersubventioniert werden, z.B. indem gemeinsame Fixkosten (Verwaltung, Immobilien usw.) komplett dem Produkt zugeschlagen werden, für das die Marktführerschaft besteht. Die Bedingung für die Subadditivität der Kostenfunktion im Mehrproduktfall besteht dann nach wie vor.[124]

Während es durch Größenvorteile zu Konzentration auf Märkten bis hin zum natürlichen Monopol kommen kann – aber nicht muss –, begründen Verbundvorteile allein jedoch keine Konzentration; nur aufgrund von Verbundvorteilen wird kein natürliches Monopol entstehen. Erst in der Kombination dieser Form der Subadditivität mit Größenvorteilen würde sich ein natürliches Monopol feststellen lassen. Es ist, wie gesagt, sogar möglich, dass das Ausnutzen von Größenvorteilen ein Unternehmen erst in die Lage versetzt, Verbundvorteile zu schaffen und diese auch auszunutzen.

124 Im Fall der Deutschen Post AG, dem Nachfolger der Deutschen Bundespost, wird ein solches Verhalten immer wieder vermutet: Mit (bis Ende 2007 politisch gewährten) Monopolgewinnen aus der Standardbriefpost, so die These, wurde die im Wettbewerb befindliche Sparte Paketpost subventioniert.

Ein für die Wirtschaftspolitik sehr wichtiger Aspekt betrifft die **Stabilität eines natürlichen Monopols**. Gelten die Unteilbarkeiten für jedes beliebige Niveau der Nachfrage, d.h. wie weit auch immer sich die Nachfragekurve nach rechts verschiebt, so dass das natürliche Monopol ein **dauerhaftes** Marktversagen darstellt? Oder nur bis zu einer bestimmten Nachfrage, bei deren Befriedigung die Durchschnittskosten ein Minimum erreichen und dann, bei der Produktion für die weitere Nachfrage, steigen, mit der Folge, dass das aus dem natürlichen Monopol herrührende Marktversagen ein **temporäres** ist? Im ersten Fall, dem des dauerhaften natürlichen Monopols, gibt es für die Wirtschaftspolitik einen permanenten Interventionsgrund. Im zweiten Fall, wenn die Eigenschaften des natürlichen Monopols nur temporär gelten, ist auch die staatliche Intervention nur vorübergehend gerechtfertigt und muss nach Erreichen des Durchschnittskostenminimums rückgängig gemacht werden. Auf Einzelheiten der Regulierungspolitik gehen wir im Unterabschnitt C ein.

B. Allokationseffekte eines natürlichen Monopols

Wie erwähnt, sinken die Grenzkosten der Produktion im relevanten Bereich. Damit liegen sie unterhalb der ebenfalls fallenden Durchschnittskosten. Der Monopolist wird nun einen höheren Preis fordern (müssen) als bei einem vollständigen Wettbewerb. Wir erinnern uns: Bei vollständigem Wettbewerb gilt die Regel $p = GK$, während im natürlichen Monopol der Cournotsche Punkt realisiert wird mit $GK = GE$ (Abbildung III.10 Punkt C). Wie im Falle des normalen Monopols mit steigenden Grenzkosten wird auch im natürlichen Monopol der Cournot-Preis gewählt, und der Anbieter produziert somit – im Vergleich zur Situation mit vollständigem Wettbewerb (Preis p_{GK} und Menge x_{GK}) – eine kleinere Menge x_C zu einem höheren Preis p_C. Folglich wird die Konsumentenrente von $p_{GK}EA$ auf p_CEC verringert. Diese wird zum Teil in Produzentenrente (Dp_CCB) umgewandelt, zum Teil jedoch auch vernichtet. Insgesamt sind Produzentenrente plus Konsumentenrente, die beim Monopolpreis realisiert werden $(DECB)$, niedriger, als sie beim Wettbewerbspreis wären (DEA)[125].

Wie im Fall der negativen externen Effekte macht es Sinn, eine grundsätzliche Effizienzbeurteilung des natürlichen Monopols durchzuführen, unterteilt in statische und dynamische Effizienz.

125 Diese Fläche ergibt sich aus der Summe der Konsumentenrente $p_{GK}EA$ und der negativen Produzentenrente $p_{GK}DA$.

Abbildung III.10: Allokationseffekte des natürlichen Monopols

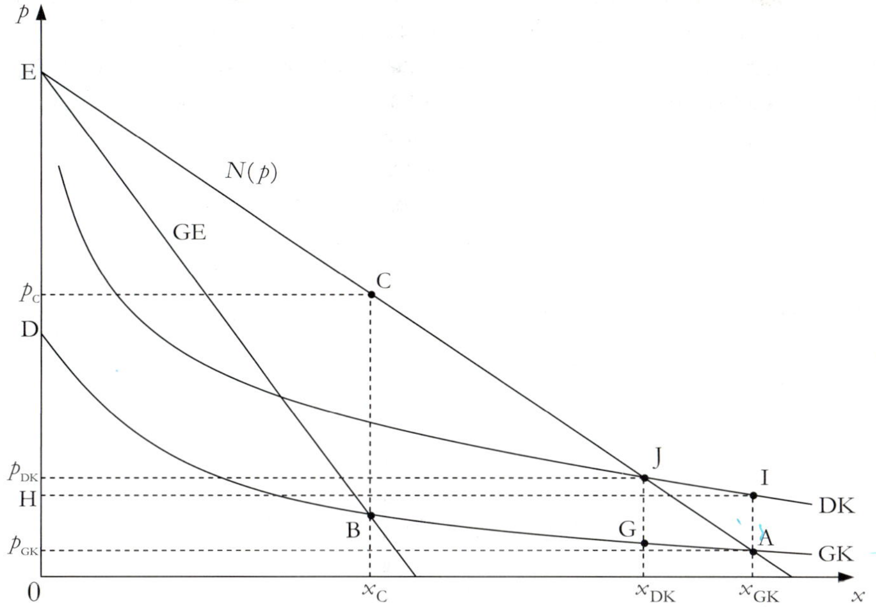

Quelle: Eigene Darstellung nach Fritsch, Wein und Ewers (2007, S.198).

- **Statische Effizienz:** Abbildung III.10 zeigt die statischen Allokationseffekte des natürlichen Monopols. Es findet eine Ausbeutung der Nachfrager statt, die einen Verlust von Konsumentenrente bewirkt, der durch den Anstieg der Produzentenrente nicht ausgeglichen wird. Es entsteht also ein gesamtwirtschaftlicher Wohlfahrtsverlust in Höhe von BCA. Darüber hinaus führt der Rückgang der produzierten Menge zu einem geringeren Faktoreinsatz. Die Produktionsfaktoren werden in Verwendungsformen eingesetzt, bei denen sie ein niedrigeres Wertgrenzprodukt erbringen. Da nun der Faktorpreis geringer ist als sein Grenzprodukt, wird neben der fünften auch die zweite Marginalbedingung verletzt (Unterabschnitt II.4.C). Zudem sind unternehmensintern Ineffizienzen wahrscheinlich, da bei fehlendem Wettbewerb das Unternehmen nicht unter Druck steht, alle Möglichkeiten zur Rationalisierung und Produktivitätssteigerung in Verwaltung, Fertigung und Vertrieb auszuschöpfen. Dafür hat sich in der Literatur seit Leibenstein (1978) der Begriff „X-Ineffizienzen“ eingebürgert.

- **Dynamische Effizienz**: Es ist denkbar, dass wegen des geringen Anpassungsdrucks auch die Anpassungsflexibilität des Unternehmens im strukturellen Wandel oder bei anderen sich ändernden Rahmenbedingungen (besonders exogenen Schocks) geringer ist als im Konkurrenzfall. Darunter fällt nicht ausschließlich die vollständige Konkurrenz, sondern gemeint ist der funktionsfähige Wettbewerb. Allerdings sind die Innovationsanreize des natürlichen Monopols ambivalent zu beurteilen: Einerseits könnten sie gering sein, da die bestehende Marktmacht einen Bestandsschutz gewährt. Der natürliche Monopolist ist nicht gezwungen, auf den Wettbewerb mit neuen Produkten oder verbesserter Technologie, d.h. geringeren Kosten zu reagieren. Andererseits könnten die Anreize hier jedoch auch besonders groß sein, da die positiven Effekte solcher Innovationen als Gewinne internalisiert werden könnten. Die gute Ertragslage könnte dazu führen, dass mehr Forschungs- und Entwicklungsprojekte durchgeführt werden.

Ungeachtet der Beantwortung der Frage nach der Innovationstätigkeit eines natürlichen Monopols besteht für die Wirtschaftspolitik Handlungsbedarf, denn es liegt ein Marktversagen vor. Eine effiziente Lösung muss über eine Regulierung herbeigeführt werden.

C. Zur Regulierung eines natürlichen Monopols[126]

In der Realität ist das Phänomen des natürlichen Monopols weit seltener zu beobachten als im Allgemeinen angenommen. Das stellt die Wirtschaftspolitik zunächst vor die Herausforderung der Feststellung natürlicher Monopole. Dabei ist der **relevante Markt** von Bedeutung. Im weltwirtschaftlichen Umfeld ist der relevante Markt in der Regel der Weltmarkt. Es ist nur für sehr wenige Güter vorstellbar, dass es für die Bedienung des Weltmarktes jemals ein natürliches Monopol geben könnte. Allenfalls bei sog. nicht-handelbaren Gütern, d.h. bei Gütern, die nur lokal, regional oder national gehandelt werden, weil die Transaktionskosten des Handels zu groß werden, ist ein natürliches Monopol denkbar.

Zudem besteht eine **zeitliche, dynamische** Komponente: Es ist, wie erwähnt, für die Wirtschaftspolitik notwendig, zwischen einem permanenten und einem temporären natürlichen Monopol zu unterscheiden. Bei letzterem würde der staatliche Regulierungsgrund ab einem bestimmten Anstieg des Nachfragevolumens wieder entfallen. Denn ab diesem Zeitpunkt befindet sich die Produktion im Bereich

126 Für eine detaillierte Analyse siehe auch Knieps (2001, Kapitel 5).

wieder steigender Durchschnittskosten. Damit ist ein natürliches Monopol nicht für alle Zeiten als ein solches zu definieren. Es ist allerdings zum Zeitpunkt der Regulierungsentscheidung nicht voraussehbar, wann und ob dieser Fall eintritt.

Damit tritt das **Problem einmal regulierter Bereiche** auf. Es ist für die Wirtschaftspolitik sehr schwer, eine einmal eingeführte Regulierung zurückzunehmen, wenn sich das natürliche Monopol als nur temporär herausstellt. In der Regel haben sich die regulierten Unternehmen, deren Eigentümer und Beschäftigte, gut mit der Situation arrangiert und fürchten bei einer Zulassung von Wettbewerb um ihre Pfründe (hohe Gewinne und Löhne eingeschlossen). Sie werden versuchen, eine Deregulierung zu verhindern. In der deutschen Wettbewerbspolitik hat man derartige Muster gut beobachten können, wann immer im Bereich zuvor bestehender oder vermuteter natürlicher Monopole dereguliert werden sollte und wurde (so in der Telekommunikation, bei der Post, in der Stromwirtschaft oder im Luftlinienverkehr).[127]

Ein zusätzliches Problem entsteht dadurch, dass die Deregulierung (Privatisierung) im Bereich ehemaliger natürlicher Monopole nicht automatisch zu einem funktionsfähigen Wettbewerb führt. Der einstige Monopolist hat über Jahrzehnte eine flächendeckende Infrastruktur aufgebaut (z.B. Telefonnetz, Strom- und Gasleitungen, Schienennetz), er verfügt über eine große Finanzkraft, und dank eines hohen Bekanntheitsgrades und einer guten Reputation bleiben ihm viele Kunden treu. Daraus erwächst diesem Unternehmen eine marktbeherrschende Stellung, die zum Nachteil neuer, besonders der kleineren und mittleren Unternehmen und letztlich zu Lasten der Verbraucher missbraucht werden kann. Auch dies hat sich in der Realität zur Genüge gezeigt. Für die Wirtschaftspolitik heißt das, die Förderung von Wettbewerb regulatorisch abzusichern (Re-Regulierung). Das muss auf zweifache Weise geschehen: Zum einen ist die erforderliche Regulierung als ex-ante-Regulierung auszugestalten. Das etablierte marktbeherrschende Unternehmen nur unter eine ex-post-Missbrauchsaufsicht zu stellen, wie das auf anderen Märkten üblich ist, könnte sich als unzureichend erweisen, weil zu viel Zeit verstreicht, bis der Missbrauch festgestellt und rechtswirksam geahndet werden kann, und in dieser Zeit potentielle Konkurrenten haben aufgeben müssen. Zum anderen muss die erforderliche Regulierung auf den ehemaligen natürlichen Monopolisten zielen und die neuen Konkurrenten davon ausnehmen (asymmetrische Regulierung). Dies ist solange zu tun, bis ein funktionsfähiger Wettbewerb gewährleistet ist. Zu diesem Zweck sind in verschiedenen Ländern sektorspezifische staatliche Instituti-

127 Eine ökonomische Analyse dieser Aussage wird in Kapitel IV vorgenommen.

onen eingerichtet worden, in Deutschland die Bundesnetzagentur, in die 2005 die ehemalige Regulierungsbehörde für Telekommunikation und Post, die im Zusammenhang mit der Privatisierung der Deutschen Bundespost 1996/97 geschaffen worden war, übergegangen ist.[128]

Wird ein natürliches Monopol zweifelsfrei identifiziert und hat sich die Wirtschaftspolitik zu regulierenden Eingriffen entschlossen, so bestehen zahlreiche Möglichkeiten der Regulierung, die größtenteils auch praktiziert werden, obwohl sie allerdings nicht frei von Problemen sind. Zentral ist das Informations- und Kontrollproblem, das die regulierende staatliche Behörde bei allen unten angesprochenen Möglichkeiten der Regulierung des natürlichen Monopols hat. Darüber hinaus können Bürokratieprobleme entstehen (Abschnitt IV.4). Sollte es sich überdies um öffentliche Unternehmen handeln, ist nicht auszuschließen, dass die Regierung aus fiskalischen Gründen ein Interesse an hohen Preisen hat. Betrachten wir einige Ansatzpunkte:

- Denkbar ist die **Eingrenzung des Aktivitätsbereichs**, z.B. durch ein Verbot für den Monopolisten, auf anderen Märkten Güter oder Dienstleistungen anzubieten. Eine Quersubventionierung von Angeboten auf anderen Märkten, um dort zu nicht kostendeckenden Preisen anbieten zu können, wird so vermieden. Das Problem liegt allerdings darin, dass der natürliche Monopolist auf anderen Märkten durchaus wettbewerbsfähig sein kann, ohne quersubventionieren zu müssen. Mit der Regulierung wird die Allokation dann möglicherweise erneut gestört. Ein effizienter Anbieter würde vom Markt ferngehalten und die Nachfrage würde durch weniger effiziente Unternehmen gedeckt.
- Einen Ausweg bietet die Vorschrift, für sämtliche Geschäftsbereiche eine **getrennte Buchführung** sowie eine getrennte Gewinn- und Verlustrechnung durchzuführen. Hier besteht die Schwierigkeit, die Kosten genau zu trennen. Wie kann sichergestellt werden, dass der Monopolist die Kosten für die Nutzung allgemeiner Ressourcen wie z.B. Stabsabteilungen richtig zurechnet? Nicht nur der Regulierer, auch das regulierte Unternehmen steht vor diesem Problem.

---

128 Die Bundesnetzagentur nimmt zusätzlich zu den Regulierungsaufgaben in den Bereichen der Telekommunikation und des Postwesens die Regulierung der Unternehmen der Strom- und Gaswirtschaft wahr mit dem Ziel, auf diesen Energiemärkten für mehr Wettbewerb zu sorgen und insbesondere den Zugang zu den Übertragungs- und Verteilernetzen für Dritte zu öffnen. Außerdem ist die Behörde für die wettbewerbsfördernde Regulierung auf dem Eisenbahnmarkt, auf dem die Deutsche Bahn eine dominante Stellung innehat, zuständig. Vgl. Picot (2008) und die dortigen Beiträge zur sektorspezifischen Regulierung (u.a. Donges und Schmidt, S. 37ff.).

- Eine Selbstverständlichkeit ist das **Verbot der Diskriminierung von Akteuren auf vor- und nachgelagerten Märkten**. Dies ist Bestandteil sämtlicher Wettbewerbsgesetze in den Industrieländern. Das Hauptproblem für den Staat ist wiederum das Informationsproblem: Sind beispielsweise die Preise für die Konsumenten gerechtfertigt oder liegen sie weit über den Durchschnittskosten? Hier ist eine empirische Bestimmung des gesamten langfristigen Verlaufs der Durchschnittskostenkurve erforderlich.

- Die **Preisregulierung** ist die wichtigste Form der Regulierung des natürlichen Monopols. Hier gibt es mehrere Möglichkeiten: Zum einen kann das Unternehmen verpflichtet werden, die Produkte zu Grenzkosten anzubieten. Der Staat würde das dadurch entstehende Defizit (in Höhe von p_{GK}HIA bei angebotener Menge x_{GK} und Durchschnittskosten DK, Abbildung III.10) abdecken.[129] Zum anderen könnte die Verpflichtung formuliert werden, die Produkte zu Durchschnittskosten anzubieten. Die Preise wären dann kostendeckend festzusetzen (in der Abbildung p_{DK}).[130] Beide Formen der Regulierung reduzieren den gesamtwirtschaftlichen Wohlfahrtsverlust im Vergleich zu einem Angebot im Cournotschen Punkt deutlich. Bei beiden Möglichkeiten bestünde jedoch der Anreiz für den Monopolisten, „Kosten zu produzieren". Die Gehälter könnten höher ausfallen als für vergleichbare Tätigkeiten üblich, die Arbeitsplätze könnten üppiger ausgestattet sein. In öffentlichen Unternehmen, die so reguliert werden, besteht auch der Anreiz, verdiente Politiker mit attraktiven Arbeitsplätzen zu versorgen. All dies konnte man jahrelang bei den Stromversorgern in Deutschland beobachten, die einer derartigen Regulierung unterlagen. Um diese Anreize zu verhindern und darüber hinaus sogar Anreize zum Ausnutzen von Produktivitätspotentialen und zu Innovationen zu geben, bietet sich als dritte Variante einer Preisregulierung die sog. Price-Cap-Regel an. Dabei wird die Preisobergrenze dergestalt reguliert, dass Preiserhöhungen des Monopolisten um einen Faktor $\overline{x}$ unterhalb der Steigerungsrate des allgemeinen Preisniveaus bleiben müssen. Der Staat kann diesen Faktor im Zeitablauf variieren, er muss indes dabei zwei Aspekte berücksichtigen: Einerseits soll das Unternehmen zu Innovationen und Produktivitätssteige-

129 Die Steuer zur Finanzierung der Subvention müsste, um allokationsneutral zu sein, als Kopfsteuer erhoben werden; das ist politisch kaum durchzusetzen. Rekurriert der Staat daher auf andere Steuern (Einkommensteuer oder Mehrwertsteuer beispielsweise), so geht diese Preisregulierung mit wohlfahrtsmindernden Nebenwirkungen einher, weil eine Zusatzlast („excess burden") entsteht (Unterabschnitt II.3.B).

130 Es käme die sog. Ramsey-Boiteux-Regel zur Anwendung, wonach Aufschläge auf die Grenzkosten vorgenommen werden, die umgekehrt proportional zur Preiselastizität der Nachfrage nach dem betreffenden Produkt sind.

rungen sowie zu Kostensenkungen (ohne Qualitätseinbußen) angehalten werden; das spricht für ein eher hohes $\overline{x}$. Andererseits muss das Unternehmen in der Lage sein, eine angemessene (marktübliche) Rendite zu erzielen; das spricht für ein eher moderates $\overline{x}$. In der Praxis wird der Minus-Faktor im Lichte der Erfahrungen angepasst.

- Darüber hinaus kommt eine **Gewinnregulierung** in Betracht. Diese soll überhöhten Preisen, die zu Monopolgewinnen führen, einen Riegel vorschieben. Der Staat legt eine Obergrenze für den Gesamterlös E fest, den das Monopolunternehmen erzielen darf; er achtet darauf, dass $E = B + (V - A) \cdot r$ gilt, wobei B für die Betriebskosten (einschließlich laufende Abschreibungen und Steuern), V für das Bruttovermögen, A für die angesammelten Abschreibungen und r für die maximal zulässige Rendite stehen. Das Hauptproblem bei dieser Regulierung ist, dass für das Unternehmen ein Anreiz besteht, Arbeit durch Kapital zu substituieren, um bei vorgegebenem r den Gewinn zu erhöhen. Die Minimalkostenkombination beim Faktoreinsatz wird verletzt, die Produktion ist zu kapitalintensiv.[131]

- Als indirekte Gewinnregulierung gilt die **Regulierung der Kapitalverzinsung**. Hierbei wird im Rahmen moderner kapitalmarktorientierter Ansätze errechnet, wie sich bei dem Monopolunternehmen das eingesetzte Kapital (Eigenkapital plus Fremdkapital) mindestens verzinsen muss, um die gleiche Rendite zu erzielen, wie sie eine alternative Investition bei gleichem Risiko erbringen würde. In der praktischen Anwendung müssen schwierige Fragen zu der Gewichtung der relevanten Parameter geklärt werden, so z.B. in Bezug auf die kalkulatorischen Abschreibungen und die Gewinnsteuern sowie hinsichtlich der künftigen Inflationsraten und der Risiken auf dem Markt für Eigenkapital und bei Fremdkapital. Die Erfahrung lehrt, dass hier viel Streit zwischen dem regulierten Unternehmen und dem Regulierer programmiert ist, der meist auch die Verwaltungsgerichte intensiv beschäftigt.

- Große Erwartungen werden neuerdings an die **Anreizregulierung** geknüpft. Diese soll marktbeherrschende Unternehmen nicht nur zu einem wettbewerbskonformen Verhalten anhalten, sondern zugleich die Anreize zu Innovationen, zu Kostensenkungen und zur Steigerung der Produktivität stark machen. Die Anreizregulierung entspricht unter den verschiedenen Regulierungsformen am besten dem wettbewerbspolitischen Kriterium der dynamischen

131 In der Literatur wird die Folge dieses gewinnmaximierenden Verhaltens unter Regulierungsbedingungen als Averch-Johnson-Effekt bezeichnet. Gesamtwirtschaftlich betrachtet läuft das auf eine Verletzung der dritten Marginalbedingung hinaus (Unterabschnitt II.4.C).

Effizienz (Unterabschnitt II.5.B). Dem regulierten Unternehmen wird zugestanden, sich Gewinne aus innovatorischen Tätigkeiten anzueignen, aber nur in Maßen. Die erzielten Produktivitätsfortschritte sollen auch den Käufern der Produkte in Form niedrigerer Preise zugutekommen. Es werden mit Hilfe anspruchsvoller statistischer und ökonometrischer Verfahren Erlös-Obergrenzen ("revenue-cap") festgesetzt und dabei das in der betreffenden Branche jeweils effizienteste Unternehmen als Orientierung genommen ("benchmarking", "yardstick-competition"). Damit der ausgelöste Effizienzwettbewerb die einzelnen Unternehmen nicht zu Qualitätssenkungen verleitet, um ihre Gewinnsituation zu verbessern, wird die Anreizregulierung mit einer Qualitätsregulierung verbunden, die sicherstellen soll, dass die Unternehmen die notwendigen Instandhaltungsmaßnahmen und erforderlichen Ersatz- und Erweiterungsinvestitionen durchführen, hohe technische Standards einhalten und den Bedürfnissen der Kunden in Bezug auf Lieferpünktlichkeit und Service Rechnung tragen. Auch bei der Anreizregulierung hat der Regulierer einen enormen Informationsbedarf. Er braucht von den betroffenen Unternehmen umfassende und authentische Kostenunterlagen. Die Kosten müssen aufgeschlüsselt vorliegen, damit entschieden werden kann, ob und inwieweit das Unternehmen Kosten tragen muss, die es „nicht beeinflussen" kann, weil hier gesetzliche Vorgaben wirken. Gute Daten werden benötigt, um zum einen die Ausgangsbasis festzulegen, von der an der Anreizpfad läuft, und zum anderen die Produktivitätsfortschrittsrate zu berechnen, mit der dem regulierenden Unternehmen das Effizienzziel vorgegeben wird. Obwohl die praktischen Probleme bei der Anreizregulierung groß sind, zeigen die Erfahrungen in Ländern mit einer solchen Regulierung (z.B. Großbritannien, Niederlande, Norwegen), dass pragmatische Lösungen gefunden werden können. In Deutschland wendet die BNetzA ebenfalls die Anreizregulierung an; begonnen wurde in den Bereichen Strom und Gas, denen nach dem Willen des Gesetzgebers in absehbarer Zeit der Eisenbahnsektor folgen soll.

- Schließlich könnte die **Versteigerung einer zeitlich befristeten Monopolstellung** in Betracht gezogen werden. Es fände weiterhin kein Wettbewerb *im* Markt, aber immerhin ein Wettbewerb *um* den Markt statt. Dieser Wettbewerb um die Monopolstellung würde im Rahmen von Ausschreibungen stattfinden. Das beste Angebot, d.h. der niedrigste Preis für die Zuschlagfrist erhält den Zuschlag. Die Vergabe kann mit Vorgaben zur Qualität des Produktes verbunden sein, um zu verhindern, dass der niedrige Preis mit schlechter Qualität erkauft wird.

Diese Ausführungen machen deutlich, dass die Regulierungsentscheidungen vorsichtig abgewogen und immer wieder aufs Neue überprüft werden müssen.

Dazu kommt, dass wir bislang nur eine partialanalytische Betrachtung vorgenommen haben. Die Existenz eines natürlichen Monopols hängt jedoch auch von Veränderungen auf der Nachfrageseite und auf anderen Märkten ab. So können beispielsweise Preisveränderungen bei Rohstoffen, Vorprodukten oder anderen Produktionsfaktoren dazu führen, dass die Kostenfunktion eines Unternehmens sich verändert. Oder aber technische Neuheiten führen dazu, dass eine neue Kostenstruktur erreicht wird. Ein einmal identifiziertes natürliches Monopol ist also auch aus diesen Gründen keineswegs notwendigerweise ein dauerhaftes.

Ein Weiteres kommt hinzu: Die nationale Wettbewerbspolitik wird in der Regel mittels der Überprüfung der Marktstruktur und des Marktverhaltens, weniger des Marktergebnisses, theoretisch begründet. Es ist jedoch theoretisch und praktisch möglich, dass ein alleiniger Anbieter einen hinreichend großen Anreiz hat, seine Monopolstellung nicht auszunutzen. Dies ist dann der Fall, wenn es potentielle Konkurrenz für den Monopolisten gibt, mit anderen Worten, wenn der Markt bestreitbar ist. Dies könnte auch der Fall sein, wenn Subadditivität der Kostenfunktion gegeben ist, was dazu führt, dass der natürliche Monopolist keinen Monopolpreis setzen kann. In diesem Fall besteht kein Marktversagen, das von der Wirtschaftspolitik beseitigt werden muss. Für diese besteht nun die Schwierigkeit der richtigen Entscheidung bezüglich eines Eingriffs.

Bestreitbare Märkte

Bei der Entscheidung über einen Eingriff gibt das **Konzept der bestreitbaren Märkte** (Baumol 1982) Anhaltspunkte. Dieses Konzept sieht zunächst weder in der Marktstruktur noch im Marktverhalten eines Anbieters einen Grund zu einer potentiellen Schädigung der Konsumenten, solange etablierte Anbieter (unabhängig von ihrer Anzahl) durch den drohenden Markteintritt potentieller Konkurrenten diszipliniert werden können. In diesem Fall wird der Missbrauch von Marktmacht zur Erzielung von Monopolrenten sofort mit dem Erscheinen von Konkurrenten und dem Abschmelzen der Renten bestraft. Als Ergebnis verhalten sich die etablierten Anbieter unabhängig von der Marktform so, als würden sie unter den Bedingungen der vollständigen Konkurrenz arbeiten (Tirole 1988, S. 309). Zur theoretischen Ableitung dieses Ergebnisses bedarf es einiger strenger Prämissen:

- Es gibt keine Marktzutrittsbarrieren, weder staatliche noch natürliche. Staatliche Markteintrittshemmnisse sind die bereits erwähnten Importbeschränkungen sowie Regulierungen des Marktzugangs. Sie haben in der Realität oftmals keine ökonomische Begründung. Vielfach sind ihre einst angeführten und seinerzeit berechtigten Begründungen nicht länger gültig, weil es technische Neuerungen oder politisch gewollte Veränderungen gab. Natürliche Marktzutrittshemmnisse hingegen erfordern Regulierung, allerdings eher wettbewerbsfördernde als wettbewerbshemmende. Als wichtigste natürliche Marktzugangsbarriere gelten **versunkene oder irreversible Kosten**, d.h. Kosten beim Markteintritt eines Anbieters, die bei seinem eventuellen Marktaustritt nicht durch Verkauf oder Vermietung wieder zurückgeholt werden können. Sie werden durch verwendungsspezifische Investitionen erzeugt und können sofort abgeschrieben werden. Bestehen versunkene Kosten, so hat der etablierte Anbieter den Vorteil, dass er sie in seinem Preis nicht zu berücksichtigen braucht. Der Newcomer hingegen muss sich an seinen totalen Durchschnittskosten orientieren. Somit hat der etablierte Anbieter immer ein Drohpotential, mit dem er den möglichen Wettbewerb durch Dritte verhindern kann: die Ankündigung, den Absatzpreis für das betreffende Gut gegebenenfalls bis auf das Niveau der variablen Kosten[132] zu senken. Diese Prämisse der prinzipiellen Marktoffenheit ist entscheidend für die Anwendung des Konzepts bestreitbarer Märkte.

- Die Produkte sind homogen. Der etablierte Produzent und der Neuanbieter stellen identische Produkte her. Die Nachfrage ist vollkommen preiselastisch.
- Beide Anbieter – neu und etabliert – haben Zugang zur gleichen Technologie.
- Der etablierte Anbieter wird seinen Preis bei Markteintritt eines neuen Anbieters nicht senken, oder er tut dies erst nach einiger Zeit.

Die Strenge der Prämissen führt jedoch nicht automatisch zur Irrelevanz dieses wettbewerbspolitischen Leitbildes. Ganz im Gegenteil: Lockert man die **zweite und dritte Prämisse** ein wenig, spricht intuitiv eher mehr als weniger für seine praktische wettbewerbspolitische Bedeutung. Auch Produkte, die von den Konsumenten als echte Substitute angesehen werden, sind selten homogen.[133] Selbst wenn es einen Monopolisten für ein spezielles Gut gibt, so ist zu erwarten, dass es andere Güter gibt, die in ihren Verwendungsmöglichkeiten diesem recht ähnlich sind und daher von den Konsumenten ähnlich hoch eingeschätzt werden. Vor allem im Zeitablauf werden die Kreuzpreiselastizitäten zwischen Produkten steigen, und die Substitutionskonkurrenz wird Märkte noch angreifbarer machen als im Falle homogener Produkte. Auch der geforderte Zugang aller potentiellen Konkurrenten zur gleichen Technologie ist für die Bestreitbarkeit von Märkten nicht notwendig; im Gegenteil: Gerade mit neuen Technologien, die die Produkti-

132 Streng genommen handelt es sich um sämtliche nicht versunkenen Kosten. Dieser Block ist nicht notwendigerweise identisch mit den variablen Kosten, aber doch weitgehend.

133 Bestenfalls einige Finanzmarkttitel in eng abgegrenzten Teilmärkten können als homogene Produkte gelten.

on von Waren und Dienstleistungen erleichtern oder auch gänzlich neue Produkte generieren, können etablierte Hersteller angegriffen werden. Der Markt für Telekommunikationsdienstleistungen zeigt beispielhaft auf, wie mittels neuer Technologien (Handy/Mobilfunk), die zu entwickeln der Monopolist gar nicht nötig zu haben glaubte, eine Monopolstellung ins Wanken geraten ist. In einer statischen Analyse sind die Prämissen zwar von Bedeutung, ihr Fehlen kann aber aus dynamischer Sicht nicht dazu beitragen, die Relevanz angreifbarer Märkte für die Wettbewerbspolitik zu erschüttern. In einer dynamischen Sichtweise gewinnt das wettbewerbspolitische Leitbild von Baumol noch an Gewicht.

Was die **vierte Prämisse** angeht, so wird gelegentlich befürchtet, dass gerade die Anwendung des Konzeptes bestreitbarer Märkte staatliche Eingriffe in die Märkte erforderlich machen würde, beispielsweise um den etablierten Anbieter zu zwingen, seinen Preis im Falle eines Markteintritts durch Newcomer nicht zu senken (Wieandt und Wiese 1993). Dies jedoch ist nicht notwendig, um Wettbewerb zu stimulieren. Es müsste dem Newcomer erlaubt sein, langfristige Verträge mit den Nachfragern abzuschließen. In diesem Fall würde eine Strategie des etablierten Anbieters, die Preise bei drohender Konkurrenz kurzfristig, aber nur kurzfristig, unter seine Kosten zu senken, ins Leere laufen. Denn bei dieser Strategie würden Verluste anfallen, die der etablierte Anbieter vermutlich nicht lange durchhielte.

Somit bleibt als unabdingbare Voraussetzung für die Bestreitbarkeit eines Marktes nur die Gültigkeit der **ersten Prämisse, nämlich das Fehlen von Marktzutrittsbarrieren,** übrig. Staatliche Barrieren wie Quoten, Meisterbriefe oder garantierte Gebietsmonopole können ohne die Gefahr des anschließenden Marktversagens beseitigt werden, so dass nur die Existenz von natürlichen Markteintrittsschranken der Bestreitbarkeit von Märkten Grenzen setzt. Bei Abwesenheit von natürlichen Marktzutrittsbarrieren jedoch ist die Bestreitbarkeit von Märkten grundsätzlich möglich.

Auf diese Weise verbindet sich das Leitbild der bestreitbaren Märkte auf wettbewerbsfreundliche Weise mit den älteren Konzepten Schumpeters (1942) und v. Hayeks (1968), die beide Wettbewerb nicht als eine statische Situation betrachtet haben, in der alle Marktteilnehmer über sämtliche relevanten Informationen verfügen und auf diese Weise keiner von ihnen andere ausbeuten kann (Abschnitt II.5). Gerade die Unkenntnis über die Strategien der Konkurrenz und über zukünftige Situationen setzt Kräfte frei und intensiviert den Wettbewerb. Durch ihn werden neue Verfahren und Produkte ermittelt, alte werden zerstört. Neue Konkurrenten verdrängen damit etablierte Anbieter vom Markt. Die so zurückgeworfenen etablierten Produzenten werden reagieren. In einer solchen Situation ist sich keiner der Marktteilnehmer seiner Position sicher. Immer wieder wird er von potentiellen

Wettbewerbern bedrängt. So interpretiert, ist es gerade das Aufweichen der Prämissen der Theorie angreifbarer Märkte, welches dieses Modell für die Wirtschaftspolitik attraktiv macht.

Überdies findet nationale Wirtschaftspolitik nicht isoliert vom Weltmarkt statt (Kapitel V). Vor dem Hintergrund der Globalisierung kann die Angreifbarkeit von Märkten sogar steigen. Je größer der relevante Markt ist, desto weniger hat ein Unternehmen eine Chance, eine marktbeherrschende Position einzunehmen. Bei offenen nationalen Märkten ist der relevante Markt der Weltmarkt. Der Weltmarktpreis ist das Maß aller Dinge. Weicht ein nationales Unternehmen in einem solchen Szenario vom Weltmarktpreis ab, um die Konsumentenrente abzuschöpfen, wird es sofort mit ausländischer Konkurrenz zu rechnen haben. Auf vielen Märkten spielt dann die nationale Marktstruktur keine Rolle mehr, ebenso wenig wie das Verhalten der national führenden Unternehmen. Der internationale Wettbewerb wirkt als Korrektiv.

Übungsaufgaben

1. Welche Formen von Marktversagen kann man unterscheiden und was kann die Wirtschaftspolitik dagegen tun?
2. Muss Infrastruktur vom Staat bereitgestellt werden?
3. Analysieren Sie die Vor- und Nachteile einer Umweltschutzpolitik, die hauptsächlich Ökosteuern einsetzt, mit einer Politik, die einen Handel mit Nutzungsrechten an der Umwelt etabliert.
4. Wie muss eine Pigou-Steuer ausgestaltet werden, um die Umweltqualität nachhaltig zu verbessern? Was ist zu beachten, wenn man nach nationalen, grenzüberschreitenden und globalen Umweltgütern differenziert? Vergleichen Sie das Ergebnis Ihrer Überlegungen mit der in Deutschland 1999 eingeführten Ökosteuer-Regelung.
5. Seit der Einführung der Ökosteuer in Deutschland im Jahre 1999 wird als ein großer Vorzug herausgestellt, dass sie eine „doppelte Dividende" abwerfe (verbesserter Umweltschutz und zugleich mehr Beschäftigung). Nehmen Sie sorgfältig Stellung.
6. Wie wirkt asymmetrische Information zwischen den Marktparteien auf den Wettbewerb in statischer und dynamischer Hinsicht?

7. Vielleicht tragen Sie sich mit dem Gedanken, einen Gebrauchtwagen zu erwerben. Wie schützen Sie sich im Falle eines Kaufs vor der Gefahr, „mit Zitronen gehandelt zu haben“?

8. Eine grundsätzliche Kritik an der deutschen Handwerksordnung lautet, dass durch das Junktim zwischen Ausbildungsberechtigung und selbständiger Tätigkeit (Großer Befähigungsnachweis oder Meisterbrief) die Gewerbefreiheit im Handwerk unzulässig eingeschränkt wird. Wie und wie weit könnte aus ökonomischer Sicht das Erfordernis des Großen Befähigungsnachweises gerechtfertigt werden? Gibt es eine solche Regulierung anderswo in der Europäischen Union oder in Drittstaaten auch?

9. Die deutschen Ladenschlussbestimmungen gelten im internationalen Vergleich als sehr restriktiv. Beurteilen Sie diese Regel aus der Sicht der (i) kleinen Einzelhandelsunternehmen, (ii) der Arbeitnehmer, (iii) der Verbraucher und (iv) der Gemeinden.

10. Worin unterscheidet sich ein natürliches Monopol von einem „normalen“ Monopol?

11. Wie kann nach der Deregulierung eines ehemaligen Monopolunternehmens erreicht werden, dass sich auf dem Markt ein funktionsfähiger Wettbewerb heranbildet?

12. Wovon hängt die Bestreitbarkeit von Märkten ab?

13. Was sind Allmendegüter? Welche Probleme gehen mit ihrer Bereitstellung einher? Nennen Sie zwei Beispiele für solche Güter.

14. Charakterisieren Sie die Eigenschaften von öffentlichen und privaten Gütern sowie möglicher Mischformen. Nennen Sie auch jeweils ein Beispiel für die entsprechenden Güter und gehen Sie auf mögliche Probleme deren Bereitstellung oder Nutzung ein.

15. Zeigen Sie grafisch die Grundidee der Pigou-Steuer und erläutern Sie ihre praktische Anwendungsfähigkeit.

16. Beurteilen Sie Naturschutzauflagen hinsichtlich der Kriterien Treffsicherheit, der statischen und der dynamischen Effizienz.

17. Vergleichen Sie das Ergebnis aus 16 mit einem anderen, selbst gewählten umweltpolitischen Instrument und machen Sie die Unterschiede bezüglich der genannten Beurteilungskriterien klar.

18. Erläutern Sie die Allokationswirkungen eines Monopols bei einem Gut in einer Zwei-Güter-Zwei-Faktoren-Welt.

19. Der Agrarmarkt stellt in der EU nach wie vor einen der am stärksten regulierten Sektoren dar. Erläutern Sie, welche Formen von Marktversagen prinzipiell auftreten können und inwieweit sie konkret im Agrarsektor vorliegen.

20. Erläutern Sie die Funktion von handelbaren Emissionszertifikaten und beurteilen Sie diese anhand der Kriterien der statischen und dynamischen Effizienz sowie der Treffsicherheit. Verwenden Sie Grafiken zur Illustration.

21. Im Bahnsektor sind selten mehrere, parallel existierende Netze zu beobachten.

    a. Wie sind Parallelnetze in diesem Fall unter Effizienzgesichtspunkten zu beurteilen? Argumentieren Sie auch unter Zuhilfenahme einer Grafik.

    b. Der Bahn werden überhöhte Preise vorgeworfen. Welchen Preis wird sie theoretisch setzen, wenn keine Regulierung stattfindet? Verwenden Sie eine Grafik zur Verdeutlichung.

    c. Ist es dennoch theoretisch denkbar, dass bei nur einem Unternehmen im Markt und ohne Regulierung Preise wie bei Wettbewerb gesetzt werden?

22. Zwei Unternehmen produzieren bei völliger Kapazitätsflexibilität mit der gleichen Technologie ein identisches Gut. Erläutern Sie, welches Nash-Gleichgewicht sich einstellt, wenn sich beide Unternehmen im Preiswettbewerb befinden. Diskutieren Sie das Ergebnis und dessen wettbewerbspolitische Implikation kritisch.

23. Stellen Sie ein Verfahren zur Messung der Marktkonzentration dar. Gehen Sie kurz auf mögliche Probleme bei der Messung der Marktkonzentration ein.

24. Erläutern Sie mögliche Prinzipal-Agent-Probleme im Bereich der Geldpolitik und gehen Sie auf deren Folgen ein.

25. Versicherungsmärkte sind durch asymmetrische Informationsverteilung geprägt. Erläutern Sie mögliche Formen des Marktversagens in diesem Bereich und skizzieren Sie marktliche Lösungsansätze. Gehen Sie dabei auch auf konkrete Beispiele ein.

26. Erläutern Sie grafisch, welche Effekte auf die ökonomischen Renten von einem Monopol im Vergleich zur vollständigen Konkurrenz ausgehen.

    a. Gehen Sie kurz darauf ein, welche dynamischen Effekte von einem Monopolausgehen.

    b. Sind weitere Wohlfahrtseffekte eines Monopols denkbar?

27. Erläutern Sie, welche Regulierungsmöglichkeiten beim Vorliegen natürlicher Monopole bestehen.

28. Welche Ratio gibt es für die Unabhängigkeit der Zentralbank?

29. Stellen Sie in diesem Zusammenhang das Problem der Zeitinkonsistenz dar.

    a. Erläutern Sie dies vor dem Hintergrund des Assignment-Konzepts.

    b. Die Geldpolitik wird, neben der Inflationsbekämpfung, häufig als Mittel zur Verringerung des Arbeitslosigkeitsproblems gesehen.

Kapitel IV.

Staatliche Einflussnahme auf Märkten im Lichte der positiven Theorie

1. Überblick: Marktversagen versus Staatsversagen

A. Kosten und Nutzen staatlicher Intervention

Bei der Analyse des Marktversagens im vorausgegangenen Kapitel hat sich herausgestellt, dass der Grat zwischen Marktversagen und Staatsversagen sehr schmal ist. So muss bei der Beurteilung von staatlichen Eingriffen zuallererst hinterfragt werden, ob diese Eingriffe tatsächlich zu Allokationsverbesserungen führen. In einer rein theoretischen – normativen – Analyse wird angenommen, dies sei der Fall. Allerdings ist zu beachten, dass diese Art der Analyse von Transaktionskosten abstrahiert und die Regierung als „Agent des Gemeinwohls" ansieht.

In der Realität dagegen sind staatliche Eingriffe zur Überwindung eines Marktversagens nicht frei von Kosten. Dies lässt sich sehr anschaulich am Beispiel der Einführung der Ökosteuer in Deutschland 1998 zeigen. Kosten fielen zu Beginn direkt beim Staat an: Informationskosten (der angemessene Steuersatz und die adäquate Bemessungsgrundlage mussten gefunden werden), Entscheidungskosten (in Verbindung mit dem Gesetzgebungsverfahren, den offiziellen Anhörungen von Sachverständigen und Verbänden und den von den Politikern gegenüber der Öffentlichkeit abzugebenden Begründungen) und Ausführungskosten (bei der Umsetzung der Entscheidung). Zusätzlich entstehen Kontrollkosten, weil nicht ausgeschlossen werden kann, dass die Wirtschaftssubjekte versuchen, die Steuer zu hinterziehen. Auch bei den Betroffenen fallen administrative Kosten an. Neue Regulierungen beispielsweise bedeuten, dass die betroffenen Unternehmen Abläufe umstellen müssen, Personal umzuschulen haben usw. Die Einführung der Ökosteuer erforderte in vielen Unternehmen neue Abrechnungssysteme. Diese Kosten kann man als Transaktionskosten einordnen. Oft haben politische Entscheidungen darüber hinaus allokative Folgekosten. Dies gilt vor allem dann, wenn die Entscheidungen nur unter Berücksichtigung gegenwärtiger Restriktionen, nicht aber gemäß einem intertemporalen Kalkül getroffen werden. Die Ökosteuer gilt als eine nicht adäquat ausgestaltete Umweltsteuer (Pigou-Steuer), da sie weniger wegen des Umweltschutzes als wegen akuter Finanzprobleme der Gesetzlichen Rentenversicherung eingeführt wurde (Abschnitt V.2.C). Anstelle einer verbesserten Umweltqualität ist dann die Abwanderung von Kapital und das Ausbleiben von Investitionen zu konstatieren. Dies bewirkt steigende Arbeitslosigkeit und langfristig sinkende Steuereinnahmen. Kurzfristig können dem öffentlichen Haushalt zwar neue Mittel zugeführt werden, langfristig dürften sich aufgrund der angesprochenen negativen Wirkungen die Haushaltsprobleme jedoch verschärfen.

Analoges gilt auch in anderen Fällen, so beispielsweise im Fall eines Marktversagens im Bereich der Forschung. Grundlagenforschung, in der Wissen entsteht, das die Attribute eines öffentlichen Gutes (Unterabschnitt III.2.B) hat und deshalb allokationstheoretisch wohlbegründet förderungswürdig ist, kann nicht immer eindeutig von der marktnahen Zweckforschung abgegrenzt werden, deren Ergebnisse das forschende Unternehmen gewinnbringend auf dem Markt verwertet (Produkt- und Prozessinnovationen) und die insoweit nicht vom Staat durch Subventionen gefördert zu werden braucht: Die bei der angewandten Forschung entstehenden positiven externen Effekte lassen sich durch die Gewährung von privaten Eigentumsrechten auf Zeit (z.B. einen Patentschutz oder ein Copyright) internalisieren. Hier klare Trennungslinien zu ziehen ist nur mit einem großen Aufwand möglich. Hinzu kommt das Problem des strategischen Verhaltens der Unternehmen, da diese hohe Anreize haben könnten, bei staatlich geförderter angewandter Forschung bewusst nur kleine Fortschritte zu erzielen, damit sie sehr lange in den Genuss der öffentlichen Mittel kommen (Freytag 1995, S. 47). Da die fördernden Institutionen nur sehr begrenztes Wissen über die tatsächlichen Möglichkeiten der Geförderten haben, besteht ein Problem asymmetrischer Information (Abschnitt III.3), das in diesem Fall aber erst durch die staatliche Intervention hervorgerufen wird.

Ein ähnlich gelagertes Problem, das auch und gerade bei selektiver Technologieförderung besteht, ist die staatliche Unkenntnis über zukünftige Entwicklungen bzw. Marktergebnisse. Wenn der Staat trotzdem bestimmte Forschungsprojekte fördert und andere nicht, so maßt er sich Wissen an, das er nicht haben kann. Als Konsequenz hinkt die staatliche Förderung meistens der technologischen Entwicklung hinterher.[134] So ist in der Realität immer wieder zu beobachten, dass erstens

[134] Natürlich wissen auch Private nicht, was die Zukunft bringt. Es besteht jedoch die theoretisch berechtigte und empirisch nicht widerlegte Vermutung, dass sie mit eigenen finanziellen Mitteln weniger sorglos umgehen als staatliche Förderinstitutionen mit den Geldern Dritter, also der Steuerzahler.

Abgrenzung zu Zweckforschung schwer

neue Produkte selten in staatlich geförderter Forschung entstehen und dass zweitens die Regierungen in Industrieländern nahezu sämtlich die gleichen Technologien fördern. So wird z.B. zu Beginn des 21. Jahrhunderts die Nutzung des Internet als sehr wichtig empfunden und vor allem in Europa stark gefördert, und zwar nicht nur mittels Technologiepolitik. Ob dies ökonomisch Sinn macht, muss sich erst noch erweisen.

Folglich müsste auch vor jedem staatlichen Eingriff eine Kosten-Nutzen-Analyse getätigt werden. Nur wenn der Nutzen aus der Intervention für die Volkswirtschaft höher ist als die Kosten, sollte dieser staatliche Eingriff durchgeführt werden. Dies entspricht dem **Comparative Institution Approach**, nach dem im Falle eines diagnostizierten Marktversagens zwischen dem Status quo auf dem ineffizienten Markt und den Kosten eines wirtschaftspolitischen Eingriffs abgewägt werden muss. Nur wenn ein positiver Nettonutzen der Korrektur entsteht, ist der Staatseingriff gerechtfertigt (Watrin 1986). Im theoretischen Modellrahmen lassen sich unter bestimmten Prämissen solche Vergleiche anstellen und zur Veranschaulichung numerisch durchrechnen (Simulationsrechnungen). In der praktischen Wirtschaftspolitik ist das hingegen schwierig; denn die Kosten und der Nutzen einer staatlichen Intervention – wohlgemerkt: die gesamtwirtschaftlichen, nicht etwa nur die budgetären – sind nun einmal empirisch kaum zuverlässig zu messen, sei es aus methodischen Gründen, sei es mangels adäquater Daten, oder wegen beidem. Hier stößt auch der Wirtschaftswissenschaftler als Berater der Politik an Grenzen.

B. Wirtschaftspolitik im politökonomischen System

Grundsätzlich können sowohl der Markt als auch der Staat als System der Ressourcenallokation verstanden werden. Betrachtet man Markt und Staat isoliert, stellt man fest, dass beide Systeme nicht immer reibungslos funktionieren. Im Falle von Marktversagen stoßen marktliche Koordinationsformen an die Grenzen ihrer Leistungsfähigkeit. Aus der Feststellung von Marktversagen folgt nicht automatisch, dass die staatliche Intervention Aussicht auf Abhilfe verspricht. Staatsversagen wiederum bedeutet, dass die Grenzen staatlich-politischer Organisationsformen erreicht werden. Wie kann nun das Staatsversagen erklärt werden? Es gibt verschiedene Ansätze:

- Zunächst könnte es eine generelle Unvollkommenheit des Staates geben. Danach wären staatliche Organe grundsätzlich immer überfordert. In diese Richtung zielen gelegentlich die Thesen sog. **Libertarians**, die staatliche Aktivität in jeglicher Form in Frage stellen. Auch die staatliche Rahmensetzung für wirtschaftliches Handeln sowie die Garantie der Durchsetzung von Eigentumsrechten durch den Staat werden von dieser extremen Position abgelehnt. Insgesamt erscheint die These von der generellen Überforderung staatlicher Institutionen als Erklärung für Staatsversagen zu pauschal und ist kaum von Verschwörungstheorien zu unterscheiden. In gewisser Hinsicht wird den staatlichen Entscheidungsträgern Bosheit oder Unmoral unterstellt. Deshalb wird dieser Ansatz im Folgenden nicht weiter behandelt.

- Es kann allerdings mit etwas mehr Plausibilität argumentiert werden, dass es mangelhafte Regelungen gibt, d.h. die **politischen Regelsysteme sind fehlerhaft konzipiert**. Wäre dies generell der Fall, würde vermutlich an der Verbesserung der Regelsysteme gearbeitet werden, um das Staatsversagen zu beseitigen. Einen Zustand permanenten Staatsversagens kann man damit zwar nicht erklären, kurzzeitig auftretendes Staatsversagen aber schon.
- Für Ökonomen erscheint es deshalb angemessen, für langanhaltende Phänomene, für die es keine technologischen Erklärungen gibt, nach einem rationalen Hintergrund zu suchen. Gegenstand dieses Kapitels ist deshalb die einzelwirtschaftliche Rationalität staatlicher Entscheidungsträger. Ausgedrückt im ökonomischen Sprachgebrauch hieße es, dass auch politisches Handeln vom Streben nach individueller Nutzenmaximierung geprägt ist. Sobald die individuelle Nutzenmaximierung des politischen Entscheidungsträgers nicht zu einer kollektiven Wohlfahrtsmaximierung führt, werden gesamtwirtschaftliche Effizienzpotentiale nicht ausgenutzt und entsteht Staatsversagen. Dieser Ansatz wird als **Public Choice** bezeichnet. Er ist streng analytisch und hat den Vorteil, empirisch überprüfbar zu sein. Überdies vermeidet er jegliches moralisches Vorurteil über die in politischen Institutionen Tätigen.[135]

Dies ist eine grundsätzlich andere Sicht auf die Politik als bisher in diesem Buch eingenommen. Den Staat hatten wir als exogene Instanz angesehen, die im Falle eines Marktversagens mit dem Ziel der Wohlstandsmaximierung eingreift. Insofern ist der Staat (Politiker, Bürokratie) bislang als wohlmeinender Diktator interpretiert worden; Eigeninteressen der wirtschaftspolitischen Akteure spielten keine Rolle. Im Folgenden wird diese „Neutralität" aufgehoben. Es ist der Tatsache Rechnung zu tragen, dass Politiker sich in Wirklichkeit eben nicht allein dem Gemeinwohl

135 Die Public-Choice-Theorie ist inzwischen ein integraler Bestandteil der modernen Finanzwissenschaft. Ihr Begründer, James Buchanan, wurde 1986 mit dem Nobelpreis für Wirtschaftswissenschaften ausgezeichnet (zum grundlegenden Œuvre vgl. Buchanan und Tullock 1962). Eng verwandt mit diesem Ansatz ist die in der Theorie der Wirtschaftspolitik verankerte Neue Politische Ökonomie, bei der es u.a. ebenfalls darum geht, das Handeln der politischen Akteure aus einem Rationalitätskalkül heraus zu erklären; vgl. Kirsch (2004).

verpflichtet fühlen, sondern auch partikulare Interessen verfolgen (Wählerstimmen gewinnen, die Regierungsmacht erhalten und bewahren); für die Bürokratie gilt ebenfalls, dass sie eigene Interessen hat (Zuständigkeiten, Prestige, Budget). Die Zielfunktionen von Politikern und Bürokraten können von der sozialen Wohlfahrtsfunktion (Abschnitt II.2.A bzw. II.4.H) mitunter sogar erheblich abweichen, wie die Erfahrung lehrt. Marginalbedingungen werden verletzt, die Volkswirtschaft erreicht nicht das Effizienzoptimum.

Es wird nunmehr folgender Gegensatz in der Wahrnehmung staatlichen Handelns aufgegriffen und erklärt:

- **Normative Erklärung** des staatlichen Handelns unter idealisierten Annahmen mit der Frage danach, was der Staat idealerweise zu leisten hat,

versus

- **Positive Analyse** anhand des Public-Choice-Ansatzes, der die Leistungsfähigkeit politischer Entscheidungsverfahren analysiert, um die „Grenzen des Staates" (Staatsversagen) abzuleiten.

Bei der positiven Analyse werden wirtschaftswissenschaftliche Methoden auf die Erfassung politischer Prozesse ausgedehnt. Ausgangspunkt ist die Relevanz ökonomischer Verhaltensannahmen auch für politische Entscheidungsträger. Dabei spielt unvollständige Information eine große Rolle. Betrachtet wird der laufende gesellschaftliche Prozess, bei dem Entscheidungen mittels Abstimmungen und Wahlen getroffen werden. Dadurch bedingt, sind mindestens drei Akteure am so genannten politischen Markt zu unterscheiden:

- Regierung und Parteien,
- Staatliche Verwaltung und
- Wähler (organisiert oder nicht organisiert).[136]

---

136 Akteure besonderer Art sind die Gerichte. Seit geraumer Zeit ist eine zunehmende Verrechtlichung der wirtschaftspolitischen Prozesse zu beobachten. Beispiele aus der jüngeren Vergangenheit in Deutschland liefern höchstrichterliche Entscheidungen zu grundlegenden Änderungen im Steuerrecht, in der gesetzlichen Rentenversicherung und Pflegeversicherung sowie beim Länderfinanzausgleich. Dauerhaft und groß ist der Einfluss der Rechtsprechung bei der Arbeitsmarktordnung, für die auf zahlreichen Gebieten Urteile im Einzelfall eine allgemeine, gesetzesähnliche Wirkung entfalten („Richterrecht"). Insoweit kommen im politökonomischen Prozess auch die persönlichen Wertvorstellungen der Richter zum Tragen, jedenfalls dann, wenn die einschlägigen gesetzlichen Bestimmungen unpräzise formuliert und mehrdeutig interpretierbar sind. Die Träger der Wirtschaftspolitik wiederum können sich dies zunutze machen, indem sie bei objektiv strittigen Sachfragen ihre Vorstellung unter Nutzung der parlamentarischen Mehrheit durchsetzen, faktisch aber die Verantwortung für die letztlich endgültige Entscheidung auf die Gerichte, bis hinauf zum Bundesverfassungsgericht, schieben. Neben den Problemen der

Zweckmäßigerweise bietet es sich an, diese drei Gruppen getrennt zu betrachten, obwohl sie in einem gegenseitigen Beziehungsgeflecht stehen. Denn während die Wähler bzw. die in Interessengruppen organisierten Wähler als Nachfrager nach politischen Leistungen anzusehen sind, sorgen Politiker und die Bürokratie für das Angebot. Allerdings sind die Beziehungen zwischen diesen Akteuren komplex. Deshalb werden wir zunächst die Politiker auf der Angebotsseite, dann die Nachfrageseite und abschließend die Bürokratie analysieren. Abschließend folgt ein kurzer Abschnitt zur positiven Theorie wirtschaftspolitischer Reformen.

2. Politischer Unternehmer und Staatsversagen

A. Der politische Unternehmer in der repräsentativen Demokratie

Eine der grundlegenden Annahmen dieses Buches ist die repräsentative Demokratie als politisches System. Die folgenden Überlegungen zur einzelwirtschaftlichen Rationalität der politischen Unternehmer gelten zwar im Grundsatz auch für Diktaturen. Dort sind die Machtverhältnisse jedoch so klar, dass man von einem politischen Monopol sprechen kann, so dass die folgende Analyse nicht unternommen werden muss. In der repräsentativen Demokratie wählen die Bürger einen Repräsentanten. Sie stimmen also nicht selbst über Sachfragen ab. In anderen Worten: Derartige Entscheidungen werden vom Prinzipal, dem Wahlvolk, an den Agenten, die Politiker, delegiert.

Wie findet in einem solchen System die Transmission der Wählerwünsche auf die Entscheidungen der Politik statt? Sie geschieht durch den Politiker, oder in ökonomischer Diktion: den **politischen Unternehmer**. Dieser tritt mit einem Wahlprogramm, einem Bündel von Maßnahmen, an die Wähler heran. Dieses Bündel enthält sowohl ökonomische als auch andere Elemente. Die Aufstellung des Programms dient seinen persönlichen Zielen: Politiker streben die **Maximierung des eigenen Nutzens** an. Deshalb bietet es sich an, eine Nutzenfunktion für Politiker zu bilden, die sehr unterschiedlich spezifiziert sein kann. Sie enthält eine Reihe von möglichen Argumenten:

Rechtsunsicherheit, die hierbei für die Wirtschaftssubjekte auftreten (können), ist zu bedenken, dass die Richter (und Anwälte) im Allgemeinen wirtschaftswissenschaftlich nicht geschult sind und daher bei ihren Entscheidungen die ökonomischen Implikationen nicht genügend berücksichtigen oder sie sogar ganz unberücksichtigt lassen.

- Politiker vergrößern ihren Nutzen, wenn sie ihre **ideologischen Vorstellungen** in die Wirklichkeit umsetzen können. Dies kann als eine Form von Macht interpretiert werden.
- Vorteile eines öffentlichen Amtes werden angestrebt (Einflussmöglichkeiten, Prestige). Dies hängt in erster Linie von der **Erfolgswahrscheinlichkeit der (Wieder-)Wahl** ab. Deswegen werden die Politiker – bei entsprechenden Präferenzen – Maßnahmen propagieren, bei denen sie glauben, auf eine breite Zustimmung treffen zu können, und entsprechend Maßnahmen vermeiden, bei denen sie befürchten, dass sie mehr Wählerstimmen kosten als einbringen. Manchmal wird in diesem Zusammenhang von „Stimmenmaximierung" gesprochen. Dies ist sehr unpräzise und sollte vermieden werden. Streng genommen handelt es sich um die Nutzenmaximierung unter der Nebenbedingung der (Wieder-)Wahl. Analytisch benutzt man hier den Lagrange-Ansatz (Abschnitt II.4). Eine erste Analogie zum Unternehmer ist also gegeben: Dieser will den Gewinn unter der Nebenbedingung der Nachfrageseite maximieren. Damit ist die Analogie zum Unternehmer allerdings noch nicht vollständig. Im Unterabschnitt C wird noch auf den politischen Wettbewerb hinzuweisen sein.

Grundsätzlich ist nicht ausgeschlossen, dass Politiker auch dadurch eine Nutzensteigerung erfahren, dass sie im Interesse der Gesamtwohlfahrt, wie sie im Abschnitt II.2 definiert wurde, handeln. Allerdings sollte eine ökonomische Theorie der Politik vermeiden, sämtliche denkbaren Motive in die Nutzenfunktion der Politiker zu integrieren. Die Gefahr, der der Ökonom bei dieser Analysemethode unterliegt, ist sehr schnell sichtbar: Jedes Verhalten kann dann erklärt werden; die Theorie wird beliebig. Außerdem ist sie tautologisch, d.h. sie kann nicht widerlegt werden. Theoriebildung macht dann – wie in Kapitel I gesehen – keinen Sinn.

B. Die Rolle der Wähler

Bei einem Mehrheitswahlrecht, durch das Politiker direkt in das Parlament gewählt werden, entscheiden die Präferenzen der Mehrheit aller an den Wahlen teilnehmenden Stimmberechtigten unmittelbar, wer die Regierungsverantwortung während einer bestimmten Legislaturperiode haben und die Wirtschaftspolitik gestalten soll. Bei einem Verhältniswahlrecht kommen diese Präferenzen mittelbar, über die Stimmenabgabe zugunsten einzelner Parteien, zur Geltung. Der Wähler folgt seinem rationalen Kalkül, d.h. seinem Eigeninteresse, und wählt das Wahlprogramm und damit die Partei bzw. deren Einzelkandidaten, welche ihm den größten Nutzen zu bringen verspricht. Dabei wird wiederum das individuelle Maximum bestimmt. So wird das gesamtwirtschaftliche Optimum jedoch nicht unbedingt erreicht, da Allokationsüberlegungen in den Hintergrund treten: Eigennutzorientierte Wähler orientieren sich vornehmlich an kurzfristigen Verteilungswirkungen staatlicher Politik, weniger hingegen an langfristigen Effizienzzielen.

Für den einzelnen Wähler mag es allerdings schwierig sein, die verschiedenen Optionen zu beurteilen. Es besteht keine vollständige Information über sämtliche Kosten und Nutzen der verschiedenen politischen Alternativen. Um sehr gut informiert zu sein, müssten die Wähler eine Menge tun:

- Vor der Wahl müssten Wahlprogramme sorgfältig gelesen und ausgewertet werden.
- Nach der Wahl müsste eine Kontrolle der Politiker stattfinden, um sicherzustellen, dass Wahlversprechen eingehalten werden.

Weil diese Tätigkeiten sehr aufwendig sind, lohnt es sich aus individueller Sicht nicht, sie vorzunehmen. Wähler sind **rational uninformiert**. Daraus leitet sich ein **Prinzipal-Agent-Verhältnis** zwischen den Wählern und den Politikern ab. Letztere handeln als Agenten der Wähler. Es entsteht ein Informationsvorsprung der Politiker, weil:

- die Wähler die wahren Ziele der Politiker nicht erkennen können,
- unvollständige langfristige Verträge für die Dauer einer Wahlperiode geschlossen werden,
- unbeobachtete nachvertragliche Handlungen möglich sind,
- wegen hoher Kontrollkosten der Handlungsspielraum der Politiker groß ist. Die Politiker verfügen über vielseitige Möglichkeiten, um knappe Ressourcen zu disponieren. Darunter fällt auch die Zuteilung von Eigentumsrechten an Gruppen von Wählern über Protektionsmaßnahmen oder über Schutz vor inländischem Wettbewerb, z.B. im Handwerk durch den für die gewerbliche Unternehmertätigkeit erzwungenen Großen Befähigungsnachweis (Meisterbrief).

Durch Informationsdefizite besteht wiederum die Gefahr von Fehlentscheidungen der Wähler, die sie aufgrund der Langfristigkeit des Vertrages nicht direkt revidieren können. Dadurch wird ebenfalls die Kontrolle der Politiker beschränkt, wodurch diese Entscheidungen treffen können, die den Nutzen des Wählers schmälern.

Wähler können sich in Gruppen organisieren, um wirkungsvoller den politischen Entscheidungsprozess bzw. das angebotene Wahlprogramm so zu beeinflussen, dass dadurch ihr Nutzen vergrößert wird. Beispielsweise könnten Arbeitnehmer auch aus diesem Grund einer Gewerkschaft beitreten oder Professoren einem

Hochschullehrerverband.[137] Durch die Interessenorganisation werden zwar Informationskosten gesenkt. Aber aus der Sicht des einzelnen Gruppenmitglieds ist nicht gewährleistet, dass die Organisation so tätig wird, wie es seinen Präferenzen entspricht. Denn auch innerhalb der Gruppe sind die Präferenzen nicht homogen.

Wenn solche Interessengruppen in ihrem Sinne wirksam agieren, kann dies im Ergebnis darauf hinauslaufen, dass die wirtschaftspolitisch Verantwortlichen, deren Nutzenfunktion mit dem Allgemeinwohl im Einklang steht, gar nicht mehr in der Lage sind, entsprechende Entscheidungen zu treffen; dann liegt nicht Staatsversagen vor, sondern Organisationsversagen. Das Organisationsversagen wird besonders augenfällig, wenn es ein Eigeninteresse der Organisation selber gibt, das auf andere Anliegen ausgerichtet ist als das von den Mitgliedern gewünschte. Ein Beispiel ist das Streben nach schierer Teilhabe an politischer Macht, und zwar ohne sich parlamentarischen Wahlen gestellt zu haben und damit den Stimmbürgern gegenüber verantwortlich zu sein.[138] Auf diese Weise entsteht ein neues Prinzipal-Agent-Problem, nämlich innerhalb der Organisation zwischen der Basis und der Führung.

C. Der politische Wettbewerb

Es besteht eine Analogie zum Wettbewerb von Unternehmen. Politiker stehen mit ihren jeweiligen Wahlprogrammen untereinander im Wettbewerb um Wähler. Die praktische Politik kann damit als Wettbewerb eines politischen Unternehmers um Wählerstimmen verstanden werden. Die zentrale Frage für Ökonomen in diesem Zusammenhang lautet: Folgt dieser politische Wettbewerb einem ähnlichen Wettbewerbsmechanismus wie der private Markt? Konvergiert er zu einem stabilen Gleichgewicht? Die im Folgenden einzulösende **These** lautet: Der politische Wettbewerb veranlasst die Parteien, weitgehend in Übereinstimmung mit den Präferenzen der Wähler zu handeln. Politiker suchen nach der gewinnbringenden Kombination, d.h. dem politischen Parteiprogramm, das am ehesten den durch-

---

137 Mehr zum Thema der organisierten Gruppeninteressen im folgenden Abschnitt IV.3.

138 Solchen Verhaltensweisen wird Raum gegeben, wenn Wirtschaftspolitik auf wichtigen Gebieten über institutionalisierte Gesprächsrunden von Regierung, führenden Gewerkschaften und Spitzenverbänden der Wirtschaft betrieben wird (korporatistischer Politikansatz). Auf Versuche dieser Art in Deutschland haben wir bereits hingewiesen (Abschnitt I.1). Die an solchen Runden mitwirkenden Repräsentanten der Gewerkschaften erwecken mitunter den Eindruck, dass es ihnen eher darum geht, der Regierung gegenüber Macht zu demonstrieren, als konstruktiv an der Lösung des Sachproblems mitzuwirken. Lösungsvorschläge der Regierung verbitten sie sich mit dem Hinweis auf die durch das Grundgesetz geschützte Tarifautonomie.

schnittlichen Interessen der Wähler entspricht. Denn nur so scheint gesichert zu sein, dass die Wahrscheinlichkeit, gewählt oder wiedergewählt zu werden, maximal ist. Eine Konzentration des Wahlprogramms auf Themen und Inhalte, die allein oder vorrangig den wirtschaftspolitischen Vorstellungen kleiner Bevölkerungskreise entsprechen, kann dies nicht gewährleisten. Es ist in diesem Zusammenhang unerheblich, von welcher Qualität die Parteiprogramme hinsichtlich der Lösung von anstehenden wirtschaftspolitischen Aufgaben sind.

In diesem Abschnitt wird eine Interpretation des demokratischen Prozesses als Wettbewerb vorgenommen. Es wird das ökonomische Grundmodell des politischen Wettbewerbs von Downs (1957) vorgestellt. Auf diesem Modell basiert eine Vielzahl weiterer Arbeiten (Mueller 1989, S. 179ff.), die im Einzelnen nicht diskutiert werden.[139] Das **Downs-Modell** basiert auf folgenden Annahmen:

i. Der Inhalt aller Parteiprogramme kann auf ein gemeinsames Anliegen reduziert werden, d.h. es gibt nur eine Dimension.

ii. Es gibt zwei Parteien: eine Linkspartei und eine Rechtspartei. Die Parteienkonkurrenz um Stimmen von links und rechts bezieht sich auf das wirtschaftspolitische Programm und steht für Nachfragepolitik versus Angebotspolitik (Abschnitt V.4).

iii. Politiker formulieren ihr Programm nicht zur Erreichung gewisser Ziele, sondern einzig und allein, um in das politische Amt gewählt zu werden, unter dem sie ihren persönlichen Nutzen maximieren wollen.

iv. Wähler entscheiden sich für das Programm, das ihren Präferenzen am nächsten liegt. Hier ist die Distanz zwischen Wählerpräferenz und Wahlprogramm entscheidend. Wähler sind somit ebenfalls Nutzenmaximierer.

v. Sämtliche Wähler und Politiker sind vollständig informiert.

vi. Die Wahlbeteiligung beträgt 100 Prozent.

vii. Die Wählerschaft ist normalverteilt.

---

[139] Für eine formale Darstellung des Problems, einschließlich spieltheoretischer Ableitungen, vgl. Grüner (2006, Kap. 4).

Abbildung IV.1: Die Wirkungsweise des politischen Wettbewerbs

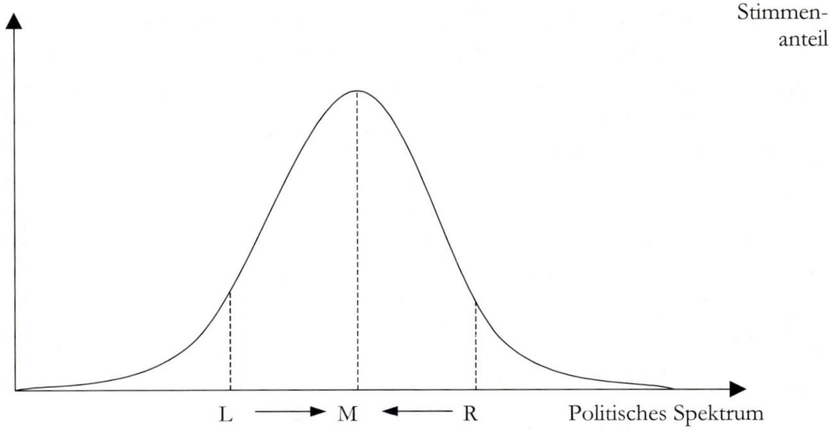

Das Ergebnis des politischen Wettbewerbs ist in der Abbildung IV.1 zu sehen. Dort wird der Zusammenhang zwischen der Verteilung der Wählerpräferenzen und den Positionen der Parteien aufgezeigt. Es handelt sich um eine Abbildung entsprechender Wählerhäufigkeiten zu jeder Parteiposition. Damit haben die Parteien folgende denkbare Strategien:

- Parteien scharen Wähler um sich, deren Ideologiepositionen sehr nah beieinander liegen: Die beiden Punkte L und R würden im Wahlprogramm angeboten.
- Diese Situation ist jedoch nicht stabil, denn jede Partei kann Stimmen gewinnen, wenn sie sich auf die Mitte zubewegt und versucht, den Medianwähler zu erreichen. Das Wahlprogramm muss dann den Punkt M abdecken. Die Partei verliert dabei am Rand weniger Stimmen, als sie in der Mitte hinzugewinnt. Dieses Phänomen kann man nicht nur im politischen Wettbewerb beobachten: Unternehmen desselben Sektors sind häufig ebenfalls in derselben Straße zu finden und buhlen um die gleichen Kunden.
- Beim Medianwähler M ist das Gleichgewicht erreicht: Hier böte jede Partei das gleiche Programm an. Beide Parteien hätten gleich viele Stimmen und gleich hohe Chancen, an die Macht zu kommen. Der Zufall entscheidet, welche Partei im politischen Wettbewerb die Nase vorn hat und die Wahl gewinnt.

Politischer Wettbewerb würde unter den restriktiven Annahmen dazu führen, dass das Wahlangebot sich inhaltlich annähert und den Medianwähler erreicht. Individuelle Präferenzen werden zwar nicht explizit berücksichtigt; es ist aber zu beachten, dass eine solche Situation an den Präferenzen der Wähler ausgerichtet ist.

Dieses einfache Modell hat sowohl Kritik hervorgerufen als auch zahlreiche Erweiterungen erfahren. Zunächst ist das stabile Gleichgewicht eines politischen Wettbewerbs in Punkt M in Frage zu stellen, wenn die restriktiven Annahmen aufgegeben werden. In diesem Fall kann man eine Beeinflussung des Parteiprogramms „weg" vom Medianwähler feststellen. Die Gründe dafür sind folgende:

- Parteien richten ihr Programm nicht immer am Medianwähler, sondern auch an den **Interessen ihrer Geldgeber** aus. Dies würde im Modell zu Stimmenverlusten führen.
- Es gibt **loyale Wähler**, die nicht ständig die Partei wechseln, sondern auch bei Programmveränderungen, die nicht ihren Präferenzen entsprechen, die Partei weiterhin wählen. Dadurch entsteht ein weiterer Freiheitsgrad für die Partei, ihr Programm nicht allzu genau an den Wählerpräferenzen auszurichten. Damit weicht das gleichgewichtige Parteiprogramm in die Richtung der Ziele derjenigen Partei ab, die über mehr loyale Wähler verfügt. Würden beide Parteien ihr Angebot am Medianwähler ausrichten, würde die Partei mit mehr loyalen Wählern die Wahl gewinnen.
- Die Normalverteilung der Wählerschaft ist nicht immer gegeben. Es mag Wähler geben, die sich am rechten oder linken Rand sammeln, so dass sich der Median nicht mehr in der Mitte befindet. Solche extremen Wähler mögen überdies von anderen Positionen so abgestoßen sein, dass ihnen die Position des Median als extrem erscheint und sie nicht wählen gehen.
- Wahlen finden oft als – implizite – **Personenwahlen** statt: Nicht das Programm, sondern eine Person steht im Vordergrund (auch bei einem Verhältniswahlrecht).
- **Informationsprobleme** führen einerseits dazu, dass die Partei nur unvollkommen über Wählerwünsche informiert ist. Andererseits können Wähler die Parteiprogramme nicht richtig einschätzen und die Politiker nicht kontrollieren. Auch dadurch entstehen weitere Freiheitsgrade für die Politikgestaltung, die sich nun nicht mehr am Median ausrichtet. Vermutlich werden nun gut informierte Wähler bei Entscheidungen begünstigt und schlecht informierte Wähler benachteiligt. Die Informationsgüte korreliert dabei mit der Organisation von Interessen.
- Es sind auch **dynamische Aspekte** zu beachten. Wählerwünsche könnten sich – zumindest theoretisch – schnell verändern. Empirisch ist diese Aussage allerdings nicht erwiesen. Dann wäre das Tempo der Anpassung des wirt-

schaftspolitischen Programms für die nächste Wahl entscheidend. Der politische Markt reagiert vermutlich schwerfälliger als der Preismechanismus und das Angebot am Gütermarkt, weil über das Programm in einer Diskussion unter den Parteimitgliedern („an der Basis") entschieden wird.

- Die Produktpalette des politischen Unternehmers ist ebenfalls zu bedenken. Unternehmen handeln nur in der Marktform „vollständige Konkurrenz" mit homogenen Produkten. In der Realität gibt es eine starke Produktdifferenzierung, die ebenfalls mit dynamischen Effekten einhergeht, wenn so genannte **Schumpeter-Unternehmer** mit neuen Produkten versuchen, Nachfrage auf sich zu ziehen (vgl. Unterabschnitt II.5.B). Politiker können durchaus ähnliche Verhaltensmuster an den Tag legen, wenn sie nämlich neue Themen besetzen (z.B. Umwelt, Bildung) oder alte neu definieren (z.B. Einwanderung, Subventionsabbau). Sie versuchen, auf diese Weise „schöpferisch zerstörend" zu wirken. Bei der Analyse der Bürokratien spielt dies eine noch größere Rolle.

- Darüber hinaus entstehen **Glaubwürdigkeitsprobleme**, wenn Parteien beliebig oft und radikal ihr Programm verändern, da die Wähler dies als Ausdruck mangelnder Verlässlichkeit und Berechenbarkeit empfinden. Die Wähler werden misstrauisch, die Partei verspielt das in sie gesetzte Vertrauen. Folglich kann eine Bewegung zur Mitte nicht sehr leicht vollzogen werden.

Auch wird das Verhalten von Regierungsparteien vor oder nach der Wahl nicht in dem Modell erfasst, da ausschließlich auf das Programm abgestellt wird. Dies hat zu einer interessanten Weiterentwicklung der ökonomischen Theorie der Politik geführt: In den Theorien zum politischen Konjunkturzyklus wird das Verhalten der Regierung im Wahlzyklus betrachtet. Denkbar ist eine wirtschaftliche Stimulierung mittels Geld- oder Fiskalpolitik vor der Wahl, damit die kurzfristig zu erzielende Beschäftigungssteigerung die Wähler beeinflusst und diese die Regierung wiederwählen (Nordhaus 1975). Denkbar sind auch gesteigerte Aktivitäten direkt nach der Wahl, insbesondere solche wirtschaftspolitischen Handlungen, die unmittelbare Kosten und erst spätere Erträge haben. Diese Erträge fallen aus Sicht der Regierungspolitiker idealerweise vor der kommenden Wahl an, so dass die Wähler wiederum positiv auf die Regierungsarbeit reagieren. Dies gilt insbesondere für wirtschaftspolitische Reformen (Abschnitt 5).

Dies führt zu folgendem Zwischenfazit: Der Wettbewerb auf dem politischen Markt führt nicht automatisch zu einem stabilen Gleichgewicht, in dem sich das politische Angebot am Medianwähler orientiert. Es wird vielmehr zwischen Wählergruppen diskriminiert, z.B. zwischen informierten und uninformierten oder zwischen loyalen und nicht-loyalen Gruppen. Dies bedeutet allerdings nicht, dass

Politiker nicht versuchten, das Ziel der Nutzenmaximierung unter der Nebenbedingung der erfolgreichen (Wieder-)Wahl zu erreichen.

D. Stimmenhandel in der repräsentativen Demokratie

Ein weiterer Aspekt politischen Angebots betrifft die direkte Abstimmung über verschiedene Alternativen. Bei **Entscheidungen über mehrere Maßnahmen** besteht die Möglichkeit für **Stimmenhandel bzw. Stimmentausch („log-rolling")**. Dies ist vor allem bei direkter Demokratie relevant, kann jedoch auch in der repräsentativen Demokratie vorgenommen werden. Gruppen von Politikern mit ähnlichen Ansichten über eine bestimmte Kombination von Abstimmungen setzen sich in diesem Fall auch dann durch, wenn sie bei fallweiser Abstimmung jeweils eine Minderheit bilden. Ein Beispiel mag dies veranschaulichen:

Es gebe im Stadtrat einer mittelgroßen ostdeutschen Stadt vier Parteien, die jeweils drei Wählerschichten repräsentieren: Von den größeren Volksparteien der Mitte vertritt die CDU das konservative bürgerliche Lager, während die SPD das linksliberale Spektrum abdeckt. Weiterhin seien die wirtschaftsliberale FDP und die linkspopulistische Die Linke im Parlament vertreten. Der relative Anteil der Mandate in dieser ostdeutschen Stadt ist folgender: Die Linke 37 vH, CDU 31 vH, SPD 18 vH und FDP 14 vH. Die Dezernenten wurden von CDU, SPD und FDP gewählt, eine Koalition besteht jedoch nicht, so dass der sehr populäre, direkt gewählte SPD-Oberbürgermeister mit wechselnden Mehrheiten regieren muss.

Um sich vor den Wahlen zu profilieren, wollen die Parteien einige Entscheidungen herbeiführen. Die Linke macht sich für eine Anhebung der Mietobergrenzen für die Übernahme der Mietkosten durch die Stadt für ALG II- Empfänger (so genanntes Hartz IV) stark. Dies wird von der FPD grundsätzlich abgelehnt, die wiederum eine Absenkung der Gewerbesteuerhebesätze fordert. Die beiden Volksparteien CDU und SPD wollen den städtischen Haushalt konsolidieren und lehnen beide Maßnahmen ab. Alle drei Gruppen verfügen nicht über die notwendige Mehrheit, um ihre Interessen allein durchzusetzen.

Wenn es beiden fiskalpolitisch expansiven Parteien gelingt, für die eigene Maßnahme die Stimmen der anderen zu gewinnen, und sie als Gegenleistung versprechen, sich selbst für die jeweils andere Maßnahme einzusetzen (deshalb: "log-rolling"), werden beide Vorschläge mit jeweils 51 vH angenommen. Es ist allerdings notwendig, dass beide Parteien die Option „Mehr für meine Klientel" der Option „Nachhaltiger städtischer Haushalt" vorziehen. So kann es passieren, dass sich politisch normalerweise extrem konträre Parteien zugunsten ihrer jeweiligen Klientel und zulasten der Allgemeinheit für eine gemeinsame Politik entscheiden.

Praktisch von Bedeutung ist der Stimmenhandel in überschaubaren Institutionen, in der die Individuen einander kennen und in der Lage sind, miteinander ohne parteitaktische Erwägungen ideologiefrei zu kommunizieren, so in den Parlamenten (insbesondere Kommunalparlamenten ohne Berufspolitiker); bei Volksabstimmungen hingegen ist ein Stimmenhandel wegen der damit verbundenen hohen Transaktionskosten kaum zu realisieren.

Der Stimmenhandel bewirkt eine Verwandlung von Minderheiten zu einer Mehrheit bei Abstimmungen und damit zu einer Durchsetzung von Partikularinteressen im politischen Prozess. Der Medianwähler ist dann nicht mehr ausschlaggebend für das politische Programm. Als Folge wird die gesamtwirtschaftliche Wohlfahrt verringert, nicht beteiligte Wähler werden benachteiligt. Die Praxis des Stimmenhandels bewirkt also negative Externalitäten.

3. Interessengruppen und rentensuchendes Verhalten

In diesem Abschnitt geht es nun um organisierte Wählergruppen, zu deren Gunsten Politiker ihr wirtschaftspolitisches Programmangebot ausgestalten. In der öffentlichen Wahrnehmung rangieren ganz oben die Spitzenverbände der Wirtschaft (besonders BDI, DIHK, HDE, ZDH, DBV), die Gewerkschaften (besonders DGB, IG Metall, Verdi, DBB) und die Arbeitgeberverbände (besonders BDA, Gesamtmetall). Aber die deutsche Verbandslandschaft ist darüber hinaus durch zahllose andere Organisationen gekennzeichnet, die sich im politökonomischen Prozess ebenfalls Gehör zu verschaffen versuchen.[140] Es stellt sich die Frage, wieso sich einige Interessen besser organisieren lassen als andere.

A. Zur Organisation und Durchsetzung von Interessen

Die **Organisation von Interessen** ist nicht einheitlich leicht. Es gibt dafür systematische Gründe, die erstmals von Olson (1965) formuliert wurden. Am Beispiel von Regulierungen, der allgemeinsten Form von staatlichen Interventionen, kann diese von ihm so bezeichnete „Logik des kollektiven Handelns“ aufgezeigt werden.

Eine Interessengruppe artikuliert die Nachfrage nach einer bestimmten Politikmaßnahme. Es wird also angenommen, dass ein gleichgerichtetes Interesse seitens

---

140 Um sich einen Eindruck über die große Vielfalt der organisierten Interessen im Bereich der Wirtschaft zu verschaffen, möge der Leser im *Oeckl-Taschenbuch des öffentlichen Lebens Deutschland 2006* (Oeckl 2006, S. 429-696) nachschlagen.

aller Mitglieder dieser Gruppe besteht. Diese Nachfrage kommt nun allen Gruppenmitgliedern zugute, unabhängig von ihrer Beteiligung an der Finanzierung der Lobbyaktivitäten, derer es bedarf, um dem Anliegen Geltung zu verschaffen. Somit entspricht die Nachfrage nach der besagten Politikmaßnahme einem öffentlichen Gut (Unterabschnitt III.2.B). Kein Mitglied der Interessengruppe kann von der Nutzung der erwirkten Politikmaßnahme ausgeschlossen werden (Nichtausschließbarkeit), und die Maßnahme kann von jedem genutzt werden, ohne dass ein anderes Mitglied in seinem Nutzen beeinträchtigt wird (Nichtrivalität im Konsum). Je kleiner und homogener die Gruppe ist, desto besser lassen sich Trittbrettfahrer identifizieren und gegebenenfalls sanktionieren. Die Gruppe lässt sich dann besser formieren, was die Interessenvertretung erleichtert.

Die Wahrscheinlichkeit, eine Gruppe zu bilden bzw. einer solchen beizutreten, steigt zudem durch folgende drei Bedingungen an:

- Die Gruppe bietet neben dem Kollektivgut noch ein Privatgut an, zum Beispiel Beratung oder Versicherungsschutz (man denke an den ADAC).
- Die Gruppenbildung wird staatlicherseits durch Zwang forciert. Die Zwangsmitgliedschaft in der Industrie- und Handelskammer kann derart interpretiert werden.
- Es gibt Gruppenmitglieder unterschiedlicher Größe. Für die kleinen Mitglieder besteht die Chance, die größeren auszubeuten, denn diese sind bereit, einen höheren Beitrag als eigentlich angemessen zu bezahlen, weil ihnen sehr viel am Bestehen der Gruppe liegt. Ohne ihren Beitrag würde die Gruppe nicht existieren.

Aufbauend auf diesen drei Bedingungen kann man ableiten, dass es systematische Unterschiede in der Fähigkeit unterschiedlicher Wählergruppen zur Organisation ihrer Interessen gibt. Zu unterscheiden sind besonders die Produzenten und Konsumenten sowie Produzenten in dynamischen und in stagnierenden Sektoren.

Zunächst ist es einleuchtend, dass die Bündelung von Interessen und die Finanzierung der Lobbyaktivitäten den Produzenten von Gütern erheblich leichter fallen als den Konsumenten. Dies liegt zum einen daran, dass die Konsumenten zahlreicher als die Produzenten sind. Zudem sind die Gewinne der einzelnen Produzenten aus staatlicher Unterstützung erheblich höher als die – über Steuern entstehenden – Verluste für den einzelnen Konsumenten. Dieser hat nur einen geringen Anreiz, Ressourcen aufzuwenden, um sich Informationen über die Wirkungen jeder einzelnen Politikmaßnahme zu verschaffen und sich daraufhin dezidiert für bestimmte Politiken einzusetzen. Ein Wähler ohne spezielle Interessen, zum Beispiel ein Konsument, wird deshalb die Wahlprogramme von Parteien unter dem Aspekt beurteilen, ob ihm deren **Policy-Mix** zusagt. Er wird sich vermutlich nicht mit jedem Aspekt beschäftigen. So kann er seine Stimme sogar für eine Partei abgeben, die ihm mit Teilen ihrer Politik schadet. Anders ist die Situation eines speziell Interessierten: Dieser wird das Wahlprogramm daraufhin studieren, ob gerade seine Interessen berücksichtigt werden. Die Partei, die dies am besten gewährleistet, wird er dann voraussichtlich wählen.

Für beide – Gewinner wie Verlierer von Politikmaßnahmen – gilt somit, dass die Lobbytätigkeit einem ökonomischen Kalkül unterworfen ist. Es wird solange Regulierung bzw. Marktöffnung nachgefragt, bis der Grenznutzen des Protektionsniveaus den Grenzkosten der Lobbytätigkeit entspricht. Die Kosten der Lobbyaktivitäten sind vielfältig: Neben den Kosten zur Mobilisierung der Wählerstimmen und direkten Zuwendungen an die wirtschaftspolitischen Entscheidungsträger – darunter fallen in erster Linie Spenden, aber auch gelegentlich illegale Zahlungen – sind auch Kosten ins Kalkül zu ziehen, die dadurch entstehen, dass der Staat Einfluss und Kontrolle über die geschützten oder regulierten Sektoren erlangen kann (Abschnitt 4). Je höher die Grenzerträge des Lobbying im Vergleich zu den Grenzerträgen aus der regelmäßigen Geschäftstätigkeit beurteilt werden, desto höher fällt auch der dafür betriebene Aufwand aus. Dies kann man auch als **Opportunitätskosten** des Lobbying interpretieren.

Die Betrachtung der Opportunitätskosten kann auch zur Klärung der Frage beitragen, wieso unterschiedliche Gruppen von Produzenten sich unterschiedlich gut organisieren lassen und entsprechende Unterschiede im politischen Erfolg aufweisen. Sektoren, die eine Krise durchleben, können sich nämlich in der Regel auf dem politischen Markt besser durchsetzen als wirtschaftlich erfolgreiche Branchen. Um erfolgreich auf den internationalen Märkten bestehen zu können, müssen letztere flexible und innovative Faktoren dort beschäftigen. Deshalb ist die Verwendung dieser Faktoren für Lobbyaktivitäten mit hohen Opportunitätskosten verbunden. Denn die Faktoren erwirtschaften im Produktionsprozess ein Wertgrenzprodukt, das im Vergleich zur alternativen Verwendung in der Interessenvertretung sehr hoch ist. Dabei spielt es keine Rolle, ob sich die Nachfrage auf Marktöffnung oder auf wettbewerbsbeschränkende Regulierung bezieht. Allerdings müssen die Opportunitätskosten für die Nachfrager nach offenen Märkten nicht dauerhaft konstant hoch bleiben. Sie sinken mit den Verlusten, die sie durch die Regulierung erleiden. Darauf hat Becker (1983 und 1985) hingewiesen.

Für die Sektoren, die vom Strukturwandel bedrängt sind, sieht die Rechnung anders aus. Hier haben die Unternehmen, wenn überhaupt, geringe Gewinnaussichten, unter Umständen droht im Wettbewerb das Aus. Der Einsatz von Produktionsfaktoren für Lobbyaktivitäten lohnt sich, da die Opportunitätskosten des

erfolgreiche Unternehmen hohe Opportuni. weil gute Position sehr kostenintensiv

Lobbying niedriger als diejenigen der wirtschaftlich erfolgreichen Sektoren sind. Die Differenz zwischen Einkommen mit und ohne Lobbyaktivitäten ist ungleich höher. Deshalb werden diese Branchen mehr Anreize zu derlei Verhaltensweisen haben. Für Sektoren, die am internationalen Handel teilnehmen, hängt das Ausmaß der Lobbyaktivität somit von der Gewinnsituation der Mitgliedsunternehmen ab.

Bei dynamischer Betrachtung zeigt sich die Asymmetrie in der Organisierung von Produzenteninteressen in einer anderen Weise. Dreh- und Angelpunkt ist der Zeithorizont der Betroffenen. Ist der Zeithorizont kurz, so sind Lobbyaktivitäten lohnend, die Politikmaßnahmen erwirken, bei denen die Mitglieder kurzfristig einen Nutzen erzielen: Dass man langfristig zum Verlierer werden kann und daher „eigentlich" eine andere, vielleicht sogar entgegengesetzte Politikmaßnahme hätte favorisieren sollen, wird systematisch vernachlässigt oder gar nicht erkannt und bildet insoweit keinen Anreiz zur Gruppenbildung. Ein Beispiel ist die Importprotektion: Sie schafft Schutz vor Wettbewerb von außen und sichert Einkommen und Beschäftigung (kurzfristiger Vorteil). Sie behebt aber nicht die Ursachen einer unzureichenden internationalen Wettbewerbsfähigkeit der betroffenen Unternehmen, sondern verfestigt das Problem. Unter dem Schonklima der Protektion unterbleiben Produkt- und Prozessinnovationen, weshalb sich irgendwann dann doch die ausländischen Anbieter am Markt durchsetzen und die heimischen Produzenten verdrängen und Arbeitsplätze vernichten (langfristiger Schaden). Ein anderes Beispiel bieten marktwidrige Regulierungen: Gegen deren Abbau lässt sich leicht der Widerstand organisieren, weil die bislang Begünstigten um ihre Pfründe (gute Gewinne, attraktive Löhne, geringe Arbeitsplatzrisiken) fürchten (kurzfristiger Vorteil); aber dies führt nicht zu einer Besitzstandsgarantie, weil der Anreiz für Dritte, die Regulierung zu umgehen, z.B. in der Schattenwirtschaft, sehr groß werden kann (langfristiger Schaden). Würde in diesen und anderen Fällen der Zeithorizont der Produzenten weiter in die Zukunft reichen, so würden die Interessenorganisationen die Wirtschaftspolitik ebenfalls zu langfristigem Denken und Handeln anhalten – nicht nur zum Vorteil der Allgemeinheit, sondern auch zum Vorteil der Gruppen, die sich von bestimmten Politikmaßnahmen nachteilig betroffen fühlen (und es vorübergehend vermutlich auch sind).[141]

---

141 In der wirtschaftspolitischen Realität dominiert die Organisierung von Gruppeninteressen aus dem kurzfristigen Nutzenkalkül heraus. Die große Ausnahme bildet der Umweltbereich. Hier haben sich schlagkräftige Organisationen gebildet, die die Politik veranlassen, den Umweltschutz aktuell so zu betreiben, dass Umweltschäden, die erst in Jahrzehnten auftreten würden, vermieden werden.

Interessengruppen sind jedoch keineswegs ausschließlich negativ zu sehen – trotz der Tendenz, dass sich Nachfrager nach allokationstheoretisch schlechteren Politiken besser durchsetzen können. Folgende Argumente sprechen für eine **Vorteilhaftigkeit von Interessengruppen** im politischen Prozess:

- Sie übernehmen Aufgaben, die sie mit geringeren Transaktionskosten ausführen können als die Politiker. Darunter fallen z.B. Beschreibungen von Ausbildungsinhalten bei Berufen.
- Sie senken Informationskosten, sowohl aus Wählersicht als auch aus Politikersicht, durch die Bündelung von Interessen.
- Es entstehen geringere Verhandlungskosten, da sich nicht mehr einzelne Akteure und Politiker auseinandersetzen müssen.

Insgesamt **können** Interessengruppen den Staat und den Wähler entlasten, indem sie Informationen bereitstellen und damit die Qualität der politischen Entscheidung – gemessen an den Wählerpräferenzen – beeinflussen. In diesem Zusammenhang ist die Bildung von Interessengruppen als spontane Ordnung zu verstehen, solange keine Zwangsgewalt auf Dritte ausgeübt wird und das Prinzip der Freiwilligkeit besteht.

Anschließend stellt sich die Frage, wie sich Interessengruppen im politischen Prozess durchsetzen. Mindestens **drei Wege der Beeinflussung des politischen Geschehens** sind denkbar:

- **Außerparlamentarische Aktivitäten:** Darunter fällt das Erzeugen wirtschaftlichen Drucks durch Streik und die Ausübung politischen Drucks durch öffentliche Aufrufe, Kundgebungen und Informationsveranstaltungen. Darüber hinaus bieten die Interessengruppen Informationen an, mit deren Hilfe Entscheidungen getroffen werden. Dabei ist eine selektive Informationsvermittlung an die Politiker nicht auszuschließen. Dieser Informationsvorsprung wird für die eigenen Ziele eingesetzt, mitunter auch durch gezielte Irreführung der Öffentlichkeit, und eine Gegenleistung wird eingefordert.
- **Vertreter von Interessengruppen im Parlament:** Viele Vertreter von Interessengruppen sind gleichzeitig Mitglieder in politischen Parteien und in Parlamenten sowohl auf der Landesebene als auch auf der Bundesebene. Dies trifft insbesondere auf Vertreter von Gewerkschaften, Industrie und der mittelständischen Wirtschaft zu. Dadurch gewinnt der oben beschriebene Stimmenhandel an praktischer Relevanz.
- **Finanzielle Zuwendung**: Interessengruppen treten auch als Geldgeber der Parteien auf und nehmen so Einfluss auf das Parteiprogramm. Ebenfalls von

erheblicher praktischer Bedeutung sind Parteispenden und Spenden zur Wahlkampfunterstützung. Mitunter geraten Parteispenden in die Nachbarschaft von Bestechung. Beispiele gibt es vor allem auf der kommunalen Ebene, wenn die Vergabe von Aufträgen (Bauvorhaben, Müllentsorgung) im Spiel ist.

B. Allokationseffekte des Rent-Seeking

Das Agieren von Interessengruppen kann auch als rentensuchendes Verhalten betrachtet werden. Statt sich unternehmerisch und durch produktive Arbeit anzustrengen und damit nach Leistungseinkommen zu streben **(„profit-seeking")**, werden beim **„rent-seeking"** und ebenso beim **„rent-defending"** knappe Ressourcen eingesetzt mit dem Ziel, private Vorteile in Form von Transfers, Regulierungen, Vorrechten und Machtspielräumen zu erwirken bzw. einmal erzielte Besitzstände zu wahren. Anspruchsdenken und Besitzstandsdenken weden zu festen Größen der Wirtschaftspolitik. Solche Lobby-Ausgaben zu tätigen, lohnt sich für die jeweilige Interessengruppe so lange, wie der aus der Einflussnahme erzielte Gewinn höher ist als der Aufwand. Gesamtwirtschaftlich gesehen kommt dieser privat zu tragende Aufwand einer Vergeudung von Ressourcen gleich, besonders dann, wenn talentierte oder qualifizierte Personen (Juristen, Volkswirte, Ingenieure) mit Rent-Seeking-Aktivitäten befasst sind (Murphy, Schleifer und Vishny 1990). Mit sehr großer Wahrscheinlichkeit würden die durch das Rent-Seeking gebundenen Produktionsfaktoren in den normalen wirtschaftlichen Aktivitäten eine gesamtwirtschaftlich höhere Produktivität erbringen (hohe Opportunitätskosten des Rent-Seeking). Das allokative Effizienzniveau in der Volkswirtschaft wäre dann höher. Die dritte Marginalbedingung wäre erfüllt (Unterabschnitt II.4.C).

Richtig ist, dass das nutzenmaximierende Individuum auf dem politischen Markt ebenso wie auf dem Markt für private Güter nach möglichst hohen Renten (Konsumentenrente, Produzentenrente) sucht. Dieses Verhalten führt jedoch auf dem politischen Markt zu einem gesamtwirtschaftlichen Wohlfahrtsverlust, während es am privaten Gütermarkt zur Wohlstandssteigerung beitragen kann. Wenn es einer Interessengruppe gelingt, die Regierung davon zu überzeugen, dass in ihrer Branche die Bedingungen eines Marktversagens vorliegen und deshalb Markteintrittsregulierungen eingeführt werden müssten, steigt die Marktmacht der Unternehmen. Sie erhalten die Möglichkeit für Preiserhöhungen; im Extremfall entsteht ein Monopol. Es kommt zu einer Rentenumverteilung von den Konsumenten zu den Produzenten; die gesamtwirtschaftliche Wohlfahrt sinkt.

Die negativen Wohlfahrtseffekte von Monopolen, Schutzzöllen und sektorspezifischen Marktzugangsbeschränkungen werden unterschätzt, wenn der für das Rent-Seeking betriebene Aufwand vernachlässigt wird (Tullock 1980). Dies lässt sich am Beispiel eines Zolls verdeutlichen. Zum einen kommt es zu einer Verletzung der Marginalbedingungen.[142] Zum anderen entstehen Wohlfahrtsverluste durch:

- Retorsionsmaßnahmen des Auslandes in anderen Sektoren: Wenn andere Länder mit selektiven Importbeschränkungen reagieren („Vergeltung üben"), können davon im Inland auch Wirtschaftsbereiche betroffen sein, in denen die Volkswirtschaft einen komparativen Kostenvorteil hat. Die internationale Arbeitsteilung entfernt sich noch mehr vom Optimum, die Güterströme werden zusätzlich verzerrt. Die vierte Marginalbedingung (Unterabschnitt II.4.C) ist verletzt.

- Eine Aufwertung der eigenen Währung gegenüber dem Freihandelszustand: Dazu kommt es wegen des protektionsbedingten Importrückgangs und der damit verbundenen geringeren inländischen Devisennachfrage. Die Aufwertung beeinträchtigt die internationale Preis-Wettbewerbsfähigkeit der Exporte mit der Folge, dass in diesem Bereich weniger produziert wird und die Beschäftigung niedriger ist als sonst (Effektiver Netto-Protektions-Effekt nach Balassa (1971)).

- Eine Verteuerung von inländischen Importsubstituten: Nach der Zollerhebung liegt der Inlandspreis des Importguts oberhalb des Weltmarktpreises. Dadurch haben die inländischen Unternehmen, die mit den Importen konkurrieren, einen Preiserhöhungsspielraum beim Absatz der eigenen Produkte, den sie weitmöglichst ausschöpfen. Soweit diese Produkte Vorprodukte für andere inländische Produzenten sind, entstehen diesen auf der Vorleistungsseite höhere Kosten. Somit wirkt die Importprotektion wie eine zusätzliche Steuer, die auf allen weniger oder gar nicht geschützten Bereichen lastet (Omega-Effekt nach Sjaastad (1980)).

- Nachlassende Bemühungen der geschützten Unternehmen um Neuerungen: Da der Importzoll den Wettbewerb auf dem inländischen Gütermarkt verringert, können die Unternehmen den Gewinn maximieren, ohne durch Innovation und Rationalisierung ständig für ein attraktives und preisgünstiges Angebot sorgen zu müssen; im Extremfall kann trotz teurer und qualitativ schlech-

---

[142] Dies lässt sich partialanalytisch anhand der Abbildung II.7 zeigen. Dort werden die Effekte einer Liberalisierung aufgezeigt. Um die Wohlfahrtseffekte eines Zolls zu erfassen, müssen die Änderungen in umgekehrter Richtung vorgenommen werden. Der Zoll verursacht gesamtwirtschaftliche Wohlfahrtsverluste („excess burden") in Höhe der Dreiecke BGC und DFE.

ter Produkte der Marktanteil gehalten werden. Dies sind negative dynamische Effekte. Sie manifestieren sich in geringeren unternehmerischen Investitionen für die Entwicklung neuer Produkte und für Kostensenkungen und Produktivitätssteigerungen im Betrieb. Das wirtschaftliche Wachstum verlangsamt sich.

- Administrative Aufwendungen: Die Zölle müssen eingetrieben werden. Dies bindet beim Staat Ressourcen.
- Aufwendungen bei Dritten: Die Interessengruppen von Wirtschaftssubjekten, die durch die Zollmaßnahme benachteiligt werden (einschließlich Verbraucherschutzorganisationen), haben Anlass genug, Gegenkräfte freizusetzen. Dazu muss ebenfalls ein Aufwand getrieben werden, der volkswirtschaftlich ein verlorener Aufwand ist, wenn die Politikmaßnahme nicht verhindert werden kann.

Das alles gilt mutatis mutandis auch bei Marktzugangsregulierungen oder Monopolen. Ein Problem besteht in der adäquaten Quantifizierung dieser Kosten. Sie sind jedoch insgesamt als signifikant zu erachten. Überdies ist fraglich, inwiefern die umgewandelte Produzentenrente tatsächlich nur eine Umschichtung darstellt oder aber unter Berücksichtigung vorheriger Transaktionen am politischen Markt teilweise – wenn nicht sogar ganz – durch Lobbyaktivitäten aufgezehrt wird.

4. Bürokratieprobleme

A. Soziologische Perspektive versus ökonomischer Ansatz

Bislang wurden Politiker und Wähler betrachtet, die als Anbieter und Nachfrager auf dem politischen Markt agieren. In einem dritten Schritt werden Bürokratien als ausführende Organe der Politik betrachtet, die ebenfalls von Interesse für die Analyse der Angebotsgestaltung sind. Zunächst lassen sich zwei Sichtweisen unterscheiden: die **soziologische Sicht** und die **ökonomische Sicht**.

Aus **soziologischer Perspektive** wird Bürokratie als effiziente Organisationsform zur Bewältigung komplexer Probleme aufgefasst. Es gibt eine Hierarchie von Beamten mit festen Pflichten und Kompetenzen sowie klaren Regeln. Zentrale Eigenschaften dieser Hierarchie sind Präzision, Eindeutigkeit, Kontinuierlichkeit, Diskretion, straffe Ordnung usw. Die Arbeitsteilung innerhalb der Bürokratie wird nach rein sachlichen Gesichtspunkten zwischen Spezialisten vorgenommen. Persönliche Präferenzen werden ausgeblendet; Automatismus und Neutralität stehen im Vordergrund.

Abbildung IV.2: Das zweistufige Prinzipal-Agent-Problem

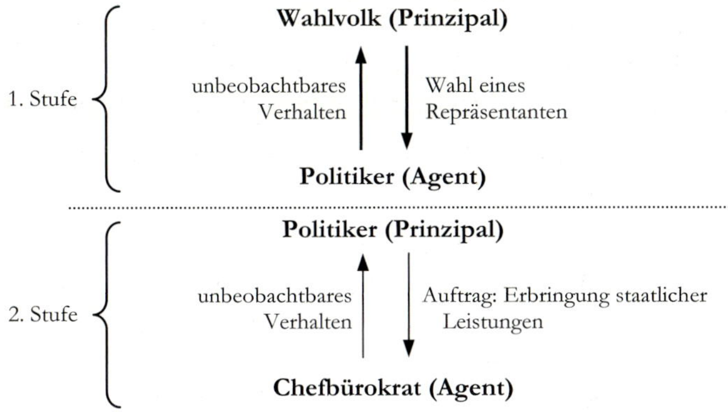

Dagegen steht die **ökonomische Perspektive:** Genau wie Politiker und Wähler verhalten sich auch Bürokraten rational, indem sie ihren persönlichen Nutzen zu maximieren trachten. Deshalb sind gesellschaftliche Kosten und Nutzen für sie wenig relevant. Die Anreize und Beschränkungen, denen staatliche Bürokraten unterworfen sind, wirken anders als jene, denen private Unternehmer ausgesetzt sind: Es besteht nur ein sehr geringes – in der Regel ausschließlich vom persönlichen moralischen Verhalten abhängiges – Arbeitsplatzrisiko, das nicht von der Leistung beeinflusst wird. Bürokraten übernehmen keine persönliche Verantwortung bzw. Haftung. Dies hat vermutlich Konsequenzen für die Effizienz der Verwaltung.[143] Auch hier ist die Frage nach der individuellen Rationalität entscheidend. Wir werden Probleme der öffentlichen Verwaltung im Folgenden aus der ökonomischen Perspektive analysieren.

B. Das zweistufige Prinzipal-Agent-Problem

In der öffentlichen Verwaltung liegt ein Prinzipal-Agent-Problem vor (Unterabschnitt III.3.A). Es handelt sich dabei nicht um ein einfaches Prinzipal-Agent-Problem, sondern mindestens um ein zweistufiges Prinzipal-Agent-Problem (Abbildung IV.2). Der Politiker ist Agent des Wählers (im Folgenden als Agent I bezeichnet). Zusätzlich ist der Bürokrat ein Agent des Politikers (Agent II). Dieser soll im Auftrag des Politikers durch Einsatz der ihm zugeteilten Ressourcen, z.B. weitere Bürokraten, Büros, Ausstattung usw., die gewünschten staatlichen Leistungen erbringen. Das bereits bekannte Problem besteht darin, dass jeder Agent be-

143 Der Begriff Bürokrat hat hier keine der im üblichen Sprachgebrauch gelegentlich bestehenden negativen Konnotationen.

strebt ist, seinen eigenen Nutzen, hingegen nicht zwingend den Nutzen des Prinzipals, zu maximieren. Damit ergibt sich aus Sicht des Wählers das – im Zusammenhang mit der Geldpolitik im Unterabschnitt III.3.F bereits diskutierte – zweistufige Prinzipal-Agent-Verhältnis. Es entsteht eine doppelte Informationsasymmetrie.

Der Wähler kann den Politiker nur unvollständig kontrollieren. Der Bürokrat wiederum kann nicht vollständig durch den Politiker kontrolliert werden. Der Output der Bürokratie wird deshalb mit verborgenen Handlungen bzw. Informationen produziert.[144] Häufig ist der Output nur schwer messbar, so dass die Kontrolle an Inputgrößen ansetzt. Der Bürokrat wird danach beurteilt, ob er die Handlung in Übereinstimmung mit den ihm auferlegten Regeln bzw. Vorschriften erbracht hat. Somit dienen die Vorschriften als Ersatzmaßstab zur Beurteilung der Qualität der Leistung. Sie dienen außerdem der Einschränkung des Handlungsspielraums. Diese Vorschriften beinhalten auch die **Nullgewinnbeschränkung** eines Büros: Staatliche Bürokratien sollen keinen Gewinn erwirtschaften, Preise für Verwaltungsleistungen dürfen nur kostendeckend sein, wobei interne Subventionierung zwischen Leistungssparten erlaubt ist. Fraglich ist allerdings, ob dadurch tatsächlich kostengünstig produziert wird. Möglicherweise besteht ein Anreiz, Kosten zu produzieren.

Aufgrund des doppelten Prinzipal-Agent-Problems ergibt sich aus Wählersicht ein Kontrollverlust, da der Wähler nicht identifizieren kann, welcher Agent für die hohen Kosten verantwortlich ist. Dies wird als **Kostenidentifikationsproblem** bezeichnet. Jeder Agent kann und wird die Verantwortung für Fehlentwicklungen von sich weisen. Die doppelte Informationsasymmetrie führt zu recht großen Handlungsspielräumen der Bürokratie. Diese werden noch dadurch erhöht, dass gleichsam eine Monopolstellung besteht, da die öffentlichen Verwaltungen nicht in Konkurrenz zueinander stehen.[145] Dies verstärkt das Prinzipal-Agent-Problem, denn der Anreiz im Interesse der Wähler zu handeln verringert sich weiter.

C. Das Grundmodell der ökonomischen Theorie der Bürokratie

Das grundlegende Modell der Bürokratie stammt von Niskanen (1971). Hier steht der Bürokrat im Mittelpunkt der Analyse, der Politiker wird als passives Subjekt angenommen. Weitere zentrale Annahmen sind:

---

144 Zusätzlich können die Bediensteten des Büros wieder als Agenten des Chefbürokraten verstanden werden, wodurch neue Kontrollprobleme bzw. Informationsasymmetrien entstehen.

145 Dies hat Eichenberger (1996) dazu veranlasst, über wettbewerbliche Strukturen öffentlicher Anbieter von Diensten nachzudenken.

i. Der Chefbürokrat maximiert seinen Nutzen, indem er das Budget des Büros maximiert. Das Budget korreliert positiv mit den eigentlichen Nutzengrößen: Einkommen, Prestige, Umfang weiterer nicht-pekuniärer Einkommen wie z.B. ein Dienstwagen usw.

ii. Der Politiker gibt Informationen über die aggregierte marginale Zahlungsbereitschaft seiner Wähler an den Bürokraten weiter und fragt die entsprechende Menge des öffentlichen Gutes nach.

iii. Es handelt sich hier quasi um ein bilaterales Monopol mit dem Politiker als einzigen Nachfrager und dem Bürokraten als einzigen Anbieter. Dabei sind die Machtverhältnisse aufgrund des Informationsvorsprungs des Bürokraten hinsichtlich der Kosten der Bereitstellung verzerrt.

Anhand der Abbildung IV.3 lassen sich die Ergebnisse verdeutlichen. Es wird ein Gut x vom Politiker angeboten und von der Bürokratie bereitgestellt. Die Grenzkosten der Produktion steigen mit der Menge des Gutes an. Sie sind nur dem Bürokraten bekannt. Die marginale Zahlungsbereitschaft stellt im Optimalfall den Grenznutzen der Wähler dar.[146] In dieser Höhe ist der Politiker bereit, für eine zusätzliche Einheit des Gutes zu bezahlen, also dem Büro aus dem öffentlichen Budget Mittel zur Verfügung zu stellen. Gesamtwirtschaftlich effizient wäre eine Bereitstellung in Höhe von x_E, da dort die Grenzkosten den Grenznutzen entsprechen. Dieses Ergebnis würde einer marktlichen Lösung entsprechen. Eine Steigerung wäre nicht sinnvoll, da dann die Grenzkosten den Grenznutzen übersteigen. Der Bürokrat maximiert jedoch sein Budget bis zu dem Punkt, in dem die gesamten Produktionskosten (Fläche unterhalb der Grenzkosten-Kurve GK) der gesamten Zahlungsbereitschaft (Fläche unterhalb der Kurve der marginalen Zahlungsbereitschaft MZB) entsprechen. Die gesamte, von den Wählern abgeschöpfte, Konsumentenrente wird dazu verwendet, das Gut im Umfang von x_N zu finanzieren. Dies kann am besten veranschaulicht werden, indem die Integrale betrachtet werden, d.h. die gesamten Kosten und der gesamte Nutzen. Werden diese Integrale voneinander subtrahiert, ergibt sich der soziale Überschuss, also die insgesamt realisierbare Rente R (siehe unteres Diagramm). Diese wird maximiert, wenn die Menge x_E bereitgestellt wird. Im Falle von x_N entsprechen die gesamten anfallenden Kosten genau dem Nutzen, und es wird eine gesamtwirtschaftliche Rente von null erzielt.

146 Dies ist allerdings fraglich, da der Politiker die marginale Zahlungsbereitschaft schätzen muss.

Abbildung IV.3: Die Anreize zur Bereitstellung des öffentlichen Gutes

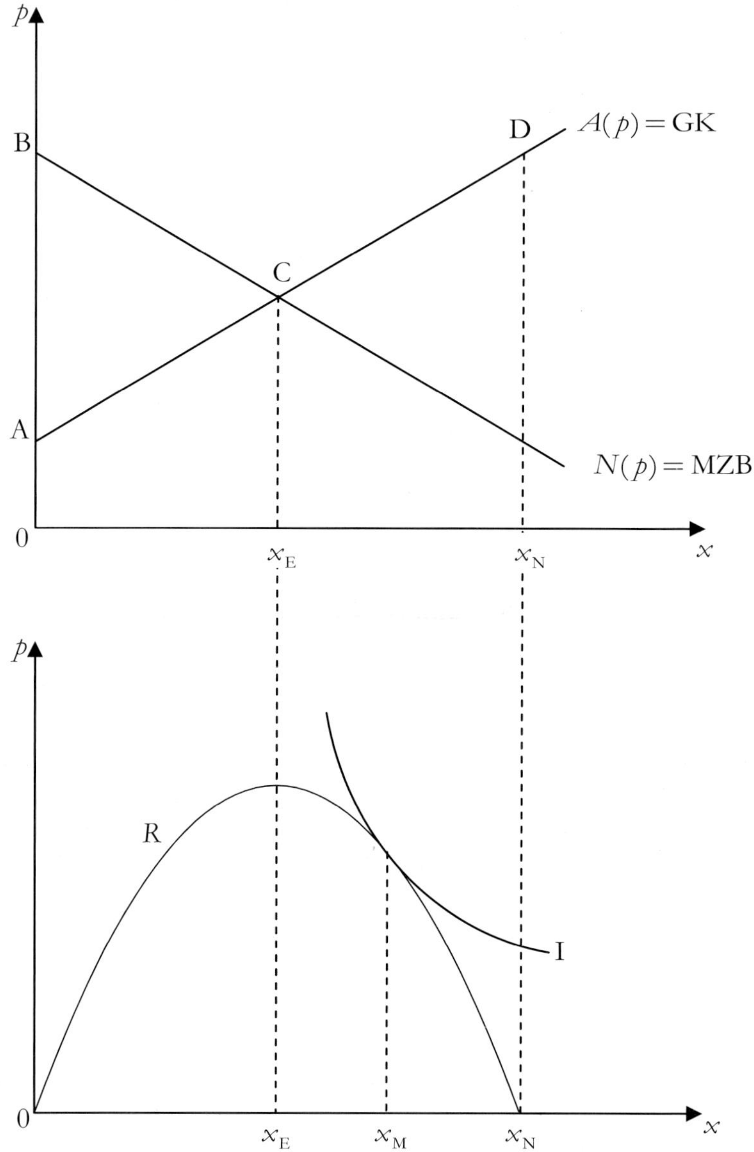

Hier ist das Budget aus Bürokratensicht optimal, eine weitere Ausdehnung wäre nicht finanzierbar, da der Politiker dafür keine Mittel bereitstellen würde. Die bereitgestellte Menge ist aber aus gesamtgesellschaftlicher Sicht zu groß. Es herrscht allokative Ineffizienz, dennoch wird hier zu minimalen Kosten produziert, also kein bürokratischer Gewinn realisiert. Es gibt also keine X-Ineffizienz.

Die Analyse zeigt auf, welche Anreize Mitglieder der öffentlichen Verwaltung somit haben können, auf dem politischen Markt Interventionen, Regulierungen usw. anzubieten. Sie sind nicht in der Lage, persönliches Einkommen aus diesem Angebot zu ziehen, da sie aus öffentlichen Mitteln weitgehend unabhängig von ihrer Leistung bezahlt werden(Niskanen 1971, S. 15). Ihre Nutzensteigerung resultiert aus einer Zunahme an Einfluss und Prestige, eventuell aus einer Vergrößerung der Behörde mit steigendem Gewicht und aus persönlichen Beziehungen zu den geschützten Sektoren. Die Vergrößerung der Behörde ist ein offensichtlich weit verbreitetes Phänomen (Parkinson 1958, S. 5ff.). Daraus kann der Einzelne Nutzen ziehen, indem er in der Hierarchie aufsteigt. Auf diese Weise können vor allem ältere Mitglieder einer Behörde auch eine tatsächliche Einkommenssteigerung realisieren.

D. Kritik und Weiterentwicklung des Grundmodells

Dieses Grundmodell ist in verschiedener Hinsicht kritisiert, erweitert und modifiziert worden. Die wichtigsten Gesichtspunkte sind:

- **Budgetmaximierung als übergeordnetes Ziel**: Dahinter steht die Frage, wieso der Bürokrat die zusätzlichen Mittel ausschließlich für die Produktion von mehr Gütern einsetzen sollte. Hier wird nun ein weiterer Aspekt berücksichtigt: die **persönliche Rente** des Bürokraten. Diese könnte durch „persönliche Annehmlichkeiten" des Bürokraten charakterisiert werden, die nicht allein durch die Größe des Budgets erfüllt werden, sondern dazu in Konkurrenz stehen. Mit anderen Worten: Es gibt alternative Möglichkeiten, die zugeteilten Budgetmittel zu verausgaben, z.B. für mehr Beschäftigte oder bessere Büroeinrichtungen. Der Bürokrat muss sich somit entscheiden, ob er das Budget maximiert oder aber einen geringeren Umfang des Gutes bereitstellt, der zwar höher ist als der optimale Umfang: Da dort aus seiner Sicht Renten entstehen, jedoch nicht maximal (also zwischen x_E und x_N liegt). Das dann realisierte Outputniveau hängt vom Verlauf seiner persönlichen Indifferenzkurve I ab, die die Substitution zwischen eigener Rente und höherem Budget abbildet. Im Tangentialpunkt der Renten-Kurve und seiner Indifferenzkurve I maximiert der Bürokrat seinen Nutzen und stellt die Menge x_M des Gutes bereit (Abbildung IV.3, unteres Diagramm). In der Marginalbetrachtung entspräche diese

Entscheidung einer Verschiebung der Grenzkostenkurve nach oben, da nun zu höheren Kosten als den tatsächlichen Grenzkosten angeboten wird. Dann wäre x_M wiederum die maximale Budgetgröße, diesmal allerdings unter der Nebenbedingung von X-Ineffizienzen. Somit bestünde nun eine Situation, in der sowohl zuviel von dem Gut bereitgestellt würde – allokative Ineffizienz – als auch nicht mehr zu minimalen Kosten produziert würde – X-Ineffizienz.

- **Vollständige Informationsasymmetrie hinsichtlich der Kosten:** Der Politiker steht im Wettbewerb mit anderen Politikern und könnte deshalb bestrebt sein, diese Asymmetrie zu überwinden, um dadurch Wählerstimmen zu gewinnen. Dahinter steht die Annahme, dass die Wähler die gesamtgesellschaftlich effiziente Menge wünschen. Unter dieser Annahme würde der Politiker durchaus Kontrollkosten auf sich nehmen, da die ineffiziente Bereitstellung von Leistungen durch die öffentliche Verwaltung auf ihn zurückfallen könnte. Denn es besteht ein doppeltes Prinzipal-Agent-Problem. Auch hier wird der Politiker einer Kosten-Nutzen-Analyse folgen und nur so lange Kontrollkosten bezüglich der Bürokratie auf sich nehmen, wie dadurch der Nutzen, in diesem Fall der Stimmengewinn, vergrößert werden kann. Damit ist der Fall der Produktion von x_N als Spezialfall zu sehen, bei dem die Politiker keine Anstrengung unternehmen, die tatsächlichen Kosten der Produktion zu erkennen. Allerdings werden sie diesen Informationsvorsprung auch nicht auf null reduzieren, da dies zu kostspielig wäre.

- **Monopol**: Büros stehen untereinander im Wettbewerb um knappe Budgetmittel. Es gibt zwar nur eine Fachbehörde für eine öffentliche Aufgabe, allerdings konkurrieren auch unterschiedliche Fachbehörden um dieselben Budgets. So sind z.B. Mittel, die der Verteidigungsminister eines Landes erhält, für die Bildungspolitik verloren. Darüber hinaus existieren Büros mit ähnlichen Aufgaben, z.B. Gemeindeverwaltungen in verschiedenen Regionen. Hier bestehen Vergleichsmöglichkeiten für Politiker und Wähler, die zur Reduktion der Informationsvorsprünge führen und den Handlungsspielraum der Verwaltungen einschränken, insbesondere in föderalistisch aufgebauten Staaten. Daraus könnte ein Wettbewerb der Büros als Standortwettbewerb resultieren. Dieser Wettbewerb könnte dazu beitragen, dass die Bürokraten diszipliniert werden. Dennoch bleibt die stochastische Variable weiterhin bestehen, so dass eine vollständige Kontrolle verhindert wird. Messerlin (1981) bezeichnet die Bürokratie in einer Jurisdiktion deshalb treffend als einen **Partial Dictator**, der seinen Einfluss auf einem Gebiet quasi absolutistisch geltend machen kann.

- **Capture-Theorie**: Die persönlichen Beziehungen der Bürokratie zu der geförderten oder regulierten Branche bleiben nicht ohne Wirkungen auf das Niveau der Regulierungen. Auch sind Rückwirkungen auf die Behörde selbst nicht unwahrscheinlich. Die Anbieter von Regulierung laufen Gefahr, im Zeitablauf die Standpunkte der Nachfrager zu ihren eigenen zu machen. Sie sind durch die Nähe zu den Interessengruppen und die ständige Konfrontation mit deren Argumenten irgendwann von der Richtigkeit der Argumente überzeugt (Stigler 1971). Der Regulierung eines Sektors verdankt die Bürokratie vielfach erst ihre Existenz.[147] Die Mitglieder der Bürokratie bauen sich Expertenwissen auf und können sich selber den Status der Unverzichtbarkeit gewähren, da außer ihnen kaum jemand die Details genau kennt und die Wirkungen der Maßnahmen beurteilen kann. Im Verbund mit der Beschränktheit der Aktivitäten einer Behörde auf einen Teilbereich der Volkswirtschaft, z.B. auf einen Sektor bzw. auf eine oder wenige Maßnahmen, führt dies somit zu einer starken Präferenz für sektorspezifische Regulierungen und deren Fortbestand.

- **Vermischung von Angebot und Nachfrage auf dem politischen Markt**: Eschenburg (1955, S. 16f.) geht in seiner Argumentation sogar noch weiter. Er vertritt die Auffassung, die Verbände, zu denen er auch Parteien und Kirchen zählt, beherrschten die Bürokratien schon durch ihren Einfluss auf deren Personalentscheidungen. Angebot und Nachfrage sind dann nicht zu trennen. Die Bürokratie dient in diesem Fall nur noch speziellen Interessen. Diese weitreichende Auffassung wird nicht generell vertreten, ganz zu leugnen ist dieser Zusammenhang aber nicht.

- **Relevanz des Interessengegensatzes:** In der Realität kann nicht immer klar zwischen Politikern und Bürokraten abgegrenzt werden: Öffentliche Bedienstete werden oft selbst Politiker; höhere Beamte werden politisch ernannt. In den Parlamenten sitzen überdies viele Bürokraten (z.B. Lehrer). Im Deutschen Bundestag sind es mehr als ein Drittel. Diese sind zwar vorübergehend in den einstweiligen Ruhestand versetzt, können jedoch nach Abschluss einer Legislaturperiode ihre Bürokratentätigkeit fortsetzen. Insofern stellt die Bürokratie selbst wiederum eine Interessengruppe dar.

E. Zur Kontrolle der öffentlichen Verwaltung[148]

Trotz der oben geschilderten Zusammenhänge kann die öffentliche Verwaltung kontrolliert werden. Diese Kontrolle kann verwaltungsintern, d.h. durch andere

---

[147] Ein aktuelles und in vielen Ländern anzutreffendes Beispiel ist die spezielle Regulierungsbehörde für die Wettbewerbsaufsicht über den Telekommunikationssektor.

[148] Siehe hierzu Blankart (2007, S. 483ff.) sowie Donges et al. (1991).

Bürokratien, verwaltungsextern, d.h. durch speziell eingerichtete Gremien, oder durch gänzlich andere Ansätze geschaffen werden.

- **Verwaltungsinterne** Kontrollen**:** Übergeordnete Bürokratien kontrollieren nachgeordnete. Aber auch diese unterliegen der Logik der Verwaltung. Zumindest die Befolgung der Regeln der Verwaltung ist zu erwarten.

- **Verwaltungsexterne** Kontrollen**:** Es gibt zwei wesentliche externe Kontrollinstanzen für die öffentliche Verwaltung. Erstens wird diese Aufgabe den **Rechnungshöfen** als allokative Beurteilungsinstanzen für Verwaltungen übertragen. Diese sind jedoch ebenfalls Verwaltungen und leiden vermutlich unter gleichartigen Problemen. Sie können zudem lediglich ihre Meinung kundtun, die Ausgaben jedoch nicht durch ein Veto blockieren. Mithin besteht das hauptsächliche Problem in der fehlenden Entscheidungskompetenz. Zudem obliegt ihnen die Beweislast für Ineffizienzen, was mit hohen Kosten verbunden ist. Sie haben keine richterliche Gewalt und kein Sanktionspotential.[149] Die zweite Gruppe von Kontrolleuren sind Politiker. Das bestehende Kontrollproblem ist bereits genannt worden. Darüber hinaus können Politiker in Nationalstaaten Bürokraten in supranationalen Büros nicht mehr gut kontrollieren.

- **Andere Ansätze:** Hierunter fällt eine Reihe von Elementen, z.B. die Einführung von Leistungsanreizen und eine Entlohnung und Beförderung nach der Leistung. Schwierig ist jedoch aus naheliegenden Gründen die praktische Umsetzung dieses Vorschlages. Alternativ ließen sich die Dienstposten auf Zeit vergeben. Die Möglichkeit einer stärkeren Konkurrenz zwischen den Büros wurde bereits diskutiert. Schließlich könnte man auch mehr Kompetenzen für den Rechnungshof schaffen, z.B. eine Vetomöglichkeit für Ausgaben.

---

149 Ganz ohne Einfluss sind Rechnungshöfe allerdings nicht. Ihre Berichte werden in der öffentlichen Diskussion durchaus aufgegriffen und haben in zahlreichen Fällen die Verwaltungen zu gezielten Maßnahmen genötigt, um die beanstandeten Mängel abzustellen. Das bislang wohl spektakulärste Beispiel in Deutschland betrifft die Bundesanstalt für Arbeit. Anfang Februar 2002 wurde bekannt, dass der Bundesrechnungshof massive Fehler in der amtlichen Arbeitslosen-Vermittlungsstatistik aufgedeckt hatte, was die Arbeitsämter in den Verruf brachte, die Arbeitslosenstatistik zu schönen, und dem Bundesarbeitsministerium als oberster Aufsichtsbehörde in Erklärungsnöte versetzte. Die Öffentlichkeit, die gerade durch die Nachricht eines Wiederanstiegs der ohnehin sehr hohen Arbeitslosigkeit (von rund 4 auf 4,3 Millionen Personen im Januar 2002) aufgeschreckt worden war, übte alsbald einen politisch wirkungsvollen Druck aus, die Tätigkeit der Arbeitsämter einer gründlichen Revision zu unterwerfen. Tatsächlich bekam die Bundesanstalt für Arbeit zum 27. März 2002 eine neue Organisationsstruktur, und seitdem sind auch neue Verfahren zur Vermittlung von Arbeitslosen an Unternehmen unter Einschaltung privater Vermittlungsagenturen entwickelt worden. Die Grundlage bildet der Bericht einer von der Bundesregierung ad hoc eingesetzten Expertenkommission (die nach ihrem Vorsitzenden benannte Hartz-Kommission, 2002).

5. Die positive Theorie wirtschaftspolitischer Reformen

A. Politische Hysterese und Überwindungsmöglichkeiten

Mit Hilfe der ökonomischen Theorie der Politik kann man erklären, warum die Wirtschaftspolitik sich vom Allokationsoptimum entfernt. Diese theoretischen Überlegungen sind oft **mit Hilfe empirischer Methoden auf ihren Realitätsgehalt** hin überprüft worden. Insgesamt begründen diese Studien eine **hohe Relevanz der Theorie**. Insoweit dürfen sich die Studierenden der Wirtschaftswissenschaften nicht wundern, wenn so vieles von dem, was ihnen im Hörsaal über Effizienz und Rationalität in der Wirtschaftspolitik vorgetragen wird, in den wirtschaftspolitischen Entscheidungen von Regierung und Parlament nicht aufscheint. Allerdings zeigt sich auch immer wieder, dass die Wirtschaftspolitik zu Reformen in der Lage ist. Gerade in den letzten drei Dekaden des 20. Jahrhunderts hat es weltweit eine Vielzahl von wirtschaftspolitischen Reformen gegeben. Diese fanden sowohl in den Industrieländern als auch in weniger entwickelten Ländern statt. Sie betrafen einzelne Bereiche der Wirtschaftspolitik, z.B. die Geldpolitik, oder aber die gesamte Wirtschaftsordnung, besonders die Transformation der planwirtschaftlichen Systeme in Mittel- und Osteuropa in marktwirtschaftliche. Außerdem wurden in zahlreichen Branchen spezifische Regulierungen gemildert oder abgeschafft und öffentliche Unternehmen privatisiert, z.B. in der Telekommunikation, in der Versicherungswirtschaft und im Luftlinienverkehr. Seit Anfang des laufenden Jahrzehnts werden Reformen in den Systemen der sozialen Sicherung (gesetzliche Rentenversicherung, Gesundheits- und Pflegeversicherung, Arbeitslosenversicherung, Sozialhilfe) auf der politischen Ebene diskutiert und (langsam) auf den Weg gebracht: Es geht um den Kern des Wohlfahrtsstaats und um besonders brisante Reformen, weil Besitzstände in Frage gestellt werden und die Betroffenen sich wehren, zum Beispiel durch ihr Stimmverhalten bei Parlamentswahlen. Nach der politökonomischen Logik hätte es dazu eigentlich nicht kommen können.

Für eine positive Erklärung von wirtschaftspolitischen Reformen macht es Sinn, sich zunächst einmal eine **fiktive Krisensituation** vorzustellen, die durch folgende Merkmale gekennzeichnet ist:

- Es herrsche eine hohe Dauerarbeitslosigkeit und ein niedriges Wachstum des gesamtwirtschaftlichen Produktionspotentials.
- Die Investitionstätigkeit der Unternehmen sei im Inland anhaltend schwach, Kapital wandere ins Ausland ab, ausländisches Kapital wende sich anderen Standorten zu.

- An hochqualifizierten Fachkräften bestehe ein akuter Mangel, der sich durch die Zuwanderung von Spezialisten aus dem Ausland nicht beheben lässt und der durch die Auswanderung inländischer Kräfte fortdauert.
- Die Systeme der sozialen Sicherung, die nach dem Umlageverfahren finanziert werden, seien finanziell angeschlagen und machten ständig Beitragssatzerhöhungen notwendig.
- Die öffentlichen Haushalte seien aus dem Ruder gelaufen, die Staatsverschuldung steige unentwegt an und der Schuldendienst enge den finanziellen Handlungsspielraum für dauerhafte Steuersenkungen merklich ein.

Die Ursachen für diese Situation wurzeln, so sei angenommen, in zu vielen Regulierungen des Arbeitsmarktes und auf den Produktmärkten, in zu vielen Subventionen und Importbeschränkungen, in zu lange dauernden Genehmigungsverfahren der Behörden bei Innovationen und Investitionen, in zu vielen staatlich induzierten Fehlsteuerungen im Bildungssystem (einschließlich Hochschulbereich), in einem Übermaß an Sozialstaat samt einer übermäßig ausgeweiteten staatlichen Umverteilung der vom Markt bestimmten Einkommen, in einem zu hohen Geldbedarf des Staates und dergleichen mehr. Das Problem ist nicht diese oder jene Maßnahme; für sich genommen kann sie sogar harmlos sein. Das Problem ist vielmehr, dass einmal eingeführte Regelungen nicht oder nur teilweise abgeschafft oder modifiziert werden, sobald der Grund für ihre Einführung weggefallen ist oder schädliche Auswirkungen erkennbar werden, und dass zu den alten neue Regelungen hinzukommen und als Folge davon das Netz staatlicher Interventionen in den Wirtschaftsprozess immer dichter wird. Diese Entwicklung kann man mit dem Begriff der **politischen Hysterese** belegen, die als ein stetiger Anstieg der politischen Tätigkeit definiert ist, der langfristig bestehen bleibt. Der Begriff ist der Arbeitsmarktökonomie entlehnt. Dort wird der Fall modelliert, in dem die Arbeitslosigkeit durch einen exogenen Schock, z.B. einen kräftigen Anstieg des Erdölpreises, steigt und nach Überwindung dieses Schocks, d.h. bei einem Rückgang des Ölpreises auf sein ursprüngliches Niveau, nicht auf den alten Pfad sinkt, sondern auf einem höheren Niveau als einst verharrt.

Als ein empirischer Beleg für die Hysterese-These ist der trotz der erwähnten Reformen immer noch zu beobachtende Reformstau in vielen Ländern zu betrachten. Es fällt den Trägern der Wirtschaftspolitik oft sehr schwer, eine einmal getroffene Maßnahme zurückzunehmen. Selbst ursprünglich als temporär angesehene Maßnahmen bleiben oftmals dauerhaft erhalten. Ein Beispiel ist die Schwierigkeit, einmal gewährte Subventionen – als Anpassungssubventionen wäre das, anders als bei Erhaltungssubventionen, ökonomisch vertretbar – tatsächlich auslaufen zu lassen.

Ohne wirtschaftspolitische Reformen, darunter die Deregulierung im Inland, eine Marktöffnung nach außen, die Konsolidierung der öffentlichen Haushalte, eine wachstumsorientierte Steuerreform sowie eine stabilitätsorientierte Geldordnung, wird die Volkswirtschaft in der erwähnten Situation keine Dynamik entfalten können, die sie auf einen höheren Pfad des wirtschaftlichen Wachstums bei hoher Beschäftigung bringen würde.

B. Die politische Ökonomik der Reform

In diesem Abschnitt werden Überlegungen zu Möglichkeiten der Durchführung wirtschaftspolitischer Reformen angestellt. Es handelt sich dabei um eine **positive Analyse**, d.h. es werden die Bedingungen für erfolgreiche Reformen herausgearbeitet. Das Ziel der Reform soll sein, ein angemessenes Wirtschaftswachstum bei stabilem Geldwert und einem hohen Beschäftigungsstand nachhaltig zu sichern. Generell ist eine Reform politisch schwer umzusetzen, weil sie immer auch Verteilungswirkungen hat, bei denen eine Gruppe von Wirtschaftssubjekten begünstigt und eine andere benachteiligt wird. Es wird bei den Wählern bzw. den organisierten Interessen sowohl Zustimmung als auch Ablehnung für eine Reform geben (Drazen 2000, S. 615ff.). **Für eine Reform** werden nach den theoretischen Überlegungen in Abschnitt 3 folgende Gruppen, nämlich die potentiellen Gewinner einer Reform, stimmen:

- exportorientierte Unternehmen;
- Arbeitslose, sofern sie umfassend informiert sind;
- Steuerzahler, wenn sie durchschauen, wofür sie alles in Anspruch genommen werden;
- Junge Unternehmen, die in einer offenen und dynamischen Wirtschaft mit geringer Regulierungsdichte am ehesten Erfolg haben können.

Gemeinsam ist diesen Gruppen, dass die herrschenden Regulierungen und die daraus resultierenden gesamtwirtschaftlichen Fehlentwicklungen ihnen schaden.

Gegen eine Reform werden andere Gruppen stimmen, die aus den bisherigen Regulierungen Nutzen ziehen. Dies ist wieder Ausdruck des im Unterabschnitt 3.B besprochenen Rent-Defending. Einige Beispiele für derartige Nutznießer des wirtschaftspolitischen Status quo sind:

- subventionierte Branchen und Unternehmen,
- hochregulierte Bereiche,
- Gewerkschaften und ihre Mitglieder, soweit diese einen Arbeitsplatz haben;

- Empfänger von Sozialleistungen.

Daraus folgt aber nicht, dass Reformen grundsätzlich nicht durchsetzbar sind. In der Geschichte wirtschaftspolitischer Reformen kann man ein regelmäßiges Muster erkennen, das auf den folgenden auch theoretisch plausiblen Mechanismen beruht:

- Wirtschaftspolitische Reformen haben dann große Erfolgsaussichten, wenn sie **am Anfang einer Wahlperiode** vorgenommen werden. Die kurzfristig nicht zu vermeidenden Kosten treten dann direkt nach der Wahl auf, wenn die Regierung noch einen Bonus bei der Bevölkerung hat. Attraktiv aus Sicht der Regierung wird die Reform auch dadurch, dass sie damit rechnen kann, noch vor der nächsten Wahl Verbesserungen der Allokation zu erreichen, die sich in einem Mehr an Beschäftigung und Wirtschaftswachstum niederschlagen.
- Je **umfassender die Reform** ist, d.h. je mehr Sektoren und Menschen betroffen sind, desto höher ist die Bereitschaft, die Reform hinzunehmen. Bei einem breit angelegten Reformprogramm sind die Chancen gut, dass Verschlechterungen an der einen Stelle durch Verbesserungen an der anderen mehr als kompensiert werden; dies entspricht der Idee der Generalkompensation (Unterabschnitt II.3.C). Es kommt zu einer positiven Wirkungsprogression in dem Sinne, dass – dank der freigesetzten Wirtschaftsdynamik – die Gesamtwirkung größer ist als die Summe der Wirkungen von einzelnen Reformmaßnahmen. Beispiele für eine umfassende Reformstrategie boten in den 1980er Jahren Neuseeland, das Vereinigte Königreich, die Niederlande und Kanada.[150] Zu beachten sind die Effekte des **Gegen-Lobbying** (Becker 1983 und 1985). Je höher die Kosten der Wirtschaftspolitik für die wirtschaftlich erfolgreichen Unternehmen werden und je geringer deren Anzahl wird, desto niedriger werden auch die Opportunitätskosten des Lobbying für diese Unternehmen. Es lohnt sich nun, in Lobbyaktivitäten zugunsten offener Märkte und Deregulierung zu investieren. Die Öffnung der Telekommunikationsmärkte in Europa kann politökonomisch unter anderem damit erklärt werden, dass sich die jungen Unternehmen hierfür kräftig ins Zeug gelegt haben.
- Darüber hinaus bestehen Möglichkeiten zur **Kontrolle von Interessengruppen**. Darunter fällt eine Publizitätspflicht, mittels derer mehr Informationen über die Tätigkeiten der Gruppe veröffentlicht werden. Dazu zählt auch die gezielte Information der nicht-organisierten Wähler bzw. die politisch gegebene Hilfe zur besseren Organisation dieser Wähler, die zum Wettbewerb zwi-

[150] Für einen Überblick vgl. Sachverständigenrat (1996, Ziffern 46ff.) und Sachverständigenrat (1997, Ziffern 66ff.).

schen den Interessengruppen und damit zur Neutralisierung der Interessen beitragen soll. Dies wird oft unter dem Stichwort „countervailing power" diskutiert.

- Schließlich besteht die Möglichkeit der **Einbindung der Interessengruppen in die Folgekosten ihres Machteinflusses**. Ein interessanter Vorschlag liegt für den Arbeitsmarkt vor: Gewerkschaften und Arbeitgeberverbände sollen die Verantwortung für die Arbeitslosenversicherung übertragen bekommen (Risch 1983, Freytag und Renaud 2005). Die Idee hinter diesem Vorschlag ist die Vermutung, dass es ein kollektives Moral Hazard der Tarifvertragsparteien gibt. Die These lautet, dass Gewerkschaften und Arbeitgeber mit überhöhten Lohnabschlüssen die Einkommenswünsche der gerade Arbeithabenden bedienen, ohne für die Folgen – Verschlechterung der Beschäftigungschancen für Arbeitsuchende, Erhöhung des Arbeitsplatzrisikos für die noch Beschäftigten – gerade stehen zu müssen. Sind die Tarifvertragsparteien auch für die Arbeitslosenversicherung zuständig, so liegt ihnen vermutlich an hohen Einzahlungen in die Versicherung, d.h. an hoher Beschäftigung, und an niedrigen Auszahlungen, d.h. an niedriger Arbeitslosigkeit. Sie werden daraufhin die Tariflohnpolitik moderater gestalten.

- Langfristig dürfte eine Krise zunehmend mehr Gruppen schaden. Je länger die sklerotische wirtschaftspolitische Situation anhält, desto mehr verschlechtert sich die wirtschaftliche Lage mit der Folge, dass die Anzahl der Verlierer immer weiter steigt. Der Druck auf die Regierung, etwas zu ändern, wird größer. Die Position der durch die aktuelle Situation Begünstigten verschlechtert sich auf dem politischen Markt zusehends. Die allgemeine Bereitschaft zur Reform nimmt zu. Dieser Mechanismus wird auch als **pathologisches Lernen** (Deutsch 1963, S. 248) bezeichnet, da er nicht auf der Fähigkeit der Träger der Wirtschaftspolitik beruht, vorausschauend zu agieren und so rechtzeitig einer Krise vorzubeugen, sondern darauf, dass die Krise erst für jedermann manifest wird, d.h. möglichst vielen Individuen schaden muss, und daraufhin die Politiker „als Retter in höchster Not" auftreten und auf breite Zustimmung setzen können.

- Neben dem pathologischen Lernen kann man auch Lernprozesse in der Politik beobachten, die auf neuem Wissen beruhen. Grundsäzlich gilt, dass die Entscheidungsträger eine bestimmte Auffassung und Einschätzung zu den ökonomischen Zusammenhängen haben, die sie nur langsam ändern oder gar aufgeben. Nachrichten werden stets vor dem Hintergrund dieser „Filter" aufgenommmen und neue, abweichende Erkenntnisse nur zögerlich aufgegriffen. Nur wenn sich eine wirtschaftspolitische Haltung als dauerhaft verfehlt herausstelllt, setzt ein Prozess des Wandels ein und wird ein Paradigma geändert. Ein derartiger Prozess kann schließlich in einer Reform münden (Freytag und Renaud 2007).

- Hilfe aus dem Ausland kann die Reform ebenfalls tragen. Wenn internationale Organisationen wie der Internationale Währungsfonds (IWF) oder die Weltbank ihre finanzielle Unterstützung des betroffenen Landes an die Reformen knüpfen, können Lernprozesse befördert und politischer Widerstand durch Interessengruppen leichter überwunden werden. Ausländische Organisationen übernehmen die schmutzige Arbeit; sie spielen den „Buhmann". Vaubel (1991) hat für diese Erklärung den Begriff **"dirty-work-hypothesis"** geprägt. Diese Form der Hilfe kann aber nur erfolgreich sein, wenn im Inland grundsätzliche Reformbereitschaft besteht. Dies zeigt z.B. die Geschichte der Währungsreformen.

- Auch **wirtschaftspolitische** Berater können zum Erfolg von wirtschaftspolitischen Reformen beitragen. Ihre Aufgabe besteht darin, die ökonomische Wirkung verschiedener Alternativen der Wirtschaftspolitik herauszuarbeiten. Deren politische Durchsetzbarkeit sollte dabei nicht im Zentrum ihres Denkens stehen (Abschnitt I.3). Je besser die Argumente sind, desto stärker ist der Druck auf diejenigen Interessengruppen, die Nutzen aus der alten Situation ziehen und deshalb gegen Reformen argumentieren, den Widerstand aufzugeben. Gute Analyse kann die Beweislast umkehren!

6. Einige normative Schlussfolgerungen

Die positive Theorie macht deutlich, mit welcher Rationalität die Träger der Wirtschaftspolitik handeln. Es zeigt sich, dass die Wirtschaftspolitik weder in der Lage ist, ständig die Bedingungen für ein allokatives Optimum (Kapitel II) zu erzeugen, noch dem sog. Marktversagen (Kapitel III) in jeder Situation richtig zu begegnen. Stattdessen sorgt einzelwirtschaftliche Rationalität der wirtschaftspolitischen Entscheidungsträger in Politik und Verwaltung dafür, dass es regelmäßig Abweichungen vom allokativen Optimum gibt und dass diese dauerhaft Bestand haben können. Aus Marktversagen wird Staatsversagen.

Es ist wichtig, sich klarzumachen, dass diese Abweichungen nicht von der Gutwilligkeit oder Boshaftigkeit der Träger der Wirtschaftspolitik beeinflusst werden. Eine moralische Bewertung des politischen Marktes verbietet sich in der positiven Analyse. Die ökonomische Theorie der Politik zeichnet sich gerade dadurch aus, dass sie streng nach dem Rationalitätskalkül der betroffenen Politiker und Bürokraten als Anbieter von Politik bzw. Wähler als deren Nachfrager sucht.

Gerade weil dieser Analyse die einzelwirtschaftliche Rationalität zugrunde liegt, ist Pessimismus oder gar Resignation hinsichtlich einer ökonomisch vernünftigen Wirtschaftspolitik fehl am Platze. Es muss hingegen nach Wegen gesucht werden, wie das Kalkül der wirtschaftspolitischen Akteure nach einer Krise beeinflusst werden kann, um eine allokative Verbesserung zu erreichen. Die Theorie der wirtschaftspolitischen Reform ist ein relativ neues Feld, das in der Ökonomik noch nicht sehr weit entwickelt ist. In der Literatur findet man eine Reihe von Beiträgen, die die Bedingungen für erfolgreiche Reformen zu bestimmen suchen. Deshalb kann die obige Aufzählung (Unterabschnitt 5.B) keine Vollständigkeit beanspruchen. Es ist zu erwarten, dass es in den nächsten Jahren zu weiteren interessanten Veröffentlichungen in diesem Bereich kommt. Es ist auf jeden Fall sehr schwierig, im politischen Prozess sämtliche Bedingungen für erfolgreiche Reformen zu schaffen. Aus diesen Gründen verzichten wir an dieser Stelle darauf, sie normativ zu formulieren.

Diese abschließenden Bemerkungen führen wieder zurück zu den normativen Aussagen über die richtige Wirtschaftspolitik, wie sie in den Kapiteln II und III vorgenommen worden sind. Die Bedingungen für ein allokatives Optimum auf der Prozessebene stehen fest, Abweichungen sind analysiert worden. Die Probleme der Wirtschaftspolitik, diese Abweichungen zu beseitigen, sind ebenfalls klar geworden. Dies wird als Staatsversagen interpretiert.

Damit wird eine alte Frage erneut aufgeworfen, nämlich diejenige nach der Aufgabenteilung zwischen Markt und Staat. Diese stehen sowohl in einem Spannungsfeld als auch in einer Komplementaritätsbeziehung zueinander. Der Markt steht im Vordergrund der Analyse dieses Buches, insbesondere vor dem Hintergrund einer demokratischen Gesellschaft, in der **freiwillige Handlungen** auf der Basis der **Übereinstimmung** zwischen den Beteiligten stattfinden. Es gibt keine Unterwerfung von Minderheiten. Der Staat schafft allerdings die Bedingungen für das Funktionieren des Marktes. Er bildet damit die Regelebene, der Markt die Prozessebene (Abschnitt I.4). Anders gewendet: Der **Staat ist eine wichtige Institution, um den Markt funktionstüchtig zu gestalten**, indem er den **Schutz der Eigentumsrechte** sichert und zur **Überwindung gesellschaftlicher Dilemmata** beiträgt. Schließlich ist eine Anarchie nicht gewünscht.

Diese Aufgaben erfüllt der Staat am besten, wenn er nicht zwischen den Wählern diskriminiert, von distributiven Eingriffen zur Vermeidung individueller Not einmal abgesehen. Wie sich in der positiven Analyse dieses Kapitels gezeigt hat, gibt es systematische Gründe dafür, dass der Staat gelegentlich dabei versagt. Wie kann dieses Staatsversagen dauerhaft verhindert oder wenigstens auf ein Minimum reduziert werden? Diese Frage wird im folgenden Kapitel ausführlich erörtert.

Dabei stehen drei Begriffspaare, anhand derer diese Frage beantwortet werden kann, im Mittelpunkt der Analyse: Ordnungspolitik versus Prozesspolitik, Regelbindung versus diskretionäre Spielregeln, Angebotspolitik versus Nachfragepolitik. Gemeinsam ist diesen drei Paaren, dass der jeweils erste Terminus den Staat einer strengeren Verhaltensdisziplin unterwirft als der zweite.

Übungsaufgaben

1. Bei dem Amtseid, den Politiker leisten, empfehlen sie sich als Agenten des Gemeinwohls. Wieso werden dann häufig wirtschaftspolitische Maßnahmen getroffen, die gesamtwirtschaftlich nachteilige Nebenwirkungen haben?
2. Inwiefern setzt der Staat Anreize für Rent-Seeking und Rent-Defending bei den Wirtschaftsverbänden und den Gewerkschaften?
3. Wenn große Unternehmen Konkurs gehen (wie 2002 der Baukonzern Phillip Holzmann oder der Anlagebauer Babcock-Borsig) und viele Arbeitsplätze verloren gehen, kommt schnell das Argument auf, die Märkte würden versagen. Könnte es sich aber um ein Staatsversagen handeln?
4. Erklären Sie politökonomisch, warum der Staat Ausbildungsleistungen an den Universitäten bereitstellt. Worin besteht das Prinzipal-Agent-Problem zwischen Steuerzahlern und Regierung?
5. In Deutschland gewährt das Grundgesetz den Tarifvertragsparteien die Tarifautonomie. Analysieren Sie, wieso Partikularinteressen zu einem Insider-Outsider-Problem am Arbeitsmarkt führen können.
6. Der Landwirtschaft und dem Steinkohlenbergbau gelingt es besonders gut, Jahr für Jahr hohe Subventionen vom Staat zu erhalten. Erklären Sie dies aus der Perspektive der ökonomischen Theorie der Politik.
7. Diskutieren Sie mögliche Wirkungen staatlicher Beihilfen im nationalen und internationalen Kontext und leiten Sie daraus die wettbewerbspolitische Relevanz staatlicher Beihilfen ab.
8. Führt staatliches Eingreifen bei Vorliegen von Marktversagen stets zu einer Allokationsverbesserung?
9. Erläutern Sie, inwieweit das Angebot von Bürokratien optimal ist.

Kapitel V.

Konsistenz in der Umsetzung wirtschaftspolitischer Maßnahmen

1. Einleitende Bemerkungen

Nachdem im bisherigen Verlauf des Buches die wirtschaftspolitischen Probleme des „Seinsollens" in den Kapiteln I und II sowie des „Seins" in den Kapiteln III und IV diskutiert wurden, wenden wir uns nun der expliziten Behandlung der Konzeptionen der Wirtschaftspolitik zu (Abbildung I.6, S. 65). Hier geht es um die Frage, wie die wirtschaftspolitischen Entscheidungsträger ihre Aufgaben wahrnehmen, um die Ziele der Wirtschaftspolitik zu erreichen. Dafür bedarf es einer rationalen Wirtschaftspolitik.

Im Grunde genommen muss der Wirtschaftspolitiker ähnlich vorgehen, wie wir es in diesem Buch bisher getan haben. Zunächst sind einige grundsätzliche Überlegungen zur Wirtschaftspolitik als Organisation eines Marktsystems anzustellen: Vor allem sind die Ziele festzulegen und die Zielbeziehungen zu beachten, die Verantwortlichkeiten (Assignment) den Entscheidungsträgern zuzuordnen und die einzusetzenden Instrumente zu bestimmen. Anschließend sind die Ordnungsprinzipien einer Marktwirtschaft zu identifizieren, die konstitutiven und die regulierenden Prinzipien. Damit wird eine Norm für den Ordnungsrahmen, d.h. die Regelebene der Volkswirtschaft, vorgegeben (Kapitel I).

Für die Anwendung im konkreten Wirtschaftsleben, d.h. auf der Prozessebene, bedarf es eines Referenzsystems mit dem übergeordneten Ziel der Maximierung der gesamtgesellschaftlichen Wohlfahrt in einer marktwirtschaftlichen Ordnung. Ein solches Referenzsystem bietet die Allokationstheorie mit den Marginalbedingungen und Totalbedingungen sowie den Kompensationskriterien (Kapitel II). Dabei ist sorgfältig zwischen statischer und dynamischer Effizienz zu unterscheiden. Was unter statischen Gesichtspunkten als Verletzung des Ordnungsrahmens bzw. als Marktversagen erscheint, kann Ausdruck einer sich dynamisch entwickelnden Wirtschaft mit hohem Wachstumspotential sein.

Auf der Prozessebene kann es zu Marktversagen kommen. Ist dies der Fall, werden die Marginal- bzw. Totalbedingungen nicht erfüllt. Die Ursachen für Marktversagen sind durch den Wirtschaftspolitiker genauestens zu identifizieren. Ein staatlicher Eingriff ist regulierend, im Idealfall ohne den Ordnungsrahmen selbst zu verändern (Kapitel III). Hierbei sind die Anforderungen an die Wirtschaftspolitik sehr hoch, denn es ist leicht möglich, das optimale Maß an Regulierung bzw. deren optimale Form zu verfehlen. Somit läge Staatsversagen vor. Der Grund für den verfehlten Eingriff kann natürlich in einer Fehleinschätzung der Situation liegen. In diesem Fall kann man davon ausgehen, dass die Wirtschaftspolitik lernt und diesen Fehler beseitigt. Allerdings ist dies der seltenere Fall. In der Regel hat Staatsversagen systematische Ursachen, die von der neuen politischen Ökonomie bzw. der neuen Institutionenökonomik erklärt werden. Die Grundaussage besteht darin, dass es neben der ökonomischen Rationalität eine politische Rationalität gibt. Derart bedingtes Staatsversagen kann nicht nur negative Folgen für die Prozessebene haben, sondern kann auch für einen fehlerhaften Ordnungsrahmen sorgen (Kapitel IV). Diese Zusammenhänge sind im Folgenden stets zu beachten.

2. Ordnungspolitik versus Prozesspolitik

A. Einführung

In diesem Abschnitt werden zwei grundsätzlich unterschiedliche, zum Teil einander zuwiderlaufende wirtschaftspolitische Grundkonzeptionen vorgestellt, das Konzept der Ordnungspolitik und das der Prozesspolitik. Diese Unterscheidung ist vor allem in der deutschsprachigen Literatur weit verbreitet, wobei der Gebrauch der Terminologie nicht einheitlich ist. Generell gilt: Während Ordnungspolitik die allgemeinen Spielregeln für die wirtschaftliche Betätigung der Wirtschaftssubjekte festlegt, dient die Prozesspolitik der Steuerung des wirtschaftlichen Geschehens, sei es in Bezug auf einzelne Sektoren (z.B. Landwirtschaft, Telekommunikation, Energieversorgung), sei es hinsichtlich bestimmter Regionen (z.B. Ostdeutschland), sei es für die Volkswirtschaft als Ganze (z.B. Konjunktur, Beschäftigungsstand, Preisniveauentwicklung). Zugrundegelegt wird eine marktwirtschaftliche Ordnung.

Rationale Wirtschaftspolitik verlangt die Beachtung der konstitutiven und regulierenden Prinzipien der marktwirtschaftlichen Ordnung. Ihr muss eine Konzeption zu Grunde liegen, die in sich schlüssig **(kohärent)** ist und die bezüglich der angestrebten Ziele eine **Ursachentherapie** vorsieht, d.h. bei Zielverfehlungen nicht am Symptom kuriert. In den einzelnen Politikbereichen muss immer wieder geprüft werden, ob die vorgesehenen oder ergriffenen Maßnahmen mit statischer und dynamischer Effizienz kompatibel sind und nachweisliches Marktversagen, hier vor allem natürliche Marktzugangsbeschränkungen besonders durch „sunk costs“ , wirksam korrigieren. Insbesondere darf die Wirtschaftspolitik

- den Wettbewerb auf den Güter- und Faktormärkten nicht verzerren,
- den gesamtwirtschaftlichen Strukturwandel nicht behindern und
- die Investitionen in Sachkapital und in Humankapital nicht fehllenken.

Probleme in dieser Hinsicht bereiten Zölle und nicht-tarifäre Handelshemmnisse, Subventionen sowie marktwidrige Regulierungen.

Damit wird bereits indirekt deutlich, dass die Ordnungspolitik und die Prozesspolitik nicht auf derselben Ebene angesiedelt sind. Sie stehen nicht in einem gleichberechtigten Verhältnis zueinander, sondern in einem hierarchischen, bei dem die Ordnungspolitik die Führung innehat. Die Prozesspolitik ist ständig an ordnungspolitischen Normen zu überprüfen und so zu praktizieren, dass die marktwirtschaftliche Ordnung funktionstüchtig bleibt. In der Praxis der Wirtschaftspolitik ist aber der Respekt vor der Ordnungspolitik, wie die Erfahrung lehrt, alles andere als selbstverständlich.

B. Zur Abgrenzung

Ordnungspolitik zielt darauf ab, Verhaltensregeln für die Privaten und den Staat zu entwickeln, die der Interdependenz der wirtschaftlichen Sachverhalte Rechnung tragen. Wie in Kapitel I festgehalten, hängen allgemeine Politik und Wirtschaftspolitik aufs engste miteinander zusammen. Eucken (1952) sprach von der Interdependenz der Ordnungen. Dabei stellte er vor allem darauf ab, dass eine marktwirtschaftliche Ordnung auf Dauer ohne eine demokratische Verfasstheit der Gesellschaft keinen Bestand hätte. Auf ähnliche Weise hängen auch die Teilbereiche der Wirtschaftsordnung zusammen. Dies ist implizit bereits mehrfach angeklungen. Wenn z.B. die Geldordnung auf die Stabilität des Preisniveaus ausgerichtet ist, muss die Arbeitsmarktordnung so flexibel sein, dass das Stabilitätsziel ohne Arbeitslosigkeit erreicht werden kann. Dies macht Ordnungspolitik schwierig, weil jede Entscheidung über den Ordnungsrahmen der Wirtschaft genaue Überlegungen über die Wechselwirkungen notwendig macht.

Die Regeln müssen überdies langfristig Bestand haben, damit sie vorhersehbar sind und die einzelnen Handlungen miteinander konsistent machen. Die Wirtschaftssubjekte müssen z.B. bei langfristig wirkenden Investitionsentscheidungen Sicherheit über die Rahmenbedingungen haben, so etwa in Bezug auf die Besteuerung von Investitionen oder die Bewahrung privater Eigentumsrechte. Ein internationaler Investor, der keine Klarheit über die Regeln und ihre Dauerhaftigkeit hat, wird das entsprechende Land als Investitionsstandort meiden. Das Beschäftigungspotential wird dann nicht ausgenutzt. Ein solches Szenario ist keineswegs ein rein theoretisches. In vielen Ländern sind die Regeln für ausländische Direktinvestitionen oft geändert worden; zumeist mit der Folge, dass einmal investiertes Kapital nicht wieder hinaustransferiert werden darf (Repatriierungsverbot) oder dass Gewinne nur im selben Land angelegt werden dürfen. Ein solches Land ist ordnungspolitisch eine „Mausefalle“ (Röpke 1979, S. 339f.), in das Kapital zwar hinein darf, nicht aber wieder herausfließen kann. Ist dies einmal passiert, wird es auf Grund mangelnden Vertrauens schwer, später Kapital zu attrahieren. Um derartige Probleme zu vermeiden, muss Ordnungspolitik auf Dauer angelegt sein; sie impliziert auch Langfristdenken in der Wirtschaftspolitik.

Prozesspolitik ist spezielle Wirtschaftspolitik zur Beeinflussung der laufenden gesamtwirtschaftlichen Entwicklung mit dem Ziel, Angebot und Nachfrage bei hohem Beschäftigungsstand auszugleichen. Man spricht auch von Stabilisierungspolitik, die die Schwankungen im Auslastungsgrad des gesamtwirtschaftlichen Produktionspotentials, d.h. die Konjunkturschwankungen, glättet. Das entspricht dem im ersten Kapitel besprochenen Wachstumsziel (Abschnitt I.2). Die typischen prozesspolitischen Ansätze bei einer boomartigen (bzw. rezessiven) Nachfrageentwicklung liegen in der Geldpolitik (Anhebung bzw. Senkung der Leitzinsen) und in der Fiskalpolitik (Erhöhung bzw. Senkung von direkten Steuern und/oder Einschränkung bzw. Ausweitung öffentlicher Ausgaben). Besteht ein Regime fester Wechselkurse, kommt die Währungspolitik hinzu (Aufwertung bzw. Abwertung der Inlandswährung). Prozesspolitik ist eher kurzfristig ausgerichtet. Entscheidend ist, dass in Abwägung des Ziel-Mittel-Verhältnisses (Abschnitt I.2) Eingriffe in das Wirtschaftsgeschehen ordnungskonform sein müssen.

Prozesspolitik unterliegt gleich mehreren großen Problemen:

- Zunächst ist die Datenbasis, auf die die Prozesspolitik Zugriff hat, keineswegs zuverlässig. Darauf wurde bereits bei der Erörterung der Möglichkeiten und Grenzen von Konjunkturprognosen hingewiesen (Unterabschnitt I.4.E). Wenn auf Grund falscher Daten kurzfristige Maßnahmen ergriffen werden, hat dies sicherlich negative ökonomische Folgen.

- Darüber hinaus ist das Wissen – sowohl der Privaten als auch des Staates – über zukünftige Entwicklungen auf Märkten begrenzt. Im Falle der Privaten ist dies nicht relevant, da durch Fehleinschätzungen der Zukunft niemand außer den Handelnden selbst zu Schaden kommt. Verschätzt sich jedoch die Wirtschaftspolitik und handelt nach unzutreffenden Annahmen über die künftige Konjunkturentwicklung, indem sie zu schnell zu kontraktiven bzw. expansiven Maßnahmen greift, hat dies negative Folgen für die gesamte Ökonomie.

Und schließlich hat die Politik die Schwierigkeit, ökonomische Probleme nicht immer rechtzeitig zu erkennen und zusätzlich durch lange Verfahrenswege zu spät zu reagieren. Im Falle einer konjunkturellen Delle kann dies dazu führen, dass die Nachfragestimulierung erst wirksam wird, wenn die Konjunktur ohnehin wieder anspringt, z.B. auf Grund einer Belebung der Auslandskonjunktur und damit der Exportnachfrage. Die Expansionspolitik wirkt dann prozyklisch. Als Folge ergibt sich womöglich eine konjunkturelle Überhitzung, auf die mit besonders scharfen Gegenmaßnahmen reagiert werden muss.

Prozesspolitik wird von den wirtschaftspolitisch Verantwortlichen gerne betrieben, sei es aus Überzeugung (keynesianisches Denken), sei es aus eigennützigem Interesse (Erhöhung der Wiederwahlwahrscheinlichkeit). Von einer hohen Erfolgswahrscheinlichkeit darf man allerdings nicht ausgehen. Wir kommen auf dieses Thema im Zusammenhang mit der Diskussion der nachfrageorientierten Wirtschaftspolitik (Abschnitt 4) zurück.

C. Das Primat der Ordnungspolitik

Wie bereits erwähnt, gilt das **Primat der Ordnungspolitik** gegenüber der Prozesspolitik. Damit soll typischen Versuchungen der Politik entgegengewirkt werden, etwa den folgenden:

- Zu sehr auf Partikularinteressen einzugehen, wenn sich dies politisch lohnt, d.h. kurz vor Wahlterminen. So lässt sich durch starke Kreditaufnahme der öffentlichen Hand vielleicht kurzfristig eine konjunkturelle Stimulierung erzielen, die allerdings langfristig, d.h. nach der Wahl, wieder verpufft. Auf diese Weise wird ein Strohfeuer entfacht und in der Folge eine Erhöhung der Staatsschuld mit der entsprechenden Belastung der öffentlichen Haushalte durch vermehrte Zinsausgaben in Kauf genommen.
- Zu oft mit punktuellen Eingriffen zu handeln, um gezielt verteilungspolitische Wünsche zu befriedigen. Man denke z.B. an die Aussetzung einer einmal als richtig anerkannten Ökosteuer[151] oder an Kompensationsmaßnahmen zugunsten von Unternehmen und Verbrauchern, wenn die Benzinpreise auf Grund

151 Hier wird angenommen, die Ökosteuer sei im Einklang mit den in Kapitel III aufgestellten Grundsätzen zur Umweltpolitik ausgestaltet.

ganz anderer außersteuerlicher Ursachen steigen (z.B. wegen einer Verteuerung von Erdöl auf den Weltmärkten oder einer Abwertung der Inlandswährung gegenüber dem US-Dollar). Die Ökosteuer als eine Lenkungssteuer dient ja gerade dem Ziel, den privaten Energieverbrauch zurückzudrängen und ein umweltgerechtes Wirtschaften anzureizen. Steigen die Rohölpreise aus anderen als den steuerbedingten Gründen, nicht zuletzt auch wegen zunehmender Knappheit (Hotelling-Pfad), wird der gleiche Zweck erreicht. Normalerweise werden Anpassungsprozesse zur Substitution dieser Ressource in Gang gesetzt; der so mögliche energiesparende Strukturwandel wird aber durch eine solche Kompensationsmaßnahme gerade behindert.

- Zu häufig in zu kurzen Zeithorizonten und Wirkungsketten zu denken, was zu Fehlallokationen und Missachtung der Belange kommender Generationen führen würde. So ist z.B. ein zögerliches Vorgehen bei einer Reform einer nach dem Umlageverfahren finanzierten Rentenversicherung, die vor dem Hintergrund einer alternden und schrumpfenden Bevölkerung unausweichlich ist, zwar kurzfristig kaum spürbar, langfristig kann dieses Zögern jedoch gravierende Schwierigkeiten über die reine wirtschaftspolitische Ebene hinaus bedingen. Die Kosten der heutigen Versäumnisse sind nämlich von zukünftigen Generationen zu tragen: in Form höherer Beitragssätze bei einem geringeren Versorgungsniveau im Alter. Verteilungskonflikte innerhalb der jeweiligen Rentnergeneration und mit der jungen Generation mit unkalkulierbaren politischen Folgen werden heraufbeschworen.

Deshalb muss jeder prozesspolitische Eingriff genauestens auf seine Ordnungskonformität hin geprüft werden. Da die Politiker selber oft nur ein geringes Interesse daran haben, obliegt diese Aufgabe anderen, z.B. den ordnungspolitisch denkenden Wirtschaftswissenschaftlern, die in der Politikberatung aktiv sind, und der aufgeklärten Wählerschaft. In der Praxis gibt es dennoch in vielen Ländern eine lange Liste von Abweichungen vom Primat der Ordnungspolitik, was häufig mit dem Schlagwort des vermeintlich schädlichen „Neoliberalismus" gerechtfertigt wird (vgl. Abschnitt I.V).

In einer international verflochtenen Volkswirtschaft hat die Ordnungspolitik auch eine **internationale Dimension**. Dabei geht es um zwei Facetten. Zum einen beeinflusst die inländische Wirtschaftspolitik das Verhalten ausländischer Wirtschaftssubjekte, mit denen arbeitsteilige Beziehungen über den Außenhandel und den Kapitalverkehr bestehen. Ordnungspolitisch von Bedeutung ist für diese ausländischen Wirtschaftssubjekte die Verlässlichkeit und Berechenbarkeit der Wirtschaftspolitik in dem jeweiligen Partnerland. Die Rahmendaten, die sie z.B. bei der Anbahnung eines Exportgeschäfts oder der Entscheidung über eine Auslandsinvestition zu Grunde gelegt haben, sollten im Nachhinein nicht geändert werden, jedenfalls nicht so, dass die anfangs begründeten Rentabilitätserwartungen zunichte gemacht werden. Das wäre der Fall, wenn ausländische Exporteure und Investoren im Zielland plötzlich und unvorhersehbar mit restriktiven Maßnahmen konfrontiert werden (Importprotektion, Kapitalverkehrskontrollen, konfiskatorische Steuerpolitik). Neben die Schädigung ausländischer Wirtschaftssubjekte tritt in diesen Fällen immer die langfristige Beeinträchtigung der inländischen Wohlfahrt (Unterabschnitt IV.3.B).

Zum anderen steht die inländische Wirtschaftspolitik unter bestimmten Restriktionen:

- Eine wird über den **internationalen Wettbewerb** der Güter- und Kapitalmärkte wirksam. Je intensiver dieser Wettbewerb ist, desto mehr wird der Regierung eine Wirtschaftspolitik abverlangt, die ordnungspolitisch solide, d.h. an den konstitutiven Prinzipien einer Marktwirtschaft ausgerichtet ist. Denn nur dann wird es möglich sein, so viel international mobiles Kapital aus dem Inland zu binden und aus dem Ausland zu attrahieren, wie gebraucht wird, um ein hohes Wohlstandsniveau zu schaffen bzw. aufrechtzuerhalten.
- Eine weitere Restriktion bilden **internationale Rahmenwerke.** Ein Beispiel dafür ist die Welthandelsorganisation WTO (früher GATT), ein anderes der Europäische Stabilitäts- und Wachstumspakt in der Europäischen Währungsunion. Beide Rahmenwerke untersagen den Mitgliedstaaten bestimmte Handlungsweisen zu Lasten Dritter, z.B. die Einführung nicht-tarifärer Handelshemmnisse (die ausländischen Exporteuren den Zugang zu Absatzmärkten erschweren) bzw. eine übermäßige Kreditfinanzierung der öffentlichen Haushalte (die zu steigenden Zinsen durch Risikoprämien für den Euro-Raum insgesamt führt). Bei Verstößen drohen Sanktionen. Zwar sind internationale Verträge nicht justitiabel im herkömmlichen Sinne, und in der Realität hält sich die Wirtschaftspolitik häufig nicht daran. Aber dennoch haben andere Staaten politisch einiges Drohpotential (eigene Strafzölle, Klagen vor internationalen Gerichten, öffentliche Anprangerung des Fehlverhaltens u.a.).

Durch Ordnungspolitik werden die **Kosten der Benutzung des Marktes** (in Anlehnung an Coase) minimiert. Es geht darum, mit dem Problem der Unsicherheit der Zukunft fertig zu werden. In der staatlichen Planwirtschaft sind diese Kosten definitionsgemäß niedrig, allerdings bei Inkaufnahme vieler Ineffizienzen.[152] In der marktwirtschaftlichen Ordnung gibt es keinen designierten Plan für Geschäftsbeziehungen, sondern vieles fußt auf Kredit im weiteren Sinne, d.h. auf Vertrauen in die Verlässlichkeit und Berechenbarkeit der wirtschaftlichen Beziehungen zwischen den dezentral entscheidenden Unternehmen, privaten Haushalten und staatlichen Stellen. Die Einhaltung der konstitutiven Prinzipien durch den Staat erlaubt langfristige Beziehungen der Privaten untereinander und mit dem Staat; dies betrifft vor allem die Kreditgewährung sowie Investitionen für künftige Nachfrage. In diesem Zusammenhang spielt eine **Privatrechtsordnung** als Teil der institutionellen Infrastruktur einer Volkswirtschaft eine enorme Rolle.

Damit wird eines deutlich, nämlich dass bei der Diskussion um die wirtschaftspolitische Ausrichtung die Rolle des Staates gelegentlich unterbelichtet wird. Der Staat ist für eine marktwirtschaftliche Ordnung sehr wichtig; er setzt die Regeln und sorgt für ihre Einhaltung. Man spricht vom **„protektiven Staat"**. Allerdings sollten die politischen Entscheidungsträger nicht vergessen, diese Regeln auch selbst einzuhalten. Deshalb muss Prozesspolitik nach den Regeln der Ordnungspolitik durchgeführt werden, d.h. in jedem Falle ordnungskonform sein. Nicht nur durch die inländischen Ordnungsprinzipien und -elemente, sondern auch durch die internationale Dimension der Wirtschaftsordnung wird das Primat der Ordnungspolitik gestützt.

Zwar ist es möglich, dieses Primat eine geraume Zeit zu missachten, ohne dass es sich in spürbaren Wohlfahrtsverlusten ausdrückt und damit die Regierung unter politökonomischen Druck setzt. Ist diese Haltung jedoch zu lange bestimmend für die Wirtschaftspolitik, wird es zu einer deutlich spürbaren Erlahmung der wirtschaftlichen Dynamik kommen.

3. Regelbindung versus diskretionäres Verhalten

A. Zur Abgrenzung

Bei der Gestaltung und im Vollzug der Wirtschaftspolitik, insbesondere der speziellen Politikbereiche wie der Geldpolitik, der Finanzpolitik, der Außenwirtschaftspolitik usw., stellt sich immer wieder aufs Neue die Frage nach dem Ermessensspielraum, den die Entscheidungsträger haben dürfen oder brauchen, um die

---

[152] Nach dem Zusammenbruch der planwirtschaftlichen Systeme in Mittel- und Osteuropa sind diese Kosten offen zutage getreten.

vorgegebenen gesamtwirtschaftlichen Ziele zu erreichen. Sollen sich die wirtschaftspolitisch Verantwortlichen an bestimmte Regeln binden? Oder soll ihnen bei der Entscheidung, wann und wie sie handeln, freie Hand gelassen werden? Die Debatte hierüber wird in der Theorie und in der Praxis unter dem Titel **„Regelbindung versus diskretionäres Verhalten"** seit Jahrzehnten kontrovers diskutiert. Die ersten grundlegenden Überlegungen hierzu, bezogen auf die Geldpolitik, gehen auf Simons (1936) zurück. Strittig geblieben ist bis heute, ob die Entscheidungsträger die wirtschaftliche Entwicklung zielgerecht steuern können oder nicht, ob sie das Assignment-Kriterium beachten oder nicht und ob sie sich gegebenenfalls an einer sozialen Wohlfahrtsfunktion ausrichten oder nicht. Im Mittelpunkt steht das **Konzept der Glaubwürdigkeit**: Für die Wirtschaftssubjekte ist es bei der Entscheidungsfindung von großer Bedeutung, ob sie den Ankündigungen und Versprechen der wirtschaftspolitischen Akteure trauen können. Dies lässt sich aber nicht sofort, sondern erst im Nachhinein feststellen. Es gibt keine eindeutige Definition des Konzepts der Glaubwürdigkeit, allgemein akzeptiert ist aber die folgende Annäherung: Glaubwürdig ist eine Wirtschaftspolitik, bei der die Einschätzungen der Wirtschaftssubjekte über das tatsächliche Handeln der Verantwortlichen zum Zeitpunkt t mit dem übereinstimmen, was einst (zum Zeitpunkt $t-1$) angekündigt wurde. Unglaubwürdig ist eine Wirtschaftspolitik, bei der Ankündigung und Handeln auseinander klaffen. Eine glaubwürdige Wirtschaftspolitik ist, aus der Sicht der Privaten, informationsstiftend und berechenbar; sie vermindert insofern Unsicherheiten und stabilisiert die Erwartungen. Bei einer unglaubwürdigen Wirtschaftspolitik geschieht das Gegenteil. Anders gewendet: Es geht um die Frage, wie am besten Vertrauen, genauer Zukunftsvertrauen, in die Wirtschaftspolitik geschaffen werden kann. Je besser dies gelingt, umso größer werden für – wagemutige – Unternehmen die Möglichkeiten, die Risiken innovatorischer Aktivitäten zu tragen.[153] Einzelwirtschaftliches Risiko und Vertrauen stehen daher in einem komplementären Verhältnis zueinander. Zusammen bilden sie eine Basis für die Verwirklichung des Wachstumsziels in der Volkswirtschaft.

Beispiele für eine diskretionäre Wirtschaftspolitik:

- Zinsänderungen der Notenbank zwecks Ankurbelung oder Dämpfung der Konjunktur
- Steuerpolitische Maßnahmen und öffentliche Ausgabenprogramme zwecks Steuerung der Gesamtnachfrage

[153] In diesem Zusammenhang wird deutlich, dass Risikobereitschaft volkswirtschaftlich gesehen einem zusätzlichen Produktionsfaktor, ergänzend zu Arbeit und Kapital, gleichkommt, worauf insbesondere Sinn (1986) hingewiesen hat.

- Änderungen der Währungsparitäten in einem Festkurssystem, um ein vermeintliches Ungleichgewicht in der Zahlungsbilanz zu beheben
- Devisenmarktinterventionen der Notenbank, unter Umständen international abgestimmt, um mit Stützungskäufen einzelner Währungen die Wechselkurse zu stabilisieren
- Selektive Importbeschränkungen mit dem Ziel, inländische Arbeitsplätze in den unter starkem Konkurrenzdruck stehenden Branchen zu sichern
- Staatliche Finanzhilfen und Bürgschaften an notleidende Unternehmen mit einer hohen Beschäftigtenzahl in der Absicht, Massenentlassungen zu verhindern

Beispiele für eine regelgebundene Wirtschaftspolitik:

- Geldmengenziel oder Inflationsziel in der Geldpolitik
- mittelfristig ausgeglichener öffentlicher Haushalt in der Finanzpolitik;
- produktivitätsorientierte Lohnpolitik (bei hohem Beschäftigungsstand) bzw. beschäftigungsorientierte Lohnpolitik (bei hoher Arbeitslosigkeit)
- Meistbegünstigungsprinzip und Nichtdiskriminierungsgebot im Außenhandel (GATT/WTO)

Diskretionäre Wirtschaftspolitik ist ein zweischneidiges Schwert: Einerseits erlaubt sie (idealerweise) sofortige Maßnahmen gegen Fehlentwicklungen. Dies kann ein großer Vorteil sein und wird überdies von Makroökonomen, z.B. beim Internationalen Währungsfonds (IWF), immer wieder als Argument für eine gewisse Flexibilität etwa in der Währungspolitik ins Feld geführt. Aber wegen der Entscheidungs- und Wirkungsverzögerungen von kurzfristigen Interventionen der Prozesspolitik kann es andererseits passieren, dass die Wirtschaftspolitik Probleme vergrößert statt verkleinert. Dies ist beispielsweise der Fall, wenn in der Konjunkturpolitik prozyklisch gehandelt wird statt antizyklisch. Außerdem besteht die Gefahr, dass die Regierung der Versuchung nach Eingriffen zugunsten von Partikularinteressen – „rent-seeking“ und „rent-defending“ (Abschnitt IV.3.B) – unterliegt. Selbst wenn die wirtschaftspolitischen Entscheidungsträger die wirtschaftliche Entwicklung perfekt steuern könnten – was ja nicht geht –, dürfte man nicht davon ausgehen, dass sie bei ihren Entscheidungen stets das Allgemeinwohl im Auge haben. Die Annahme des „wohlmeinenden Diktators“ aus der gesellschaftlichen Wohlfahrtsfunktion (Kapitel II) ist in diesem Zusammenhang besonders heroisch.

Regelgebundene Wirtschaftspolitik hat auch zwei bedenkenswerte Facetten. Einerseits: In der extremen Variante „degradiert“ sie die wirtschaftspolitischen

Entscheidungsträger zu einer Art „Halbautomaten". Sie nimmt ihnen die Möglichkeit, die wirtschaftliche Entwicklung mitzugestalten. Damit kann sie sich als kontraproduktiv, d.h. als zu starr bei exogenen Schocks erweisen. Dies wäre z.B. der Fall, wenn bei einem Kurssturz an den Börsen die Notenbanken an einem zuvor festgelegten Geldmengenziel festhalten, statt dem bei Finanzkrisen üblichen Anstieg der Liquiditätspräferenz der Wirtschaftssubjekte Rechnung zu tragen und durch Zinssenkungen die Geldmenge erst einmal auszuweiten (und die bei erhöhter Liquidität latenten Inflationsgefahren zu einem späteren Zeitpunkt abzuwenden).[154]

Andererseits schützt eine Regel die wirtschaftspolitischen Entscheidungsträger vor äußeren Pressionen. Das Prinzipal-Agent-Problem wird entschärft; zur Erinnerung (Abschnitt III.3): Der Prinzipal – die gesamte Gesellschaft – ist an einer guten Wirtschaftspolitik interessiert, die die großen Ziele gewährleistet. Der Agent – die Regierung, die Notenbank, auch die Tarifvertragsparteien – könnten hingegen daran denken, beispielsweise kurz vor dem Ende einer Legislaturperiode kurzfristig opportun erscheinende Maßnahmen zu ergreifen, um die Wahlchancen der amtierenden Regierung oder deren Herausforderer zu erhöhen. Unter Regelbindung geht das nicht: Die Wirtschaftspolitik wird für die Wirtschaftssubjekte berechenbar und wirkt verstetigend. Allerdings muss die Regel bestimmten Anforderungen genügen:

- Die Regel muss **einfach** sein, d.h. transparent, nachvollziehbar und leicht überprüfbar, und zwar nicht nur für die Öffentlichkeit, sondern auch für die Politiker und die Gerichte (falls es Klagewege gibt).
- Die Regel muss auf ein **konkretes Ziel** ausgerichtet sein. Sie darf nicht Selbstzweck sein. Das Ziel muss im Prinzip erreichbar sein.
- Die Regel muss auf eine **stabile** Beziehung zwischen den einschlägigen ökonomischen Aggregaten abstellen; ein Beispiel dafür ist die Quantitätsgleichung.

---

[154] Genau nach der Zinssenkungsvariante sind die führenden Notenbanken bei den Börsen- und Finanzkrisen in der jüngeren Vergangenheit (Oktober 1987, Oktober 1997, September 2001, August 2007 und danach) verfahren. Ganz anders war es bei dem in der Wirtschaftsgeschichte bis dahin größten Börsenkrach vom 24. Oktober 1929, der ausgehend von den Vereinigten Staaten die Weltwirtschaft in die Große Depression 1929-33 stürzte; damals ließ die amerikanische Notenbank eine Kontraktion der Geldmenge zu, statt gegenzusteuern (dies ist ein eklatantes Beispiel für das im vorausgehenden Kapitel thematisierte Staatsversagen, hier in der Form des Versagens der Geldpolitik).

- Die Regel muss im Lichte der Lucas-Kritik und des Goodhart-Gesetzes (Unterabschnitt I.4.B) **anpassungsfähig** sein.
- Die Regel muss durch die Androhung von Sanktionen bei Verstößen **abgesichert** werden, um ein regelkonformes Verhalten anzureizen.

B. Das Problem der Zeitinkonsistenz optimaler Strategien

In der Praxis ist die Umsetzung einer Regelbindung äußerst kompliziert, denn Wirtschaftspolitik wird nicht im luftleeren Raum, sozusagen im Labor, betrieben. Sie kann nicht von der allgemeinen Politik völlig gelöst werden. Auch muss sie sich gerade in einer pluralistischen Gesellschaft ständig mit partikularen Interessen auseinandersetzen. Außerdem kann sich das ökonomische Umfeld ändern und der Wirtschaftspolitik neue Antworten abverlangen; eine strikte Regelbindung könnte sich dann als hinderlich erweisen. Deshalb spricht einiges dafür, die Regelbindung nicht zu verabsolutieren, sondern ihr einen Spielraum für diskretionäres Handeln beizumischen. Wichtig ist allerdings, dass dieser Spielraum eng gehalten wird und dass die Wirtschaftspolitik immer dann, wenn sie bei Bedarf davon Gebrauch macht, letztlich also von der Regel abweicht, dieses Vorgehen der Öffentlichkeit gegenüber verständlich begründet. Glaubhaft ist die Begründung, wenn die diskretionäre Maßnahme einigermaßen zur Regel passt und die Rückkehr zu einem wieder regelorientierten Handeln nicht verbaut.

Selbst wenn die wirtschaftspolitischen Entscheidungsträger die wirtschaftliche Entwicklung perfekt steuern könnten und sich bei ihren Entscheidungen an der – individualistisch konzipierten – sozialen Wohlfahrtsfunktion orientierten, wenn also die Wirtschaftspolitik **optimal** betrieben würde und insoweit gar kein Bedarf an einer Regelbindung bestünde, gibt es gleichwohl ein Argument für die Vorteilhaftigkeit einer Regelbindung: das **Problem der Zeitinkonsistenz optimaler Strategien**. Ausgelöst durch eine bahnbrechende Arbeit von Kydland und Prescott (1977), wurde dieses Problem in zahlreichen spieltheoretischen Anwendungen variiert. Die Grundaussage ist Folgende: Es kann für den wirtschaftspolitischen Entscheidungsträger rational sein, eine in sich schlüssige Politik öffentlich anzukündigen und diese später, nachdem sich die Wirtschaftssubjekte danach gerichtet haben, zu revidieren; bei einer intertemporalen Betrachtung ist die Politik dann nicht mehr schlüssig.

Von großer Bedeutung ist dieses Problem vor allem in der Geldpolitik (folgender Unterabschnitt sowie Unterabschnitt III.3.F). Aber auch in anderen Bereichen, etwa bei der Besteuerung, bei der öffentlichen Neuverschuldung oder beim Patentschutz, eröffnen sich der Wirtschaftspolitik Wege für zeitliche Inkonsistenz.[155] Zeitinkonsistentes Verhalten ist überdies nicht auf die Wirtschaftspolitik beschränkt. Im täglichen Leben kann man es ebenfalls erleben, wie Blinder (1987) mit einem Beispiel aus dem Universitätsbereich deutlich macht: Ein Professor kündigt zu Beginn des Semesters an, dass er am Semesterende eine Klausur über den Vorlesungsstoff schreiben lassen werde. Er will erreichen, dass die Studierenden regelmäßig die Vorlesung besuchen und die einschlägige Literatur bearbeiten. Die Studierenden werden auch so reagieren, weil sie sonst die Klausur nicht bestehen (jedenfalls keine gute Note erzielen) und den Leistungsschein nicht erhalten (bzw. nicht einen, mit dem man glänzen könnte). Am Semesteranfang ist es aus Sicht des Professors eine pädagogisch optimale Strategie, die Klausurpflicht einzuführen und öffentlich bekannt zu geben. Aber zum Semesterende hin wäre es für den Professor optimal, die Klausur abzusagen. Das Lernziel ist erreicht, und den Klausuraufwand – Vorbereitung der Prüfungsfragen und anschließende Korrekturarbeiten – würde er sich so sparen. Die Studierenden bekommen auch so den Leistungsschein, den sie sich durch ihr fleißiges Lernen verdient haben, und werden es dem Professor danken. Diese über ein Semester optimale Strategie führt über mehrere Semester zu Inkonsistenz.

Für das Vorliegen von Zeitinkonsistenz müssen **zwei Voraussetzungen** gegeben sein:

- Mindestens einer der Akteure muss bei der Wahl der Strategie frei sein, während alle anderen diese Strategie für verbindlich erachten müssen und sich dementsprechend verhalten.
- Die angekündigte Strategie muss glaubwürdig sein, d.h. die vorgesehenen Maßnahmen gehen in die Erwartungsbildung der Privaten ein. Im oben angeführten Beispiel kann der Professor die Absage der Klausur nicht oft wiederholen; er würde sich unglaubwürdig machen, und die Studierenden würden daraufhin nicht mehr ordentlich studieren. So gesehen ist eine Prüfungsordnung eine Regelbindung, die das Problem der Zeitinkonsistenz beseitigt, weil das Klausurenschreiben nicht mehr im Ermessen des Professors liegt.

Damit ist in der Tat die entscheidende Remedur angesprochen: Probleme der zeitlichen Inkonsistenz lassen sich durch Regelbindung mindern, wenn nicht sogar lösen. Bezogen auf die Geldpolitik, die Finanzpolitik und die Lohnpolitik wird im Folgenden die Bedeutung von Regeln diskutiert.

---

155 Für eine Übersicht über Anwendungsbeispiele vgl. Loef und Ziemens (1989).

Zusatzlektüre Master ↓

C. Regelbindung in der Geldpolitik

Die Frage nach dem Sinn und Zweck einer Regelbindung wurde als Erstes für den Bereich der Geldpolitik aufgeworfen und wird bis heute vorwiegend für diesen Bereich diskutiert. Zwar ist nach dem Assignment-Kriterium die Notenbank für das Ziel der Geldwertstabilität hauptverantwortlich. Aber seitdem die Geldordnung auf einem Papiergeldstandard basiert, ist eine Notenbank prinzipiell in der Lage, beliebig viel Geld in Umlauf zu bringen und dadurch eine Inflation auszulösen. Tatsächlich ist Geldwertschwund ein weltweites Phänomen, zahlreiche Länder haben sogar Phasen einer galoppierenden Inflation bis hin zur Hyperinflation erlebt. Und selbst in Zeiten niedriger Preissteigerungsraten gibt es keine Garantie dafür, dass sich der Preisauftrieb nicht doch wieder beschleunigt. Der Papiergeldstandard verbietet es, die Inflation für tot zu erklären.

Am deutlichsten zeigt sich das Problem der Zeitinkonsistenz, wenn die Geldpolitik in den Dienst anderer, konkurrierender gesamtwirtschaftlicher Ziele gestellt wird, z.B. in den des Beschäftigungsziels. Zunächst kündigt die Notenbank ein bestimmtes Stabilitäts- bzw. Inflationsziel an. Dementsprechend bilden die privaten Wirtschaftssubjekte ihre Inflationserwartungen. Auf Basis dieser Erwartungen werden Entscheidungen getroffen, z.B. über die Lohnhöhe und über den Zins für Kredite. Später wird der Kurs der Geldpolitik geändert in der Absicht, mit etwas mehr Inflation mehr Beschäftigung zu ermöglichen, d.h. der durch die Phillips-Kurve dargestellte „Trade-Off" soll ausgenutzt werden. Es kommt zu einer **Überraschungsinflation**. Berücksichtigen die Privaten dies künftig in ihrem Kalkül, was unter der Annahme rationaler Erwartungen der Fall ist, muss die Notenbank in künftigen Perioden „nachlegen", d.h. eine höhere Inflationsrate in Kauf nehmen, ohne die erwarteten positiven Beschäftigungseffekte erzielen zu können. Damit hat die Wirtschaftspolitik einen **inflation bias**, es besteht ein Gefangenendilemma: Der angestrebte Beschäftigungseffekt bleibt aus, die von der Notenbank und den Privaten betriebene Strategie stellt beide Seiten schlechter als vorher; denn die Wirtschaft ist wieder auf dem Ausgangsniveau, verzeichnet aber eine höhere Inflation. Die Notenbank hat ihre Glaubwürdigkeit eingebüßt (vgl. grundlegend Barro und Gordon 1983a und 1983b).[156]

---

156 In diesem Zusammenhang verweisen wir auch auf das Backus-Driffill-Modell im Unterabschnitt III.3.F.

Durch die Bindung der Geldpolitik an eine Regel soll die Stabilitätsorientierung gesichert werden; die Politik wird zeitkonsistent gemacht, so dass die Marktteilnehmer das Stabilitätsversprechen für glaubwürdig halten und dies in ihren eigenen Entscheidungen berücksichtigen. Die Geldpolitik bekommt durch die Regelbindung gleichsam einen „Anker", der sie besonders dann diszipliniert, wenn der Wechselkurs flexibel ist (bei festem Wechselkurs sorgt dieser für die stabilitätspolitische Disziplin, jedenfalls solange eine Abwertung der Währung ausgeschlossen oder sehr erschwert ist). In der Wissenschaft werden **verschiedene Varianten geldpolitischer Regeln** diskutiert, bis hin zum Verzicht auf eine eigenständige Geldpolitik. Einige der Varianten wurden in der Geschichte bzw. werden auch heute noch praktiziert (Abbildung V.1)[157]. Alle diese Regeln haben ihre Probleme, keine kann eine eindeutige Überlegenheit für sich beanspruchen. Zu viel hängt von der Art und Komplexität der in der Volkswirtschaft vorhandenen Strukturen ab, zu viel von den verschlungenen Wegen im Transmissionskanal, zu viel von den Determinanten der Geldnachfrage, zu viel nicht zuletzt auch davon, ob die Notenbank die Geldmengenentwicklung tatsächlich überhaupt kontrollieren kann.

Im Bereich der Geldpolitik kann Regelbindung auf zwei Ebenen vorgenommen werden: zum einen bei der Zentralbank, zum anderen bei der Regierung. Zunächst zur Regelbindung bei der Notenbank: Wegen der praktischen Schwierigkeiten wird in der Praxis im Allgemeinen **pragmatisch verfahren**, nicht mechanistisch. Das galt auch für die Deutsche Bundesbank, die im Zeitraum 1975-98 eine potential-

---

157 Es würde den Rahmen des Lehrbuches sprengen, diese Strategien im Einzelnen zu erläutern. Der interessierte Leser sei z.B. auf Bofinger (2001), Clausen (2001) und Freytag (2002, S. 75ff.) verwiesen.

Abbildung V.1: Formen der Regelbindung der Geldpolitik

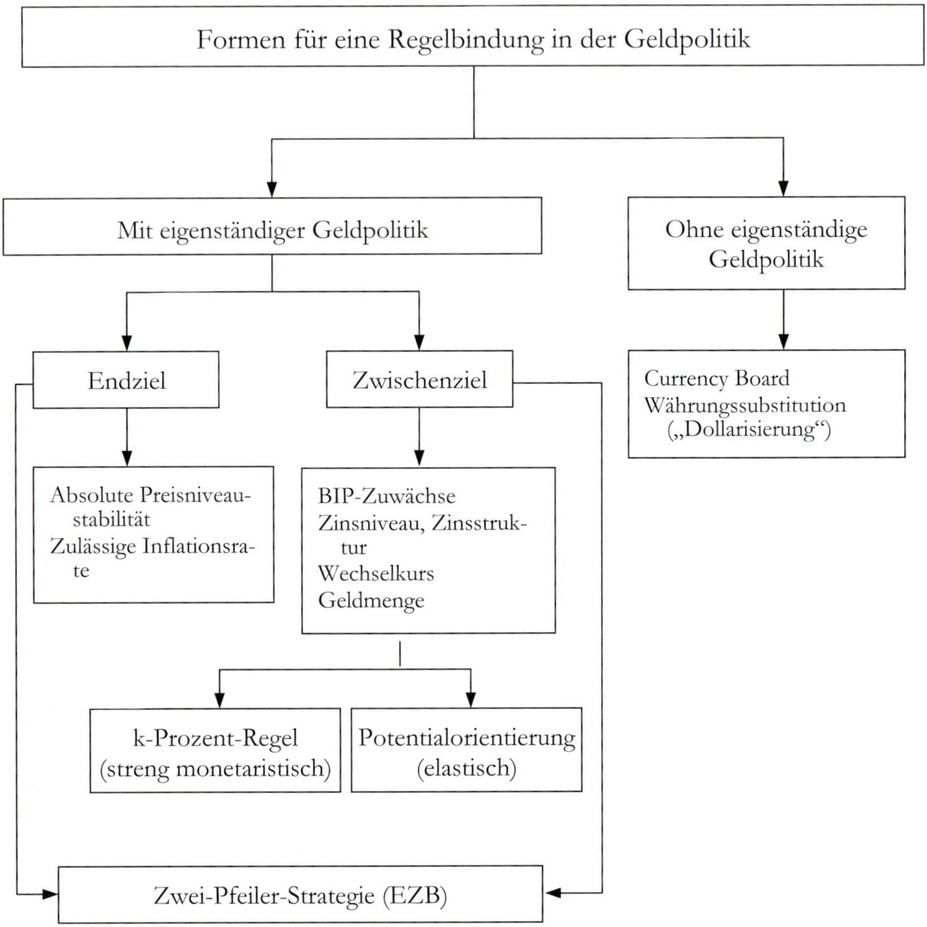

orientierte Geldmengenstrategie verfolgt hat. Es gilt auch für die Europäische Zentralbank, die von Beginn an (seit 1999) eine neuartige Konzeption anwendet, die auf zwei Pfeilern beruht (Zwei-Pfeiler-Strategie), die gegenwärtig wie folgt definiert sind: eine wirtschaftliche Analyse der Entwicklung auf den Güter- und Faktormärkten zwecks Abschätzung möglicher kurz- und mittelfristiger Risiken für die Preisniveaustabilität (erster Pfeiler) und eine monetäre Analyse der Entwicklung der Euro-Geldmenge einschließlich der Kreditvergabe an den privaten Sektor zwecks Beurteilung der Preisniveauaussichten auf mittlere und längere Sicht (zweiter Pfeiler). Dieses Mischsystem eröffnet einen gewissen diskretionären Spielraum.[158]

Es ist vorstellbar, dass eine Notenbank die Regelbindung weniger streng handhabt, ohne Probleme der Zeitinkonsistenz hervorzurufen, dann nämlich, wenn sie an den Märkten im **Rufe des Stabilitätswächters** steht. Ein solcher Ruf kann nur durch entschlossene Stabilitätspolitik erworben werden. Dies braucht Zeit und muss immer wieder aufs Neue unter Beweis gestellt werden. Die Deutsche Bundesbank hat es vorgemacht. Sie verfügte dank der über viele Jahre hinweg erwiesenen Stabilitätserfolge, namentlich des Stabilitätsvorsprungs gegenüber anderen Industrieländern, über ein so großes Vertrauenskapital, dass man es ihr nachsah, wenn sie die von ihr angekündigten Geldmengenziele verfehlte – was häufig vorgekommen ist – oder die bei Zielabweichungen gegebenen Begründungen etwas beliebig anmuteten – wofür es auch Beispiele gibt. Man kann insoweit sagen: Reputation als stabilitätsorientierte Notenbank ist bis zu einem gewissen Maße ein Substitut für die Bindung an eine enge und strikte Regel.

Zum Aufbau von Reputation gehören die **institutionellen Vorkehrungen**, die der Gesetzgeber **für eine Notenbank** trifft. Im Blickpunkt steht vor allem die Frage, ob Regierung oder Parlament gegenüber der Notenbank Weisungsrechte haben (in Bezug auf die Konzeption der Geldpolitik, die Instrumente, den Zeitpunkt einer zu ergreifenden Maßnahme beispielsweise). Es besteht unter Ökonomen – nicht unbedingt unter Politikern – weitgehend Einvernehmen darüber, dass die **Unabhängigkeit einer Notenbank** reputationsfördernd ist und die Verwirklichung des Ziels der Geldwertstabilität erleichtert (Eijffinger und De Haan 1996). Aber eine hinreichende Bedingung ist es nicht. Denn auch eine Notenbank ist nicht gefeit vor dem Problem des Staatsversagens, auch die Notenbankleitung kann eigennützige Interessen haben, die nicht kompatibel sind mit dem gesamtwirtschaftlichen Stabilitätsziel (Kapitel IV). Dies hat in der Literatur zu einer lebhaften Diskussion darüber geführt, ob über geeignete **Sanktionsmechanismen** – von Gehaltskürzungen bis hin zu Entlassungen des Präsidenten und der Mitglieder des Direktoriums der Notenbank – ein zieladäquates Verhalten erreicht werden kann (grundlegend: Walsh 1995). Neuseeland liefert hierzu Anschauungsmaterial. In die gleiche Richtung zielen Überlegungen, die Amtszeiten der für die Geldpolitik Verantwortlichen von Gesetzes wegen zu begrenzen und insbesondere eine

---

158 Vgl. Europäische Zentralbank (2003b). In dieser Form gilt die Zwei-Pfeiler-Strategie seit Mai 2003. In den Jahren davor war die Zuordnung umgekehrt, und es wurde im Rahmen der monetären Analyse ein Referenzwert für die Entwicklung der Euro-Geldmenge M3 quantifiziert und jährlich überprüft. Grundsätzlich zur EZB-Strategie vgl. Issing et al. (2001).

Wiederberufung auszuschließen. So ist dies im Maastricht-Vertrag für die Mitglieder des Direktoriums der Europäischen Zentralbank vorgesehen worden.

Die Unabhängigkeit der Zentralbank lässt sich allerdings auch als das Ausmaß der Regelbindung auf der Ebene der Regierung auffassen. Damit sind wir bei der zweiten Dimension der geldpolitischen Regelbindung, nämlich derjenigen auf Regierungsebene. Es wird gefragt, inwieweit die Regierung der Nutzung der Geldpolitik für andere Ziele als dem Stabilitätsziel abschwört. Strenggenommen besteht ein **doppeltes Prinzipal-Agent-Problem** (Unterabschnitt III.3.F). Die Zentralbank ist der Agent der Regierung. Bricht sie die ihr auferlegten Regeln, so obliegt es der Regierung, Sanktionen dafür auszusprechen. Liegt der Regelverstoß wiederum im Sinne der Regierung, werden die Sanktionen milde ausfallen. Anders ausgedrückt: Regeln, die ausschließlich auf das Verhalten der Zentralbank abzielen, können das zentrale Prinzipal-Agent-Problem, nämlich das zwischen der Regierung als Agenten und dem Staatsvolk als Prinzipal, nicht lösen, sondern nur verlagern.

Deshalb muss die zentrale Frage im Zusammenhang mit der geldpolitischen Regelbindung lauten, ob und inwieweit die **Regierung** sich geldpolitisch an eine Regel oder ein Regime bindet. Die Antwort darauf wird zum einen mit dem Ausmaß an Unabhängigkeit der Zentralbank gegeben. Diese Unabhängigkeit lässt sich messen. In der Literatur gibt es zahlreiche Konzepte dafür, die sich grundsätzlich ähneln und die auf die binnenwirtschaftliche Dimension der Zentralbankaktivitäten abzielen. Sinnvollerweise lässt sich das Konzept der Unabhängigkeit auch um außenwirtschaftliche Aspekte der Geldpolitik, z.B. Konvertibilität der Währung oder die Frage, ob ein einheitlicher oder ob multiple Wechselkurse bestehen, erweitern (Freytag 2002). Dabei gilt: Je strenger die Regel ist, desto höher sind die Kosten z.B. in Form von Stimmenverlusten, die die Regierung bei Regelbruch zu tragen hat.

Beide Formen der Regelbindung können auch nebeneinander existieren. Wählt die Regierung ein Currency-Board-System, d.h. eine zumindest mittelfristig unwiderrufliche Wechselkursfixierung samt 100%iger Deckung der umlaufenden Geldmenge mit konvertibler Fremdwährung (Freytag und Krüger 2007) als geldpolitisches Regime, hat sie sowohl sich als auch der Währungsbehörde, dem Currency Board, die Hände gebunden. Es ist nur wichtig festzuhalten, dass Regeln, die ausschließlich auf der Ebene der Notenbank verankert werden, einer zum Missbrauch der Geldpolitik entschlossenen Regierung nicht viel entgegenzusetzen haben. Insofern ist die Diskussion um die Notenbankunabhängigkeit keine rein theoretische Diskussion.

Die zunehmende Akzeptanz des Prinzips der Unabhängigkeit der Notenbank in vielen Ländern zeigt übrigens, dass gute wirtschaftswissenschaftliche Ratschläge in der Politik durchaus Gehör finden (Abschnitt I.3). Die Bedeutung einer von der Tagespolitik unabhängigen Notenbank wurde seit den 1950er Jahren immer wieder von der Wissenschaft hervorgehoben. In der Europäischen Union wurde im Vertrag von Maastricht bei der Festlegung des Status der Europäischen Zentralbank so verfahren; in EU-Mitgliedsländern, deren Notenbanken weisungsgebunden waren (z.B. Frankreich, Italien, Spanien), mussten vor dem Beitritt zur Europäischen Währungsunion die Notenbankverfassungen geändert und das Prinzip der Unabhängigkeit etabliert werden.

D. Regelbindung in der Finanzpolitik

In der Finanzpolitik wird die Regelbindung vor allem in Bezug auf die Kreditfinanzierung staatlicher Ausgaben thematisiert. Ausgangspunkt sind zwei Beobachtungen: Zum einen, dass die Staatsausgaben im Zeitablauf nicht nur absolut steigen, sondern immer wieder auch stärker als das nominale Bruttoinlandsprodukt zunehmen;[159] zum anderen, dass diese Ausgaben nicht nur über Steuern finanziert werden, sondern auch dadurch, dass der Staat kurzfristige Kredite aufnimmt und längerfristige Anleihen begibt. In der Literatur wird dieser Verhaltensweise treffend das Etikett **„Hang zu Defiziten“** (public-deficit bias) angeheftet. Die Gründe hierfür sind vielfältig. Sie reichen von einer konjunkturpolitisch begründeten antizyklischen Finanzpolitik (deficit spending), die in Zeiten guter Konjunktur, in der der Staat Haushaltsüberschüsse erzielt, nicht adäquat im Sinne einer symmetrischen Finanzpolitik korrigiert wird (die Politiker nutzen die sprudelnden Steuermehreinnahmen für neue Staatsausgaben statt für den Schuldenabbau), über eine sozialpolitisch begründeten Finanzpolitik (öffentliche Transferzahlungen an bestimmte Bevölkerungsgruppen) bis hin zu einer wachstumspolitisch begründete Finanzpolitik (Infrastrukturinvestitionen). Im politischen Prozess erscheint der Regierung die Kreditfinanzierung öffentlicher Ausgaben als eine willkommene Methode, die bei gegebenen Steuereinnahmen konkurrierenden Ansprüche der Wirtschaftssubjekte zu befriedigen. Die Budgetrestriktion, die den Gesetzgeber bei seinen Ausgabenentscheidungen veranlassen soll, Prioritäten festzulegen und ggf.

[159] In der Finanzwissenschaft wird dieses Phänomen, auf lange historische Zeiträume bezogen, als „Wagnersches Gesetz der wachsenden Staatstätigkeit“ bezeichnet und thematisiert. Es handelt sich allerdings nicht um eine Gesetzmäßigkeit der Art wie die im Unterabschnitt I.4.B genannten. Vielmehr spielt sich hier ein politökonomischer Prozess mit der Interaktion von Regierung und organisierten Gruppeninteressen ab (Abschnitt IV.2). Für eine anschauliche Darstellung verschiedener Erklärungsmodelle, vgl. Blankart (2007, S. 149ff.).

anzupassen, kann, so scheint es vielen, überwunden werden. So empfehlen sich die Politiker der Öffentlichkeit als aktiv Handelnde bei der Lösung wirtschaftspolitischer Aufgaben, und gewinnen damit Freunde und Wählerstimmen. Gleichzeitig nähren diese Politiker den Lobbyismus (Abschnitt IV.3). Das Angebot von staatlichen Leistungen schafft sich gleichsam die Nachfrage durch partikulare Interessengruppen.

Allerdings kann eine übermäßige Neuverschuldung erhebliche negative Auswirkungen haben:

- Bestimmt kommt es zu einem Anstieg der **Zins-Last-Quote** im öffentlichen Haushalt. Die Zinsausgaben erhöhen sich relativ zu den Steuereinnahmen und/oder den Gesamtausgaben. Hinzu kommen die Ausgaben für die Tilgung der Schulden. Beides bewirkt eine Einengung des finanzpolitischen Handlungsspielraums des Staates.

- Als großer zusätzlicher Nachfrager am Kapitalmarkt trägt der Staat dazu bei, dass die langfristigen Zinsen unter sonst gleichen Bedingungen nach oben tendieren. Dadurch kann es zu einer Beeinträchtigung der privatwirtschaftlichen Investitionen kommen **(„zinsinduzierter crowding out")**. Dies trifft z.B. die Bauwirtschaft, in der Investitionen vergleichsweise zinselastisch sind.

- Der Staat ist mit der **„intertemporalen Budgetrestriktion"** konfrontiert. Wie die Privaten, kann auch der Staat auf Dauer nicht „über seine Verhältnisse leben", d.h. rein saldenmechanisch können langfristig die öffentlichen Ausgaben nicht höher sein als die Einnahmen. Mit der Verschuldung entstehen Zinsverpflichtungen, und der Zinsendienst muss erwirtschaftet, d.h. aus dem Bruttoinlandsprodukt geleistet werden; ebenso die Tilgung der aufgenommenen Kredite. Langfristig kann daher die Staatsschuld nicht beliebig anwachsen; ihr Anstieg wird vielmehr durch die Zunahme der gesamtwirtschaftlichen Produktion restringiert. Es gilt die staatliche Budgetgleichung $D_t = G_t - T_t + rB_{t-1}$. Hierbei bezeichnen D_t das Finanzierungsdefizit (die Neuverschuldung des Gesamtstaates, Gebietskörperschaften und Sozialversicherung) im Zeitraum t, G_t die Staatsausgaben (ohne Zinszahlungen und Schuldentilgung), T_t die laufenden Staatseinnahmen aus Steuern und Abgaben, r den Realzins und B_{t-1} den Schuldenstand am Ende der Vorperiode. $G_t - T_t$ stellt das sog. Primärbudget dar. Ist das Primärbudget im Ausgangszeitraum ausgeglichen ($G_t = T_t$), so führt die Neuverschuldung ($D_t > 0$) dazu, dass mit dem Schuldenstand die Zinsausgaben exponentiell ansteigen. Bei einem Primärbudgetdefizit im Ausgangszeitraum ($G_t > T_t$) trifft das erst recht zu. In einer wachsenden Volkswirtschaft (ohne Inflation) ist die öffentliche Schuld dann, und nur dann, tragbar, wenn sie nicht stärker als das Bruttoinlandsprodukt (Y) zunimmt, d.h. die Schuldenstandsquote ($b_t = B_t / Y_t$) im Zeitablauf konstant bleibt; der Schuldendienst finanziert sich gleichsam aus dem Produktionswachstum. Wird diese Restriktion nicht beachtet und die öffentliche Neuverschuldung übermäßig ausgeweitet, so steigen der Schuldenstand und die Zinszahlungen exponentiell an. Der Staat als Schuldner verliert an den Kapitalmärkten an Bonität und muss für neu emittierte Anleihen ein um die Risikoprämie erhöhtes Zinsgebot machen. Eine solche Politik ist nicht nachhaltig, es entsteht eine Tragfähigkeitslücke.[160] Da langfristig der Realzins oberhalb der Zuwachsrate des Bruttoinlandsprodukts liegt (theoretisch ist dies eine Implikation der dynamischen Effizienz, empirisch entspricht dies der Erfahrung), gerät der Staat in die Schuldenfalle. Um sich hiervon zu befreien, muss er seine Haushaltspolitik verändern und einen Primärgüterüberschuss ($T_t > G_t$) erzielen; er ist also früher oder später gezwungen, die Steuern und Abgaben zu erhöhen oder die Ausgaben zu verringern (oder beides). Daher werden durch die Schuldenpolitik heute den künftigen Generationen Finanzierungslasten aufgebürdet. Es kann zu einem **„erwartungsinduzierten crowding out"** kommen, d.h. die zunehmende Belastung künftiger Generationen wird als Verschlechterung des Investitionsstandorts interpretiert, und Sachkapital sowie Humankapital wandern ins Ausland ab.[161]

- Nicht zu vernachlässigen sind potentielle **Konflikte mit der stabilitätsorientierten Geldpolitik**. Im Extremfall könnte der Staat versucht sein, bei der Zentralbank die Notenpresse betätigen zu lassen und sich auf diese Weise die zur Deckung seiner Haushaltsdefizite benötigten Mittel zu beschaffen, natürlich mit inflationären Folgen. Diese Praxis ist in Deutschland und den anderen

160 Das Konzept der Tragfähigkeit der öffentlichen Finanzen („fiscal sustainability") wurde erstmals von Blanchard et al. (1990) modelliert. Danach hat es zahlreiche methodische Verfeinerungen erfahren und mittlerweile wird es u.a. von der OECD und der Europäischen Kommission bei der Beurteilung der Haushaltspolitik der Regierungen angewandt. Siehe für einen Überblick Windisch und Lietz (2003).

161 Bei Gültigkeit des Ricardo-Barro-Äquivalenztheorems (mit rationalen Erwartungen und unter der Annahme eines unendlich langen Zeithorizonts bei vollkommenen Kapitalmärkten) wüssten die Wirtschaftssubjekte über den künftigen Schuldendienst durch Zinsen und Tilgung Bescheid und betrachteten diese Verpflichtung des Staates als eine auf den Gegenwartszeitpunkt diskontierte Last. Dementsprechend wären sie indifferent zwischen einer Steuerfinanzierung und einer Kreditfinanzierung von Staatsausgaben. Finanzierungslasten aus der Neuverschuldung des Staates würden nicht in die Zukunft verschoben. Doch dieses Theorem ist theoretisch umstritten und empirisch nicht gesichert. Gleiches gilt für das sog. Gandenbergersche Schuldenparadoxon: Danach erzeugen zunehmende Budgetdefizite Akzelerator- und Multiplikatoreffekte mit entsprechend positiven Einkommens- und Beschäftigungswirkungen, was zu einer automatischen Konsolidierung der öffentlichen Haushalte führt. Gleichwohl versuchen Regierungen immer wieder, in der Öffentlichkeit die Verschuldungsproblematik herunterzuspielen, indem sie auf den „Selbstfinanzierungseffekt" verweisen.

EU-Staaten von Gesetzes wegen verboten. Eine etwas subtilere Variante lautet: Die Regierung ist eher an einer Politik des leichten Geldes mit Inkaufnahme von „etwas mehr" Inflation interessiert, um die Schuldenlast real zu verringern. Deshalb übt sie Druck auf die Notenbank aus; natürlich mit anderen, der Öffentlichkeit einleuchtenden Begründungen wie Stimulierung der Binnennachfrage und Abbau von Arbeitslosigkeit. Beide Varianten laufen auf eine **Inflationssteuer** hinaus, die Allokationsverzerrungen bewirkt. Die dritte Marginalbedingung wird verletzt. Insbesondere wird die Signalfunktion der relativen Preise als Knappheitsindikator gestört. Die Ersparnisse fließen nicht in die produktivste Verwendung, sondern dorthin, wo man sich vor der Inflation geschützt fühlt oder gar an ihr mitverdient, z.B. bei Investitionen in Immobilien („Betongold"). Weitere Effizienzverluste resultieren daraus, dass Ressourcen eingesetzt werden müssen, um auf der einzelwirtschaftlichen Ebene die jeweiligen Preisanpassungen vorzunehmen („Menükosten"), und somit nicht mehr für die Produktion von Waren und Diensten genutzt werden können. Überdies erzeugt die Inflation Verteilungsverzerrungen zu Lasten der Bezieher kontraktbestimmter Einkommen (abhängig Beschäftigte, Rentner), der Geldvermögensbesitzer (auch Kleinsparer) und der Gläubiger (einschließlich derjenigen, die dem Staat das Geld geliehen haben). Dies ist nicht nur ökonomisch, sondern auch verfassungsrechtlich bedenklich: In einer parlamentarischen Demokratie gilt das Prinzip „no taxation without representation". Eine Inflationssteuer ist demokratisch nicht legitimiert.

Aus diesen Gründen besteht die Notwendigkeit von **Regeln für die Beschränkung der Staatsverschuldung**. Hier sind verschiedene Wege denkbar:

- Ein Weg ist der Haftungsausschluss durch Dritte. In der Europäischen Währungsunion ist dies als **No-Bail-Out-Klausel** im Maastricht-Vertrag kodifiziert. Weltweit wäre darunter der Verzicht auf Schuldenerlasse gegenüber hochverschuldeten Entwicklungsländern zu verstehen. Haftungsausschluss durch Dritte entspricht im Übrigen dem konstitutiven Ordnungsprinzip Kompetenz und Haftung (Unterabschnitt I.5.A).

- Ein anderer Weg ist das Verbot der **Monetisierung von Haushaltsdefiziten**. Die Notenbank darf dem Staat keine Kredite für die Finanzierung von öffentlichen Ausgaben gewähren. Dies ist so in den Notenbankverfassungen der Industrieländer und im Maastricht-Vertrag für die Europäische Zentralbank geregelt.

- Ein dritter Weg ist es, **Obergrenzen für die staatliche Kreditaufnahme** zu definieren, die **dauerhaft** gelten sollen. Zwei Varianten werden diskutiert, eine radikale und eine pragmatische.

Betrachten wir diese beiden Varianten etwas näher:

Die **radikale Variante** zielt auf ein Verbot jedweder staatlicher Verschuldung, ausgenommen jene durch automatische Konjunkturstabilisatoren auf der Einnahmen- und Ausgabenseite des öffentlichen Haushalts. Hierbei wird unterstellt, dass kreditfinanzierte öffentliche Ausgaben keinerlei Ertrag abwerfen (was empirisch und differenziert nach Konsumausgaben und Investitionen geklärt werden müsste). Ein Sonderfall ist das Tiebout-Modell, bei dem der Staat die Ausgaben an den Präferenzen der Bürger ausrichtet und diese nach dem Prinzip der fiskalischen Äquivalenz dafür bezahlen. Es käme hier zu einer sorgfältigeren Abwägung zwischen der Nutzung öffentlicher Leistungen und ihrer Finanzierung mit der Folge einer größeren Effizienz im öffentlichen Sektor.

Die **pragmatische Variante** hingegen lässt Neuverschuldung in einem bestimmten Umfang zu. Dann müssen geeignete Indikatoren für die Bestimmung von Obergrenzen gefunden werden. Drei Beispiele:

- Die öffentliche Neuverschuldung darf im Jahr nicht höher sein als die geplanten Ausgaben für (Netto-)Investitionen; dies ist die sog. **„golden rule"**. Ihr liegt die Vorstellung zu Grunde, dass von den heutigen staatlichen Investitionen in die Infrastruktur auch künftige Generationen einen Nutzen ziehen und diese deshalb an den Kosten beteiligt werden sollten (in Form der Steuern, die dann für den Schuldendienst zu entrichten sind). Die zentrale Annahme ist, dass die Grenzproduktivität des öffentlichen Kapitalstocks mit der Grenzproduktivität des privaten Kapitalstocks (zumindest) übereinstimmt und dass dies auch bei steigenden öffentlichen Investitionen so bleibt. Sind hingegen die öffentlichen Investitionen weniger produktiv, so ist nicht nur ihre Ausweitung allokationstheoretisch nicht gerechtfertigt, sondern auch eine Kreditfinanzierung nicht zwingend.[162] In Deutschland ist für den Bund der Artikel 115 GG einschlägig; analoge Regeln finden sich in den Länderverfassungen. Die Voraussetzungen für die Anwendung der „golden rule" sind streng: eindeutige Definition von In-

162 Lange Zeit war die „golden rule" wissenschaftlich allgemein akzeptiert. Neuere ökonometrische Untersuchungen begründen allerdings Zweifel. Es ist in einem gesamtwirtschaftlichen Zusammenhang gezeigt worden, dass der Produktivitätseffekt öffentlicher Infrastrukturinvestitionen verhältnismäßig klein ist und im Zeitablauf tendenziell sinkt. Vgl. z.B. Kitterer (1998) und die dort angegebene Literatur. Weitere makroökonomische Untersuchungen zeigen, dass die Kreditfinanzierung von öffentlichen Investitionen suboptimal sein kann. Vgl. Kamps (2004). Umstritten ist übrigens auch, ob staatliche Ausgaben für die Infrastruktur immer einen höheren sozialen Ertrag abwerfen als staatliche Ausgaben in anderen Bereichen, zum Beispiel im Bildungswesen oder im Gesundheitswesen.

vestitionen, keine Nebenhaushalte, Einbeziehung der Gesetzlichen Sozialversicherung. In der Praxis werden diese Voraussetzungen häufig verletzt. In Deutschland gibt es zusätzlich eine Ausnahmeregel: Liegt eine Störung des gesamtwirtschaftlichen Gleichgewichts vor, kann die Neuverschuldung die Netto-Investitionen übersteigen. Diese Störung wird an den beiden großen makroökonomischen Zielen Wachstum und Beschäftigung festgemacht (Abschnitt I.2). Zusätzlich muss die Eignung der Kreditaufnahme zur Abwehr oder Bekämpfung dieser Störung geprüft werden; dies erfordert eine Untersuchung darüber, wo die Ursachen für einen Rückgang der Produktion und/oder den Anstieg der Arbeitslosigkeit liegen. Eine Störung des gesamtwirtschaftlichen Gleichgewichts ist in Deutschland wiederholt von der jeweils amtierenden Bundesregierung ausgerufen worden, um eine über die Netto-Investitionen hinausgehende Neuverschuldung zu rechtfertigen; dass dadurch eine Störung des gesamtwirtschaftlichen Gleichgewichts wirksam abgewehrt bzw. behoben würde, wurde einfach behauptet.

- Die öffentliche Neuverschuldung darf höchstens 3 vH des Bruttoinlandsprodukts betragen; dies ist die Regel **„einer auf Dauer tragbaren Finanzlage der öffentlichen Hand"**, wie sie im Stabilitäts- und Wachstumspakt in der Europäischen Währungsunion vorgesehen ist (Artikel 104 EG-Vertrag). Auch hier ist der staatliche Gesamthaushalt (Gebietskörperschaften einschließlich Sozialversicherungen) gemeint. Dabei wird davon ausgegangen, dass der öffentliche Gesamthaushalt über den Konjunkturzyklus hinweg ausgeglichen ist; dies bedeutet, dass in konjunkturell expansiven Phasen ein Haushaltsüberschuss anzustreben ist, damit in Zeiten einer Konjunkturschwäche die „automatischen Stabilisatoren" (konjunkturbedingte Steuermindereinnahmen, insbesondere bei der Einkommen-, Körperschafts- und Umsatzsteuer, plus konjunkturbedingte Mehrausgaben wie das zusätzliche Arbeitslosengeld) über eine staatliche Kreditaufnahme wirken können. Auch hier gibt es Ausnahmeregelungen. Anfangs waren es derer zwei: Im Falle einer „schweren Rezession", definiert als absoluter Rückgang des realen Bruttoinlandsprodukts um 2 vH oder mehr im Jahr, oder bei einem „außergewöhnlichen Ereignis", z.B. einer Naturkatastrophe, die zu beheben die normalen finanzpolitischen Möglichkeiten des betroffenen Landes überfordert, darf dieser Grenzwert vorübergehend überschritten werden; ansonsten drohen Sanktionen. Nach der auf Drängen Deutschlands (Schröder) und Frankreichs (Chirac) im März 2005 beschlossenen Neugestaltung des europäischen Stabilitäts-und Wachstumspakts ist die Liste der Ausnahmetatbestände, bei denen ein Mitgliedsland eine überhöhte öffentliche Neuverschuldung eingehen darf, erheblich ausgeweitet worden. Der Drei-Prozent-Referenzwert für die Neuverschuldung darf jetzt auch überschritten werden, wenn die Regierung z.B. Ausgaben für Forschung, Entwicklung und Innovation oder für internationale Finanzhilfen geltend macht oder wenn sie die gesetzliche Rentenversicherung reformiert oder stärker steuerfinanziert gestalten will oder wenn länderspezifische Sonderlasten auftreten, wie in Deutschland die Kosten der Vereinigung. Je mehr Ausnahmetatbestände es gibt, umso größer werden die diskretionären Spielräume der Finanzpolitik, umso schwächer wird die Haushaltsdisziplin und umso mehr gleicht das Regelwerk einer Fassade.[163]

In der Praxis gewährleisten diese Regeln noch keine wirksame Begrenzung der Staatsverschuldung. Dies belegen zahlreiche Beispiele:

- In Deutschland, die Haushaltsnotlagen von Bundesländern, z.B. Saarland, Bremen. Das sog. Bündische Prinzip beinhaltet ein Moral-Hazard-Problem. Es entstehen Fehlanreize bei der Ausgabengestaltung, weil sich eine Landesregierung, die es mit der finanzwirtschaftlichen Solidität nicht so genau nimmt, darauf verlässt, dass der Bund schon mit Finanzzuweisungen helfen wird, wenn der Landeshaushalt aus dem Ruder gelaufen ist. Berlin hatte es ebenfalls darauf angelegt, die Haushaltsnotlage anerkannt zu bekommen und wollte dies beim Bundesverfassungsgericht einklagen – ohne Erfolg.
- Im Euro-Währungsraum, die Versuchung großer Mitgliedsländer (Deutschland, Frankreich, Italien), nach Belieben die Drei-Prozent-Grenze zu durchstoßen und sich Ermahnungen in Sachen Haushaltsdisziplin zu verbitten (Unterabschnitt VI.3.C).[164] Auch hier besteht die Gefahr eines Moral Hazard,

---

163 Vgl. Deutsche Bundesbank (2005). Wir kommen auf den Europäischen Stabilitäts- und Wachstumspakt im Unterabschnitt VI.3.C noch einmal zurück. Für eine Analyse dieser Haushaltsregel vgl. Brunila, Buti und Franco (2001). Das genannte Drei-Prozent-Limit beim staatlichen Defizit ist pragmatisch festgelegt worden. Ausgehend von einer erwarteten Zuwachsrate des nominalen Bruttoinlandsprodukts von 5 vH je Jahr und einer Schuldenstandsquote von 60 vH, ergibt sich eine tragbare Defizitquote von höchstens 3 vH. Formal: $\Delta d \leq gY \cdot b_t$, $(3 = 0,05 \cdot 60)$.

164 Selbst ohne diese Versuchung können föderal strukturierte Staaten wie die Bundesrepublik Deutschland ein besonderes Problem haben: dass nämlich die oberste Gebietskörperschaft, hierzulande der Bund, die Maastricht-Kriterien respektiert, die nachgeordneten Gebietskörperschaften (Länder, Gemeinden) unter Berufung auf die von der Verfassung garantierte Selbständigkeit und Unabhängigkeit in der Haushaltsführung aber nicht. Prinzipiell müssten die Gliedstaaten die rechtlichen Verpflichtungen, die sich aus dem Maastrichter Vertrag für den Gesamtstaat ergeben, mittragen. Für die Lösung dieses Problems ist von der Wissenschaft für die Bundesrepublik Deutschland vorgeschlagen worden, dass der Bund mit den Bundesländern einen Staatsvertrag (nationaler Stabilitätspakt genannt) abschließt, in dem die jeweiligen Verschuldungsssspielräume festgelegt werden, z.B. im Verhältnis 50 zu 50 (vgl. Sachverständigenrat 1996, Ziffern 283ff; und Sachverständigenrat 2004, Ziffern 803ff.).

weil sich andere Länder, die bisher die Regel beachtet haben, dazu verleiten lassen könnten, dem schlechten Beispiel der Haushaltssünder zu folgen. Keiner Regierung wird es schwerfallen, Gründe zu finden, warum sie mehr Kredite braucht, und keine wird sich scheuen, diese Neuverschuldung als „vorübergehend" zu deklarieren, obwohl sie gar nicht beabsichtigt., das Haushaltsdefizit auf absehbare Zeit abzubauen.

- In zahlreichen EU-Mitgliedstaaten, die Neigung der Regierungen, kreditfinanzierte öffentliche Ausgaben über eigens für diesen Zweck gegründete staatliche Gesellschaften zu tätigen. Das Problem ist, dass diese Ausgaben keiner parlamentarischen Kontrolle und Legitimation unterliegen. Sie können damit auch für Zwecke eingesetzt werden, die den Vorstellungen der Bürger nicht entsprechen oder schlichtweg gesamtwirtschaftlch unproduktiv sind. Früher oder später wird der Steuerzahler für die aufgelaufenen Verluste in Anspruch genommen. Die Verantwortlichkeit der Politiker gegenüber dem Bürger wird verschleiert, weil unklar bleibt, wem das „Schuldenmachen" zuzurechnen und wer bei anstehenden Wahlen entsprechend zu sanktionieren ist.

- Das Verhalten der Politiker aller Parteien bei unerwarteten Einnahmen – z.B. weil die Konjunktur besser läuft als erwartet (wie in 2006/07) oder weil bei einer öffentlichen Versteigerung wie die der UMTS-Mobilfunklizenzen (im Sommer 2000) der Erlös höher ist als im Haushaltsplan eingestellt wurde – liegt einfach darin, neue Ausgabenprogramme zu entwerfen. Hohe Zusatzeinnahmen wecken Begehrlichkeiten, wie es im Volksmund heißt: „Kasse macht sinnlich". Aber einmalige Einnahmen dürfen strenggenommen nur einmalige Ausgabenerhöhungen oder einmalige Steuersenkungen finanzieren. Doch der politökonomische Prozess (Interessengruppen) wirkt in Richtung einer Perpetuierung, er macht es also sehr schwierig, die in dem Jahr der ungeplanten Einnahmen getroffenen fiskalischen Maßnahmen im darauffolgenden Jahr wieder rückgängig zu machen. Ähnlich ist es bei Privatisierungserlösen, auch hier ist der Einmaleffekt zu beachten und von daher alles zu unterlassen, was Folgekosten verursacht. Ökonomisch ist es am besten, ungeplante Haushaltseinnahmen für die Tilgung der ausstehenden Staatsschuld einzusetzen. Dies führt zu dauerhaften Zinseinsparungen und eröffnet der Finanzpolitik größere Handlungsmöglichkeiten für die Zukunft.

- Angesichts dieser Probleme hat der Sachverständigenrat (2007a) ein neues, dreigliedriges Verfahren zur wirksamen Begrenzung der Neuverschuldung vorgeschlagen. Danach soll erstens der Investitionsbegriff enger als bisher gefasst werden, indem Abschreibungen herausgerechnet und Einnahmen aus Desinvestitionen (Privatisierungen) gegengerecnnet werden (Ziffern 119ff.).

Zweitens soll die Ausnahmeregel des Artikel 115 GG beseitigt und durch eine konkret ausgestaltete Schuldenschranke ersetzt werden, bei der die Ausgaben des Staates, ausgenommen die kreditfinanzierten Investitionsausgaben, grundsätzlich an die konjunkturbereinigten regulären Einnahmen gebunden werden, so dass über den Konjunkturzyklus hinweg der Schuldenstand nicht ansteigt. Etwaige im Haushaltsvollzug auftretende Abweichungen des tatsächlichen von dem zulässigen, einnahmeorientierten Ausgabenpfads, z.B. infolge diskretionärer finanzpolitischer Maßnahmen, werden in einem Ausgleichskonto verbucht, für das eine Obergrenze von 2 vH des nominalen Bruttoinlandsprodukts, hälftig aufgeteilt auf den Bund und die Ländergesamtheit, gelten soll (Ziffern 134ff.). Drittens sind Sanktionen vorgesehen, wenn das Ausgleichskonto in zwei aufeinanderfolgenden Jahren überzogen wird; beim Bund müsste ein Zuschlag auf die Einkomensteuerschuld erhoben werden, um das Defizit zurückzuführen, bei den Ländern kämen mit dem gleichen Zweck Zuschläge zur Grunderwerbsteuer in Betracht (Ziffern 175f.).

Ein besonderes Problem für die finanzpolitische Regelbindung ergibt sich immer dann, wenn „verdeckte" Zahlungsverpflichtungen des Staates bestehen und zunehmen. „Verdeckt" heißt, dass solche Verbindlichkeiten nicht im Staatshaushalt verbucht sind, wohl aber in der Zukunft eine gehörige fiskalische Belastung darstellen werden. Dies betrifft insbesondere die Versorgungsleistungen, die der Staat gegenüber seinen Beamten wahrnehmen muss, sobald diese pensioniert werden, sowie die umlagefinanzierten Leistungen im Rahmen der sozialen Sicherungssysteme. Die pensionierten Beamten haben Ansprüche erworben, die sich aus einem versteckten Altersversorgungsabschlag speisen, durch den in ihrer aktiven Zeit ihre Besoldung unter den Bruttogehältern der Angestellten im öffentlichen Dienst mit vergleichbaren Funktionen lag. Und wer als sozialversicherungspflichtiger Arbeitnehmer heute Beiträge in die Gesetzliche Rentenversicherung, die Gesetzliche Krankenversicherung und die Gesetzliche Pflegeversicherung einzahlt, erwirbt Ansprüche auf Leistungen der jeweiligen staatlichen Versicherungsträger in der Zukunft. Bei einem grundlegenden demographischen Wandel (schrumpfende und alternde Gesellschaft), wie in Deutschland und anderen Industriestaaten gegenwärtig und für die nächsten Jahrzehnte gegeben, verschlechtert sich die Relation zwischen Beitragszahlern (Bevölkerung im erwerbsfähigen Alter) und Leistungsempfängern (Bevölkerung im Rentenalter). Es wird somit immer schwieriger, die Anrechte auf Leistung zu bedienen. Diese Ansprüche sind zwar, anders als beim Erwerb von Staatsanleihen, unverbrieft; aber sie stellen für den Staat Verbindlichkeiten dar und müssen in den Haushalten der Sozialversicherung abgedeckt werden. Zu der expliziten kommt eine **implizite Verschuldung des Staates.**

Die Regelbindung der Finanzpolitik müsste diese implizite Verschuldung einbeziehen, denn die besprochene intertemporale staatliche Budgetrestriktion gilt nicht nur für die budgetierten Ausgaben, sondern auch für die im System schwebenden Verbindlichkeiten. Nur bei konsequenter Einhaltung dieser Restriktion ist die Finanzpolitik wirklich langfristig tragbar. Seit Anfang der 1990er Jahre beschäftigen sich Ökonomen mit der Frage, wie man dies operationalisieren könnte. Auerbach, Gokhale und Kotlikoff (1991) haben hierzu die **Methode der Generationenbilanzierung** (generational accounting) entwickelt.[165] Dort wird statistisch abgebildet, wie sich die von den Bürgern entrichteten Steuern und Sozialabgaben und die vom Staat versprochenen Leistungen (Renten, Gesundheitsleistungen, soziale Transferzahlungen) über die Zeit und die künftigen Generationen verteilen. Daraus lässt sich erkennen, ob die Finanzpolitik nachhaltig ist. Sie ist es, wenn die Nettosteuerzahlungen der heute lebenden Generation und der künftigen Generationen ausreichen, um die Staatsschuld, die heute besteht, zu tilgen. Sonst besteht eine sog. Nachhaltigkeitslücke. Berechnungen gelangen zu dem Ergebnis, dass die implizite Staatsverschuldung ein Vielfaches der expliziten Staatsverschuldung ausmacht, auch in Deutschland[166]. Wegen der erwähnten Budgetrestriktion muss der Staat früher oder später die Nachhaltigkeitslücke wieder schließen, sei es, indem er die Steuern erhöht oder Sozialleistungen kürzt, sei es, indem er die Notenbank drängt, mehr Inflation zuzulassen, um auf diese Weise die Reallast der Zahlungsverpflichtungen zu vermindern. In jedem Fall werden künftige Generationen die Problemlösungen schultern müssen.

Trotz zahlreicher noch ungelöster methodischer und statistischer Fragen ist diese Forschungsrichtung schon jetzt wirtschaftspolitisch von großer Bedeutung. Die Transparenz über die Finanzpolitik einschließlich der Sozialpolitik wird erhöht. Die Entscheidungsträger werden angehalten, die langfristigen Folgewirkungen aktueller Maßnahmen stärker zu beachten. Das vorausschauende Denken und weite politische Zeithorizonte werden gefördert. Der Staat als Agent des Gemeinwohls schützt sich damit selbst vor dem Drängen der Bürger (seinem Prinzipal) nach öffentlichen Leistungen zu Lasten künftiger Generationen. Das ist friedensstiftend und effizienzsteigernd. In der langen Frist wird die Finanzpolitik nachhaltig.

---

165 Unter den deutschen Wirtschaftswissenschaftlern ist besonders auf Raffelhüschen (1999) zu verweisen. Für eine formale Darstellung vgl. Sachverständigenrat (2003, Ziffern 765ff.). Siehe auch Wissenschaftlicher Beirat beim Bundesministerium der Finanzen (2001, S. 31ff.).

166 Vgl. die Berechnungen des Sachverständigenrats (2003, Ziffern 445ff.). Für einen empirischen Vergleich mit anderen Industrieländern vgl. Raffelhüschen et al. (2009).

E. Regelbindung in der Lohnpolitik

Im ersten Kapitel (Abschnitt 3) haben wir betont, dass die Lohnpolitik zu den großen Bereichen der Wirtschaftspolitik zählt, und zwar unabhängig davon, ob sie in die Kompetenz der Regierung oder in die der Tarifvertragsparteien (oder beider) fällt. In Deutschland garantiert das Grundgesetz (Artikel 9 Abs. 3) den Gewerkschaften und Arbeitgeberverbänden Schutz vor staatlicher Einflussnahme bei der Lohnfindung und der Gestaltung der sonstigen Arbeitsbedingungen **(Tarifautonomie)**. Somit richtet sich hierzulande die Frage nach einer Regelbindung in der Lohnpolitik an die Tarifpartner.

Der Zweck einer lohnpolitischen Regel ist ein zweifacher: Zum einen gilt es, einen möglichst hohen Beschäftigungsstand zu erreichen. Zum anderen geht es darum, das Beschäftigungsziel mit dem Ziel der Geldwertstabilität in Einklang zu bringen und Konflikte mit der stabilitätsorientierten Geldpolitik der Notenbank, die zu Produktionsverlusten und Arbeitslosigkeit führen, zu vermeiden. Beides verlangt von der Lohnpolitik den Lohnerhöhungsspielraum aus der Rate des gesamtwirtschaftlichen Produktivitätsfortschritts abzuleiten und von überzogenen Tariflohnanhebungen abzusehen, die den Produktionsfaktor Arbeit verteuern, die Lohnstückkosten in die Höhe treiben, die Ertragserwartungen der Unternehmen verschlechtern sowie Preissteigerungen anheizen. Mit den Mitteln der Lohnpolitik lässt sich, wie die Erfahrung lehrt, eine Umverteilung der Einkommen zugunsten der Lohnbezieher gegen den Markt nicht durchsetzen, ohne den Arbeitnehmern selbst Nachteile, den Verlust ihres Arbeitsplatzes nämlich, zuzufügen. Aus der neoklassischen Theorie wissen wir, dass die Beschäftigung vom Reallohn abhängt (von anderen Determinanten sei hier abgesehen). Die Lohnpolitik bezieht sich aber auf den Nominallohn; den Reallohn kann sie nicht bestimmen. Eine stabilitätsgerechte Lohnpolitik ist allerdings eine notwendige Bedingung dafür, dass nach tarifvertraglich vereinbarten Nominallohnsteigerungen die Reallöhne nicht (inflationsbedingt) dahinter zurückbleiben und ihnen auch nicht (deflationsbedingt) vorauseilen.

Das Kernelement der lohnpolitischen Regel ist die Produktivitätsorientierung.[167] Bei der Umsetzung muss man danach unterscheiden, ob in der Volkswirtschaft

---

[167] Auf dieser Grundlage hat der Sachverständigenrat seit seinem ersten Jahresgutachten 1964/65 regelmäßig mittelfristig angelegte Orientierungshilfen für die Lohnpolitik formuliert und diese, soweit erforderlich, an das gesamtwirtschaftliche Umfeld (Konjunktur, Inflation, Arbeitsmarktlage, Strukturwandel, wirtschaftlicher Neuaufbau in Ostdeutschland u.a.) angepasst. Bei den Gewerkschaften ist dies auf heftigen Widerspruch gestoßen; sie argumentieren, es handle sich bei der Lohnfindungsregel um eine von außen vorgegebene Lohnleitlinie und damit um einen unzulässigen Eingriff in die Tarifautonomie. Die Gewerkschaften haben daher sehr oft, und

(nahezu) Vollbeschäftigung herrscht oder eine (nicht nur vorübergehende) Arbeitslosigkeit. Bei Vollbeschäftigung kann der Produktivitätsspielraum voll für Lohnerhöhungen ausgeschöpft werden, bei Dauerarbeitslosigkeit nicht.

Betrachten wir zunächst die Arbeitsmarktsituation mit **hohem Beschäftigungsstand**. Die **produktivitätsorientierte Lohnpolitik** besagt dann, dass die Tarifvertragsparteien sich auf Lohnsteigerungen verständigen, die im Einklang mit dem für die Laufzeit des Tarifvertrags erwarteten inländischen Zuwachs der Arbeitsproduktivität stehen. Die Arbeitsproduktivität wird zweckmäßigerweise am realen Bruttoinlandsprodukt je Erwerbstätigen („Erwerbstätigenproduktivität") oder je geleisteter Arbeitsstunde („Stundenproduktivität") gemessen. Die Lohnsteigerungen beziehen sich auf die effektiven Arbeitskosten, die das Unternehmen je Arbeitsplatz kalkulieren und über den Absatz am Markt erwirtschaften muss; zu den Tariflöhnen kommen die gesetzlichen und tarifvertraglichen Lohnnebenkosten (wie Arbeitgeberbeiträge zu den Sozialversicherungen, Lohnfortzahlung im Krankheitsfall, Urlaubs- und Weihnachtsgeld) hinzu.

In der Arbeitsmarktökonomie spricht man treffend vom „Produktlohn", gelegentlich auch vom „Produzentenlohn"; es handelt sich um einen Kostenbegriff und darf nicht mit dem Unternehmerlohn, der ein Einkommensbegriff ist, verwechselt werden. Für die Arbeitsnachfrage ist der Produktlohn maßgeblich, nicht (nur) der in Tarifverhandlungen vereinbarte Tariflohn. Der Tariflohn wiederum ist, aus der Sicht der Arbeitnehmer, ein Bruttolohn, der um die zu entrichtenden Lohnsteuern und Sozialversicherungsbeiträge gemindert den „Konsumlohn" oder „Konsumentenlohn" ergibt. Dies ist der Nettoverdienst, er definiert die Kaufkraft der abhängig Beschäftigten und bestimmt deren Güternachfrage mit. Der Produktlohn liegt in der Regel über dem Konsumlohn, in Deutschland sogar erheblich darüber („Lohnschere"). Die Lohnschere bereitet bei der Anwendung der Lohnfindungsregel Probleme, denn in Tariflohnverhandlungen orientieren sich die Arbeitgeber am Produktlohn, dessen Anstieg sie begrenzen wollen, um ihre Wettbewerbsfähigkeit

---

nicht selten mit Erfolg, versucht, die Lohnformel zu ignorieren und höhere Lohnsteigerungen durchzusetzen. Die daraus entstandenen Fehlentwicklungen auf dem Arbeitsmarkt sind ebenfalls vom Sachverständigenrat in den Jahresgutachten aufgezeigt worden. Die Gewerkschaften bestreiten dies zwar mit dem Argument, die Löhne seien mittelfristig weitgehend im Einklang mit der Fortschrittsrate der Arbeitsproduktivität gestiegen und hätten also keine überhöhten Arbeitskosten verursacht. Aber das Argument führt in die Irre. Denn hinter den Daten verbirgt sich der Umstand, dass die Unternehmen tatsächlich diesen Gleichschritt herstellen müssen, um international und vom Preis her wettbewerbsfähig zu bleiben. Ex post ergibt sich eben, dass sich bei regelwidrigen Lohnerhöhungen die Produktivität nach oben angepasst hat, und zwar direkt durch Beschäftigungsabbau und indirekt durch forcierten arbeitssparenden technischen Fortschritt, der dazu führt, dass auch in den wachstumsstarken Wirtschaftsbereichen nicht genügend neue Arbeitsplätze angeboten werden.

nicht zu gefährden, während die Gewerkschaften den Konsumlohn im Blick haben, den sie im Interesse ihrer Mitglieder bestmöglich erhöhen wollen.

Inwieweit ein **Inflationsausgleich** in die Lohnfindungsregel eingerechnet werden soll, ist umstritten, allerdings eher in der Theorie als in der Praxis; in den Tariflohnverhandlungen ist die tatsächliche oder erwartete Inflationsrate ein fester Bestandteil, den vor allem die Gewerkschaften zwecks Sicherung des Reallohns einbringen. Es sollten jedoch bei einem Inflationsausgleich folgende Aspekte beachtet werden:

- Grundsätzlich sollte ein Inflationsausgleich nicht vorgesehen werden. Denn täte man dies und erhöhte die Nominallöhne stärker als die Produktivität steigt, so käme es bei den Unternehmen zu Kostensteigerungen, die wiederum Preissteigerungen auslösen (im Rahmen der Überwälzungsmöglichkeiten) oder eine Gewinnkompression bewirken würden (sofern die Kosten nicht überwälzt werden können). Außerdem würde sich die Gesellschaft an die Inflation gewöhnen, ohne die damit einhergehenden Verzerrungen der Faktorallokation und der Einkommens- und Vermögensverteilung zu beachten.
- Eine Ausnahme kann man in besonderen Situationen erwägen, z.B. wenn ein starker Preisauftrieb stattgefunden hat und die Notenbank versucht, gegenzuhalten und zur Geldwertstabilität zurückzufinden. Die Stabilitätspolitik braucht Zeit, d.h. die Inflationsraten können nicht abrupt gesenkt werden, ohne dass die Gefahr entsteht, dass die Volkswirtschaft in eine stabilisierungsbedingte Rezession stürzt. Zeit braucht es auch, bis sich unter den Marktteilnehmern das Vertrauen auf Rückkehr zur Geldwertstabilität gefestigt hat und in die Erwartungsbildung Eingang findet. In dieser Phase der Inflationsbekämpfung ist es vertretbar, die Arbeitnehmer zu entlasten. Bedingung ist allerdings, dass der Inflationsausgleich temporär und partiell ist, d.h. der Preisaufschlag bei den Nominallöhnen deutlich unterhalb der Inflationsrate bleibt. Auf diese Weise leistet die Lohnpolitik einen Beitrag zur Wiedergewinnung der Geldwertstabilität und entlastet die Geldpolitik, die dann ihren Restriktionskurs weniger scharf fahren muss.
- Auf keinen Fall dürfen exogene Preissteigerungen über Lohnerhöhungen kompensiert werden. Zu denken ist an Preiserhöhungen bei Verbrauchsgütern auf Grund einer Erhöhung indirekter Steuern (Mehrwertsteuer, Mineralölsteuer, Tabaksteuer u.a.) oder an eine relative Verteuerung von Importgütern (Mineralöl). Bei den Steuererhöhungen macht der Staat seine Ansprüche an das, was gesamtwirtschaftlich verteilbar ist, geltend, um z.B. ein Haushaltsdefizit zu verringern oder Verhaltensweisen der Verbraucher zu verändern (weniger Auto fahren, gesund leben). Bei den Importpreissteigerungen sind es

ausländische Anbieter, die ihre Marktmacht zum eigenen Vorteil einsetzen. Exogene Preisschübe müssen von den Betroffenen real getragen werden. Versuche, sie lohnpolitisch zu konterkarieren, sind zum Scheitern verurteilt.

Die Regel der produktivitätsorientierten Lohnpolitik wirkt, bezogen auf die Entlohnung der Produktionsfaktoren Arbeit und Kapital, **verteilungsneutral**. Dabei werden die Arbeitnehmer durch ihr Einkommen voll am wirtschaftlichen Wachstum beteiligt. Der Verteilungsspielraum für die Arbeitskräfte, d.h. der Lohnerhöhungsspielraum, wird vergrößert,

- wenn sich die Preisrelationen im Außenhandel (das reale Austauschverhältnis oder "terms of trade") für das Inland verbessern: Dann muss weniger exportiert werden, um eine bestimmte Menge an Importgütern zu bezahlen;
- wenn die Kapitalnutzungskosten je Produkteinheit bei konstantem Zins sinken: Dies kann z.B. die Folge längerer Maschinenlaufzeiten sein oder aus einem kapitalsparenden technischen Fortschritt resultieren.

Das Umgekehrte gilt, wenn sich die "terms of trade" verschlechtern und/oder die Kapitalnutzungskosten steigen. Als besonders einschlägig hat sich die Verschlechterung der "terms of trade" als Folge eines negativen Ölpreisschocks erwiesen. In einem solchen Fall reklamiert das Ausland einen Teil des inländischen Produktivitätszuwachses für sich und kann diesen Anspruch am Markt durch Preiserhöhungen durchsetzen; nur was übrigbleibt kann dann intern über die Löhne verteilt werden.[168]

Was ändert sich an der Lohnfindungsregel bei **hoher Dauerarbeitslosigkeit**? Es bleibt bei der grundsätzlichen Orientierung am Produktivitätsfortschritt. Aber die Produktivitätsformel ist so zu modifizieren, dass daraus eine Regel der **beschäftigungsorientierten Lohnpolitik** wird. Analytisch sind zwei Schritte zu machen:

---

168 Gegen diese eigentlich triviale Feststellung ist im Zusammenhang mit der ersten Ölpreisexplosion 1973/74 auf eklatante und folgenschwere Weise verstoßen worden. Damals erhöhten sich im Inland die Benzin- und Energiepreise schlagartig um ein Mehrfaches. Unter Führung der (einstigen) Gewerkschaft des Öffentlichen Dienstes ÖTV (sie ist 2001 in Ver.di aufgegangen) wurden bundesweit zweistellige Lohnsteigerungsraten durchgesetzt, die den entsprechenden Kaufkraftentzug ungeschehen machen sollten. Ein kräftiger Anstieg der Lohnstückkosten war die unmittelbare Folge, der Wandel von einer Vollbeschäftigungsökonomie in eine Volkswirtschaft mit steigender Arbeitslosigkeit die dauerhafte Nachwirkung dieses Fehlverhaltens in der Lohnpolitik (zu Einzelheiten vgl. Sachverständigenrat 1974, Ziffern 131ff.). Die „Kluncker-Runde" (so benannt nach dem damaligen ÖTV-Vorsitzenden Heinz Kluncker) hat im Nebeneffekt auch zum Sturz von Bundeskanzler Willy Brandt beigetragen, der sich öffentlich, und ökonomisch gesehen zu Recht für eine Lohnzurückhaltung ausgesprochen hatte, von den Gewerkschaftsführern aber desavouiert wurde. Diese Geschehnisse dokumentieren ein massives Versagen der Tarifautonomie, letztlich wiederum ein Organisationsversagen (Abschnitt IV.3).

- Zunächst muss der statistisch gemessene Produktivitätsanstieg um den Produktivitätseffekt, der sich aus dem Beschäftigungsrückgang ergibt, bereinigt werden, da er bei abnehmender Beschäftigung nach oben verzerrt ist. Die dahinter stehende Annahme ist, dass bei Entlassungen zunächst die weniger produktiven Arbeitskräfte im Unternehmen betroffen sind.[169] Dadurch steigt rein rechnerisch die beobachtete durchschnittliche Arbeitsproduktivität.[170] Diesen Effekt bezeichnet man als Entlassungsproduktivität. Zieht man diese von dem gemessenen Produktivitätsfortschritt ab, so erhält man den **beschäftigungsneutralen Produktivitätsfortschritt**. Werden die Löhne in diesem Maße erhöht, so wird ceteris paribus die Beschäftigung gerade einmal auf dem neu gegebenen Stand stabilisiert, d.h. auf einem niedrigeren Niveau als in der Vergangenheit. Die Arbeithabenden („insider") werden begünstigt, die Arbeitsuchenden („outsider") diskriminiert.[171]
- Sollen zusätzliche Arbeitsplätze (für die „outsider") entstehen, muss im zweiten Schritt vom beschäftigungsneutralen Produktivitätsfortschritt ein **Lohnabschlag** vorgenommen werden. Theoretisch ergibt sich die Höhe des Lohnabschlags aus der Grenzproduktivität des letzten Arbeitslosen; diese kennt natürlich niemand. In der Praxis kann man sich mit empirisch ermittelten Reallohnelastizitäten der Arbeitsnachfrage behelfen.[172] Die Tariflohnanhebungen müssen solange unterhalb des beschäftigungsneutralen Produktivitätsfortschritts bleiben, bis die Arbeitslosigkeit deutlich sinkt und wieder ein angemessener Beschäftigungsstand erreicht ist.

Die Regeln in der Lohnpolitik müssen dem Umstand Rechnung tragen, dass die Knappheitsverhältnisse am Arbeitsmarkt je nach Branche, Region und Qualifikation der Arbeitnehmer in der Regel divergieren. Das ist eine Folge des Strukturwan-

---

169 Sofern diese Arbeitnehmer nicht einen besonderen Kündigungsschutz genießen (z.B. Schwerbehinderte) oder aufgrund des von den Arbeitsgerichten geforderten Kriteriums der „sozialen Auswahl" (Alter, Gesundheit, Unterhaltspflichten) einen Weiterbeschäftigungsanspruch haben.

170 Der Leser möge sich diesen Vorgang in Analogie zum „Gesetz vom abnehmenden Grenzertrag" aus der mikroökonomischen Theorie vorstellen und sich überlegen, dass mit sinkendem Faktoreinsatz Grenz- und Durchschnittsertrag steigen. Zum methodischen Vorgehen bei der Bereinigung der Zuwachsrate der durchschnittlichen Arbeitsproduktivität vgl. Sachverständigenrat (1996, Anhang V, Abschnitt E).

171 Zur Insider-Outsider-Problematik vgl. Franz (2006, S. 384ff.). Würde man bei dem erstgenannten Schritt Halt machen, so entspräche dies politökonomisch einer Situation, in der die Gewerkschaften nur diejenigen Gruppeninteressen wahrnehmen, die von den Mitgliedern im Besitz eines Arbeitsplatzes artikuliert werden, nicht aber die Interessen ihrer Mitglieder berücksichtigen, die arbeitslos sind.

172 Diese Elastizität gibt an, um wieviel Prozent die Beschäftigung steigt (sinkt), wenn der Produktlohn um ein Prozent sinkt (steigt). Ökonometrische Schätzungen für Deutschland quantifizieren die Reallohnelastizität in der Größenordnung von -0,4 bis -0,6 (Franz 2003, S. 163ff.).

dels bei Produktion und Beschäftigung aufgrund von Veränderungen der Nachfragepräferenzen der Bürger, von Wandlungen in der internationalen Arbeitsteilung und von technischem Fortschritt. Im Rahmen des gesamtwirtschaftlichen Strukturwandels werden überkommene Gütersortimente und bestehendes persönliches Humankapital (zumindest teilweise) obsolet, während sich Produktinnovationen Bahn brechen und neue Qualifikationsprofile bei den Arbeitnehmern entstehen. Davon sind Unternehmen und Arbeitnehmer ganz unterschiedlich betroffen. Das muss in der **Lohnstruktur** zum Ausdruck kommen. Die Lohnfindungsregel ist – unter Beibehaltung der Produktivitätsorientierung – so anzuwenden, dass sich eine angemessene (marktgerechte) Lohndifferenzierung nach Branchen, Regionen und Qualifikationen der Arbeitnehmer herausbilden kann.[173] Wie die „richtigen“ Lohnrelationen aussehen, das lässt sich wissenschaftlich nicht klären. Das müssen die Tarifvertragsparteien unter Berücksichtigung aller relevanten spezifischen Entwicklungen selbst herausfinden.[174]

↑____ **Ende Zusatzlektüre**

[173] Das Schlagwort „gleicher Lohn für gleiche Arbeit“ führt in die Irre. Wenn in zwei Regionen die Arbeitskräfte unterschiedlich knapp sind, werden – zumindest bei Vollbeschäftigung – die Löhne unterschiedlich hoch sein. Die unterschiedlich hohen Löhne können dann durch Wanderungsbewegungen, Investitionen in Humankapital oder durch Sachkapitalinvestitionen der Tendenz nach angeglichen werden.

[174] Auch dies hat der Sachverständigenrat Jahr für Jahr betont. Doch wird in der lohnpolitischen Praxis systematisch gegen das Gebot einer adäquaten Lohndifferenzierung verstoßen. Die Gewerkschaften widersprechen diesem Vorwurf mit dem Hinweis, dass es in Deutschland sehr viele Tarifverträge gibt und in diesen Verträgen zahlreiche Lohngruppen existieren. Doch dies besagt überhaupt nichts darüber, ob die Lohndifferenzierung ausreichend ist oder nicht. Einige anschauliche Beispiele zur gegenteiligen Vermutung: Bei Tarifverhandlungen wird in der Regel in einer Branche in einem ausgesuchten Tarifbezirk der Anfang gemacht und anschließend das Verhandlungsergebnis („Pilotabschluss“) auf andere Bezirke derselben Branche übertragen (Flächentarifvertrag) und sodann im Geleitzugverfahren von den übrigen Sektoren in allen Regionen übernommen (bestenfalls mit nur geringfügigen Retuschen); für die unteren Lohngruppen werden häufig besondere Aufschläge vorgesehen („Sockelbeträge“); bei den Angestellten wird vielfach die tarifliche Grundvergütung mit zunehmendem Lebens- oder Berufsalter angehoben („Senioritätsprinzip“); ansonsten wird die Entgeltstruktur im Zeitablauf nahezu konstant gehalten; in den neuen Bundesländern wird die Angleichung der Löhne an das jeweilige Westniveau forciert; die Vergütungen für Auszubildende werden an die allgemeine Tariflohnentwicklung gekoppelt. Diese Fehlentwicklungen gehören zu den Ursachen für die Persistenz der Arbeitslosigkeit, vor allem bei wenig qualifizierten Arbeitnehmern und in strukturschwachen Regionen, davon viele in Ostdeutschland, sowie für den Mangel an Ausbildungsplätzen in den Unternehmen, der sich immer wieder auftut.

F. Zur demokratischen Legitimation von regelgebundenem Verhalten

Gelegentlich wird gegen die Regelbindung in der Wirtschaftspolitik das Argument ins Feld geführt, diese sei nicht demokratisch legitimiert. Insbesondere die Geldpolitik ist im Visier zahlreicher Kritiker, darunter vor allem Parlamentarier. Denn in modernen Volkswirtschaften müssen sich die Zentralbanken nicht vor den Parlamenten rechtfertigen. Überspitzt formuliert kritisieren Mitglieder der Parlamente, dass die so wichtige Geldpolitik in den Händen einiger unkontrollierter Bürokraten liege, obwohl doch das Parlament – als gewähltes Gremium viel besser legitimiert – die Geldversorgung steuern könne. Aber auch andere Regelmechanismen werden kritisiert.

Die Institutionenökonomik, und vor allem ihr Teilbereich der konstitutionellen Ökonomik, zeigt recht deutlich die Schwäche einer derartigen Kritik, indem sie auf den Unterschied zwischen **Legitimation** und **Partizipation** hinweist (Erlei, Leschke und 2007, S. 491ff.). In einer Demokratie muss beides gewährleistet sein, allerdings nicht beides gleichzeitig bei jeder Einzelentscheidung. Die Delegation von Verantwortung – z.B. für die Geldpolitik – wird unter Partizipation aller mit Hilfe einer Mehrheitsregel – in der Regel durch Parlamentarier – vorgenommen. Wenn ein demokratisch gewähltes Parlament ein Bundesbankgesetz mit dem Ziel hoher Unabhängigkeit dieser Bundesbank beschließt, so ist die Bundesbank eine demokratisch legitimierte Institution. Es ist darüber hinaus nicht jede Entscheidung der Bundesbank mehrheitsfähig zu machen. Das Gleiche gilt für die Europäische Zentralbank, deren Unabhängigkeit im EG-Vertrag verankert ist und damit sogar den Rang einer Verfassungsnorm hat (zuvor hatten die nationalen Parlamente den Maastrichter Vertrag zur Bildung der Europäischen Wirtschafts- und Währungsunion ratifiziert).

Wäre es anders, würde der eigentliche Sinn der Regelbindung, nämlich eine verlässliche und konstante Wirtschaftspolitik zu erreichen, möglicherweise in Frage gestellt werden. Diese Kritik ist somit nicht zielführend. Es drückt sich in ihr eher ein Interesse an diskretionären Spielräumen, d.h. Partizipation an Entscheidungen, die nach dem Assignment-Prinzip nicht vom Parlament getroffen werden dürfen, aus. Mit Hilfe dieser Partizipation erhoffen sich die Politiker mehr Möglichkeiten zur Steuerung des politischen Prozesses, auch und gerade vor Wahlterminen (Kapitel IV). Die Höherbewertung der Legitimation im Vergleich zur Partizipation vermeidet im Zusammenhang mit Regelbindung vor allem das Kurzfristdenken und stärkt das Langfristdenken.

Doch selbst wenn die Kritik nicht aus dem Interesse an Diskretionarität heraus formuliert ist, greift sie dennoch zu kurz. Denn eine einmal beschlossene Regelbindung kann jederzeit verändert werden. So hätte die Deutsche Bundesbank früher, als sie noch die alleinige Zuständigkeit für die Geldpolitik in Deutschland hatte, durch einen einfachen Parlamentsbeschluss andere gesetzliche Aufgaben als die, vorrangig Stabilitätspolitik zu betreiben, übertragen bekommen können. Es ist bemerkenswert, dass es im Deutschen Bundestag oder im Bundesrat niemals Initiativen zu einer Novellierung des Bundesbankgesetzes in diesem Sinne gegeben hat – trotz wiederholter und öffentlich ausgetragener Konflikte zwischen der Bundesregierung und der Bundesbank über den angemessenen Kurs der Geld- und Währungspolitik.[175] Mit anderen Worten: In demokratisch verfassten Gesellschaften kann jede Regelbindung wieder aufgehoben werden, wenn dies die Mehrheit der Bevölkerung oder des Parlaments wünscht.

Im Übrigen werden normalerweise konkrete Ziele mit der Regel verbunden. Die Definition dieser Ziele wird nicht den Agenten überlassen. Als Unabhängigkeit der Notenbank wird allgemein eine Unabhängigkeit bei der Wahl der Instrumente zur Erreichung eines Ziels – im Falle der Geldpolitik die Preisniveaustabilität – gesehen. Die Ziele gibt der Gesetzgeber vor. Sie sind damit sowohl demokratisch legitimiert als auch mehrheitsfähig. Denn eine nicht gewünschte Regel kann, wenn sie der Mehrheit wichtig genug ist, zur Abwahl der Regierung führen. Es kann also in funktionierenden Demokratien eigentlich nicht dazu kommen, dass unkontrollierte Bürokraten der Gesellschaft ihre eigenen Ziele oktroyieren. Selbst wenn eine schlechte Regel einmal nicht zur Abwahl der Regierung oder zu einem quasi diktatorischen Verhalten der Entscheidungsträger führt, muss sich der Ökonom immer die Frage nach der Alternative stellen. Es ist nicht zu verantworten, aus Sorge vor einer schlechten Regel oder einem Regelbruch das Instrument der Regelbindung nicht zu nutzen.

[175] Den ersten großen Streit brach Bundeskanzler Konrad Adenauer im Mai 1956 (damals noch gegen die Bank deutscher Länder) vom Zaun, den letzten Bundesfinanzminister Oskar Lafontaine Ende 1998 (indirekt auch an die Adresse der gerade gegründeten Europäischen Zentralbank gerichtet). In beiden Fällen ging es den Politikern darum, die Notenbank zu einer laxeren Geldpolitik zu drängen, was ihnen allerdings nicht gelang. Die gleiche Erfahrung musste die Bundesregierung von Willy Brandt 1973/74 machen. In der Regierungszeit von Bundeskanzler Helmut Schmidt gab es besonders oft Konfliktsituationen, die der dann Altbundeskanzler bis in die 1990er Jahre mit Angriffen gegen die Deutsche Bundesbank und namentlich deren Präsidenten Hans Tietmeyer fortsetzte, weil seiner Auffassung nach die deutsche Notenbank den politisch gewollten Prozess zur Europäischen Währungsunion allzu kritisch kommentierte.

4. Angebotsorientierte versus nachfrageorientierte Wirtschaftspolitik

A. Paradigmenwechsel gehören zur Wirtschaftspolitik

Bislang wurden in diesem Kapitel zwei grundsätzliche Fragestellungen diskutiert: erstens, ob der Staat eher als Regelsetzer und Regeldurchsetzer oder eher als Markteilnehmer und Regulierer tätig werden soll (Ordnungs- versus Prozesspolitik), und zweitens, ob der Staat sich eher an selbstgesetzte Regeln halten oder eher diskretionäre Spielräume reservieren soll (Regelbindung versus diskretionäres Verhalten). Die dritte Fragestellung befasst sich nun damit, ob sich die Ziele der Wirtschaftspolitik besser mit der Angebotspolitik oder mit der Nachfragepolitik erreichen lassen. In der Wirtschaftspolitik gibt es seit langem eine Debatte darüber. Dabei hat – je nach Wirtschaftslage und politischer Mehrheit – mal die eine Seite, mal die andere Seite das bessere Ende für sich. Dies ist nicht nur in Deutschland so, sondern gilt eigentlich für alle Industrieländer.

Bis in die 1970er Jahre hinein galt für die Wirtschaftspolitik und die Ökonomik die keynesianisch inspirierte Konzeption der **Nachfrageorientierung** als das führende Paradigma: Dieser zufolge soll der Staat ständig zur Steuerung der volkswirtschaftlichen Gesamtnachfrage mit den Instrumenten der Fiskalpolitik und der Geldpolitik eingreifen, um den Wirtschaftsprozess bei hohem Beschäftigungsstand zu verstetigen; der damalige Bundeswirtschaftsminister Karl Schiller (1966-72) entwickelte daraus die Strategie der Globalsteuerung.[176] Im Laufe der 1970er Jahre, angesichts des durch die Ölpreisschocks und die Veränderungen in der internationalen Arbeitsteilung ausgelösten strukturellen Wandels, hat sich die von klassischen, neoklassischem und monetaristischem Denken geprägte Konzeption der **Angebotsorientierung** durchgesetzt. Hier steht die **Pflege der Bedingungen des Angebotsverhaltens in der Volkswirtschaft** im Mittelpunkt. Demnach obliegt es dem Staat, die Anreize so zu setzen, dass die Menschen bereit sind, für die Befriedigung ihrer Wünsche zu arbeiten und die erforderlichen Qualifikationen zu entwickeln; dass sie als Investoren in Sachkapital Neues wagen und Risiken in Kauf nehmen, sich als Unternehmer und Arbeitnehmer an den, durch Änderungen in Nachfrage, Außenwirtschaft und Technologien bedingten, Strukturwandel in der Wirtschaft vorausgreifend durch Innovation und Mobilität anpassen; dass der

[176] Aus jener Zeit stammt das Gesetz zur Förderung der Stabilität und des Wachstums der Wirtschaft (vom 8. Juni 1967); es ist immer noch in Kraft.

Einzelne zur Kapitalanlage (Sparen) bereit und zur Verschuldung in der Lage ist; und dass er für sich selbst und für die Allgemeinheit einen möglichst hohen Wohlstand erzielt.

In den 1980er Jahren gewann die Angebotspolitik weltweit an praktischer Bedeutung, z.B. in Großbritannien unter dem Begriff „Thatcherismus", in den Vereinigten Staaten als „Reagonomics" und in Deutschland mit der Bezeichnung „Bonner Wende", als die sozial-liberale Bundesregierung von Helmut Schmidt (SPD) durch eine christlich-liberale Koalitionsregierung unter Helmut Kohl (CDU) abgelöst wurde. Hierzulande war die wissenschaftliche Basis für die Konzeption der angebotsorientierten Wirtschaftspolitik durch empirische Strukturanalysen am Institut für Weltwirtschaft (Kiel) gelegt worden[177]; nachdrücklich hat der Sachverständigenrat immer wieder (erstmals im Jahresgutachten 1976/77, Ziffern 303ff.) für diese Konzeption plädiert.

Im Laufe der 1990er Jahre ist angesichts der unbefriedigenden gesamtwirtschaftlichen Entwicklung, insbesondere der hohen Dauerarbeitslosigkeit, die Konzeption der Angebotspolitik zunehmend ins Kreuzfeuer der Kritik geraten und von den wirtschaftspolitisch Verantwortlichen verbessert worden. Nach dem Regierungswechsel im Oktober 1998 zu SPD und den Grünen wurde die Nachfragepolitik in den Vordergrund gerückt; in der Wissenschaft wurde diese Konzeption vor allem vom Deutschen Institut für Wirtschaftsforschung (Berlin) befürwortet, unter den großen Verbänden traten vor allem die Gewerkschaften für eine nachfrageorientierte Wirtschaftspolitik ein. Im März 2003 hat die rot-grüne Bundesregierung die Weichen neu gestellt, und zwar in Richtung angebotspolitischer Maßnahmen („Agenda 2010"). Die große Koalition aus CDU/CSU und SPD, die im November 2005 in Deutschland die Regierung übernahm, hat zunächst diesen Kurs fortgesetzt, aber dann mehr und mehr auf eine Orientierung verzichtet. Nach dem Ausbruch der internationalen Finanzmarktkrise im Sommer 2007, die die wirtschaftliche Konjunktur in Mitleidenschaft gezogen hat, sind im politischen Raum und in der Öffentlichkeit die Zweifel an der Wirksamkeit einer angebotsorientierten Wirtschaftspolitik deutlich gewachsen. Viele erwarten jetzt vom Staat, dass er in das Wirtschaftsgeschehen eingreife und mit gezielten konjunkturpolitischen Maßnahmen die Nachfrage auf den Gütermärkten stimuliere.

177 Den Anfang bildete die Arbeit von Fels, Schatz und Wolter (1971). Vgl. auch Fels und Schmidt (1980) sowie Giersch (1983).

B. Das Verhältnis zwischen Angebots- und Nachfragepolitik

Die grundlegende Frage ist, ob Angebotspolitik und Nachfragepolitik prinzipiell im Widerstreit liegen. Dazu sind mehrere Reflexionen notwendig (Sachverständigenrat 1997, Ziffern 292ff.):

- zum Begrifflichen,
- zum Konzeptionellen,
- zu den Voraussetzungen (Problemlage) und
- zur Umsetzung.

Begriffliches

Es geht bei „Angebot" und „Nachfrage" um **gesamtwirtschaftliche Zusammenhänge**. Das ist zu trennen von dem, was in den Modellen zu einzelnen Märkten durch Angebots- und Nachfragekurven zum Ausdruck gebracht wird. Dort sind Angebot und Nachfrage unabhängig voneinander und bei Wettbewerb wird über den Preis das Marktgleichgewicht erreicht. In der gesamtwirtschaftlichen Betrachtung dagegen sind Angebot und Nachfrage nicht unabhängig voneinander. So stellt z.B. die Investition in Sachkapital eine Ausgabe für den Erwerb eines Kapitalgutes dar und ist insoweit Teil der volkswirtschaftlichen Gesamtnachfrage; dieselbe Investition vergrößert die Sachkapazitäten (das gesamtwirtschaftliche Produktionspotential) und ist insoweit, gleichsam als Vorbereitung künftiger Produktion, Teil des Angebots. Das **Saysche Gesetz** bringt beides zusammen, indem es besagt, dass „das Angebot sich seine Nachfrage schafft". Aber es gilt auch der aus dem **gesamtwirtschaftlichen Einkommenskreislauf** ableitbare Satz: „Ohne Nachfrage kein Angebot". Für die Wirtschaftspolitik geht es freilich um mehr als die Richtigkeit solcher Sätze zu erkennen. Sie muss sich vielmehr der Daueraufgabe verschreiben, für die Verwirklichung der großen makroökonomischen Ziele (Kapitel I) das arbeitsteilig organisierte marktwirtschaftliche System funktionstüchtig zu halten und bei sich anbahnenden Fehlentwicklungen die angemessenen Gegenmaßnahmen zu ergreifen.

Konzeptionelles

Angebotspolitik ist in der Hauptsache **Ordnungspolitik**:

- Sie ist mittelfristig angelegt und hebt auf die Steigerung der Effizienz des Wirtschaftens ab. Sie ist streng allokationstheoretisch fundiert (Kapitel II).

- Sie stellt die mikroökonomischen Bedingungen des Angebotsverhaltens der Wirtschaftssubjekte in den Vordergrund. Dabei wird der Kern allen Wirtschaftens fokussiert: der Umgang mit der Knappheit von Ressourcen.
- Sie vertraut in die Koordinierungskraft und die Problemlösungskapazität des Marktsystems mit unverzerrten Wettbewerbsverhältnissen. Dies ist nicht zu verwechseln mit dem Laissez-faire-Liberalismus, im Gegenteil: Der Ordoliberalismus hebt, wie bereits erwähnt, ausdrücklich die Ordnungsfunktion des Staates hervor. Allerdings müssen die Politiker akzeptieren, dass sie die Gesetze des Marktes nicht oder nur unter Inkaufnahme hoher Kosten außer Kraft setzen können.
- Sie basiert auf einer klaren und verlässlichen Zuweisung von Aufgabenbereichen auf die Träger der Wirtschaftspolitik, d.h. auf einem eindeutigen Assignment (Unterabschnitt I.3.B).
- Sie entfaltet ihre Wirkungen über die Zukunftserwartungen, die die Wirtschaftssubjekte bilden, und dadurch, dass sie Anreize zur Innovation und Anpassung an den gesamtwirtschaftlichen Strukturwandel wirksam werden lässt und diese Anreize möglichst wenig durch Steuern und Abgaben, durch Regulierungen und administrative Genehmigungsverfahren, durch Protektionsmaßnahmen und Subventionen sowie durch inflationäre oder deflationäre Prozesse beeinträchtigt.

Nachfragepolitik ist in erster Linie **Stabilisierungspolitik** und damit **Prozesspolitik**:

- Sie ist kurzfristig orientiert und reagiert auf Schwankungen der gesamtwirtschaftlichen Nachfrage.
- Sie hat vor allem die ökonomischen Kreislaufzusammenhänge im Auge.
- Sie vertraut in die Fähigkeit des Staates, die wirtschaftliche Entwicklung zu steuern. Die Möglichkeit eines Staatsversagens wird nicht problematisiert.
- Sie verwischt Verantwortlichkeiten und läuft insoweit dem Assignment-Prinzip zuwider.
- Sie entfaltet ihre Wirkungen durch diskretionäre Veränderungen der Staatsausgaben, der Steuern und der Zinsen.

Voraussetzungen

Ob die Wirtschaftspolitik angebotsorientiert oder nachfrageorientiert geführt werden soll, hängt von der **Problemlage** ab. Man muss prüfen, wo die Ursachen wirtschaftlicher Störungen liegen und wie wirtschaftspolitische Instrumente unter den jeweils gegebenen politökonomischen Bedingungen wirken.

Wenn zum Beispiel eine **Wachstumsschwäche** diagnostiziert wird, d.h. eine Konstellation, bei der Investitionen in Sachkapital und in Humankapital hinter dem zurückbleiben, was nötig wäre, um mittelfristig das gesamtwirtschaftliche Produktionspotential zu erhöhen, außerdem die Arbeitslosigkeit steigt und sich verfestigt und überhaupt die Ressourcen nicht in effizienter Weise genutzt werden, dann ist die Angebotsseite der Volkswirtschaft in Unordnung. Solche Störungen müssen durch Angebotspolitik bekämpft werden. Es müssen günstige Rahmenbedingungen dafür hergestellt werden, dass die Unternehmen Investitionen wieder verstärkt für rentabel halten und mittels verstärkter F&E-Aktivitäten neue und bessere Produkte hervorbringen und dass sie vor allem als „Schumpeter-Unternehmer" auch auf künftige Nachfrage im In- und Ausland setzen; also nicht nur auf die gegenwärtige, bereits wirksame Nachfrage, die sich in den Auftragsbüchern niederschlägt, schauen. Würde man bei angebotsseitigen Störungen (zuviel) Nachfragepolitik betreiben, bewirkt man nichts. Die Wirtschaftspolitik entfacht allenfalls ein Strohfeuer, mit dem aber über steigende Haushaltsdefizite, Zinssteigerungen und Inflation die Angebotsbedingungen der Wirtschaft weiter verschlechtert würden. Es gibt eine ganze Reihe an schlechten Erfahrungen mit staatlichen Konjunkturprogrammen in den 1970er Jahren in der alten Bundesrepublik oder in den 1990er Jahren in Japan, die trotz weitreichender Störungen auf der Angebotsseite der Volkswirtschaft von den jeweiligen Regierungen aufgelegt worden waren. Umgekehrt kann die Angebotspolitik durchaus konjunkturell erwünschte Wirkungen haben, und zwar indirekt, über verbesserte Investitionsbedingungen, die Zukunftsvertrauen stiften.

Wenn hingegen eine **konjunkturelle Rezession** diagnostiziert wird – d.h. der Auslastungsgrad des gesamtwirtschaftlichen Produktionspotentials unter die „Normalauslastung" sinkt – liegt eine nachfrageseitige Störung vor, auf die mit Nachfragepolitik reagiert werden kann. Voraussetzung für entsprechende **Spielräume in der Finanzpolitik** ist, dass eine „auf Dauer tragbare Finanzlage der öffentlichen Hand" – gemeint sind Gebietskörperschaften zuzüglich der gesetzlichen Sozialversicherung – vorliegt. Dies wiederum bedeutet, dass in einer konjunkturellen Normalsituation, d.h. bei Normalauslastung des Produktionspotentials, der öffentliche Haushalt ausgeglichen sein oder einen Überschuss verzeichnen muss. Bei Regelbindung in der Finanzpolitik (wie im Unterabschnitt 3.D dieses Kapitels besprochen) sind die Voraussetzungen dafür besonders gut. Dann kann im Falle einer Rezession die Defizitquote gemäß Maastrichter Stabilitäts- und Wachstumspakt auf bis zu 3 vH des Bruttoinlandsprodukts steigen. Damit die **Geldpolitik durch Zinssenkung Nachfrageimpulse** auslösen kann, ist eine notwendige

Bedingung, dass die Geldnachfrage zinselastisch ist. Sie darf aber nicht völlig zinselastisch sein, denn in diesem Fall läge die „Liquiditätsfalle" vor und eine Ausdehnung der Geldmenge hätte keine Wirkung auf Volkseinkommen und Beschäftigung, sondern würde in der Spekulationskasse der Privaten verschwinden oder einfach gehortet. Eine weitere Bedingung ist, dass die Investitionsausgaben zinselastisch sind, damit trotz ungenutzter Kapazitäten tatsächlich Investitionen getätigt werden. Darauf ist nicht unbedingt Verlass. In der Rezession 1966-67, als die von der Deutschen Bundesbank vorgenommenen Zinssenkungen nicht die erhofften konjunkturellen Impulse auslösten, prägte Karl Schiller die griffige Formel von den „Pferden, die man zwar an die Tränke, nicht aber zum Saufen bringen könne". In der globalen Rezession seit 2008 versuchen allenthalben die Regierungen und Notenbanken mit umfassenden Expansionsmaßnahmen gegenzusteuern. Ob und wann dies zu einer konjunkturellen Wiederbelebung der Nachfrage führt, weiß zum Zeitpunkt, in dem wir unser Manuskript abgeschlossen haben, niemand.

Darüber hinaus ist die ideale Nachfragepolitik dadurch gekennzeichnet, dass nach Überwindung der konjunkturellen Abwärtsentwicklung die Ausgaben wieder zurückgefahren werden bzw. die Geldmenge wieder vorsichtiger gesteigert wird. Analog wäre zu verfahren, wenn eine **konjunkturelle Überhitzung** droht. Konjunkturstabilisierende Nachfragepolitik hieße dann, die öffentlichen Ausgaben zu reduzieren, die Steuern zu erhöhen und die Zinsen anzuheben, bis die effektive Gesamtnachfrage hinreichend gedämpft ist.

Umsetzungsprobleme

Nach aller Erfahrung ist es in der **politischen Praxis** außerordentlich schwer, jede dieser Konzeptionen konsequent umzusetzen. Die Angebotspolitik erfordert Langfristdenken. Daran fehlt es vielfach. Die Zusammenhänge sind kompliziert und in der öffentlichen Meinungsbildung nicht leicht verständlich zu machen (Abschnitt I.3): das Warten auf die mittelfristig positiven Wirkungen wird durchkreuzt von Interessengruppen und deren Besitzstandsdenken (Kapitel IV). Die Wirtschaftspolitik hat nicht nur gute Nachrichten für die Menschen, zumal in Phasen der Wachstumsschwäche, in der Reformbedarf besteht. Dann muss ihnen auch Unangenehmes zugemutet werden, wie die folgende (unvollständige) Liste an wirtschaftspolitischen Themen in Deutschland seit 1990 zeigt:

- Kürzung von Subventionen, einschließlich liebgewordener Steuervergünstigungen (z.B. Entfernungs-Pauschale für Arbeitnehmer, steuerfreie Feiertags- und Nachtzuschläge für Krankenschwestern und Berufsfußballer)
- Beschränkung von Sozialleistungen

- mehr Eigenvorsorge für die Alterssicherung und beim Versicherungsschutz gegen Krankheitsrisiken und zur Pflegebedürftigkeit
- Abbau von schützenden Regulierungen, auch gegenüber ausländischen Anbietern
- mehr Wettbewerb auf den Gütermärkten
- Privatisierung öffentlicher Unternehmen und ein dann notwendiger Stellenabbau
- Lohnzurückhaltung über längere Zeiträume und Verlängerung der regulären Wochenarbeitszeit
- größere Mobilität der Arbeitskräfte, und zwar regional wie beruflich
- bundesweite Einführung von Studiengebühren

Hinzu kommen Akzeptanzprobleme bei sich ergebenden Ungleichheiten in der Verteilung von Einkommen und Vermögen. Dies zeigen die immer wieder aufbrandenden Debatten mit Schlagworten wie „Ellbogengesellschaft“, „Umverteilung von unten nach oben“ oder „soziale Demontage“. Diese Themen sachlich, mit der gebotenen langfristigen Perspektive und dabei politisch erfolgreich zu behandeln, ist sehr schwierig. In emotional geführten Diskussionen, besonders bei sozialpolitischen Fragen, ist die Versuchung groß, mit populistischen Aussagen auf Stimmenfang zu gehen. Gunnar Myrdal, ein angesehener Politiker und Ökonom aus Schweden, der 1974 den Nobelpreis für Wirtschaftswissenschaften erhielt, sagte auf einer Veranstaltung der „British Sociological Association“ bereits im Jahre 1953 (Myrdal 1965, S. 58): „Im allgemeinen heißt politische Führerschaft in einer Demokratie, sich am Kopf einer Herde zu halten, wo immer sie hintreibt. Politische Macht zu erhalten, heißt oft, zum größten Teil jeden wirklichen Einfluss auf den Gang der Ereignisse aufzugeben“ (sic!). Folgerichtig ist das Angebot an Politikern, die trotzdem auf konsequente Angebotspolitik setzen, extrem knapp. Die deutsche Regierung unter Bundeskanzler Helmut Kohl hatte die angebotsorientierte Wirtschaftspolitik in den 1980er Jahren zwar zu ihrem Programm gemacht, dieses aber nur teilweise und in den 1990er Jahren, nach der deutschen Vereinigung, fast nur noch rhetorisch befolgt (Sachverständigenrat 1997, Ziffern 236ff.). Deshalb steht die in den späten 1990er Jahren wiederholt aufgestellte These vom „Versagen“ der Angebotspolitik auf tönernen Füßen; eine Konzeption, die in der praktischen Wirtschaftspolitik nicht zur konsequenten Anwendung kommt, kann auch nicht versagen. Es liegt vielmehr ein Politikversagen vor (Kapitel IV).

Die konzeptionellen Anforderungen an die angebotsorientierte Wirtschaftspolitik sind allerdings nicht so hoch, dass die Umsetzungsprobleme zwingend auftreten. Ein anschauliches Beispiel dafür liefern die Vereinigten Staaten: In den letzten knapp 30 Jahren wurde dort eine umfassende Deregulierung von Märkten vorgenommen, und zwar auch und gerade auf solchen Waren- und Dienstleistungsmärkten, für die zuvor Marktversagen angenommen wurde: Telekommunikation, Stromwirtschaft, Luftlinienverkehr. Der dort bestehende flexible Arbeitsmarkt half, die Hysterese-Probleme zu überwinden. Hinzu kamen ein ergiebiger Risikokapitalmarkt, deutliche Steuersenkungen sowie nach anfänglicher Verschuldungspolitik eine erfolgreiche Haushaltskonsolidierung in den 1990er Jahren. Die Volkswirtschaft wurde dadurch von der Angebotsseite her sehr elastisch und schwenkte, mit dem Rückenwind der neuen Informations- und Kommunikationstechnologien, auf einen erhöhten Wachstumspfad ein, erreichte nahezu Vollbeschäftigung und verzeichnete bis in die Spätphase der kräftigen Expansion (Mitte 2000) kaum Inflationsdruck. Weitere Beispiele für eine angebotsorientierte Politik finden sich in Großbritannien, den Niederlanden und Neuseeland. Auch Deutschland hat in den letzten Jahren gute Erfahrungen gemacht. Ausgangspunkt ist das von der rot-grünen Bundesregierung unter Bundeskanzler Gerhard Schröder im März 2003 verkündete Programm von Strukturreformen in der deutschen Volkswirtschaft („Agenda 2010“): die seitdem in verschiedenen Bereichen ergriffenen Maßnahmen mit dem Ziel, Märkte zu deregulieren, direkte Steuern und Sozialabgaben zu senken, das Bildungswesen zu modernisieren, Wissenschaft und Forschung zu stimulieren und dergleichen mehr, haben dazu beigetragen, dass die deutsche Wirtschaft wieder auf einen höheren Wachstumspfad einschwenken konnte und die Arbeitslosigkeit abgenommen hat (Sachverständigenrat 2007b).

Die Nachfragepolitik steht bei langwierigem Entscheidungs- und Handlungsprozess vor dem Problem, nach Zeit und Umfang richtig dosiert zu werden. Hinzu kommen die typischen Wirkungsverzögerungen und Vorzieheffekte, d.h. niemand weiß, für wie lange Zeit wie viel mehr staatlicherseits nachgefragt werden muss. Außerdem weiß man nie, inwieweit der angestrebte Zweck verfehlt wird, weil die stimulierte Zusatznachfrage nicht durch inländische Produktion, sondern durch Importe gedeckt wird; so hat Frankreich mit einem keynesianischen Nachfrageprogramm Anfang der 1980er Jahre auch die deutsche Automobilindustrie gefördert, und die von der Bundesregierung Anfang 2009 eingeführte Abwrackprämie zur Stützung der Pkw-Nachfrage kommt auch französischen Autoherstellern zugute. Dies sind Wissensprobleme, die sich durch ökonomische Forschung, zumal mit empirischem Schwerpunkt, möglicherweise lindern, wenn auch nie lösen lassen. Jedoch das allergrößte Problem besteht darin, die Regeln der Nachfragepolitik symmetrisch zu befolgen: die Rückführung der Ausgaben nach Beendigung eines Stimulierungsprogramms. Nach erhöhten Staatsdefiziten in der Rezession muss der Staat die in der Hochkonjunktur erzielten Steuermehreinnahmen für den Abbau der zuvor eingegangenen Staatsverschuldung verwenden. Insoweit gibt es auch bei der Nachfragepolitik Akzeptanzprobleme: Kaum Widerstand regt sich, wenn der Staat höhere Ausgaben tätigt und Steuernachlässe gewährt und mittels einer expansiven Geldpolitik Kredite verbilligt; das wird anders, wenn die Wirtschaftspolitik bei guter Konjunktur restriktiv werden muss, also unpopuläre Maßnahmen anstehen. Besonders schwierig ist es, bei den Ausgaben wieder kürzer zu treten. Deshalb ist die Nachfragepolitik so häufig gescheitert.

Fazit: Zur Vereinbarkeit beider Konzeptionen

Angebotspolitik und Nachfragepolitik liegen **nicht prinzipiell im Widerstreit**. Aus der Sicht der Konzeption der angebotsorientierten Wirtschaftspolitik ist die Nachfrage nicht irrelevant. Der Sachverständigenrat beispielsweise hat auch – situationsgebunden – Vorschläge unterbreitet, die beide Konzeptionen einbinden. Es kann durchaus Situationen geben, in denen die auf Stärkung der Angebotskräfte gerichtete Wirtschaftspolitik durch eine auf Verstetigung des Wachstums von der Nachfrageseite her zielende Stabilisierungspolitik sinnvoll ergänzt wird. Auf jeden Fall gilt das für die „automatischen Stabilisatoren" im öffentlichen Haushalt. So sind konjunkturbedingte Haushaltsdefizite, d.h. steuerliche Mindereinnahmen oder Mehrausgaben für Arbeitslosengeld, nicht konsolidierungsbedürftig. Die konjunkturbedingten Defizite verschwinden von selbst, sobald sich die Konjunktur wieder erholt, so dass die Steuereinnahmen steigen und weniger Arbeitslosengeld gezahlt werden muss.

Aber die **Angebotspolitik ist in der Führungsrolle**. Wenn die Angebotsbedingungen der Volkswirtschaft in Ordnung sind, ist Nachfragepolitik zur Stimulierung von Produktion und Beschäftigung meist unnötig und kann auf den Fall der Rezessionsbekämpfung beschränkt werden. Sind die Angebotsbedingungen nicht in Ordnung, wird die Nachfragepolitik selbst bei der Bekämpfung einer Rezession nicht viel helfen, wie die Erfahrung hierzulande und anderswo lehrt. Sie wird nur fiskalisch teuer und bei steigender Staatsverschuldung werden die Angebotsbedingungen erneut verschlechtert. Durch Angebotspolitik wird Zukunftsvertrauen gestiftet, was durch Nachfragepolitik, durch das Ausgeben von öffentlichem Geld, eigentlich nicht gelingen kann. Insofern sind Angebotspolitik und Nachfragepolitik auch in konjunktureller Hinsicht miteinander verknüpft. Durch Angebotspolitik wird auch zusätzliche Nachfrage geschaffen, allerdings nicht unmittelbar, sondern mittelbar über die Einwirkung auf die Investitionen, die zu Produktion, Beschäftigung und Einkommen und damit zu Nachfrage führen. Bei der nachfrageorientierten Konzeption verläuft die Wirkungskette andersherum: Mehr staatliche Nachfrage führt zu mehr Produktion und damit erhöhter Beschäftigung. Dabei wird auf Bekanntes gesetzt; die staatliche Mehrnachfrage richtet sich darauf, bestehende Kapazitäten besser auszulasten. Es ist, wie die Erfahrung lehrt, aber nun einmal so, dass wirtschaftliche Dynamik durch unternehmerische Aktivitäten angetrieben wird, die auf künftige Märkte gerichtet sind.

Wird der **Konjunkturzyklus von Veränderungen auf der Angebotsseite geprägt**, vor allem durch technischen Fortschritt und Produktinnovationen, ist es nicht primär Aufgabe der Wirtschaftspolitik, stabilisierend auf die Gesamtnachfrage einzuwirken. Vielmehr muss sie Hemmnisse beim Strukturwandel beseitigen und – als Geldpolitik – ein übermäßiges Geldmengen- und Kreditwachstum vermeiden, um an den Finanzmärkten keine Preisblasen **(Vermögenspreisinflation)** zu nähren. Denn bei überzogenen Kurssteigerungen an den Börsen (und Preissteigerungen an den Immobilienmärkten bestehen zwei große Gefahren: zum einen in Form von inflatorischen Impulsen als Folge einer über den positiven Vermögenseffekt beschleunigten Erhöhung der Güternachfrage der privaten Haushalte, die auf ausgelastete Sachkapazitäten trifft und nicht (ausreichend) über Importe befriedigt werden kann. Die zweite Gefahr ist, dass die spekulativen Blasen an den Vermögensmärkten platzen und daraufhin über einen negativen Vermögenseffekt die Konsumnachfrage schrumpft, die Absatzerwartungen und Ertragsaussichten der Unternehmen sich verschlechtern, die Beschaffung von Beteiligungskapital teurer wird, Investitionsvorhaben zurückgestellt oder ganz aufgegeben werden und so die Wirtschaft in eine Rezession gerät. Genau dies ist bei verschiedenen Finanzmarktkrisen geschehen, z.B. bei den Bankenkrisen in Japan und Schweden Anfang der neunziger Jahre, bei der Ostasienkrise 1997 und bei den Hypothekenkrisen in Großbritannien, Spanien und den Vereinigten Staaten im Jahre 2007. Bei einer im Einklang mit dem Assignment-Prinzip stehenden stabilitätsorientierten Geldpolitik ist von der monetären Seite her spekulativen Übersteigerungen bei den Vermögenswerten ein Riegel vorgeschoben. Anders ist die Aufgabe der Geldpolitik definiert, wenn es an den Aktienmärkten nach einer Phase der realwirtschaftlich nicht gedeckten Euphorie zu einem „jähen Stimmungsumschwung" (Keynes) kommt und die Kurse, realwirtschaftlich ebenso wenig begründet, abstürzen. Dann muss die Notenbank ausreichend Liquidität bereitstellen, also gegebenenfalls international koordinierte Nachfragepolitik betreiben, wenn nur dadurch eine weltweite Rezession vermieden werden kann. Die mit der monetären Expansion einhergehenden, erhöhten Inflationsrisiken werden in Kauf genommen. Sobald sich aber die Lage beruhigt hat, muss die Geldpolitik wieder zu ihrem Assignment als Hüterin der Geldwertstabilität zurückfinden und durch Zinserhöhungen die Geldmengenausweitung zurückführen.

C. Einige politökonomische Warnungen

Zum Schluss folgt eine **Präzisierung** zur Vermeidung von Missverständnissen, wenn von Angebotspolitik bzw. Nachfragepolitik die Rede ist und dabei doch etwas anderes gemeint ist als hier angesprochen. Beide Konzeptionen laden dazu ein, in ihrem Schutz eine Wirtschaftspolitik zu betreiben, die gesamtwirtschaftliche Zusammenhänge missachtet.

So kann Angebotspolitik auch heißen, dass **interventionistische Industrie- und Technologiepolitik** betrieben wird, mit deren Hilfe eine Investitionslenkung vorgenommen werden soll. Beispiele dafür finden sich bei der staatlichen direkten Projektförderung in Unternehmen wie bei der Magnetschwebebahn Transrapid/Metrorapid oder beim Großraumflugzeug Airbus A380. Diejenigen Politiker, die dem Marktmechanismus gegenüber misstrauisch sind und das wirtschaftliche Geschehen lieber durch die vermeintlich bessere eigene Einsicht gestalten wollen – von ideologischen Vorbehalten ganz abgesehen –, können argumentieren, durch die Interventionen die Angebotskräfte der Volkswirtschaft stärken und den Strukturwandel in Richtung erfolgversprechender Aktivitäten beschleunigen zu wollen (Hombach 1998). Generell scheinen Politiker und Behörden, selbst wenn sie sich zur Marktwirtschaft bekennen, anfällig für die Versuchung zum industriepolitischen Intervenieren zu sein. Diese Neigung wird erhöht, wenn damit die eigene politische Klientel bedacht werden kann. Obwohl als Angebotspolitik deklariert, ist diese Politik aus den Gründen, die im Abschnitt I.3 erläutert wurden, zweifelhaft: Es drohen „Anmaßung von Wissen", Strukturkonservierung sowie Fehlallokation.[178] Wenn die ordnungspolitische Fundierung fehlt, ist die Gefahr von Inkonsistenzen der Wirtschaftspolitik groß. Auf jeden Fall wird die Lenkungsfunktion des Marktes gestört und es werden Wettbewerbsverzerrungen hervorgerufen.

---

178 Die Liste der Misserfolge staatlicher Industriepolitik ist lang. Vor allem die bei Regierungen so beliebte Strategie des „picking the winners" oder des „champions building" hat die Steuerzahler viel Geld gekostet, ohne dass sich die versprochenen Wachstums- und Beschäftigungseffekte eingestellt hätten. Das Aufspüren von Zukunftsaktivitäten ist in der marktwirtschaftlichen Ordnung Aufgabe der Unternehmer. Dabei kommt es auch zu Fehlschlägen, nur muss dafür der private Kapitalgeber und nicht die Allgemeinheit geradestehen. Wenn Unternehmen eine bestimmte Innovation als zukunftsträchtig preisen, gleichzeitig aber den Staat zur großzügigen Subventionierung drängen, dann schätzen sie in Wirklichkeit die Erfolgsaussichten des Projekts gering ein. Der Staat ist industriepolitisch besser aufgestellt, wenn er sich in Bereichen engagiert, in denen er selbst der Nachfrager nach technologischen Spitzenprodukten ist und daher sehr konkret die gewollten technischen Vorgaben machen kann. Man denke an Rüstungsgüter und die Raumfahrt oder an spezifische Vorrichtungen der Infrastruktur wie das satellitengestützte Mautsystem auf deutschen Autobahnen oder das europäische Satellitennavigarionssystem „Galileo". Der Steuerzahler gerät allerdings auch hier ungefragt ins Obligo, da der Staat bei der Befriedigung seiner Nachfrage auf Kosten nicht so genau achten muss.

Nachfragepolitik kann auch heißen, dass eine **Stärkung der Massenkaufkraft** durch kräftigere Lohnsteigerungen und Steuersenkungen zugunsten der Bezieher mittlerer und niedriger Einkommen vorgenommen werden soll. Dies ist eine sehr einfache Variante der Nachfrageorientierung. Sie ist „sehr einfach" deshalb, weil der Ursprung allen Wirtschaftens, nämlich die Knappheit, ausgeblendet wird. Tatsächlich liegt der Charme dieser Variante der Nachfragepolitik darin, dass sie mit Geschenken arbeitet. Der Trugschluss ist, dass es Geschenke sind, die die Beschenkten später selbst bezahlen müssen, ohne es jedoch heute zu merken: in der Form von Inflation, wenn der Lohnkostendruck monetär alimentiert wird, oder in Form verminderter Chancen der Arbeitslosen, wieder Beschäftigung zu finden, weil sich die Angebotsbedingungen der Volkswirtschaft verschlechtern, wenn ein Anstieg der Arbeitskosten und eine unzureichende Lohndifferenzierung zu verzeichnen sind. Im Übrigen kann auch hier selbst der Nachfrageimpuls kleiner ausfallen als beabsichtigt; die zusätzliche Kaufkraft versickert zum Teil in Importnachfrage oder Auslandstourismus, oder sie wird vielleicht erst gar nicht für Ausgaben genutzt, sondern zum Sparen verwandt, zum Beispiel bei jenen Arbeitnehmern, die um ihren Arbeitsplatz fürchten.

Zusatzlektüre Master ↓

D. Ein Beispiel: Angebotspolitik bei der Hochschulausbildung

Das Bildungssystem hat eine zentrale Bedeutung für die Dynamik in einer Volkswirtschaft. Gemäß der Humankapitaltheorie werden durch Ausbildung dem einzelnen Individuum spezifische Fertigkeiten und Verhaltensweisen vermittelt, die dessen Arbeitsproduktivität steigern. In der „neuen Wachstumstheorie" wird die Ausstattung mit Humankapital als eine entscheidende Determinante wirtschaftlicher Entwicklungsprozesse modelliert.[179] Die Bildung von Humankapital hat in diesem Zusammenhang verschiedene Funktionen:

- Sie erhöht die Fähigkeit zur Innovation und vergrößert damit die Wachstumsspielräume der Wirtschaft.
- Wirtschaftssubjekte, die gut ausgebildet sind, haben die Fähigkeit, mit technischen Neuerungen umzugehen, neues Wissen aufzunehmen und ertragreich einzusetzen. Sie sind sektoral, regional und beruflich mobil. Dies vermindert das Risiko der Arbeitslosigkeit und erhöht die Beschäftigungschancen, auch

179 Für eine Übersicht der variantenreichen Modelle vgl. Frenkel und Hemmer (1999, Kapitel 7-12).

und gerade bei der Besetzung hochwertiger und anspruchsvoller Arbeitsplätze in Verbindung mit günstigen Einkommensperspektiven.

- Indem durch die Schaffung von Humankapital das wirtschaftliche Wachstum und die Beschäftigung gestärkt werden, haben Unternehmen und Arbeitnehmer es leichter, die Anforderungen des strukturellen Wandels zu bewältigen. Staatliche Hilfen (Subventionen, Importbeschränkungen, spezifische Regulierungen) können auf ein Minimum reduziert werden; entsprechend effizient verlaufen die Anpassungen.
- Eine Volkswirtschaft, in der kontinuierlich neues Humankapital erzeugt wird, ist ein attraktiver Standort für das international mobile Sachkapital. Kluge Köpfe und hochqualifizierte Arbeitskräfte aus dem Ausland fühlen sich ebenfalls angezogen („brain gain"). Dank eines vergrößerten Angebots an Produktivkapital und an produktiven Arbeitsplätzen erweitert sich die Basis für Wohlstandssteigerungen in der Gesellschaft.
- Humankapital ist eine unabdingbare Voraussetzung dafür, dass die Menschen die vielfältigen Erwerbsmöglichkeiten, die die neuen, auf digitalen Netzen gründenden Informations- und Kommunikationstechnologien (Internet) eröffnen, erfolgreich nutzen können. Dadurch entstehen in der Volkswirtschaft zukunftsträchtige Produktionsbereiche.

An diesen Funktionen wird deutlich, dass Bildungspolitik angebotsorientierte Wirtschaftspolitik ist. Sie ist im dynamischen Sinne effizient, wenn die Anreize so gesetzt sind,

- dass der Einzelne die erforderlichen Anstrengungen unternimmt, um sich zunächst, auf die Anforderungen des späteren Erwerbslebens gerichtet, allgemein zu bilden (in den Schulen), sich anschließend möglichst weitreichende berufliche Qualifikationen anzueignen (im Dualen Berufbildungssystem und an den Fachhochschulen und Universitäten) und sich später im Berufsleben durch Weiterbildung (im Alleingang oder durch Teilnahme an unternehmensinternen oder außerbetrieblichen Lehrgängen) an den Wandel der qualifikatorischen Anforderungen anzupassen;
- dass die Anbieter von Ausbildung die notwendigen Vorkehrungen treffen, damit die Inhalte und Methoden der Stoffvermittlung qualitativ hochwertig sind, internationalen Maßstäben genügen und auf dem jeweils neuesten Erkenntnisstand stehen, die Ausbildungszeiten in vernünftigen Grenzen gehalten werden und letztlich die Bildungsangebote mit den Erfordernissen am Arbeitsmarkt hinreichend abgestimmt werden;

- dass namentlich die berufliche und universitäre Ausbildung als Investitionen betrachtet werden und wie bei Investitionen in Sachkapital auch den Ausbildungsinvestitionen ein Kosten-Nutzen-Kalkül zugrunde liegt.

In der marktwirtschaftlichen Ordnung ergeben sich die angemessenen Anreize, indem die Ausbildung im Wettbewerb organisiert wird. Die Anbieter und Nachfrager von Ausbildungsleistungen können dann ihre Allokationsentscheidungen an Marktpreisen orientieren. Das setzt natürlich voraus, dass Ausbildung den Charakter eines privaten Gutes hat und daher der Markt Bildungsgüter im erwünschten Ausmaß bereitstellt. Marktversagen muss ausgeschlossen sein. Die meisten Ökonomen bejahen dies (vgl. umfassend van Lith 1985). Der Umstand, dass es in zahlreichen Ländern privat finanzierte allgemeinbildende Schulen und Hochschulen gibt (in größerer Breite als in Deutschland), weist tatsächlich auf funktionierende Bildungsmärkte hin. Für die Wirtschaftspolitik bedeutet dies, dass sie im Bereich der Ausbildung auf pretiale Lenkung von Angebot und Nachfrage setzen, der Entwicklung privater Ausbildungseinrichtungen großen Raum geben und den Einsatz finanzieller Mittel nach Effizienzkriterien vornehmen kann.

Im Folgenden übertragen wir diese Überlegungen auf den Hochschulbereich. In Deutschland gilt der Humboldtsche Grundsatz der **Einheit von Forschung und Lehre**. Ökonomisch sind Forschung und Lehre unterschiedliche Arten von Leistungen (Abbildung V.2):

- Forschung, insbesondere Grundlagenforschung, hat vielfach die Eigenschaften eines öffentlichen Gutes, d.h. Nichtausschließbarkeit und Nichtrivalität (Unterabschnitt III.2.B). In der angewandten Forschung, d.h. bei F&E-Aktivitäten der Unternehmen, ist dies anders: Mit Patenten können dort die Forschungsergebnisse geschützt und die Erträge internalisiert werden.

Abbildung V.2: Bildungspolitik im Hochschulbereich

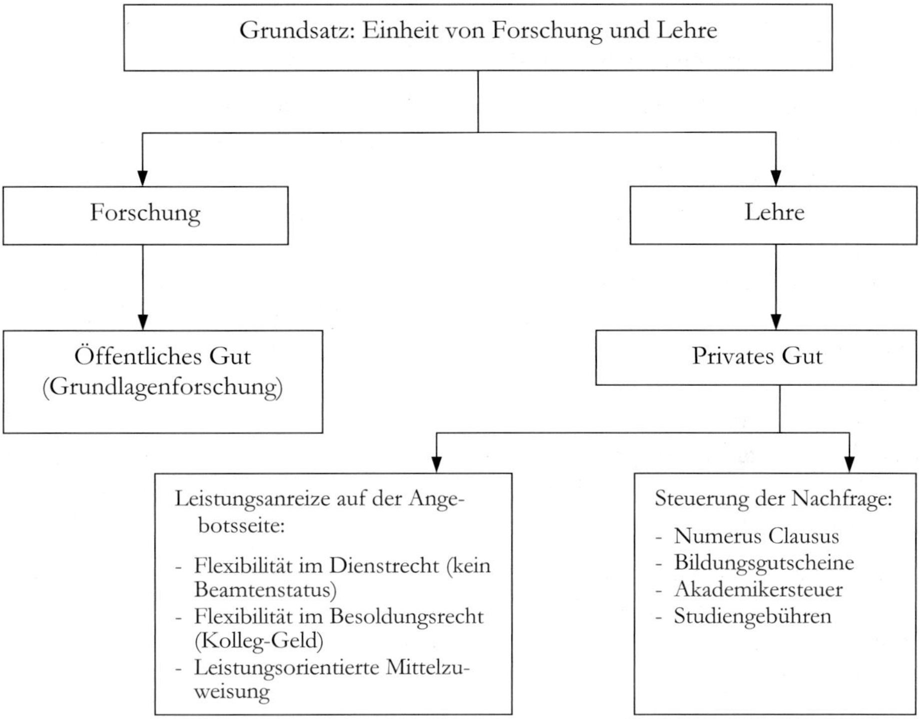

- Ausbildungsdienstleistungen haben hingegen zahlreiche Merkmale eines marktfähigen, privaten Gutes. Der Ausschluss von Nutzern ist möglich; beispielsweise geschieht dies durch den Numerus Clausus, sowie durch Studiengebühren. Das Rivalitätskriterium ist ebenfalls erfüllt, wie sich an überfüllten Hörsälen, knappen Labors und der Beengtheit in den Bibliotheken zeigt.

Traditionell wird in Deutschland die Universität vom Staat betrieben. Die Finanzierung läuft über den öffentlichen Haushalt mittels **Budgetfinanzierung**, für die Nachfrage nach Studienplätzen ist der Preis gering, wo es keine Studiengebühren gibt, sogar abgesehen vom Semesterbeitrag Null, d.h. die Konsumentenrente beträgt nahezu 100 vH. Die nicht unerheblichen Kosten der Ausbildung (nur Lehre), die im Jahre 2004 pro Studierendem an den Universitäten durchschnittlich

8000 Euro betrugen (bei starker Streuung zwischen den Fächern[180]), trägt der Steuerzahler. Die Gefahr von Fehlanreizen bei Studierenden und Lehrenden ist groß. Studierende sind nicht gehalten, ihre Ausbildungsentscheidung anhand zukünftiger Marktchancen zu treffen und zügig zu studieren. Lehrende sind nicht gezwungen, ihr Lehrangebot an der Nachfrage zu orientieren und an neue Themen und Inhalte anzupassen. Zudem bestehen Wettbewerbsverzerrungen zu Lasten privater Anbieter sowie Bürokratieprobleme. Wohin man im deutschen Hochschulsystem auch blickt: es gibt zu viele Ineffizienzen. Die im Jahre 2004 gestartete Exzellenzinitiative der Bundesregierung hatte zum Ziel, die Qualität sowohl der Bildung als auch der Forschung in Deutschland zu verbessern. Obwohl die Instrumente nicht in jedem Fall marktkonform zu nennen sind und die Vorstellung, es gebe zehn Eliteuniversitäten in Deutschland, realitätsfern ist, kann man einen Erfolg darin sehen, dass viele Universitäten und Fakultäten sich bemühen, ihre Stärken und Schwächen zu ermitteln und ihr Angebot in Forschung und Lehre zu fokussieren. Insofern kann die Exzellenzinitiative als Quasi-Wettbewerb interpretiert werden.

Ausbildung im Wettbewerb verspricht somit bessere Resultate. Denn Wettbewerb zwischen den Hochschulen zwingt dazu, das Studienangebot effizient zu gestalten und den Ausbildungswünschen der Studierenden anzupassen. Nicht zuletzt ist den Qualifikationserfordernissen des Marktes Rechnung zu tragen. Überkapazitäten in einigen Studienfächern werden abgebaut und die Ressourcen in stärker nachgefragte Ausbildungsgänge gelenkt. Bleiben unter diesen Umständen die Studierenden aus, hilft keine Zentralstelle für die Vergabe von Studienplätzen, sondern nur bessere Ausbildungsleistungen.

Der Studierende muss unter diesen Rahmenbedingungen seine Entscheidung als Investitionskalkül begreifen, bei dem die Kosten, d.h. entgangenes Einkommen während des Studiums, mit den Erträgen, d.h. bessere Einkommens- und Beschäftigungschancen in der Zukunft, verglichen werden. Wird der Studierende an seinen eigenen Ausbildungskosten beteiligt, so führt das zu einem kostenbewussten Verhalten: Die Wahl des Studiums wird nicht nur oder primär nach individuellen Neigungen und Begabungen gefällt, sondern auch und vor allem in Abwägung künftiger Arbeitsmarktchancen. Das Studium wird effizienter gestaltet. Auch hier kann das Prinzip von Kompetenz und Haftung (Unterabschnitt I.5.A) herangezo-

---

180 Mit Abstand am teuersten sind die Studienplätze in der Medizin. Bei einem wirtschaftswissenschaftlichen Studium liegen die Ausbildungskosten deutlich unter dem Durchschnitt, vor allem weil hier keine kostspieligen Apparaturen und Laboreinrichtungen benötigt werden (vgl. Hauser 2008).

gen werden: Individuelle Entscheidungsfreiheit und Entscheidungsfolgen werden verknüpft.

Durch eine Beteiligung der Studierenden an den Kosten ihrer Ausbildung verschwinden die Fehlanreize, die der Numerus Clausus auslöst. Vor allem das Phänomen des temporären Parkstudiums und der Scheinstudenten, die vor allem zu günstigen Konditionen öffentliche Verkehrsmittel beanspruchen und Theater besuchen wollen, wird verschwinden. Kapazitätsverordnungen und Bildungspläne werden überdies überflüssig. Die Verteilungskämpfe innerhalb der Hochschule werden entschärft, die Ressourcenverschwendung durch langwierige Gremienverfahren mit hohen Opportunitätskosten und Stimmentausch wird vermindert.

Bei einer marktwirtschaftlichen Konzeption setzt die **Bildungspolitik** im Bereich der Lehre auf der **Angebotsseite** und auf der **Nachfrageseite** an (Abbildung V.2). Bei der Hochschulfinanzierung ergeben sich als Alternative zur Budgetfinanzierung drei Optionen. Sie sind wesentlich komplexer als hier dargestellt, weil zum Teil schwierige Detailfragen zu klären sind; aber zwecks Veranschaulichung des Sachverhalts können wir uns kurz fassen.

- **Bildungsgutscheine**: Die Studierenden erhalten geldwerte Gutscheine vom Staat, die ihnen den Zugang zur Hochschule sichern. Sie sind frei in der Wahl der Universität. Es bleibt bei der Unentgeltlichkeit des Studiums, so dass eine mengenmäßige Rationierung erforderlich ist. Der Staat muss entscheiden, wie viele Studierende in jedem Studienfach Gutscheine erhalten sollen, aber der Wettbewerb unter den Hochschulen um Studierende verspricht gleichwohl einen Effizienzgewinn. Es findet eine **Outputfinanzierung** statt (Blankart 1998).[181]
- **Akademikersteuer**: Diese Option hat erstmals von Weizsäcker (1971) vorgeschlagen; ähnlich argumentiert Ewers (1996). Die Studierenden werden nach Abschluss ihres Studiums zu dessen Finanzierung herangezogen. Dieses Modell entspricht dem Äquivalenzprinzip. Allerdings hat die Akademikersteuer den Charakter einer Sondersteuer und ist deshalb verfassungsrechtlich bedenklich (Gleichheitssatz nach Artikel 3 GG). Außerdem besteht die Gefahr des „brain drain“, d.h. die gerade zu Beginn des Erwerbslebens besonders

181 Bildungsgutscheine sind aber auch generell für sämtliche Bürger eines Landes denkbar. Einem solchen Modell zufolge werden die Gutscheine für eine bestimmte Zeit ausgestellt, die länger ist als die Dauer der Schulpflicht, aber kürzer als die Ausbildungszeit inklusive eines Studiums. Potentielle Studierende würden nach diesem Modell nötige Gutscheine für ein Studium von denjenigen erwerben, die nicht studieren wollen.

spürbare Steuerschuld könnte Hochschulabsolventen zur Auswanderung drängen.

- **Studiengebühren**: Dies ist die **reine Preisfinanzierung**. Mittlerweile wird in den meisten Bundesländern danach verfahren. Die Studierenden zahlen eine jährliche Gebühr. Die Hochschule hat dann eine eigene Einnahmequelle, die ihre Autonomie gegenüber staatlichen Stellen erheblich stärkt. Es muss klar sein, dass mit Studiengebühren nicht eine zusätzliche Einnahmequelle für den Fiskus (in Deutschland: die Länderhaushalte) entsteht. Damit die pretiale Lenkung der Ausbildungsnachfrage im erwünschten Maße wirkt, müssen die Studiengebühren der Höhe nach „fühlbar" sein. Durch Stipendien, staatliche Kredite oder staatliche Ausfallbürgschaften bei privaten Ausbildungskrediten wird sichergestellt, dass kein Studium an Finanzierungsproblemen scheitert. Dem Prinzip der Chancengleichheit wird damit Rechnung getragen.[182]

Denkbar ist auch, die Modelle miteinander zu kombinieren (Cantner und Freytag 2004). Zu Bildungsgutscheinen gibt es Erfahrungen in den Vereinigten Staaten und in der Schweiz, dort allerdings bezogen auf den Bereich der Schulausbildung.[183] Studiengebühren an den Universitäten, in der Regel verbunden mit Darlehen, gibt es u.a. in den Vereinigten Staaten seit langem. In der jüngeren Vergangenheit wurden grundlegende Reformen in diese Richtung z.B. in Australien und den Niederlanden eingeführt. Als eine generelle Lehre daraus lässt sich ableiten, dass pretiale Lenkung funktioniert.[184]

---

182 Selbst wenn das Problem der Kreditrationierung angemessen gelöst wird, hält sich in der politischen Diskussion hartnäckig die These, das Prinzip der Chancengleichheit werde dennoch verletzt, und zwar deshalb, weil die Eltern aus mittleren und höheren Einkommensschichten die Studiengebühren leichter tragen könnten als die Eltern mit einfachen Einkommensverhältnissen; deren Kinder würden infolgedessen nicht studieren oder, falls doch, finanziell schlechter dastehen (distributives Marktversagen). Solche Verteilungskonstellationen gibt es auch im bestehenden System (Studierende aus Arbeiterhaushalten sind an den Hochschulen deutlich unterrepräsentiert), und die Kinder wohlhabender Familien stellen sich auch dann besser, wenn sie nicht studieren, sondern von ihren Eltern das Eigenkapital für eine selbstständige Tätigkeit (eine Boutique, ein Reisebüro, ein Restaurant o.ä.) geschenkt bekommen. Studiengebühren sind nicht ursächlich für Ungleichheiten in der personellen Einkommens- und Vermögensverteilung, und nichts ändert sich an dieser Ungleichheit, wenn man Studiengebühren nicht erhebt.

183 Die allokationstheoretische Überlegenheit der Bildungsgutscheine kann durch die Erfahrungen im US-Bundesstaat Maine veranschaulicht werden. In kleinen Ortschaften ohne Public School erhalten Eltern Bildungsgutscheine für ihre Kinder, die sie an privaten Schulen einlösen können. Im Schnitt sind die schulischen Leistungen dort besser und die Gehälter der Absolventen höher; es ist überdies ein Zuzug in Gemeinden ohne Public School zu verzeichnen (Heller 2001).

184 Dementsprechend plädieren für eine marktorientierte Bildungspolitik, neben zahlreichen Ökonomen, der Sachverständigenrat (1998, Ziffern 439ff.) und die Monopolkommission (2000b). Vgl. auch Morath (2000) und die in den dort veröffentlichten Einzelbeiträgen angegebene Literatur. Erfahrungen mit dem neuen deutschen Regime stehen noch aus.

Bei alledem sollte der Staat den Hochschulen aus ökonomischen Erwägungen eine **Grundfinanzierung** sicherstellen. Denn sowohl mit der Grundlagenforschung als auch mit der Humankapitalbildung werden positive externe Effekte erzeugt. Gegenzurechnen sind eventuelle negative externe Effekte, wenn „falsches", d.h. nicht marktgängiges, Humankapital gebildet wird, für das am Arbeitsmarkt keine ausreichende Nachfrage besteht.

Ende Zusatzlektüre ↑

Übungsaufgaben

1. Analysieren Sie die Vorteile und Grenzen eines regelgebundenen Mitteleinsatzes in der Wirtschaftspolitik, vor allem im Bereich (i) der Geldpolitik, (ii) der Finanzpolitik und (iii) der Tariflohnpolitik. Beachten Sie die internationale Dimension.
2. Was spricht für und was gegen eine aktive Konjunkturpolitik als Mittel der Beschäftigungspolitik?
3. Angenommen, die Zentralbank setzt sich ein Geldmengenziel. Braucht sie dann noch einen Präsidenten?
4. Wie könnte man erklären, dass eine starke Geldmengenexpansion (M3) nicht zu einer Inflationsbeschleunigung führen muss?
5. Was spricht für und was gegen eine Konsolidierung der öffentlichen Haushalte in Zeiten einer schwachen Konjunktur? Muss das gesamte Budgetdefizit beseitigt werden oder nur ein Teil davon und ggf. welcher? Macht es für die Beurteilung der Wirkungen einen Unterschied, ob die Haushaltskonsolidierung vorrangig auf der Einnahmenseite oder vorrangig auf der Ausgabenseite ansetzt?
6. Sind kräftige Tariflohnerhöhungen unter der griffigen Formel „Stärkung der Massenkaufkraft" ein geeigneter Weg, um mehr Wachstum und Beschäftigung zu erreichen, wie die Gewerkschaften meinen?
7. Die Volkswirtschaft ist von hoher Arbeitslosigkeit betroffen. Wie beeinflusst die von den Tarifvertragsparteien gewählte lohnpolitische Strategie die Wahrscheinlichkeit, dass ein Arbeitsloser längere Zeit arbeitslos bleibt?
8. Wie ist die Erhebung von Studiengebühren zur Finanzierung der Hochschulausbildung ökonomisch zu beurteilen? Wie könnte dieses Instrument kompa-

tibel gemacht werden mit dem Prinzip der Chancengleichheit? Vergleichen Sie Ihre Ergebnisse mit denen alternativer Modelle der Hochschulfinanzierung, zum Beispiel die Vergabe geldwerter Gutscheine oder die Einführung einer Akademikersteuer.

9. Was heißt aus ökonomischer Sicht „Fairness bei der Gestaltung der sozialen Sicherung"?

10. Analysieren Sie den Zusammenhang zwischen der Globalisierung der Märkte und dem erhöhten Effizienzdruck auf die Wirtschaftspolitik. Prüfen Sie die Auswirkungen auf (i) Steuern und Abgaben, (ii) Angebot an öffentlichen Gütern, (iii) Sozialleistungen, (iv) Arbeitsplätze und (v) Umweltschutz.

11. In Deutschland versuchen Bundesregierungen immer wieder, ökonomische Probleme durch korporatistische Politikansätze zu lösen (z.B. „Bündnis für Arbeit"). Inwieweit werden dadurch gesamtwirtschaftliche Fehlentwicklungen vermieden und inwieweit werden sie durch solche Gesprächsrunden gefördert?

Kapitel VI.

Europäische Integration und nationale Wirtschaftspolitik

1. Wirtschaftspolitik in einem sich verändernden Europa: Grundsätzliche Erwägungen

Ausführungen zur Wirtschaftspolitik in Deutschland sind ohne eine Betrachtung der Europäischen Union (EU) unvollständig. Deshalb haben wir in den vorausgegangenen Kapiteln dieses Lehrbuchs wiederholt europäische Bezüge hergestellt. In diesem, dem vorletzten Kapitel, sollen die wesentlichen Zusammenhänge systematischer dargestellt werden.

Seit der Gründung der Europäischen Wirtschaftsgemeinschaft im Jahre 1957 (Römische Verträge vom 25.3.1957) sind für die nationale Wirtschaftspolitik nach und nach Daten gesetzt worden, die deren Handlungsspielräume einschränken oder zumindest merklich verändern. Es ist davon auszugehen, dass mit dem fortschreitenden Integrationsprozess weitere Anpassungen der nationalen Wirtschaftspolitik erforderlich sein werden. Dies folgt aus dem im EG-Vertrag postulierten Auftrag zur Wirtschafts- und Währungspolitik. Der Auftrag lautet: „Die Mitgliedstaaten richten ihre Wirtschaftspolitik so aus, dass sie [...] zur Verwirklichung der Ziele der Gemeinschaft [...] beitragen. Die Mitgliedstaaten und die Gemeinschaft handeln im Einklang mit dem *Grundsatz einer offenen Marktwirtschaft mit freiem Wettbewerb*, wodurch ein effizienter Einsatz der Ressourcen gefördert wird [...]“ (Artikel 98 EG-Vertrag; Hervorhebung durch die Verfasser). Und weiter: „Die Mitgliedstaaten betrachten ihre Wirtschaftspolitik als eine Angelegenheit von gemeinsamem Interesse und koordinieren sie im Rat [...]“ (Artikel 99 EG-Vertrag).[185]

---

[185] Wir gehen vom geltenden EG-Vertrag in den Fassungen von Amsterdam (2.10.1997) und Nizza (26.2.2001). Ein Mitte 2004 vom Europäischen Rat der Staats- und Regierungschefs verabschiedeter „Vertrag über eine Verfassung für Europa“ wurde in Frankreich und den Niederlanden (immerhin zwei Gründungsmitglieder der Gemeinschaft) in Volksabstimmungen abgelehnt und ist damit gescheitert. Bei Vertragsänderungen verfügt jeder Mitgliedstaat faktisch über ein Vetorecht, da Einstimmigkeit verlangt wird. Daraufhin hat der Rat am 13.12.2007 einen EU-Reformvertrag, den „Vertrag von Lissabon“, verabschiedet. In diesem Vertrag wird das im Text

Aus Sicht der Regierungen der Mitgliedsländer der Europäischen Union ist die europäische Integration in ihren wirtschaftspolitischen Details sowohl endogen als auch exogen. Endogen ist sie insofern, als dass die Regierungen bei den Beratungen über die Ausgestaltung der Union ihren Einfluss haben geltend machen können und dies auch weiterhin tun werden. Allerdings ist zu erwarten und hat sich auch herausgestellt, dass die Rahmenbedingungen in der Europäischen Union immer Kompromisse darstellen; selten gelingt es einem Land, sich vollends mit seinen Vorstellungen zur Wirtschaftspolitik durchzusetzen, es sei denn, alle Mitgliedsländer haben gleiche oder ähnliche Vorstellungen. Sobald Details der europäischen Rahmenbedingungen feststehen, sind sie für die nationale Wirtschaftspolitik weitgehend exogen. Sie sind in der Regel bindend und schränken den Entscheidungsspielraum der Regierung insofern ein. In manchen Politikbereichen ist die nationale Zuständigkeit vollends aufgelöst worden; hier kann eine Regierung nur im Rahmen des Europäischen Rates in der Zusammensetzung der Staats- und Regierungschefs bzw. des Ministerrates noch Einfluss auf die Entscheidungen nehmen.

Dies hat gerade für die Wirtschaftspolitik erhebliche Konsequenzen. Zwar haben sich die großen makroökonomischen Ziele der Wirtschaftspolitik durch die europäische Integration nicht geändert. Allerdings sind die Träger der Wirtschaftspolitik teilweise andere, als sie es bei alleiniger nationaler Zuständigkeit wären. Somit stellt sich das Assignment-Problem neu. Generell kann man Politiken danach unterscheiden, wie die Zuständigkeiten zugeschnitten sind

- alleinige nationale Zuständigkeit (Finanzpolitik, Lohnpolitik, Bildungspolitik),
- alleinige Zuständigkeit bei der EU (Geld- und Währungspolitik:[186], Außenhandelspolitik, Agrarpolitik),
- überlappende Zuständigkeiten (Technologiepolitik, Wettbewerbspolitik, Umweltpolitik).

---

erwähnte Prinzip des Wettbewerbs nur noch in einer Protokollnotiz geführt. Der neue EG-Vertrag sollte nach Ratifizierung durch die Parlamente aller EU-Mitgliedstaaten zum 1. Januar 2009 in Kraft treten. Dieser Termin ist hinfällig geworden, nachdem in Irland die Bevölkerung in einem dazu einberufenen Referendum am 12. Juni 2008 den Reformvertrag mehrheitlich zu Fall gebracht hat.

[186] Bis Ende 1998 war die Geld- und Währungspolitik ebenfalls in nationaler Zuständigkeit, allerdings war die Autonomie nationaler Zentralbanken durch die Mitgliedschaft im Europäischen Währungssystem (EWS) eingeschränkt. Faktisch hatte aber nur die Deutsche Bundesbank eine uneingeschränkte geldpolitische Autonomie und die D-Mark war zur Leitwährung geworden; dies haben die Märkte unter Bewertung der Qualität der deutschen Stabilitätspolitik so entschieden, institutionell war diese Vorzugsstellung im EWS nicht vorgesehen.

Die ersten beiden Fälle sind die Idealfälle. Die Tinbergen-Regel, wonach jedes Ziel mit einem Mittel von einem Träger der Wirtschaftspolitik zu erreichen versucht wird, kann eingehalten werden.[187] Schwieriger gestaltet sich die Wirtschaftspolitik bei überlappenden Zuständigkeiten. So wird Technologieförderung sowohl von der Europäischen Union als auch von der Bundesregierung und den Regierungen der Bundesländer betrieben, wenn auch unter Berücksichtigung unterschiedlicher Kriterien für die Förderung einzelner Projekte. Dennoch ist die Ratio dieser Überlappung von Zuständigkeiten nicht immer klar. Ob bei einer derartigen Gemengelage die mit der Technologiepolitik verbundenen Ziele erreicht werden können, ist ebenfalls nicht sicher.

Ein Weiteres kommt hinzu. Die Zuständigkeiten für Teilbereiche von Wirtschaftspolitik lassen sich nur theoretisch ganz eindeutig abgrenzen. Denn die europäische Integration ist ein Prozess, in dem die Zuständigkeiten verschoben werden – von der nationalen auf die supranationale Ebene, von den nationalen zu den supranationalen Behörden. Wie in Kapitel IV ausführlich dargestellt, weisen Behörden als Anbieter von Politik ein hohes Beharrungsvermögen auf. Sie werden ihre Zuständigkeit nur sehr widerwillig aufgeben und sich neue Betätigungsfelder suchen. Die Verschiebung der Zuständigkeiten wird folglich nicht ohne Reibungsverluste vor sich gehen. Möglicherweise droht eine Ausdehnung staatlicher Tätigkeit, die ohne ausdrückliche politische Absichtserklärung geschieht. Die europäischen Träger der Wirtschaftspolitik werden dieser Situation nicht tatenlos zusehen. Ihre Reaktion wird vermutlich darin bestehen, dass sie den Integrationsprozess beschleunigen und somit ihre Zuständigkeiten ebenfalls auszudehnen trachten. Insofern ist durch die europäische Integration ein neuer politischer Markt entstanden, auf dem neue Anbieter, z.B. die Europäische Kommission, die alten Anbieter zu verdrängen versuchen. Am Beispiel der Technologiepolitik kann man dies zeigen. Die Europäische Kommission hat während der 1980er und 1990er Jahre recht erfolgreich nationale Technologieministerien bedrängt, und zwar mit attraktiven Politikangeboten, in diesem Falle mit neuen Förderprogrammen (Freytag 1995).

Ähnliches gilt für die Nachfrageseite des politischen Marktes. Die europäische Integration mit einem Wechsel der Zuständigkeiten kann aus der Sicht von Interessengruppen als ein Schock in dem Sinne interpretiert werden, dass diese fortan mit neuen Anbietern und veränderten Inhalten von Politik konfrontiert sind. Die Interessengruppen verlieren traditionelle Ansprechpartner und müssen sich neu, europäisch eben, formieren. Die Lobbying-Aktivitäten werden auf die supranatio-

---

[187] Die Frage, wie die Zuständigkeiten wirtschaftspolitisch sinnvoll aufgeteilt werden, wird in AbschnittKapitel VI.3 diskutiert.

nale Ebene verlagert, wenn sich zeigt, dass auf diese Weise gezielter eine Maßnahme, die der Gruppe günstig ist, z.B. eine wettbewerbsbeschränkende Regulierung oder Importprotektion, erwirkt werden kann, als es zuvor im nationalstaatlichen Umfeld möglich war. Dabei kommt den organisierten Interessengruppen zu Gute, dass innerhalb der europäischen Organe, z.B. Kommission oder Ministerrat, ein erheblich höheres Potential für Stimmentauschprozesse gegeben ist als in nationalen Parlamenten oder Regierungen. Nimmt man die erschwerten Möglichkeiten der Konsumenten, sich innerhalb der EU zu organisieren, hinzu, so verschlechtert sich auf den ersten Blick deren Situation; partikulare Interessen auf der Produzentenseite lassen sich besser durchsetzen.

Auf der anderen Seite darf nicht übersehen werden, dass die europäische Integration ganz im Sinne der in Kapitel IV diskutierten Theorie der wirtschaftspolitischen Reform die Chance bietet, in der Wirtschaftspolitik grundlegend neue Wege zu gehen, wenn dies unter veränderten Umfeldbedingungen stabilitäts-, wachstums- und/oder beschäftigungspolitisch geboten ist, selbst wenn damit für einzelne Gruppen unbequeme Veränderungen verbunden sind, z.B. ein schärferer Wettbewerb auf den Güter- und Faktormärkten. In einem großen Wirtschaftsraum wie dem europäischen sind die Gruppeninteressen weniger homogen als in jeweils einzelnen EU-Mitgliedsländern. Die Kartellierbarkeit von Interessen über die Landesgrenzen hinweg ist insoweit beschränkt. Überdies lassen sich Widerstände partikularer Interessengruppen gegen Reformen, die ihre Besitzstände in Frage stellen, im jeweiligen Land leichter überwinden, weil die nationale Regierung argumentieren kann, zu den ungeliebten Maßnahmen durch europäische Vorgaben genötigt zu sein – für einen guten Zweck, dem der europäischen Integration.[188]

Neben diesen politökonomischen Fragestellungen, die durch die europäische Integration aufgeworfen werden, entstehen auch inhaltliche Probleme, wenn nationale Präferenzen in der Wirtschaftspolitik divergieren. Das lange Zeit am heftigsten diskutierte Beispiel ist die Geldpolitik. Während z.B. in Deutschland und

---

188 Ein anschauliches Beispiel aus den Anfangsjahren der Europäischen Union, damals noch Europäische Wirtschaftsgemeinschaft, bietet die Gründung der Zollunion nach Artikel 3 EWG-Vertrag: Zuvor bestehende partikulare Produzenteninteressen an Schutz vor Wettbewerb von außen wurden durch den Abbau der Zollschranken im Industriewarenhandel zwischen den sechs Gründungsmitgliedern während des Zeitraums 1958-68 zurückgedrängt. Ein anderes Beispiel aus der jüngeren Vergangenheit ist die Liberalisierung des Telekommunikationswesens. Die ersten Maßnahmen zur Deregulierung und Privatisierung im deutschen Post- und Fernmeldewesen (Deutsche Bundespost) – die Postreformen I und II von 1989 bzw. 1994 – stießen noch auf erbitterten Widerstand der Postgewerkschaft; dieser ist inzwischen im Bereich der Telekommunikation unter dem Liberalisierungsdruck seitens der Europäischen Union überwunden worden, so dass eine weitgehende Marktöffnung, von den Endgeräten bis zu den Telefonnetzen, erreicht werden konnte.

in den Niederlanden die Geldwertstabilität seit jeher einen hohen Rang in der Wirtschaftspolitik einnahm und die jeweiligen Notenbanken sich vorrangig der Verwirklichung dieses Ziels verschrieben, war für andere Länder in der Europäischen Union die Geldpolitik auch ein Mittel, die Beschäftigung anzukurbeln, notfalls unter Inkaufnahme von Preisniveausteigerungen. Besonders in Frankreich, und dort vor allem in der Öffentlichkeit, war dies lange der Fall. Geldwertstabilität wurde im Vergleich zur Beschäftigung als nachrangig eingestuft, was es den unterschiedlichen Regierungen erschwerte, die Politikziele Geldwertstabilität und hoher Beschäftigungsstand mit verschiedenen Mitteln anzusteuern. Erst im Laufe der 1980er Jahre setzte ein stabilitätspolitischer Konvergenzprozess ein, der zu einer steigenden Geldwertstabilität in der EU und schließlich zum Statut der Europäischen Zentralbank mit vorrangiger Orientierung am Ziel der Preisniveaustabilität führte. Die französischen Regierungen konnten im Zuge dieses Prozesses bei ihrem Versuch, das Assignment mit Blick auf die Geldpolitik einzuhalten, immer wieder auf die Grenzen, die ihrer eigenen geldpolitischen Autonomie durch das EWS im Allgemeinen und die Deutsche Bundesbank im Besonderen gesetzt wurden, verweisen. Damit hatten sie einen externen „Sündenbock" für einen wirtschaftspolitischen Reformprozess im Inland gefunden.[189]

2. Zu den Entscheidungsstrukturen in der EU

Die Mitgliedstaaten der Europäischen Union sind recht heterogen, was Größe und wirtschaftliche Stärke angeht. Nicht zuletzt deshalb ist es sehr schwierig, die unterschiedlichen Interessen der 27 Mitgliedsländer der EU auszugleichen und kollekti-

---

[189] Gleichwohl blieben Konflikte zwischen den EWS-Mitgliedsländern nicht aus. Namentlich Frankreich beklagte, durch die stabilitätsorientierte Wirtschaftspolitik Deutschlands an einer zu den eigenen binnenwirtschaftlichen Anforderungen passenden expansiveren Geldpolitik und Finanzpolitik gehindert zu sein und bei Neufestsetzungen der offiziellen Leitkurse („Realignments"), die sich angesichts unterschiedlicher Inflationsraten als unausweichlich erwiesen (von 1979 bis 1987 elfmal), die größeren Anpassungslasten aufgebürdet bekommen zu haben. Besonders scharf wurden die Spannungen im EWS Anfang der 1990er Jahre, als die Deutsche Bundesbank zwecks Bekämpfung des Inflationspotentials, das sich nach der deutschen Vereinigung im Inland aufgebaut hatte, unnachgiebig Hochzinspolitik betrieb. Die seit Anfang 1987 unverändert belassenen Leitkurse wurden an den internationalen Finanzmärkten als nicht mehr tragbar angesehen. Das EWS geriet unter beispiellos heftige spekulative Attacken, Großbritannien und Italien schieden aus dem Währungsverbund aus, Spanien, Portugal und Irland mussten ihre Währungen kräftig abwerten und die Deutsche Bundesbank sah sich genötigt, massiv am Devisenmarkt zur Stützung des französischen Franc zu intervenieren. Am 2. August 1993 wurde das EWS in seiner ursprünglichen Form suspendiert und faktisch in ein System flexibler Wechselkurse überführt (durch die erhebliche Vergrößerung der Bandbreite für zulässige Wechselkursschwankungen von $\pm 2,25$ vH auf ± 15 vH). Die im Zeitraum 1987-92 seitens der Politik erzwungene Tabuisierung von Realignments stellte im ökonomischen Sinne Politikversagen dar.

ve Entscheidungen zu fällen.[190] Deshalb müssen die Entscheidungsstrukturen so ausgestaltet sein, dass sie zum einen klare, eindeutige und schnelle Beschlüsse erlauben und zum anderen die Interessen der einzelnen Mitglieder angemessen berücksichtigt werden. Es hat sich in der Vergangenheit gezeigt, dass die EU nur dann zu tragfähigen Entscheidungen fähig ist, wenn dieser Interessenausgleich gelingt. Insofern ist die Europäische Union ein typisches Beispiel für die in Kapitel II diskutierte Unmöglichkeit, widerspruchsfreie kollektive Entscheidungen herbeizuführen.

A. Interaktion zwischen mehreren Akteuren

Im Folgenden werden die wichtigsten Entscheidungsträger der EU und ihre Kompetenzen überblicksartig vor dem Hintergrund des Einflusses auf die Wirtschaftspolitik dargestellt.[191] Zunächst ist festzustellen, dass die Entscheidungsfindung in der Europäischen Union als Interaktion zwischen mehreren Akteuren verläuft. Eine besondere Rolle spielt dabei das so bezeichnete **„institutionelle Dreieck"** aus dem Rat der Europäischen Union (Europäischer Rat bzw. Ministerrat)[192], der Europäischen Kommission und dem Europäischen Parlament. Der Rat der Europäischen Union ist das Gesetzgebungsorgan (die Legislative) auf Gemeinschaftsebene, die Europäische Kommission stellt die Exekutive dar. Dieses „institutionelle Dreieck" wird durch zwei weitere Organe ergänzt: den **Europäischen Gerichtshof** (er wacht über die einheitliche Auslegung des Gemeinschaftsrechts) und den **Europäischen Rechnungshof** (er überprüft die Rechtmäßigkeit der Einnahmen und Ausgaben der Union). Mit beratender Funktion arbeiten der **Wirtschafts- und Sozialausschuss** (vom Rat ernannte Vertreter nationaler Interessenorganisationen) und der **Ausschuss der Regionen** (vom Rat ernannte Vertreter aus regionalen und lokalen Gebietskörperschaften der Mitgliedsländer). Gemeinsam als Anteilseigner betreiben die Mitgliedsländer die Europäische Investitionsbank, u.a. zwecks finanzieller Förderungsmaßnahmen (durch zinsgünstige Darlehen und Bürgschaften) im Bereich der Infrastruktur, des Umweltschutzes

---

190 Auf längere Sicht ist eine weitere Ausweitung der Europäischen Union (Türkei, Kroation und andere Balkan-Staaten, Ukraine) angedacht.

191 Siehe auch die Homepage der Europäischen Union, hier speziell: http://www.europa.eu.int/inst-de.htm.

192 Nicht zu verwechseln mit dem Europarat (ER). Dies ist eine von zehn europäischen Staaten im Jahre 1949 gegründete und mittlerweile fast alle europäischen Länder (Deutschland eingeschlossen) umfassende internationale Organisation (mit Sitz in Straßburg) zur Wahrung der Menschenrechte, der Demokratie und des Rechtstaates und zur Förderung des wirtschaftlichen und sozialen Fortschritts.

und von Infrastrukturinvestitionen von gemeinschaftlichem Interesse, vor allem Infrastrukturinvestitionen, in den wirtschaftlich weniger entwickelten Gebieten der Gemeinschaft. Außerhalb dieses institutionellen EU-Gefüges steht eine gemeinschaftliche Einrichtung „sui generis“: das **Europäische System der Zentralbanken (ESZB)**, das mit der Bildung der Europäischen Wirtschafts- und Währungsunion 1998 als Träger der europäischen Geldpolitik geschaffen wurde.

Betrachten wir die Organe im „institutionellen Dreieck“: Der **Rat der Europäischen Union** ist das wichtigste Entscheidungsorgan der Gemeinschaft und setzt sich aus Vertretern der nationalen Regierungen auf Ministerebene zusammen. Der Rat wirkt auch in der Zusammensetzung der Staats- und Regierungschefs sowie des Präsidenten der Europäischen Kommission und eines weiteren Kommissionsmitglieds **(Europäischer Rat)**, und zwar auf Gipfeltreffen, die in regelmäßigen Abständen (mindestens zweimal im Jahr) stattfinden und bei denen regelmäßig – neben allgemeinen politischen Zielvorstellungen sowie Fragen der Außen- und Sicherheitspolitik, einschließlich Verteidigungspolitik – auch wirtschaftspolitische Themen auf der Tagesordnung stehen. Auf dieser höchsten Ebene werden vor allem Entscheidungen von besonders großer Tragweite getroffen, z.B. über die Aufnahme neuer Mitglieder in die Europäische Union und in die Europäische Wirtschafts- und Währungsunion oder über die Veränderung der konstitutiven Verträge und der Statuten einzelner gemeinschaftlicher Institutionen; häufig muss jedoch auf dieser Ebene auch entschieden werden, was auf der Ministerebene erfolglos verhandelt worden war (z.B. die Reform der Gemeinsamen Agrarpolitik oder die mittelfristige Finanzplanung für den Eu-Gesamthaushalt, einschließlich der Festlegung der Höhe der Eigenmittel in Prozent des realen gemeinschaftlichen Bruttosozialprodukts und der Dotierung der verschiedenen Strukturfonds).

Unter den je nach Sachgebiet (Ressort) handelnden Räten auf Ministerebene (es gibt derer neun) ist für die Wirtschaftspolitik der Rat der Wirtschafts- und Finanzminister **(Ecofin-Rat)** der wohl wichtigste. Dort kommen nahezu alle Aspekte der Wirtschafts- und Finanzpolitik, die von gemeinsamem Interesse sind, zur Sprache, und sie führen, falls ein Handlungsbedarf besteht, zu konkreten Entscheidungen. Seit der Bildung der Wirtschafts- und Währungsunion ist der Ecofin-Rat auch für die Wechselkurspolitik zuständig; dies entspricht der Praxis in Einzelstaaten mit einer eigenen Währung, die in einem Regime fester Wechselkurse eingebunden ist, bei dem die jeweilige Regierung über Paritätsänderungen entscheidet (so auch früher die Bundesregierung bei offiziellen Änderungen des D-Mark-Wechselkurses). Der Ecofin-Rat wird allerdings nicht von sich aus tätig, sondern erst wenn die Europäische Kommission oder das Eurosystem dazu raten; auf jeden Fall muss der Ecofin-Rat in die Entscheidung einbezogen werden, wenn EU-Mitgliedsländer der Währungsunion beitreten und der Umstellungskurs der jeweiligen nationalen Währung zum Euro festzulegen ist. Eine Besonderheit sieht der EG-Vertrag insofern vor, als der Ecofin-Rat in der Zusammensetzung der Minister aus Euro-Teilnehmerländern **(Euro-Gruppe)** „allgemeine Orientierungen für die Wechselkurspolitik" gegenüber Währungen von Drittländern aussprechen kann (Artikel 111 Abs. 1 EG-Vertrag). Dieser Artikel ist sehr vage und eröffnet Spielraum für etliche Vorgehensweisen – bis hin zur Formulierung von Wechselkurszielen. Konflikte mit der europäischen Geldpolitik, die auf Preisniveaustabilität ausgerichtet ist, sind dabei nicht auszuschließen. Die Konflikte sind wenig wahrscheinlich in Zeiten einer Euro-Schwäche (weil die daraus abgeleitete Stimulierung des Exports politisch willkommen ist), aber sie sind eher wahrscheinlich in Phasen, in denen Euro-Aufwertung und interne Konjunkturschwäche zusammenfallen (weil die zusätzlichen, wechselkursbedingten realwirtschaftlichen Dämpfungseffekte politisch unangenehm sind).

Eine Reihe von Funktionen, namentlich bei der Gesetzgebung und dem EU-Gesamthaushalt, übt der Rat gemeinsam mit dem **Europäischen Parlament** aus. Das Parlament kontrolliert überdies die Europäische Kommission und wirkt an der Bestellung von deren Mitgliedern mit. Je nach Gegenstand wird das Parlament zu Vorschlägen des Rats oder der Kommission angehört, muss seine Zustimmung eingeholt werden oder wirkt an der Entscheidungsfindung mit. Zuständigkeiten, die für die Wirtschaftspolitik ausschlaggebend wären, hat das Europäische Parlament allerdings keine.[193]

Die **Europäische Kommission** hat das Initiativrecht bei der Rechtsetzung. Hiervon macht sie regen Gebrauch. Als Exekutivorgan der Union sorgt sie für die Ausführung der Gesetze (durch Verordnungen, Richtlinien, Entscheidungen) und überwacht als „Hüterin der Verträge" gemeinsam mit dem Europäischen Gerichtshof die Befolgung der beschlossenen Gesetze, was konkret bedeutet, dass sie die Umsetzung der durch den Rat beschlossenen Gesetzesvorhaben in nationales Recht kontrolliert. Dies ist ökonomisch sehr bedeutsam, wie sich anhand folgender Überlegungen zeigt: Angenommen, der Rat beschließt eine Maßnahme zur Deregulierung eines Sektors im Binnenmarkt. Diese sei innerhalb eines bestimmten Zeitraumes umzusetzen. Zu einem Problem kann es kommen, wenn die Regierung

---

[193] Das Europäische Parlament ist keine Volksvertretung im staatsrechtlichen Sinne, in der die Bürger an der Hoheitsgewalt beteiligt sind. Eine europäische Verfassung gibt es (noch) nicht, einen europäischen Souverän in der Form eines europäischen Volkes auch nicht. Das Europäische Parlament ist vielmehr eine Versammlung von gewählten Vertretern gleichberechtigter Mitgliedstaaten, es legitimiert sich demokratisch also über die Nationalstaaten, und es bringt in seinen Handlungen in erster Linie das Identitätsbewusstsein und die Präferenzen der Stimmbürger im jeweiligen Heimatland zum Ausdruck, nicht eine grenzüberschreitende europäische „volonté générale".

eines Mitgliedstaates den Anreiz hat, die Umsetzung zu verzögern oder zu verwässern, weil sie sich dadurch auf dem politischen Markt einen Vorteil verspricht (Abschnitt IV.3). Die Folge wären Wettbewerbsverzerrungen im europäischen Binnenmarkt. Dann muss die Kommission eingreifen und diese Regierung zur Umsetzung auffordern oder, wenn dies nicht hilft, vor dem Europäischen Gerichtshof verklagen, was immer wieder vorkommt (auch gegen die Bundesregierung). Daneben hat die Europäische Kommission die Kompetenzen für die gemeinsame Außenhandelspolitik und vertritt die Union auf dem Gebiet der internationalen Handelspolitik, WTO-Verhandlungen über Handelsliberalisierung und Marktöffnung eingeschlossen. Alles in allem bleibt festzuhalten, dass die Europäische Kommission eine zentrale Rolle bei der Gestaltung der Wirtschaftspolitik auf Gemeinschaftsebene und in den EU-Mitgliedsländern spielt.

Wenden wir uns als nächstes, außerhalb des „institutionellen Dreiecks“, dem **Europäischen System der Zentralbanken (ESZB)** zu. Das ESZB verbindet die Europäische Zentralbank (EZB) als zentrale Instanz im operativen Geschäft der europäischen Geldpolitik mit den Notenbanken aller EU-Mitgliedstaaten (NZB). Oberstes Organ ist der Erweiterte Rat, bestehend aus dem Präsidenten und Vizepräsidenten der EZB und allen NZB-Präsidenten. Hier werden vor allem beratende Funktionen wahrgenommen, z.B. zwecks Abstimmung der Geld- und Wechselkurspolitik zwischen dem Euro-Währungsraum und den Nicht-Euro-Staaten. Die Notenbanken der Länder, die (noch) nicht dem Euro-Währungsraum angehören, haben einen speziellen Status mit geringeren Rechten und Pflichten. Für den Euro-Währungsraum als solchen ist das **Eurosystem** zuständig. Oberstes Organ ist der EZB-Rat, der die geldpolitischen Entscheidungen fällt (Strategie, Zinspolitik, Instrumente); dieses höchste Entscheidungsgremium setzt sich aus den Mitgliedern des Direktoriums der EZB (derzeit sechs an der Zahl, darunter der Präsident und der Vizepräsident) und den Präsidenten der nationalen Zentralbanken aus den Euro-Mitgliedsländern (gegenwärtig zwölf) zusammen.

In Bezug auf die bereits behandelten Probleme der asymmetrischen Information (Unterabschnitt III.3.F), des Staatsversagens (Abschnitt IV.2) und der diskretionären Verfahrensweisen in der Wirtschaftspolitik (Unterabschnitt V.3.A) ist hervorzuheben, dass der EG-Vertrag die **Unabhängigkeit des Eurosystems und des ESZB als Ganzes** festschreibt (Artikel 108 EG-Vertrag). Die Mitglieder der Beschlussorgane dürfen keine Weisungen der EU-Organe oder der nationalen Regierungen entgegennehmen; die EU-Organe oder die nationalen Regierungen dürfen auf die Geldpolitik keinen politischen Einfluss nehmen. Um diese Unabhängigkeit in der Praxis bestmöglich zu sichern und die Entscheidungsträger vor der Versuchung eines opportunistischen Abstimmungsverhaltens in den jeweiligen Organen zu schützen, sind verfassungsmäßig drei Vorkehrungen getroffen worden, die sich ganz vernünftig anhören: erstens, eine lange Amtszeit der Entscheidungsträger (acht Jahre für die Mitglieder des EZB-Direktoriums,[194] mindestens fünf Jahre für die NZB-Präsidenten); zweitens, das Verbot der Wiederernennung für eine weitere Amtsperiode (gilt nur für die Direktoriumsmitglieder); drittens, ein Kündigungsschutz in Ausübung der geldpolitischen Aufgaben. Die Praxis lehrt allerdings, dass es von Beginn an immer wieder und unverhohlen zu politischem Druck auf den EZB-Rat gekommen ist: durch den Ecofin-Rat oder einzelne Regierungen (auch deutsche), stilvoll („Denkanstöße“) und lautstark (Forderungen). Mal ging es darum, dass die Leitzinsen gesenkt werden sollten, mal darum, dass man die geldpolitische Strategie geändert und das Ziel der Preisniveaustabilität relativiert sehen wollte.[195] Die Währungshüter haben sich redlich bemüht, solchen Druck abzuwehren – alles in allem erfolgreich, was für den Aufbau von Reputation dieser jungen Institution nur gut sein konnte.

B. Die Bedeutung der Abstimmungsregeln

Unter politökonomischen Gesichtspunkten interessant sind die innerhalb der EU-Organe und des ESZB angewandten **Abstimmungsverfahren**. Sie sind in den beiden wichtigsten Entscheidungsorganen der Europäischen Union – Kommission und Rat – unterschiedlich. Die **Europäische Kommission**, die sich aus 20 Mitgliedern zusammensetzt,[196] fasst ihre Beschlüsse mit einfacher Mehrheit. Diese Abstimmungsregel deckt sich mit der Rolle der Kommission als einer von den Mitgliedstaaten unabhängigen, nur dem Gemeinschaftsinteresse verpflichteten Institution. Anders beim **Rat der Europäischen Union**. Hier sollen gemäß EG-Vertrag die nationalen Interessen zur Geltung kommen, natürlich in einer Weise, die den europäischen Integrationsprozess nicht behindert. In der Wirtschaftspolitik

---

[194] Nur bei der Erstbesetzung im Juni 1998 sind die Amtszeiten gestaffelt worden (zwischen vier und acht Jahren), um künftig bei Neuberufungen gleitende Übergänge zu haben und zur Stetigkeit in der Geldpolitik beizutragen.

[195] Schon beim Gründungsbeschluss zur Europäischen Währungsunion durch den Europäischen Rat am 2. Mai 1998 wurde das Postulat der Unabhängigkeit missachtet: vom französischen Staatspräsidenten, Jacques Chirac. Unter Androhung eines Vetos setzte er durch, dass der designierte erste EZB-Präsident (Wim Duisenberg) die vorgesehene achtjährige Amtszeit nicht voll ableisten werde. Dieser musste versprechen, nach einer angemessenen Übergangszeit zurückzutreten und den Platz für einen französischen Kandidaten (dem Gouverneur der Banque of France, Jean-Claude Trichet) freizumachen. So ist es gekommen: Am 5. Februar 2003 hat Duisenberg seinen Rücktritt angekündigt, am 1. November 2003 hat Trichet das Präsidentenamt übernommen.

[196] Bis 2008 stellt jedes Mitgliedsland einen Kommissar. Da die EU mittlerweile aber 27 Mitgliedstaaten umfasst, muss kraft EG-Vertrag ab 2009 die Anzahl die Kommission verkleinert und für ihre Zusammensetzung ein Rotationsprinzip nach Ländern eingeführt werden.

sind die Interessen der Mitgliedstaaten nicht immer gleichgerichtet, mitunter divergieren sie fundamental. Besonders deutlich wird dies in Fragen der Steuerpolitik und der Sozialpolitik.

Der EG-Vertrag versucht, durch eine differenzierte Stimmengewichtung im Rat, die sich an der Bevölkerungszahl der Mitgliedstaaten orientiert, einen angemessenen Interessenausgleich zu ermöglichen und zwischen großen und kleinen Ländern eine Art „Machtbalance" herzustellen. Nach dem geltenden Nizza-Vertrag beträgt die Stimmenspreizung zwischen den vier bevölkerungsreichsten Mitgliedsländern (Deutschland, Großbritannien, Frankreich, Italien) und dem Land mit der kleinsten Bevölkerung (Malta) 29 zu 3. Je nach betroffenem Sachgebiet werden die Entscheidungen mit einfacher Mehrheit (173 von 345 Stimmen), qualifizierter Mehrheit (260 Stimmen oder 75,4 Prozent) oder einstimmig getroffen. Bei Entscheidungen mit qualifizierter Mehrheit gibt es eine Sperrminorität von 90 Stimmen, die drei große und ein kleines Land zusammenbringen können. Außerdem kann jeder Mitgliedstaat prüfen lassen, ob die Mehrheit auch mindestens 62 Prozent der EU-Bevölkerung erfasst; wenn nicht, kann der Beschluss aufgeschoben werden und muss notfalls revidiert werden. Das Gleiche gilt, wenn eine anstehende Entscheidung von mehreren Regierungen abgelehnt wird, die mindestens 38 Prozent der EU-Bevölkerung repräsentieren; Deutschland kann zusammen mit Großbritannien und Frankreich oder Italien eine Entscheidung blockieren. Es ist offenkundig, dass wir es mit einem sehr umständlichen Entscheidungsverfahren zu tun haben.[197] Eine Abstimmung in **einfacher Mehrheit** gibt es lediglich bei Verfahrensfragen. Eine **qualifizierte Mehrheit** ist immer dann erforderlich, wenn der Rat einen Beschluss auf Vorschlag der Kommission zu fassen hat. Das **Einstimmigkeitsprinzip** gilt bei grundsätzlichen Fragen (wie Änderungen des EG-Vertrages oder die Aufnahme neuer Mitgliedsländer) sowie bei politisch sensitiven Themen (z.B. die Finanzierung des EU-Gesamthaushalts, die Steuerharmonisierung oder die Gestaltung von Arbeitnehmerrechten), und wenn der Rat von Kommissionsvorschlägen abweichen will. In diesen Fällen haben die Länder je eine gleichgewichtige Stimme; jedes Mitgliedsland hat somit de facto ein Vetorecht. Das Gleiche gilt, wenn ein Mitgliedsland geltend macht, dass eine in Aussicht genommene Ratsentscheidung ein „vitales nationales Interesse" negativ berühren

[197] Der (vorerst, wegen der Ablehnung durch Irland in einem Referendum im Juni 2008, gestoppte) EU-Reformvertrag von Lissabon sollte den Entscheidungsprozess im Rat vereinfachen. Danach würden die Regierungen die Beschlüsse mit einer „doppelten Mehrheit" fassen: 55 Prozent der Mitgliedstaaten plus 65 Prozent der EU-Bevölkerung.; unter bestimmten Voraussetzungen könnten Regierungen, denen eine Abstimmungsniederlage droht, die Entscheidung hinauszögern (sog. Ioannina-Klausel).

würde; dann entspricht es eingespielten Gepflogenheiten, ebenfalls die Einstimmigkeitsregel anzuwenden, obwohl das im EG-Vertrag nicht vorgesehen ist.

Dies ist in der europapolitischen Praxis kein Einzelfall geblieben. Das Einstimmigkeitsprinzip hat faktisch ein großes Gewicht, obwohl im Artikel 205 EG-Vertrag das Primat der Mehrheitsentscheidungen verankert ist.[198]

- Aus ökonomischer Sicht ist das sachgerecht, wenn auf diese Weise der Europäische Rat bzw. die EU-Ministerräte genötigt werden, bei anstehenden wirtschaftspolitischen Entscheidungen die Effizienzkriterien zu beachten. Das setzt voraus, dass das Mitgliedsland, das entschlossen ist, ein Veto einzulegen, in der eigenen Wirtschaftspolitik die marktwirtschaftlichen Ordnungsprinzipien beherzigt.
- Zu einem Problem wird das Einstimmigkeitsprinzip hingegen, wenn das Vetorecht eingesetzt wird, um einen Handlungsbedarf, den es objektiv gibt (z.B. bei grenzüberschreitendem Marktversagen), zu verneinen oder um in einem anderen Bereich für eigene Zwecke die Unterstützung der Partnerländer zu erwirken (im Sinne des Log-rolling, wie im Unterabschnitt IV.2.D besprochen). Dann kann es zu Anreizstörungen und Allokationsverzerrungen kommen.

Solche Fehlentwicklungen wären bei einer Ausweitung der Bereiche, in denen Mehrheitsentscheidungen zum Zuge kommen, natürlich auch nicht auszuschließen. Es gibt nun einmal, wie schon gesagt, in der Europäischen Union (noch) keine übergreifende öffentliche Meinung, die in der Ökonomie europäische Interessen vor nationale Interessen stellt. Geht es aber vorrangig nach nationalen Interessen, so können Mehrheitsabstimmungen Situationen schaffen, bei denen es innerhalb der Union zu größeren Umverteilungen – etwa im Rahmen von Strukturfonds – kommt, die von bestimmten Ländern auch dann zu finanzieren wären, wenn sie das nicht für angemessen halten. Konflikte zwischen den Mitgliedstaaten wären die Folge, dem Integrationsprozess förderlich wäre das nicht. Dies ist zu bedenken, wenn in europapolitischen Diskussionen Klage darüber geführt wird, das Einstimmigkeitsprinzip lähme die weitere wirtschaftliche Integration in Europa.

---

[198] Auf dem Nizza-Gipfel ist indirekt ein Weg zu mehr institutioneller Flexibilität dadurch geöffnet worden, dass Mitgliedstaaten, die künftig schneller spezifische Integrationsschritte machen wollen als andere, dies tun können (Prinzip der „verstärkten Zusammenarbeit"). Bedingung ist, dass sich mindestens acht Länder dazu bereit finden und dann als Kooperationsgruppe einen „offenen Club" bilden, dem später andere Mitgliedstaaten beitreten können, wenn sie das möchten. In Teilbereichen der Wirtschaftspolitik (z.B. bei der Europäischen Währungsunion oder der Europäischen Sozialcharta) ist nach diesem Prinzip verfahren worden.

Was das Abstimmungsverfahren im **Europäischen System der Zentralbanken** anbelangt, so gilt formal die einfache Mehrheit. Indes hat sich in der Praxis bei vielen der anstehenden Entscheidungen das Konsensprinzip durchgesetzt. Beschlüsse werden im Erweiterten Rat des ESZB und im EZB-Rat, anders als im EU-Rat, nach dem **Prinzip „ein Ratsmitglied, eine Stimme"** gefasst. Damit soll erreicht werden, dass die Geldpolitik wirklich europäisch und namentlich auf den Euro-Währungsraum ausgerichtet wird, und nicht in das Schlepptau nationaler Interessen, vor allem die der großen Länder, gerät. Der Präsident der Deutschen Bundesbank, obwohl vom wirtschaftlich größten und bevölkerungsreichsten Land kommend, hat somit das gleiche Stimmengewicht wie der Gouverneur der Banque Centrale de Luxembourg, der Notenbank des kleinsten Mitgliedstaates. Diese Regelung schlägt vor allem zu Buche, wenn innerhalb des Euro-Währungsraums die Inflationsraten und die Konjunkturlagen zwischen den Ländern divergieren und dementsprechend jeweils unterschiedliche geldpolitische Maßnahmen befürwortet werden: Länder, die eine schwache Binnennachfrage verzeichnen und ein nahezu stabiles Preisniveau haben, wünschen sich eine lockere Geldpolitik (Zinssenkungen), während die Länder, in denen die Konjunktur boomt und der Preisniveauanstieg sich beschleunigt, eher an einer restriktiveren Geldpolitik (Zinserhöhungen) interessiert sind. Der EZB-Rat kann sich auf solche unterschiedlichen Handlungsbedarfe nicht einlassen: Die europäische Geldpolitik ist unteilbar. So war es früher auch die Geldpolitik der Deutschen Bundesbank in Bezug auf das D-Mark-Währungsgebiet: Auf Unterschiede in der wirtschaftlichen Entwicklung zwischen einzelnen Bundesländern oder, ausgeprägter, zwischen Westdeutschland und Ostdeutschland nach der Vereinigung konnte nicht abgestellt werden.

Obwohl es natürlich zweckmäßig ist, dass die geldpolitischen Entscheidungsträger im Abstimmungsverfahren europäisch denken und handeln, kommen die geldpolitischen Interessen der großen Länder letztlich doch stärker zum Zuge als die der kleinen Länder (eine unterschiedliche Interessenlage unterstellt). Das folgt aus einem statistischen Effekt: In die maßgeblichen europaweiten Aggregate (Harmonisierter Verbraucherpreisindex, Bruttoinlandsprodukt) gehen die Entwicklungen der einzelnen Ländern, gewichtet mit deren Anteilen an dem gesamten Bruttoinlandsprodukt, ein; eine niedrige Inflationsrate in Deutschland drückt die Inflationsrate im Euro-Währungsraum viel stärker nach unten, als eine hohe Inflationsrate in, sagen wir, Irland diese nach oben treibt. Das könnte dem EZB-Rat einen Spielraum für Leitzinssenkungen verschaffen, ohne das Stabilitätsziel im Ganzen zu gefährden, selbst wenn eine solche Maßnahme in Irland ungern gesehen werden würde.

National geprägte geldpolitische Vorstellungen können auch dadurch mehr Gewicht erhalten, als es der Abstimmungsregel entsprechen würde, dass Präsidenten einzelner Zentralbanken, besonders der großen, im Vorlauf zu konkreten zinspolitischen Entscheidungen im EZB-Rat eine gezielte Öffentlichkeitsarbeit in ihrem Sinne betreiben. Sie können sich zum Beispiel in Vorträgen, Interviews und Zeitungsartikeln so vehement auf eine vorzunehmende Zinssenkung oder Zinserhöhung, auch was deren Dosierung anbelangt, festlegen, dass dies bei der Erwartungsbildung an den Finanzmärkten Eingang findet; am Tag der Entscheidung bleibt dann dem EZB-Rat gar nichts anderes übrig, als dementsprechend zu handeln, obwohl zahlreiche Ratsmitglieder anderer Auffassung sind. Man sollte diesen Punkt allerdings nicht überbewerten. Die bisherige Praxis zeigt, dass sich die Mitglieder des EZB-Direktoriums und die NZB-Präsidenten bei ihren öffentlichen Äußerungen mittlerweile recht gut abstimmen. Für die Glaubwürdigkeit der europäischen Geldpolitik ist das sehr wichtig.[199]

3. Neue institutionelle Rahmenbedingungen

In diesem Abschnitt werden einige neue Rahmenbedingungen für die Wirtschaftspolitik im Hinblick auf die Reichweite nationaler Kompetenzen etwas detaillierter dargestellt. Grundsätzlich sind drei Konstellationen angesprochen:

---

199 Bei diesen Abstimmungsregeln kann es nach der Erweiterung der Europäischen Union und der anschließend früher oder später stattfindenden Aufnahme der neuen EU-Mitgliedstaaten in den Euro-Währungsraum nicht bleiben. Von der Organisationstheorie wissen wir, dass in Entscheidungsgremien ab einer bestimmten Größe die Arbeitsfähigkeit abnimmt. Nach gegenwärtigem Recht wäre der EZB-Rat zu groß (er hätte bis zu 31 Mitglieder), um anstehende geldpolitische Maßnahmen zügig und wirksam treffen zu können. Deshalb hat der Europäische Rat im März 2003 vorausschauend beschlossen, das Abstimmungsverfahren im EZB-Rat ab dem Zeitpunkt zu ändern, in dem die Anzahl der Ratsmitglieder eine kritische Größe übersteigt, die mit 21 Mitgliedern festgelegt wurde (ausgehend von der Annahme, dass aus der EU-15 die drei noch nicht an der gemeinsamen Währung teilnehmenden Länder dem Euro-Währungsraum alsbald beitreten). Im künftigen Abstimmungsverfahren werden nur die Mitglieder des Direktoriums der Europäischen Zentralbank ein uneingeschränktes Stimmrecht haben. Die Anzahl der NZB-Präsidenten, die stimmberechtigt sind, wird auf 15 begrenzt; die nationalen Zentralbanken werden gemäß dem ökonomischen Gewicht des jeweiligen Landes im Euro-Währungsraum zwei oder mehr Ländergruppen zugeordnet, innerhalb derer sich die NZB-Präsidenten in der Ausübung des Stimmrechts in einem unterschiedlichen Turnus abwechseln (differenziertes Rotationsprinzip). Durch diese Regelung wird innerhalb des EZB-Rats die Stellung des Direktoriums der Europäischen Zentralbank gegenüber den Präsidenten der nationalen Zentralbanken gestärkt, was aus der Natur der Sache heraus und unter politökonomischen Gesichtspunkten durchaus zweckmäßig ist. Zugleich haben die NZB-Präsidenten der großen Mitgliedsländer faktisch mehr Einfluss auf den Kurs der Geldpolitik als die NZB-Präsidenten kleinerer Mitgliedstaaten, was ebenfalls Sinn macht, weil die gesamtwirtschaftliche Entwicklung in den großen Volkswirtschaften, namentlich deren Preisniveauentwicklung, für den Euro-Währungsraum besonders repräsentativ ist. Aber auch unter der neuen Regelung sind alle Stimmen gleichberechtigt im Sinne des erwähnten Prinzips „ein Ratsmitglied, eine Stimme“. Zu den Einzelheiten vgl. Europäische Zentralbank (2003a). In der Fachwelt wird diese Regelung kontrovers diskutiert.

- die Übertragung des gemeinschaftlichen Besitzstands („acquis communautaire“) in nationales Recht,
- die Vergemeinschaftung einzelner Bereiche der Wirtschaftspolitik,
- die Ausstrahlung von EU-Maßnahmen auch auf Politikbereiche, die in nationaler Hand sind.

A. Der gemeinschaftliche Besitzstand

Betrachten wir kurz die erstgenannte Konstellation. Der **gemeinschaftliche Besitzstand** ist besonders wichtig bei der Aufnahme von neuen Mitgliedstaaten in die Europäische Union:

- Das bestehende Regelwerk ist nicht verhandelbar. Auf diese Weise soll für die Wirtschaftssubjekte in den alten und den neuen Mitgliedsländern die Wirtschaftspolitik im europäischen Zusammenhang verlässlich und berechenbar sein. Bei einem Aufschnüren des Acquis würden vermutlich partikulare Interessengruppen auf den Plan gerufen, die versuchen würden, eigene Ziele zu verwirklichen. Zu einem Problem wird der Acquis allerdings, wenn er strukturkonservierend wirkt und Allokationsineffizienzen perpetuiert oder auslöst. Das Paradebeispiel ist die Gemeinsame Agrarpolitik mit ihren vielfältigen Verwerfungen. Geradezu paradox wird es, wenn ein Beitrittsland Importprotektion einführen muss, so wie Estland, das bisher den Freihandel praktiziert (ganz im Einklang mit der vierten Marginalbedingung) und nach dem Beitritt zur Union deren Außenhandelsregime übernehmen und Importzölle erheben muss. Soweit der gemeinschaftliche Besitzstand ineffizient ist, ist es ökonomisch vernünftig, frühere Entscheidungen zu revidieren; die Aufnahme neuer Mitgliedstaaten könnte, politökonomisch betrachtet, dazu den Anstoß geben.
- Eine ganz andere Frage ist, wie zu verfahren ist, wenn aus ordnungspolitischen Gründen die Beitrittsfähigkeit von Ländern, die der Europäischen Union beitreten wollen, nicht zweifelsfrei feststeht. In einem solchen Fall müssen unabhängig vom Acquis die Aufnahmebedingungen festgelegt werden, damit die Funktionstüchtigkeit der Gemeinschaft nicht gefährdet wird. Erstmals ist dies im Zusammenhang mit der EU-Osterweiterung geschehen. Es handelt sich bei den neuen Beitrittsländern um Staaten, die bis Ende der 1980er Jahre jahrzehntelang unter dem Joch der Sowjetunion gestanden hatten, d.h. der kommunistischen Diktatur unterworfen waren, ihre Volkswirtschaft als eine staatlich gelenkte Zentralverwaltungswirtschaft ohne Privateigentum und ohne Marktbeziehungen betrieben und die Arbeitsteilung untereinander (im Rahmen des Rates für gegenseitige Wirtschaftshilfe Comecon) behördlich planten

und reglementierten. Sämtliche Marginalbedingungen waren verletzt. Die systembedingten weitreichenden Allokationsverzerrungen in der Volkswirtschaft samt den tief verwurzelten Anreizschäden bei den Wirtschaftssubjekten hätten sich bei einer zu schnellen Integration dieser Länder in die Union unweigerlich als ein negativer „externer Effekt" auf die EU-15 ausgewirkt: Auf die gegenwärtigen Mitgliedsländer wäre die Verpflichtung zu beträchtlichen öffentlichen Transferzahlungen zugekommen, mit der Folge, dass inländische Steuern erhöht und Ausgaben eingeschränkt hätten werden müssen und damit Ressourcen für das eigene wirtschaftliche Wachstum entzogen worden wären.[200] Deshalb beschloss im Jahre 1993 der Europäische Rat der Staats- und Regierungschefs, die Aufnahme dieser Länder in die Union von der Erfüllung bestimmter politischer, ökonomischer, rechtlicher und institutioneller Kriterien **(Kopenhagener Kriterien)** abhängig zu machen. Die politischen Kriterien verlangten von diesen Ländern die Herstellung von repräsentativer Demokratie und Rechtsstaatlichkeit, die ökonomischen Kriterien die Errichtung einer funktionstüchtigen marktwirtschaftlichen Ordnung mit freiem Wettbewerb; die rechtlichen und institutionellen Kriterien beziehen sich auf die Übernahme des oben besprochenen Acquis Communautaire. Der Erfüllung der ökonomischen Kriterien entspricht eine Wirtschaftspolitik, die konzeptionell eine angebotsorientierte Politik (Unterabschnitt V.4.B) ist.

B. Beschränkungen bei den nationalen Zuständigkeiten

Wenden wir uns nunmehr der zweitgenannten Konstellation zu. Jetzt geht es um die Kompetenzen in der nationalen Wirtschaftspolitik, die ein Mitgliedsland der Europäischen Union rechtlich und faktisch hat. Eine **klare Einschränkung nationaler Zuständigkeiten** besteht dort, wo wirtschaftspolitische Aufgaben und Verantwortlichkeiten von der nationalen Ebene auf die Gemeinschaftsebene übergegangen sind. Die wichtigsten Bereiche sind die Agrarpolitik (seit 1962), die Außenhandelspolitik (seit 1970) und die Geldpolitik (seit 1999). Die nationalen Entscheidungsträger sind zwar nicht ganz ohne Einfluss, sie müssen diesen aber über die jeweiligen Organe der Gemeinschaft, die im vorausgegangenen Abschnitt

---

[200] Diese gravierenden Fehlentwicklungen hat es natürlich auch in der DDR gegeben. Durch die Vereinigung Deutschlands wurde der ehemalige ostdeutsche Staat automatisch Teil der Europäischen Union. Die Integrationsfähigkeit herzustellen wurde gleichsam als eine Aufgabe der gesamtdeutschen Regierung betrachtet, die diese auch wahrnahm. Die Grundlage hierfür ist durch die deutsch-deutsche Wirtschafts-, Währungs- und Sozialunion vom 1. Juli 1990 gelegt worden, durch die das Wirtschaftssystem samt aller einschlägigen Institutionen der (alten) Bundesrepublik auf die neuen Bundesländer und Ostberlin übergeleitet wurde.

dargestellt wurden (Rat der Staats- und Regierungschefs oder EU-Ministerrat bzw. der Europäische Zentralbankrat), geltend machen.

Die nationale Wirtschaftspolitik ist durch den Prozess der europäischen Integration auch in zahlreichen Bereichen betroffen, in denen formal dem einzelnen Mitgliedsland eine eigene Zuständigkeit verblieben ist.

- Eine **Veränderung der Handlungsspielräume** entsteht schon dadurch, dass nach Maßgabe des EG-Vertrages der Rat und die Europäische Kommission die Befugnis haben, Verordnungen und Richtlinien zu erlassen, die verbindlich sind und innerhalb bestimmter Fristen von den Mitgliedstaaten in nationales Recht umgesetzt werden müssen. Länder, die sich hierbei allzu viel Zeit lassen oder gar nicht handeln, laufen Gefahr, vor dem Europäischen Gerichtshof verklagt zu werden, was schon häufiger vorgekommen ist. Auch Deutschland hat oft Anlass für derartige Klagen gegeben. Um in Bereichen, die für nationale Wirtschaftspolitik bedeutsam sind, mit eigenen Vorstellungen zum Ziel zu kommen, müssen sich die nationalen Entscheidungsträger die jeweiligen Mehrheiten suchen – in der Regel qualifizierte Mehrheiten – und dafür notfalls weitreichende Konzessionen machen, möglicherweise auch auf anderen Politikfeldern, in denen die Union handelt (z.B. in der Außen- und Verteidigungspolitik). Somit ist sogar Log-rolling (wie im Unterabschnitt IV.2.D besprochen) möglich. Am stärksten ist die Verhandlungsposition der Mitgliedsländer auf jenen Gebieten, in denen vom EG-Vertrag her das Einstimmigkeitsprinzip vorgesehen ist. Ob von dem faktischen Vetorecht verantwortungsbewusst, d.h. gemeinschaftsfreundlich, Gebrauch gemacht wird, oder eigennützig nationale Interessen – auch jenseits der Wirtschaftspolitik – durchgesetzt werden sollen, das ist offen. Die Geschichte der europäischen Integration bietet Beispiele für beides.
- Die Handlungsspielräume für die nationale Wirtschaftspolitik sind in besonderer Weise durch die **Vollendung des europäischen Binnenmarktes** nach Maßgabe der Einheitlichen Europäischen Akte von 1986 betroffen. Um das grundlegende Ordnungsprinzip der Europäischen Union durchzusetzen – das Prinzip einer marktorientierten Wettbewerbswirtschaft –, wurde der Freiheit des innergemeinschaftlichen Warenverkehrs, die Freizügigkeit des Kapitalverkehrs zwischen den Mitgliedstaaten, die Niederlassungsfreiheit (für wanderungswillige Personen aus anderen Mitgliedsländern) und die Dienstleistungsfreiheit (für Anbieter aus anderen EU-Ländern) beigegeben. Man spricht von den **vier Grundfreiheiten**, über die sich der gemeinsame Binnenmarkt als

Raum ohne physische, technische und fiskalische Binnengrenzen definiert.[201] Allerdings gilt es, Folgendes zu beachten: Während die vier Grundfreiheiten eine Ausländerdiskriminierung verbieten, kann die Wirtschaftspolitik in den einzelnen Ländern darauf hinauslaufen, dass es zu einer Inländerdiskriminierung kommt.[202] Die nationalen Regulierungssysteme stehen, unter Beachtung einer europäischen Mindestregulierung, im Wettbewerb zueinander. Dies ist die Verwirklichung des Ursprungslandprinzips, auf das wir im Abschnitt 4 dieses Kapitels etwas genauer eingehen werden. In den meisten Ländern, auch in Deutschland, hat das Binnenmarktprogramm die nationale Wirtschaftspolitik genötigt, marktwidrige Regulierungen abzubauen, was unter allokationstheoretischen Gesichtspunkten natürlich ein Vorteil ist. Besonders anschaulich ist dies im Luftlinienverkehr, in der Versicherungswirtschaft und in der Telekommunikation, zuletzt auch in der Energiewirtschaft (Strommarkt, Gasmarkt). Es sind dies übrigens alles Bereiche, die man zur volkswirtschaftlichen Infrastruktur in einem weiteren Sinne zählen kann, so dass es in besonderem Maße darauf ankommt, effiziente Produktionsweisen zu erreichen.

C. Implikationen der Europäischen Währungsunion

Zu den ganz neuen Rahmenbedingungen für die Wirtschaftspolitik gehört die Europäische Wirtschafts- und Währungsunion. Sie wurde durch den Vertrag von Maastricht vom 7. Februar 1992 etabliert und ist am 1. Januar 1999 in Kraft getreten.[203] Gegenwärtig (Stand: August 2008) haben alle EU-Mitgliedstaaten, mit

---

201 Dieser große Integrationsschritt ist von der Europäischen Kommission unter Federführung von Lord Cockfield vorbereitet und im Juni 1985 in einem programmatischen Weißbuch an den Europäischen Rat ausführlich beschrieben worden (Kommission der Europäischen Gemeinschaften 1985). Es handelt sich um eines der ordnungspolitisch bemerkenswertesten Dokumente des europäischen Integrationsprozesses, mit dem sich Studierende wirtschafts- und sozialwissenschaftlicher Fachrichtungen vertraut machen sollten. Aktuelle Quelle im Internet: http://europa.eu.int/scadplus/leg/de/lvb/170000.htm.

202 Ein Beispiel dafür ist der in Unterabschnitt III.3.E erwähnte Zwang zum Großen Befähigungsnachweis im deutschen Handwerk zum Betreiben eines eigenen Handwerkbetriebs, der im Ausland nicht gilt und der damit vor allem Handwerkern in Grenzregionen das Leben schwer macht (Fredebeul-Krein und Schürfeld 1998, S. 141ff.). In der Region Köln-Aachen beauftragen zahlreiche Bauherren niederländische Unternehmen, da diese ihre Leistungen zu einem deutlich geringeren Preis als ihre deutsche Konkurrenz anbieten können. Nach EU-Recht muss Handwerkern ohne Meisterbrief aus Mitgliedsländern die selbständige Gewerbeausübung in Deutschland erlaubt werden, wenn sie sechs Jahre einen Betrieb geleitet haben. Für EU-ausländische Handwerker gelten also einfachere Marktzugangsbedingungen als für deutsche Handwerker.

203 Der Europäische Rat hatte eine internationale Expertengruppe unter Leitung des früheren Kommissionspräsidenten Jacques Delors beauftragt, den Plan zu entwickeln, nach dem die Wirtschafts- und Währungsunion in Europa zu errichten sei. Der im April 1989 vorgelegte „De-

Ausnahme von Dänemark, Großbritannien und Schweden sowie den seit 2004 beigetretenen Mitgliedern, den Euro als Einheitswährung eingeführt. Die Rahmenbedingungen, die sich aus dem Bestehen der Währungsunion ergeben, lassen sich nach der zeitlichen Dimension in Rahmenbedingungen „ex ante" und Rahmenbedingungen „ex post" unterteilen (Abbildung VI.1).

Betrachten wir zunächst die **Rahmenbedingungen „ex ante"**. Diese sind relevant in der Phase, in der sich EU-Mitgliedsländer für die Teilnahme an der Währungsunion qualifizieren müssen oder wollen.[204]

---

lors-Bericht" bildete die Grundlage für die Vereinbarungen von Maastricht. Vgl. Ausschuss zur Prüfung der Wirtschafts- und Währungsunion, 1989.

204 Eigentlich sind alle Mitgliedsländer der EU bei Einhaltung der Konvergenzkriterien auch zur Teilnahme an der EWU verpflichtet. Der Ausdruck „wollen" wird hier deshalb verwendet, weil sich in der EU-15 das Vereinigte Königreich vertraglich das Recht vorbehalten hat, der Währungsunion nicht beizutreten (Opting-out-Klausel), und weil Dänemark sich das Recht ausbedungen hat, bei positivem Ausgang einer Volksabstimmung der Währungsunion beizutreten (Opting-in-Klausel), nachdem die Bevölkerung den Maastricht-Vertrag am 2. Juni 1992 sowie in einer zweiten Volksabstimmung am 28. September 2000 knapp abgelehnt hat. Schweden wiederum hat ohne vertragliche Absicherung von sich aus amtlich bekundet, nicht sofort teilnehmen zu wollen, und sich dieses „Recht" formal dadurch gesichert, dass es dem Europäischen Währungssystem fernbleibt und somit das auf den Wechselkurs bezogene Konvergenzkriterium nicht erfüllen kann. Die schwedische Regierung hat dann doch den Beitritt in die Währungsunion angestrebt, was jedoch in einem dazu einberufenen Euro-Referendum am 14. September 2003 von einer klaren Mehrheit der Bevölkerung abgelehnt worden ist.

Abbildung VI.1: Rahmenbedingungen durch die EWU für einzelne Politikbereiche

Europäische Währungsunion

Ex-ante-Bedingungen

1. Grad an Preisniveaustabilität
2. Langfristige Zinssätze
3. Wechselkursstabilität im EWS
4. Finanzierungssaldo Staat
5. Schuldenstand Staat

Gemeinsame Geldpolitik
(institutionelle Absicherung)

1. Unabhängigkeit der Europäischen Zentralbank.
2. Verpflichtung auf das Ziel der Preisniveaustabilität.
3. Euro als Ankerwährung für Nicht-Mitgliedsländer (WKM II, keine stabilitätsgefährdenden Interventionspflichten der EZB).

Ex-post-Bedingungen

1. **Geldpolitik:** Dauerhaftigkeit in der Stabilitätsorientierung (ΔHVPI < 2 vH p.a.).
2. **Finanzpolitik:** Auf Dauer tragbare Finanzlage der öffentlichen Hand:
   a) Vorgaben des Stabilitäts- und Wachstumspaktes für das staatliche Budgetdefizit (Frühwarnsystem, Verfahren bei übermäßigem Defizit, Ausnahmetatbestände).
   b) Entwicklung der öffentlichen Schuldenstandsquote (bei Überschreitung des Referenzwertes muss sie hinreichend rückläufig sein und sich rasch der 60 vH-Marke nähern).
   c) Alle sonstigen einschlägigen Faktoren (z.B. Fristigkeitsstruktur der Staatsschuld, Ausgabenstruktur, Privatisierungspotentiale, Finanzierungsform der Sozialversicherung).
3. **Lohnpolitik:** Orientierung der nationalen Lohnfindung an der nationalen Produktivitätsentwicklung; Flexibilität der Arbeitsmärkte.

- In dieser Qualifizierungsphase sind gemäß Vertrag drei monetäre Konvergenzkriterien, nämlich in Bezug auf die Inflationsrate, den langfristigen Zinssatz und den Wechselkurs, sowie zwei fiskalische Konvergenzkriterien, nämlich zum öffentlichen Haushaltsdefizit und zum Schuldenstand des Staates, jeweils in Relation zum nominalen Bruttoinlandsprodukt, zu erfüllen. Die Konvergenzkriterien müssen von dem einzelnen Land insgesamt erfüllt werden. Der Sinn der Konvergenzkriterien liegt darin, dass nur solche Länder eine Währungsunion bilden, die gemeinsam ihre Funktionstüchtigkeit gewährleisten und für eine verbesserte Faktorallokation innerhalb des Währungsraums sorgen können.

- Die Konvergenzkriterien des Maastricht-Vertrags sind zwar nicht aus der Theorie hergeleitet, was angesichts der vielfältigen Modelle zum optimalen Währungsraum[205] wohl auch nicht möglich war. Aber sie passen insofern zusammen, als dass der Vertrag die Europäische Währungsunion als Stabilitätsgemeinschaft definiert: Die Sicherung von Geldwertstabilität wird erleichtert, wenn der Staat bei der Neuverschuldung Zurückhaltung übt und damit nicht in die Versuchung gerät, auf eine Politik des leichten Geldes zu drängen, um sich durch Inflation real entschulden zu können. So entsteht für die Wirtschaftspolitik der Zwang zu einem Kurs der Inflationsbekämpfung und der Haushaltskonsolidierung, sofern es zu Fehlentwicklungen in der eigenen Stabilitätspolitik und Haushaltspolitik gekommen ist. Die Geldpolitik und die Finanzpolitik werden somit restriktiver, d.h. weniger expansiv, als sie ohne die Anforderungen des Maastricht-Vertrages möglicherweise gewesen wären. Anreiztheoretisch wirkt hier das Risiko der harten Sanktion positiv, wenn man nämlich bei Nichterfüllung der Konvergenzkriterien fürs Erste von der Währungsunion ausgeschlossen bleibt, so wie es Griechenland widerfahren ist. Bei einem Aufweichen der Konvergenzkriterien indes werden die Anreize zu einer harten Makropolitik entsprechend kleiner. Dies ist in Einzelfällen aus politischen Gründen tatsächlich vorgekommen, nämlich zugunsten Belgiens und Italiens, die angesichts einer extrem hohen Staatsverschuldung eigentlich zum 1. Januar 1999 noch nicht hätten aufgenommen werden dürfen.

Wenden wir uns jetzt den **Rahmenbedingungen „ex post"** zu. Diese kommen zum Tragen, wenn ein Land in die Währungsunion eingetreten ist. Die drei großen Politikbereiche – Geldpolitik, Finanzpolitik, Lohnpolitik – sind nun unterschiedlich gefordert (Sachverständigenrat 1998, 4. Kapitel).

---

205 Bekanntlich beschäftigt sich die Theorie optimaler Währungsräume seit dem bahnbrechenden Aufsatz von Mundell (1961) theoretisch und empirisch mit der Frage nach den geeigneten Kriterien, die allerdings nicht widerspruchsfrei sind.

Geldpolitik

Die Geldpolitik ist „entnationalisiert“ und steht in den einzelnen Ländern nicht mehr als Instrument der Stabilitätspolitik oder für Maßnahmen der Nachfragepolitik, d.h. zur Stimulierung oder Dämpfung der Konjunktur, zur Verfügung.

- Die Geldpolitik der Europäischen Zentralbank ist, wie im vorausgegangenen Abschnitt dargelegt, unteilbar auf den gesamten Währungsraum hin zu betreiben.
- Das Ziel der Preisniveaustabilität bezieht sich auf den Euro-Raum als Ganzes. Gleichwohl können in den einzelnen Teilgebieten der EWU (d.h. den früheren Volkswirtschaften) unterschiedliche Teuerungsraten auftreten, wenn im gemeinsamen Währungsraum anfangs ein deutliches Entwicklungsgefälle besteht, und anschließend die Nachzügler gegenüber den Vorreitern wirtschaftlich aufschließen. In einem solchen Konvergenzprozess kann es in den Aufholländern zu einem vergleichsweise stärkeren Anstieg der Preise international nicht-handelbarer Güter (vorwiegend Dienstleistungen und Immobilien) kommen, der das gesamtwirtschaftliche Preisniveau nach oben zieht.[206] Unterschiede in den nationalen Inflationsraten der einzelnen Länder können nicht berücksichtigt werden. Das kann darauf hinauslaufen, dass zinspolitische Entscheidungen für einige Länder zu expansiv, für andere zu restriktiv erscheinen.
- Hier müssen vor allem große Länder umdenken, allen voran Deutschland, nachdem bis zum Jahre 1998 die Deutsche Bundesbank faktisch den geldpolitischen Kurs auch für die anderen EU-Länder vorgegeben hatte. Unter dem im EZB-Rat geltenden Abstimmungsprinzip „ein Ratsmitglied, eine Stimme“ ist es schwieriger geworden, über eine etwaige Artikulierung deutscher Interessen Zinsentscheidungen durchzusetzen. Auch nach Inkrafttreten des erwähnten neuen Abstimmungsverfahrens im EZB-Rat bleibt das Stimmenge-

[206] Der zugrunde liegende Wirkungsmechanismus wird in der Außenhandelstheorie als Balassa-Samuelson-Effekt bezeichnet. Angenommen wird, dass im Bereich der handelbaren Güter (meist Industrieerzeugnisse) die Rate des Produktivitätsfortschritts deutlich höher ist als im Bereich der nicht-handelbaren Güter, die Lohnentwicklung sich aber nicht dementsprechend ausdifferenziert. Die im Zuge des Konvergenzprozesses beschleunigt expandierende Nachfrage nach nicht-handelbaren Gütern führt zu einer zusätzlichen Arbeitsnachfrage, auf die wiederum das Arbeitsangebot reagiert, indem Löhne gezahlt werden wie in den produktivitätsstarken Sektoren. Die Lohnstückkosten bei der Produktion nicht-handelbarer Güter erhöhen sich, als Folge davon auch deren Preise absolut und relativ zu den Preisen handelbarer Güter. Der Balassa-Samuelson-Effekt kommt einer realen Aufwertung der Währung (implizit des Euro aus der Sicht des Aufhollandes) gleich, die die internationale preisliche Wettbewerbsfähigkeit der Produzenten handelbarer Güter belastet.

wicht Deutschlands im Verhältnis zu der Größe des Landes (Bruttoinlandsprodukt, Bevölkerungszahl) relativ gering.

- Das Gleiche gilt natürlich auch für die Länder, die sich im realwirtschaftlichen Konvergenzprozess befinden. Inflationsdruck, der dabei entstehen könnte, kann nicht von der europäischen Geldpolitik gemildert werden, sondern muss von der nationalen Wirtschaftspolitik aufgefangen werden. Die Deregulierung von Güter- und Faktormärkten, die einem intensiven Preiswettbewerb im Inland Raum geben, wäre eine adäquate Maßnahme.

Finanzpolitik

Die Finanzpolitik bleibt zwar in nationaler Verantwortung, aber mit dem europäischen Stabilitäts- und Wachstumspakt von 1997 und den Änderungen von 2005 (Abschnitt V.3), haben sich die Mitgliedsländer der Währungsunion zu einer **auf Dauer tragbaren Finanzlage der öffentlichen Hand** verpflichtet, wie es auch seit Maastricht der EG-Vertrag verlangt (Artikel 104 und das Protokoll Nr. 11 über das Verfahren bei übermäßigen Defiziten). So weit das Prinzip. Dahinter stehen zwei Überlegungen: Zum einen sollen Konflikte mit der Geldpolitik der EZB vermieden werden; solide Staatsfinanzen leisten insoweit einen Beitrag zur Sicherung des Ziels der Preisniveaustabilität im Euro-Raum. Zum anderen soll sich jede Regierung eines Mitgliedslandes klar darüber sein, dass sie im Falle einer übermäßigen Kreditfinanzierung der öffentlichen Ausgaben andere Länder, die ihren Staatshaushalt ausgeglichen haben, in Mitleidenschaft ziehen kann. Sobald nämlich die Finanzmärkte die haushaltspolitischen Fehlentwicklungen in dem einen Land mit Risikoaufschlägen auf die Kapitalmarktzinsen ahnden, sind wegen des im gemeinsamen Währungsraum herrschenden einheitlichen Zinsniveaus alle Mitgliedsländer betroffen (Spillover-Effekt). Deshalb kann man sagen, dass der Stabilitäts- und Wachstumspakt effizienzfördernd ist, wenn – und nur wenn - die Mitgliedsländer sich an seine Vorgaben halten.

- Daraus ergeben sich Grenzen für die Neuverschuldung und für eine antizyklische Finanzpolitik (insbesondere dem „deficit spending“). Dies deckt sich mit der in der modernen Finanzwissenschaft begründeten Einsicht, dass bei rationalen Erwartungen der Wirtschaftssubjekte (Unterabschnitt I.4.B) die Erfolgsaussichten einer diskretionären, aktiven Finanzpolitik zur Stimulierung der Konjunktur von der Nachfrageseite her ohnehin begrenzt sind. Denn bei einer übermäßigen Neuverschuldung des Staates antizipieren die Privaten künftige Steuererhöhungen und/oder Kürzungen öffentlicher Ausgaben und passen dementsprechend schon heute ihr Verhalten an, indem sie weniger investieren und konsumieren.[207] Dem Stabilitäts- und Wachstumspakt zufolge müssen die Regierungen nicht nur die allgemeine Entwicklung der Ausgaben unter Kontrolle halten, sie müssen auch immer wieder die Ausgabenstruktur auf ihre Nachhaltigkeit hin überprüfen und notfalls Prioritäten neu definieren. Das betrifft sowohl die Haushalte der Gebietskörperschaften – hierzulande Bund, Länder und Gemeinden – als auch die Systeme der sozialen Sicherung – hierzulande Rentenversicherung, Krankenversicherung, Pflegeversicherung, Arbeitslosenversicherung sowie die Unfallversicherung. Analytisch ist das ein Element der im Unterabschnitt V.4.B besprochenen angebotsorientierten Wirtschaftspolitik. Die Finanzpolitik als Nachfragepolitik ist im Wesentlichen passiv definiert, d.h. durch die Hinnahme konjunkturbedingter Defizite: In Phasen einer konjunkturellen Abschwächung oder Rezession nimmt der Staat weniger Steuern (besonders bei der Einkommen- und Körperschaftsteuer) ein und es fallen Mehrausgaben (z.B. beim Arbeitslosengeld) an; das sich daraus ergebende erhöhte Budgetdefizit wird von den Wirtschaftssubjekten als ein temporäres betrachtet (bis sich konjunkturell wieder bessere Zeiten einstellen), d.h. es löst keine den expansiven Effekt neutralisierenden Verhaltensänderungen aus, sondern trägt als „automatischer Stabilisator" zur Glättung der Konjunktur bei.

- Die Finanzpolitik der Mitgliedsländer bezüglich der Einhaltung der Haushaltsdisziplin wird von der Europäischen Kommission überwacht. Die Grundlage bilden nationale Stabilitätsprogramme, die von den einzelnen Regierungen der EWU-Länder jährlich vorzulegen sind.[208] Die Programme geben Auskunft über die aktuelle Entwicklung der gesamtstaatlichen Einnahmen und Ausgaben und beschreiben aus der Sicht der jeweiligen Regierung die künftige Entwicklung (bezogen auf die nächsten drei Jahre). Dabei gibt es zwei Probleme zu beachten: Das erste betrifft die Unsicherheit, mit der jede Prognose über die wirtschaftliche Entwicklung behaftet ist (Unterabschnitt I.4.E); bereits kleine Prognosefehler hinsichtlich der Veränderungsrate des nominalen Bruttoinlandsprodukts und der Höhe der Arbeitslosigkeit hinterlassen deutliche

207 Nur vereinzelt findet sich heute in der Literatur die aus traditionellen keynesianischen Modellen abgeleitete Vorstellung, durch eine expansive Finanzpolitik und mit Hilfe von Einkommensmultiplikatoren und Akzelerator-induzierten Nettoinvestitionen ließe sich die gesamtwirtschaftliche Nachfrage wirksam steuern. Unter den wirtschaftspolitisch Handelnden ist solches Denken allerdings noch verbreitet.

208 Die Mitgliedstaaten der Europäischen Union, die dem Euro-Raum nicht angehören, haben sich verpflichtet, als Analogon zu den Stabilitätsprogrammen sog. Konvergenzprogramme einzureichen.

Spuren bei den Staatseinnahmen und Staatsausgaben und damit bei dem Finanzierungssaldo im staatlichen Sektor. Das zweite Problem ist anreiztheoretischer Natur und tritt dann auf, wenn eine Regierung aus opportunistischen Gründen die künftige wirtschaftliche Entwicklung übermäßig optimistisch darstellt und versucht, auf diese Weise bei der Europäischen Kommission (und in der Öffentlichkeit) den Eindruck zu erwecken, die Haushaltslage im Griff zu haben, obwohl in der Realität vieles dagegen spricht. Ist bei den Stabilitätsprogrammen regierungsamtliches „Wunschdenken" im Spiel, sind Konflikte mit der Europäischen Kommission vorprogrammiert; diese wird früher oder später, aufgrund eigener Analysen, dartun müssen, dass das betreffende Land ein höheres Haushaltsdefizit und infolgedessen einen größeren Konsolidierungsbedarf hat, als es bisher eingeräumt hat. Solche Situationen des nationalen „Schönrechnens" hat es in der Vergangenheit mehrfach gegeben, auch auf deutscher Seite.

- Mitgliedsländern, die sich nicht an die Vorgaben des Paktes halten, droht nach geltendem Recht ein Defizit-Verfahren durch den Ecofin-Rat aufgrund einer entsprechenden Stellungnahme der Europäischen Kommission, an dessen Ende Geldbußen stehen können (Artikel 104, Absatz 11 EG-Vertrag).[209] Dieses Verfahren ist allerdings kompliziert und langwierig; für die Korrektur eines überhöhten Haushaltsdefizits gibt es eine Frist von bis zu zwei Jahren. Im Falle von Defiziten auf Grund von „unerwarteten wirtschaftlichen Ereignissen" kann das Verfahren beliebig oft wiederholt werden. Bei solchen sog. Verfahrensschleifen werden die ökonomischen Gesichtspunkte hintanstehen, wenn es den Regierungen opportun erscheint. Tatsächlich ist es so, dass in einem konkreten Fall, in dem ein Mitgliedsland die Defizit-Obergrenze durchstoßen hat, der Ecofin-Rat dennoch feststellen kann, ein übermäßiges Defizit liege nicht vor. In dem Fall wird das Verfahren eingestellt und das betroffene Land kann bei der Haushaltskonsolidierung eine Fünf gerade sein lassen und braucht keine Sanktionen zu befürchten. Da „Haushaltssünder" selbst im Ecofin-Rat mitentscheiden, ob ein übermäßiges Defizit festgestellt werden muss, haben es insbesondere die Regierungen großer Mitgliedsländer leicht, das Zustandekommen einer qualifizierten Mehrheit gegen sie zu verhindern.

209 Vgl. die beiden neuesten Ratsverordnungen: (1) Verordnung (EG) Nr. 1055/2005 des Rates vom 27. Juni 2005 zur Änderung der Verordnung (EG) Nr. 1466/97 über den Ausbau der haushaltspolitischen Überwachung und der Überwachung und Koordinierung der Wirtschaftspolitiken, in: ABL. L 174 vom 7.7.2005, S. 1ff.; (2) Verordnung (EG) Nr. 1056/2005 des Rates vom 27. Juni 2005 zur Änderung der Verordnung (EG) Nr. 1467/97 über die Beschleunigung und Klärung des Verfahrens bei einem übermäßigen Defizit, in: ABL L 174 vom 7.7.2005, S. 5ff.

- Ein Beispiel zur Illustration, Deutschland betreffend: Anfang 2002, als die Europäische Kommission dem Ecofin-Rat vorschlug, das Deutschland wegen des hohen Haushaltsdefizits (prognostiziert wurden 2,7 vH des Bruttoinlandsprodukts, tatsächlich sollte die Defizitquote Ende 2002 3,5 vH betragen) im Einklang mit dem Frühwarnsystem nach Artikel 104c EG-Vertrag abzumahnen, hat sich der damalige Bundeskanzler Gerhard Schröder die Verwarnung (den „blauen Brief" aus Brüssel) verbeten und zu diesem Zweck die Kommissionsarbeit öffentlich und auf abfällige Weise getadelt und die Regierungen anderer Mitgliedsländer massiv unter Druck gesetzt. Sodann hat der Bundeskanzler wiederholt in Worten und Taten die Haushaltsregeln des Stabilitäts- und Wachstumspakts in Frage gestellt. Zwar hat im Januar 2003 der Ecofin-Rat doch ein Defizit-Verfahren gegen Deutschland eingeleitet, da sich für 2003 und 2004 erneut überhöhte Defizite abzeichneten; aber das Verfahren wurde am 25. November 2003 durch einen Mehrheitsbeschluss im Rat (gegen die Stimmen von Finnland, den Niederlanden, Österreich und Spanien) gestoppt. Diese Entscheidung wurde von der Europäischen Kommission als Rechtsverletzung gewertet. Ihre Klage vor dem Europäischen Gerichtshof wurde im Juli 2004 abschlägig beschieden. Das bedeutet, dass sich die Europäische Kommission bei Beschlussvorlagen zu eingeleiteten Defizitverfahren an der zu erwarteten Mehrheit im Rat ausrichten muss. Neben Deutschland haben auch Frankreich und Italien unverhohlen zum Ausdruck gebracht, sich nicht an die Verschuldungskriterien des Pakts halten zu wollen und, wie die Bundesregierung, eine flexiblere Handhabung gefordert. Zur Aufweichung der Haushaltsdisziplin hat selbst der damalige Präsident der Europäischen Kommission Romano Prodi, beigetragen, der in einem Interview in der Tageszeitung Le Monde (Paris) vom 17. Oktober 2002 den Stabilitäts- und Wachstumspakt als „dumm und starr" bezeichnet hat – für den von Amts wegen verantwortlichen obersten Hüter der EG-Verträge eine erstaunliche Äußerung! Es entbehrt nicht einer gewissen historischen Pikanterie, dass Deutschland als das Land, das 1996/97 den Stabilitäts- und Wachstumspakt konzeptionell entwickelt und als Ergänzung zum Maastricht-Vertrag gegen verbreiteten Widerstand bei den Partnerländern durchgesetzt hat (damals unter Bundeskanzler Helmut Kohl), fünf Jahre später eine politische Haltung einnimmt, der zufolge Verträge nicht eingehalten zu werden brauchen, wenn dies opportun erscheint. Das erzeugt Glaubwürdigkeitsprobleme für die nationale Wirtschaftspolitik, namentlich die Finanzpolitik. Man stelle sich vor, bei Geschwindigkeitsbegrenzungen im Straßenverkehr könnten die Autofahrer nach eigenem Gutdünken entscheiden, ob sie sich daran halten wollen oder nicht; der Verlust an Verlässlichkeit und zunehmende Verkehrsunfälle wären die Folge.

- Das uns geläufige Prinzip des Stimmentauschs (Unterabschnitt IV.2.D) kann überdies bei allen Regierungen den (Fehl-)Anreiz setzen, bei anstehenden Entscheidungen in einem bestimmten Defizitverfahren gegen den Geist der vertraglich fixierten Haushaltsregeln zu verstoßen. Denn im Prinzip kann ja in jedem Land der öffentliche Haushalt irgendwann aus dem Ruder laufen, und da kann es sich für die nunmehr betroffene Regierung als nützlich erweisen, bei einer früheren Problemlage nicht allzu streng gegen den Regelverstoß einer anderen Regierung vorgegangen zu sein und im Gegenzug jetzt von dort die erforderliche Unterstützung für die Abwehr eines Defizitverfahrens zu bekommen. Dieser Fehlanreiz kann am Ende in ein Staatsversagen münden: Regierungen können es aus ihrer Nutzenorientierung heraus zweckmäßiger erachten, den Stabilitäts- und Wachstumspakt zu ändern als ihr finanzpolitisches Handeln. Dass dies nicht nur ein theoretisch denkbarer Fall ist, sondern ein sehr realistischer, zeigen die nach langer politischer Diskussion im Jahre 2005 vorgenommenen Änderungen der Paktregeln, mit denen sich die Staats- und Regierungschefs Möglichkeiten verschafft haben, um ihre Finanzpolitik an eigenen nationalen Interessen auszurichten und sich den Verpflichtungen aus Artikel 104 EG-Vertrag ein gutes Stück weit zu entziehen.

Bemerkenswert ist, dass der Stabilitäts- und Wachstumspakt Anforderungen an die nationale Finanzpolitik auch in Situationen stellt, in denen im Prinzip die Finanzlage der öffentlichen Hand solide, d.h. durch Haushaltsüberschüsse gekennzeichnet, ist. Wenn die Regierung eines Landes, dessen Wirtschaft boomt und unter zunehmenden inflationären Verspannungen steht, fiskalische Maßnahmen ergreift, die expansiv angelegt sind und damit prozyklisch wirken (z.B. Steuersenkungen), entsteht ein Konflikt mit der stabilitätsorientierten Geldpolitik der Europäischen Zentralbank. Handelt es sich dabei auch noch um ein großes Mitgliedsland, können die Auswirkungen für alle sehr fühlbar werden – sei es, dass die allgemeine Inflationsrate im Euro-Raum steigt und der Wechselkurs des Euro sinkt, falls die Notenbank nichts dagegen unternimmt, sei es, dass die Notenbank zu Zinserhöhungen schreitet und dadurch die wirtschaftliche Entwicklung auch in solchen Volkswirtschaften dämpft, in denen die Nachfrage eher verhalten expandiert, das Produktionspotential unterausgelastet ist und gar kein Inflationsdruck besteht. Deshalb verpflichtet der EG-Vertrag (Artikel 99) die Mitgliedstaaten, ihre jeweilige Wirtschaftspolitik (hier Finanzpolitik) so zu betreiben, dass die Stabilität der gemeinsamen Währung und das ordnungsgemäße Funktionieren der Währungsunion gesichert sind. Im skizzierten Fall wäre eine kontraktive Finanzpolitik mit Steuererhöhungen und/oder Ausgabenkürzungen gefordert.

Lohnpolitik

Auch für die Lohnpolitik, die ebenfalls in nationaler Zuständigkeit bleibt, setzt die Europäische Währungsunion in zweifacher Hinsicht neue Bedingungen:

- Zum einen erhöht die gemeinsame Währung die Preistransparenz auf den Gütermärkten, und somit wird der Wettbewerb zwischen den Unternehmen aus den einzelnen Mitgliedstaaten intensiver. Die Folge ist, dass die Spielräume für eine Überwälzung von Kostensteigerungen, Lohnkosten eingeschlossen, auf die Absatzpreise enger werden.
- Zum anderen kann ein Mitgliedsland in den Fällen, in denen die gesamtwirtschaftlichen Lohnstückkosten stärker steigen als in anderen Ländern, nicht mehr die verloren gegangene preisliche Wettbewerbsfähigkeit dadurch zurückgewinnen, dass es die eigene Währung abwertet. Der Wechselkursmechanismus als Korrektiv für lohnpolitische Fehlentwicklungen ist weggefallen.

Unter diesen beiden neuen Bedingungen wird in jedem der Mitgliedsländer eine Lohnpolitik gebraucht, die stabilitätskonform ist und sich an der nationalen Arbeitsproduktivität orientiert. Konkret heißt dies: Bei hohem Beschäftigungsstand kann der mittelfristige Produktivitätsfortschritt durch Tariflohnanhebungen ausgeschöpft werden, bei hoher Arbeitslosigkeit müssten die Lohnsteigerungen entsprechend niedriger ausfallen. Da innerhalb der Europäischen Währungsunion die Unterschiede in der Beschäftigungslage und vor allem bezüglich der Arbeitsproduktivität erheblich sind, muss sich die Lohnentwicklung räumlich ausdifferenzieren. Ein Drängen nach „gleichem Lohn für gleiche Arbeit" würde beschäftigungspolitisch in die Irre führen; wie auch innerhalb nationaler Volkswirtschaften zu beobachten, z.B. in Deutschland nach der Vereinigung beider deutscher Staaten. Auf die Europäische Union bezogen käme es im Euro-Raum zu vermehrter Arbeitslosigkeit in den produktivitätsschwächeren Mitgliedsländern. Denn die Unterschiede in der Arbeitsproduktivität sind beträchtlich. Das Gebot einer räumlich differenzierten Lohnentwicklung kann implizieren, dass in einzelnen Mitgliedsländern in einem unterschiedlichen Maße Lohnzurückhaltung – im Sinne von Lohnmindersteigerungen – stattfindet, je nach Ausgangslage bei der Arbeitslosigkeit. Das wäre aber nicht gleichzusetzen mit einem ruinösen Lohnsenkungswettbewerb, wie gelegentlich befürchtet wird. Der Zweck der Lohnzurückhaltung ist ja gerade, die Arbeitsnachfrage zu steigern; sobald dies geschieht und sich die Beschäftigungssituation verbessert, werden auch die Löhne stärker, d.h. am Produktivitätsfortschritt orientiert steigen. Ein Lohnwettlauf nach unten ist im Übrigen auch deshalb unwahrscheinlich, weil er mit den Interessen der Unternehmen an der Bindung qualifizierter Arbeitskräfte und der Nutzenfunktion der Gewerkschaften, möglichst viele Mitglieder und damit Macht zu haben, kollidiert (Schürfeld 1999, Kapitel C).

D. Spezielle Koordinierungsverfahren

Die Mitgliedstaaten der Europäischen Union sind übereingekommen, ihre Wirtschaftspolitik als „eine Angelegenheit von gemeinsamen Interesse" zu betrachten (Artikel 2 EG-Vertrag). Das soll auch und gerade in Politikbereichen gelten, in denen die nationale wirtschaftspolitische Souveränität fortbesteht. Zu diesem Zweck sind verschiedene Koordinierungsmechanismen entwickelt worden.

Das zentrale Element in dem gemeinsamen Rahmenwerk bilden seit 1993 die **Grundzüge der Wirtschaftspolitik der Mitgliedstaaten und der Gemeinschaft** (Broad Economic Policy Guidelines, Artikel 99 Abs. 2 EG-Vertrag). Konzeptionell werden zwei Aspekte behandelt:

- Der eine Aspekt ist, dass der Rat der Europäischen Union in Zusammenarbeit mit der Europäischen Kommission und unter Mitwirkung des Europäischen Parlaments jährlich die Grundlinien für eine Wirtschaftspolitik formuliert, die am besten zu den Zielen eines nachhaltigen wirtschaftlichen Wachstums und eines hohen Beschäftigungsstands passt. Thematisiert werden u.a. die Bedeutung einer soliden Haushaltspolitik des Staates für die Schaffung und Sicherung von Zukunftsvertrauen unter den Wirtschaftssubjekten, die Deregulierung von Märkten zwecks Ausweitung von unternehmerischen Aktivitäten und der Erleichterung von unabdingbaren Anpassungen an den strukturellen Wandel, sowie die Notwendigkeit einer stabilitätskonformen und beschäftigungsorientierten Lohnpolitik der Tarifvertragsparteien zwecks Erhöhung der Anzahl von Arbeitsplätzen. Wieder einmal geht es um die Sicherung guter gesamtwirtschaftlicher Rahmenbedingungen, d.h. um Angebotspolitik. Die Mitgliedsländer bekommen auf diese Weise „von neutraler Stelle" Orientierungen für ihre Wirtschaftspolitik.

- Der zweite Aspekt betrifft die regelmäßige Beurteilung der Wirtschaftspolitik in den Mitgliedsländern durch den Rat und die Kommission. Es wird geprüft, ob die Länder die „Wirtschaftspolitischen Grundzüge" umgesetzt haben und, falls nicht, woran es gelegen hat. Im letzteren Fall können an einzelne Mitgliedsländer konkrete Empfehlungen gegeben werden. Diese sind allerdings rechtlich nicht bindend, und auch sonst sind die wirtschaftspolitischen Grundzüge, anders als der besprochene europäische Stabilitäts- und Wachstumspakt, nicht sanktionsbewehrt. Aber immerhin stehen die wirtschaftspolitischen Entscheidungsträger gegenüber der Öffentlichkeit im eigenen Land unter einem gewissen Begründungszwang für ihr Verhalten. Daraus können durchaus effizienzsteigernde Politikanpassungen und Politikreformen resultieren.

Unter dem Dach der wirtschaftspolitischen Grundzüge sind einige Koordinierungsverfahren etabliert worden, in denen bestimmte Aufgaben fokussiert werden. Abgesehen von der Finanzpolitik (Stabilitäts- und Wachstumspakt), die wir schon besprochen haben, sind hier zu nennen:

- Der **Luxemburg-Prozess** (1997): Im Mittelpunkt stehen beschäftigungspolitische Leitlinien zur Förderung der Beschäftigungseignung („employability") von Arbeitnehmern, zur Stimulierung der unternehmerischen Betätigung und der Schaffung von Arbeitsplätzen, zur Stärkung der Anpassungsfähigkeit der Unternehmen und Arbeitnehmer an den Strukturwandel sowie zur Wahrung gleicher Chancen für Männer und Frauen auf dem Arbeitsmarkt. Die Federführung liegt beim Rat und der Europäischen Kommission; beteiligt sind außerdem das Europäische Parlament, der Wirtschafts- und Sozialausschuss und der Ausschuss der Regionen. Die Mitgliedsländer sind gehalten, zu den Leitlinien „Nationale Aktionspläne" aufzustellen. Die Europäische Kommission überwacht deren Umsetzung.

- Der **Cardiff-Prozess** (1998): Im Mittelpunkt stehen Wirtschaftsreformen, die notwendig sind, um die Funktionsfähigkeit der Güter- und Faktormärkte zu stärken und damit die Flexibilität der relativen Preise zu erhöhen. Das sind notwendige Bedingungen für die Erreichung von Allokationseffizienz und Preisniveaustabilität und für die Erzielung der entsprechenden positiven Wohlfahrtseffekte. Die Mitgliedsländer berichten gegenüber der Europäischen Kommission über die getroffenen Maßnahmen, die Kommission betreibt eine multilaterale Überwachung der Reformpolitik und stellt die besten Politiken (best practice) in der Absicht heraus, eine Art „Gruppendruck" auf alle, auch die weniger reformfreudigen Mitgliedsländer zu erzeugen und dort Anreize zur Nachahmung zu setzen.

- Der **Köln-Prozess** (1999): Im Mittelpunkt steht ein regelmäßiger Makroökonomischer Dialog zwischen dem Ecofin-Rat bzw. dem Rat der Arbeitsminister einerseits und der Europäischen Zentralbank und Vertretern der Tarifvertragsparteien auf europäischer Ebene andererseits mit dem Ziel, ein nichtinflationäres Wachstum und eine hohe Beschäftigung zu sichern. Hierfür wird in technischen und politischen Gesprächsrunden geprüft, ob und inwieweit die nationale Finanzpolitik und Lohnpolitik und die europäische Geldpolitik zieladäquat betrieben werden. Eine formelle Koordinierung der makroökonomischen Politik ist jedoch nicht vorgesehen.

- Die **Lissabon-Strategie** (2000/2005): Sie ergänzt die drei genannten Prozesse. Zugrunde liegt ein vom Europäischen Rat der Staats- und Regierungschefs proklamiertes Ziel, die Europäische Union bis zum Jahre 2010 zum dynamischsten und wettbewerbsfähigsten Wirtschaftsraum der Welt zu machen, der das Potential für bis zu zehn Millionen neue und möglichst gut dotierte Arbeitsplätze hat. Die Mitgliedsländer wollen dieses strategische Ziel dadurch erreichen, dass sie die Rahmenbedingungen für die Innovationsfähigkeit der Wirtschaft und die Entfaltung wissensbasierter Tätigkeiten mit dem Rückenwind der neuen Informations- und Kommunikationstechnologien laufend verbessern und konsequent pflegen, die Qualifikation und Produktivität der Arbeitskräfte steigern und die Nutzung natürlicher Ressourcen umweltfreundlich und effizient vorantreiben. Die Mitgliedstaaten erstellen hierfür Nationale Reformprogramme und ernennen einen nationalen Koordinator für die Lissabon-Strategie. In regelmäßigen Zeitabständen werden Fortschrittsberichte vorgelegt und die in der Europäischen Kommission sowie im Rat diskutiert.

Die Effektivität solcher Politikansätze ist schwer zu messen. Als positiv kann gewertet werden, dass zwischen den Mitgliedsländern in geregelten Verfahren Informationen und Erfahrungen zur gesamtwirtschaftlichen Entwicklung und zur Gestaltung der Wirtschaftspolitik ausgetauscht werden. Jedes einzelne Land kann von anderen lernen, wie und warum Wirtschaftspolitik erfolgreich ist und worauf Misserfolge und Fehlschläge zurückzuführen sind. Als problematisch müssten die genannten Koordinierungsmechanismen bezeichnet werden, wenn dies zu einer Verwischung von Verantwortlichkeiten zwischen der nationalen und der europäischen Ebene führt. Im Laufe dieses Lehrbuches ist aus verschiedenen Blickwinkeln klar gemacht worden, dass es Sache der nationalen Träger der Wirtschaftspolitik ist, die Voraussetzungen für eine angemessene Wirtschaftsdynamik im eigenen Land zu schaffen. Wo die Souveränität der Wirtschaftspolitik erhalten bleibt (wenn auch mit den dargelegten Relativierungen), kann es ein Abschieben von Verantwortung nicht geben.

4. Wirtschaftspolitik zwischen Harmonisierung und Dezentralisierung

Zwei ordnungspolitische Fragen besonderer Art, die sich in der Europäischen Union ständig gestellt haben und auch künftig stellen werden, lauten:

- Auf welcher Ebene, der supranationalen oder der nationalen, sollen Entscheidungskompetenzen angesiedelt und die wirtschaftspolitischen Aufgaben erfüllt werden? Es geht um Zentralisierung versus Subsidiarität.
- Wie viel Einheitlichkeit ist für die Funktionsfähigkeit des gemeinsamen Binnenmarkts vonnöten, wie viel Vielfalt möglich, ohne dass es zu Wettbewerbsverzerrungen kommt? Die Frage ist besonders relevant, wenn institutionelle Regelungen – etwa im Steuersystem, in der Arbeitsmarktordnung, im Umweltrecht oder im Wettbewerbsrecht – von Land zu Land divergieren. Hier geht es um Harmonisierung „von oben" oder „von unten".

Zur ersten Frage: Auf die supranationale Ebene gehören aus ökonomischer, d.h. allokationstheoretischer Perspektive wirtschaftspolitische Aufgaben, die europaweit öffentliche Güter betreffen (Abschnitt III.2). Es liegen dann positive oder negative externe Effekte vor, die über nationale Grenzen hinweg wirken. Ein Beispiel für positive externe Effekte ist die Liberalisierung des Außenhandels, und deshalb ist es vernünftig, die Außenhandelspolitik zu vergemeinschaften, was ja auch geschehen ist. Ein Beispiel für negative externe Effekte, die räumlich über einzelne Länder hinausgehen, ist die übermäßige Nutzung von grenzüberschreitenden Umweltgütern. Darunter fallen etwa Schadstoffemissionen in Flüsse wie den Rhein oder der Ausstoß global wirkender Emissionen wie etwa von CO_2 und anderer Treibhausgase, die das Klima verändern. Auch in der Umweltpolitik wäre es sinnvoll, eine für alle Mitgliedsländer gemeinsame Umweltpolitik zu haben, was allerdings noch nicht erreicht worden ist. Beim Vorliegen grenzüberschreitender Umweltprobleme bewirken nationale Alleingänge ökologisch wenig. Sie bürden dem betreffenden Land aber hohe Kosten auf, die Produktion und Beschäftigung beeinträchtigen.

Wenn keine öffentlichen Güter und externe Effekte vorliegen, spricht hingegen alles für die Dezentralisierung der wirtschaftspolitischen Aufgaben, und zwar aus drei Gründen:

- Die Wirtschaftspolitik ist dann näher an den Präferenzen der Bürger.
- Die Wirtschaftspolitik kann so die Bedingungen für eine möglichst effiziente Faktorallokation im Zeitablauf herstellen.[210]
- Die Wirtschaftspolitik kann flexibel auf sich verändernde Umstände reagieren.

---

210 Wie gesagt, das Konzept der statischen Effizienz nach den Marginalbedingungen ist eine Heuristik, die nur der analytischen Klärung von zunächst nicht einsichtigen ökonomischen Situationen dient.

Dies ist die Verwirklichung des bereits erwähnten **Subsidiaritätsprinzips**. Zur Erinnerung: Es geht um eine Aufgabenverteilung in der Europäischen Union zwischen den nationalen und den supranationalen Institutionen. Diesem Prinzip zufolge gilt, dass wirtschaftspolitische Zuständigkeiten grundsätzlich der niedrigsten Ebene von Gebietskörperschaften zugewiesen werden und die jeweils höhere Ebene nur die Aufgaben übernimmt, die die niedrigere nicht effizient bewältigen kann. In der Europäischen Union wird dieses Prinzip zwar ausdrücklich postuliert (Artikel 5 EG-Vertrag), aber die praktische Umsetzung ist alles andere als klar: Die Hauptschwierigkeit liegt darin, dass sich die Kompetenzverteilung zwischen den einzelnen Ebenen nicht nach Tätigkeitsfeldern bestimmt, sondern nach Zielen. Der Zielkatalog im EG-Vertrag ist so umfassend, dass das Subsidiaritätsprinzip ausgehöhlt und im Kern eine wirtschaftspolitische Allgemeinzuständigkeit etabliert wird; denn alles, was der Verwirklichung der Ziele dient, begründet prinzipiell eine Entscheidungskompetenz auf der Gemeinschaftsebene. Dort sind zwar über den Europäischen Rat und den Ministerrat die Mitgliedstaaten beteiligt; doch die Ordnungsvorstellungen über das Verhältnis zwischen Staat und Privatwirtschaft sowie über die Rolle von Markt und Wettbewerb können zwischen den Ländern divergieren. Tatsächlich ist das ja auch der Fall, so zwischen Deutschland und Frankreich. Dann kommt das Subsidiaritätsprinzip nicht angemessen zum Tragen, es kann im schlimmsten Fall gänzlich inhaltsleer werden, zumal die Norm nicht justiziabel ist.

Zur zweiten Frage: Es spricht einiges dafür, dass ein gemeinsamer Binnenmarkt eine gewisse Angleichung (nicht unbedingt Gleichheit) der nationalen wirtschaftlichen Regelwerke braucht. Es geht darum, Rechtssicherheit zu gewährleisten, Transaktionskosten zu senken und Wettbewerbsverzerrungen zu vermeiden. Gerade wegen der Bedeutung des Wettbewerbsprinzips kann es nicht der Wirtschaftspolitik des einzelnen Mitgliedslandes überlassen bleiben zu entscheiden, wie streng es beispielsweise das Kartellverbot handhabt oder in welchem Umfang es Subventionen gewährt. Deshalb gibt es in der Europäischen Union zu Recht die Fusionskontrolle (Artikel 81f. EG-Vertrag) und die Beihilfenkontrolle (Artikel 87f. EG-Vertrag); beide Funktionen werden von der Europäischen Kommission ausgeübt.

Wie auch immer ein Harmonisierungsbedarf begründet wird, für dessen Verwirklichung kommen zwei Methoden in Betracht: eine Vorab-Harmonisierung „von oben" (durch Beschlüsse des EU-Ministerrats) oder die Harmonisierung über den Marktmechanismus „von unten" (durch den Wettbewerb der Regelwerke).

Zur ersten Methode: Eine Vorab-Harmonisierung **(institutionelle Harmonisierung)** macht ökonomisch nur in den gleichen Fällen Sinn, in denen eine Zentralisierung der Wirtschaftspolitik Vorteile hat. Das sind nicht viele Fälle. Wenn die Regierungen im Vorhinein die Regelwerke umfassend harmonisieren wollen, kommt es zu zwei Problemen, und zwar auch dann, wenn die Vorab-Harmonisierung ökonomisch zweckmäßig ist:

- Das eine Problem ist, dass niemand vorher weiß, welches Regelwerk das beste wäre: eines der bereits bestehenden oder ein ganz neues? Deshalb dürfte die Harmonisierung zu Kompromissen auf der Grundlage des kleinsten gemeinsamen Nenners führen. Das wäre nicht effizient. Dies gilt auch für den sog. Best-Practice-Ansatz, wonach zunächst verschiedene Regulierungen nebeneinander angewandt werden und nach einer gewissen Zeit diejenige Regulierung als allgemein verbindlich erklärt wird, die sich im Systemwettbewerb als die beste herausgestellt hat. Hier ist nicht ersichtlich, ob die Regeln, die in einem Mitgliedsland erfolgreich waren, es auch in allen anderen sein werden.
- Das zweite Problem ist, dass nach vollzogener Harmonisierung Änderungen politisch sehr schwierig, wenn überhaupt noch durchsetzbar sind. Dies gilt selbst für den Fall, dass es die Umstände später erfordern. Das wäre ebenfalls ineffizient. Im europäischen Integrationsprozess gibt es viele Beispiele hierfür aus der Zeit bis Mitte der 1980er Jahre, als in Brüssel der Geist der institutionellen Harmonisierung vorherrschte.

Zur zweiten Methode: Die Harmonisierung über den Markt **(funktionale Harmonisierung)** geht vom **Ursprungslandprinzip** aus.

- Die Ausgangsüberlegung ist, dass die einzelnen Mitgliedsländer angemessene Regelwerke entwickelt haben, nur eben unterschiedlicher Art. Deshalb soll sichergestellt werden, dass eine Ware oder Dienstleistung, die in einem Mitgliedsland rechtmäßig hergestellt und in den Verkehr gebracht worden ist, überall in der Gemeinschaft angeboten und verkauft werden darf, ohne in den anderen Ländern die dortigen Prüf- und Zulassungsverfahren durchlaufen zu müssen. Es gibt also ein Anbieterrecht und ein Empfängerrecht. Beides kann man mit Mindestregeln verbinden, die vorab festgelegt würden, freilich mit der Maßgabe, dass die besagten Rechte im Kern gewahrt bleiben.
- Die Folge ist ein Wettbewerb der Systeme, gleichsam ein „Entdeckungsverfahren" (v. Hayek 1968). Ein solcher Wettbewerb hilft über die Informationsprobleme der Regierungen und europäischen Institutionen hinweg. Vermutlich bringt er die aus der Sicht der Wirtschaftssubjekte, d.h. der Produzenten und Verbraucher, der Investoren und Sparer, der Arbeitgeber und Arbeitnehmer, jeweils besten Regeln hervor. So hatte bereits der Europäische Gerichtshof im Februar 1979 in einem richtungsweisenden, in der Öffentlichkeit und von der Politik zunächst aber wenig beachteten Urteil – dem Cassis-de-

Dijon-Fall[211] – entschieden und später diese Rechtsprechung fortgesetzt. Die Europäische Kommission hat das Ursprungslandprinzip in ihrem programmatischen Weißbuch zur Vollendung des Binnenmarktes (Cockfield-Bericht, 1985) hervorgehoben und dadurch große marktöffnende Wirkungen und viele nationale Deregulierungen erzielt. In der Fachwelt ist das Ursprungslandprinzip weitgehend akzeptiert (so schon Giersch 1988). Ein solches Harmonisierungsverfahren ist im Binnenmarkt als Ganzem effizienzsteigernd. Bezogen auf die einzelnen Mitgliedsländer werden die Effizienzgewinne allerdings in dem Maße eingeschränkt, wie die nationalen Regierungen schärfere Regeln (auch höhere Steuern) gegenüber Inländern anwenden. Eine **Inländerdiskriminierung** verstößt, wie schon gesagt, nicht gegen den EG-Vertrag und das Ursprungslandprinzip. Aber das jeweilige Land handelt sich möglicherweise ein eigenes verfassungsrechtliches Problem, z.B. in Deutschland wegen eines Verstoßes gegen den Gleichheitssatz nach Artikel 3 GG, und natürlich eine Verschlechterung seiner Position im innereuropäischen Standortwettbewerb ein. Beides dürfte über kurz oder lang die Inländerdiskriminierung begrenzen oder ganz aufheben. Bei vorwiegend inländischen Tätigkeiten ist eine Inländerdiskriminierung länger durchzuhalten als bei international handelbaren Gütern. Allerdings werden – nicht zuletzt durch die europäische, aber auch durch die weltweite Integration und den Transaktionskosten senkenden technischen Fortschritt – immer mehr Waren und Dienstleistungen handelbar.

Damit ergibt sich das folgende **Fazit:** Unter dem Gesichtspunkt der Wettbewerbsneutralität im europäischen Binnenmarkt und zwecks Sicherung der Funktionstüchtigkeit der Europäischen Währungsunion bedarf es, entgegen einer verbreiteten Ansicht vor allem in der Politik, nicht einer Vorab-Harmonisierung bei der Besteuerung, im Tarifvertrags- und Arbeitsrecht oder bei den Systemen der sozialen Sicherung. Das Ursprungslandprinzip vermag, wie die Erfahrung lehrt, weitreichende integrationsfördernde Wirkungen zu entfalten. Die Wirtschaftspolitik kann ihre Aufgabe, der Bevölkerung zu möglichst hoher Wohlfahrt zu verhelfen, auf

[211] Es ging um Folgendes: Der deutsche Lebensmittelkonzern Rewe hatte vor dem Europäischen Gerichtshof geklagt, nachdem die Bundesmonopolverwaltung dem Unternehmen die Einfuhr des französischen Likörs „Cassis-de-Dijon“ mit der Begründung untersagt hatte, der Alkoholgehalt dieses Likörs betrage nur 20 Prozent, anstelle des in Deutschland vorgeschriebenen Mindestgehalts von 32 Prozent. Rewe betrachtete dies als eine protektionistische Maßnahme und bekam beim Europäischen Gerichtshof Recht. Das Gericht stellte auf der Grundlage von Artikel 30 EG-Vertrag fest, dass Hemmnisse im innergemeinschaftlichen Warenverkehr nur unter bestimmten Umständen (z.B. Gefährdung für die Gesundheit) zulässig seien. Später wurden in diesem Sinne weitere Urteile gegen Deutschland gefällt, z.B. beim „Reinheitsgebot“ für Bier und andere Waren. Unter Allokationsgesichtspunkten kann man diese Rechtsprechung nur gutheißen.

wirksame Weise erfüllen, wenn die Kompetenzen zu allokativen Entscheidungen prinzipiell den jeweiligen Mitgliedstaaten vorbehalten bleiben.

Übungsaufgaben

1. Was spricht für und was gegen Mehrheitsentscheidungen im europäischen Ministerrat bei wirtschaftspolitischen Maßnahmen?
2. Inwieweit schränkt der europäische Stabilitäts- und Wachstumspakt die nationale Souveränität in der Finanzpolitik tatsächlich ein? Wie sind die gesamtwirtschaftlichen Implikationen in Bezug auf die Preisniveaustabilität, das wirtschaftliche Wachstum und die Faktorallokation zu beurteilen?
3. Welche Vorteile, welche Nachteile haben der Wettbewerb der Steuersysteme und sonstige Regelwerke innerhalb der Europäischen Union?
4. Erläutern Sie die Idee des Race-to-the-Bottom anhand von Steuern und Sozialstandards.
5. Im Rahmen des Stabilitäts- und Wachstumspaktes in der EU sind bislang Sanktionen bei Verstößen gegen die Stabilitätskriterien vorgesehen. Erläutern Sie, warum eine Mehrheit des Rates der Wirtschafts- und Finanzminister (Ecofin-Rat) bei Abstimmungen gegen Sanktionen für die „Sünderstaaten" entschieden hat.
6. Die meisten Zentralbanken in entwickelten Ländern, so auch die EZB, sind weitgehend unabhängig.
   a. Erläutern Sie kurz ökonomische Gründe, die für eine unabhängige Zentralbank sprechen.
   b. Es herrscht Unklarheit, ob regionale Inflationsunterschiede ein Problem der gemeinsamen Geldpolitik der EZB sind. Erläutern Sie dieses Problem.

Kapitel VII.

Wirtschaftspolitische Konsequenzen der Globalisierung

1. Das Phänomen Globalisierung

Die Wirtschaftspolitik ist nicht zuletzt durch die Globalisierung zunehmend international vernetzt. Globalisierung bedeutet, dass

- die Länder in der Welt wirtschaftlich zusammenwachsen,
- die Verflechtung der Märkte enger wird und
- die Mobilität der Produktionsfaktoren Arbeit und Kapital, d.h. Sachkapital und Portfoliokapital, aber auch Humankapital, über nationale Grenzen hinweg zunimmt.

Internationale Arbeitsteilung in Verbindung mit internationalem Wettbewerb ist an sich nichts Neues. Nach dem Zweiten Weltkrieg wurde durch die Schaffung einer multilateralen Handelsordnung nach marktwirtschaftlichen Grundsätzen (GATT-Vertrag von 1947) die Liberalisierung des Güteraustausches in Gang gesetzt und dann auch in weiten Bereichen vollzogen. In den 1970er und 1980er Jahren wurde der internationale Kapitalverkehr liberalisiert. Doch die weltweite Integration der Volkswirtschaften hat in der jüngeren Vergangenheit an Intensität zugenommen.

Dafür sorgen Veränderungen in den weltweiten Entwicklungsprozessen und vor allem der technische Fortschritt. Im Einzelnen sind folgende Bestimmungsgründe auszumachen:

- Viele der weniger entwickelten Länder, denen jahrelang von der Fachwelt und von Politikern die Vorzüge der Marktwirtschaft und des Freihandels vorgetragen wurden, werden, nachdem sie gute Erfahrungen damit machen, nicht locker lassen und kraftvoll um Märkte kämpfen. Sie nutzen ihre komparativen Vorteile ganz im Einklang mit dem Faktorproportionentheorem nach Heckscher-Ohlin-Samuelson.
- Der technische Fortschritt hat die Informations- und Kommunikationskosten und damit den Anteil der Transaktionskosten an der Wertschöpfung eines

Unternehmens dramatisch gesenkt. Daraus ergeben sich laufend neue Möglichkeiten, in der Produktion die Wertschöpfungsketten grenzüberschreitend zu zerlegen. Überdies werden industrienahe Dienstleistungen, die lange Zeit räumlich gebunden waren, international handelbar, so wie dies bei technischen Dienstleistungen und besonders bei Finanzdiensten und Versicherungen schon gang und gäbe ist.

- Mit dem Rückenwind des technischen Fortschritts wird der Globalisierungsprozess durch die Internet-Ökonomie einschließlich des elektronischen Handels angetrieben. Im Internet ist der relevante Markt naturgemäß ein globaler. Wer glaubt, eine gute Geschäftsidee zu haben, und dafür Risiko-Kapital zu mobilisieren vermag, wird beim Aufbau der Kundenbeziehungen – der eigentliche Aktivposten im Unterschied zu den Maschinen und Fabrikhallen in der klassischen Wirtschaft – Landesgrenzen einfach ignorieren.
- Beim Portfoliokapital bleibt die internationale Mobilität sehr hoch, die Dynamik der Finanzinnovationen ebenfalls. Der tägliche Umsatz an den Devisenmärkten liegt ein Vielfaches über den Transaktionen für die Finanzierung des Außenhandels.
- Unter den hochqualifizierten Arbeitskräften, besonders den jungen, ist die Netzwerk-Ökonomie ein Mobilitätsmotor. Die Länder konkurrieren um die „besten Köpfe“. Das Ziel ist „brain gain“ statt „brain drain“. Die Green-Card-Debatte in Deutschland wegen des Fachkräftemangels in der Branche der Informationstechnologie ist ein Beispiel dafür.

Mit der **Europäischen Währungsunion** kommen weitere Gründe hinzu:

- Mit dem Wegfall von Wechselkursänderungsrisiken und Zinssatzdifferenzen ist ein wirklicher Euro-Kapitalmarkt im Entstehen, mit mehr Breite und Tiefe und vielen Optionen für private und institutionelle Anleger.
- Auf den Produktmärkten kehrt mit dem Euro eine große Preistransparenz ein, was die Lieferanten- und Kundenbeziehungen lockert und den Wettbewerb intensiviert.
- Auch der Standortwettbewerb zwischen den Euro-Ländern wird schärfer, insoweit jedenfalls, als die peripheren Länder (Spanien, Portugal, Irland, Finnland) ihren Lohnkostenvorteil zu wahren und Defizite bei der Produktivität und der Infrastruktur abzubauen vermögen.

Der Globalisierungsprozess ist vermutlich **unumkehrbar**. Dies würde bedeuten,

- dass sich Wissen weltweit mit immer größerer Geschwindigkeit verbreitet;

- dass sich aus einst erzielten innovativen Vorsprüngen, anders als früher, keine monopolähnlichen Marktpositionen aufbauen und halten lassen;
- dass sich die traditionelle Grenze zwischen Außenhandel und Binnenwirtschaft immer mehr verwischt.

Unter diesen Umständen werden es sich die Unternehmen immer weniger leisten können, bei Neuinvestitionen „national" zu denken. Sie werden stattdessen zunehmend alternative Standorte auf ihre Qualität, d.h. auf ihre erwartete Rentabilität, abklopfen. Solche Überlegungen beeinflussen auch den Trend zu strategischen Allianzen, Fusionen und Übernahmen, die sich in jüngster Zeit so häufen und in Wellen auftreten. Allerdings äußert sich die Mobilität beim Sachkapital vor allem bei Neugründungen und zum Teil auch bei Betriebserweiterungen. Reine und vollständige Produktionsverlagerungen ins Ausland finden selten statt. In früheren empirischen Untersuchungen zeigte sich die internationale Mobilität des Sachkapitals noch als sehr unvollkommen; so beschreibt es die **Feldstein-Horioka-Hypothese**[212], nach der statistisch ein hoher Zusammenhang zwischen den im Inland getätigten Investitionen und der inländischen Ersparnis besteht. Doch das hat sich geändert, die realen Kapitalbewegungen über Landesgrenzen hinweg können ein beachtliches Ausmaß annehmen. Dies muss, wie noch zu erörtern sein wird, bei der Gestaltung der nationalen Wirtschaftspolitik beherzigt werden.

2. Mit der Globalisierung verbundene Sorgen und Ängste

Hierzulande wird die Globalisierung von vielen als eine Bedrohung empfunden, obwohl gerade in Deutschland viele Menschen durch die Öffnung der Wirtschaft für den globalen Handel gewinnen konnten. Ein prominentes Beispiel für die Kritik stellt das Schlagwort der „Globalisierungsfalle" (Martin und Schumann 1996) dar. Die Weltwirtschaftskrise der Jahre 2008 und 2009 scheint den Kritikern, zu denen zahlreiche Nichtregierungsorganisationen (NGOs) sowie kapitalismuskritische Politiker und Intellektuelle gehören, Auftrieb zu geben. Gemeinsam ist ihnen, dass sie die Wirtschaftstheorie nicht hinreichend kennen oder verstehen. Dieses fehlende Fachwissen wird oftmals ergänzt durch eine mangelnde Bereitschaft, die ökonomischen Argumente überhaupt wahrzunehmen.[213] Die daraus resultierende – oftmals generelle – Überzeichnung der durch die Globalisierung

212 Vgl. Feldstein und Horioka (1980).

213 Es ist allerdings auch zu erkennen, dass einige NGOs, z.B. Oxfam, zunehmend ökonomische Argumente verwenden.

verursachten Probleme trägt keinesfalls zur Versachlichung der öffentlichen Diskussion bei und hat gelegentlich auch gewalttätige Ausschreitungen zur Folge gehabt.[214]

In der öffentlichen wirtschaftspolitischen Debatte stehen sechs Thesen im Mittelpunkt der Sorge.

- Erstens: Wegen des verstärkten Anbieterwettbewerbs auf den Gütermärkten werde die **Arbeitslosigkeit** bei gleichzeitiger Verschlechterung der allgemeinen Arbeitsbedingungen und Minderung der Schutzrechte der Arbeitnehmer steigen. Der wirtschaftliche Aufholprozess in Niedriglohnländern würde vor allem die wenig qualifizierten Arbeitskräfte entweder um ihren Arbeitsplatz bringen oder ihnen fühlbare Lohneinbußen (das gängige Stichwort lautet: chinesische Löhne)[215] zufügen. Jugendliche müssten befürchten, dass ihnen die erste berufliche Chance verweigert würde.
- Zweitens: Wegen des intensivierten Standortwettbewerbs sei ein **internationaler Wettbewerb in der Steuerpolitik** vorprogrammiert, bei dem das Prinzip der Einkommensbesteuerung nach der Leistungsfähigkeit aufgegeben werden müsse, was zu Ungerechtigkeiten führe, und bei dem der Staat weniger Einnahmen erziele, was eine Unterversorgung mit öffentlichen Gütern zur Folge habe.
- Drittens: Wegen der hohen Kapitalmobilität, aber auch wegen zunehmender Migrationsbewegungen, würden die **Systeme der sozialen Sicherung** der

[214] Mediengerecht suchen sich die Globalisierungsgegner für ihren Protest wirtschaftspolitische Großereignisse aus, z.B. die Jahrestagungen des Internationalen Währungsfonds und der Weltbank, die jährlichen Weltwirtschaftsgipfel der führenden Industriestaaten, die halbjährlichen Gipfelkonferenzen der Staats- und Regierungschefs in der Europäischen Union, die Welthandelskonferenzen im Rahmen der WTO und das alljährlich in Davos stattfindende Weltwirtschaftsforum für Politik und Wirtschaft. Bei ihren Aktionen setzen sie zielstrebig das populäre Misstrauen in die Wettbewerbswirtschaft („Kälte des Marktes") ein und gewinnen dabei viel Sympathie in weiten Bevölkerungskreisen. Die Regierungen kommen gar nicht mehr umhin hinzuhören, und sei die Kritik noch so überzogen, in zahlreichen Punkten absurd und vielfach widersprüchlich. Vgl. hierzu Donges, Menzel und Paulus (2003). Die im Kapitel IV angestellten Überlegungen sind für die NGOs einschlägig. Es ist nicht klar, ob diejenigen Menschen, deren sie sich nach eigenen Bekundungen annehmen (die Schwachen und Armen weltweit), sich von den NGOs vertreten fühlen oder von ihnen vertreten sein wollen. Aber unzweifelhaft haben die NGOs ein eigenes Organisationsinteresse. Mehr und mehr werden auf internationalen Konferenzen Repräsentanten von NGOs zumindest als Beobachter zugelassen; mit dem Wirtschafts- und Sozialrat der Vereinten Nationen (Ecosoc) bestehen „konsultative Beziehungen". Insoweit werden eigennützig Partikularinteressen bedient, geschickt drapiert als Ausfluss universeller Moral für soziale Gerechtigkeit und Freiheit

[215] Als Beitrag zu einer realitätsnäheren Diskussion der Handeslsbeziehungen EU-China vgl. Dettmer, Erixon und Freytag (2008).

einzelnen Staaten in ein Konkurrenzverhältnis geraten, bei dem sich hohe Sozialstandards nicht halten ließen. Stattdessen würden diese in einem Dumpingwettlauf erodiert und damit das „Soziale" in der marktwirtschaftlichen Ordnung verloren gehen.

- Viertens: Wegen der großen Unterschiede in der Knappheit des Gutes **Umwelt** und in den Präferenzen der Völker für Umweltqualität könnten Anbieter aus Ländern mit weniger strengen Umweltschutzregelungen einen Kostenvorteil ausspielen oder Ökodumping betreiben, und emissionsintensive Produktionen aus Deutschland und anderen Industriestaaten würden dorthin verlagert werden. Beides hätte negative Konsequenzen für die inländische Beschäftigung und den weltweiten Umweltschutz.
- Fünftens: Wegen der Dynamik an den Weltfinanzmärkten könne die **Wirtschaftspolitik** keine selbst gesteckten Ziele verfolgen, sondern sei **zur Ohnmacht verurteilt**.
- Sechstens: Wegen fallender Kontrollmöglichkeiten an den Grenzen und wegen neuer technischer Möglichkeiten steige **die internationale Kriminalität**, insbesondere die Wirtschaftskriminalität und der Drogenhandel. Dadurch würden Wachstumspotentiale beschnitten.

Um aus der „Globalisierungsfalle" herauszukommen, wird die politische Forderung erhoben, die Mitgliedsländer der Europäischen Union (und andere Industrieländer) mögen durch gemeinsame Absprachen im Bereich der Arbeitsmarktordnung, der Steuersysteme und der Sozialversicherung und mit Hilfe von handelspolitischen Schutzmaßnahmen, Entsendegesetzen und gezielten Eingriffen in den internationalen Kapitalverkehr („Tobin-Steuer") den Standortwettbewerb „ordnen", sprich beschränken. Das sind **Defensivstrategien**. Die Vorteile, die ein freier Welthandel und ein freier Kapitalverkehr mit sich bringen – in Form einer möglichst effizienten Faktorallokation, die Basis jeder Wohlstandvermehrung ist – wären schnell dahin. Auch in der Vergangenheit hat protektionistisches Abschirmen – im nationalen Alleingang oder durch europaweite Koordinierung – nicht weitergeholfen. Weder der Landwirtschaft, noch der Textil- und Bekleidungsindustrie, noch den Werften, noch dem Steinkohlebergbau hat staatlicher Schutz den Schrumpfungsprozess ersparen können. Diese Art von strukturerhaltender Politik war nur teuer, und als Beiprodukt sind wiederholt handelspolitische Konflikte mit den Vereinigten Staaten ausgebrochen. Solche Konflikte erzeugen Unsicherheit, die wiederum den Investitionsattentismus fördert. Die Lage am Arbeitsmarkt würde sich nicht verbessern, sondern verschlechtern, weil der wachstumsnotwendige Strukturwandel beeinträchtigt wird.

3. Anforderungen an eine rationale Wirtschaftspolitik im Lichte der Globalisierung

Eine rationale Wirtschaftspolitik muss die **Gesamtzusammenhänge** im Blickfeld haben.[216] Bei den **Arbeitsmarktwirkungen** der Globalisierung sind die folgenden Aspekte wichtig:

- Es trifft zu, dass mit einem Druck auf die Reallöhne, besonders die Löhne für Anbieter einfacher Arbeit, gerechnet werden muss. Der Import von arbeitsintensiven Gütern aus Niedriglohnländern hat auf den inländischen Arbeitsmarkt die gleiche Wirkung, die die direkte Zuwanderung von Arbeitskräften hätte – die einer Ausweitung des Arbeitsangebots. Findet eine Spezialisierung nach dem Heckscher-Ohlin-Theorem statt, muss gemäß dem **Stolper-Samuelson-Theorem** über den Zusammenhang zwischen Faktorpreisen und Importzöllen mit einer Angleichung der Faktorpreise gerechnet werden. Die Wirkungskette verläuft etwa folgendermaßen: Bei Marktöffnung kommt es in den Industrieländern zu einer Reallokation der Produktionsfaktoren in die sach- und humankapitalintensiven Bereiche, da hier die komparativen Kostenvorteile liegen, mit der Folge einer Überschussnachfrage nach Kapital und einem Überschussangebot an Arbeit, so dass unter sonst gleichen Bedingungen die Kapitalrenditen steigen und die Reallöhne sinken. Weitgehender noch sind die Wirkungen nach dem **Faktorpreisausgleichstheorem**: Bei Freihandel muss der Faktorpreis eines beliebigen Produktionsfaktors, z.B. Arbeit, im Inland mit dem Preis dieses Faktors im Ausland übereinstimmen, auch wenn es keine internationale Faktormobilität gibt.

  Aber man muss die Gegenkräfte sehen, die bei den Löhnen einer Nivellierungstendenz nach unten entgegenwirken könnten: Qualifizierung, Produktivitätssteigerungen, Komplementarität zu qualifizierten Arbeitskräften. Hieraus ergeben sich Gestaltungsparameter für die Ausbildungspolitik und die Tariflohnpolitik. Die Lohneffekte der Globalisierung zeigen sich vor allem in der Lohnstruktur, hingegen nicht so sehr im Reallohnniveau. Die Spreizung der Löhne nimmt entsprechend den unterschiedlichen Wertgrenzproduktivitäten zu.[217]

- Eine gute **Ausbildungspolitik** ist ohnehin von großem Nutzen (wie im vorausgegangenen Abschnitt gezeigt wurde). Je besser eine Volkswirtschaft mit

---

216 Vgl. Donges und Freytag (1998), v. Weizsäcker (1999), Siebert (1998) und Donges (2003).

217 Hieran zeigt sich, wie wichtig es ist, bei der Formulierung von Regeln in der Lohnpolitik das Gebot der hinreichenden Lohndifferenzierung zu beachten (Unterabschnitt V.3.E).

Humankapital ausgestattet ist, umso größer ist die Anpassungsfähigkeit des Arbeitsmarktes an den globalen Strukturwandel und umso höher ist die Fähigkeit zur Innovation und zur Umsetzung von Innovationen in marktgängige Produkte. Wenn das Bildungssystem jedoch Angebot und Nachfrage falsch steuert, weil die Anreize falsch gesetzt sind, ist die Anpassungsfähigkeit der Erwerbstätigen eingeschränkt. Insoweit sind düstere Beschäftigungschancen nicht die Folge der Globalisierung, sondern Ausdruck von Politikversagen.

- Bei Regelungen über **Arbeitsentgelte** und **Arbeitszeiten** wird größtmögliche **Flexibilität** gebraucht. Nur so wird der unterschiedlichen Betroffenheit der Unternehmen und ihrer Belegschaften bestmöglich Rechnung getragen. Nur so werden die unvermeidlichen Anpassungen wenige Friktionen auslösen. Hier ist zum einen der Gesetzgeber gefordert, nämlich durch Deregulierung, zum anderen im System der Tarifautonomie in erster Linie die Tarifvertragsparteien, nämlich durch eine flexible und durchlässige Ausgestaltung der Flächentarifverträge.

Es zeigt sich, dass die Globalisierung in erster Linie Schwächen und Versäumnisse in der nationalen Arbeitsmarktpolitik aufdeckt. Sie ist der Auslöser für Krisen, nicht jedoch die Ursache. Dies wird auch an den Implikationen für die **Sozialpolitik** deutlich:

- Sicher trifft es zu, dass der globale Wettbewerb die **Spielräume für Umverteilung einschränkt**, weil sich Kapital durch Abwanderung der Steuerpflicht entziehen kann. Die Globalisierung hinterfragt aber auch, ob die Sozialpolitik ihrem Auftrag gerecht wird, wenn sie sich nicht nur an die wirklich Bedürftigen wendet, sondern zu einer großangelegten Umverteilungsmaschinerie wird, die in Deutschland über ein Drittel des Bruttoinlandsprodukts verfügt. Es wird offengelegt, wenn sich der redistributive Staat übernommen hat. Dann ist die soziale Treffsicherheit vieler Umverteilungsmaßnahmen fragwürdig, die Sozialversicherung stößt dann an die Grenzen ihrer Finanzierbarkeit, und die Anreizschäden der Sozialpolitik sind dann problematisch. Die Situation in Deutschland zu Beginn des 21. Jahrhunderts ist so einigermaßen treffend charakterisiert.

- Auch wenn es den Standortwettbewerb in der heutigen Intensität nicht gäbe, müsste die Politik eine grundlegende Reform der (umlagefinanzierten) Systeme der sozialen Sicherung in die Wege leiten, sollen diese angesichts einer ungünstigen demographischen Entwicklung mit einer niedrigen Geburtenrate bei hoher Lebenserwartung und angesichts eines veränderten Erwerbsverhaltens, d.h. mehr individuelle Gestaltung des Umfangs abhängiger Beschäftigung, wieder tragfähig und verlässlich werden. Nur dann wird es möglich sein, die Abgabenlast dauerhaft zu reduzieren.

- Die Diskussion über zusätzliche bzw. erhöhte Steuern zur Finanzierung der Senkung der Lohnnebenkosten wäre bei wirklichem Reformwillen bzw. der politischen Kraft dazu beendet. Die verantwortlichen Politiker müssen der Bevölkerung klarmachen, dass man auf Dauer niedrigere Beiträge zur Sozialversicherung nur erreichen kann, wenn die dahinter stehenden Leistungsansprüche zurückgeschraubt werden. Vor allem ist zu prüfen, ob alle diejenigen, die daran partizipieren, wirklich bedürftig sind, z.B. sämtliche Studierende oder alle Familien mit Kindern. Im Sozialstaat soll solidarisch Hilfe erhalten, wer Hilfe braucht; das ist in einem wohlhabenden Land wie Deutschland mitnichten der Großteil der Erwerbstätigen. Sich bei staatlichen Umverteilungsmaßnahmen auf tatsächlich Bedürftige zu konzentrieren, macht den Rang des Äquivalenzprinzips und der Eigenvorsorge aus. Insoweit lenkt die seit dem Jahre 1999 betriebene Verknüpfung der Ökosteuer mit einer Senkung der Sozialabgaben, in diesem Fall des Beitrags zur Rentenversicherung, davon ab, worauf es eigentlich ankommt. Die individuelle Alterssicherung wird nicht stärker von eigenen Leistungen abhängig gemacht, und die Ausgaben der Gesetzlichen Rentenversicherung werden nicht nachhaltig begrenzt, sondern noch stärker als bisher schon über Steuern statt über Beiträge finanziert. Dies ist weder der richtige Weg zur Sanierung der Sozialversicherung noch zur Standortverbesserung, an der beschäftigungspolitisch so viel hängt.[218]

Ähnlich verhält es sich mit den befürchteten Auswirkungen des **internationalen Steuerwettbewerbs**:

- Auch hier ist richtig, dass die – tatsächliche und potentielle – Kapitalmobilität die nationalstaatliche Steuerbasis schmälert bzw. die Steuerlast auf die immobilen Produktionsfaktoren, den Faktor Arbeit eingeschlossen, verlagert. Aber die zu dieser Erosion gegenläufigen Effekte dürfen nicht übersehen werden. Zu denken ist hierbei insbesondere daran, dass die Bereitschaft zur Versteuerung von Kapitaleinkünften nicht unabhängig von den Vorteilen der vom

---

218 In verschiedenen Ländern werden neuerdings bei der Gesetzlichen Rentenversicherung die Weichen in Richtung eines gemischten Systems gestellt, in dem die private, kapitalgedeckte Altersvorsorge einen größeren Stellenwert erhalten soll. In Deutschland hat das Altersvermögensgesetz vom Juni 2001 den Einstieg in die kapitalgedeckte Alterssicherung eingeleitet („Riester-Rente"). Zu Einzelheiten vgl. Sachverständigenrat (2001, Ziffern 241ff.). Zur Kritik an den Regulierungen und Subventionen, die damit verbunden sind, vgl. z.B. Eekhoff (2002, S. 174ff.). In der Folge sind weitere Maßnahmen der Bundesregierung eingeleitet worden, um die Kapitaldeckung zu fördern.

Staat bereitgestellten Infrastruktur ist. Mit anderen Worten: Die Richtung der Kapitalströme ist nicht unabhängig davon, ob den Steuern einigermaßen äquivalente Gegenleistungen im weiteren Sinne gegenüberstehen. Dazu gehören z.B. neben einer guten Infrastruktur auch attraktive Lebensbedingungen durch eine funktionstüchtige Sozialordnung und eine angemessene Umweltqualität, denn nur dann wird es Unternehmen gelingen, das zum Sachkapital komplementäre Humankapital zu attrahieren. Wenn die **Steuerinzidenz** und die **Ausgabeninzidenz** in einem vernünftigen Verhältnis zueinander stehen, ist eine nennenswerte Kapitalflucht aus steuerlichen Gründen unwahrscheinlich. Insofern ist nicht zu erwarten, dass der Steuerwettbewerb zu einem unbeschränkten Wettlauf hin zu niedrigen Steuersätzen und Sozialleistungen, zu einem ruinösen „race to the bottom“, führt.[219]

- Probleme eigener Art bilden dagegen die steuerinduzierte Verlagerung des Wohnsitzes und damit der Bemessungsgrundlage in das benachbarte Ausland bei Beanspruchung aller öffentlichen Leistungen des Heimatlandes oder die Steuerflucht bei den persönlichen Kapitalerträgen **(Luxemburg-Fall und Liechtenstein-Fall)** sowie unfaire Steuerpraktiken durch steuerliche Privilegierung ausländischer Investoren gegenüber inländischen **(Irland-Fall)**. Hier sind EU-weite Regelungen sinnvoll, z.B. die Festlegung eines Mindeststeuersatzes, die Einführung einer Abgeltungssteuer und die Aufstellung eines Verhaltenskodex. All das enthebt die politisch Verantwortlichen nicht der Verpflichtung, ein angemessenes Steuer-Leistungs-Verhältnis herzustellen.

Auch die **Umweltproblematik** hat durch die Globalisierung an Bedeutung gewonnen. Es wird befürchtet, dass sie zum „Ökodumping“ mit der Folge weltweit sinkender Umweltqualität führen wird.

- Es ist richtig, dass sich energieintensiv arbeitende Unternehmen dem Zugriff des Ökosteuer-Fiskus durch Abwanderung ins Ausland entziehen können; für den Klimaschutz wäre kaum etwas gewonnen, Arbeitsplätze würden verloren gehen. Das heißt aber zunächst einmal nur, dass eine **nationale Vorreiterrolle**, wie sie hierzulande immer wieder angeregt wird, **nur in Maßen** in Betracht kommen kann. Nationale Umweltpolitik darf die Unternehmen am heimi-

---

219 Die Erfahrungen in der Schweiz und in den Vereinigten Staaten – zwei föderal strukturierte Staaten mit unterschiedlichen Steuerbelastungen zwischen den Gebietskörperschaften – belegen jedenfalls nicht die Race-to-the-bottom-These, übrigens auch nicht die ergänzende These einer Nullbesteuerung der mobilen Produktionsfaktoren (Kapital, Großverdiener). Ausführlich zur Schweiz vgl. Feld (1999). International liegen die Verhältnisse ähnlich. Vgl. Schulze und Ursprung (1999, S. 308ff.) und die dort erwähnten empirischen Studien.

schen Standort nicht wettbewerbsunfähig machen (siehe Abschnitt 5 in diesem Kapitel).

- Die Regierung muss deshalb alles tun, um andere Länder, in der Europäischen Union und darüber hinaus, für ein Nachziehen zu gewinnen. Solange gemeinsame Fortschritte mit einer nennenswerten Anzahl von Industrie- und Entwicklungsländern beim Klimaschutz nicht erreicht werden, muss das Produzierende Gewerbe von der Ökosteuer oder anderen Umweltsteuern ausgenommen werden. Die Ökosteuer muss stattdessen vorrangig auf die privaten Haushalte und den privaten Verkehr als ebenfalls wichtige Verursacher von Schadstoffemissionen zielen, d.h. bei den Endverbrauchern von Umwelt ansetzen.

- Auch in der Umweltpolitik gilt der Satz: „There's No Such Thing as a Free Lunch". Ökonomisch gesehen findet ein normaler Tauschvorgang statt: Man bekommt etwas, nämlich die bessere Umweltqualität, nur gegen Verzicht auf etwas, das sonst möglich wäre, d.h. mehr Konsum nach Menge und Qualität. Für die Arbeitnehmer kommt die Traglast der Ökosteuer darin zum Ausdruck, dass sie sich um der verbesserten Umwelt willen mit niedrigeren Löhnen zufrieden geben müssen als sonst. Fehlt hingegen die Bereitschaft zur Minderung von Einkommensansprüchen, so entsteht mehr Arbeitslosigkeit. Die Ursache ist dann freilich nicht die Globalisierung, sondern ein lohnpolitisches Fehlverhalten. So etwas gab es nach dem ersten Ölpreisschock 1973-74 mit der oben erwähnten „Kluncker-Runde" im öffentlichen Dienst. Der damals vom OPEC-Kartell durchgesetzte Preisanstieg ist ökonomisch genauso zu bewerten wie ein durch eine Ökosteuer verteuerter Energieverbrauch; in beiden Fällen gibt es einen Abzugsposten beim Produktivitätsfortschritt zwecks Verteilung an den Produktionsfaktor Arbeit.

Was die **internationalen** Finanzmärkte anbelangt, so ist richtig, dass es dort zu Turbulenzen kommen kann, die realwirtschaftliche Blessuren hinterlassen, wie dies Ende der 1990er Jahre (Ostasienkrise), Anfang dieses Jahrzehnts (nach den Terroranschlägen vom 11. September 2001 in New York und Washington) oder in der allerjüngsten Vergangenheit (weltweite Finanzmarktkrise 2007/08) geschehen ist. In gewisser Weise liegt ein „Herdenverhalten" vor, bei dem hausgemachte Fehlentwicklungen zu lange unbeachtet bleiben; bei irgendeinem Anlass brechen panikartige Reaktionen aus, die sich wie ein Flächenbrand auf andere – auch stabile

– Regionen und Branchen ausbreiten können.[220] Dies wirft die Frage auf, wie effizient die Kapitalmärkte sind, welches Gewicht „rationale Erwartungen“ haben und inwieweit ein Marktversagen in Form von Informationsasymmetrien vorliegt. Die Antwort kann nicht darin liegen, internationale Kapitalströme zu beschränken. Dies wäre nur ein Kurieren am Symptom von Währungsturbulenzen und würde (Fehl-)Anreize für Ausweichaktionen der Marktteilnehmer setzen, was die Wirksamkeit der Maßnahme wieder einschränkt. Die Allokationsvorteile eines freien Kapitalverkehrs (effiziente Nutzung des Kapitalangebots, zweckmäßige Verteilung und Begrenzung von Kreditrisiken) würden hergegeben, ohne dass das Problem an sich gelöst wird. Gebraucht wird vielmehr die Ursachentherapie mit einer Wirtschaftspolitik, die die Erwartungen der Wirtschaftssubjekte langfristig stabilisiert und die Märkte mit besseren Informationen versorgt, so dass Fehlinvestitionen aufgrund wirtschaftspolitischer Fehler die Ausnahme werden. Man mache sich aber nichts vor: Ein Patentrezept für die Verhinderung von Finanz- und Währungskrisen gibt es nicht, weder für die Industrieländer noch für die Entwicklungsländer.

Die Turbulenzen an den internationalen Finanzmärkten haben in der Regel eine Vorgeschichte in einzelnen Ländern: zu viel Inflation, zu niedrige (sogar negative) Realzinsen, zu hohe Budgetdefizite, eine starre Wechselkursfixierung, zu große Leistungsbilanzdefizite, zu kurze Laufzeiten bei Auslandskrediten, eine zu geringe Effektivität der Bankenaufsicht, zu viel Spekulation mit Finanzaktiva und Immobilien – von institutionellen Defekten und politischen Instabilitäten ganz abgesehen. Wenn die Finanzmärkte die Anlagerisiken neu bewerten, muss das Vertrauen in die Problemlösungsfähigkeit der Politik wieder hergestellt werden.

Diese Ausführungen lassen ein **Fazit** zu. Die Globalisierung diszipliniert die Wirtschaftspolitik, macht sie aber nicht ohnmächtig. Der Zwang zu mehr Rationalität in der Wirtschaftspolitik bedeutet Zwang zu sachgerechtem Handeln, in den Worten dieses Kapitels zu mehr Ordnungspolitik, Regelbindung der Wirtschaftspolitik und zu mehr Angebotspolitik. Zentral ist die Schaffung guter Rahmenbedingungen für die wirtschaftliche Dynamik mit unternehmerischen Investitionen in rentable Arbeitsplätze.[221] Bei Fehlentwicklungen hilft nur eine konsequente Ursachentherapie, nicht aber ein Kurieren am Symptom. Im Übrigen kann der Staat weniger als in der Vergangenheit zugunsten mächtiger Partikularinteressen subven-

---

220 Vgl. Donges (1999) und die dort angegebene Literatur sowie die Beiträge auf der Website: www.voxeu.org, die jeweils aktuelle Themen aufgreifen. Besonders die Finanzkrise der Jahre 2007/08 wurde dort gut nachvollziehbar auf Basis wissenschaftlicher Literatur diskutiert.

221 In diese Richtung weisen auch empirische Wirkungsanalysen, die Schulze und Ursprung (1999) auswerten. Vgl. auch Kleinert et al. (2000).

tionieren, protegieren und umverteilen und nach Belieben in wirtschaftliche Abläufe intervenieren.

Hier liegt auch eine Chance für die Wirtschaftspolitik, denn der von außen intensivierte Druck erhöht die politischen Spielräume der Entscheidungsträger zu einer rationalen Wirtschaftspolitik, d.h. zu einer Wirtschaftspolitik, die das Gemeinwohl im Blick hat. Mit dem Hinweis auf die Globalisierung können Politiker – und Bürokraten – die Wünsche von Interessengruppen leichter zurückweisen, ohne dass die Wiederwahlchancen dadurch zunichte gemacht werden (Kapitel IV). Die Globalisierung übernimmt so die Rolle des Sündenbocks, der unliebsame Veränderungen erzwingt (Freytag 2007).

Globalisierter Wettbewerb ist auch Wettbewerb zwischen der Wirtschaftspolitik, die in den einzelnen Ländern praktiziert wird. Der Hirschmansche Mechanismus verbesserter Abwanderungs- und Widerspruchsmöglichkeiten kommt noch mehr zum Tragen als ohnehin schon (Unterabschnitt I.3.B). Effizienz wird eingefordert, schlechte Politik wird bestraft, z.B. durch Kapitalabfluss, Auswanderung von Fachkräften, Risikoprämien bei den Zinsen und/oder übermäßige reale Wechselkursschwankungen. Dagegen wird gute Politik belohnt, z.B. durch die Bereitschaft des Einzelnen zur Selbständigkeit, durch Kapitalzuflüsse aus dem Ausland, durch dauerhaft niedrigere Zinsen und/oder durch einen stabilen Außenwert der Währung.

Wenn auf globaler Ebene gravierende gesamtwirtschaftliche Fehlentwicklungen auftreten – wie seit dem Spätsommer 2008 nach der krisenhaften Zuspitzung der internationalen Finanzmarktkrise und der deutlichen Abschwächung der Weltkonjunktur –, behählt das Rationalitätspostulat für die Wirtschaftspolitik seine hohe Bedeutung. Zwar mögen die politisch Verantwortlichen argumentieren, dass in außergewöhnlichen Situationen die Selbstheilungskräfte des Marktes zu schwach sind und ein staatliches Eingreifen unabdingbar ist. Aber außerordentliche Maßnahmen der Regierung, die sich rechtfertigen lassen, um einen drohenden Kollaps des internationalen Finansystems zu verhindern und einen Einbruch bei Produktion und Beschäftigung abzumildern, müssen so gestaltet sein, dass sie zielgenau und nachhaltig wirken und möglichst keine nachteiligen Folgen für die Zukunft hinterlassen. Zielgenau hinsichtlich der Stabilisierung des Finanzmarktsystems sind Maßnahmenpakete mit einem angemessenene Mix aus staatlichen Garantie-, Liquiditäts- und Kapitalhilfen für den Bankensektor, die gravierende Solvenzprobleme der Banken lösen helfen, eine Restrukturierung des Bankensektors, soweit diese zweckmäßig ist, rasch ermöglichen und die Kreditversorgung der Wirtschaft auf Dauer sicherstellen.[222] Zielgenau zur Stützung der Konjunktur sind Programme, die gleichzeitig die Angebotsbedingungen der Volkswirtschaft stärken und damit das Wachstumspotential langfristig erhöhen, d.h. eine starke Komponente mit öffentlichen Infrastrukturinvestitionen und steuerlichen Entlastungen bei den unternehmerischen Investitionen haben.[223] Dem Rationalitätspostulat würde es hingegen zuwiderlaufen, wenn als Folge von solchen Hilfspaketen für den Bankensektor und die Realwirtschaft der Staat sich anmaßt, kraft eines vermeintlich besseren Zukunftswissens die wirtschaftliche Entwicklung aktiv steuern zu können und dabei die Ausgabenquote bezogen auf das Bruttoinlandsprodukt erhöht, die Neuverschuldung ansteigen lässt, den Wettbewerb auf den Märkten verzerrt und Fehlanreize bei den Marktteilnehmern setzt. Das würde sich im globalisierten Wettbewerb als Standortnachteil offenbaren, sobald sich die wirtschaftlichen Rahmenbedingungen wieder normalisiert haben.

4. Internationale Koordinierung der Wirtschaftspolitik

Eine mögliche Antwort auf die wirtschaftspolitischen Herausforderungen durch die Globalisierung besteht darin, Wirtschaftspolitik international zu koordinieren. Regierungen verschiedener Länder arbeiten zusammen, um bestimmte Probleme zu lösen. Dies ist ein Dauerthema in der angewandten Wirtschaftspolitik, seitdem im Jahre 1975 auf Initiative von Präsident Giscard d'Estaing und Bundeskanzler Helmut Schmidt auf Schloss Rambouillet bei Paris der sog. **Weltwirtschaftsgipfel** der sieben führenden Industriestaaten eingerichtet wurde.[224] Internationale Politikkoordinierung kann Verschiedenes bedeuten und wird sowohl in der Wissenschaft

---

222 In zahlreichen Ländern haben die Regierungen Rettungspakete dieser Art unter Berücksichtigung der nationalen Besonderheiten auf den Weg gebracht. In Deutschland wurde hierfür im Oktober 2008 ein staatlicher Finanzmarktstabilisierungsfonds (SoFFin) gegründet und mit 500 Mrd. Euro (dem Äquivalent von 20 vH des BIP eines Jahres) ausgestattet. Der Gesetzgeber hat den Fonds bis Ende 2009 befristet. Gleichzeitig hat die Bundeskanzlerin eine umfassende Staatsgarantie für die privaten Spareinlagen (1,2 Billionen Euro oder 50 vH in Relation zum BIP) abgegeben; diese Garantiezusage ist zwar rechtlich unverbindlich und im Ernstfall gar nicht einzulösen, doch soll sie dazu beitragen, das Vertrauen der Bürger in die Banken zu festigen und das Risiko eines Runs auf die Banken, der das Finanzsystem erneut destabilisieren könnte, zu unterbinden.

223 Die staatlichen Konjunkturprogramme, die allerorts beschlossen wurden, beinhalten allerdings eine Vielzahl von Einzelmaßnahmen ohne eine klare konzeptionelle Linie. Das gilt auch für die beiden Konjunkturpakete der Bundesregierung von Dezember 2008 und Januar 2009 mit einem Gesamtvolumen von insgesamt 62 Mrd. Euro für 2009 und 2010 (2,5 vH in Relation zum BIP). Die Konjunkturimpulse können infolgedessen schwächer sein als angestrebt und nur vorübergehend sichtbar werden.

224 Vgl. Wagner (2003, S. 111ff.) sowie Hajnal (1999).

als auch in der angewandten Wirtschaftspolitik unterschiedlich interpretiert. Zunächst macht es Sinn, die unterschiedlichen Formen der Koordinierung zu systematisieren. Von Bedeutung sind vor allem folgende Aspekte:

- Die **Ebene der Koordinierung**: Zu unterscheiden sind die Zielebene, die konzeptionelle Ebene und die instrumentelle Ebene. Auf der Zielebene werden die mit der Politikkoordinierung angestrebten Ziele festgelegt. Beispielsweise kann das Ziel darin bestehen, Inflation (oder Deflation) gemeinsam zu bekämpfen. Auf der konzeptionellen Ebene wird eine langfristige Strategie festgelegt. In der Geldpolitik könnte das bedeuten, eine potentialorientierte Geldmengenausweitung zu betreiben oder eine direkte Inflationssteuerung mit Inflationsprognose. Auf der instrumentellen Ebene ist z.B. über Zinsanhebungen (bei Inflation) oder Zinssenkungen (bei Deflation) und/oder über Interventionen am Devisenmarkt zur Beeinflussung der Wechselkursentwicklung zu entscheiden.
- **Fallweise Abstimmung** der nationalen makroökonomischen Politiken versus **grundsätzliche Abstimmung** über die gesamtwirtschaftlichen Rahmenbedingungen: Zieht man die hier vorgestellten Begriffspaare heran, so ist die fallweise Abstimmung eher ein Beispiel für einen Prozess der diskretionären Koordinierung. Es herrscht eine kurzfristige Sichtweise vor, die Politik ist eher nachfrageorientiert, mithin Prozesspolitik. Hingegen kann – muss aber nicht – eine grundsätzliche Abstimmung eher regelorientiert ausgestaltet sein, wobei die Sichtweise dann eher mittelfristig ist. Die Wirtschaftspolitik ist im Grundsatz dann angebotsorientiert, also eine internationale Ordnungspolitik. Blitzaktionen zur Wechselkurskoordinierung wie koordinierte Stützungskäufe zugunsten einer bestimmten Währung oder Gipfeltreffen zwecks Festlegung eines gemeinsamen Vorgehens gegen Turbulenzen auf dem Weltfinanzmarkt fallen unter die erste Kategorie, während die Ausgestaltung der Welthandelsordnung als langfristig und umfassend ausgestalteter Vertrag, internationale Klimaschutzaktivitäten oder die internationale Koordination der im Finanzmarktbereich erforderlichen Regulierung und Aufsicht zur zweiten Kategorie zählen.
- **Institutionelle Verankerung** versus **lose Zusammentreffen:** Internationale Koordinierung der Wirtschaftspolitik kann institutionell fest verankert sein, wie dies z.B. im Bereich der Handelspolitik geschehen ist. Die WTO ist eine internationale Organisation, innerhalb derer über sämtliche Fragen der Welthandelsordnung diskutiert wird und für alle Mitglieder Verhaltensregeln bindend entschieden werden. Informelle Treffen von Regierungsmitgliedern der Industrieländer zur Diskussion makroökonomischer Ereignisse beispielsweise

finden unregelmäßig statt und haben in der Regel keine bindende Wirkung. Zwischen diesen Extrempositionen sind die Jahrestagungen der sog. **G-7** angesiedelt. Die Gruppe der sieben größten Industrienationen besteht aus den Vereinigten Staaten, Japan, Deutschland, Frankreich, Großbritannien, Italien und, seit 1976, Kanada. Im Jahre 2002 kam mit Russland offiziell das achte Mitgliedsland hinzu.[225] Seither gibt es die **G-8**. Neuerdings wird eine Gruppe von großen Schwellenländern zu Einzelberatungen hinzugezogen, die sog. **O-5** (Brasilien, China, Indien, Mexiko und Südafrika). Es handelt sich um ein einmal jährlich stattfindendes Treffen der jeweiligen Staats- und Regierungschefs, das längst nicht mehr auf wirtschaftspolitische Fragen begrenzt ist. So werden bereits seit langem neben wirtschaftspolitischen Fragen z.B. der Handelspolitik, der Währungspolitik, der Entwicklungspolitik und der Umweltschutzpolitik zunehmend auch Fragen der allgemeinen Politik behandelt. Darunter fallen z.B. die Sicherheit zwischen den Nuklearmächten, die Befriedung bei regionalen Konflikten und Kriegen sowie die Bekämpfung des internationalen Terrorismus, des Drogenhandels und der Korruption. Die Ergebnisse der jährlichen Treffen werden in offiziellen Dokumenten festgehalten.[226] Diese haben allerdings regelmäßig eher den Charakter einer salbungsvollen Absichtserklärung als den einer ernsthaften wirtschaftspolitischen Agenda. Die Absprachen werden von den Unterzeichnern entweder gar nicht oder nur unvollkommen und mit mehr oder weniger großen Verzögerungen umgesetzt. Die Gipfeltreffen zeichnen sich vor allem als ein großes Medienspektakel aus.

Unabhängig von der konkreten Ausgestaltung werden von Politikern zunehmend Hoffnungen in die internationale wirtschaftspolitische Koordinierung gelegt. Ob diese Hoffnungen berechtigt sind, muss eine Analyse der Argumente für und gegen internationale Koordinierung der Wirtschaftspolitik zeigen.[227]

Für die Koordinierung sprechen folgende Argumente:

---

[225] Russland zählt nicht zu den führenden Industriestaaten. Gemessen am Pro-Kopf-Einkommen, der Produktionsstruktur, der Spezialisierung im Außenhandel und dem Stand der wirtschaftsnahen Infrastruktur ist dieses Land ein Schwellenland. Dass es in die G-7 einbezogen wurde, dürfte vor allem aus sicherheitspolitischen Überlegungen geschehen sein. (Gemeint ist das Ziel, das enorme militärische Nuklearpotential zu kontrollieren, das die ehemalige Sowjetunion hinterlassen hat.)

[226] Für eine Übersicht über alle Treffen, alle Themen und sämtliche offiziellen Dokumente der G-7 bzw. G-8 vgl. die Homepage der G-8 Research Group an der University of Toronto (http://www.g7.utoronto.ca/).

[227] In der einschlägigen Literatur wird das Koordinierungsproblem vor allem in Bezug auf die Makropolitik (Geldpolitik, Finanzpolitik, Wechselkurspolitik, Lohnpolitik) analysiert. Vgl. Wagner (2003, S. 135ff.), ferner Drazen (2000, S. 559ff.) und die dort angegebene Literatur zu spieltheoretischen Modellierungen.

- **Grenzüberschreitende Probleme**, z.B. im Umweltschutz, können durch abgestimmtes Verhalten vermieden werden. Beispielsweise könnten sich sämtliche Anrainerstaaten eines Flusses an den Reinigungskosten im Oberlauf beteiligen, so dass nicht einzelne Länder allein dafür aufkommen müssen. Es würden negative externe Effekte verursachungsgerecht zugeordnet, gleichsam als Ergebnis einer Verhandlungslösung (Unterabschnitt III.2.D). Ein typisches Gefangenendilemma, indem sich die Anrainerstaaten gegenseitig verantwortlich machten, aber keine Anstrengungen zur Lösung des Problems unternähmen, könnte so vermieden werden.
- Internationale Koordinierung kann **Abwertungswettläufe vermeiden** helfen. Inflation in einem Land bewirkt eine reale – und im Falle flexibler Wechselkurse auch nominale – Aufwertung der Währungen stabilitätsbewusster Länder. Diese Länder reagieren möglicherweise ihrerseits mit Abwertungsversuchen und nehmen dafür eine höhere Inflation in Kauf. Auf diese Weise kommt es zu einem weltweiten Abwertungswettlauf, der auch als Beggar-thy-Neighbour-Politik bezeichnet wird. Vermutlich kann er nur über eine ebenfalls weltweit wirkende Stabilisierungsrezession beendet werden. Alle stellen sich schlechter. Durch internationale Politikkoordinierung könnte dies, so die Erwartung, vermieden werden.
- **Nationale Fehlentwicklungen,** z.B. in Form beschleunigter Preisniveausteigerungen oder überbordender Defizite in den öffentlichen Haushalten, können mit internationaler Hilfe möglicherweise besser korrigiert werden. Das Ausland, vertreten durch andere Länder oder internationale Organisationen (wie der Internationale Währungsfonds, die Weltbank oder die Europäische Zentralbank), kann der Regierung des Landes die Argumente für auch unpopuläre Maßnahmen liefern. Durch die internationale Koordinierung wird ein Sündenbock geschaffen (Abschnitt IV.5).
- **Große Länder** haben die Möglichkeit, mit Hilfe internationaler Politikabstimmung eigene wirtschaftspolitische Ziele zu verwirklichen. Sie versuchen, in ihrem Sinne Einfluss auf andere auszuüben. Zum Beispiel könnten in international koordinierten Umweltschutzbemühungen große Länder laxe Standards durchsetzen, um kurzfristig hohe Zuwachsraten des Bruttoinlandsprodukts erzielen zu können. Allerdings ist dies kein echter gegenseitiger Vorteil der internationalen Politikkoordinierung.

Gegen die Koordinierung von Wirtschaftspolitik sprechen:

- Unterschiedliche makroökonomische **Zielvorstellungen**. Dies gilt zumindest bezogen auf die relative Gewichtung von makroökonomischen Zielen.

- Unterschiedliche wirtschaftspolitische **Konzeptionen**. Dies bezieht sich besonders auf die Rolle der Angebotspolitik im Verhältnis zur Nachfragesteuerung.
- Unterschiedliche **Instrumentarien**. Hier ist insbesondere der Policy-Mix von Geld- und Fiskalpolitik gemeint. Bei den Mitgliedstaaten der Europäischen Währungsunion kommt hinzu, dass ihnen die herkömmlichen Instrumente der Geldpolitik nicht mehr zur Verfügung stehen.
- Unterschiedliche **Wirkungsverzögerungen** von Politikmaßnahmen, insbesondere der Nachfragesteuerung. Diese sind zu einem guten Teil durch die institutionellen Bedingungen und Verhaltensweisen der Wirtschaftssubjekte bedingt, sind nicht vorhersehbar und lassen sich nicht vereinheitlichen.
- Das Problem der Verhaltensunsicherheit auch bei Politikkoordinierung. Dadurch droht ein **Gefangenendilemma**: Jedes Land kann versuchen, durch egoistisches, d.h. nichtkooperatives, Verhalten seine Position auf Kosten der anderen Länder, die wirklich kooperieren, zu verbessern. Im Ergebnis entsteht ein Nash-Gleichgewicht.
- Unterschiedliche Muster der **politökonomischen Prozesse**. Je nachdem, wie die partikularen Gruppeninteressen organisiert sind und wie sie ihre Ziele durchzusetzen vermögen, können die nationalen Regierungen die zwischenstaatlich getroffenen Verabredungen unter Umständen nur teilweise oder gar nicht einhalten.
- Die Gefahr von **Kartelllösungen**, z.B. in Form von Protektionismus. Solches Kartellverhalten hätte zur Folge, dass die Faktorallokation national und weltweit verzerrt wird. Durch die Verletzung der dritten und vierten Marginalbedingung entstehen Einbußen an sozialer Wohlfahrt.
- Der Verlust der Möglichkeit, **verfehlte wirtschaftspolitische Strategien durch den Wettbewerb zu korrigieren**. Man kann auch aus besseren Erfahrungen anderswo lernen. Wettbewerb in diesem Zusammenhang schließt sowohl den Wettbewerb auf Waren- und Dienstleistungsmärkten als auch den Systemwettbewerb mit ein.

Daraus leiten sich **unabdingbare Grundsätze** für die internationale Koordinierung der Wirtschaftspolitik ab. Eine internationale Politikkoordinierung sollte man nur in Betracht ziehen, wenn **externe Effekte**, sog. „spillovers“, vorliegen **und** wenn gleichzeitig die **Vorteile** aus der Koordinierung größer sind als die Koordinierungskosten. Außerdem müssen die Koordinierungsgewinne einigermaßen sicher sein. Wenn diese Anforderungen erfüllt sind, kann internationale Politikko-

Abbildung VII.1: Zweckmäßigkeit der internationale Koordinierung

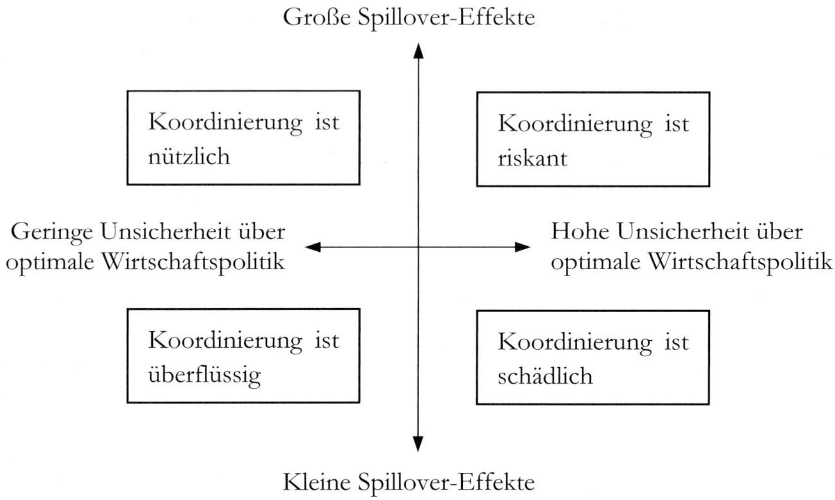

Quelle: Eigene Darstellung nach Klodt (1999, S. 8).

ordinierung wohlfahrtssteigernd sein. Klodt (1999) hat diese Zusammenhänge in einem Vier-Quadranten-Schema, veranschaulicht. (Abbildung VII.1).

Auf dieser Grundlage lassen sich drei wirtschaftspolitische Aufgabenfelder identifizieren, in denen die internationale Koordinierung der Wirtschaftspolitik wohlfahrtssteigernd ist (Klodt 1999, S. 9ff.). Es sind dies die Außenhandelspolitik, der Umweltschutz bei globalen Umweltgütern wie dem Klima, sowie die Wettbewerbspolitik. Diese Anwendungsbereiche sind in der Fachliteratur weitgehend unumstritten.[228]

Im Übrigen gilt das **Subsidiaritätsprinzip**: Was auf nationaler Ebene besser, d.h. effizienter und effektiver zu erledigen ist, sollte auch auf nationaler Ebene durchgeführt werden. Gesamtwirtschaftliche Fehlentwicklungen müssen im Sinne der Ursachentherapie soweit wie möglich an der Wurzel bekämpft werden. Eng damit verbunden ist der **Systemwettbewerb**, d.h. der Wettbewerb der Wirtschaftspolitiken. Dieser sollte, wo immer sinnvoll, stattfinden. Wenn nach dem Vier-Quadran-

[228] In der Frage einer internationalen Koordinierung der Wettbewerbspolitik gibt es auch die Auffassung, dass diese weitgehend unnötig ist (Freytag und Zimmermann 1998). Eine nach wie vor aktuelle Zusammenfassung der Diskussion darüber findet sich in Klodt (2000).

ten-Schema internationale Koordinierung dennoch sinnvoll wäre, würde sie dann idealerweise aus Mindestregeln zuzüglich der Anwendung des Ursprungslandprinzips bestehen. Dies bedeutet aber nicht, dass in Regulierungsfragen „competition in laxity" stattfinden sollte, wie von Gegnern des Systemwettbewerbs immer wieder befürchtet wird; vielmehr ist auch beim Systemwettbewerb das Effizienzgebot zu beachten.[229] Politikkoordinierung kann auch darin bestehen, sich darüber auszutauschen, was die Wirtschaftspolitik von anderen Ländern lernen kann. Dies nennt man "**Bench-Marking**" oder Best-Practice-Prinzip. Bei diesem Ansatz ist allerdings genau zu prüfen, ob und inwieweit die institutionellen Voraussetzungen, die zum Erfolg einer bestimmten Regulierung usw. in einem Land geführt haben, auch in anderen Ländern gegeben sind. Insofern sind Harmonisierungsbemühungen ex ante mit Hilfe des Best-Practice-Ansatzes wirtschaftspolitisch gefährlich, weil sie zwar kurzfristig auf den Wettbewerb als Entdeckungsverfahren setzen, sich dann aber für lange Zeit festlegen. Wie in den Kapiteln III und IV beschrieben, kann eine einmal festgelegte Regulierung für sehr lange Zeit bestehen bleiben, selbst wenn ihre Notwendigkeit bzw. Überlegenheit anderen Systemen gegenüber nicht mehr besteht. Mit Hilfe des Wettbewerbs und der Zementierung ihrer Ergebnisse in internationalen Koordinierungsversuchen wird Wettbewerb dann langfristig ausgeschaltet.

Das alles gilt auch für eine Politikkoordinierung zwischen Ländern, deren Volkswirtschaften funktional miteinander verzahnt sind. Das herausragende Beispiel ist die **Europäische Union**. Auch hier ist eine Politikkoordinierung, analog zur Vergemeinschaftung nationaler Politiken, nur bei grenzüberschreitenden externen Wirkungen nötig und sinnvoll, unabhängig davon, ob diese positiv oder negativ sind.

---

229 Zur Notwendigkeit und Ausgestaltung effizienter und wettbewerbskonformer Regelwerke vgl. Sinn (2003).

Zusatzlektüre Master ↓

5. Klimawandel als globales Problem

A. Marktversagen und Klimawandel

Wie gesehen (Abschnitt III.2) können wirtschaftliche Aktivitäten negative externe Effekte entfalten, die in Form einer der Belastung der Umwelt auftreten. Die globale Erwärmung wäre der wohl der gravierendste negative externe Effekt. Dahinter steht die Nutzung der Atmosphäre für die Absorption sog. Treibhausgase.[230] Bei der Einschätzung der Auswirkungen hat sich in den letzten Jahren eine bedeutende Veränderung vollzogen. Noch bis in die 1980er Jahre hinein schien es auf internationaler Ebene keine Rivalität bei der Nutzung der Atmosphäre zu geben. Erst mit neueren wissenschaftlichen Studien, die einen signifikanten Zusammenhang zwischen der Emission der Treibhausgase und einer Veränderung des Weltklimas aufzeigen konnten, wurde das Problem der negativen Externalitäten offensichtlich. Zwar hat sich im Laufe der Erdgeschichte schon mehrmals das Klima in verschiedenen Teilen der Welt für längere Zeiträume grundlegend gewandelt (Eiszeiten, Wärmezeiten, Klimaschwankungen); doch fand dies ohne Zutun der Menschen, d.h. ohne die schädlichen Treibausgas-Emissionen wie in der Gegenwart statt. Mit der Erkenntnis, dass das Weltklima anthropogen beeinflusst wird, lässt sich die Nutzung der Atmosphäre nicht mehr als ein öffentliches Gut bezeichnen, da Rivalität im Konsum gegeben ist. Dies hat dazu geführt, dass das Problem des Klimawandels auf politischer Ebene an Bedeutung zugenommen hat. Die Nutzung der Atmosphäre zur Emission von Treibhausgasen ist zu einem Allmendegut geworden.

Trotz eines weitgehenden wissenschaftlichen Konsenses über die anthropogene Natur des Klimawandels, besteht aus einer wirtschaftspolitischen Perspektive in vielen Fragen Uneinigkeit über die adäquate Reaktion auf die Veränderung der klimatischen Bedingungen. Die verschiedenen Einschätzungen, die für wirtschaftspolitische Kontroversen sorgen können, sollen in den folgenden Abschnitten näher untersucht werden, um die verschiedenen politischen Optionen, die als

---

230 Zu den Treibhausgasen werden verschiedene Gase gezählt, so z. B. auch Wasserdampf. Bei der aktuellen Debatte um den Klimawandel sind sechs Treibhausgase bedeutend: Kohlendioxid (CO_2), Methan (CH_4), Distickstoffoxid (N_2O), Halogenierte Fluorkohlenwasserstoffe (HFCs), Perflourierte Kohlenwasserstoffe (PFC) und Schwefelhexafluorid (SF_6).

Reaktion auf den Klimawandel zur Verfügung stehen, besser beurteilen zu können.[231]

B. Über die Kosten des Klimawandels

Es liegen zahlreiche Studien vor, die sich mit dem Ausmaß und den Folgen des Klimawandels befassen. Auch die allgemeine Öffentlichkeit ist inzwischen sehr sensibel hinsichtlich der Umweltfragen. So erhalten beispielsweise die Ergebnisse des Intergovernmental Panel on Climate Change (IPCC)[232] sehr viel Aufmerksamkeit durch die Medien.[233] Im Jahre 2006 wurde eine umfassende Studie unter der Leitung des ehemaligen Chefökonomen der Weltbank, Sir Nicholas Stern veröffentlicht ("Stern-Review" 2006). Dieser Bericht hat die öffentliche Debatte bezüglich des Klimawandels weiter angeheizt. In dem Bericht werden verschiedene Szenarien im Bezug auf den Klimawandel untersucht. Es wird davon ausgegangen, dass die Konzentration der Treibhausgase in der Atmosphäre in den nächsten Jahrzehnten weiterhin ansteigen wird. Die aktuelle Konzentration der Treibhausgase wird auf ca. 380 ppm[234] geschätzt. Selbst wenn es gelingen sollte den Anstieg auf 550 ppm zu begrenzen, wird mit einem langfristigen Temperaturanstieg (spätetstens bis 2050) von 2 bis 3 Grad Celsius im Vergleich zu heute gerechnet. Das wirtschaftliche Schadenspotential ist enorm, weil zahlreiche Regionen (namentlich Küstengebiete) von Sturmfluten und Überschwemmungen bedroht sind, in anderen Regionen wiederum die Gefahr von Dürren und Trockenheit anwächst. Der Stern-Bericht versucht mit Hilfe eines Kosten- und Nutzenvergleichs optimale politische Handlungsempfehlungen abzugeben. So werden die Kosten, welche von einer **Erderwärmun**g zu erwarten sind, dem erhofften Nutzen verschiedener Politikmaßnahmen gegenübergestellt. Aufgrund der bestehenden Unsicherheit bezüglich der Abschätzung zukünftiger Effekte, werden für jedes unterstellte Szenario bestimmte Wahrscheinlichkeiten angenommen. Aus dem Kosten- und Nutzenvergleich geht hervor, dass es aus einer globalen Perspektive optimal wäre, die Konzentration der Treibhausgase auf ein Niveau von 550 ppm zu begrenzen. Die Kosten zur Erreichung dieses Ziels werden auf 14 bis 15 Prozent des globalen

---

231 Eine umfassende Analyse dazu liefert Sinn (2008b).

232 Dieses Gremium der Vereinten Nationen wurde 1988 in Leben gerufen und befasst sich mit Risiken der Globalen Erwärmung sowie mitVermeidungsstrategien.

233 Dies wird mitunter dadurch gefördert, dass seit 2007 durch das IPCC explizit eine Kurzfassung für politische Entscheidungsträger veröffentlicht wird. Darin enthalten sind bereits wirtschaftspolitische Handlungsempfehlungen.

234 Mit diesem Wert wird die Konzentration in der Atmosphäre angegeben. Die Bezeichnung ist in englischer Sprache und steht für "parts per million".

Bruttoinlandsprodukts geschätzt. Ohne drastische Reaktionen der Politik, werden – so die Voraussage – die Kosten aus der Beseitigung der Schäden jedoch weitaus höher ausfallen.

Auch wenn Studien bezüglich des Klimawandels mit relativ klaren Ergebnissen aufwarten, bleibt dennoch zu bedenken, dass die Resultate stark von verschiedenen Modellannahmen abhängig sind.[235] Folgende Annahmen lassen sich in diesem Zusammenhang kritisch hinterfragen (Mendelsohn 2008): Welcher ist der zugrunde gelegte Zeithorizont? Welche grundlegenden Szenarien werden unterstellt? Wie hoch wird der Diskontierungsfaktor angenommen? Wie werden die Anpassungskosten berechnet?

- **Der Zeithorizont:** Der Zeitrahmen für die Abschätzung der Folgen des Klimawandels variiert zwischen den verschiedenen Modellen. Während manche Studien die Analyse auf das Jahr 2100 begrenzen, bauen andere Studien auf einem Zeithorizont von über 200 Jahren auf. Zwar ist es wünschenswert, zukünftige Kosten abschätzen zu können, doch besteht bei einem zu langen Zeithorizont das dringliche Problem, dass die Ergebnisse der Studie zunehmenden Unsicherheiten ausgesetzt sind.
- **Das zugrunde gelegte Szenario:** Die zukünftige Emission von Treibhausgasen ist von verschiedenen Faktoren abhängig. Neben der prognostizierten Entwicklung der Weltbevölkerung, ist auch die Entwicklung der Pro-Kopf-Einkommen bedeutend. Je nachdem, wie sich diese Größen entwickeln werden, ist mit unterschiedlich hohen Wachstumsraten für Treibhausgasemissionen zu rechnen. Dies hat einen starken Einfluss auf die Ergebnisse der Modelle.
- **Der Diskontierungsfaktor:** Um zukünftige Kosten mit den heutigen Kosten vergleichbar zu machen, werden diese abdiskontiert. Die Wahl des Zinssatzes ist entscheidend und soll an dieser Stelle anhand eines Beispiels veranschaulicht werden. Ein Schaden, welcher im Jahr 2200 mit 100 Euro beziffert wird, schlägt sich zum gegenwärtigen Zeitpunkt, bei einem Zinssatz von 1,4%, mit 6,20 Euro zu Buche. Wird hingegen ein Zinssatz von 3,5% angenommen, so beträgt der Gegenwartswert des Schadens 0,13 Euro. Je niedriger der Zinssatz ist, desto höher muss die aktuelle Ersparnis ausfallen, um die zukünftigen Kosten zu tragen. Aus einer intertemporalen Perspektive sind niedrige Zinssätze aber nur dann gerechtfertigt, wenn sie allen Generationen eine ver-

235 Die Erfahrungen mit dem Bericht des Club of Rome im Jahre 1972 (Meadows et al. 1972) lassen hier Vorsicht ratsam erscheinen.

gleichbare Last aufbürden. Dies bedeutet wiederum, dass alle Generationen fortschreitend hohe Ersparnisse bilden müssten, um eine Art Generationengerechtigkeit zu erzielen. Die Rechtfertigung eines sehr niedrigen Zinssatzes ist auch dann problematisch, wenn zukünftige Generationen reicher sein werden als gegenwärtige Generationen. Als weiterer Kritikpunkt lässt sich anführen, dass sich die Opportunitätskosten für Investitionen in den Klimaschutz dadurch erhöhen, dass der angenommene Zinssatz für den Klimaschutz niedriger ausfällt als jener für Investitionen in marktwirtschaftliche Aktivitäten. Besonders im Zusammenhang mit den Ergebnissen des Stern-Berichts wird ein dort zu niedrig angenommener Zinssatz kritisiert. (Nordhaus 2007a und Weitzman 2007).[236]

- **Berechnung der Anpassungskosten:** Auch mit Blick auf die Anpassungskosten ist es äußerst schwierig, verlässliche Prognosen abzugeben. Dabei ist zu berücksichtigen, dass suboptimale Investitionen zur Vermeidung von Treibhausgasen notwendige Investitionen in anderen Sektoren reduzieren können. Demnach erhöhen sich ceteris paribus auch die Anpassungskosten. Des Weiteren lassen sich zukünftige Kosten nur bedingt abschätzen, weil Innovationen in den Modellen nur unzureichend Berücksichtigung finden.

Die Diskussion verschiedener Aspekte im Bezug auf die Abschätzung der Kosten des Klimawandels hat gezeigt, dass langfristige Prognosen bestimmten Problemen ausgesetzt sind, die bei Politikempfehlungen nicht ignoriert werden dürfen. Es besteht unter Ökonomen kein Konsens darüber, welche Annahmen letztendlich die richtigen sind.[237] Dies führt dazu, dass Studien wie der Stern-Bericht nicht überbewertet werden sollten. Vielmehr ist dieser Bericht dahingehend zu interpretieren, dass er eine Tendenz aufzeigt. Es liegt jedoch nahe, dass diese Tendenz von der Realität weit abweichen wird. Im Folgenden soll auf weitere Aspekte des Klimawandels, die für die wirtschaftspolitische Gestaltung bedeutsam sind, eingegangen werden.

C. Klimawandel und Globalisierung

Wenn Globalisierung und damit auch wirtschaftliches Wachstum mit der Emission von Treibhausgasen positiv korreliert ist, so werden Länder wie China oder Indien

---

236 Indem dieser bei 1,4% angenommen wird, kommt es zu einem äußerst hohen Gegenwartswert zukünftiger Kosten.

237 Vgl. u.a. Byatt et al. (2006), Henderson (2007), Mendelsohn (2008), Pindyck (2007) und Weyant (2008).

durch ihr starkes volkswirtschaftliches Wachstum die globale Menge an Treibhausgasen unweigerlich und kontinuierlich erhöhen.[238] Die Bemühungen der Industrieländer, ihre Schadstoffemissionen zu reduzieren, laufen dann ins Leere. China ist bereits heute, in absoluten Zahlen gemessen, der größte Emittent von Treibhausgasen.[239]

Auf politischer Ebene führt diese voraussichtliche Entwicklung dazu, dass auch von den Entwicklungsländern hohe Emissionsreduktionen eingefordert werden. Trotz der Probleme, die durch die Emission von Treibhausgasen auch in Entwicklungsländern verursacht werden, ist hier eine differenzierte Betrachtung notwendig. So liegt es z. B. nahe, dass die internationale Arbeitsteilung einen Teil der Emissionsreduktionen in verschiedenen OECD Staaten überhaupt erst ermöglicht hat. Wird die Emission der Treibhausgase isoliert betrachtet, so sind absolute Zahlen nur wenig aussagekräftig. Die produzierten Güter sind unter Umständen nicht für den heimischen Konsum vorgesehen, sondern für ausländische Märkte. Mittel- bis langfristig ist zwar anzustreben, dass Schwellenländer wie Indien oder China eine Reduktion der Treibhausgase vornehmen, doch können die Bemühungen zur Erreichung dieses Ziels nicht über eine freiwillige Kooperation hinausgehen. Unabhängig davon ist zu bedenken, dass die internationale Arbeitsteilung entscheidend zum Umweltschutz bzw. der effizienten Nutzung natürlicher Ressourcen beiträgt.

Neben der fortschreitenden Industrialisierung in verschiedenen Schwellenländern hat die nicht nachhaltige Bewirtschaftung des tropischen Regenwaldes einen signifikanten Einfluss auf die Veränderung des Weltklimas. Durch die Rodung der Wälder wird weniger Kohlendioxyd in Bäumen gespeichert, als es sonst der Fall wäre. Es kommt zu der Zerstörung eines wichtigen Katalysators für den antrophogenen Ausstoß von Treibhausgasen. Eine Lösung in diesem Zusammenhang ist in der Stärkung der notwendigen Eigentumsrechte zu sehen (Coase 1960). Wenn die Regenwaldeigner sicher sein können, dass sie die in Zukunft anfallenden Wertzuwächse realisieren werden, haben sie einen Anreiz, die Abholzung in der Gegenwart zu verlangsamen und langfristig für eine entsprechende Aufforstung zu sorgen. Durch entsprechende Institutionen lassen sich Rahmenbedingungen für eine nachhaltige Bewirtschaftung tropischer Regenwälder schaffen. Dies ist jedoch

---

238 Das starke Wachstum in China hat bereits heute einen signifikanten Einfluss auf die Weltwirtschaft (Vgl. Das 2008).

239 Bezüglich der zukünftigen Entwicklung von Treibhausgasemissionen vgl. Selke und Bardt (2008).

nur dann möglich, wenn den jeweiligen Ländern die Chancen einer nachhaltigen Bewirtschaftung des tropischen Regenwaldes aufgezeigt werden.

Auf der anderen Seite ist es wichtig, das Problem des Klimawandels aus einer globalen Perspektive zu betrachten. Es lässt sich modelltheoretisch aufzeigen, dass einseitige Bemühungen zum Klimaschutz z. B. durch „carbon taxes“ kaum eine Reduktion der Emissionen generieren (Sinn 2007). Dies wird unter Berücksichtigung globaler Nachfrageveränderungen deutlich. Wenn eine Steuer auf fossile Energieträger auf nationaler Ebene die internationalen Preise beeinflusst, ist ein Anstieg der Nachfrage in jenen Ländern zu erwarten, welche geringere Steuern erheben.

Es bleibt festzuhalten, dass durch die Globalisierung unterschiedliche internationale Spezialisierungsmuster entstanden sind. Auch ist anzunehmen, dass eine fortschreitende wirtschaftliche Entwicklung in verschiedenen Ländern der Erde die Emission von Treibhausgasen weiter ansteigen werden läßt. Trotz dieser Begleiterscheinung ist Globalisierung als Chance zu sehen, mit deren Hilfe die Probleme des Klimawandels gemildert werden können. Dieser Aspekt soll am Ende des Kapitels erneut aufgegriffen werden.

Klimawandel und Politikkoordination

Anhand der vorherigen Argumentation ist bereits deutlich geworden, dass Klimawandel ein globales Problem darstellt. Dies erfordert eine internationale Politikkoordination. Nationale Bemühungen führen in vielen Fällen, aufgrund internationaler Überwälzungseffekte, nicht zu den gewünschten Ergebnissen. Relativ gut lässt sich an dieser Stelle das zuvor dargestellte Schema zur Politikkoordination (Abbildung VII.1) anwenden. Aufgrund der hohen Unsicherheit, die eine optimale Reaktion auf das Phänomen des Klimawandels erschwert, ist Koordination zwar als sinnvoll zu erachten, sollte sich jedoch auf die Festlegung von Grenzwerten für Emissionen beschränken. Des Weiteren ist eine Chance in dem Handel mit Emissionszertifikaten zu sehen. Diese müssten sinnvollerweise auch international handelbar sein. Indem durch den Zertifikatehandel die Transaktionskosten reduziert werden, lässt sich das Coase Theorem anwenden. Unter bestimmten Umständen kann mit Hilfe des Zertifikatehandels eine allokative Effizienz erreicht werden. Neben dem Zertifikatehandel hat die Politik weitere Möglichkeiten, um externe Effekte zu internalisieren. An dieser Stelle sei auf Unterabschnitt III.2.D verwiesen, in welchem die verschiedenen Instrumente näher ausgeführt werden.

Unter wettbewerbspolitischen Gesichtspunkten sind internationale Abkommen zur Reduktion von Treibhausgasen positiv zu bewerten. Wird für *alle* Länder eine identische Produktionsfunktion *mit gleich hohen (Grenz-) Kosten der Vermeidung* von

Schadstoffemissionen angenommen und käme bei einem internationalen Abkommen das Ergebnis zustande, dass alle Länder die gleichen Emissionsreduktionsverpflichtungen eingehen, so wären auch die damit verbundenen Kosten für alle die gleichen. Demnach wäre kein Land durch die Verpflichtung zur Emissionsreduktion im Bezug auf die Wettbewerbsfähigkeit seiner Unternehmen negativ betroffen. Wenn allerdings *unterschiedlich hohe (Grenz-) Vermeidungskosten* angenommen werden müssen, sind Vereinbarungen über einheitliche Reduktionsziele nicht angemessen. Aus Effizienzgründen sind Schadstoffemmisionen stets dort zu vermeiden, wo dies am kostengünstigsten erreicht werden kann. Das muss sich für die Unternehmen nicht nachhaltig auswirken, wenn sie die Chance erkennen und wahrnehmen, durch umweltschonende und klimafreundliche Innovationen Absatzmärkte zu sichern und auszubauen (von Imagegewinnen bei den potentiellen Konsumenten ganz abgesehen).

Auf der anderen Seite lässt sich gerade im Zusammenhang mit internationaler Wettbewerbsfähigkeit eine Tendenz zu einem opportunistischen Verhalten (Trittbrettfahren) erkennen. Das Kyoto-Protokoll (siehe unten) wurde z. B. nicht von den Vereinigten Staaten ratifiziert. Dies könnte dem Versuch geschuldet sein, für die heimische Wirtschaft einen Wettbewerbsvorteil im internationalen Handel zu erwirken. Es ist anzunehmen, dass in diesem Zusammenhang nationale Interessensgruppen eine bedeutende Rolle spielen; die Kosten des Klimaschutzes können auf diese Weise so externalisiert werden. Jedoch ist so dem dem Klimaschutz nicht geholfen, wenn wichtige Emittenten von Kohlendioxid sich an den Reduktionsanstrengungen nicht beteiligen. Der Klimaschutz ist ein globales Umweltgut, d.h. der befürchtete weltweite Temperaturanstieg speist sich aus allen Quellen in der Welt, aus denen durch die wirtschaftlichen Aktivitäten Treibhausgase freigesetzt werden.

Das Kyoto-Protokol

Anfang bis Mitte der 1990er Jahre wurden verschiedene internationale Anstrengungen im Bezug auf den Klimaschutz unternommen. Ein Ergebnis dieser Anstrengungen ist das Kyoto-Protokoll. Obwohl es bereits 1997 unterzeichnet worden ist, trat es erst 2005 in Kraft. Ziel des Kyoto Protokolls ist es, die globalen Emissionen von Treibhausgasen zwischen 2008 und 2012, bezogen auf das Referenzjahr von 1990, um 5,2 vH zu senken. Insgesamt sind bisher mehr als 170 Länder dem Kyoto-Protokoll beigetreten, die meisten haben es ratifiziert. Die

Europäische Union hat sich verpflichtet, in 15 Mitgliedsländern[240] insgesamt die Emissionen um 8 vH zu reduzieren.

Es ist das erklärte Ziel, sowohl auf nationaler als auch auf internationaler Ebene Politikmaßnahmen zu ergreifen, um die Emission von Treibhausgasen zu reduzieren. Im Zuge des Kyoto Protokolls wurde in der Europäischen Union im Jahre 2005 das sog. „European Emission Trading System" eingeführt. Dazu wurden für den Zeitraum 2008-12 CO_2-Zertifikate an die in den Emissionshandel eingebundenen Unternehmen zunächst kostenlos vergeben (Unterabschnitt III.2.C) und ein Regelrahmen samt der Infrastruktur geschaffen.[241]. Ab 2013 sollen die Zertifikate nicht mher kostenlos zugeteilt, sondern versteigert werden (nach heutigen Plänen der EU-Kommission: schrittweise bis 2020). Mit einer vorab definierten Gesamtmenge an Treibaus-Ausstoß ist die Gesamtmenge an handelbaren Zertifikaten festgelegt. Von diesem Emissionsrechtehandel wird erwartet, dass er auf nationaler Ebene indirekt Innovationen bzw. Investitionen in energiesparende Technologien fördert. Das wäre dann der Fall, wenn Emissionsreduktionen dort vorgenommen werden, wo dies am kostengünstigsten möglich ist. Für Unternehmen lohnt es sich demnach immer dann, in klimafreundliche Technologie zu investieren, wenn die Kosten der Effizienzsteigerung geringer ausfallen als jene Kosten, die im Zusammenhang mit einer Ausweitung der Emissionen über den Zukauf neuer Zertifikate anfallen.

Aus der Eigenschaft des Klimaschutzes als ein globales Umweltgut folgt, dass die Unternehmen auch im Ausland nach Möglichkeiten einer kostengünstigen Reduktion von Schadstoffemissionen Ausschau halten und ggf. diese realisieren. Auf internationaler Ebene wurden mit Hilfe des Kyoto-Protokolls hierzu zwei flexible Mechanismen eingeführt: Einer ist der sog. „Clean Development Mechanism (CDM)". Ziel ist es, Anreize so zu setzen, dass auch in Entwicklungs- und Schwellenländern klimafreundliche Technologien investiert werden. Wenn z.B. ein deutsches Unternehmen in einem Entwicklungsland investiert, das keinen Reduktionsverpflichtungen unterliegt, und dort zu einer Verminderung der Treibhausgase beiträgt, so erhält das Unternehmen in einem entsprechenden Umfang Emissions-

---

240 Folgende Länder sind Reduktionsverpflichtungen eingegangen. Die Reihenfolge der Auflistung der Länder orientiert sich an der Höher der Reduktionsverpflichtungen: Luxemburg (-28 vH), Deutschland (-21%), Dänemark (-21%), Österreich (-13%), Großbritannien (-12,5%), Belgien (-7,5%), Italien (-6,5%), Niederlande (-6%), Finnland (-6%), Frankreich (+/-0%), Schweden (+4%), Irland (+13%), Spanien (+15%), Griechenland (+25%) und Portugal (+27%).

241 Trotz der theoretisch positiven Eigenschaften des Zertifikatehandels hat sich die Praxis als weitaus schwieriger erwiesen. Nordhaus (2007b) sieht vor diesem Hintergrund in der Erhebung von harmonisierten Emissionssteuern eine echte Alternative zu dem Zertifikatshandel.

rechte (sog. "Certified Emission Reductions") gutgeschrieben, die es in Deutschland verwenden kann, sei es für einen zusätzlichen produktionsbedingten CO_2-Ausstoß, sei es durch Verkauf zum marktüblichen Preis an andere Unternehmen, die zusätzliche Zertifikate benötigen. Der zweite flexible Mechanismus heißt "Joint Implementation (JI)". Dieser Ansatz sieht vor, dass ein Unternehen seinen Verpflichtungen im Bezug auf die Reduktion von Treibhausgasemissionen auch in anderen Industriestaaten nachkommen kann. Auch in diesem Fall berechtigt die erreichte Emissionreduktion zu einer Verwendung als Zertifikat oder zum Verkauf im Heimatland (sog. "Emission Reduction Units"). Durch CDM und JI-Projekte bleibt die Gesamtmenge an Emissionsreduktion die gleiche. Aber die Reduktion wird kostengünstiger erreicht. Dass gleichzeitig ein Unternehmen über die Durchführung eines Projektes im Ausland einen Beitrag zur Reduktionsverpflichtung auf nationaler Ebene leistet, ist ein schöner Nebeneffekt, aber für den Klimaschutz belanglos.

Obwohl die beiden genannten flexiblen Instrumente dem Ansatz nach eine erhebliches Potential besitzen, so ist dennoch zu berücksichtigen, dass nicht alle Probleme gelöst wurden. Weitere Verbesserungen sind notwendig, um die Effizienz der Systeme zu steigern (Böhringer und Finus 2005, Barett 2005).

Maßnahmen auf nationaler Ebene

Auf nationaler Ebene wurde in Deutschland ein Wandel in der Energiepolitik eingeleitet, hin zur staatlichen Förderung der Nutzung erneuerbarer Energieträger (z.B. Solaranlagen, Windräder, Offshore-Windkraftanlagen in der Nord- und Ostsee, Wasserkraft, Biomasse). Das Ziel der Bundesregierung ist sehr ehrgeizig und im internationalen Vergleich beispiellos: Der Anteil der Energie aus erneuerbaren Quellen am Primärenergieverbrauch soll bis zum Jahre 2020 auf 25 bis 30 vH steigen (Juli 2008: 14 vH). In diesem Kontext ist das „Erneuerbare Energien-Gesetz" (EEG) aus dem Jahre 2000 zu nennen.[242] Über staatlich garantierte Einspeisevergütungen, die ein Vielfaches über den Erzeugungskosten von Strom aus konventionellen Energieträgern liegen, werden Anreize gesetzt, um in alternative Techniken der Stromerzeugung zu investieren. Den alternativen Stromerzeugern wird eine Einnahmegarantie für 20 Jahre ab Inbetriebnahme der Anlage gewährt. Für die Elektrizitätsversorgungsunternehmen besteht eine Einspeisungspflicht.

---

[242] Das Gesetz wurde 2004 fortentwickelt. Für 2009 steht eine weitere Novelle an, durch die die Förderung von Anlagen, die ab diesem Jahr ans Netz gehen, neu geregelt wird.

Das Ergebnis dieser Förderungspolitik ist nicht zu übersehen. Die Nachfrage nach Photovoltaikanlagen ist stark angestiegen und Windkraftanlagen sind wie Pilze aus dem Boden geschossen. Allerdings ist umstritten, ob die derzeitige Geschwindigkeit beim Ausbau alternativer Energien ausreicht, um die geplante Abschaltung konventioneller Kraftwerke zu kompensieren. Trotz vermeintlich positiver Effekte dieser Subventionspolitik sind aus gesamtwirtschaftlicher Perspektive verschiedene Probleme zu diskutieren. Von politischer Seite wird zwar die positive Wirkung im Bezug auf Arbeitsplätze und die Hoffnung auf zukünftige Exporte hervorgehoben, doch ist an dieser Stelle auch zu berücksichtigen, dass die Kosten enorm sind. Das RWI Essen (Frondel, Ritter und Schmidt 2008, S. 13) hat in einer Studie errechnet, dass jeder Arbeitsplatz im Photovoltaiksektor mit 205.000 Euro (auf 2006 bezogen) subventioniert wird; dies ist ein Mehrfaches davon, was der bisher in Deutschland am stärksten subventionierte Sektor – der Steinkohlenbergbau – verzeichnet hat. Die hohen Kosten der Subventionen sind von den Stromverbrauchern in der Wirtschaft und den privatzen Haushalten zu tragen, und zwar auf unbestimmte Zeit, weil niemand sagen kann, ob jemals, und ggf. wann, die alternativen Erzeugungstechnologien unter unverfälschten Wettbewerbsbedingungen am Markt werden bestehen können. Bei den in Deutschland herrschenden klimatischen Bedingungen lässt sich der Strom aus Wind- und Solaranlagen schwerlich zu vertretbaren Kosten erzeugen lassen. Die in diesem Bereich bereits agierenden Interessengruppen aus Erzeugern und Arbeitnehmern werden nichts unversucht lassen, damit der Staat die Subventionspolitik auf Dauer beibehält. Dies wäre ein anschauliches Beispiel für Staatsversagen und die damit verbundenen gesamtwirtschaftlichen Effizienzverluste (Abschnitt IV.3).

Die Befürworter des EEG verweisen auf die zigtausend neuen Arbeitsplätze, die im Bereich erneuerbarer Energien geschaffen worden sind. Bei einer so starken Subventionierung war dies zu erwarten. Aber für das gesamtwirtschaftliche Ziel eines hohen Beschäftigungsstandes (Abschnitt I.2) ist damit nicht zwangsläufig viel gewonnen. Es muss nämlich gegengerechnet werden, wie viel Beschäftigung in anderen (nicht oder weniger subventionierten) Branchen wegen der Wettbewerbsverzerrung nicht entsteht oder sogar abgebaut wird. Wie stark diese Verdrängungseffekte gesamtwirtschaftlich ins Gewicht fallen, das lässt sich nur empirisch klären.

Die Förderung der erneuerbaren Energien mit der Hoffnung auf zukünftige Exporte zu begründen, erinnert stark an eine Form strategischer Handelspolitik (Freytag und Wangler 2008, Brandt and Svendsen 2006). Es ist aber nicht klar, warum nationale Subventionen notwendig sein sollten, wenn mit einem Export der Technologien zu rechnen ist. Es ist anzunehmen, dass ein Unternehmer, der das Potential ausländischer Märkte erkennt, auch ohne Subventionen in Technologien investieren würde, von denen er sich Exporterträge erhofft. Die Kapitalmärkte hätten auch diese Information, so dass die Finanzierung der Investitionen gewährleistet wäre.

Im Hinblick auf den Klimaschutz tritt ein grundlegendes Problem auf, wenn man das EEG im Zusammenhang mit dem oben diskutierten EU-Emissionsrechtehandel betrachtet. Dann ergibt sich die folgende paradoxe Situation: Die deutschen Stromerzeugungsunternehmen, die verpflichtet sind, Strom aus erneuerbaren Energien in die Netze einzuleiten, benötigen nicht mehr alle Emissionszertifikate, die ihnen zugeteilt wurden. Gleichsam verringert sich im deutschen Stromsektor die Nachfrage nach Zertifikaten. Dadurch sinkt am Markt deren Preis. Dies werden CO_2-emittierende Unternehmen in anderen EU-Ländern nutzen, um mehr Zertifikate zu erwerben, so dass sie ihre eigene energieintensive Produktion nicht oder nicht wie ökologisch eigentlich erwünscht zurückfahren müssen. EU-weit bleibt die Gesamtemission von CO_2 unverändert. Das bedeutet aber, dass der Nettobeitrag des EEG für den Klimaschutz gleich null ist. Letztlich fördert das EEG umweltbelastende Kraftwerke im europäischen Ausland. Der Wissenschaftliche Beirat beim Bundesministerium für Wirtschaft und Arbeit (2004) hat diesen Widerspruch in aller Deutlichkeit aufgedeckt und folgerichtig vorgeschlagen, das Gesetz abzuschaffen. Das hat die Bundesregierung allerdings nicht davon abgehalten, das EEG weiterhin als ein unverzichtbares Regulierungsinstrument in Sachen Klimaschutz anzusehen und sich auf internationalen Foren dafür feiern zu lassen.

Vor diesem Hintergrund wird deutlich, dass die staatliche Förderung der erneuerbaren Energien, die in der Öffentlichkeit so gute Noten erhält, ordnungspolitisch fragwürdig ist. Mit Blick auf den angestrebten Klimaschutz gibt es keine wissenschaftliche Begründung dafür, einen Anteil der erneuerbaren Energien von 25 bis 30 vH als Ziel vorzugeben. Die Verringerung der Emission von klimaschädlichen Treibhausgasen kann auch durch andere Techniken der Stromerzeugung erreicht werden; welches der geeignete Mix an Energieträgern ist, ergibt sich im Marktprozess unter der Vorgabe, dass die Kosten der Schadtstoff-Emisionen dem jeweiligen Energieträger angelastet werden. Außerdem ist noch einmal daran zu erinnern, dass das Ziel des Klimaschutzes ein globales Anliegen sein muss, wenn es verwirklicht werden soll. Eine nationale Vorreiterrolle spielen zu wollen bringt für den Klimaschutz sehr wenig, bürdet aber den Bürgern des Landes alle Kosten auf.

↑ **Ende Zusatzlektüre**

D. Fazit: Wichtige Aufgaben für die Wirtschaftspolitik

Aus den bisherigen Abschnitten lässt sich bereits erkennen, dass Klimawandel und Globalisierung in einem engen Zusammenhang stehen. Im Bezug auf wirtschaftliche Aktivitäten bleibt zu berücksichtigen, dass diese bisweilen in einen Zielkonflikt mit der Umweltpolitik geraten können. Auf der einen Seite ist es wünschenswert, nachhaltige Projekte zu fördern, um nachkommenden Generationen die Bewohnbarkeit der Erde zu sichern. Auf der anderen Seite ist wirtschaftliches Wachstum notwendig, um zukünftigen Generationen einen angemessenen Lebensstandard zu gewährleisten und insbesondere die Armut in Entwicklungs- und Schwellenländern zu überwinden. Politische Debatten über den Klimawandel sind bisweilen sehr emotionsgeladen. Viele Vorschläge des Problems sind der Tendenz nach interventionistisch, und marktwirtschaftliche Zusammenhänge und Gesetze werden mit dem Argument des Klimaschutzes teilweise nicht ausreichend berücksichtigt. So wurde auf EU-Ebene in jüngster Zeit gefordert, eine Einfuhrsteuer (ein Zoll) auf Güter zu erheben, die bestimmten Emissionsstandards nicht gerecht werden, bzw. klimafreundliche technologische Standards für alle in Europa verkauften Produkte einzuführen. Ein fundamentales Problem, auf das Hans-Werner Sinn (2008a) hingewiesen hat, besteht darin, dass den Klimaschutzmaßnahmen ein wirtschaftspolitisches Paradigma zugrunde liegt, das der Nachfragepolitik den absoluten Vorrang einräumt. Man darf aber nicht einfach annehmen, dass eine Verminderung der Nachfrage nach Erdöl und anderen CO_2-intensiven Gütern ausreicht, um den Klimawandel zu verlangsamen. Das ist strenggenommen nur der Fall, wenn das Angebot an solchen Gütern weltweit vollkommen preiselastisch ist, was aber nicht angenommen werden kann. Je preisunelastischer das Angebot ist, um so mehr wird die bloß auf Emissionsreduktionen abstellende Umweltpolitik wirkungslos. Deshalb muss die Angebotsseite auf dem Weltmarkt für fossile Brennstoffe einbezogen werden. Es sind Maßnahmen zu diskutieren, die z. B. die OPEC-Staaten dazu bewegen, die Erdölförderung behutsam zu betreiben.

Aus einer wirtschaftspolitischen Perspektive sind mehrere Aspekte zu berücksichtigen. Auf der einen Seite müssen weiterhin existierende Unsicherheiten in das politische Kalkül integriert werden (Pindyck 2007). Auf der anderen Seite müssen dynamische Aspekte stärker betont werden. Gerade der Ausbau des Emissionshandels kann eine Chance darstellen (Grubb 2007). Auch ist eine weitere Verbesserung von Institutionen anzustreben, um die internationale Austauschbarkeit der Zertifikate zu ermöglichen. Weiterhin wäre es wünschenswert, dass sich alle OECD-Staaten an einem internationalen Klimaschutzabkommen beteiligen. Vorschläge, die protektionistische Maßnahmen als Druckmittel und damit als Lösung für das Trittbrettfahrerverhaltne bestimmter Länder sehen, sind jedoch ökonomisch ein Irrweg. Im Gegenteil: Wenn nämlich die Kosten des Klimaschutzes tatsächlich ansteigen werden, so ist davon auszugehen, dass Investitionen in diesem Bereich, die den Klimawandel verlangsamen, langfristig ertragreich sein können. Deshalb sollte die Entscheidung bezüglich der Technologien stärker marktbasiert sein. Es ist kaum sinnvoll, mit Hilfe einer überzogenen Subventionspolitik die Nachfrage einseitig in eine bestimmte Richtung zu lenken.

Ein wichtiges Entwicklungspotential ist im Freihandel zu sehen. Freihandel führt zu Effizienzsteigerungen im Bezug auf den Einsatz der Ressourcen und setzt auf der anderen Seite notwendige Ressourcen frei, die wiederum für Investitionen in Forschung und Entwicklung sowie Energieeffizienz und weitere zukunftsträchtige Projekte investiert werden können. Politische Maßnahmen bedürfen einer sorgfältigen Evaluierung und machen nur dann Sinn, wenn die Kosten der Erderwärmung tatsächlich höher ausfallen als die Kosten der Emissionsreduktion.

Abschließend lässt sich festhalten, dass der Klimawandel im Kontext der Globalisierung an Bedeutung zunehmen wird. Auf nationaler Ebene haben sich bereits Interessensgruppen gebildet, die durch Politikmaßnahmen im Rahmen des Klimawandels bestimmte Renten abschöpfen. Die Notwendigkeit zum Handeln muss sehr genau abgewogen werden, weil die Attraktivität eines Standorts immer auch von den damit verbundenen Regelungen und Regulierungen abhängt. Da es sich um ein intertemporales Problem handelt, ist Nachhaltigkeit ein wichtiges normatives Kriterium, an dem sich Politikmaßnahmen orientieren können. Nachhaltige Politik ist aber auch nur dann existent, wenn die Grundlage zu wirtschaftlichem Handeln weiterhin gegeben ist und der Einzelne Erwerbschancen gemäß seinen Präferenzen wahrnehmen kann.

Übungsaufgaben

1. Diskutieren Sie die Möglichkeiten und Grenzen einer internationalen Koordinierung der Makropolitik: (i) innerhalb der Europäischen Union, (ii) zwischen der Europäischen Union, den Vereinigten Staaten und Japan.
2. Wann ist eine internationale Koordination von wirtschaftspolitischen Maßnahmen sinnvoll? Begründen Sie Ihre Antwort.
3. Wie beurteilen Sie die Zunahme der Einkommensungleichheit? Gehen Sie dabei auch darauf ein, ob Einkommen ein ideales Wohlfahrtsmaß ist.

4. Im Rahmen des Kyoto-Protokolls sollen handelbare Zertifikate für den CO_2-Ausstoß vergeben werden.

   a) Erläutern Sie, warum die Zertifikatslösung der bisher meist praktizierten Lösung durch Auflagen hinsichtlich der statischen und dynamischen Effizienz überlegen ist.

   b) Begründen Sie, warum ein nationaler Alleingang ökonomisch und ökologisch keinen Sinn macht.

   c) Der Bundesverband der Deutschen Industrie (BDI) spricht sich mit dem Argument, die Zertifikatslösung benachteilige die deutsche Industrie, gegen die Einführung eines solchen Systems aus. Erläutern Sie, warum die Industrie ein solch starkes Sprachrohr hat, während dies für die Masse der Bevölkerung nicht der Fall ist.

Literaturverzeichnis

Akerlof, George A. (1970), The Market of Lemons: Quality, Uncertainty, and the Market Mechanism, *Quarterly Journal of Economics*, Vol. 84, August, 488-500.

Arifovic, Jasmina (2000), Evolutionary Algorithms in Macroeconomic Models, *Macroeconomic Dynamics,* Vol. 4, 3, Cambridge: Cambridge University Press.

Arifovic, Jasmina and Paul Masson (2004), Heterogeneity and evolution of expectations in a model of currency crisis, *Nonlinear Dynamics, Psychology and Life Sciences*, Vol. 8, 2, 231-258.

Arrow, Kenneth J. (1963), *Social Choice and Individual Values*, 2. Aufl., New York: Yale University Press.

Auerbach, Alan J., Jagadeesh Gokhale und Laurence J. Kotlikoff (1991), Generational Accounts: A Meaningful Alternative to Deficit Accounting, *Tax Policy and the Economy*, Vol. 5, 55-110.

Backus, David und John Driffill (1985), Inflation and Reputation, *American Economic Review*, Vol. 75, 3, 530-538.

Baily, Martin Neil (2002), The New Economy: Post Mortem or Second Wind?, *Journal of Economic Perspectives*, Vol. 16, 2, 3-22.

Balassa, Bela (1971), *The Structure of Protection in Developing Countries*, Baltimore u.a.: Johns Hopkins Press.

Barett, Scott (2005), Kyoto Plus, in D. Helm (ed.), *Climate Change Policy*, Oxford: Oxford University Press.

Barro, Robert J. und David B. Gordon (1983a), A Positive Theory of Monetary Policy in a Nature Rate Model, *Journal of Political Economy*, Vol. 91, 4, 589-610.

Barro, Robert J. und David B. Gordon (1983b), Rules, Discretion and Reputation in a Model of Monetary Policy, *Journal of Monetary Economics*, Vol. 12, 1, 101-121.

Baumol, William J. (1982), Contestable Markets: an Uprising in the Theory of Industry Structure, *American Economic Review*, Vol. 72, 1, 1-15.

Baumol, William J. und Wallace E. Oates (1971), The Use of Standards and Prices for Protection of the Environment, *Swedish Journal of Economics*, Vol. 73, 1, 42-54.

Becker, Gary S. (1983), A Theory of Competition among Pressure Groups for Political Influence, *Quarterly Journal of Economics*, Vol. 98, Oktober, 371-400.

Becker, Gary S. (1985), Public Policies, Pressure Groups, and Dead Weight Costs, *Journal of Public Economics*, Vol. 28, 3, 329-347.

Belke, Ansgar und Uwe Vollmer (1995), Die Lucas-Kritik ökonometrischer Politikberatung, *WiSt – Wirtschaftswissenschaftliches Studium*, Jg. 24, 2, 83-85.

Bentham, Jeremy (1789), *An Introduction to the Principles of Morals and Legislation*, London: T.Payne & Son, (wiederabgedruckt in: J.H. Burns, Herbert L.A. Hart und Fred Rosen, Oxford: Clarendon Press, 1996).

Berg, Hartmut, Dieter Cassel und Karl-Hans Hartwig (2003), Theorie der Wirtschaftspolitik, in: Dieter Bender et al. (Hrsg.), *Vahlens Kompendium der Wirtschaftstheorie und Wirtschaftspolitik*, Bd. 2, 8. Aufl., München: Vahlen, 171-295.

Berger, Helge, Sylvester C.W. Eijffinger und Jacob de Haan (2001), Central Bank Independence: An Update of Theory and Evidence, *Journal of Economic Surveys*, Vol. 15, 1, 3-40.

Bergheim, Stefan (2006), *BIP allein macht nicht glücklich*, Deutsche Bank Research, Aktuelle Themen, Nr. 367.

Bergson, Abram (1938), A Reformulation of Certain Aspects of Welfare Economics, *Quarterly Journal of Economics*, Vol. 52, Februar, 310-334.

Blanchard, Olivier et al. (1990), The Sustainability of Fiscal Policy: New Answers to an Old Question, *OECD Economic Studies*, 15, 7-36.

Blankart, Charles Beat (1998), Outputfinanzierung von Hochschulen, *Hamburger Jahrbuch für Wirtschafts- und Gesellschaftspolitik*, Bd. 43, 9-30.

Blankart, Charles Beat (2008), *Öffentliche Finanzen in der Demokratie: Eine Einführung in die Finanzwissenschaft*, 7. Aufl., München: Vahlen.

Bletschacher, Georg und Henning Klodt (1992), *Strategische Handels- und Industriepolitik – Theoretische Grundlagen, Branchenanalysen und wettbewerbspolitische Implikationen*, Tübingen: Mohr.

Blinder, Alan S. (1987), The Rules-Versus-Discretion Debate in the Light of Recent Experience, *Weltwirtschaftliches Archiv*, Bd. 123, 3, 399-414.

Boadway, Robin W. und David E. Wildasin (1984), *Public Sector Economics*, 2. Aufl., Boston u.a.: Brown & Company.

Böhm-Bawek, Eugen von (1914), Unsere passive Handelsbilanz, *Neue Freie Presse* (Wien), 6./8./9.1.1914, wieder abgedruckt in: Franz X. Weiss (Hrsg.), *Gesammelte Schriften von Eugen von Böhm-Bawerk*, Bd. 1, Frankfurt (Main): Sauer & Auvermann, 499-515.

Böhringer, Christoph and Finus, Michael (2005), The Kyoto Protocol: Success or Failure?, in D. Helm (ed.), *Climate Change Policy*, Oxford: Oxford University Press.

Bofinger, Peter (2001), *Monetary Policy – Goals, Institutions, Strategies, and Instruments*, Oxford: Oxford University Press, (1. Aufl. in deutscher Sprache unter Mitwirkung von Julian Reischle und Andrea Schächter: *Geldpolitik: Ziele, Institutionen, Strategien und Instrumente*, München: Vahlen, 1996).

Bolton, Gary E. und Axel Ockenfels (2000), ERC – A Theory of Equity, Reciprocity, and Competition, *American Economic Review*, Vol. 90, 1, 166-193.

Boskin, Michael J. (1996), *Toward a More Accurate Measure of the Cost of Living – Final Report to the Senate Finance Committee*, Washington, DC: Advisory Commission to Study the Consumer Price Index.

Brandt, Urs. S. and Svendsen, Gert T. (2006), Climate change negotiations and first-mover advantages: the case of the wind turbine industry, *Energy Policy*, Vol. 34, 1175–1184.

Brennan, Geoffrey H. und James M. Buchanan (1993), *Die Begründung von Regeln – konstitutionelle politische Ökonomie*, Tübingen: Mohr, (englisches Original: *The Reason of Rules – Constitutional Political Economy*, Cambridge u.a.: Cambridge University Press, 1985).

Brunila, Anne, Marco Buti und Daniele Franco (Hrsg.) (2001), *The Stability and Growth Pact – The Architecture of Fiscal Policy in EMU*, Basingstoke: Palgrave.

Buchanan, James M. (1954), Social Choice, Democracy, and Free Markets, *Journal of Political Economy*, Vol. 62, 2, 114-123.

Buchanan, James M. und Gordon Tullock (1962), *The Calculus of Consent – Logical Foundations of Constitutional Democracy*, Ann Arbor: University of Michigan Press.

Byatt, Ian C.R. et al. (2006), The Stern Review: A Dual Critique, *World Economics*, Vol. 7, 4, 165-232.

Cantner, Uwe und Andreas Freytag (2004), Elite-Universitäten können nur im Wettbewerb entstehen, *Orientierungen zur Wirtschafts- und Gesellschaftspolitik* 99, 51-52.

Central Planning Bureau (1992), *Scanning the Future: A Long-Term Scenario Study of the World Economy 1990-2015*, Den Haag: Sdu Publishers.

Cho, In-Koo und Kenneth Kasa (2008), Model validation dynamics and endogenous currency crisis, *Macroeconomic Dynamics,* Vol. 12, 2, Cambridge: Cambridge University Press.

Clarke, Edward H. (1971), Multipart Pricing of Public Goods, *Public Choice*, Vol. 11, 17-33.

Clausen, Jens (2001), Inflation Forecast Targeting: A Monetary Policy Strategy without Shortcomings?, *Zeitschrift für Wirtschaftspolitik*, Jg. 50, 3, 289-308.

Coase, Ronald H. (1960), The Problem of Social Costs, *Journal of Law and Economics*, Vol. 3, Oktober, 1-44.

Coase, Ronald H. (1974), The Lighthouse in Economics, *Journal of Law and Economics*, Vol. 17, Oktober, 357-376.

Cobb, Clifford (1991), Der ‚Index of Sustainable Economic Welfare' oder: Hat die Wohlfahrt der Gesellschaft wirklich zugenommen?, in: Hans Diefenbacher und Susanne Habicht-Erenler (Hrsg.), *Wachstum und Wohlstand. Neuere Konzepte zur Erfassung von Sozial- und Umweltverträglichkeit*, Marburg: Metropolis, 61-72.

Council of Economic Advisors (2001), *Economic Report of the President*, Washington, DC: Government Printing Office.

Das, Dilip K. (2008), A Chinese Renaissance in an Unremittingly Integrating Global Economy, *CESifo Forum*, Vol. 9, 1, 35-38.

Deregulierungskommission (1991), *Marktöffnung und Wettbewerb*, Stuttgart: Poeschel.

Dettmer, Bianka, Fredrik Erixon und Andreas Freytag (2008), Eine neue Verhandlungsbasis für die europäisch-chinesische Handelsbeziehung, *Orientierungen zur Wirtschafts- und Gesellschaftspolitik* 118, 55-59.

Deutsch, Karl W. (1963), *The Nerves of Government. Models of Political Communication and Control*, New York: The Free Press.

Deutsche Bundesbank (2003), Zur Entwicklung des Produktionspotenzials in Deutschland, *Monatsbericht*, Jg. 55, 3, 43-54.

Deutsche Bundesbank (2005), Die Änderungen am Stabilitäts- und Wachstumspakt, *Monatsbericht*, Jg. 57, 4, 15-21.

Dixit, Avinash K. (1996), *The Making of Economic Policy – A Transaction-Cost Politics Perspective*, Cambridge, MA u.a.: MIT Press.

Dluhosch, Barbara, Andreas Freytag und Malte Krüger (1996), *International Competitiveness and the Balance of Payments – Do Current Account Deficits and Surpluses Matter?*, Cheltenham u.a.: Edward Elgar.

Donges, Juergen B. (1999), Globale Finanzmärkte, Währungskrisen und aufstrebende Volkswirtschaften, *Zeitschrift für Wirtschaftspolitik*, Jg. 48, 2, 129-148.

Donges, Juergen B. (2002), Möglichkeiten und Grenzen wirtschaftswissenschaftlicher Politikberatung, *Wirtschaft im Wandel*, Jg. 8, 9, 239-247.

Donges, Juergen B. (2003), Aktuelle Kontroversen in der Globalisierungsdebatte, *Jahrbuch für Wirtschaftsgeschichte*, 2003, 2, 9-34.

Donges, Juergen B. und Andreas Freytag (Hrsg.) (1998), *Die Rolle des Staates in einer globalisierten Wirtschaft*, Stuttgart: Lucius & Lucius.

Donges, Juergen B. und Andreas J. Schmidt (2008), Wettbewerbsförderung auf Netzmärkten durch Regulierung: Wie und Wie lange?, in: Arnold Picot (Hrsg.), *10 Jahre wettbewerbsorientierte Regulierung von Netzindustrien in Deutschland - Bestandsaufnahme und Perspektiven der Regulierung*, München: C.H. Beck, 37-68.

Donges, Juergen B., Kai Menzel und Philipp Paulus (2003), *Globalisierungskritik auf dem Prüfstand – ein Almanach aus ökonomischer Sicht*, Stuttgart: Lucius & Lucius.

Donges, Juergen B. et al. (Kronberger Kreis) (1991), *Reform der öffentlichen Verwaltung – mehr Wirtschaftlichkeit beim Management staatlicher Einrichtungen*, Frankfurter Institut für wirtschaftspolitische Forschung, Schriftenreihe: Bd. 23, Bad Homburg v.d.H.

Downs, Anthony (1957), *An Economic Theory of Democracy*, New York: Harper & Row, (deutsche Übersetzung: *Ökonomische Theorie der Demokratie*, Tübingen: Mohr, 1968).

Drazen, Allan (2000), *Political Economy in Macroeconomics*, Princeton, NJ: Princeton University Press.

Easterlin, Richard A. (1974), Does Economic Growth Improve the Human Lot?, in Paul A. David and Melvin W. Reder, eds., *Nations and Households in Economic Growth: Essays in Honor of Moses Abramovitz*, New York: Academic Press, Inc.

Eekhoff, Johann (1999), Zur ökologisch orientierten Steuerreform, *Zeitschrift für Wirtschaftspolitik*, Jg. 48 , Nr. 1, 3-10.

Eekhoff, Johann (2002), *Beschäftigung und Soziale Sicherung*, 3. Aufl., Tübingen: Mohr Siebeck.

Eichenberger, Reiner (1996), Eine ‚fünfte Freiheit' für Europa: Stärkung des politischen Wettbewerbs durch ‚FOCJ', *Zeitschrift für Wirtschaftspolitik*, Jg. 45, Nr. 1, 110-131.

Eijffinger, Sylvester C.W. und Jakob de Haan (1996), *The Political Economy of Central Bank Independence*, Princeton University, Special Papers in International Economics, No. 19, Princeton, NJ.

Elliot, Graham und Allan Timmermann (2008), Economic Forecasting, *Journal of Economic Literature*, Vol. 46, 3-56.

Ellison, Martin, Liam Graham und Jouko Vilmunen (2006), Strong contagion with weak spillovers, *Review of Economic Dynamics*, Vol. 9, 263-283.

Erlei, Mathias, Martin Leschke und Dirk Sauerland (2007), *Neue Institutionenökonomik*, 2. Aufl., Stuttgart: Schäffer-Poeschel.

Eschenburg, Theodor (1955), *Herrschaft der Verbände?*, Stuttgart: Deutsche Verlagsanstalt.

Eucken, Walter (1952), *Grundsätze der Wirtschaftspolitik*, 1. Aufl., Tübingen: Mohr (Paul Siebeck), Zürich: Polygraphischer Verlag.

EU Kommission (2008): Kartellrecht: Kommission verhängt Zwangsgeld in Höhe von 899 Mio. EUR gegen Microsoft wegen Nichteinhaltung ihrer Entscheidung vom März 2004, Pressemitteilung vom 27.02.2008, IP/08/318.

Europäische Zentralbank (2003a), Änderung der Abstimmungsregeln im EZB-Rat, *Monatsbericht Mai 2003* , 79-90.

Europäische Zentralbank (2003b), Ergebnis der von der EZB durchgeführten Überprüfung ihrer geldpolitischen Strategie, *Monatsbericht Juni 2003*, 87-102.

Evans, George W. und Seppo Honkapohja (2001), *Learning and Expectations in Macroeconomics*, Princeton University Press, Princeton, New Jersey.

Ewers, Hans-Jürgen (1996), *Das Elend der Hochschulen – eine ökonomische Analyse der Organisation und Finanzierung deutscher Universitäten*, Diskussionspapier 1996/13, Technische Universität Berlin.

Feess-Dörr, Eberhard (1998), *Umweltökonomie und Umweltpolitik*, 2. Aufl., München: Vahlen.

Feld, Lars Peter (1999), *Steuerwettbewerb und seine Auswirkungen auf Allokation und Distribution – Eine empirische Analyse für die Schweiz*, Bamberg: Difo-Druck.

Felderer, Bernhard und Stefan Homburg (2003), *Makroökonomik und neue Makroökonomik*, 8. Aufl., Berlin: Springer.

Feldstein, Martin und Charles Horioka (1980), Domestic Savings and International Capital Flows, *Economic Journal*, Vol. 90, Juni, 314-329.

Fels, Gerhard, Klaus-Werner Schatz und Frank Wolter (1971), Der Zusammenhang zwischen Produktionsstruktur und Entwicklungsniveau, *Weltwirtschaftliches Archiv*, Bd. 106, 2, 240-278.

Fels, Gerhard und Klaus-Dieter Schmidt (1980), *Die deutsche Wirtschaft im Strukturwandel*, Tübingen: Mohr.

Franz, Wolfgang (2000), Wirtschaftspolitische Beratung: Reminiszenzen und Reflexionen, *Perspektiven der Wirtschaftspolitik*, Bd. 1, 1, 53-71.

Franz, Wolfgang (2006), *Arbeitsmarktökonomik*, 6. Aufl., Berlin: Springer.

Fredebeul-Krein, Markus und Angela Schürfeld (1998), *Marktzutrittsregulierungen im Handwerk und bei technischen Dienstleistungen*, Köln: Institut für Wirtschaftspolitik.

Frenkel, Michael R. und Hans-Rimbert Hemmer (1999), *Grundlagen der Wachstumstheorie*, München: Vahlen.

Frey, Bruno S. und Alois Stutzer (2000), Happiness, Economy and Institutions, *Economic Journal*, Vol. 110, Oktober, 918-938.

Frey, Bruno S. und Alois Stutzer (2002a), *Happiness and Economics – How the Economy and Institutions affect Well-Being*, Princeton: Princeton University Press.

Frey, Bruno S. und Alois Stutzer (2002b), What Can Economists Learn from Happiness Research, *Journal of Economic Literature,* Vo. 40, No. 2, 402-435.

Freytag, Andreas (1995), *Die strategische Handels- und Industriepolitik der EG – eine politökonomische Analyse*, Köln: Institut für Wirtschaftspolitik.

Freytag, Andreas (1998), Überwindung des Reformstaus durch Verbesserung der Politikberatung?, in: Uwe Mummert und Michael Wohlgemuth (Hrsg.), *Aufschwung Ost im Reformstau West*, Baden-Baden: Nomos Verlags-Gesellschaft, 348-360.

Freytag, Andreas (2002), *Success and Failure in Monetary Reform – Monetary Commitment and the Role of Institutions*, Cheltenham u.a.: Edward Elgar.

Freytag, Andreas (2007), Wirtschafts- und Beschäftigungspolitik in der Globalisierung, in Axel M. Sell und Maren Wiegand-Kottisch (Hrsg.) *Instrumente nationaler Wirtschaftspolitik in der Globalisierung*, Hamburg: Lit-Verlag, 2007, 17 – 28.

Freytag, Andreas und Malte Krüger (2007), Currency Boards, in: Friedrich Thießen et al. (Hrsg.), *Enzyklopädisches Lexikon für das Geld-, Bank- und Börsenwesen*, Frankfurt: Fritz Knapp, 340-343.

Freytag, Andreas und Simon Renaud (2005), Langfristorientierung in der Arbeitsmarktpolitik, *ORDO*, Band 56, 217-235.

Freytag, Andreas und Simon Renaud (2007), From short-term to long-term orientation? Political economy of the policy reform process, *Journal of Evolutionary Economics*, Vol. 17, 4, 433-449.

Freytag, Andreas und Christoph Vietze (2007), Biodiversity, International Tourism and Development, *Jena Economic Research Paper*, No. 12/2007, 1-23.

Freytag, Andreas und Leo Wangler (2008), *Strategic Trade Policy as Response to Climate Change?*, *Jena Economic Research Paper*, No. 2008-001.

Freytag, Andreas und Ralf Zimmermann (1998), Muß die internationale Handelsordnung um eine Wettbewerbsordnung ergänzt werden?, Rabels Zeitschrift für ausländisches und internationales Privatrecht, Bd. 62, 1, 38-58.

Friedman, Milton (1968), The Role of Monetary Policy, *American Economic Review*, Vol. 58, 1, 1-17.

Fritsch, Michael, Thomas Wein und Hans-Jürgen Ewers (20037), *Marktversagen und Wirtschaftspolitik – Mikroökonomische Grundlagen staatlichen Handelns*, 7. Aufl., München: Vahlen.

Frondel, Manuel und Christoph M. Schmidt (2007), EEG und Emissionshandel – eine notwendige Koexistenz?, *Energiewirtschaftliche Tagesfragen,* 57. Jg., Heft 7, 52-55.

Frondel, Manuel, Nolan Ritter und Christoph M. Schmidt (2008), Germany's Sollar Cell Promotion: Dark Clouds on the Horizon, *Ruhr Economic Papers*, No. 40, März.

Giersch, Herbert (1961), *Allgemeine Wirtschaftspolitik – Grundlagen*, Bd. 1, Wiesbaden: Gabler.

Giersch, Herbert (1977), *Konjunktur- und Wachstumspolitik in der offenen Wirtschaft, Allgemeine Wirtschaftspolitik*, Bd. 2, Wiesbaden: Gabler.

Giersch, Herbert (Hrsg.) (1983), *Wie es zu schaffen ist – Agenda für die deutsche Wirtschaftspolitik*, Stuttgart: Deutsche Verlags-Anstalt.

Giersch, Herbert (1988), *Der EG-Binnenmarkt als Chance und Risiko*, Institut für Weltwirtschaft, Kieler Diskussionsbeiträge, Nr. 147, Kiel.

Goodhart, Charles A.E. (1981), Problems of Monetary Management: The UK Experience, in: Anthony Courakis (Hrsg.), *Inflation, Depression and Economic Policy in the West*, London: Mansell, 112-143.

Groves, Theodore (1973), Incentives in Teams, *Econometrica*, Vol. 41, 4, 617-631.

Grüner, Hans-Peter (2006), *Wirtschaftspolitik – Allokationstheoretische Grundlagen und politökonomische Analyse*, 2. Aufl., Berlin u.a.: Springer.

Grubb, Michael (2007), The European Emissions Trading Scheme: An Overview of Operations and Lessons, CESifo DICE Report, *Journal for Institutional Comparisons*, Vol. 5, 4, 17-25.

Haberler, Gottfried (1933), *Der internationale Handel*, Berlin u.a.: Springer, (Reprint: Berlin u.a.: Springer, 1970).

Hajnal, Peter I. (1999), *The G7/G8 System: Evolution, Role and Documentation*, Aldershot u.a.: Ashgate.

Hansjürgens, Bernd (1998), The Sulfur Dioxide Allowance-Trading Program in the USA: Recent Developments and Lessons to be Learned, *Environment and Planning C: Government and Policy*, Vol. 16, 341-361.

Hartz-Kommission (2002), *Moderne Dienstleistungen am Arbeitsmarkt*, Vorschläge der Kommission zum Abbau der Arbeitslosigkeit und zur Umstrukturierung der Bundesanstalt für Arbeit, Berlin: Bundesministerium für Arbeit und Sozialordnung.

Hauser, Siegfried und Siegfried Lörcher (1973), ‚Lebensstandard' und ‚Sozialprodukt' – Ein Vergleich BRD – Japan, *Konjunkturpolitik: Zeitschrift für angewandte Wirtschaftsforschung*, Jg. 19, 81-116.

Hayek, Friedrich A. von (1968), *Der Wettbewerb als Entdeckungsverfahren*, Institut für Weltwirtschaft, Kieler Vorträge, Neue Folge 56, Kiel.

Hayek, Friedrich A. von (1975), Die Anmaßung von Wissen, Wiederabdruck der Nobelpreisrede: *ORDO: Jahrbuch für die Ordnung von Wirtschaft und Gesellschaft*, Bd. 26, 12-21.

Hayek, Friedrich A. von (1990), *Denationalisation of Money – The Argument Refined; An Analysis of the Theory and Practice of Concurrent Currencies*, 3. Aufl., Institute of Economic Affairs, Hobart Paper Special, Vol. 70, London.

Heller, Frank (2001), *Lessons from Maine Education Vouchers for Students since 1873*, Cato Institute, Briefing Paper No. 66, September 10.

Henderson, David (2007), Governments and Climate Change Issues, *World Economics*, Vol. 8, 2, 183-228.

Herberg, Horst (1994), *Preistheorie: Eine Einführung*, 3. Aufl., Stuttgart u.a.: Kohlhammer.

Hirschman, Albert O. (1970), *Exit, Voice, and Loyalty: Responses to Decline in Firms, Organizations, and States*, Cambridge, MA: Harvard University Press (deutsche Übersetzung: *Abwanderung und Widerspruch*, Tübingen: Mohr, 1974).

Homann, Karl (1988), *Rationalität und Demokratie*, Tübingen: Mohr.

Homann, Karl und Ingo Pies (1996), Sozialpolitik für den Markt: Theoretische Perspektiven konstitutioneller Ökonomik, in: Ingo Pies und Martin Leschke (Hrsg.), *James Buchanans konstitutionelle Ökonomik*, Tübingen: Mohr, 203-239.

Hombach, Bodo (1998), *Aufbruch – Die Politik der neuen Mitte*, München: Econ.

IAW (2008), Pressemittelung: *Prognose zur Entwicklung der Schattenwirtschaft in Deutschland im Jahr 2008* vom 22. Januar 2008, Tübingen.

Intergovernmemental Panel on Climate Change (2007), *Climate Change 2007: The Physical Science Basis. Summary for Policymakers.* Contribution of Working Group I to the Fourth Assessment Report of the IPCC.

Issing, Otmar et al. (2001), *Monetary Policy in the Euro Area – Strategy and Decision-Making at the European Central Bank*, Cambridge: Cambridge University Press.

Jens, Uwe und Hajo Romahn (Hrsg.)(2005), *Glanz und Elend der Politikberatung*, Marburg: Metropolis

Jorgenson, Dale W. (2001), Information Technology and the US Economy, *American Economic Review*, Vol. 91, 1, 1-32.

Kamps, Christophe (2004), *The Dynamic Macroeconomic Effects of Public Capital: Theory and Evidence for OECD Countries,* Berlin und Heidelberg: Springer.

Kämpfe, Martina und Johannes Stephan (2001), Auswirkungen der neuen Stimmengewichtung im EU-Ministerrat auf Strukturfondsmittel für neue Mitglieder, *Wirtschaft im Wandel*, Jg. 7, 2, 34-38.

Kasa, Kenneth (2004), Learning, large deviations, and recurrent currency crisis, *International Economic Review*, Vol. 45, 1, 141-173.

Katz, Michael und Carl Saphiro (1986), Technology Adoption in the Presence of Network Externalities, *Journal of Political Economy*, Vol. 94, 4, 822-841.

Katz, Michael L. und Carl Shapiro (1985), Network Externalities, Competition, and Compatibility, *American Economic Review*, Vol. 75, 3, 424-440.

Kerner, Wolfgang (2008), Trans-Europäische Energie-Netze – Energiepolitik: Vorrangiger Verbundplan, Vortrag auf dem Workshop "Hochspannungsleitung durch den Thüringer Wald", FSU Jena, 24. April 2008.

Keynes, John M. (1936), *The General Theory of Employment, Interest and Money,* London: Macmillan.

Kirchgässner, Gebhard (1999), Wirtschaftspolitische Beratung aus der Sicht des kritischen Rationalismus: Vierzehn Thesen, in: Ingo Pies und Martin Leschke (Hrsg.), *Karl Poppers kritischer Rationalismus*, Tübingen: Mohr, 193-225.

Kirsch, Guy (2004), *Neue Politische Ökonomie*, 5. Aufl., Stuttgart: Lucius & Lucius.

Kitterer, Wolfgang (1998), Langfristige Wirkungen öffentlicher Investitionen: Theoretische und empirische Aspekte, *Zeitschrift für Wirtschaftspolitik*, Jg. 47, 3, 289-316.

Kleinert, Jörn et al. (2000), *Globalisierung, Strukturwandel und Beschäftigung,* Tübingen: Mohr Siebeck.

Kleinert, Jörn und Henning Klodt (2000), *Megafusionen – Trends, Ursachen und Implikationen,* Tübingen: Mohr Siebeck.

Klemperer, Paul (1987), The Competitivness of Markets with Switching Costs, *The RAND Journal of Economics*, Vol. 18, 1, 138-150.

Klodt, Henning (1999), *Internationale Politikkoordination – Leitlinien für den globalen Wirtschaftspolitiker*, Institut für Weltwirtschaft, Kieler Diskussionsbeiträge, Nr. 343, Kiel.

Klodt, Henning (2000), *Conflicts and Conflict Resolution in International Antitrust*, Institut für Weltwirtschaft, Kieler Arbeitspapier, Nr. 979, Kiel.

Klump, Rainer (2006), *Wirtschaftspolitik – Instrumente, Ziele und Institutionen*, München u.a.: Pearsson.

Knieps, Günter (2001), *Wettbewerbsökonomie – Regulierungstheorie, Industrieökonomie, Wettbewerbspolitik*, Berlin: Springer.

Koch, Lambert T. (Hrsg.) (2001), *Wirtschaftspolitik im Wandel*, München u.a.: Oldenbourg.

Korczak, Dieter (1995), *Lebensqualitäts-Atlas – Umwelt, Kultur, Wohlstand, Versorgung, Sicherheit und Gesundheit in Deutschland*, Opladen: Westdeutscher Verlag.

Kydland, Finn E. und Edward C. Prescott (1977), Rules Rather than Discretion: The Inconsistency of Optimal Plans, *Journal of Political Economy*, Vol. 85, 3, 473-491.

Lange, Oskar R. (1936), On the Economic Theory of Socialism, Part I, *Review of Economic Studies*, Vol. 4, 1, 53-71.

Lange, Oskar R. (1937), On the Economic Theory of Socialism, Part II, *Review of Economic Studies*, Vol. 4, 2, 123-142.

Layard, Richard (2005), *Die glückliche Gesellschaft – Kurswechsel für Politik und Wirtschaft*, Frankfurt und New York: Campus.

Leibenstein, Harvey (1978), *General X-Efficiency Theory and Economic Development*, London: Oxford University Press.

Leininger, Wolfgang (1993), The Fatal Vote: Berlin versus Bonn, *Finanzarchiv*, Bd. 50, Nr. 1, 1-20.

Lenk, Thomas und Volkmar Teichmann (1999), Arrows Unmöglichkeitstheorem, *WISU Das Wirtschaftsstudium*, Jg. 28, 6, 866-870.

Liebowitz, Stanley J. und Stephen E. Margolis (1994), Network Externality: An Uncommon Tragedy, *Journal of Economic Perspectives*, Vol. 8, 2, 133- 150.

Lippe, Peter von der (1996), Statistische Wohlfahrtsindikatoren: Die Messung des Lebensstandards, in: Statistisches Bundesamt, *Wohlfahrtsmessung – Aufgabe der Statistik im gesellschaftlichen Wandel*, Stuttgart: Metzler-Poeschel, 39-72.

Lith, Ulrich van (1985), *Der Markt als Ordnungsprinzip des Bildungsbereichs: Verfügungsrechte, ökonomische Effizienz und die Finanzierung schulischer und akademischer Bildung*, München: Oldenbourg.

Loef, Hans-Edi und Georg Ziemens (1989), Zeitinkonsistenz, *WiSt – Wirtschaftswissenschaftliches Studium*, Jg. 18, 10, 446-451.

Lösch, August (1938), Wo gilt das Theorem der komparativen Kostenvorteile?, *Weltwirtschaftliches Archiv*, Jg. 48, 45-65.

Lucas, Robert E. Jr. (1976), Econometric Policy Evaluation: A Critique, *Journal of Monetary Economics*, Suppl. I, 19-46.

Luckenbach, Helga (2000), *Theoretische Grundlagen der Wirtschaftspolitik*, 2. Aufl., München: Vahlen.

Markusen, James R. et al. (1995), *International Trade: Theory and Evidence*, New York: McGraw-Hill.

Martin, Hans-Peter und Harald Schumann (1996), *Die Globalisierungsfalle: Der Angriff auf Demokratie und Wohlstand*, Hamburg: Rowohlt.

Maußner, Alfred (1994), *Konjunkturtheorie*, Berlin: Springer.

McCallum, Bennett T. (1997), Crucial Issues Concerning Central Bank Independence, *Journal of Monetary Economics*, Vol. 39, 1, 99-112.

McGuckin, Robert H. und Bart van Ark (2003), Despite Cyclical Downturn, Structural Trends in Productivity Remain in Place into 2003, The Conference Board, *Executive Action Report*, No. 42, Januar.

Meadows, Dennis L. et al. (1972), *The Limits to Growth: A Report for the Club of Rome's Project on the Predicament of Mankind*, New York: Universe Books, (deutsche Übersetzung: *Die Grenzen des Wachstums*, Hamburg: Rororo, 1973).

Mendelsohn, Robert (2008), Is the Stern Review an Economic Analysis?, *Review of Environmental Economics and Policy*, Vol. 2, 1, 45-60.

Messerlin, Patrick A. (1981), The Political Economy of Protectionism: The Bureaucratic Case, *Weltwirtschaftliches Archiv*, Bd. 117, 3, 469-496.

Miller, Axel C. (2003), *Erwartungsbildung ökonomischer Akteure*, Gabler Edition Wissenschaft.

Monopolkommission (2000a), *Wettbewerbspolitik in Netzstrukturen*, XIII. Hauptgutachten 1998/1999, Baden-Baden: Nomos Verlagsgesellschaft.

Monopolkommission (2000b), *Wettbewerb als Leitbild für die Hochschulpolitik*, Sondergutachten 30, Baden-Baden: Nomos Verlagsgesellschaft.

Morath, Konrad (Hrsg.) (2000), *Rohstoff Bildung*, Bad Homburg v.d.H.: Frankfurter Institut – Stiftung Marktwirtschaft und Politik.

Mueller, Dennis C. (2003), *Public Choice III*, Cambridge u.a.: Cambridge University Press.

Mundell, Robert (1961), A Theory of Optimal Currency Areas, *American Economic Review*, Vol. 51, 4, 657-665.

Murphy, Kevin M., Andrei Schleifer und Robert W. Vishny (1990), The Allocation of Talent – Implications for Growth, *NBER Working Paper No. 3530*, Cambridge, MA.

Musgrave, Richard A. (1959), *The Theory of Public Finance*, New York: McGraw-Hill.

Muth, John F. (1961), Rational Expectations and the Theory of Price Movements, *Econometrica*, Vol. 29, 6, 315-335.

Myrdal, Gunnar (1965), *Das Wertproblem in der Sozialwissenschaft*, Hannover: Verlag für Literatur und Zeitgeschehen.

Nash, John F. (1950), The Bargaining Problem, *Econometrica*, Vol. 18, 2, 155-162.

Niskanen, William A. (1971), *Bureaucracy and Representative Government*, Chicago: Aldine-Atherton.

Nordhaus, William D. (1975), The Political Business Cycle, *Review of Economic Studies*, Vol. 42, 2, 169-190.

Nordhaus, William D. (2007a), A Review of the Stern Review on the Economics of Climate Change, *Journal of Economic Literature*, Vol. 45, 3, 686-702.

Nordhaus, William D. (2007b), To Tax or Not to Tax: Alternative Approaches to Slowing Global Warming, *Review of Environmental Economics and Policy*, Vol. 1, 1, 26-44.

Nordhaus, William D. und James Tobin (1972), *Is Growth Obsolete?,* NBER, General Series 96, New York (Columbia University), (wiederabgedruckt in: Milton Moss (Hrsg.), *The Measurement of Economic and Social Performance*, New York: Columbia University Press for the NBER, 1973).

Oeckl, Albert (Begründer), Heinz H. Hey (Chefredakteur) (2006), *Taschenbuch des öffentlichen Lebens – Deutschland-2006*, 55. Jg., Bonn: Festland Verlag.

Olson, Mancur (1965), *The Logic of Collective Action – Public Goods and the Theory of Groups*, Cambridge, MA u.a.: Harvard University Press, (deutsche Übersetzung: *Die Logik kollektiven Handelns,* Tübingen: Mohr, 1968).

Pareto, Vilfredo (1909), *Manuel d'Économie Politique*, Paris: Girard Briere, (wiederabgedruckt AMS Press, 1969), (englische Übersetzung: *Manual of Political Economy*, Augustus M. Kelley Publishers, 1971).

Parkinson, C. Northcote (1958), *Parkinson's Law or the Pursuit of Progress*, London: John Murray.

Picot, Arnold (Hrsg.) (2008), *10 Jahre wettbewerbsorientierte Regulierung von Netzindustrien in Deutschland – Bestandsaufnahme und Perspektiven der Regulierung*, München: C.H. Beck.

Pies, Ingo (2000), *Ordnungspolitik in der Demokratie – Ein ökonomischer Ansatz diskursiver Politikberatung*, Tübingen: Mohr Siebeck.

Pigou, Arthur C. (1920), *The Economics of Welfare*, London: Macmillan.

Pindyck, Robert S. (2007), Uncertainty in Environmental Economics, *Review of Environmental Economics and Policy,* Vol. 1, 1, 45-65.

Raffelhüschen, Bernd (1999), Generational Accounting: Method, Data, and Limitations, *European Economy, Reports and Studies*, 6, 17-28.

Raffelhüschen, Bernd et al. (2009), Ehrbare Staaten? Die deutsche Generationenbilanz im internationalen Vergleich, *Argumente zu Marktwirtschaft und Politik*, Nr. 107, Januar, Berlin: Stiftung Marktwirtschaft.

Rawls, John A. (1971), *A Theory of Justice*, Cambridge, MA: Belknap Press of Harvard University Press, (deutsche Übersetzung: *Eine Theorie der Gerechtigkeit,* Frankfurt/M.: Suhrkamp, 1975).

Richter, Rudolf (1963), *Preistheorie*, Wiesbaden: Gabler.

Risch, Bodo (1983), *Alternativen der Einkommenspolitik*, Tübingen: Mohr.

Röpke, Wilhelm (1979), *Internationale Ordnung – heute*, 3. Aufl., Bern und Stuttgart: Verlag Paul Haupt.

Romer, David (2001), *Advanced Macroeconomics*, 2. Aufl., New York: McGraw-Hill/Irwin.

Rose, Klaus und Karlhans Sauernheimer (2006), *Theorie der Außenwirtschaft*, 14. Aufl., München: Vahlen.

Sachverständigenrat zur Begutachtung der gesamtwirtschaftlichen Entwicklung (1965), *Stabiles Geld – Stetiges Wachstum*, Jahresgutachten 1964/65, Stuttgart u.a.: Kohlhammer.

Sachverständigenrat zur Begutachtung der gesamtwirtschaftlichen Entwicklung (1974), *Vollbeschäftigung für morgen*, Jahresgutachten 1974/75, Stuttgart u.a.: Kohlhammer.

Sachverständigenrat zur Begutachtung der gesamtwirtschaftlichen Entwicklung (1976), *Zeit zum Investieren*, Jahresgutachten 1976/77, Stuttgart u.a.: Kohlhammer.

Sachverständigenrat zur Begutachtung der gesamtwirtschaftlichen Entwicklung (1996), *Reformen voranbringen*, Jahresgutachten 1996/97, Stuttgart: Metzler-Poeschel.

Sachverständigenrat zur Begutachtung der gesamtwirtschaftlichen Entwicklung (1997), *Wachstum, Beschäftigung, Währungsunion – Orientierungen für die Zukunft*, Jahresgutachten 1997/98, Stuttgart: Metzler-Poeschel.

Sachverständigenrat zur Begutachtung der gesamtwirtschaflichen Entwicklung (1998), *Vor weitreichenden Entscheidungen*, Jahresgutachten 1998/99, Stuttgart: Metzler-Poeschel.

Sachverständigenrat zur Begutachtung der gesamtwirtschaftlichen Entwicklung (2000), *Chancen auf einen höheren Wachstumspfad*, Jahresgutachten 2000/01, Stuttgart: Metzler-Poeschel.

Sachverständigenrat zur Begutachtung der gesamtwirtschaftlichen Entwicklung (2001), *Für Stetigkeit – gegen Aktionismus*, Jahresgutachten 2001/02, Stuttgart: Metzler-Poeschel.

Sachverständigenrat zur Begutachtung der gesamtwirtschaftlichen Entwicklung (2003), *Staatsfinanzen konsolidieren – Steuersystem reformieren*, Jahresgutachten 2003/04, Stuttgart: Metzler-Poeschel.

Sachverständigenrat zur Begutachtung der gesamtwirtschaftlichen Entwicklung (2004), *Erfolge im Ausland – Herausforderungen im Inland,* Jahresgutachten 2004/05, Berlin: H. Heenemann.

Sachverständigenrat zur Begutachtung der gesamtwirtschaftlichen Entwicklung (2005), *Die Chance nutzen – Reformen mutig voranbringen*, Jahresgutachten 2005/06, Berlin: H. Heenemann.

Sachverständigenrat zur Begutachtung der gesamtwirtschaftlichen Entwicklung (2006), *Widerstreitende Interessen – Ungenutzte Chancen,* Jahresgutachten 2006/07, Berlin: H. Heenemann.

Sachverständigenrat zur Gegutachtung der gesamtwirtschaftlichen Entwicklung (2007a), *Staatsverschuldung wirksam begrenzen,* Expertise im Auftrag des Bundesministers für Wirtschaft und Technologie, Mainz-Kastel: Mww.Druck..

Sachverständigenrat zur Begutachtung der gesamtwirtschaftlichen Entwicklung (2007b), *Das Erreichte nicht verspielen,* Jahresgutachten 2007/08, Paderborn: Bonifatius.

Sailer, Katharina (2001), Regulierungsbedarf in Netzwerken? Implikationen für die Internetökonomie, *Die Weltwirtschaft*, Vol. 4, 350-378.

Samuelson, Paul A. (1947), *Foundations of Economic Analysis*, Cambridge, MA: Harvard University Press.

Samuelson, Paul A. und William D. Nordhaus (1985), *Economics*, 12. Aufl., Singapur: McGraw-Hill, (deutsche Übersetzung: Samuelson, Paul A., William D. Nordhaus und Michael J. Mandel (1998), *Volkswirtschaftslehre*, Wien u.a.: Ueberreuter Wirtschaftsverlag).

Sargent, Thomas (1993), *Bounded rationality in macroeconomics*, Oxford University Press, Oxford.

Schneider, Friedrich und Dominik Enste (2000), *Schattenwirtschaft und Schwarzarbeit – Umfang, Ursachen, Wirkungen und wirtschaftspolitische Empfehlungen*, München u.a.: Oldenbourg.

Schürfeld, Angela (1999), *Lohnpolitik und Beschäftigungspolitik bei fortschreitender europäischer Integration*, Köln: Institut für Wirtschaftspolitik.

Schulze, Günther G. und Heinrich W. Ursprung (1999), Globalisation of the Economy and the Nation State, *The World Economy*, Vol. 22, 3, 295-352.

Schumpeter, Joseph A. (1942), *Capitalism, Socialism and Democracy*, Nachdruck 1976, New York: Harper & Brothers, (deutsche Übersetzung: *Kapitalismus, Sozialismus und Demokratie*, 7. Aufl., Tübingen: Francke, 2000).

Scitovsky, Tibor (1954), Two Concepts of External Economics, *Journal of Political Economy*, Vol. 62, 2, 143-151.

Selke, Jan und Hubertus Bardt (2008), A New Climate Policy Framework for Post 2012, *CESifo Forum*, Vol. 9, 1, 35-38.

Sen, Amartya K. (1970), *Collective Choice and Social Welfare*, San Francisco: Holden-Day.

Sheffrin, Steven M. (1983), *Rational Expectations*, Cambridge u.a.: Cambridge University Press.

Siebert, Horst (1998), Disziplinierung der nationalen Wirtschaftspolitik durch die internationale Kapitalmobilität, in: Dieter Duwendag (Hrsg.), *Finanzmärkte im Spannungsfeld von Globalisierung, Regulierung und Geldpolitik*, Berlin: Duncker & Humblot, 41-67.

Simons, Henry C. (1936), „Rules versus Authorities in Monetary Policy", *Journal of Political Economy*, Vol. 44, 1, 1-30.

Sinn, Hans-Werner (1986), Risiko als Produktionsfaktor, *Jahrbücher für Nationalökonomie und Statistik*, Bd. 201, 6, 557-571.

Sinn, Hans-Werner (2003), *The New Systems Competition*, Oxford: Blackwell.

Sinn, Hans-Werner (2007), Public Policies against Global Warming, *NBER Working Paper*, No. 13454.

Sinn, Hans-Werner (2008a), Das grüne Paradoxon: Warum man das Angebot bei der Klimapolitik nicht vergessen darf, *Perspektiven der Wirtschaftspolitik*, Bd. 9 (Special Issue), 109-142.

Sinn, Hans-Werner (2008b), *Das grüne Paradoxon – Plädoyer für eine illusionsfreie Klimapolitik*, Berlin: Econ-Verlag.

Sjaastad, Larry A. (1980), Commercial Policy, ‚true' Tariffs and Relative Prices, in: John Black und Brian Hindley (Hrsg.), *Current Issues in Commercial Policy and Diplomacy*, London: Macmillan, 26-51.

Smith, Adam und Horst C. Recktenwald (Hrsg.) (2003), *Der Wohlstand der Nationen – Eine Untersuchung seiner Natur und seiner Ursachen*, München: Deutscher Taschenbuchverlag, (englisches Original: Adam Smith (1776), *An Inquiry into the Nature and Causes of the Wealth of Nations*, Harmondsworth, 1970).

Sohmen, Egon (1992), *Allokationstheorie und Wirtschaftspolitik*, 2. Aufl., Tübingen: Mohr.

Statistisches Bundesamt Deutschland (2008), Pressemitteilung Nr. 185 vom 19.05.2008 und Statistisches Jahrbuch 2008, Statistisches Bundesamt Deutschland, Wiesbaden.

Stern, Nicholas u.a. (2006), *Stern Review: The Economics of Climate Change*, London: H.M. Treasury.

Stern, Nicolas (2007), *The Economics of Climate Change: The Stern Review*, Cambridge University Press, Cambridge.

Sterner, Thomas and Martin U. Persson (2007), An Even Sterner Review: Introducing Relative Prices into the Discounting Debate, *Review of Environmental Economics and Policy*, Vol. 2, No. 1, 61-76.

Stigler, George J. (1971), The Theory of Economic Regulation, *Bell Journal of Economics and Management Science*, Vol. 2, 1, 3-21.

Streit, Manfred E. (2005), *Theorie der Wirtschaftspolitik*, 6. Aufl., Stuttgart: Lucius & Lucius.

Takigawa, Toshiaki (2005), A comparative analysis of U.S., EU, and Japanese Microsoft cases: how to regulate exclusionary conduct by a dominant firm in a network industry, *The Antitrust Bulletin*, Vol. 50, 2, 237-266.

Tinbergen, Jan (1952), *On the Theory of Economic Policy*, Amsterdam: North Holland.

Tirole, Jean (1988), *The Theory of Industrial Organization*, Cambridge, MA u.a.: MIT Press.

Tullock, Gordon (1980), The Welfare Costs of Tariffs, Monopolies and Theft, in: James M. Buchanan et al. (Hrsg.), *Toward a Theory of the Rent-Seeking Society*, Texas: Texas A&M Universtiy Press, 39-50.

Vanberg, Viktor (2000), Der konsensorientierte Ansatz der konstitutionellen Ökonomik, in: Helmut Leipold und Ingo Pies (Hrsg.), *Ordnungstheorie und Ordnungspolitik – Konzeptionen und Entwicklungsperspektiven*, Stuttgart: Lucius & Lucius, 251-276.

Varian, Hal R. (2006), *Intermediate Microeconomics: A Modern Approach,* 7. Aufl., New York, NY u.a.: Norton, (deutsche Übersetzung: *Grundzüge der Mikroökonomik*, 7. Aufl., München u.a.: Oldenbourg, 2007).

Vaubel, Roland (1991), A Public Choice View of International Organization, in: Roland Vaubel und Thomas D. Willett (Hrsg.), *The Political Economy of International Organizations – A Public Choice Approach*, Boulder u.a.: Westview Press, 27-45.

Voigt, Stefan (1996), Die konstitutionelle Ökonomik als Herausforderung für die Theorie der Wirtschaftspolitik: Zugleich eine Skizze zur Weiterentwicklung einer ökonomischen Theorie der Verfassung, in: Ingo Pies und Martin Leschke (Hrsg.), *James Buchanans konstitutionelle Ökonomik*, Tübingen: Mohr, 157-183.

Voss, Gerhard (2003), *Klimapolitik und Emissionshandel – Die Ökonomie im vorsorgenden Klimaschutz*, Institut der deutschen Wirtschaft, IW-Positionen, Nr. 6, Köln.

Wagner, Helmut (2003), *Einführung in die Weltwirtschaftspolitik – Internationale Wirtschaftsbeziehungen, Internationale Organisationen, Internationale Politikkoordinierung*, 5. Aufl., München u.a.: Oldenbourg.

Walsh, Carl E. (1995), Optimal Contracts for Central Bankers, *American Economic Review*, Vol. 85, 1, 150-165.

Watrin, Christian (1986), *„Marktversagen" versus „Staatsversagen" – Zur Rolle von Markt und Staat in der freien Gesellschaft*, Zürich.

Weitzman, Martin L. (2007), The review of the stern review on the economics of climate change, *Journal of Economic Literature*, Vol. 45, 3, 703-724.

Weizsäcker, Carl Christian von (1971), Lenkungsprobleme der Hochschulpolitik, in: Helmut Arndt und Dieter Swatek (Hrsg.), *Grundfragen der Infrastrukturplanung für wachsende Wirtschaften*, Schriften des Vereins für Socialpolitik, N.F., Bd. 58, Berlin: Duncker & Humblot, 536-553.

Weizsäcker, Carl Christian von (1984), Was leistet die Property Rights Theorie für aktuelle wirtschaftspolitische Fragestellungen?, in: Manfred Neumann (Hrsg.), *Ansprüche, Eigentums- und Verfügungsrechte*, Schriften des Vereins für Socialpolitik, N.F., Bd. 140, Berlin: Duncker & Humblot, 123-152.

Weizsäcker, Carl Christian von (1998), Das Gerechtigkeitsproblem in der Sozialen Marktwirtschaft, *Zeitschrift für Wirtschaftspolitik*, Jg. 47, 3, 257-288.

Weizsäcker, Carl Christian von (1999), *Logik der Globalisierung*, Göttingen: Vandenhoeck & Ruprecht.

Weizsäcker, Carl Christian von (2000), Über die Schlusspassage der General Theory – Gedanken zum Einfluss ökonomischer Theorien auf die Politik, *Perspektiven der Wirtschaftspolitik*, Bd. 1, 1, 35-52.

Welfens, Paul J.J. (2005), *Grundlagen der Wirtschaftspolitik. Institutionen - Makroökonomik – Politikkonzepte*, 2. Aufl., Berlin u.a.: Springer.

Wellisch, Dietmar (2000), *Finanzwissenschaft I – Rechtfertigung der Staatstätigkeit*, München: Vahlen.

Weyant, John P. (2008), A Critique of the Stern Review's Mitigation Cost Analyses and Integrated Assessment, *Review of Environmental Economics and Policy*, Vol. 2, 1, 77-93.

Wieandt, Axel und Harald Wiese (1993), Die Theorie der „contestable markets" – ein Leitbild für die Wettbewerbspolitik?, *ORDO: Jahrbuch für die Ordnung von Wirtschaft und Gesellschaft*, Bd. 44, 185-202.

Willgerodt, Hans (2006), Der Neoliberalismus – Entstehung, Kampfbegriff und Meinungsstreit", *ORDO: Jahrbuch für die Ordnung von Wirtschaft und Gesellschaft*, Bd. 57, 47-89.

Windisch, Rupert und Gunar Lietz (2003), Nachhaltigkeit in der Finanzpolitik, *WISU Das Wirtschaftsstudium*, Jg. 32, 8/9, 1100-1108.

Wissenschaftlicher Beirat beim Bundesministerium der Finanzen (2001), Nachhaltigkeit in der Finanzpolitik – Konzepte für eine langfristige Orientierung öffentlicher Haushalte, Bonn: Stollfuß Verlag.

Wissenschaftlicher Beirat beim Bundesministerium für Wirtschaft und Arbeit (2004), Zur Förderung erneuerbarer Energien, Januar.

Personenregister

A

B

C

D

E

F

G

H

P

R

S

T

U

V

W

Z

Sachregister

A

B

C

D

F

G

H

L

M

N

Q

R

S

W

Donges/Freytag, Allgemeine Wirtschaftspolitik, 3. Aufl., UTB 2191

Aufgrund eines technischen Versehens sind die Seitenverweise im Sachregister auf S. 435-448 im Original falsch. **Bitte verwenden Sie dieses korrigierte Register**.

Sachregister

A

B

C

K

L

Q

R

S

T

U

V